제2판

조세법

- 이론과 판례 -

최성근

TAX LAW
- Theories & Cases -

박영사

제2판 머리말

2023년 2월 초판을 낸 후 이 책으로 강의를 준비하고 진행하면서 미진하다고 판단되는 부분을 보완하고 법령 또는 법리가 바뀐 부분은 수정하였다. 2023년과 2024년 국세기본법과 개별조세법의 적지 않은 개정이 있었는데, 주요 개정사항을 반영하였다. 수록 및 인용판례를 소폭 추가하였는데, 한국세법학회의 「조세판례100선 3.」과 조세 관련학회의 최근 조세판례 회고 등을 참조하여 대상판례를 선정하였다.

내용이 보완되거나 새로이 추가된 것은 주로 총론 부분인데, 국세기본법 제14조 제3항 우회거래 또는 다단계거래의 적용요건, 상속세 및 증여세 경정청구 특례, 사해행위 취소와 후발적 경정청구, 세목별 계약해제의 조세효과, 제척기간을 연장하는 특례, 조세채권과 담보채권의 우선관계, 조세행정불복에 대한 재조사 결정, 재처분과 기판력 또는 기속력의 관계, 세무조사 재조사 금지 예외사유에 대한 해석 등이 그러하다. 각론에서는 명의신탁재산 양도소득세의 납세의무자, 세대와 주택의 개념, 주식매수선택권에 대한 과세, 합병 및 분할 과세이연에 대한 사후관리, 신탁재산 관련 부가가치세의 납세의무자, 명의신탁 증여의제의 중복 제한, 글로벌최저한세 등이 보완되거나 새로이 추가되었다.

이 책은 대학과 대학원에서의 조세법 강의를 염두에 두고 원론서로서 저술하였는데, 조세법의 이론과 판례를 학습하여 실무에 활용하고자 하는 법률가나 조세법의 법리에 관한 지식과 이해를 더하고자 하는 세무전문가에게도 개론서로서 유용할 것이다.

제2판의 발간을 빌려, 이 책을 출판하는 데 도움을 주신 박영사 관계자 분들,

초판에 이어 편집을 맡아주신 윤혜경 대리, 그리고 교정을 보아 준 박가희 변호사(세무사)와 이번에 졸업하는 정열회 법학전문석사(세무사)에게 고마움을 표한다.

2025년 2월

최성근

머 리 말

조세가 경제활동이나 일상생활에 미치는 영향이 날로 커지고 있고, 그 여파로 과세관청과의 분쟁도 날로 증가하고 있다. 조세를 다루는 사회과학 중에서 조세분쟁의 해결에 직접 활용되는 것은 조세법이고, 조세법도 법률가의 영역이다. 이 책은 조세법에 입문하고 변호사시험을 준비하려는 로스쿨 원생과 조세법의 이론과 판례를 익혀 실무에 활용하고자 하는 법률가를 위한 개론서이다. 이 책에서는 조세법의 핵심 이론과 주요 판례를 설명하고 논하였다.

이론에서는, 먼저 조세법의 기본원리와 공통규범에 대해서 다루었고, 다음으로 주요 세목의 과세구조 및 세액계산과 각각의 세목별 개별조세법이 지니고 있는 고유한 법리를 다루었다. 조세사건에서 판단을 내리는 근거는 법령조문과 해석법리이다. 조세사건은 사실관계가 명료하여, 사실관계의 확인에 상당한 비중이 두어지는 민·형사 사건들과는 달리, 대부분의 경우 조문의 해석에 초점이 맞추어진다. 그러므로 조세사건에서는 무엇보다도 법령조문에 대한 해석법리가 중요한 의미를 가진다. 기업관계에서의 조세의 중요성을 고려하여, 회사 주요경영이슈 및 기업조직재편의 조세효과에 대해서는 법인세법 후미에서 별도의 지면을 할애하였다.

판례에서는 한국세법학회의 「조세판례100선 1, 2」, 세법교수 공저 「판례세법」, 조세 관련학회 등에서 매년 발표하는 조세판례 회고, 로펌에서 발간하는 조세판례 평석 모음 등으로부터 다시 수록할 판례의 목록을 선별하여, 해당 대법원 및 하급심 판결문으로부터 먼저 사실관계와 쟁점을 정리하고, 다음으로 쟁점과 관련된 규정 또는 법리에 대한 설시와 이들 규정 또는 법리를 사실관계에 적용한

법원의 판단을 발췌하였다. 이 같이 사실관계와 쟁점 및 관련 판결내용을 함께 소개한 것은 가급적 판례의 전체 모습을 보여주어 추후 동일 또는 유사한 사례를 접했을 때 활용할 수 있도록 하기 위함이다.

로스쿨에서 배우고 법률가가 익혀야 하는 것은 세무가 아니라 조세에 관한 법무이다. 조세법이 기술적이고 복잡하며 독자적인 체계와 법리를 가지고 있기 때문에 진입에 어느 정도의 장벽이 있는 것은 사실이다. 그러한 진입장벽을 넘어 다른 법률지식과 조세법을 결합시킨다면 법률가로서 차별적인 전문영역을 가질 수 있고 보다 많은 부가가치를 창출할 수 있을 것이다. 이 책이 그러한 진입장벽을 넘거나 조세법을 전문영역으로 추가하는 데 디딤돌이 되기를 기대한다.

이 책의 발간을 빌려, 필자를 학문의 길로 이끌어 주시고 상법학과 조세법학을 공부하도록 지도해 주신 이철송 교수님께 깊은 감사를 드린다. 아울러 교정을 보아 준 김정훈 변호사와 이번에 졸업하는 박가희, 최용우 법학전문석사, 편집하고 출판해 주신 박영사 관계자 분들, 그리고 늘 위안과 힘을 주는 아내와 두 딸에게 고마움을 표한다.

2023. 2.
저자 씀

차 례

제 1 편 조세법총론

제 8 장 납세자의 권리 305

제 9 장 국세징수법상 강제징수 330

제 10 장 조세범처벌법 335

제 2 편　조세법각론

제 1 장　소득세법　343

약 칭 표

국세기본법　국기법

소득세법　소법

법인세법　법법

부가가치세법　부가세법

상속세 및 증여세법　상증세법

국제조세조정에 관한 법률　국조법

개별소비세법　개소세법

종합부동산세법　종부세법

지방세기본법　지기법

국세징수법　국징법

조세특례제한법　조특법

조세범처벌법　조처법

행정소송법　행소법

행정심판법　행심법

자본시장과 금융투자업에 관한 법률　자본시장법

독점규제 및 공정거래에 관한 법률　공정거래법

금융실명 및 개인정보보호에 관한 법률　금융실명법

부동산 실권리자명의 등기에 관한 법률　부동산실명법

벤처기업육성에 관한 특별법　벤처기업법

채무자 회생 및 파산에 관한 법률　채무자회생법

시행령　령

시행규칙　규칙

제 **1** 편

조세법총론

제 1 장 조세란 무엇인가

　조세는 국가와 지방자치단체가 공공서비스를 제공하기 위하여 국민들로부터 걷어들이는 금전으로서, 재정수입의 대부분이 조세에 의하여 확보된다. 조세는 소득을 발생시키고 소비하는 단계에서뿐만 아니라, 그 소득으로 재산을 취득하여 소유하고 이용하고 처분하는 모든 단계에서 부과된다.

　조세는 국가가 특정한 반대급부 없이 무상으로 국민의 금전을 가져가는 것이기 때문에, 조세에는 모든 국민이 납득할 수 있는 원칙이 지켜져야 한다. 이를 '조세의 원칙'이라고 하는데, 여러 경제학자들이 따르고 있는 아담 스미스가 주장한 '조세의 4원칙'은 공평의 원칙, 확실성의 원칙, 편의성의 원칙 및 경제성의 원칙이다.

　조세법의 실질적인 출발점이라고 할 수 있는 납세의무의 성립에 필요한 법률상의 요건, 즉 과세요건은 납세의무자, 과세물건, 과세표준 및 세율이다.

　현재 한국은 25개 세목으로 조세제도를 운용하고 있는데, 이들 세목을 과세의 주체에 따라 분류하면 국세가 14개이고 지방세가 11개이다.

　조세법의 법원(法源)으로는 헌법, 법률, 조약, 명령 및 조례·규칙이 있다. 조세법률주의에 따라 과세요건은 반드시 법률로 정하여야 하므로, 법률은 가장 중요하고 조세법의 근간을 이루는 법원이다.

　조세부담을 최소화하려는 납세자의 행동양식은 절세, 탈세, 조세회피 등으로 분류된다.

　현대적 의미의 조세는 수평적 관계인 동등한 시민을 전제로 한다. 한국의 중세와 근대는 수직적 관계인 전제군주시대와 뒤이은 일제강점기였으므로, 이들 시대에 만들어진 조세제도를 오늘날 모범으로 삼기에는 한계가 있다. 한국에 현재와 같은 조세제도가 도입된 것은 광복 후 미군정이 들어서면서부터이다.

I. 조세의 사회적·경제적 의의

1. 국가재정과 조세

국가와 지방자치단체는 국방, 치안, 외교, 사회보장, 복지, 교육, 도로, 상하수도 등 국민의 일상생활에 필요한 공공서비스를 제공하기 위하여 일정한 재원을 필요로 한다. 오늘날 자본주의국가는 어느 나라를 막론하고 공공서비스의 제공에 필요한 재정수입의 대부분을 조세에 의존하고 있다.

조세가 국가재정수입의 주된 재원으로서 특히 중요한 의미를 갖기 시작한 것은, 정치적으로 근대시민사회의 형성에 따라 민주주의·법치주의체제의 통치기구가 수립되고, 경제적으로 사유재산제도와 시장경제원리가 지배하는 자본주의경제체제가 대두하면서부터이다.[1] 현대의 복지행정국가시대로 이어지면서 국가의 활동영역이나 기능이 방대해짐에 따라 그에 소요되는 재정수요가 크게 증가하였고, 그 재원의 대부분을 충당하는 조세가 국민의 재산권에 미치는 영향은 지대하게 되었다.[2]

물론 조세 이외의 재원으로 국유재산이나 국영기업의 수입, 각종 부담금, 기부금, 벌과금, 수수료, 사용료 등이 있지만, 조세 외 수입은 그 액수가 얼마 안 될 뿐만 아니라 징수 여부가 불확실하기 때문에, 이러한 조세 외 수입으로는 국가의 방대한 재정[3]규모를 감당할 수 없다. 한국의 경우도 국가재정수입의 대부분을 조

---

1) "조세는 한 나라의 토지 또는 노동의 생산물 중 정부의 처분에 맡겨지는 부분이고, 언제나 그리고 궁극적으로 그 나라의 자본 또는 소득에서 지출된다", 데이비드 리카르도 저, 권기철 역, 정치경제학과 과세의 원칙에 대하여(On The Principles of Political Economy and Taxation, 1817), 책세상, 2010, 171면. 영국 산업혁명 시대의 경제학자였던 데이비드 리카르도(David Ricardo)가 조세의 당위성과 원천에 대하여 언급한 대목이다.

2) 헌법재판소 1990. 9. 3. 89헌가95 결정 참조.

3) '재정'이란 국가 또는 지방자치단체가 행정이나 공공정책을 시행하기 위하여 자금을 만들어 관리하고 이용하는 경제활동을 말한다. '재정'은 예산과 기금으로 나뉘고, '예산'은 다시 일반회계와 특별회계로 나뉜다. '일반회계'란 국가 고유의 일반적 재정활동, 즉 조세수입 등으로 이루어진 예산이고, '특별회계'란 국가의 회계 중 특정한 세입으로 특정한 세출에 충당함으로써 일반의 세입·세출과 구분하여 따로이 계산하는 회계이다. 현재 정부가 운영하고 있는 특별회계의 종류에는 기업특별회계, 재정융자 특별회계 및 기타 특별회계가 있다. '기금'이란 특정한 목적을 위하여 특정한 자금을 신축적으로 운용할 필요가 있을 때에 한하여 설치하는 자금이다. 기금은 정부출연금이나 일반회계로부터의 전입금을 수입원으로 하고, 금융적 성격을 띠는 금융성기금

세를 통하여 확보하고 있고, 이를 위해 25개의 세목(2024년 현재 국세 14개, 지방세 11개)을 운용하고 있다.

2. 경제생활과 조세

조세는 언제나 우리의 경제활동 및 일상생활과 밀착되어 있다. 우리의 주변에서 예를 찾자면, 급여생활자가 월급을 받거나 개인사업자가 사업을 통하여 이익을 발생시키면 소득세를 내야 하고, 회사가 이익을 발생시키면 법인세를 내야 한다. 재산을 무상으로 이전받거나 채무를 면제받으면 증여세를 내야 한다. 그리고 물건을 사거나 음식을 사먹거나 택시를 타는 경우 등 소비를 하게 되면 일반소비세, 즉 부가가치세를 부담한다. 또한 고가물품을 사면 부가가치세에 더하여 개별소비세를, 술을 사면 역시 부가가치세에 더하여 주세를 부담해야 한다.

그 뿐만 아니라 건물이나 토지 등의 부동산을 취득하면 취득세가 부과되고, 또 그 부동산을 보유하고 있는 동안에는 재산세를, 그리고 고가의 부동산이라면 종합부동산세를 내야 한다. 또한 그 부동산을 임대하여 임대료를 받으면 소득세 또는 법인세를 내야 하고, 부동산을 처분하면 그 양도차익에 대하여 다시 양도소득세 또는 법인세를 내야 하며, 무상으로 이전하면 수증자가 증여세를 부담해야 한다. 생전에 재산을 전부 처분하지 못하고 사망하면 그 재산은 상속재산이 되어 상속세가 부과된다.

이와 같이 조세는 우리가 소득을 발생시키고 소비하는 데 뿐만 아니라, 그 소득으로 재산을 취득하여 소유하고 이용하고 처분하는 모든 단계에 걸쳐서 부과되고, 심지어는 생을 다하고 상속되는 데까지 부과된다. 영국의 수상이었던 처칠이 영국의 사회보장제도를 일컬어 '요람에서 무덤까지'라는 표현을 쓴 바 있는데, 조세의 경우에도 그 의미는 다르지만 이 '요람에서 무덤까지'라는 말이 그대로 적용된다.

과 이를 제외한 비금융성기금으로 구분된다.

[관련판례] 이혼과 조세[4]

1. 위자료 및 자녀양육비와 양도소득세 – 대법원 1984. 6. 26. 선고 84누153 판결 (공통)

2. 재산분할과 양도소득세 – 대법원 1998. 2. 13. 선고 96누14401 판결

1. 위자료 및 자녀양육비와 양도소득세 – 대법원 1984. 6. 26. 선고 84누153 판결 (공통)

(1) 사실관계

원고는 그의 처와 협의이혼을 하면서 처에게 위자료 및 자녀양육비조로 원고 소유 부동산 지분을 양도하기로 합의하고 그 소유권이전등기를 하였다.

이에 관할세무서장은 위 부동산 지분의 양도가 처에 대한 위자료 및 자녀양육비의 지급에 갈음한 것이고, 원고는 이를 통하여 위 부동산 지분 양도의 대가로 위자료 및 자녀양육비 지급의무의 소멸이라는 경제적 이익을 얻었으므로, 위 부동산 지분의 양도는 소득세법상 유상으로 자산을 양도한 것에 해당하여 양도소득세의 과세대상이 된다고 보아 부과처분을 하였다.[5]

⟨쟁점⟩

위자료 및 자녀양육비로 부동산지분을 양도한 경우 양도소득세 과세대상인지 여부

(2) 판결내용

"양도소득세의 본질은 자산의 양도로 인하여 발생한 총수입금액에서 그 자산의 취득가액 등 필요경비를 공제한 양도차익을 과세가치로 파악하는 것이므로, 그 자산의 양도는 대가적 수입을 수반하는 유상양도를 의미하고 무상양도는 여기에 해당하지 않으며 소득세법 제4조 제3항은 이와 같은 취지를 뒷받침하고 있다.

이 사건에서 원심판결은 원고가 그의 처와 협의이혼을 하면서 그 처에게 위자료 및 자녀양육비로 원고 소유의 이 사건 부동산지분을 양도하기로 합의하여 그 소유권이전등기를 마친 사실을 확정하고 있는 바, 위 확정사실에 의하면 원고는

---

4) 제6회 변호사시험(2문)에서 '양도의 개념, 이혼에 따른 재산분할 및 위자료와 양도소득세'에 관한 문제가 출제된 바 있다.

5) 소득세법상 '양도'란 자산에 대한 등기 또는 등록과 관계없이 매도, 교환, 법인에 대한 현물출자 등을 통하여 그 자산을 유상으로 사실상 이전하는 것을 말한다(소법 제88조).

위 부동산지분의 양도로서 그 처에 대한 위자료 및 자녀양육비 지급에 갈음한 것이고 이는 위 부동산 지분양도의 대가로 위자료 및 자녀양육비 지급의무의 소멸이라는 경제적 이익을 얻은 것과 다름 없다.

그러므로 원심이 위와 같은 취지에서 위의 부동산지분양도는 소득세법상 유상으로 자산을 양도한 것에 해당하며 양도소득세의 과세대상이라고 판단한 것은 정당하며, 소론과 같은 법리오해의 잘못이 있다고 할 수 없으니 논지는 이유 없다."

2. 재산분할과 양도소득세 – 대법원 1998. 2. 13. 선고 96누14401 판결

(1) 사실관계

원고는 1983. 4. 1. 경부터 계량증명업소를, 그 배우자는 1981. 8. 26. 경부터 고물상을 경영하여 얻은 수입으로 각각 부동산을 취득하면서, 편의상 원고 또는 그 배우자 중 1인의 명의로 소유권이전등기를 하였다. 이후 원고와 그 배우자는 1991. 5. 1. 협의이혼하기에 앞서 같은 해 4. 25. 혼인 중에 형성한 재산을 분할하기로 하면서, 각자의 단독명의로 되어 있던 각 부동산을 상대방에게 이전하여 주기로 약정하고, 그 약정에 따라 각각 소유권이전등기를 하였다.

이에 관할세무서장은 위의 재산분할에 의한 자산의 이전이 양도소득세의 과세대상이 된다고 보아 부과처분을 하였다.

〈쟁점〉

이혼 시 재산분할의 방편으로 이루어진 자산(부동산소유권) 이전이 양도소득세 과세대상인 유상양도에 해당하는지 여부

(2) 판결내용

"민법 제839조의2에 규정된 재산분할제도는 혼인 중에 부부 쌍방의 협력으로 이룩한 실질적인 공동재산을 청산 분배하는 것을 주된 목적으로 하는 것인바, 이와 같이 협의이혼 시에 실질적인 부부공동재산을 청산하기 위하여 이루어지는 재산분할은 그 법적 성격, 분할대상 및 범위 등에 비추어 볼 때 실질적으로는 공유물분할에 해당하는 것이라고 봄이 상당하므로, 재산분할의 방편으로 행하여진 자산의 이전에 대하여는 공유물분할에 관한 법리가 준용되어야 할 것이다.

따라서 원고들이 각자의 소유명의로 되어 있던 이 사건 각 부동산을 상대방에게 서로 이전하였다고 하여도 분할 후 자산가액의 비율이 실질적인 공동재산의 청산범위를 넘어서는 것이라거나 또는 재산분할 비율과의 차이에 따른 정산을 하였

다는 등의 특별한 사정이 없는 한, 공유물분할에 관한 법리에 따라 그와 같은 부동산의 이전이 유상양도에 해당한다고 볼 수 없고, 또한 재산분할이 이루어짐으로써 분여자의 재산분할의무가 소멸하는 경제적 이익이 발생한다고 하여도, 이러한 경제적 이익은 분할재산의 양도와 대가적 관계에 있는 자산의 출연으로 인한 것이라 할 수 없으므로, 재산분할에 의한 자산의 이전이 양도소득세 과세대상이 되는 유상양도에 포함된다고 할 수 없다."

II. 조세의 개념과 종류

1. 조세의 개념

현행 조세법에서는 조세의 개념을 정의하는 규정을 따로이 두고 있지 않지만, '특별한 급부에 대한 반대급부가 아니라 국가 또는 지방자치단체가 수입을 얻을 목적으로 급부의무에 관하여 법률이 정하는 요건에 해당하는 모든 사람에게 부과하는 금전급부'라는 독일 조세기본법상 조세의 개념 정의가 일반적으로 통용되고 있다.6) 조세의 개념요소들을 세분하면 다음과 같다.

가. 과세의 주체는 통치권을 행사할 수 있는 국가 또는 지방자치단체이다.

국민에게 조세를 부과·징수할 수 있는 자는 통치권을 가진 국가나 지방자치단체로 한정되고, 통치권이 없는 조직에서 징수하는 것은 그 내용이나 목적 여하를 불문하고 조세가 아니다.

나. 조세의 본래 목적은 국가 또는 지방자치단체의 일반적인 경비를 위한 재정수입을 확보하는 데 있다.

벌금이나 과징금, 과태료 등도 국가의 수입이 되기는 하지만, 그 본래의 목적이 재정수입에 있지 않고 형사정책 또는 행정정책의 수행에 있으므로 조세가 아니다. 다만, 조세는 재정수입을 본래의 목적으로 하고 있지만, 사회정책이나 경

---

6) 독일 조세기본법(Abgabenordnung) 제3조 제1항 참조.

재정책의 수행을 위한 목적으로도 활용되기도 한다.

특히 오늘날에는 재정수입 목적 이외의 유도적 또는 조정적 목적도 조세의 목적으로서 중요한 의미를 가진다. 이는 조세가 국민의 경제활동 및 일상생활에 대한 영향력이 크다는 속성에서 비롯된 것이다. 예컨대, 대체로 고율로 부과되는 주세나 개별소비세 등은 재정수입 목적 이외에도 국민의 건강이라든가 과소비의 억제 등을 유도하기 위한 목적을 가지고 있고, 종합부동산세는 부동산의 투기를 억제하고 가격안정을 도모하기 위하여 도입된 조세이다.

다. 조세는 반대급부가 없는 일방적인 급부라는 점에서 비보상성을 가지며, 아울러 강제징수성을 가진다.

국가가 제공하는 공공서비스 등을 근거로 조세의 납부에 대한 반대급부가 있다는 견해도 있을 수 있다. 그러나 납세의무를 이행하지 아니하였다고 하여 그러한 제공이 없는 것은 아니므로 반대급부라고 할 수 없다. 또한 법률상 반대급부라고 할 때에는 수혜자가 원하는 것이어야 하므로, 개별적인 반대급부가 아닌 한 법률상 반대급부라고 할 수 없다.

이처럼 비보상적인 성격을 지닌 조세는 자발적인 납세를 기대하는 데 한계가 있는 반면 재정수입을 확보하기 위하여 반드시 걷혀야 하는 것이므로 강제징수가 불가피하다. 조세법을 제정하기 위해서는 국회의 동의, 즉 전체 국민의 동의가 있어야 하지만, 일단 조세법이 제정된 이후에는 국가가 개별납세자에게 특정한 조세를 부과하고 징수함에 있어 그 개별납세자의 동의를 요하지 아니한다.

라. 조세는 법률로 정하는 바에 따라 조세채무가 발생하는 법규징수성을 가진다.

조세는 반대급부가 없고 강제징수되기 때문에 국민의 기본권인 재산권과의 마찰을 사전에 방지하기 위하여 법규징수성이 엄격하게 지켜져야 한다. 이러한 조세의 법규징수성은 조세법에서 입법 및 해석·적용상 최고의 기본원칙인 조세법률주의로 구체화된다.

마. 조세는 원칙적으로 금전급부이다.

현행법상 예외적으로 대물변제의 법률효과를 갖는 물납이 인정되는 경우가 있다. 예컨대, 「상속세 및 증여세법」(이하 '상증세법'이라 한다)은, 부동산이나 비상장주식과 같은 상속재산은 이를 단시일 내에 환가하기 어렵다는 점을 고려하여,[7] 세무서장이 특정한 경우 납세의무자의 신청에 따라 물납을 허가할 수 있도록 하고 있다(상증세법 제73조).[8]

2. 조세의 종류

조세는 부과·징수하는 주체에 따라 국세와 지방세로 구분되고, 국세는 다시 통관절차의 유무에 따라 관세와 내국세로 나뉘며, 내국세는 다시 조세부담의 전가 유무에 따라 직접세와 간접세로 구분된다. 또한 조세는 일반적인 재정수입을 위한 것인지 아니면 특정한 목적의 지출을 위한 것인지에 따라 보통세와 목적세로 나뉘고, 과세물건을 기준으로 소득세, 재산세, 소비세 및 유통세로 분류된다.

가. 국세와 지방세

과세권을 행사하는 주체에 따른 분류이다. 국세는 국가가 국민 전체의 이익과 관련 있는 공공서비스의 경비를 마련하기 위하여 국민에게 부과·징수하는 조세이다. 지방세는 지방자치단체, 즉 광역지방자치단체와 기초지방자치단체가 지방행정을 위하여 해당 지역주민에게 부과·징수하는 조세이다.

나. 내국세와 관세

국세는 다시 내국세와 관세로 구분할 수 있다. 이는 국경의 통관 여부에 따른 분류인데, 내국세는 나라 안에서 이루어지는 거래에 대하여 부과하는 조세이고, 관세는 수입되는 물품 등에 대하여 부과하는 조세이다.

---

7) 이태로·한만수, 조세법강의, 박영사, 2018, 5면 참조.
8) 지방세에 있어서는 재산세의 물납이 인정되는 경우가 있다. 지방자치단체의 장은 재산세의 납부세액이 1천만 원을 초과하는 경우에는 납세의무자의 신청을 받아 해당 지방자치단체의 관할구역에 있는 부동산에 대하여 물납을 허가할 수 있다(지방세법 제117조).

다. 직접세와 간접세

조세를 형식적으로 납부하는 자와 실제로 부담하는 자가 같은 조세를 직접세라고 하고, 다른 조세를 간접세라고 한다. 소득세나 법인세는 소득을 얻은 자가 그 소득에 대한 납세의무자이면서 직접 조세를 부담하므로 직접세에 해당한다. 이에 반해 부가가치세나 개별소비세는 납세의무자는 사업자이지만 상품가격에 조세가 포함되어 소비자가 상품을 구입할 때 간접적으로 조세를 부담하므로 간접세이다.

공평과세의 측면에서는 조세부담능력, 즉 담세력에 따라 누진세율로 과세하는 직접세가 이에 부합하고, 징세비용의 측면에서는 간접세가 비용이 적게 든다. 한편 직접세에 대해서는 조세저항이 빈번한데 비하여 간접세의 경우에는 조세가 부과되는 것을 거의 느끼지 못한다. 따라서 종래에는 후진국일수록 간접세의 비중이 큰 것을 볼 수 있었다. 그러나 최근의 추세는 선진국들도 징세의 편의 내지는 징세비용의 절감을 위하여 간접세의 비중을 높이는 경향을 보이고 있다.

라. 보통세와 목적세

보통세와 목적세는 조세를 거두는 목적을 기준으로 한 분류이다. 일반적인 국가경비에 사용하기 위한 조세를 보통세라고 하고, 특정한 목적에 사용하기 위한 조세를 목적세라고 한다. 현재 한국의 조세는 대부분이 보통세이고, 국세 중 농어촌특별세와 교육세, 지방세 중 지역자원시설세와 지방교육세가 목적세이다.

마. 과세물건에 따른 분류

조세는 과세물건의 성격에 따라 소득세, 자산세, 소비세 및 유통세로 구분할 수 있다. 과세의 기초가 되는 담세력의 원천은 소득을 표창하는 부의 증가에 있다고 볼 때, 소득세 이외의 나머지 유형의 조세들은 소득과세의 불완전성을 보완하는 보충적 조세의 성격을 가진다.[9]

---

9) 임승순·김용택, 조세법, 박영사, 2022, 10면.

3. 조세의 경제적 기능

조세는 재정수입의 확보, 즉 국고목적이 제1차적인 목적이다. 한편 조세는 일상생활과 경제활동에 미치는 영향이 크기 때문에 사회·경제정책의 수행을 위한 유도적·조정적 목적으로 활용되기도 한다. 그 외에도 국가는 조세를 통하여 소득을 재분배하거나 경기를 조절하기도 한다.

가. 재정수입기능

조세는 국가 또는 지방자치단체가 국민의 일상생활에 필요한 공공서비스를 제공하는데 필요한 일정한 재원을 확보하도록 하는 기능을 가진다.

나. 정책수행기능

국가는 특정한 정책을 실행하기 위한 유도적·조정적 목적으로 특정 경제부문 또는 특정인에 대하여 조세를 경감 또는 면제하거나 중과세하는 경우가 있다.

다. 소득재분배기능

조세는 국민의 소득과 재산을 재분배하는 기능을 한다. 국가는 빈부격차를 완화하기 위하여 사회보장제도를 실시하는 한편, 주요 세목인 소득세, 법인세, 상속세, 증여세 등에 대하여 누진세율을 채용하여 소득과 재산을 재분배한다.

라. 경기조절기능

조세는 경기조절의 중요한 간접수단으로 활용되고 있다. 누진세율이 적용되는 소득세, 법인세 등은 호황기에는 조세부담의 증가로 개인과 법인의 투자와 소비를 억제시켜 경기의 과열을 둔화시키고, 불황기에는 조세부담의 감소로 투자와 소비가 급격하게 감소되지 않도록 한다.

4. 조세를 대상으로 하는 학문분야

조세를 연구의 중심대상으로 하는 학문의 영역으로는 재정학의 한 분과인

조세론, 법학의 한 분야인 조세법학 그리고 회계학에 속하는 세무회계론의 세 가지를 들 수 있다.[10]

가. 재정학

재정학에서는 조세의 본질과 조세의 국민경제적 의의를 규명하고, 적정한 조세수입의 규모를 비롯하여 가장 효율적인 조세제도의 수립을 도모한다.

나. 조세법학

조세법학은 조세법의 입법, 해석 및 적용에 관하여 연구하고, 조세정의, 즉 공평과세에 부합하고 실용성을 갖춘 올바른 조세법의 확립을 추구한다.

다. 세무회계

세무회계는 납세의무자의 수입으로부터 조세목적에 따라 조정된 과세소득을 도출하는 기능을 수행하고, 조세법의 입법에서 회계부문을 담당한다.

III. 조세의 원칙

조세는 국가가 특정한 반대급부 없이 무상으로 국민의 금전을 가져가는 것이어서 국가가 조세를 걷기 위해서는 모든 국민이 납득할 수 있는 원칙이 지켜져야 하는데, 이를 '조세의 원직'이라고 힌디. 조세의 원칙에 대해서는 여러 경제학자들에 의해 다양한 이론이 제기되었는데, 그 근원은 아담 스미스(Adam Smith)의 '조세의 4대 원칙'에서 유래한다. 아담 스미스가 주창한 조세의 4대 원칙은 확실성의 원칙(certainty), 공평의 원칙(equality), 편의성의 원칙(convenience) 그리고 경제성의 원칙(economy)이다.[11]

---

10) 이태로·한만수, 앞의 책, 3-4면 참조.
11) 아담 스미스 저, 김수행 역, 국부론(An Inquiry into the Nature and Causes of the Wealth of Nations), 비봉출판사, 2007, 1016-1019면 참조.

1. 확실성의 원칙(certainty)

경제생활을 함에 있어서는 자신에게 얼마의 조세가 과해질 것인지를 예측할 수 있어야 한다. 그래야 자신의 경제생활을 효율적으로 영위할 수 있기 때문이다. 예컨대 부동산을 가지고 있는 사람의 경우 얼마의 조세를 낼 것인지 미리 알아야 부동산을 임대할 것인지 매각할 것인지, 그리고 부동산을 매각할 때 가격을 얼마로 할 것인지를 결정할 수 있을 것이다. 확실성의 원칙은 조세법에서는 입법, 해석 및 적용상 최고의 원칙인 조세법률주의로 구체화된다.

2. 공평의 원칙(equality)

사인 간의 거래에서는 사적 자치에 기반하여 공평이 추구된다. 그러나 조세는 무상(비보상성)이고 강제로 부과(강제징수성)되는 것이므로 당사자의 자치가 개재될 여지가 없고 제도를 통하여 공평을 실현하여야 한다. 이 경우 조세에 있어서는 무엇이 공평한 것이고 어떻게 공평을 실현할 것인지가 문제된다. 조세에 있어서의 공평은 이를 수평적 공평과 수직적 공평으로 나누어 설명할 수 있다. 수평적 공평이란 동일한 소득, 사업, 거래, 소비, 재산 등에 대하여는 동일한 과세를 하는 것이고, 수직적 공평이란 담세력이 다른 사람들 간에 조세부담이 공평하게 배분되어야 한다는 것이다. 공평의 원칙은 조세법에서는 기본이념인 조세공평주의로 구체화된다.

3. 편의성의 원칙(convenience)

조세를 부과하거나 징수할 때에는 납세자의 편의가 최대한 고려되어야 한다. 예컨대 법인세의 과세기간을 사업연도로 한다든가 상속세의 물납을 허용하는 등의 제도가 이러한 원칙을 반영한 것이다.

4. 경제성의 원칙(economy)

조세는 재정수입을 얻기 위한 것인데, 조세를 부과하고 징수함에 있어서는 비용이 소요된다. 예컨대 세무공무원에게 보수를 주어야 하고, 체납하는 사람이 있다면 강제징수를 하는 데 비용을 써야 한다. 최소한의 비용으로 조세를 부과·징수하여야 한다는 원칙이 경제성의 원칙이다. 세율에도 이러한 경제성의 원칙이 지켜져야 한다. 소득세율을 90%로 한다면 특정한 납세자로부터 걷는 조세는 많아질 수 있겠지만, 누구도 소득활동을 하지 않을 것이기 때문에 전체 세수는 줄어들 수밖에 없다.[12]

IV. 과세요건

1. 의의와 내용

가. 의의

과세요건이란 납세의무의 성립에 필요한 법률상의 요건으로서 납세의무자, 과세물건, 과세표준 및 세율을 말한다.

나. 내용

(1) 납세의무자

납세의무자란 과세의 대상이 되는 의무자를 말한다. 소득세에 있어서는 개인, 법인세에 있어서는 법인, 부가가치세에 있어서는 사업자 등이 이에 해당한다.

(2) 과세물건

과세물건이란 과세의 대상이 되는 일정한 물건, 행위 또는 사실을 말한다.

---

12) 프랑스의 경우 소득불평등과 양극화 해소를 목적으로 2013년 연봉 100만 유로 이상인 개인에 대하여 세율 100분의 75의 부유세를 도입하였는데, 프로축구팀의 경기 보이콧, 유명배우인 제라르 드파르디외의 러시아 시민권 취득 등 조세저항이 이어졌고, 2년간 부유세를 운영하다가 2015년에 폐지하였다.

구체적으로는 소득, 재화 또는 용역의 제공, 재산의 보유 등이 이에 해당한다. 조세는 소득에 대한 과세로부터 출발하였지만, 재정수요가 확대됨에 따라 과세물건이 소득 이외에도 일정한 행위, 사실 등으로 확대되었다.

(3) 과세표준

과세표준은 조세법에 따라 직접적으로 세액산출의 기초가 되는 과세대상의 수량 또는 가액을 말한다. 세액은 과세표준에 세율을 곱하여 산출한다.

① 종가세

종가세는 과세표준 산정의 기초가 금액인 조세인데, 대부분의 세목이 종가세로 되어 있다.

② 종량세

종량세는 과세표준 산정의 기초가 수량인 조세이다.

(4) 세율

세율은 세액산출을 위하여 과세표준에 곱하는 율(率)이다.

2. 세율의 종류

가. 누진세율

누진세율이란 과세표준이 증가함에 따라 세율이 증가되는 경우를 말한다. 누진세는 과세표준이 많은 사람일수록 누진적으로 조세를 많이 내도록 하기 때문에 담세력, 납세자의 생존배려 및 소득의 재분배 차원에서 바람직하다. 따라서 대부분의 세목(소득세, 법인세, 상속세·증여세 등)이 누진세로 되어 있다. 누진세의 대표적인 예인 소득세의 세율은 100분의 6에서 100분의 45까지의 8단계 초과누진세율로 되어 있다.

나. 비례세율

비례세율은 과세표준이 증가해도 세율이 일정한 경우를 말한다. 비례세율의 대표적인 예가 부가가치세인데, 매출액의 크기에 상관없이 일률적으로 100분의

10의 세율이 적용된다.

다. 균일세(율)

균일세는 과세표준과 무관하게 세액이 일정한 경우를 말한다. 균일세의 대표적인 예는 인지세로 과세문서의 종류에 따라 일정액의 세액을 부담하도록 한다.

라. 기타

(1) 명목세율과 실효세율

① 명목세율

명목세율은 세액감면이나 중과세 등을 감안하지 아니한 세율이다.

② 실효세율

실효세율은 세액감면 또는 중과세 등을 거쳐 실제로 납세자가 전체 과세표준에 대하여 부담하는 세율이다.

(2) 고정세율과 탄력세율

① 고정세율

대부분의 세목은 고정세율로 되어 있다.

② 탄력세율

탄력세율은 개별조세법에서 세율조정권을 행정부에 위임하는 경우 정부 또는 지방자치단체가 조정하는 세율이다.

Ⅴ. 대한민국의 현행 조세체계

현재 한국은 25개 세목으로 조세제도를 운용하고 있는데, 이를 과세주체에 따라 분류하면 국세가 14개이고 지방세가 11개이다.

1. 국세

세 목	과세물건	비 고
가. 내국세(보통세·목적세. 국기법 제2조 제1호)		
(1) 직접세		
① 소득세 *소득세법	개인소득(8가지. 종합과세소득 6·분류과세소득 2)	특정 원천소득. 세율 1,400만 원 이하 6%~10억 원 초과 45% 8단계
② 법인세 *법인세법	법인소득(각 사업연도소득·청산소득 등)	순자산증가분. 세율 2억 원 이하 9%~3,000억 원 초과 24% 4단계
③ 상속세·증여세 *상증세법	피상속인의 유산 또는 수증으로 취득한 재산	상속세 유산세제방식, 증여세 포괄주의방식. 세율 1억 원 이하 10%~30억 원 초과 50% 5단계
④ 종합부동산세 *종합부동산세법	고액의 부동산 소유[주택 공시가격 9억(1세대 1주택 12억), 토지 공시가격 5억(사업용 80억) 초과]	재산세와의 이중과세 조정
(2) 간접세		
① 부가가치세 *부가가치세법	유통과정에서의 부가가치	일반소비세. 재화와 용역의 공급에 대하여 과세
② 개별소비세 *개별소비세법	과세물품, 과세장소에의 입장 및 유흥음식행위	부가가치세의 보완세
③ 주세 *주세법	제조장으로부터 반출 또는 수입신고 하는 주류	술의 종류에 따라 과세

④ 인지세 *인지세법	과세문서의 작성	균일세. 수입인지
⑤ 증권거래세 *증권거래세법	주식 또는 지분의 양도	유통세. 주식의 양도차익에 대한 소득과세와 구별
(3) 목적세		
① 교육세 *교육세법		부가세. 금융·보험업자, 개별 소비세 납세의무자, 교통·에너지·환경세 납세의무자, 주세 납세의무자 등
② 농어촌특별세 *농어촌특별세법		부가세. 각종 조세감면 받는 자 등
③ 교통·에너지·환경세 *교통·에너지·환경세법	제조장으로부터 반출 또는 수입신고 하는 휘발유와 이와 유사한 대체유류 및 경유와 이와 유사한 대체유류	종량세
나. 관세 *관세법	화물수입	

2. 지방세

가. 보통세		
(1) 취득세	재산의 취득과 그 취득을 원인으로 하는 등기·등록	
(2) 등록면허세	그 밖에 권리변동사항의 공부 등기·등록 및 면허 취득	
(3) 레저세	경마, 경륜, 경정 및 투표권 발매 등	
(4) 담배소비세	제조장, 보세구역으로부터 반출·인취된 담배	
(5) 지방소비세	유통과정에서의 부가가치	부가세치세액의 일정 비율을 지방 자치단체에 교부. 부가가치세액의 100분의 25.3(2024년 현재)

(6) 주민세	주소 또는 사무소의 유지	개인분(일정금액), 사업소분(사업소 면적), 종업원분(종업원의 급여 총액)
(7) 지방소득세	개인 및 법인의 소득	부가세. 소득세액 또는 법인세액의 10분의 1
(8) 재산세	토지, 건축물, 주택, 선박, 항공기 등 재산의 소유	
(9) 자동차세	자동차의 소유 및 비영업용 자동차의 주행	소유에 대한 자동차세와 주행에 대한 자동차세
나. 목적세		
(1) 지역자원시설세	발전용수·지하수·지하자원, 컨테이너의 이용 및 공동시설로 인한 이익 향유	
(2) 지방교육세	취득세, 등록면허세 등 다른 지방세액	부가세. 지방교육재정의 확충

VI. 조세법의 법원(法源)

조세법의 존재형태로는 헌법, 법률, 조약, 명령 및 조례·규칙이 있다.

1. 성문법

가. 헌법

헌법은 모든 법분야의 법원이 되지만, 조세법에 있어서는 한 걸음 더 나아가, 헌법상 납세의무를 정하고 있는 제38조와 조세법률주의를 선언하고 있는 제59조는 직접 조세법의 내용을 이룬다.

(1) 헌법 제38조는 "모든 국민은 법률이 정하는 바에 의하여 납세의 의무를 진다"라고 규정하고 있다.

(2) 헌법 제59조는 "조세의 세목과 세율은 법률로 정한다"라고 규정하고 있다.

나. 법률

조세법률주의에 따라 납세의무자, 과세물건, 과세표준 및 세율의 과세요건은 이를 반드시 법률로 정하여야 하므로, 법률은 가장 중요하고 조세법의 근간을 이루는 법원이라고 할 수 있다.[13]

(1) 국세에 관한 법률

① **국세에 관한 일반적·공통적 사항을 규정한 법률**

 ⅰ. 국세기본법: 국세의 통칙적 사항과 국세불복·납세자권리에 관한 사항을 규정하는 법률이다.

 ⅱ. 국세징수법: 국세의 징수절차에 관한 공통사항을 규정하는 법률이다.

 ⅲ. 조세범처벌법: 국세에 관한 범죄와 처벌에 관한 사항을 규정하는 법률이다.

 ⅳ. 조세범처벌절차법: 조세범처벌에 관한 절차를 규정하는 법률이다.

② **내국세에 관한 개별법률**

내국세의 부과와 징수에 대해서는 세목별로 개별법률을 두고 있다.

③ **관세법**

관세의 부과와 징수에 관한 사항을 규정하는 법률이다.

(2) 지방세에 관한 법률

① **지방세기본법**

지방세의 통칙적 사항과 지방세불복·납세자권리에 관한 사항을 규정하는 법률이다.

② **지방세법**

지방세의 부과와 징수에 대하여 여러 세목을 종합하여 규정하는 법률이다.

③ **지방세특례제한법**

지방세의 감면·환급 등 개별지방세법에 대한 특례의 설치와 제한에 관한 사항을 규정하는 법률이다.

---

13) 이태로·한만수, 앞의 책, 13−14면 참조.

(3) 그 밖의 조세법률

① **조세특례제한법**

조세의 감면·환급 등 개별조세법에 대한 특례의 설치와 제한에 관한 사항을 규정하는 법률이다.

② **「국제조세조정에 관한 법률」**

국제거래에 관한 조세의 조정과 국가 간의 조세행정협조에 관한 사항을 규정하는 법률이다.

③ **「국세와 지방세의 조정에 관한 법률」**

국가와 지방자치단체 간의 세원의 조정 등에 관한 사항을 규정하는 법률이다.

④ 그 밖에 조세에 관한 사항을 규정하고 있는 법률도 조세법의 법원(法源)인 법률이다.

(4) 국세기본법과 개별조세법 간의 관계(국기법 제3조)

국세에 관하여 개별조세법[14]에 별도의 규정이 있는 경우를 제외하고는 국세기본법에서 정하는 바에 따른다.

다. 조세조약

(1) 헌법은 제6조 제1항에서 "헌법에 의하여 체결·공포된 조약과 일반적으로 승인된 국제법규는 국내법과 동일한 효력을 가진다"라고 규정하고 있다.

(2) 오늘날 국제거래가 빈번해짐에 따라 국제적인 조세분쟁이 자주 발생하여 조세조약의 중요성이 크게 부각되고 있다. 조세조약의 주된 내용은 이중과세의 조정과 국제적인 탈세·조세회피의 규제이다. 조세조약에 대한 상세한 설명은 '제 2편 제5장 국제조세법'에서 후술한다.

---

14) '개별조세법'이란 국세의 종목과 세율을 정하고 있는 법률과 국세징수법, 「조세특례제한법」, 「국제조세조정에 관한 법률」, 「조세범처벌법」, 「조세범처벌절차법」, 「관세법」 및 「수출용 원재료에 대한 관세 등 환급에 관한 특례법」을 말한다(국기법 제2조 제2호 및 제3조 제2항).

라. 법규명령

(1) 법규명령[15]에는 대통령령인 시행령과 부령인 시행규칙이 있다.

(2) 법규명령은 법률 못지 않게 중요한 조세법의 법원이다. 조세법률관계는 복잡·다기하고 끊임없이 변천하므로 현실에 있어서는 법률로 구체적인 사항을 모두 규정하지 못하고 법규명령에 의존하는 예가 많다.

마. 행정규칙

(1) 행정규칙이란 행정기관에 의하여 창설되는 법형식을 가지는 것 중 법규의 성질을 가지는 법규명령을 제외한 것을 말한다.

(2) 고시·공고·훈령·예규

① **고시·공고**

고시·공고는 행정기관이 일정한 사항을 불특정 다수의 국민에게 알리는 경우에 발하는 행정규칙이다.

② **훈령·예규**

훈령·예규는 상급행정기관이 소관사무에 관한 지휘·감독권에 의하여 하급행정기관 또는 소속공무원에게 일정한 사항을 지시하는 경우에 발하는 행정규칙이다. 조세법에서는 이를 '조세통칙'이라고 칭한다.

조세통칙은 개별조세법에 관한 과세관청의 해석 및 적용 기준을 축조적으로 제시한 기본통칙과 개별석 사항에 관한 조세법의 해석과 운용 지침을 주기 위하여 예규, 통첩, 지시 등의 명칭으로 발령되는 개별통칙으로 구분되는데, 세무행정의 대부분이 이들 조세통칙에 의하여 이루어지고 있다.[16]

(3) 조세에 관한 행정규칙은 조세법의 해석이나 세무행정에 사실상 중대한 영향을 미치기는 하지만, 조세법률주의에 의한 제약으로 인하여 국민의

---

15) 법규명령이란 국민에게 의무를 지우고 권리를 제한하는 것을 내용으로 하는 법규의 성질을 가진 명령을 말한다. 법규명령은 위임명령과 집행명령으로 구분되는데, 위임명령은 법률에 의하여 위임된 사항(시행규칙의 경우 법률에 의한 위임 또는 시행령에 의한 재위임 사항)이고, 집행명령은 법률을 집행하기 위한 세부사항이다.

16) 임승순·김용택, 앞의 책, 25면.

기본적 권리·의무에 관한 사항은 행정규칙으로 규정할 수 없으므로 법원성은 부인된다.[17]

바. 조례·규칙

(1) 헌법은 제117조 제1항에서 "지방자치단체는 법령의 범위 안에서 자치에 관한 규정을 제정할 수 있다"라고 규정하고 있다. 지방세에 관하여는 지방의회의 조례와 그 하위규범인 지방자치단체장의 규칙도 법원이 된다.

(2) 지방세기본법은 제5조 제1항에서 "지방자치단체는 지방세의 세목, 과세객체, 과세표준, 세율 기타 부과·징수에 필요한 사항을 정할 때에는 이 법 또는 지방세관계법에서 정하는 범위에서 조례로 정하여야 한다"라고 규정하고 있고, 동조 제2항에서 "지방자치단체의 장은 조례의 시행에 따르는 절차 기타 그 시행에 관하여 필요한 사항을 규칙으로 정할 수 있다"라고 규정하고 있다.

2. 불문법

가. 관습법

과세관청이 상당기간 동안 행해 온 관행이 일반 국민의 법적 확신을 얻게 된 때에는 관습법이 형성되었다고 볼 수 있다. 그러나 조세법률주의 하에서는 관습법에 의하여 납세의무가 창설될 수 없다.

나. 판례

한국에서는 선판례구속의 원칙이 인정되지 아니하므로 판례는 법원이 될 수 없다.

다. 조리

조리란 사람들이 일반적으로 합리적이라고 생각하여 공동체생활에서 지켜져야 한다고 인식되는 원칙을 말한다. 조리는 법을 제정하거나 실정법을 해석함에

---

17) 대법원 1992. 12. 22. 선고 92누7580 판결.

있어 가치기준, 즉 타당성의 근거가 되고 법의 흠결된 부분에 관하여 재판의 준거가 되지만 법의 존재형태로 볼 수는 없다는 것이 일반적인 해석의 입장이다.

VII. 절세, 탈세, 조세회피 및 조세포탈의 의미

1. 서설

조세란 특정한 대가 없이 일방적으로 부담해야 하는 급부이다. 따라서 납세자는 가능하다면 조세부담을 최소화하고자 하며, 기회만 있다면 윤리감에 대한 가책을 덜 느끼면서 이를 쉽게 실천하는 경향이 있다.[18] 조세부담을 최소화하려는 납세자의 행동양식은 절세, 탈세, 조세회피 등으로 구분할 수 있다.

2. 절세

절세(tax saving; Steuerersparrung)란 입법자가 과세대상으로 고려하지 않은 영역에서 조세부담을 경감하는 행동양식을 말한다. 절세는 경제적 관점이 아닌 법적 관점에서 조세목적상 부적절하다는 이유로 입법자에 의하여 무시된 납세자의 행위이다.[19] 절세는 모든 국가에서 적법하고 전적으로 정당한 행위로 받아들여진다. 납세자의 입장에서는 법이 허용하는 한도 내에서 최대한 절세하는 것이 조세법의 양대 기본원칙인 조세법률주의와 조세평등주의에 부합한다.

3. 탈세

탈세(tax evasion; Steuerhinterziehung)란 납세자가 과세요건을 충족하는 사실의 일부 또는 전부를 가장하거나 은닉하여 조세부담을 면탈하는 행위를 말한

---

18) 이태로·이철송, 세법상 실질과세에 관한 연구 — 조세회피의 규율방안을 중심으로, 한국경제연구원, 1985, 7면.

19) V. Uckmar, Tax Avoidance/Tax Evasion: Studies on International Fiscal Law, vol. LX a, 1983 International Fiscal Association(I.F.A.), Kluwer(The Netherlands), 1983, p.20.

다.[20] 이러한 탈세는 조세법 규정을 위반하여 납세의무(tax liability)가 아닌 납세자체(payment of tax)를 면탈하는 행위이다.[21] 탈세는 조세법 규정을 직접 위반하는 행위이므로 세수의 손실이라는 재정적 효과보다는 위법이라는 측면에 중점을 두고 다루어진다.

4. 조세회피

조세회피(tax avoidance; Steuerumgehung)란 법적 형식의 선택가능성을 남용하여, 즉 부당하게 조세부담을 감소시키는 거래행위를 말한다. 조세회피는 과세요건의 충족, 즉 납세의무의 성립을 회피하기 위하여 취해지는 행위이다.[22] 절세는 입법자가 의도하지 아니한 영역, 즉 '조세상 자유로운 영역(fiscally free areas)' 내의 행위이지만, 조세회피는 입법자가 의도는 하였지만 미치지 못한 '입법상의 맹점(legislative loopholes)'을 이용하는 것이다.[23] 또한 조세회피는 조세법 규정에 반함이 없이 납세의무를 회피하는 행위로서 사법(私法)상으로는 적법·유효한 행위[24]라는 점에서 탈세와 구별된다.

5. 조세포탈

조세포탈이란 '사기 기타 부정한 행위'에 의하여 납부하여야 할 세액을 납부하지 아니하거나 일부만 납부하는 것을 말한다. 조세포탈죄에서의 '사기 기타 부정한 행위'란 '조세의 부과와 징수를 불가능하게 하거나 현저히 곤란하게 하는 적극적 행위'를 말한다. 탈세는 이를 조세범처벌법의 적용을 받는 조세포탈과 조세포탈 이외의 탈세로 구분할 수 있다.[25]

---

20) 金子 宏, 租稅法, 弘文堂, 2021, 135面.
21) V. Uckmar, op. cit., p.20.
22) 金子 宏, 앞의 책, 135面.
23) V. Uckmar, op. cit., p.20-24.
24) 이에 대해서는 조세회피가 형식적으로는 일응 사법(私法)상 인정되는 합리적인 형식을 선택한 것으로 보일 수 있으나 실질적으로는 조세부담의 공평을 해하고 결과적으로 부당하게 조세부담의 경감 또는 배제를 기도하는 행위로서 무효로 취급되는 탈법행위라고 보아야 한다는 견해도 있다, 吉良實, 實質課稅の展開, 中央經濟社, 1980, 52-53面.

6. 조세의 탈루

'탈루'라는 용어는 비단 조세법분야에서만이 아니고 전 법분야에서 고루 쓰이고 있는 용어이다. 조세의 탈루는 조세법에 따라 납부하여야 할 조세를 납부하지 아니하는 일체의 행위를 의미하는 것으로, 조세포탈은 물론 조세포탈 이외의 탈세와 조세회피를 포함하는 의미로 사용될 수 있다.

VIII. 조세의 약사(略史)

1. 서설

현대적 의미의 조세는 수평적 관계인 동등한 시민을 전제로 한다. 서양의 조세제도는, 수직적 관계인 중세에도 비슷한 것이 있었지만, 본격적으로는 수평적 관계가 확산된 근대에서 도입되어 현대로 넘어오면서 정립되었다. 한국의 중세와 근대는 수직적 관계인 전제군주시대와 뒤이은 일제강점기이었으므로, 이들 시대에 만들어진 조세제도를 오늘날 모범으로 삼기에는 많은 한계가 있다. 한국에 현재와 같은 조세제도가 도입된 것은 광복 후 미군정이 들어서면서부터이다. 광복 후인 1945년 11월 '미군정법령(美軍政法令) 21호'로 일제강점기 말의 무질서한 조세체계가 정비되었고, 그 뒤 여러 차례의 세제개혁을 통하여 현재에 이르렀다. 이하에서는 한국의 조세체계를 이해히는 데 도움이 될 만한 서구의 조세사를 소득세제를 중심으로 간략하게 소개한다.

2. 영국의 조세사

유럽에서는 토지에 대한 조세가 가장 오래된 조세라고 한다. 중세 유럽국가에서는 토지를 가진 자가 국왕에게 토지세를 임의로 지급하였는데, 이것이 점차

---

25) 이준봉, "조세범처벌에 관련된 헌법상 쟁점들에 대한 검토", 조세학술논집, 제31집 제3호, 2015, 202면 참조.

당연히 기대되는 것으로 되었고 그 다음에는 정기적·의무적으로 지급하여야 하는 것으로 발전하였다. 토지를 갖지 아니한 자에 대해서는 인두세(人頭稅)가 부과되었다. 근대 계몽주의 시대로 넘어오면서 조세부담의 공정한 배분에 관한 인식이 생겨나게 되었고, 프랑스 혁명에서는 과세의 일반성과 평등성이 요구되기에 이르렀다. 유럽 최초의 소득세는 영국에서 1799년 나폴레옹전쟁을 치르기 위한 재원을 마련하기 위하여 도입되었는데, 이때 만들어진 소득세가 고정적인 재정수입원으로 입지를 굳히지는 못하였고 1802년 영프휴전(아미앵화약)으로 폐지되었다. 그 다음 해인 1803년에 프랑스와의 전쟁이 다시 시작되자 영국은 재차 소득세를 도입하였는데, 이는 '소득분류(schedule)'26)에 기초한 것으로서 오늘날 영국 소득세제의 토대가 되었다. 현재 영국 소득세의 과세대상소득은 근로소득, 사업소득, 부동산소득, 이자·배당소득 및 연금소득이다.

3. 독일의 조세사

독일에서도 1812년 영국을 모델로 하여 소득세가 도입되었는데 2년 후에 폐지되었다. 당시 프로이센의 국가학과 재정학은 담세력에 따른 과세형태라는 이유로 소득세를 지지하였지만, 소득세를 부과하면 개인의 사생활이 그대로 드러날 수밖에 없다는 우려가 확산되면서 이를 계속 유지되기가 어려웠다. 또한 프로이센에서는 1820년 소득세로 계급세(Klassensteuer)를 도입하였는데, 계급에 대한 증명을 요구하는 것은 아니었기 때문에 대부분의 사람들이 낮은 계급으로 신고하여 세금이 제대로 걷히지 아니하였다. 이후 프로이센은 1891년 재차 소득세를 도입하였는데, Fuisting 재무장관 등이 발전시킨 소득원천설(Quellentheorie)에 기초하여 자본재(Kapitalvermögen), 토지(Grundvermögen), 상업과 사업(Handel und Gewerbe) 및 노동(Beschäftigung)의 4개 원천으로부터의 소득에 대하여 과세하였다. 한편 제1차 세계대전 후 과세권한이 제국(Reich)으로 이전되면서 1920년 제정된 소득세법(Reichseinkommensteuergesetz)은 Schanz 교수의 순자산증가설(Reinvermögenszugangstheorie)

---

26) 당시 영국 소득세는 소득을 전형적 원천별로 분류한 뒤 원천마다 따로 과세하였는데, 그 때 분류된 소득의 원천은 땅, 금융자산, 사업소득 등 노동의 산물, 국가 및 공공기관의 직무 등 4가지였다. 이창희, 세법강의, 박영사, 2022, 298면 참조.

에 기초하고 있었다. 그 후 1925년 개정된 소득세법은 다시 소득원천설에 따른 소득분류로 회귀하였고, 1934년에는 소득세법에 농림업소득, 사업소득, 독립노동소득, 종속노동소득, 자본재소득, 임대소득 및 기타소득의 7가지 소득분류가 채용되어 현재에 이르고 있다.[27]

4. 미국의 조세사

미국에서 소득세가 최초로 도입된 것은 1861년 연방정부가 남북전쟁의 재원을 조달하기 위해서였는데, 이 소득세는 전후 1871년 폐지되었다. 이후 1874년 소득세가 다시 도입되었으나 그 소득세는 1895년 위헌판결을 받았다.[28] 미국에 오늘날과 같은 소득세가 도입된 것은 1913년 헌법 16차 수정을 통해서이다. 미국은 1913년 헌법 16차 수정을 통하여 대부분의 유럽 제국이 취하고 있는 분류소득과세제도(scheduler system)와 결별하고 응능과세의 원칙에 기초한 포괄적 소득과세제도(global system)를 채용하였다. 미국의 입장에서는 세수라고 하는 국가의 운영재원을 어떻게 배분하느냐가 중요한 문제였고, 이 문제를 해결함에 있어서는 분류소득과세(소득원천설)보다는 포괄적 소득과세(순자산증가설)가 적절하다고 판단했던 것이다.[29] 미국의 소득세제는 소득분류를 단순화하여 소득을 통상소득(ordinary income)과 자본이득(capital gain)[30]만으로 분류하고 있다.

---

27) Dieter Brik, Steuerrecht, 4. Auflage, C. F. Müller, 2001, s. 5-8.
28) 미국 연방대법원은 소득세가 부유한 자와 가난한 자에게 다른 세금을 부과하는 것으로 불공평하다는 이유로 위헌판결을 내렸다. 이와 같은 위헌판결의 배경에는 중서부의 농민·노동자와 동부의 산업계와의 이해대립이 자리하고 있는데, 당시의 헌법은 각 주의 인구비로 세수를 분배한다고 규정하고 있었다.
29) 미국 경제학자들에게 있어서 소득에 대한 보편적인 개념정의는 이른바 'Haig-Simons income'이라고 불리우는 것인데, 'Haig-Simons income'에 따르면 '소득'이란 일정 기간 동안의 개인의 소비력 증가분을 말한다. 이러한 개념정의에 의하면, 개인의 연간 소득은 그 개인이 1년 동안 소비하는 상품과 용역의 가치에 그 해에 발생하는 저축 등 부의 순변화(純變化. net change)를 더한 것이다, Joel Slemrod and Jon Bakija, Taxing Ourselves - 4th ed., The MIT Press, 2008, p.28.
30) 자본이득(capital gain)이란 자본으로 부동산이나 주식 등 자산을 매입하고 그 자산의 가치가 상승하여 얻게 되는 이익을 말한다.

5. 일본의 조세사

일본의 소득세제는 처음에는 유럽의 방식을 채용했었는데, 미군정으로 인하여 미국의 방식이 상당 부분 유입되었고, 샤우프(C. Shoup) 세제개혁안(1949 Report on Japanese Taxation by Shoup Mission. 이하 'Shoup 권고'라고 한다)에 의하여 현대 일본 조세제도의 기초가 마련되었다. 일본의 2차 세계대전 패망 후 Shoup 컬럼비아대학 교수와 그 일행은 미군정의 후원하에 일본의 조세개혁에 깊이 관여하였는데, 일본의 소득세제는 Shoup 권고 이전과 이후로 나눌 수 있다.

Shoup 권고에서는 누진적이고 통합적이며 세원이 넓은 소득세제를 추진하였는데, 그 기본원칙을 간략하게 설명하면 다음과 같다. 첫째, 기본적인 이념은 공평(equity)이고, Shoup 권고는 포괄적 소득과세(comprehensive tax)를 통해 이를 달성하고자 하였다. 둘째, 포괄적 소득과세에 기초하고 있기 때문에 소득의 종류를 구분하여 세원을 결정하는 것이 아니라 원칙적으로 모든 소득이 세원에 포함되는 소득세 중심주의를 추구하고자 하였다. 셋째, 일시적인 전후 처리의 세제라기보다는 항구적인 세제의 확립을 목표로 하였다. 넷째, 민주주의에 기초한 세제를 확립하려 하였고, 그 연장선상에서 지방자치제의 재정확보도 고려하였다.[31][32]

---

31) 은민수, "칼 샤우프(Carl Shoup)의 조세개혁 실패와 일본의 저부담 조세구조의 형성", 아태연구, 제22권 제4호, 2015, 138-139.

32) Shoup 권고로 만들어진 직접세 중심의 일본 조세체계는 현재까지도 유지되고 있으나, Shoup 권고 이후 미국이 긴축과 통제를 통하여 일본 경제의 자본축적을 추구하는 것으로 전략을 전환하고 일본정부가 저축에 기반한 민간자본투자 확대 등으로 경제발전 전략을 수정하면서, 법인세 의존과 소득세 인하, 개인저축 세금우대, 국가재정의 높은 부채의존도 등이 진행되어 본래의 원형과는 큰 차이를 보여주고 있다, 위의 논문, 157-158면.

제 2 장 조세법의 헌법적 기초

조세법을 떠받치고 있는 양대 축이 있는데, 조세법의 입법, 해석 및 적용상 최고의 원칙인 조세법률주의가 그 하나이고, 조세법의 기본이념인 조세공평주의가 다른 하나이다.

조세는 반대급부가 없는 일방적인 급부라는 비보상성과 함께 강제징수성이라고 하는 속성을 가지므로, 조세법은 과세당국의 자의적인 과세를 배제하고 국민에게 법적 안정성과 예측가능성을 부여하기 위하여 조세법률주의를 최고의 원칙으로 두고 있다.

또한 이 같은 속성을 가진 조세가 공평하지 않다면 국민의 저항에 부딪혀 국고목적을 달성할 수 없게 되기 때문에, 조세법은 조세공평주의를 그 지향점인 기본이념으로 하고 있다.

아울러 재산권, 자유권 등 헌법의 개별규정들이 조세입법의 위헌 여부에 대한 심사기준이 되는 것은 물론이고, 과잉금지의 원칙이라든가 신뢰보호의 원칙과 같은 헌법원리들이 조세입법의 한계로서 작용한다.

제 1 절 총설

헌법이나 국세기본법에 조세의 개념정의는 없지만, 조세는 국가 또는 지방자치단체가 재정수요를 충족시키거나 사회·경제정책의 실현을 위하여 국민 또는 주민에 대하여 반대급부 없이 강제적으로 부과·징수하는 금전급부를 의미하는 것으로 일반적으로 받아들여지고 있다.

헌법은 그 기본원리인 국민주권주의와 국민의 기본권 보장 차원에서, 국민의 재산권과의 마찰을 조정하기 위하여 조세의 부과·징수에 반드시 법률적 근거를 필요로 하도록 규정하고 있다. 아울러 헌법은 조세법상 조세부담이 국민에게 공평하게 배분되도록 함으로써 조세의 부과·징수 대상자로서의 국민이 합리적 기준에 의하여 평등하게 처우되도록 규정하고 있다.

헌법이 그 전문에서 "자유민주적 기본질서를 더욱 확고히 하여"라는 표현을 사용하고, 제1조에서 국민주권주의를 선언하며, 제23조 제1항에서 재산권을 보장하고, 제38조에서는 "모든 국민은 법률이 정하는 바에 의하여 납세의 의무를 진다"라고 규정하며, 다시 제59조에서 "조세의 종목과 세율은 법률로 정한다"라고 규정하고 있는 것은, 바로 조세의 합법률성 원칙, 즉 조세법률주의를 천명한 것이다. 과세의 요건과 그 부과·징수절차는 국민의 대표기관인 국회가 제정한 법률에 의하여 규정되어야 하고, 나아가 그 법률의 집행에 있어서도 엄격하게 해석·적용되어야 하며 행정편의적인 확장해석이나 유추해석은 허용되지 아니한다.[1]

헌법은 전문에서 '각인의 기회를 균등히 하고'와 '안으로는 국민생활의 균등한 향상을 기하고'라고 규정하고, 제11조 제1항에서 "모든 국민은 법 앞에 평등하다. 누구든지 성별·종교 또는 사회적 신분에 의하여 정치적·경제적·사회적·문화적 생활의 모든 영역에 있어서 차별을 받지 아니한다"라고 규정하여, 평등취급 내지는 차별금지를 내용으로 하는 조세공평주의 원칙을 천명하고 있다. 이들 헌법규정에 근거하여, 국세기본법은 제18조 제1항에서 "세법의 해석·적용에 있어서는 과세의 형평과 당해 조항의 합목적성에 비추어 납세자의 재산권이 부당하게 침해되지 아니하도록 하여야 한다"라고 규정하여 조세공평주의 원칙을 명문으로 재확인하고 있고, 동법 제19조에서도 "세무공무원이 재량으로 직무를 수행할 때에는 과세의 형평과 해당 세법의 목적에 비추어 일반적으로 적당하다고 인정되는 한계를 엄수하여야 한다"라고 규정하여 이를 부연하고 있다.[2]

---

1) 헌법재판소 1990. 9. 3. 89헌가95 결정.
2) 위의 결정.

제 2 절 조세법률주의

Ⅰ. 조세법률주의의 의의

1. 총설

조세법률주의란 조세는 국회가 정한 법률에 의해서만 부과·징수할 수 있다는 조세법의 입법, 해석 및 적용상 최고의 원칙이다. 국회가 정한 법률은 국민의 자기결정이라는 의미를 가지므로 국민 스스로가 자기의 조세를 정한다는 의미를 가진다(No taxation without representation). 근대 국가의 모든 행정은 법치주의를 기반으로 하는데, 조세는 다른 행정에서보다 국민의 재산권에 대한 침해의 정도가 상대적으로 크기 때문에 법치주의가 강조된다.

국가는 국고목적을 위하여 국민에게 일방적인 급부의무인 납세의무를 부과하고 조세를 강제적으로 징수하는데, 이로 인하여 조세는 재산권과의 마찰의 소지가 항상 존재한다. 조세법률주의를 조세법 최고의 원칙으로 두는 것은 과세당국의 자의적인 과세를 배제하고 국민에게 법적 안정성과 예측가능성을 부여하기 위함이다. 즉, 조세목적과 헌법상 보장되어 있는 기본권 중 재산권 간의 마찰을 조정하기 위한 것이다.

조세법률주의 원칙은 형식적으로는 국민의 대표기관인 국회가 제정한 법률에 의해서만 조세를 부과·징수할 수 있다는 것이지만, 실질적으로는 과세요건과 절차 및 그 법률효과를 미리 법률로써 명확하게 규정하여 이를 국민에게 공표함으로써, 국민으로 하여금 조세상 자신에게 불이익을 초래할 행위를 스스로 삼가하거나 자제할 수 있도록 하는 등 장래에 대한 예측과 행동방향의 선택을 보장하고, 그 결과로 국민의 재산권이 국가의 과세권의 부당한 행사로부터 침해되는 것을 예방하고 국민생활의 법적 안정성을 보호하려는 데 그 의의가 있다.3)

조세법률주의는 파생원칙인 과세요건 법정주의, 과세요건 명확주의, 소급과세입법 금지의 원칙 및 엄격해석의 원칙을 통하여 조세법에서 구체적으로 실현된다.

---

3) 헌법재판소 1990. 9. 3. 89헌가95 결정 참조.

2. 현행법상의 근거규정

가. 규정

헌법은 제38조에서 "모든 국민은 법률이 정하는 바에 의하여 납세의 의무를 진다"라고 규정하고, 제59조에 "조세의 종목과 세율은 법률로 정한다"라고 규정하고 있다. 이들 헌법규정에 근거를 둔 조세법률주의는 조세공평주의와 함께 조세법의 양대 기본원칙으로서 법률의 근거 없이 국가는 조세를 부과·징수할 수 없고 국민은 조세의 납부를 요구받지 않는다는 원칙이다.

나. 법리

위의 헌법규정들에 근거한 조세법률주의가 추구하는 바는 과세요건을 법률로 규정하여 국민의 재산권을 보장하고, 과세요건을 명확하게 규정하여 국민생활의 법적 안정성과 예측가능성을 보장한다는 것이다. 세목과 세율은 예시로 보는 것이 일반적인 해석의 입장이고 그 밖에 과세요건, 징수절차 등도 법률로 정하여야 한다.[4)]

3. 조세법률주의의 예외

가. 지방세

지방세기본법은 제5조에서 세목, 과세대상, 과세표준, 세율 등을 법률의 위임에 의하여 조례에서 정할 수 있도록 규정하고 있다. 세율은 법률에서 탄력세율로 정하고 있는 경우 조례에서 이를 조정할 수 있다. 다만, 세목의 경우에는 헌법 제58조에서 법률로 정하도록 규정하고 있기 때문에 설사 법률의 위임이 있더라도 조례에 의하여 세목을 창설할 수는 없다고 해석하여야 할 것이다.

나. 관세

관세는 과세대상이 수입화물이기 때문에 대상국가와의 상호주의원칙 등으로

---

4) 헌법재판소 1995. 11. 30. 94헌바14 결정 참조.

인하여 조세법률주의의 엄격한 적용이 곤란하고, 법률에서 정하는 관세율인 국정세율과는 다른 조약에 의한 협정세율이 있는 경우 국정세율이 배제되고 협정세율이 적용된다. 헌법은 제6조 제1항에서 "헌법에 의하여 체결·공포된 조약과 일반적으로 승인된 국제법규는 국내법과 동일한 효력을 가진다"라고 규정하고 있다.

다. 대통령긴급명령

대통령긴급명령은 법률의 효력을 가진다. 대표적인 예로는, 과세에 관한 내용[5]도 담고 있는, 1993년 발해진 구 '금융실명에 관한 대통령긴급명령' [1997년 「금융실명거래 및 비밀보장에 관한 법률」(이하 '금융실명법'이라 한다)이 제정되면서 폐지됨]이 있다.

II. 조세법률주의의 파생원칙

조세법률주의는 파생원칙인 과세요건 법정주의, 과세요건 명확주의, 소급과세입법 금지의 원칙 및 엄격해석의 원칙에 의하여 조세법에서 구체적으로 실현된다. 조세법률주의는 이 중에서도 과세요건 법정주의와 과세요건 명확주의를 그 핵심적인 내용으로 하고 있다.

1. 과세요건 법정주의

가. 개요

과세요건 법정주의란 조세는 국민의 재산권 보장을 침해하는 것이기 때문에 납세의무를 성립시키는 납세의무자·과세물건·과세표준 및 세율의 과세요건과 조세의 부과 및 징수절차를 국민의 대표기관인 국회가 제정한 법률로 규정하여야 한다는 원칙이다. 이 원칙은 개별조세법의 성문성·강행규정성의 근거가 되는 입

---

5) 금융실명법은 실명에 의하지 아니하고 거래한 금융자산에서 발생하는 이자 및 배당소득에 대하여는 소득세의 원천징수세율을 100분의 90으로 하는 등 비실명자산소득에 대한 차등과세를 규정하고 있다(금융실명법 제5조 참조).

법상 원리이다.

나. 조세법률주의와 위임입법의 한계

조세법률관계가 복잡다기하고 조세법이 빈번하게 바뀌기 때문에 조세법에서의 위임입법은 불가피하다. 과세요건 법정주의 원칙에 따라, 과세요건 등을 하위법령에 위임하는 경우에는 개별적·구체적 위임은 가능하지만 포괄적 위임 또는 백지위임은 허용되지 아니한다. 즉, 위임입법을 하는 경우에는 그 목적·내용·범위 등을 특정하여야 한다.

위임입법에 관하여 헌법이 제75조에서 "대통령은 법률에서 구체적으로 범위를 정하여 위임받은 사항과 ……에 관하여 대통령령을 발할 수 있다"라고 규정하고 있는 것은 법률에 이미 대통령령으로 규정될 내용과 범위에 관한 기본사항이 구체적으로 규정되어 있어서 누구라도 당해 법률로부터 대통령령에 규정될 내용의 대강을 예측할 수 있어야 함을 의미하고, 이는 행정권에 의한 자의적인 법률의 해석과 집행을 방지하고 의회입법의 원칙과 법치주의를 달성하려는 데 그 의의가 있다.[6]

위와 같은 위임입법의 구체성·명확성의 요구정도는 그 규제대상의 정도와 성격에 따라 달라질 것이지만, 국민의 재산권을 직접적으로 제한하거나 침해하는 내용의 조세법규에 있어서는 조세법률주의의 이념에 비추어 일반적인 급부행정법규에서와는 달리 그 위임의 요건과 범위가 보다 엄격하게 그리고 제한적으로 규정되어야 한다.[7]

2. 과세요건 명확주의

가. 개요

과세요건 명확주의는 과세요건을 법률로 규정하고 있다고 하더라도 그 내용이 지나치게 추상적이거나 불명확하면 과세관청의 자의적인 해석과 집행을 초래

---

6) 헌법재판소 1991. 7. 8. 91헌가4 결정 참조.
7) 헌법재판소 1991. 2. 11. 90헌가27 결정; 1994. 7. 29. 92헌바49, 52(병합) 결정; 1995. 11. 30. 94헌바14 결정.

할 염려가 있으므로, 그 규정의 내용이 명확하고 일의적이어야 한다는 원칙이다. 즉, 국민이 그 의미를 분명하게 이해하고 조세부담을 예측할 수 있도록 과세요건 을 명확하게 규정하여야 한다는 입법상 원칙이다.

나. 가치개념과 경험개념

그렇더라도 법을 집행함에 있어 구체적인 사정을 고려하여 조세부담의 공평 을 도모하기 위해서는 조세법을 입법함에 있어 불확정개념을 사용하는 것이 어느 정도 불가피하고 또 필요하기도 하다.[8] 과세요건 명확주의와 관련하여 불확정개 념 중 특히 유의하여야 할 것이 가치개념과 경험개념이다.

(1) 가치개념

과세요건 명확주의의 요청에 따라, 과세요건이 지나치게 추상적이거나 다의 적이어서 해석이 곤란한 경우에는, 입법이 아닌 해석에 포괄적 위임 또는 사실상 백지위임을 하는 것이므로 무효인 법률효과를 가진다.[9] '공익상 필요한 때'라든가 '경제정책상 필요한 때'와 같은 가치개념이 대표적인 예이다.

(2) 경험개념

경험개념은 법률에서 불가피하게 사용되는 경우가 있는데, 예를 들어, '특수 관계에 있는 자'라든가 '부당하게 낮은 대가'와 같은 경우가 이에 해당한다. 경험 개념은 목적 또는 취지에 비추어 해석이 가능한 경우에만 허용되고, 그 해석은 기 속재량행위로서 사법심사의 대상이 된다.[10] 조세법의 입법실무를 보면, 법률에서 경험개념을 사용하는 경우에는 그 법률효과의 확정 여부에 대한 불안정성을 피하 기 위하여 대개는 하위법령에서 구체적인 내용이나 기준을 정하고 있다.

---

8) 金子 宏, 租稅法, 弘文堂, 2021, 84面.
9) 위의 책, 85面; 임승순·김용택, 조세법, 박영사, 2022, 34면 참조.
10) 金子 宏, 위의 책, 85面; 임승순·김용택, 위의 책, 34−35면 참조.

3. 소급과세입법금지의 원칙[11]

가. 소급과세입법금지 원칙의 의의

소급과세입법금지의 원칙은 새로이 제정 또는 개정하는 조세법을 이전의 과세요건사실에 소급하여 적용할 수 없다는 원칙이다. 한국의 헌정질서를 지탱해 주는 양대 버팀목은 민주주의와 법치주의이다. 법치주의가 추구하고자 하는 바는 법의 이념을 실현하는 것이고, 법의 이념은 정의, 법적 안정성 및 합목적성이다. 이 중 법적 안정성은 개인의 신뢰보호를 핵심적인 내용으로 하는데, 이와 충돌하는 중요한 이슈의 하나가 소급과세입법의 효력이다. 법적 안정성과 개인 신뢰보호의 요청에 따르면, 적용하여야 할 법규정은 문제되는 행위가 있을 당시에 이미 효력을 발하고 있는 것이어야 하고 사후에 제정 또는 개정된 법규정에 의하여 과거의 행위를 판단하여서는 아니 된다. 소급과세입법금지에 관하여 헌법은 제13조 제2항에서 "모든 국민은 소급입법에 의하여 (중략) 재산권을 박탈당하지 아니한다"라고 규정하고 있고, 국세기본법은 제18조 제2항에서 "국세를 납부할 의무가 성립한 소득, 수익, 재산행위 또는 거래에 대하여는 그 성립 후의 새로운 조세법에 의하여 소급하여 과세되지 아니한다"라고 규정하고 있다.

조세법 분야에서 소급과세입법금지의 원칙을 조세법률주의의 파생원칙의 하나로 보기도 하지만, 헌법과 행정법에서 소급과세입법금지의 원칙은 신뢰보호 원칙의 일환으로 다루어진다. 공법에서의 신뢰보호 원칙은 적용대상인 신뢰이익을 과거의 것과 장래의 것으로 구분하는데, 소급과세입법금지는 과거에 대한 것이다. 헌법재판소의 결정례에서는 이러한 입장들을 포섭하여 "우리 헌법 제38조는 모든 국민은 법률이 정하는 바에 의하여 납세의무를 진다고 규정하는 한편, 헌법 제59조는 조세의 종목과 세율은 법률로 정한다고 규정하여, 조세법률주의를 선언하고 있는데, 이는 납세의무가 존재하지 않았던 과거에 소급하여 과세하는 입법을 금지하는 원칙을 포함하며, 이러한 소급과세입법금지의 원칙은 조세법률관계에 있

---

11) '소급입법의 일반적 효력'과 '소급과세입법의 효력'에 관한 보다 상세한 내용은 '최성근, "미국의 소급과세입법에 관한 법제와 판례 연구 – 소급과세입법의 헌법합치성을 중심으로", 조세학술논집, 제31집 제3호, 2015, 2–8면'과 '최성근, "조세정책의 입법적 기초와 한계 – 최근 주택관련 조세입법을 중심으로 –", 조세법연구, 제27권 제1호, 2021, 106–110면'을 참조할 것.

어서 법적 안정성을 보장하고 납세자의 신뢰이익의 보호에 기여한다"라고 설시한 바 있다.[12]

나. 소급입법의 일반적 효력 – 진정소급효와 부진정소급효

소급입법의 효력은 이를 진정소급효와 부진정소급효로 구분하는 것이 헌법 재판소[13]와 대법원[14]의 공통적인 입장이다. 전자는 이미 과거에 완성된 사실관계를 법적 규율의 대상으로 삼아 그것에 대해 사후에 제정 또는 개정된 법률이 효력을 미치게 하는 경우이고, 후자는 과거에 시작되었지만 아직 완성되지 아니하고 진행과정에 있는 사실관계를 법적 규율의 대상으로 하여 그것에 대해 사후에 제정 또는 개정된 법률이 효력을 미치게 하는 경우이다. 헌법재판소의 결정례에 따르면 진정소급입법은 원칙적으로 금지되어야 하지만 부진정소급입법의 경우에는 원칙적으로 새로운 법을 소급하여 적용할 수 있다고 한다. 대법원도 대동소이한 입장을 취하고 있다.

진정소급입법은 행위 당시에는 법적 규율의 대상이 아니었던 과거에 완성된 사실을 새로이 제정 또는 개정한 법률에 의하여 규율하는 것이어서, 부진정소급효의 경우보다 법적 안정성과 개인의 신뢰보호를 침해하는 정도가 상대적으로 크기 때문에 보다 엄격한 제약을 받는다는 것이다.[15] 그렇더라도 기존의 법규정을 변경하여야 할 공익적 필요가 매우 큰 반면에 그 법적 지위에 대한 개인의 신뢰를 보호하여야 할 필요는 상대적으로 적은 경우에는 진정소급입법도 예외적으로 허용될 수 있다는 것이 학설과 판례의 일반적인 해석이다. 헌법재판소는 구체적으로 진정소급입법이 허용되는 예외적인 경우로 ① 일반적으로 국민이 소급입법을 예상할 수 있었거나, 법적 상태가 불확실하고 혼란스러웠다거나 하여 보호할 만한 신뢰의 이익이 적은 경우, ② 소급입법에 의한 당사자의 손실이 없거나 아주 경미한 경우, 그리고 ③ 신뢰보호의 요청에 우선하는 심히 중대한 공익상의

---

12) 헌법재판소 2004. 7. 15. 2002헌바63 결정.
13) 헌법재판소 1989. 3. 17. 88헌마1 결정; 1989. 12. 18. 89헌마32, 33 결정; 1995. 10. 26. 94헌바 12 결정; 1996. 2. 16. 96헌가2 결정 등.
14) 대법원 1983. 4. 26. 선고 81누423 판결; 1989. 7. 11. 선고 89누1123 판결 등.
15) 헌법재판소 1989. 3. 17. 88헌마1 결정; 1996. 2. 16. 96헌가2 결정; 1998. 9. 30. 97헌바38 결정 참조.

사유가 소급입법을 정당화하는 경우를 들고 있다.[16)

이에 대해 부진정소급입법의 경우에는 특별한 사정이 없는 한 아직 구법관계 내지는 구법상의 기대이익을 존중하여야 할 의무가 발생하지 않았기 때문에 헌법상 금지되는 소급입법은 아니라고 한다.[17)

다. 소급과세입법의 효력 – 진정소급과세입법과 부진정소급과세입법

(1) 소급과세입법의 효력 일반

소급과세입법도 여타의 소급입법과 마찬가지로 이를 진정소급과세입법과 부진정소급과세입법으로 구분할 수 있다.

진정소급과세입법도 원칙적으로 금지되고 예외적으로 허용되는 것은 여타의 진정소급입법과 같지만, 조세법 분야에서는 소급과세입법금지의 원칙이 조세법률주의의 파생원칙의 하나로 자리매김하고 있고 국세기본법에서 직접적인 근거규정(국기법 제18조 제2항)을 두고 있기 때문에 여타의 진정소급입법의 경우보다 상대적으로 강화된 허용기준이 적용되는 것으로 보여진다. 진정소급과세입법과 관련해서는 ① 납세의무자의 신뢰가 합리적 근거를 결여하여 이를 보호할 가치가 없는 경우, ② 그보다 중한 조세공평의 원칙을 실현하기 위하여 불가피한 경우, 또는 ③ 공공복리를 위하여 절실한 필요가 있는 경우에 한하여, 법률로써 그 예외를 설정할 수 있다는 것이 판례의 입장이다.[18)

부진정소급과세입법에 대해서는 별도의 논의가 있지는 아니한데, 여타의 부진정소급입법과 마찬가지로 공익과 개인의 신뢰보호를 비교형량하여 소급입법의 허용 여부를 판단하여야 할 것이다.

한편 납세의무를 경감하는 조세법규정은 조세공평주의에 어긋나지 아니하는 한 허용된다는 것이 학설상 통설과 판례의 입장이다.[19)

---

16) 헌법재판소 1989. 3. 17. 88헌마1 결정; 1998. 9. 30. 97헌바38 결정.
17) 대법원 1983. 4. 26. 선고 81누423 판결.
18) 헌법재판소 1989. 3. 17. 88헌마1 결정; 1989. 12. 18. 89헌마32, 33 결정; 1995. 12. 28. 95헌마196 결정; 대법원 1983. 4. 26. 선고 81누423 판결.
19) 대법원 1983. 4. 26. 선고 81누423 판결.

(2) 부진정소급과세입법과 경과규정

조세법령이 납세의무자에게 불리하게 개정되고 개정 전에 납세의무 성립의 원인행위가 있던 경우라면 부진정소급과세입법의 효력이 문제될 수 있다. 이 같은 문제를 입법단계에 해결하기 위하여 경과규정을 두는 경우가 있는데, 대법원은 과거에는 "이 법 시행 당시 종전의 규정에 따라 부과 또는 감면하였거나 부과 또는 감면하여야 할 ○○세에 대하여는 종전의 규정에 따른다"라는 경과규정이 있는 경우에는 대체로 이를 특별규정으로 보아 종전의 규정을 신뢰한 납세의무자에게 유리한 종전의 규정을 적용할 수 있다는 입장을 취해 왔다.[20] 이에 대해 최근의 경향을 보면, 단지 기간을 정하지 않은 경과규정이 있다거나 장래 한정된 기간 동안 비과세 내지 면제한다는 내용의 경과규정이 있는 경우에도 이를 모두 종전의 규정을 바로 적용할 수 있는 특별규정으로 보지 아니하고, 개정 전 법령의 시행 당시 납세의무자가 그 법령의 과세요건 충족과 밀접하게 관련된 원인행위를 하였고, 그러한 행위로 인하여 신뢰를 보호할 만한 법적 지위나 법률관계를 형성한 경우에 한하여 예외적으로 종전 법령을 적용할 수 있다는 엄격한 입장을 취하고 있다.[21]

문제는 납세의무자에게 불리하게 감면 등의 요건이 강화되거나 범위가 축소되었지만 경과규정을 두지 아니하였는데, 개정 전에 원인행위가 있고 개정 당시 감면 등의 요건을 충족하고 있는 경우이다. 조세법령이 납세의무자에게 불리하게 감면 등의 요건을 강화하거나 범위를 축소하는 내용으로 개정되는 경우에는, 개정 전에 과세요건사실과 밀접하게 관련된 직접적인 원인행위가 있었고 개정 당시 감면 등의 요건을 충족하고 있는 경우를 상정하여 경과규정을 두는 것이 바람직하다. 그렇더라도 경과규정을 둘 것인지 여부는 입법재량에 속하는 문제이다. 국민의 신뢰를 최대한 보호하기 위해서는 경과규정을 두는 것이 바람직하다고 할 것이지만, 모든 경우에 반드시 경과규정을 두어야만 하는 것은 아니다.[22] 경과규정을 두지 아니한 경우에는 공익과 신뢰이익을 비교형량하여 부진정소급과세입법

---

20) 대법원 1987. 5. 12. 선고 87누88 판결; 1994. 5. 24. 선고 93누5666 전원합의체 판결 등.
21) 대법원 2001. 5. 29. 선고 98두13713 판결; 2015. 9. 24. 선고 2015두42152 판결 등.
22) 안동인, "법령의 개정과 신뢰보호원칙", 행정판례연구, 제16권 제1호, 2011, 22-23면.

의 효력을 판단하여야 할 것인데, 구 법령 하에서 원인행위를 하였고 개정 당시 종전의 규정에서 정하는 감면 등의 요건을 이미 충족하고 있었다면, 이 같은 원인 행위가 없었던 경우라든지 새로운 과세대상을 설정하거나 세율을 인상하거나 또 는 과세표준의 산정방법을 변경하는 경우보다 신뢰이익이 두텁게 보호되어야 할 것이다.

라. 기간과세 세목과 부진정소급과세입법

조세법에서 소급효가 문제되는 것은 주로 법인세나 소득세 등의 기간과세[23] 에서 과세기간이 종료되기 전에 법률이 개정된 후 강화된 과세요건이 적용되어 납세자의 법적 안정성을 침해하는 경우이다. 기간과세 세목에 대한 소급입법과 관련해서는 그 소급효의 인정 여부를 판단함에 있어 대법원과 헌법재판소가 관점 을 달리하고 있다.[24]

대법원은 일정한 기간을 과세단위로 하는 소득세나 법인세와 같은 기간과세 세목의 경우에는 과세연도말 또는 사업연도말에 과세요건이 충족되므로(국기법 제 21조 제1항 참조), 1과세연도 또는 1사업연도의 도중에 해당 조세에 관한 법규정의 제정이나 개정이 있는 때에는 당해 과세연도 초 또는 사업연도 초로 소급하여 과 세하는 것은 소급과세입법금지의 원칙에 저촉되지 아니한다는 입장이다.[25]

이에 대해 헌법재판소는 기간과세 세목에 대한 입법도 과세기간 중에 새로 이 법규정을 제정 또는 개정하여 당해 과세연도 초 또는 사업연도 초로 소급하여 과세하는 경우에는 부진정소급과세입법에 해당하므로 공익과 신뢰보호를 비

---

23) 소득세, 법인세, 부가가치세 등과 같이 일정한 과세기간이 종료하는 때에 납세의무가 성립하는 경우를 말한다. 기간과세 대상세목 중 소득세의 과세기간은 1/1~12/31이고, 법인세의 과세기간 은 법인이 정한 사업연도 기간이며, 부가가치세의 과세기간은 1/1~6/30과 7/1~12/31의 연 2회 이다.

24) 법률해석과 관련하여 헌법재판소의 결론과 대법원의 결론이 다르게 나오는 경우가 있다. 이와 관련하여 대법원은 법률에 대한 해석권은 현행 헌법상 법원의 권한이라고 주장하며 헌법재판소 의 법률해석에 대하여 그 효력을 인정하지 않으려고 하는 경향이 있다, 이동식, 일반조세법, 준 커뮤니케이션, 2017, 645면.

25) 대법원 1964. 7. 14. 선고 63누202 판결(과세연도 도중에 법률이 개정되어 비과세대상이 과세대 상으로 된 경우); 1983. 6. 28. 선고 83누26 판결(사업연도 도중에 법률이 개정되어 세율이 인상 된 경우); 1994. 1. 11. 선고 93누11005 판결(사업연도 도중에 과세시가표준액에 의한 가액산정 방식이 개별공시지가에 의한 산정방식으로 바뀌게 되어 비업무용 부동산의 범위가 넓어진 경 우) 등.

교형량하여 소급과세입법의 허용 여부를 판단하여야 한다는 입장이다.[26]

　　요컨대 대법원은 부진정소급과세입법이 원칙적으로 허용되는 것일 뿐만 아니라, 기간과세의 납세의무는 진행되는 것이 아니라 일정시점에 발생하는 것이라는 입장이다. 이에 대해 헌법재판소는 기간과세 납세의무도 진행되어 일정시점에 완성하는 것이고, 부진정소급과세입법의 허용 여부를 판단함에 있어서는 공익과 신뢰이익의 형량이 필요하다는 입장이다.

4. 엄격해석의 원칙

가. 엄격해석 원칙의 의의

　　조세법은 침해규범이고 법적 안정성과 예측가능성이 강하게 요청되기 때문에, 그 해석은 문리해석에 의하여야 하고 유추해석, 확장해석 등 논리해석은 허용되지 아니한다.[27] 조세법의 해석은 무엇보다도 문언에 충실하여야 하는데, 그 이유는 조세법에 특히 요청되는 법적 안정성과 예측가능성이 법률의 문언에 대한 충실한 해석을 통하여 가장 잘 보장되기 때문이다. 오늘날의 과세·징수방식은 국민이 자신의 위험부담하에 조세법을 해석하여 자진신고·납부하는 신고납세방식 위주이기 때문에 더욱 그러하다. 조세특례는 조세평등주의의 예외이므로 그 요건에 대한 해석은 다른 과세요건에 대한 해석보다 더욱 엄격할 것이 요청된다.

나. 목적론적 해석의 불가피성

　　조세법이라고 하더라도 문리해석만을 할 수는 없고, 어느 규정의 문언이 일의적이 아니어서 논리적 규명이 필요하다거나 문구만으로는 그 내용을 확정할 수 없는 경우에는 그 규정의 취지와 목적에 부합하는 목적론적 해석(합목적적 해석)이 필요하다는 데는 학계와 법원에서 이견이 없다.[28] 조세법이 문리해석을 원칙으로

---

26) 헌법재판소 1995. 10. 26. 94헌바12 결정; 1998. 11. 26. 97헌바58 결정 등.

27) 金子 宏, 앞의 책, 123面.

28) 일본의 경우에도 문언해석만으로 규정의 의미내용이 명확하지 아니한 경우에는 그 규정의 취지·목적을 참작하여 해석하는 것이 허용된다고 보고 있다. 그러나 일본의 법원들은 대체로 조세법률을 그 문언에 충실한 형태로 해석하고 있는 것이 현실인 듯하다, 이동식, "조세법상 엄격해석원칙의 타당성 검토", 조세법연구, 제17권 제3호, 2011, 118면 참조.

한다고 하지만, 어느 법분야건 간에 문리해석만으로 법규정의 의미를 완결적으로 파악할 수 있는 경우는 많지 않다. 그러므로 조세법 규정을 해석함에 있어 유추해석이나 확장해석과 같은 논리해석은 금지되더라도 목적론적 해석은 불가피하다.29)30)

국세기본법 제18조 제1항은 "세법을 해석, 적용할 때에는 과세의 형평과 해당 조항의 합목적성에 비추어 납세자의 재산권이 부당하게 침해되지 아니하도록 하여야 한다"라고 규정하고 있다. 이 규정은 조세법 해석의 방법과 원칙에 관한 규정이라고 할 것인데, 조세법 해석의 방법으로 법조문의 목적과 취지를 고려한 합목적적 해석 내지는 목적론적 해석을 인정하면서, 그와 같은 해석을 함에 있어서는 국민의 재산권을 부당하게 침해해서는 아니된다는 점을 명백히 하고 있다. 아울러 국세기본법 제19조는 "세무공무원이 재량으로 직무를 수행할 때에는 과세의 형평과 해당 세법의 목적에 비추어 일반적으로 적당하다고 인정되는 한계를 엄수하여야 한다"라고 규정하고 있다.

다. 목적론적 해석의 고려요소 및 한계

판례에서 조세법의 여러 가지 해석방법을 직접적으로 설시하거나 해석순서를 정한 것은 찾아볼 수 없다. 다만, 수차에 걸쳐 일관적으로 "조세법률주의의 원칙상 과세요건이나 비과세요건이거나를 막론하고 조세법규의 해석은 엄격히 하여야 하며 확장해석이나 유추해석은 허용되지 아니한다"라고 판시하고 있다.31) 아울러 "조세법률주의의 원칙상 조세법규의 해석은 특별한 사정이 없는 한 법문대로 해석하여야 하고 합리적 이유 없이 확장해석하거나 유추해석하는 것은 허용되지 않지만, 법규 상호 간의 해석을 통하여 그 의미를 명백히 할 필요가 있는 경우에는 조세법률주의가 지향하는 법적 안정성 및 예측가능성을 해치지 않는 범위 내에서 입법 취지 및 목적 등을 고려한 합목적적 해석을 하는 것은 불가피하다"라고 판시하고 있다.32) 이처럼 조세법에 대해서는 문언을 중심으로 한 문리해석

---

29) 헌법재판소 1989. 7. 21. 89헌마38 결정 참조.
30) 규정에 따라서는 목적론적 해석 이외에도 역사적 해석이나 체계적 해석이 필요한 경우도 있다.
31) 대법원 1987. 5. 26. 선고 86누92 판결; 1989. 4. 25. 선고 88누643 판결; 1990. 5. 22. 선고 89누 7191 판결; 1991. 7. 9. 선고 909797 판결; 1994. 2. 22. 선고 92누18603 판결 등.
32) 대법원 2008. 1. 17. 선고 2007두11139 판결; 2008. 1. 31. 선고 2007두13852 판결; 2008. 2.

을 우선으로 하고 있고 그 외에는 대체로 사회의 통념에 의하여 법규의 입법취지
와 그 법문의 의미와 목적을 고려한 목적론적 해석방법을 사용하고 있다.[33] 아울
러 조세법 규정에 대한 목적론적 해석을 함에 있어서는 특히 조세중립성과 법적
안정성 및 공평이 고려되어야 할 것이다.[34]

　　문제는 조세법의 해석방법으로 목적론적 해석을 인정한다고 할 때 그 한계
를 어떻게 볼 것인지인데, 그간의 논의를 보면 목적론적 해석의 한계로 '법률의
문언이 가지는 예측가능성', '당해 조항의 내용을 논리적 모순 없이 파악할 수 있
는 정도' 등이 제시된 바 있다.[35] 판례는 법문의 가능한 의미 내에서 입법취지 등
을 고려한 합목적적 해석을 하는 것이 조세법률주의에 위배되는 것은 아니라는
입장이다.[36] 입법취지의 고려 내지는 존중과 관련해서는, 법령은 입법자의 입법
형성권을 존중하는 방향으로 해석되어야 하지만, 법령 제정 당시 입법자의 의사
에 구속되는 것은 아니고 법령의 정당한 의미를 찾아 현실에 맞게 해석되어야 할
것이다.[37]

라. 차용개념의 해석

　　조세를 부과하고 징수하는 것은 조세법적 사실의 인정을 그 출발점으로 하
는데, 조세법적 사실을 인정함에 있어서는 그 전제로서 조세법에 규정되어 있는
제개념의 법규범적 의미에 대한 정확한 이해가 선행되어야 한다. 이 경우 특히 조
세법에서 사법(私法)상의 개념을 빌어 사용하고 있는 이른바 차용개념의 해석이

---

15. 선고 2007두4438 판결 등.
33) 독일 조세법원의 판결은 한때 제2차 세계대전 이후에는 나치체제에 대한 반동으로 법 문언에
　　충실한 법해석을 해 오다가 1980년대 중반 이후에는 상당히 목적적 해석범위를 확대하고 있다,
　　이동식, "조세법상 엄격해석원칙의 타당성 검토", 앞의 논문, 119면 참조. 미국의 경우를 보면
　　조세법의 해석상 엄격해석만 가능하다고 보았던 과거와는 달리, 오늘날에는 다른 법률해석과
　　마찬가지로 조세법의 해석상 확대해석을 허용하는 경향이 두드러지고 있다, 이창희, "조세법연
　　구방법론", 서울대학교 법학, 제46권 제2호, 2005, 10면. 한편 같은 영미법계 국가라도 영국에서
　　는 조세법의 해석은 엄격하게 하여야 하는 것으로 이해되고 있고, 최근에야 취지해석을 적극적
　　으로 하는 사례들이 하나 둘 나타나고 있다고 한다, 오윤, "미국헌법상 조세법률원칙의 우리 조세
　　법에 대한 시사점에 관한 연구", 공법학연구, 제9권 제3호, 2008, 371면 참조.
34) 이창희, 세법강의, 박영사, 2022, 89−90 참조.
35) 김두형, "조세법의 해석방법론", 세무학연구, 제10호, 1997, 63면 참조.
36) 대법원 2008. 1. 17. 선고 2007두11139 판결; 2008. 2. 15. 선고 2007두4438 판결; 2008. 4. 24.
　　선고 2006두187 판결; 2011. 7. 21. 선고 2008두150 전원합의체 판결 등 참조.
37) 대법원 2022. 4. 21. 선고 2019도3047 전원합의체 판결 참조.

문제된다.[38] 조세관계에 있어서는 대부분의 경우 사법상의 거래 또는 사법상의 거래를 원인으로 하는 행위에 대응하여 과세 또는 징세가 이루어진다. 먼저 과세분야에 있어서는 사법상의 거래관계를 전제로 하고 있기 때문에 사적 거래에서 사용되고 있는 민법, 상법의 개념을 직접 또는 간접적으로 사용하지 아니할 수 없다. 다음으로 징세분야에 있어서도 징세관계를 명확하게 하기 위하여 사법상의 개념이 사용되는 경우가 있다. 예컨대, 국세우선의 원칙을 규정하고 있는 국세기본법 제35조는 국세 등과 사법상의 권리가 경합하는 경우 어느 것이 우선하는가 등을 결정함에 있어 사법상 개념과의 불일치로 인한 혼란을 방지하기 위하여 전세권, 질권, 저당권 등 사법상의 개념을 직접 차용하고 있다.

차용개념의 해석과 관련해서는, 조세법상 정의규정을 두어 그 개념의 의의와 내용을 명확히 하고 있는 경우라든가 조세법상 그 개념의 의의 또는 내용이 명확하게 되어 있지는 않지만 입법취지상 목적론적 해석이 개재될 여지가 거의 없는 경우라면 별 문제가 없겠지만, 문제가 되는 것이 조세법상 그 개념의 의의 또는 내용이 명확하지 아니하여 목적론적 해석이 개입할 여지가 많은 경우이다. 사법과의 연관성에서 볼 때, 납세의무는 각종의 경제활동 내지 경제현상으로부터 발생하는 것이고 그러한 활동 내지 현상은 1차적으로 사법에 의하여 규율되고 있다. 그렇기 때문에 조세법이 그것을 과세요건 규정 중에 채용함에 있어 사법에서와 동일한 개념을 사용하고 있는 경우에는, 다른 의의 또는 내용으로 해석할 것이 조세법에 명문으로 규정되어 있거나 그 취지가 명확한 경우를 제외하고는, 사법에 있어서와 동일한 의의와 내용으로 이해하는 것이 법규범 전반에 걸친 보편적 기본이념의 하나인 법적 안정성과 예측가능성을 도모한다는 측면에서 바람직하다.[39]

[관련판례] 조세법률주의

1. 과세요건 법정주의와 과세요건 명확주의 - 헌법재판소 1989. 7. 21. 89헌마38 결정 (공통) * 한정합헌
2. 진정 소급입법에 의한 과세 - 헌법재판소 2014. 7. 24. 2012헌바105 결정 * 위헌

---

38) 北野弘久, 經營意思決定と稅法問題, 商事法務, No. 1078, 1986, 35面.
39) 金子 宏, 앞의 책, 127面; 北野弘久, 위의 논문, 36面 참조.

3. 부진정 소급입법에 의한 과세 01 – 헌법재판소 1995. 10. 26. 94헌바12
   결정 * 한정위헌
4. 부진정 소급입법에 의한 과세 02 – 대법원 1964. 12. 15. 선고 64누93 판결
5. 엄격해석의 원칙 – 대법원 2007. 6. 28. 선고 2005두13537 판결

1. 과세요건 법정주의와 과세요건 명확주의 – 헌법재판소 1989. 7. 21. 89헌마 38 결정40) (공통) * 한정합헌

(1) 사실관계

구 상속세법41) 제32조의2 제1항의 명의신탁 증여의제 규정에 근거하여 과세가 행해지자 그 규정에 대하여 헌법재판소에 위헌심사를 구하는 헌법소원을 제기한 사건이다.

구 상속세법 제32조의2 제1항은 "권리의 이전이나 그 행사에 등기·등록·명의개서 등을 요하는 재산에 있어서 실질소유자와 명의자가 다른 경우에는 국세기본법 제14조의 규정에 불구하고 그 명의자로 등기 등을 한 날에 실질소유자가 그 명의자에게 증여한 것으로 본다"라고 규정하고 있었다.

〈쟁점〉

구 상속세법 제32조의2(명의신탁 증여의제) 제1항이 조세법률주의(헌법 제38조와 제59조)에 위반되는지 여부

(2) 판결내용

"우리 헌법은 제38조에서 "모든 국민은 법률이 정하는 바에 의하여 납세의 의무를 진다"라고 규정하였고, 제59조에 "조세의 종목과 세율은 법률로 정한다"라고 규정하였다. 이들 헌법규정에 근거를 둔 조세법률주의는 조세공평주의와 함께 조세법의 기본원칙으로서, 법률의 근거 없이 국가는 조세를 부과·징수할 수 없고, 국민은 조세의 납부를 요구받지 않는다는 원칙이다. 이러한 조세법률주의는 이른

---

40) 이 판례는 헌법재판소가 다룬 조세법 사건 중 위헌성을 인정한 첫 번째 결정이다. 대상결정에 기초하여 조세회피의 목적이 없는 명의신탁재산을 증여의제의 대상에서 제외하는 상속세법 개정이 있었다(현행 상증세법 제45조의2 제1항). 상증세법상 명의신탁재산의 증여의제제도의 연혁에 대한 보다 상세한 내용은 '최성근, "차명금융거래 규제세제에 대한 법리적 검토", 법과정책연구, 제16집 제2호, 2016, 10–11면'을 참조할 것.

41) 이 판례 사건 당시에는 상속세법과 증여세법이 각각 있었는데, 사후와 생전이지만 무상이전이라는 공통점 때문에 규율내용에 중복되는 것이 많아 현재는 '상속세 및 증여세법'으로 묶어 놓았다.

바 과세요건 법정주의와 과세요건 명확주의를 그 핵심적 내용으로 삼고 있는 바,
먼저 조세는 국민의 재산권 보장을 침해하는 것이 되기 때문에 납세의무를 성립시
키는 납세의무자·과세물건·과세표준·과세기간·세율 등의 과세요건과 조세의 부
과·징수절차를 모두 국민의 대표기관인 국회가 제정한 법률로 규정하여야 한다는
것이 과세요건 법정주의이고, 또한 과세요건을 법률로 규정하였다고 하더라도 그
규정내용이 지나치게 추상적이고 불명확하면 과세관청의 자의적인 해석과 집행을
초래할 염려가 있으므로 그 규정 내용이 명확하고, 일의적이어야 한다는 것이 과
세요건 명확주의라고 할 수 있다. 그렇다면 위 헌법규정들에 근거한 조세법률주의
의 이념은 과세요건을 법률로 규정하여 국민의 재산권을 보장하고, 과세요건을 명
확하게 규정하여 국민생활의 법적 안정성과 예측가능성을 보장하겠다는 것이라고
이해된다."

"이러한 조세법률주의의 관점에서 볼 때, 이 사건 심판의 대상인 위 법률조항
은 (1) 과세물건을 규정함에 있어서, "권리의 이전이나 그 행사에 등기·등록·명
의개서 등을 요하는 재산"이라고 하여 "등"이라는 추상적 개념을 사용하고 있고,
(2) 과세의 요건을 규정함에 있어서 "실질소유자와 명의자가 다른 경우"라고 하여
행위 또는 거래의 결과만을 중시하고, 그 원인이 되는 행위 또는 거래의 유형에
관하여 아무런 규정을 두지 아니하였으며, (3) 증여의제의 범위를 규정함에 있어
서, "그 명의자로 등기 등을 한 날에 실질소유자가 그 명의자에게 증여한 것으로
본다"라고 하여 대상재산의 전체가액을 증여한 것으로 본다는 것인지, 아니면 신
탁의 이익 기타 특정가액만을 증여한 것으로 본다는 것인지가 불명확하여, 조세법
률주의에 위배될 소지가 있다.

"그러나 조세법률주의는 과세요건의 법정주의 또는 명확주의를 그 핵심적 내용
으로 삼는다고 하지만, 조세법의 특수성 또는 입법기술상의 제약성 때문에 일정한
한계가 있다고 하지 않을 수 없다. 즉, 조세법의 주된 규율대상은 경제적 현상인
데, 이러한 경제적 현상은 천차만별하고 그 생성·변화가 극심하기 때문에, 아무리
조세법률주의의 원칙을 고수한다고 하더라도 법률로 조세에 관한 사항을 빠짐없
이 망라하여 완결적으로 규정하기는 어렵다."

"그러나 조세법률주의의 한계와 관련하여 이 사건 심판의 대상인 위 법률조항
을 자세히 살펴보면, 과세요건의 법정주의나 명확주의에 정면으로 배치되는 것은
아니고, 합헌적 해석을 통하여 규정의 미비점을 보완할 수 있다고 보여진다. (1)
먼저 위 법률조항이 과세물건을 규정함에 있어서 추상적 개념을 사용하고 있는 것
은, 종래의 대법원 또는 하급심의 판례나, 재무부 또는 국세청의 운영례에서 볼 수
있는 바와 같이, 위 법률조항의 적용대상이 되는 재산은 부동산, 입목, 자동차, 선
박, 중기, 무체재산권, 주권, 사채권 등과 같이 권리의 이전이나 행사에 있어서 등

기·등록·명의개서 등이 효력발생요건 내지 대항요건으로서 법률상 요구되는 경우라고 한정하든지 또는 등기·등록·명의개서 등에 의하여 민사소송법상 강제집행을 할 수 있는 재산으로 한정하여 해석할 수 있을 것이다. (2) 또한 위 법률조항이 과세요건을 규정함에 있어서 문면상 얼핏 보면 행위 또는 거래의 결과만을 중시한 듯하나, 증여세는 재산의 수증이라는 권리의 취득·변경 또는 재화의 이전을 과세요건으로 하는 조세라는 점과, 그 법률조항의 후단에서 "등기 등을 한 날에 …… 증여한 것으로 본다"라고 규정하고 있는 점을 아울러 고려한다면, 위 법률조항은 행위 또는 거래의 결과만을 중시한 것이 아니라, 등기·등록·명의개서 등의 행위를 통하여 실질소유자와 명의자를 다르게 한 것을 과세의 요건으로 규정하였다고 해석할 수 있을 것이다. (3) 끝으로 위 법률조항이 증여의제의 범위에 관하여 다소 불명확한 표현을 하고 있으나, "그 명의자로 등기 등을 한 날에 실질소유자가 그 명의자에게 증여한 것으로 본다"라고 규정하여, "소유"라는 개념을 강조하고 있는 점을 미루어보면, 그 증여의제의 범위는 대상이 되는 재산의 소유권 자체를 목적으로 하는 것이라고 해석할 수 있을 것이다."

"요컨대 위 법률조항은 납세의무자·과세대상·과세방법 등 중요한 과세요건을 모두 법률로 정하고 있어 형식상으로 조세법률주의의 원칙에 어긋남이 없을 뿐만 아니라, 권리의 이전이나 행사에 등기 등을 요하는 재산을 제3자 명의로 등기한 경우에는 적어도 외부적으로는 명의상의 소유자가 완전한 권리를 취득하고 있으므로 실질적으로도 조세법률주의의 원칙에 위배되지 아니한다고 할 수 있다. 다만, 그 규정내용에서 다소 불명확하고 결과에 치중한 듯한 표현을 하고 있는 점은 입법목적에 비추어 축소해석 또는 한정해석을 한다면, 헌법이 보장한 조세법률주의의 이념인 국민의 재산권 보장이나 법적 안정성 내지 예측가능성을 크게 해치는 것은 아니라고 할 수 있다."

[보충설명] 상증세법상 명의신탁 증여의제 제도(현행 제45조의2)의 연혁 및 개요

1. '명의신탁'은 다른 말로 '차명거래'라고도 한다. 비실명거래와 차명거래는 다른 개념이다. 비실명거래는 금융거래와 거래할 때 거래자 본인 명의로 거래하지 아니하는 경우를 말한다. 이에 대해 차명거래는 자산의 명의자와 실권리자가 다른 경우를 차명거래라고 한다. 금융실명법은 본래 비실명거래를 규제하는 법률이었는데, 2014년 개정을 통하여 차명금융거래를 제한적으로 규제하는 제도가 도입되어 있다(금융실명법 제3조 제3항 및 제4항 등 참조). 「부동산 실권리자명의 등기에 관한 법률」(이하 '부동산실명법'이라 한다)은 부동산 차명거래, 즉 부동산 명의신탁을 규제하는 법률이다. 이들 법률 이외에는 상증세법에서 명의신탁을 증여로 의제하는 방식으로 차명거래를 규제하고 있다.

2. '헌법재판소 1989. 7. 21. 89헌마38 결정' 사건에서 문제된 구 상속세법 제32조의 2 제1항은 등기 등을 요하는 재산에 관하여 실질소유자와 명의자가 달라지는 결과가 발생하면 실질과세의 원칙에도 불구하고 증여로 의제하여 증여세를 과세한다는 것이다. 이 규정의 입법 연혁을 보면, 명의신탁은 수탁자가 신탁자에게 명의를 대여하는 것으로서 명의신탁자와 명의수탁자 간에는 명의신탁자에게 소유권이 유보되고 명의수탁자에게 대상자산의 소유권이 이전된 바 없으므로 양도소득세나 증여세를 과세할 수 없고, 이로 인하여 자산의 명의신탁을 이용한 각종 조세회피가 빈번하게 자행되었지만 이를 효과적으로 규제할 수 없자, 1981년 명의신탁을 자산의 증여로 의제하는 규정을 신설한 것이다.

3. 이후 1996년 부동산실명법이 제정된 이후로는 그 적용범위가 부동산을 제외한 등기, 등록, 명의개서 등을 요하는 재산으로 변경되었다. 부동산실명법에서는 부동산 명의신탁과 그에 따른 물권변동은 그 법적 효력이 무효라고 규정하고 있고 부동산 명의신탁에 대한 제재로서 형사벌과 과징금을 규정하고 있다. 무효인 거래에는 원칙적으로 조세효과가 발생하지 않기 때문에 1996년 부동산실명법이 제정된 이후에는 부동산 명의신탁을 명의신탁 증여의제의 적용대상에서 제외한 것이다.

4. '헌법재판소 1989. 7. 21. 89헌마38 결정' 사건에서는 1996년 부동산실명법 제정 전인 1982년부터 1984년까지 부동산소유권이전등기가 있었던 것으로 구 상속세법 제32조의2 제1항의 적용범위에 해당하는 것이다. 현재는 명의신탁 증여의제 제도가 특히 주식의 명의신탁에 대한 사전적 예방 또는 사후적 제재로서 중요한 의미를 지니고 있다. 그런 이유로 이 제도는 '주식명의신탁 증여의제 제도'라고도 불리운다.

2. 진정 소급입법에 의한 과세 – 헌법재판소 2014. 7. 24. 2012헌바105 결정 * 위헌

(1) 사실관계

청구인은 2003. 7. 4.부터 2006. 10. 2.까지 수원시에 오피스텔 건물을 신축하여 분양하였는데, 2007 사업연도에 32억 원이 넘는 결손이 발생하였다. 이에 청구인은, 자신이 건설업을 주된 사업으로 영위하는 법인임을 전제로 2008. 6. 19. 구 법인세법(2008. 12. 26. 개정 전) 제72조 제1항의 결손금 소급공제에 의한 환급으로서 2006 사업연도에 납부한 법인세의 환급을 신청하여 관할세무서장으로부터 4억 원을 환급받았다.

그런데 관할세무서장은 2009. 11. 1. 청구인이 건설업이 아니라 부동산공급업을 주된 사업으로 영위하는 기업으로서 결손금 소급공제 대상인 중소기업에 해당하지 않는다는 이유로 구 법인세법(2008. 12. 26. 개정 후) 제72조 제5항 제2호에 따라 청구인이 환급받은 법인세액에 이자상당액을 가산한 4억 7,000만 원을 해당 결손금이 발생한 2007 사업연도의 법인세로 징수하는 이 사건 처분을 하였다. 청구인은 수원지방법원에 이 사건 처분의 취소를 구하는 소(2011구합1543)를 제기하였으나 패소하였다. 청구인은 이에 불복하여 항소하고 당해 사건 계속 중 개정 후 법인세법 제72조 제5항 및 부칙 제9조에 대하여 위헌법률심판 제청신청을 하였으나 2012. 2. 15. 기각되자 2012. 3. 22. 이 사건 헌법소원심판을 청구하였다.

[보충설명] 2008. 12. 26. 개정 후 법인세법 제72조 제5항 및 부칙 제9조의 내용

2008. 12. 26. 개정 전 법인세법은 제72조 제5항에서 결손금 소급공제에 따라 법인세를 환급한 후 결손금이 발생한 사업연도에 대한 법인세의 과세표준과 세액을 경정함으로써 결손금이 감소된 경우 환급세액 중 그 감소된 결손금에 상당하는 세액에 대통령령이 정하는 바에 따라 계산한 이자상당액을 가산한 금액을 당해 결손금이 발생한 사업연도의 법인세로서 징수한다고만 규정하고 있었다. 그리고 이 사건과 같이 소급공제 대상 법인에 해당되지 않는데도 법인세를 환급받은 경우에 그 환급세액을 다시 징수할 수 있는 근거규정은 별도로 없었다.

2008. 12. 26. 개정 후 법인세법에서는 제72조 제5항을 개정하여 본문에서 규정하고 있던 '결손금이 발생한 사업연도에 대한 법인세의 과세표준과 세액을 경정함으로써 결손금이 감소한 경우'를 제1호로 규정하고, 제2호로 '중소기업에 해당하지 아니하는 법인이 결손금 소급공제를 통하여 법인세를 환급받은 경우'를 신설하였다. 아울러 부칙 제9조를 두어 위와 같이 신설된 제72조 제5항 제2호의 규정을 개정 법인세법 시행 후 최초로 환급세액을 징수하는 분부터 적용하도록 하였다.

〈쟁점〉
부당하게 환급받은 세액을 징수하는 근거규정인 개정조항을 개정된 법 시행 후 최초로 환급세액을 징수하는 분부터 적용하도록 규정한 법인세법 부칙(2008. 12. 26. 법률 제9267호) 제9조가 진정소급입법으로서 재산권을 침해하는지 여부

(2) 판결내용
"개정 전 법인세법은 제72조 제5항에서 "결손금 소급공제에 따라 법인세를 환급한 후 결손금이 발생한 사업연도에 대한 법인세의 과세표준과 세액을 경정함으

로써 결손금이 감소된 경우 환급세액 중 그 감소된 결손금에 상당하는 세액에 대
통령령이 정하는 바에 따라 계산한 이자상당액을 가산한 금액을 당해 결손금이 발
생한 사업연도의 법인세로서 징수한다"라고만 규정하고 있었다. 그리고 이 사건과
같이 소급공제 대상 법인에 해당되지 않는데도 법인세를 환급받은 경우에 그 환급
세액을 다시 징수할 수 있는 근거규정은 별도로 없었다.

  이에 따라 결손금 소급공제에 의하여 법인세를 환급받은 법인이 나중에 결손
금 소급공제 대상 법인이 아닌 것으로 밝혀진 경우 개정 전 법인세법은 제72조
제5항에 따라 이를 법인세로 징수할 수 있는지 여부가 문제되었다. 대법원은 그
와 같은 경우는 개정 전 법인세법 제72조 제5항의 '결손금이 발생한 사업연도에
대한 법인세의 과세표준과 세액을 경정함으로써 결손금이 감소된 경우'에 해당하
지 않는다는 것이 규정의 문언상 명백하므로, 가산금을 더하여 환급세액을 징수
하도록 한 같은 법 시행령 제110조 제5항의 규정이 적용될 여지가 없다고 판단하
였다(대법원 2007. 4. 26. 선고 2005두13506 판결). 이 판례에 따라 결손금 소급
공제 대상 법인이 아닌 법인이 결손금 소급공제에 따라 법인세를 환급받은 경우
국가로서는 그 법인을 상대로 부당이득반환 청구의 소를 제기하여 이를 환수하게
되었다.

  그러자 개정 후 법인세법에서는 제72조 제5항을 개정하여 본문에서 규정하고
있던 '결손금이 발생한 사업연도에 대한 법인세의 과세표준과 세액을 경정함으로
써 결손금이 감소한 경우'를 제1호로 규정하고, 제2호로 '중소기업에 해당하지
아니하는 법인이 결손금 소급공제를 통하여 법인세를 환급받은 경우'를 신설하였
다. 아울러 심판대상조항을 두어 위와 같이 신설된 제72조 제5항 제2호의 규정
을 개정 후 법인세법 시행 후 최초로 환급세액을 징수하는 분부터 적용하도록
하였다."

  "헌법 제13조 제2항은 소급과세금지원칙을 규정하고 있고 새로운 입법으로 과거
에 소급하여 과세하거나 이미 납세의무가 존재하는 경우에도 소급하여 중과세하는
것은 헌법에 위반된다(헌법재판소 2012. 12. 27. 2011헌바132 등 참조). 한편 소급
입법은 신법이 이미 종료된 사실관계에 작용하는지 아니면 현재 진행 중에 있는 사
실관계에 작용하는지에 따라 '진정소급입법'과 '부진정소급입법'으로 구분되고, 진정
소급입법은 헌법적으로 허용되지 않는 것이 원칙이며 특단의 사정이 있는 경우에만
예외적으로 허용될 수 있다(헌법재판소 2008. 5. 29. 2006헌바99 등 참조)."

  "심판대상조항은 개정 후 법인세법이 시행된 다음 최초로 환급세액을 징수하는
분부터 이 사건 개정조항을 적용하도록 규정하고 있다. 이 사건 개정조항에서 규
정한 '결손금 소급공제 대상 중소기업이 아닌 법인이 결손금 소급공제로 환급받은
사실'은 추가된 과세요건에 해당한다. 심판대상조항은 위와 같이 추가된 과세요건

사실의 발생시기에 관하여 아무런 제한을 두지 않고, 과세관청의 의사에 따라 최초 징수하는 분부터 적용하도록 하고 있다.

국세기본법 제18조 제2항은 "국세를 납부할 의무가 성립한 소득·수익·재산·행위 또는 거래에 대하여는 그 성립 후의 새로운 세법에 의하여 소급하여 과세하지 아니한다"고 하여 소급과세금지원칙을 규정하고 있다. 이는 헌법 제13조제2항의 소급과세금지원칙을 구체화한 것으로 볼 수 있는데, 국세기본법은 납세의무의 성립시점을 소급입법 과세의 기준시점으로 보고 있다. 납세의무는 조세법규에 정해진 과세요건이 충족된 때에 그 내용과 범위가 성립되는데, 이 사건 개정조항에 따라 '결손금 소급공제 대상 중소기업이 아닌 법인이 결손금 소급공제로 환급받은 사실'이라는 과세요건이 충족되면 그 때 조세채무가 성립된다고 보아야 한다.

그런데 심판대상조항은 개정 후 법인세법의 시행 이전에 결손금 소급공제 대상 중소기업이 아닌 법인이 결손금 소급공제로 법인세를 환급받은 경우에도 이 사건 개정조항을 적용할 수 있도록 규정하고 있으므로, 이는 이미 종결한 과세요건사실에 소급하여 적용할 수 있도록 하는 것이다. 따라서 심판대상조항은 청구인이 이 사건 개정조항이 시행되기 전 환급세액을 수령한 부분까지 사후적으로 소급하여 적용되는 것으로서 헌법 제13조 제2항에 따라 원칙적으로 금지되는 이미 완성된 사실·법률관계를 규율하는 진정소급입법에 해당한다."

"결국, 법인세를 부당 환급받은 법인은 소급입법을 통하여 이자상당액을 포함한 조세채무를 부담할 것이라고 예상할 수 없었고, 환급세액과 이자상당액을 법인세로서 납부하지 않을 것이라는 신뢰는 보호할 필요가 있으며 신뢰의 이익이 적은 경우라거나 소급입법에 의한 당사자의 손실이 가벼운 경우라고 할 수 없다. 나아가 개정 전 법인세법 아래에서도 환급세액을 부당이득 반환청구를 통하여 환수할 수 있었으므로, 신뢰보호의 요청에 우선하여 진정소급입법을 하여야 할 매우 중대한 공익상 이유가 있다고 볼 수도 없다."

3. 부진정 소급입법에 의한 과세 01 – 헌법재판소 1995. 10. 26. 94헌바12 결정
 * 한정위헌

(1) 사실관계

청구인은 1988. 1. 25. 5억 원을, 같은 해 3. 9. 45억 원을 각 증자하고 각 그 달에 자본금 변경등기를 하였다. 당시의 구 법인세법 제10조의3과 구 조세감면규제법 제7조의2에 의거하여 자본증가를 하면 36개월 간 18 내지 20%의 증자소득공제가 인정되었다.

청구인의 사업연도는 7. 1.부터 다음 해 6. 30.까지이며 청구인은 1991. 9. 25. 영도세무서장에 대하여 1990사업연도(1990. 7. 1. ~ 1991. 6. 30.)에 대한 법인세의 과세표준을 18억 6,000만 원, 세액을 6억 2,000만 원이라고 신고하고 자진납부하였다. 그런데 청구인의 1990 사업연도 도중인 1990. 12. 31. 조세감면규제법이 개정되어(1991. 1. 1. 시행) 청구인의 1990. 사업연도에 걸쳐 적용되게 되었으므로 청구인은 위 각 증자에 따른 증자소득공제액을 각각 1990. 7. 1.부터 같은 해 12. 31.까지는 구 조세감면규제법(1990. 12. 31. 개정 전) 제7조의2 제5항을 적용하여 4억 7,000만 원으로, 1991. 1. 1.부터 같은 해 6. 30.까지는 신법인 조세감면규제법(1990. 12. 31. 개정) 제55조를 적용하여 1억 4,000만 원으로 계산하였다.

그러나 영도세무서장은 증자소득공제액은 청구인의 계산과 같이 법령의 개정 전후에 따라 나누어 계산할 것이 아니라 신법 제55조에 따라 위 사업연도의 전 기간에 걸쳐 계산할 것이라며, 증자소득과대계산분 1억 6,000만 원에 대한 법인세 및 가산세로 5,600만 원을 추가로 납부해야 한다는 세무조정을 하였고 청구인은 이에 따라 수정신고를 하고 위 금액을 납부하였다.

이후 청구인은 부산고등법원에 위 법인세 부과처분 중 청구인이 최초로 신고하여 납부한 6억 2,000만 원을 초과하는 부분에 대한 취소청구의 소(93구623)를 제기하고 신법 부칙 제13조, 제21조에 대한 위헌법률제청신청(93부322)을 하였으나, 위 법원이 1994. 1. 19. 제청신청을 기각하자(본안소송도 같은 날 일부 기각) 같은 해 2. 2. 그 결정을 송달받은 후 같은 달 12. 적법하게 이 사건 헌법소원심판을 청구하였다.

〈쟁점〉
－ 진정·부진정소급입법의 구분방법
－ 부진정소급입법으로 신뢰보호의 원칙을 침해하였는지 여부

(2) 판결내용

"독일판례의 영향을 받은 우리 재판소나 대법원의 판례에 따르면 소급입법에 관하여 진정·부진정 소급효의 입법을 구분하고 있으며 우리 재판소의 판례상으로는 불명하나 대법원 판례에 따르면 이 사건 규정은 부진정소급입법에 해당하는 것으로 보인다(대법원 1983. 4. 26. 선고, 81누423 판결; 대법원 1983. 12. 27. 선고, 81누305 판결 참조). 이와 같이 소급입법을 진정·부진정으로 나누는 척도는 개념상으로는 쉽게 구분되나 사실상 질적 구분이 아닌 양적 구분으로, 단순히 법기술적 차원으로 이루어질 가능성이 있으므로 이와 같은 구분의 기준에 관하여 이견이

있을 수 있다.

이 사건 규정과 같이 과세연도 도중에 법이 개정된 경우, 세법상 과세요건의 완성이 과세연도 경과 후에 이루어지며, 그 법의 시간적 적용시점이 과세연도 경과 후이기 때문에 진정 소급효는 아니라고 한다면, 이는 과세요건의 완성을 과세연도 종료 후로 하는 것 자체는 세무회계 내지 조세행정상의 편의성 때문이므로, 사실상 법기술적 차원의 구분에 불과하다.”

“그러나 현재로서는 이를 대체할 새로운 대안도 찾기 어려우므로 종전의 구분을 그대로 유지하는 것이 불가피하다고 생각된다. 다만 부진정 소급입법에 속하는 입법에 대해서는 일반적으로 과거에 시작된 구성요건 사항에 대한 신뢰는 더 보호될 가치가 있다고 할 것이기 때문에 신뢰보호의 원칙에 대한 심사가 장래입법에 비해서보다는 일반적으로 더 강화되어야 할 것이다.

우리 재판소는 신뢰보호의 원칙의 판단은 신뢰보호의 필요성과 개정법률로 달성하려는 공익을 비교형량하여 종합적으로 판단하여야 한다고 하였는바[1995. 3. 23. 선고, 93헌바18·31(병합); 1995. 6. 29. 선고, 94헌바39 결정 참조], 이러한 판시는 부진정 소급입법의 경우에도 당연히 적용되어야 할 것이다.”

“우리 재판소는 최근의 결정에서(장래 입법이 문제된 사례), “헌법상 법치국가의 원칙으로부터 신뢰보호의 원리가 도출된다. 법률의 개정시 구법질서에 대한 당사자의 신뢰가 합리적이고도 정당하며 법률의 개정으로 야기되는 당사자의 손해가 극심하여 새로운 입법으로 달성하고자 하는 공익적 목적이 그러한 당사자의 신뢰의 파괴를 정당화할 수 없다면 그러한 새 입법은 신뢰보호의 원칙상 허용될 수 없다. 이러한 신뢰보호원칙의 위배 여부를 판단하기 위하여는 한편으로는 침해받은 이익의 보호가치, 침해의 중한 정도, 신뢰가 손상된 정도, 신뢰침해의 방법 등과 다른 한편으로는 새 입법을 통해 실현하고자 하는 공익적 목적을 종합적으로 비교·형량하여야 한다.”라고 판시한 바 있다[1995. 6. 29. 선고, 94헌바39 결정; 또한 비슷한 취지로 1995. 3. 23. 선고, 93헌바18·31(병합) 결정 참조].”

“이 사건에서 청구인은 당초 구법 규정에 따라 증자소득공제를 기대하고 증자를 하였는데, 그러한 구법은 기업이 증자를 통하여 재무구조 개선을 하도록 유도하기 위한 목적으로 제정된 것이었다. 한편 구법이 위헌·무효라거나 내용이 모호하거나, 특별히 공익 내지 형평성에 문제가 있다고는 할 수 없으며, 청구인이 구법상의 증자소득공제율이 조만간에 개정될 것을 예견하였다는 사정도 보이지 않는다. 또한 이 사건 규정이 투자유인이라는 입법목적의 달성정도에 따라 합리적으로 개정된 것이라 하더라도 이로써 청구인과 같이 구법을 신뢰한 국민들의 기대권을 압도할 만큼 공익의 필요성이 긴절한 것이라고도 보여지지 아니한다. 그렇다면 적어도 입법자로서는 구법에 따른 국민의 신뢰를 보호하는 차원에서 상당한 기간 정도의 경과규정을 두는 것이 바람직한데도 그러한 조치를 하지 않아 결국 청구인의 신뢰가 상당한 정도로(약 5천 6백만 원) 침해되었다고 판단된다.

따라서 이 사건 규정과 같은 부진정 소급입법의 경우 당사자의 구법에 대한 신뢰는 보호가치가 있다고 할 특단의 사정이 있다고 할 것이므로, 적어도 이 사건 규정의 발효일 이전에 도과된 사업연도분에 대해서는 이 사건 규정은 적용될 수 없다고 할 것이다."

4. 부진정 소급입법에 의한 과세 02 – 대법원 1964. 12. 15. 선고 64누93 판결

(1) 사실관계

원고는 학교 경영을 교육의 목적으로 하는 민법상의 법인으로서 1960. 12. 30. 법인세법 개정 이전에는 그 소득에 대하여 법인세가 부과되지 아니하였다. 그러다가 1960. 12. 30. 법인세법이 개정되어 1961. 1. 1 이후에 종료하는 사업연도분부터는 일정한 수익사업에서 생긴 소득에 대하여는 그 법인 고유목적을 위하여 직접 사용하지 아니하는 금액에 관하여 법인세를 부과하는 것으로 변경되었다.

원고의 사업연도가 1960. 4. 1 시작하여 1961. 3. 31. 종료하였는데, 피고는 1962. 6. 2. 원고의 위 회계연도 종료 당시 소득금액을 결정하고 위 회계연도 종료 당시 유효히 실시된 위의 개정법에 따라 원고에게 본 건의 법인세 및 교육세를 부과하였다. 이에 원고는 회계연도 진행 도중 법 개정으로 종래 과세대상이 아니었던 것이 과세대상으로 변경되었는데, 원고의 회계연도 종료일인 1961. 3. 31 현재의 법규에 따라 그 회계연도 종료 당시 소득금액을 기준으로 과세를 하는 것은 조세법률주의 또는 법률불소급 원칙에 위배된다고 주장하였다.

〈쟁점〉

법인의 사업연도 진행 중 법인세법이 개정된 경우에 있어서 그 사업종료 당시의 과세내용 범위를 결정할 법률

(2) 판결내용

"조세의무의 성립과 그 내용 범위는 오로지 조세법규에 의하여야 하고 조세의무는 각 세법에 정한 과세요건이 완성된 때에 성립된다 할 것이다. 즉 법규에 정한 바에 따라 과세 표준을 계산하고 세율을 적용하여 과세할 수 있는 상태가 생길 때 예를 들면 법인세법에 있어서는 과세표준 계산의 기간인 사업연도 종료 당시에 과세요건은 완성하고 그 때에 조세의무가 성립되는 것이므로 가사 사업연도가 진

행중 세법이 개정되었을 경우에는 그 사업연도 종료 당시의 법에 의하여 과세를 하고 조세의무 역시 사업연도 종료 당시의 법에 의하여 그 유무와 내용범위는 결정된다고 해석하여야 할 것이다(1964.7.14. 선고 63누202 사건 참조).”

5. 엄격해석의 원칙 – 대법원 2007. 6. 28. 선고 2005두13537 판결

(1) 사실관계

원고는 서울 동대문구에서 수입축산물 도·소매업을 영위하였는데, 2000년 주식회사 제니스유통으로부터 20억 원, 주식회사 클라라유통으로부터 40억 원, 합계 60억 원의 식육을 매입하면서 구 소득세법 제160조의2 제2항 각 호의 1에 해당하는 증빙서류를 수취하지 아니하였고, 위와 같은 매입사실을 누락한 채 2000년 귀속 종합소득세 확정신고를 하였다.

이에 피고는 2003. 12. 12. 원고에게 구 소득세법 제81조 제8항에 근거한 증빙불비가산세, 매출누락과 관련한 종합소득세 및 신고불성실가산세·납부불성실가산세 등을 합하여 2000년 귀속 종합소득세 6억 5,000만 원을 경정·고지하였다.

〈쟁점〉

구 소득세법상 증빙불비가산세 부과대상에 증빙을 수취하지 아니한 경우가 포함되는지 여부

(2) 판결내용

“구 소득세법(2001. 12. 31. 개정 전) 제81조 제8항에 의하면, 부동산임대소득·사업소득 또는 산림소득이 있는 거주자 중 복식부기의무자가 사업과 관련하여 법인을 포함한 사업자로부터 재화 또는 용역을 공급받고 구 소득세법 제160조의2 제2항 각 호의 1에 해당하는 증빙서류로서의 계산서, 세금계산서, 신용카드매출전표 외의 증빙을 수취한 경우에는 그 수취분에 해당하는 금액의 100분의 10에 상당하는 금액을 결정세액에 가산한다고 규정하고 있다.”

“조세법률주의의 원칙상 과세요건이거나 비과세요건 또는 조세감면요건을 막론하고 조세법규의 해석은 특별한 사정이 없는 한 법문대로 해석할 것이고 합리적 이유 없이 확장해석하거나 유추해석하는 것은 허용되지 아니한다 할 것인바(대법원 1983. 6. 28. 선고 82누142 판결, 2004. 5. 28. 선고 2003두7392 판결 등 참조), 구 소득세법 제81조 제8항 소정의 증빙불비가산세 부과대상으로서의 ‘법정증빙서류 외의 증빙을 수취한 경우’에 증빙을 수취하지 아니한 경우를 포함한다고

> 해석하는 것은 문언의 해석 가능한 범위를 넘어서 과세요건에 관한 법의 흠결을
> 해석에 의하여 메우는 결과를 초래하여 조세법률주의에 터 잡은 엄격해석의 원칙
> 에 반한다 할 것이어서 허용할 수 없다.”

제 3 절 조세공평주의

I. 조세공평주의의 의의

　　조세공평주의는 먼저 헌법에서 근거를 찾을 수 있다. 헌법은 전문에서 ‘각인
의 기회를 균등히 하고’와 ‘안으로는 국민생활의 균등한 향상을 기하고’라고 규정
하고, 제11조 제1항에서 “모든 국민은 법 앞에 평등하다. 누구든지 성별·종교 또
는 사회적 신분에 의하여 정치적·경제적·사회적·문화적 생활의 모든 영역에 있
어서 차별을 받지 아니한다”라고 규정하고 있다. 조세공평주의는 위 헌법규정들
에 의한 평등의 원칙 내지는 차별금지의 원칙의 조세법적 표현이라고 할 수 있다.
따라서 국가는 조세입법을 함에 있어서 조세의 부담이 공평하게 국민들 사이에
배분되도록 법을 제정하여야 할 뿐만 아니라, 조세법의 해석·적용에 있어서
도 모든 국민을 평등하게 취급하여야 할 의무를 진다.[42]

　　다음으로, 조세는 반대급부가 없는 일방적인 급부라는 비보상성과 함께 강제
징수성을 가진다. 이와 같은 속성을 가진 조세가 공평하지 않다면 국민의 저항에
부딪혀 국고목적을 달성할 수 없게 된다. 그러므로 조세법은 조세공평주의를 기
본이념으로 한다. 이러한 조세공평주의(조세법의 기본이념)는 조세법률주의(조세법
최고의 입법, 해석 및 적용상 원칙)와 함께 조세법에 관한 헌법상의 2대 원칙이라 불
리운다.

---

42) 헌법재판소 1989. 7. 21. 89헌마38 결정 참조.

Ⅱ. 조세공평주의의 내용

조세공평주의는 조세법령의 내용 또는 해석, 적용이 납세자에 따라 상대적으로 공평하여야 한다는 것이다. 헌법재판소의 결정례에서는 조세부담의 공평기준으로 소득, 재산, 부와 같은 납세능력 내지는 담세력에 따라 조세를 부담하여야 한다는 이른바 '응능과세(應能課稅)'의 원칙을 채용하고 있다. '응능과세'의 원칙에서는 동일한 담세력을 가진 자는 원칙적으로 동일하게 과세될 것이 요청되고, 담세력이 다른 사람들 사이에서는 보다 담세력이 큰 자에게 보다 많이 과세하여 조세부담을 공평하게 배분할 것이 요청된다. 전자를 수평적 공평이라고 하고, 후자를 수직적 공평이라고 한다.[43] 수평적 공평의 경우에는 재산이나 소득을 대상으로 하여 같은 담세력을 가진 납세자 간에 합리적 차별의 근거가 존재하는지 여부를 기준으로 그 위반 여부를 판단한다. 이것과 비교하여, 수직적 평등의 경우에는 과연 어느 정도로 담세력의 차이를 고려하여 차별적인 과세를 하여야 응능과세원칙에 부합하는지 여부가 반드시 명확하지는 아니하다.[44]

그렇다고 조세공평주의 원칙이 국가가 조세법률을 제정함에 있어서만 필요한 것은 아니고, 그 법의 해석 및 적용에 있어서도 일관성을 가지고 적용되는 부동의 기준이 되며, 법률이 조세공평주의 원칙을 침해하였는지의 여부를 판별함에 있어서는 당해 법률의 형식적 요건이나 내용 외에 그 실질적 내용을 기준으로 그것이 헌법의 기본정신이나 일반원칙에 합치하는지의 여부가 검토되어야 한다.[45] 구체적으로 어느 법률조항이 평등원칙에 반하는 자의적 입법인지를 심사함에 있어서는 ① 우선 그 조항이 본질적으로 동일한 집단을 다르게 취급하고 있는가 하는 차별취급의 존재 여부와 ② 그리한 차별취급이 자의적인가의 여부가 문제된다. ①의 기준과 관련하여 두 개의 비교집단이 본질적으로 동일한지의 여부에 대한 판단은 일반적으로 관련 헌법규정 및 당해 법규정의 의미와 목적의 해석에 달려 있으며, ②의 기준과 관련하여 차별취급의 자의성은 합리적인 이유가 결여된

---

43) 헌법재판소 1999. 11. 25. 98헌마55 결정.
44) 김성수, "조세법과 헌법재판", 헌법논총, 제19집, 2008, 19－20면[면수는 '로앤비(www.lawb.com)' 출력본에 따른 것이다. 이하 같다] 참조.
45) 헌법재판소 1990. 9. 3. 89헌가95 결정 참조.

것을 의미한다.[46]

III. 유도·조정적 목적의 조세와 응능과세의 원칙

조세공평주의에 반하는 법령규정을 기본권인 평등권의 위반과 관련 있는 것이라고 하여 과잉금지의 원칙 등 기본권 침해에 관한 엄격한 심사의 대상으로 하는 것은 타당하지 않다.[47] 납세의무는 국민 일반의 기본적인 의무이므로 조세공평주의에 반하는 것 자체로서 헌법 위반에 해당할 수 있다. 그런 의미에서 조세공평주의는 조세입법의 한계를 심사하는 독자적인 기준으로서 기능한다.

그러나 조세공평주의가 그 자체로서 조세입법의 한계로 작용하는 것은 재정목적 조세에 한해서이다. 조세는 재정목적 이외에도 정책목적으로도 활용될 수있는데, 정책목적 조세는 특정한 정책의 실현을 위한 유도·조정적 목적의 조세로서 그 자체가 불공평, 즉 차별을 내재하고 있는 것이기 때문이다. 그러므로 유도·조정적 목적 조세의 경우에는 차별의 정당성에 대한 심사에 조세공평주의만을 기준으로 삼는 것은 적절하지 아니하고 과잉금지의 원칙을 적용하여 판단하여야한다는 것이 학계와 판례의 일반적인 입장이다.[48][49] 유도·조정적 목적의 조세가그 자체로서 불공평을 내재하고 있다고 하더라도 과세상 동일한 취급을 받는 집단의 구성원 간에는 조세공평주의가 지켜져야 한다.

---

46) 의정부지방법원 2011. 10. 11. 선고 2011구합1639 판결; 서울고등법원 2012. 5. 31. 2012아163 결정 참조.
47) 양충모, "조세입법에 대한 사법심사원리로서 비례원칙의 한계", 공법연구, 제38집 제4호, 2010, 184면 참조.
48) 위의 논문, 185면; 이동식, "조세의 유도적 기능의 허용과 한계", 조세법연구, 제19권 제3호, 2013, 27-29면 등.
49) 한편 헌법재판소는 차별의 정당성에 대한 심사를 함에 있어 단지 그러한 차별에 합리적 이유가 있는지 여부만을 심사하는 완화된 심사방법을 채택한 바도 있다. '헌법재판소 2012. 2. 23. 2011 헌가8 결정(비수도권 회원제 골프장에 대한 한시적인 개별소비세 면세 관련 사건)' 등이 그러하다, 이동식, 위의 논문, 29-30면 참조.

Ⅳ. 조세법률주의와 조세공평주의의 관계

조세법률주의란 조세는 국회가 정한 법률에 의해서만 부과할 수 있다는 조세법 입법, 해석 및 적용상 최고의 원칙이다. 조세공평주의는 모든 국민은 조세와 관련하여 평등하게 취급되어야 하고, 조세부담은 국민의 부담능력에 따라 공평하게 분배되어야 한다는 조세법의 기본이념이다.

조세법의 양대 기본원칙인 조세법률주의와 조세공평주의는, 전자가 과세의 요건과 내용을 창출하여 과세권의 실정법적 근거를 마련해 주고 다른 한편 그 한계를 설정하는 형식적 원리로서 기능하는 데 반하여, 후자는 그 내용의 타당성을 근거지우는 실질적 원리로서 기능하고 있다.[50] 이들 조세법의 양대 기본원칙은 경우에 따라서는 충돌할 수 있는데, 조세법률주의에 충실하자니 조세공평에 반하는 경우가 있을 수 있고 또 조세공평을 추구하자니 조세법률주의에 반하는 경우도 있을 수 있다.

조세법률주의의 존재의의는 조세가 비보상성 및 강제징수성으로 인하여 국민의 기본권 중 재산권과의 마찰의 소지가 상존하므로 과세당국의 자의적인 과세를 배제하고 국민에게 법적 안정성과 예측가능성을 부여하여 재산권과의 마찰을 조정하기 위함이다. 조세공평주의는 부담능력에 상응하게 조세를 부과, 징수하여야 한다는 응능과세의 원칙 내지는 조세정의의 다른 표현으로서, 조세의 공평이 확보되지 아니하면 조세정의를 실현할 수 없고 납세자의 저항에 부딪히게 된다.

결국은 국민의 재산권 보장과 조세정의의 실현 간의 비교형량의 문제인데, 원칙적으로 조세법률주의가 조세공평주의에 우선한다고 보는 것이 타당하다. 재산권 보호는 직접적이고 구체적인 것이며, 조세정의의 실현은 간접적이고 추상적인 것이다. 아울러 과세요건을 법률에서 정하지 아니함으로써 발생할 수 있는 위험부담, 즉 조세공평주의에 반하더라도 조세를 부과·징수할 수 없게 되는 위험부담은 국민이 아닌 과세주체가 부담하는 것이 위험부담의 법리에 부합한다.[51]

---

50) 임승순·김용택, 앞의 책, 27면.
51) 이와 관련하여 조세회피의 경우에는 조세법률주의와 조세평등주의가 서로 상충되어 이를 조정할 필요가 있는바, 이 경우 어느 하나의 가치를 일방적으로 우위에 두기보다는 두 가치 모두에 대하여 일정한 제약을 부가하여 모두의 효력을 양립시키되 그 제약은 필요한 최소한에 그치도

(1) 사실관계

(생략. '제2절 조세법률주의'를 참조할 것)

〈쟁점〉

구 상속세법 제32조의2(명의신탁 증여의제) 제1항이 조세평등주의에 위반되는지 여부

(2) 판결내용

"우리 헌법은 제11조 제1항에서 "모든 국민은 법 앞에 평등하다. 누구든지 성별·종교 또는 사회적 신분에 의하여 정치적·경제적·사회적·문화적 생활의 모든 영역에 있어서 차별을 받지 아니한다"라고 규정하고 있다. 조세평등주의는 위 헌법규정에 의한 평등의 원칙 또는 차별금지의 원칙의 조세법적 표현이라고 할 수 있다. 따라서 국가는 조세입법을 함에 있어서 조세의 부담이 공평하게 국민들 사이에 배분되도록 법을 제정하여야 할 뿐만 아니라, 조세법의 해석·적용에 있어서도 모든 국민을 평등하게 취급하여야 할 의무를 진다. 이러한 조세평등주의의 이념을 실현하기 위한 법 제도의 하나가 바로 국세기본법 제14조에 규정한 실질과세의 원칙이라고 할 수 있다. 또한 이러한 조세평등주의는 정의의 이념에 따라 "평등한 것은 평등하게", 그리고 "불평등한 것은 불평등하게" 취급함으로써 조세법의 입법과정이나 집행과정에서 조세정의를 실현하려는 원칙이라고 할 수 있다.

이러한 조세평등주의 및 그 파생원칙인 실질과세의 원칙에 비추어 볼 때, 이 사건 심판의 대상인 위 법률조항은 등기 등을 요하는 재산에 있어서 실질소유자와 명의자를 다르게 한 경우에는, 그 원인이나 내부관계를 불문하고 일률적으로 증여로 의제하여, 증여세를 부과하겠다는 것으로, 실질과세의 원칙에 대한 예외 내지 특례를 인정하였다는 점에서 그 전제가 되는 조세평등주의 내지 조세정의의 헌법정신에 위배될 소지가 있다. 즉, 등기 등을 하는 과정에서 실질소유자와 명의자를 다르게 하는 경우는 주로 명의신탁의 경우일 것인데, 명의신탁을 일률적으로 증여로 의제하려면 일반적으로 명의신탁이 증여의 은폐수단으로 이용되고 있다거나, 명의신탁의 경제적 실질이 증여와 같다는 고도의 개연성이 있어야 할 것이다. 그

록 하는 방법을 선택하는 것이 타당하다는 견해가 있다, 이준봉, 조세법총론, 삼일인포마인, 2021, 130면.

러나 명의신탁이 전반적으로 증여의 은폐수단으로 악용된다고 보기는 어렵고, 명의신탁의 수탁자는 형식상의 소유명의만을 보유한데 지나지 않고, 실질적으로는 아무런 권리도 취득하지 못하는 진정한 의미의 명의신탁인 경우도 없지 아니하다. 따라서 위 법률조항이 모든 명의신탁에 대하여 실질과세의 원칙에 대한 예외 내지 특례라고 할 수 있는 증여의제 제도를 무차별적으로 적용하여 과세하겠다는 것이라면, 헌법이 규정한 평등의 원칙과 차별금지의 원칙의 조세법상 표현이라고 할 수 있는 조세평등주의와 그 실현수단인 실질과세의 원칙에 위반된다고 할 수 있다. 그러나 조세평등주의의 이념을 실현하기 위한 실질과세의 원칙은 조세회피의 방지 또는 조세정의의 실현을 위하여 경우에 따라서는 예외 내지 특례를 인정할 수 있다. 실질과세의 원칙은 법률상의 형식과 경제적 실질이 서로 부합하지 않는 경우에 그 경제적 실질을 추구하여 그에 과세함으로써 조세를 공평하게 부과하겠다는 것이나 거기서 말하는 실질의 의미가 반드시 명확한 것도 아닐 뿐만 아니라, 경우에 따라서는 형식상의 외관이나 명목에 치중하여 과세하는 것이 오히려 공평한 과세를 통한 조세정의의 실현에 부합되는 경우도 있을 수 있다. 그렇기 때문에 국세기본법 제3조 제1항 단서에서는 같은 법 제14조에 규정한 실질과세의 원칙에 대한 예외를 단행세법에서 규정할 수 있도록 길을 터놓고 있는 것이다.”

“이러한 관점에서 볼 때, 이 사건 심판의 대상인 위 법률조항은 이미 위에서 지적한 바와 같이 명의신탁제도가 조세회피의 수단으로 악용되는 사례가 허다하기 때문에 이를 효과적으로 방지하기 위하여 조세법상의 대원칙인 실질과세의 원칙을 희생시키면서 명의신탁을 이용한 조세회피 내지 조세포탈을 원천적으로 봉쇄하겠다는 것이 그 입법의도이다. 우리나라의 현실에서 토지 등의 재산권이 대가의 지급 없이 이전되는 경우를 살펴보면, 증여인 경우도 있고 신탁인 경우도 있으며, 부득이한 사정으로 인한 명의신탁인 경우도 있다. 그러나 많은 경우에는 증여의 은폐수단으로 명의신탁이 이용되는 것이라고 할 수 있다. 즉, 증여의 은폐수단으로 명의신탁을 이용하는 경우, 당사자들은 일단 가장된 법률관계를 취하였다가 그것이 과세관청에 포착되면 조세를 납부하고, 조세 시효기간 중에 포착되지 않으면 조세를 포탈하려는 유혹에 빠지게 된다. 이러한 현상을 과세관청의 제한된 인원과 능력으로 일일이 포착하는 것은 그리 쉬운 일이 아니다. 그래서 위 법률조항에서는 국세기본법 제3조 제1항 단서의 규정에 따라 실질과세의 원칙에 대한 예외 내지 특례를 둔 것으로 이해된다. 그렇다면 위 법률조항이 실질과세의 원칙에 대한 예외를 설정한 것만으로 위헌이라고 단정하기는 어렵다고 할 것이다. 다만, 증여의 은폐수단이 아닌 진정한 의미의 명의신탁에 대하여도 증여로 의제함으로써 생길 수 있는 위헌의 소지를 제거할 수 있는 대책은 있어야 할 것이다.”

제 4 절 조세입법의 헌법상 한계

재산권, 자유권 등 헌법의 개별규정들이 조세입법의 위헌 여부 심사기준이 되는 것은 물론이고, 과잉금지의 원칙이라든가 신뢰보호의 원칙과 같은 헌법원리들이 조세입법의 한계로서 작용한다.

I. 조세와 재산권

헌법은 제23조 제1항에서 "모든 국민의 재산권은 보장된다. 그 내용과 한계는 법률로 정한다", 동조 제2항에서 "재산권의 행사는 공공복리에 적합하도록 하여야 한다", 동조 제3항에서 "공공필요에 의한 재산권의 수용, 사용 또는 제한 및 그에 대한 보상은 법률로써 하되, 정당한 보상을 지급하여야 한다"라고 규정하여 국민의 재산권을 보장하고 있다.

헌법재판소 초기의 판례들은 조세의 부과가 원칙적으로 재산권을 침해하는 것이 아니라는 전제하에, 문제된 사건에서의 조세 부과가 재산권 침해에 해당하는 이유를 설시하는 데 중점을 두었다.[52] 그러나 최근의 헌법재판소 결정은 이러한 설시를 하지 아니하고, 조세가 납세자의 재산권을 침해하거나 제한하는 것이라는 점을 당연한 전제로 하면서 판단하고 있다.

헌법상 보장되는 개인의 재산권 중에는 한편으로 단순히 재산적 가치로 표현되어 보유하는 것이 있고, 다른 한편으로 재산권이면서 개인의 인격 발현이나 개성의 신장, 사생활의 자유 등 인간의 내면적이고 원초적인 가치를 실현하는 인격적 의미의 재산권이 존재한다.[53] 이와 관련하여 헌법재판소는 1999년 '택지소유상한에 관한 법률'의 위헌 여부를 다투는 헌법재판에서 "재산권은 개인이 각자의 인생관과 능력에 따라 자신의 생활을 형성하도록 물질적·경제적 조건을 보장해 주는 기능을 하는 것으로서, 재산권의 보장은 자유 실현의 물질적 바탕을 의미

---

52) 헌법재판소 1994. 7. 29. 92헌바49 결정(토지초과이득세 전체에 대한 헌법불합치결정); 1997. 12. 24. 96헌가19 결정(상속개시 전 일정기간의 증여재산가액을 상속재산가액에 합산하는 규정에 대한 위헌결정) 등.
53) 김성수, 앞의 논문, 16면.

하고, 특히 택지는 인간의 존엄과 가치를 가진 개인의 주거로서, 그의 행복을 추구할 권리와 쾌적한 주거생활을 할 권리를 실현하는 장소로 사용되는 것이라는 점을 고려할 때, 소유상한을 지나치게 낮게 책정하는 것은 개인의 자유 실현의 범위를 지나치게 제한하는 것이라고 할 것인데, 소유목적이나 택지의 기능에 따른 예외를 전혀 인정하지 아니한 채 일률적으로 200평으로 소유상한을 제한함으로써, 어떠한 경우에도, 어느 누구라도, 200평을 초과하는 택지를 취득할 수 없게 한 것은, 적정한 택지공급이라고 하는 입법목적을 달성하기 위하여 필요한 정도를 넘는 과도한 제한으로서, 헌법상의 재산권을 과도하게 침해하는 위헌적인 규정이다"라고 판시한 바 있다.[54]

위 사건에서 헌법재판소는 택지와 같이 사람이 거주하는 재산은 단순하게 재산적 가치로 평가할 수 없는 인격적인 요소, 즉 인간존엄성의 실현이나 행복추구권과 같은 개인적 자유의 실현에 기여하는 독특한 성격이 있음을 강조하고 있다. 이 판례는 인격적 요소를 가진 재산권에 대한 국가 또는 입법권자의 형성권은 매우 협소하고, 초과소유부담금의 형태로 개인의 사적인 영역에 개입하는 경우 엄격한 비례성 심사의 대상이 된다는 점을 시사하고 있다.[55]

II. 조세입법과 과잉금지의 원칙

1. 과잉금지 원칙의 의의와 위반 여부의 판단기준

조세는 국민의 재산권을 침해하는 속성을 가지고 있을 뿐만 아니라, 헌법상 보장된 국민의 기본권을 제한하는 경우도 있다. 국민의 기본권은 절대적인 권리가 아니므로 헌법의 기본권 보장 규정에서 자체적으로 두고 있는 보장의 한계에 관한 정함에 따라 제한이 가능하고(헌법 제23조), 또 그 본질적인 내용에 대한 침해가 아니라면 국가안전보장, 질서유지 또는 공공복리를 위하여 필요한 경우에 한하여 법률로써 제한할 수 있다(헌법 제37조 제2항). 그러나 기본권의 제한이 이

---

54) 헌법재판소 1999. 4. 29. 94헌바37 결정.
55) 김성수, 앞의 논문, 16−17면.

같은 헌법 규정들에 근거하고 있다고 하더라도 비례의 원칙을 준수하여야 비로소 합헌의 효력이 있다.

국민의 기본권을 최대한 보장하려면 국가에 의한 기본권 침해를 최소화해야 한다는 의미를 담은 위헌 심사기준이 '비례의 원칙'이다. 광의의 비례의 원칙은 과잉제한금지의 원칙(이하 '과잉금지의 원칙'이라 한다)과 과소보호금지의 원칙(이하 '과소금지의 원칙'이라 한다)을 포함한다. 즉, 비례의 원칙은 협의로는 자유권과 같은 소극적 기본권에 대한 제한 입법의 심사기준인 과잉금지의 원칙이고, 광의로는 사회권과 같은 적극적 기본권에 대한 형성 입법의 심사기준인 과소금지의 원칙을 포함한다.

과잉금지의 원칙이란 국민의 기본권 제한과 관련한 국가작용의 한계를 설정한 것으로서, 다음의 네 가지 기준 중 어느 하나라도 저촉되면 위헌이 되는 헌법상의 원칙이다. 첫째는 기본권을 제한하는 입법목적이 국가안전보장·질서유지 또는 공공복리의 세 가지로 제한된다는 것이다(목적의 정당성). 둘째는 적합한 입법수단을 사용하여야 한다는 것이다(방법의 적정성). 셋째는 그 입법수단이 기본권을 최소한만 제한하는 대안이어야 한다는 것이다(피해의 최소성). 넷째는 그 입법에 의하여 보호하려는 공익과 침해되는 사익을 비교형량할 때 보호되는 공익이 더 커야 한다는 것이다(법익의 균형성).[56]

과잉금지 원칙의 적용례를 보면, 그 파생원칙 중 '목적의 정당성'이 인정되지 않은 헌법재판소의 판례는 찾아보기 어렵다.[57] 과잉금지원칙에 관한 헌법재판소의 판례에서 주로 문제가 된 것은 '피해의 최소성'과 '법익의 균형성'이다.[58] 이 중에서도 권리, 이익, 이해관계, 가치 등이 충돌하는 경우에는 '법익의 균형성', 즉 법익의 형량이 주된 판단기준으로 작용하는 경우가 대부분인 것으로 파악된다.

---

56) 헌법재판소 1997. 3. 27. 95헌가17 결정; 2000. 2. 24. 98헌바94 결정 등.
57) 김영우, "조세입법에 있어서 고려해야 할 과잉금지원칙 – 헌법재판소 판례분석을 중심으로–", 인권과 정의, Vol. 394, 2009, 166면.
58) 류지민, "조세의 숨은 제재적 기능과 헌법적 한계 – 헌법상 재산권 보장을 중심으로 –", 조세법연구, 제20권 제1호, 2014, 37면.

2. 유도·조정적 목적의 조세와 과잉금지의 원칙

조세법 규정의 위헌성 여부가 다투어지는 경우, 그 심사기준은 재정목적의 조세와 유도·조정적 목적의 조세가 다르다. 재정목적의 조세와 관련해서는 입법자에게 광범위한 입법형성의 자유가 부여되고, 그 위헌성 여부의 심사기준은 대부분의 경우 조세공평주의이다. 조세공평주의의 위반 여부에 대한 구체적인 판단기준으로는 자의금지의 원칙이 채용되고 있다.[59] 입법자는 그 내용이 자의적이지 않다면 재정목적의 조세를 입법할 수 있다.

이에 대해 유도·조정적 목적의 조세는 그 자체가 차별을 내재하고 있고, 목적을 달성하는 과정에서 납세자의 다른 기본권을 침해할 개연성이 있다. 그러므로 유도·조정적 목적 조세의 경우에는, 전술한 바와 같이, 차별의 정당성에 대한 심사에 조세공평주의만을 기준으로 삼는 것은 적절하지 아니하고 과잉금지의 원칙을 적용하여 입법의 한계를 판단하여야 한다. 또한 유도·조정적 목적의 조세로 인하여 다른 기본권에 대한 침해가 있는 때에도 과잉금지의 원칙에 의하여 위헌 여부를 판단하여야 한다. 현대의 조세법은 단순히 재정적 목적만으로 입법되는 경우는 드물고 유도·조정적 목적을 갖는 경우가 대부분이다. 이러한 조세입법에 대한 위헌 심사는 자의금지의 원칙뿐만 아니라 과잉금지의 원칙에 따라 위헌 여부를 판단하여야 할 것이다.[60]

---

59) 헌법재판소 1996. 3. 28. 94헌바42 결정 등.

60) 헌법재판소의 판례를 보면, 차별의 정당성 여부를 심사함에 있어서 과잉금지의 원칙을 기준으로 하지 않고 차별에 합리적인 이유가 있는지 여부만 심사하는 방법을 채택한 경우가 있다, 헌법재판소 2012. 2. 23. 2011헌가8 결정 참조. 또한 헌법재판소는 입법자에게 광범위한 입법형성의 재량이 인정된다고 보는 경우에는 합리적 재량의 범위를 벗어나지 않는 입법인지에 따라 그 위헌 여부를 판단하기도 한다, 헌법재판소 1999. 11. 25. 98헌마55 결정 참조. 특정 조세의 과세물건이나 세율과 같은 전문적·기술적 사항 관련 쟁점이나 조세우대조치 관련 쟁점이 문제된 경우에 입법자의 광범위한 재량권이 인정된다고 하면서 합리성 심사기준에 기초하여 위헌 여부를 판단한 경우가 그러하다, 류지민, "세법분야의 헌법재판 회고 – 헌법재판소 결정례(1988–2016년)을 중심으로", 조세법연구, 제23권 제1호, 2017, 45–46면 참조. 이러한 점들을 감안하더라도 2008년 종합부동산세법의 규정에 대한 위헌 결정(헌법재판소 2008. 11. 13. 2006헌바112 결정) 이래로 부동산 가격안정과 같은 정책목표를 달성하기 위한 조세를 심판대상으로 하는 다수의 사례에서 상대적으로 엄격한 심사기준인 과잉금지 원칙을 심사기준으로 채택하고 있는 것을 볼 수 있다.

III. 조세입법과 신뢰보호의 원칙

1. 신뢰보호 원칙의 의의와 적용범위

신뢰보호의 원칙이란 법령을 신뢰하여 일정한 법적 지위를 형성한 경우, 국가는 그러한 법적 지위와 관련된 법령이나 제도의 개폐에 있어서 그 법령을 신뢰한 국민의 법률행위를 보호하여야 한다는 원칙이다. 이러한 원칙을 국민과 입법자 사이의 관계에 적용한 대표적인 것이 전술한 소급입법금지의 원칙이라고 할 수 있다. 그렇다고 신뢰보호의 원칙의 적용범위가 소급입법에 국한되는 것은 아니고, 동 원칙의 취지가 법령을 신뢰하여 형성한 일정한 법적 지위를 보호하기 위한 것이라는 점에 비추어 그 적용범위는 장래의 신뢰이익에도 미친다고 보아야 할 것이다.[61)]

법령의 개정 시 구법 질서에 대한 당사자의 신뢰가 합리적이고 정당하며 법률의 개정으로 야기되는 당사자의 손해가 매우 커서, 새로운 입법으로 달성하고자 하는 공익적 목적이 그러한 당사자의 신뢰의 침해를 정당화할 수 없다면 새로운 입법은 신뢰보호의 원칙상 허용될 수 없다. 법령의 개정 당시 원인행위가 있는 경우라면 부진정소급입법의 효력 문제가 다투어질 수 있겠지만, 그 원인행위가 없고 별도의 경과규정도 없는 경우라면 신뢰보호 원칙의 위반 여부를 다투어야 할 것이다.

2. 원인행위가 없는 경우와 신뢰보호의 원칙

조세법상 적용법령은 납세의무 성립시점에 시행되고 있는 법령이다. 조세법령이 납세자에게 불리하게 개정되면서 경과규정을 두지 아니한 경우에는, 납세자의 신뢰에 반하는 부분이 있더라도 원칙적으로 납세의무의 성립 당시에 시행되는 개정법령을 적용할 수밖에 없다.[62)] 한편 조세나 재정정책은 공동체의 경제적 상

---

61) 이부하, "헌법상 신뢰보호원칙의 재정립", 인하대학교 법학연구, 제21집 제5호, 2018, 131-132 면 참조.
62) 대법원 1999. 12. 21. 선고 99다45734 판결 등 참조. 이 판결에서 대법원은 납세의무자의 신뢰

황과 밀접하게 연관되어 있고 고도의 탄력적인 정책집행이 요구되는 분야이며 경제정책의 성패는 국가의 경제운용에 절대적인 영향을 미친다.[63]

헌법재판소는 이러한 점을 인식하여 신뢰보호 원칙의 위반 여부를 판단함에 있어, 한편으로는 침해받은 이익의 보호가치, 침해의 중한 정도, 신뢰가 손상된 정도, 신뢰침해의 방법 등과 다른 한편으로는 새 입법을 통하여 실현하고자 하는 공익적 목적을 종합적으로 비교·교량하여야 한다고 하면서도, 동시에 조세법의 영역에 있어서는 국가가 조세·재정정책을 탄력적·합리적으로 운용할 필요성이 매우 큰 만큼 조세에 대한 법규·제도는 신축적으로 변할 수밖에 없다는 점에서, 납세의무자로서는 구법 질서에 의거한 신뢰를 바탕으로 적극적으로 새로운 법률관계를 형성하였다든지 하는 특별한 사정이 없는 한 원칙적으로 세율 등 현재의 조세법이 변함없이 유지되리라는 기대를 하거나 신뢰할 수 없다는 입장을 취하고 있다.[64] 구체적으로는 "특정한 세목과 관련하여 새로운 과세대상을 설정하거나 세율을 인상하거나 또는 과세표준의 산정방법을 변경하고 개정 후 과세요건사실이 발생한 자에게 신 법령을 적용하는 것은, 납세자가 법령이 계속 유지될 것이라는 기대를 가졌더라도 이를 신뢰보호 원칙에 반한다고 보기는 어렵다"라고 판시한 바도 있다.[65]

대법원도 유사한 입장을 취하고 있는데, 다수의 판결에서 법령이 개정될 당시에 원인행위가 존재하지 않는다면 납세자에게 보호할 만한 신뢰가 존재하지 않기 때문에 기득권을 인정해 줄 여지가 없다는 취지를 판시하고 있다.[66]

그러나 법령의 개정을 통하여 비과세, 소득공제, 세액공제 또는 감면의 요건이 강화되거나 범위가 축소되었는데 개정 당시 원인행위는 없지만 구 법령에 의한 감면 등의 요건을 이미 충족하고 있는 경우라면, 신뢰보호 원칙의 취지가 '법

보호를 위하여 특별히 경과규정을 두어 납세의무자에게 유리한 종전 법령을 적용하도록 하고 있는 경우에는 종전 법령을 적용해야 하지만, 개정 법령 부칙에서 종전 규정을 개정 법령 시행 후에도 계속 적용한다는 경과규정을 두지 아니한 이상, 다른 특별한 사정이 없는 한 개정 전후의 법령 중 납세의무가 성립한 당시에 시행되는 법령을 적용하여야 한다는 취지를 판시하였다.

63) 김성수, 앞의 논문, 11면.

64) 헌법재판소 1998. 11. 26. 97헌바58 결정; 2003. 6. 26. 2000헌바82 결정; 2004. 7. 15. 2002헌바63 결정 등.

65) 헌법재판소 2008. 9. 25. 2007헌바74 결정; 1995. 3. 23. 93헌바18·31 결정 등.

66) 대법원 1999. 7. 27. 선고 99다23284 판결; 1995. 2. 28. 선고 94다31419 판결; 1996. 8. 23. 선고 95다44917 판결 등.

령을 신뢰하여 형성한 일정한 법적 지위의 보호'라는 관점에서, 단순하게 새로운 과세대상을 설정하거나 세율을 인상하거나 또는 과세표준의 산정방법을 변경하는 경우와는 달리 볼 필요가 있다. 조세법에서 감면 등이 주어지는 태양을 보면 일정한 행위를 하면 별도의 요건 충족 없이 감면 등이 주어지는 경우와 기간, 보유, 거주 등의 요건을 충족하고 일정한 행위를 하여야 감면 등이 주어지는 경우가 있는데, 후자의 경우에는 원인행위가 없더라도 개정 당시 구 법령에서 규정하던 감면 등의 요건을 충족하고 있는 경우라면 신뢰보호 원칙의 적용이 고려되어야 할 것이고, 입법정책상으로는 개정입법에서 적절한 경과규정을 두는 것이 바람직하다.[67]

[관련판례] 자유권과 규제목적의 증여의제

헌법재판소 2013. 9. 26. 2012헌바259 결정 * 합헌

(1) 사실관계

명의신탁이 조세회피의 목적으로 이용되는 경우 증여세를 부과하는 구 상증세법 제45조의2 제1항, 제2항 등에 대하여 헌법재판소에 위헌심사를 구하는 헌법소원을 제기한 사건이다.

〈쟁점〉

구 상증세법 제45조의2 제1항 본문, 단서 제1호 및 제2항(* 현행 제3항) 본문 중 "타인의 명의로 재산의 등기 등을 한 경우 조세 회피 목적이 있는 것으로 추정한다"는 부분이 과잉금지원칙 또는 평등원칙에 위배되는지 여부

(2) 판결내용

"광의의 증여의제·추정조항은 명의신탁을 내세워 조세를 회피하려는 것을 방지하여 조세정의와 조세형평 등을 관철하기 위한 것으로 그 입법목적이 정당하고, 조세회피 목적을 가진 명의신탁에 대하여 증여세를 부과하는 것은 그러한 입법목

---

67) 헌법재판소는 장래입법이 문제된 사례에서 "법률의 개정 시 구법질서에 대한 당사자의 신뢰가 합리적이고도 정당하며 법률의 개정으로 야기되는 당사자의 손해가 극심하여 새로운 입법으로 달성하고자 하는 공익적 목적이 그러한 당사자의 신뢰의 파괴를 정당화할 수 없다면 그러한 새 입법은 신뢰보호의 원칙상 허용될 수 없다"라고 판시한 바 있다, 헌법재판소 1995. 10. 26. 94헌바12 결정; 1995. 6. 29. 94헌바39 결정; 1995. 3. 23. 93헌바18, 31 결정 참조.

적을 달성하기 위한 적절한 수단이다.

　명의신탁을 이용한 조세회피 행위에 증여세를 부과하는 방법 대신 명의신탁을 아예 금지하면서 그 사법적 효력을 부인하고 위반자에 대하여 형사처벌을 가하는 방법이 납세의무자의 기본권을 덜 제한하는 수단이라고 단정할 수는 없다. 또한, 가산세나 과징금의 비율 및 증여세의 세율을 정하는 입법부의 재량은 가변적이기 때문에, 조세회피 목적이 있는 명의신탁 행위가 없는 것으로 보고 주식 등의 실제 소유관계에 따라 과세를 하면서 납세의무자가 해당 조세의 신고 또는 납부의무를 게을리하였음을 이유로 하여 가산세나 과징금을 부과하는 방법도 납세자의 기본권을 덜 제한하는 수단이라고 단정할 수 없다. 입법자가 입법목적을 달성하기 위하여 가능한 여러 가지 수단 가운데 무엇이 덜 침해적인 것이라고 단정하기 어려운 상황에서 어떠한 수단을 선택할 것인가는 입법자의 형성의 권한 내에 있으므로 (의정부지방법원 2011구합1639 결정 등 참조), 광의의 증여의제·추정조항은 기본권을 제한함에 있어서 침해의 최소성원칙을 준수하였다."

　"명의수탁자는 자신의 명의를 빌려줌으로써 명의신탁을 이용한 조세회피 행위를 가능하게 한 책임이 있고, 명의신탁에 조세회피의 목적이 없음을 증명하면 증여세를 부과받지 않으므로, 증여세 부과를 통하여 명의수탁자가 입는 불이익은 크게 부당한 것이라고 할 수 없다. 반면, 명의신탁에 대한 증여세의 부과는 명의신탁이 증여의 은폐수단 또는 증여세의 누진부담을 회피하는 수단으로 이용되거나, 기타 조세를 회피하는 수단으로 이용되는 것을 방지하는 데 결정적으로 기여함으로써 조세정의와 조세공평이라는 중대한 공익 실현에 중요한 역할을 수행한다. 그렇다면 위 조항은 사익에 비하여 현저하게 큰 공익을 실현하기 위한 것이므로 법익의 균형성 원칙에 위배되지 않는다. 광의의 증여의제·추정조항은 모든 명의신탁재산을 증여로 의제·추정하는 것이 아니라 조세회피 목적의 명의신탁에만 증여세를 부과하며, 구체적인 사건에 있어 법원은 명의신탁자의 조세회피 목적의 추정 번복 여부를 행위태양에 따라 차별적으로 판단하고 있다. 따라서 위 조항이 최종적으로 회피된 세액에 따라 증여세를 차등적으로 부과하지 않는다거나 명의신탁 기간, 경위니 유형 등 여러 가지 정황에 따라 세율을 탄력적으로 조정하지 않고 있다고 하여 법익의 균형성 원칙에 위반된다고 할 수 없다."

제 3 장 조세법 해석·적용상의 4대 원칙

조세법 규정이 조세법률주의와 조세공평주의 원칙에 충실하게 규정되어 있더라도, 그 규정의 해석이나 실제적인 적용을 잘못할 경우에는 조세법률주의나 조세공평주의의 취지를 훼손할 수 있다. 그러므로 조세법률주의와 조세공평주의의 본래의 취지를 살리기 위해서는 조세법 규정을 해석·적용함에 있어서 과세의 형평과 해당 규정의 합목적성에 비추어 납세자의 재산이 부당하게 침해되지 않도록 하여야 한다.

조세법은 이를 구체적으로 실현하기 위하여 조세법 해석·적용상의 원칙으로 실질과세의 원칙, 신의·성실의 원칙, 근거과세의 원칙 및 기업회계의 존중의 4대 원칙을 두고 있다.

Ⅰ. 실질과세의 원칙[1]

1. 실질과세원칙의 의의

실질과세원칙이란 과세물건의 귀속이라든가 과세표준의 계산과 같은 과세요건사실에 조세법 규정을 적용함에 있어 행위 또는 거래의 형식과 실질이 일치하지 않는 경우 형식이 아닌 실질에 따라 과세한다는 원칙이다. 실질과세의 원칙은 조세법의 기본이념인 조세공평주의를 조세법률관계에 구현하기 위한 실천적 원리이다. 실질과세원칙의 주된 목적은 조세부담을 회피하기 위하여 과세요건사실에

---

[1] 제2회 변호사시험(1문), 제8회 변호사시험(1문) 및 제12회 변호사시험(2문)에서 '실질과세의 원칙 중 실질귀속의 원칙'에 관한 문제가 출제된 바 있다.

관하여 실질과 괴리되는 비합리적인 형식이나 외관을 취하는 경우에는 그 형식이나 외관에 불구하고 실질에 따라 담세력이 있는 곳에 과세함으로써 조세회피행위를 규제한다는 것이다.[2] 예를 들어, 甲에게 귀속되는 소득인데 조세부담을 줄이기 위하여 乙에게로 그 소득을 귀속시킨다든가, 거래의 실질이 증여인데 조세부담을 줄이기 위하여 그 형식을 양도로 하는 경우, 이를 그대로 방치한다면 응능과세의 원칙, 즉 조세공평주의에 반하는 결과가 될 것이다.

2012년 1월 말 미국계 유한파트너쉽(limited partnership)인 론스타펀드Ⅲ(U.S.) 엘. 피.와 과세당국 간의 서울 역삼동 스타타워빌딩(현재 강남 파이낸스센터) 매각에 대한 양도소득세 부과를 둘러싼 공방이 대법원에서 론스타펀드Ⅲ(U.S.) 엘. 피. 측의 승소로 일단락되었다. 론스타펀드Ⅲ(U.S.) 엘. 피. 등은 국제적 사모펀드인 론스타펀드Ⅲ를 조성하고 한국과 조세조약이 체결되어 있는 벨기에에서 법인 A를 설립하고 A를 통해 국내 주식회사 B의 주식을 전부 인수하고 B를 통해 국내 부동산(스타타워빌딩)을 매입한 뒤 되팔아 막대한 양도소득이 발생하자 과세당국이 론스타펀드Ⅲ(U.S.) 엘. 피. 등을 양도소득의 실질적 귀속자로 보아 양도소득세를 부과하였고 이에 취소소송을 제기한 것이다. 대법원은 "원고가 개인이 아닌 영리단체로서 구성원들에게 약정에 따라 이익을 분배하기 때문에 원고 자체를 하나의 비거주자나 거주자로 보아 스타타워 매각에 따른 양도소득에 소득세를 부과할 수 없다는 이유로 이번 처분은 위법하다. (중략) 원고는 인적 결합체라기보다는 별개로 권리·의무의 주체가 될 수 있는 독자적 존재로서의 성격을 가져 우리 법인세법상 외국법인으로 보고 법인세를 과세해야 한다"라고 판시하면서[3] 법인세 부과의 가능성을 열어두면서 론스타펀드Ⅲ(U.S.) 엘. 피.의 손을 들어주었다.[4]

2011년 4월 말 은행과 고객들이 엔화정기예금과 선물환거래를 함께 약정한 엔화스왑예금계약에서 선물환거래로부터 발생한 이익이 비과세소득인 외환매매이익이라는 은행 및 고객들의 주장과 환차손위험이 없는 실질로 보아 이자소득이

---

2) 대법원 2012. 1. 19. 선고 2008두8499 판결 참조.
3) 대법원 2012. 1. 27. 선고 2010두5950, 2010두19393 판결.
4) 이 사건에서 대법원은 미국 유한파트너쉽(limited partnership)이 한국 법인세법상 '외국법인'에 해당한다고 판시하였는 바, 이 판결에 따라 과세당국은 론스타펀드Ⅲ(U.S.) 엘. 피.에 대하여 법인세를 부과하는 재처분을 하였다.

라는 과세당국의 주장이 오랜 동안 팽팽하게 맞서 오다 종국적으로 대법원에서 과세당국이 패소하였다. 엔화스왑예금은 고객이 맡긴 원화를 엔화로 환전한 뒤(현물환거래) 엔화정기예금에 가입시키고(엔화정기예금거래), 만기일에 계약 당시 정한 선물환율에 엔화를 다시 팔아(선물환거래) 원금 및 이자와 환차익으로 인한 이득을 원화로 고객에게 돌려주는 금융상품이다. 대법원은 "납세의무자가 경제활동을 할 때에는 동일한 경제적 목적을 달성하기 위하여 여러 가지의 법률관계 중 하나를 선택할 수 있으므로, 그것이 과중한 세금의 부담을 피하기 위한 행위라고 하더라도 가장행위에 해당한다고 볼 특별한 사정이 없는 이상 유효하다고 보아야 하며, 실질과세원칙에 의하여 납세의무자의 거래행위를 그 형식에도 불구하고 조세회피행위라고 하여 효력을 부인할 수 있으려면 조세법률주의의 원칙상 개별적이고 구체적인 부인규정이 마련되어 있어야 한다"라고 판시하면서[5] 은행과 고객들의 손을 들어주었다.

　　실질과세원칙은 조세회피행위를 규제하는 가장 중요한 이론적·법률적 근거의 하나이다. 실질과세원칙이 규제하고자 하는 조세회피행위는 경제적 합리성 없이 통상적으로 사용하지 아니하는 법적 형식을 선택하여, 즉 부당하게 본래 의도했던 경제적 효과를 실현하면서 통상적으로 사용하는 법적 형식에 상응하는 과세요건에 해당되지 아니함으로써 조세부담을 경감 또는 면제받는 행위이다.[6] 이러한 조세회피행위에 대해서는 당사자가 사용한 귀속 또는 계산의 형식을 무시하고 그 실질에 상응하는 과세요건을 충족한 것으로 취급하는 것이 공평과세에 부합한다.

2. 가장행위와 실질과세원칙

　　실질과세원칙의 궁극적인 존재의의는 조세회피행위에 대한 규제에 있다고 할 것인데, 조세회피행위와 구별해야 할 개념으로 가장행위가 있다. 판례는 전술한 바와 같이 "과중한 세금의 부담을 회피하기 위한 행위라고 하더라도 가장행위

---

5) 대법원 2011. 4. 28. 선고 2010두3961 판결.
6) 이를 정리하면 실질과세원칙이 규제하고자 하는 조세회피행위는 '법적 형식의 선택가능성을 남용하여, 즉 부당하게 조세부담을 감소시키는 거래행위'이다.

에 해당한다고 볼 특별한 사정이 없는 이상 유효하다고 보아야 하며, 실질과세원칙에 의하여 납세의무자의 거래행위를 그 형식에도 불구하고 조세회피행위라고 하여 효력을 부인할 수 있으려면"이라고 판시하여 가장행위와 조세회피행위를 구분하고 있다.[7]

가장행위(sham transaction; Scheingeschaft)란 의도적으로 진실한 사실이나 법률관계를 숨기거나 감추고 겉으로 드러난 사실이나 법률관계로 가장하는 것을 말한다. 가장행위는 진의가 아닌 행위로서 그것이 법률행위인 경우에는 무효이고(민법 제108조) 사실행위인 경우에는 '가장'이라는 장막을 벗겨내야 한다. 가장행위 그 자체는 어떠한 실체를 수반하는 것이 아니기 때문에 과세상 의미를 갖지 아니한다. 그러나 가장행위에 의하여 진실한 행위가 숨겨져 있는 경우에는 가장행위임에도 불구하고 진실한 행위에 기초하여 과세를 하는 것이 응능과세에 부합한다.[8][9] 이러한 가장행위에 대한 과세에 있어서는, 법적으로는 유효하되 다만 그 형식과 실질이 다른 경우 어느 것에 따라 과세효과를 정할 것인지를 다루는 실질과세의 문제가 생길 여지가 없다.[10] 가장행위의 대표적인 예가 민법상의 통정허위표시(민법 제108조)라고 하겠지만, 조세법상의 가장행위가 민법상의 통정허위표시로 국한되는 것은 아니다. 판례는 가장행위의 개념을 탄력적으로 운용함으로써 조세법률주의와 조세공평주의의 조화를 도모하려는 입장을 보여왔다.[11]

판례의 태도에 비추어 볼 때, 어떤 행위 또는 거래를 가장행위에 해당한다고 보는 경우와 그 형식과 실질이 다른 조세회피행위에 해당한다고 보는 경우의 결정적인 차이점은, 가장행위는 사법(私法)상 의미 있는 행위가 아니므로 별도의 조세법 규정을 기다리지 아니하고 이를 실체적 진실에 부합하는 행위 또는 거래로 재구성할 수 있지만, 실질과세원칙을 적용하여 형식과 실질이 다른 조세회피행위

---

7) 대법원 2011. 5. 13. 선고 2010두3916 판결; 2011. 4. 28. 선고 2010두3961 판결; 2009. 4. 9. 2007두26629 등도 같음.
8) 北野弘久, 稅法學原論, 勁草書房, 2020, 104－105面 참조.
9) 독일 조세조정법(Steueranspassungsgesetz) 제5조 제1항 및 독일 조세기본법 제41조 제2항에서는 가장행위(Scheingeshäft)는 과세상 효력을 발생시키지 아니하며 가장행위에 의하여 다른 법률행위가 은폐된 경우에는 그 은폐된 행위가 과세의 기초가 된다 라는 취지를 규정하고 있다, 이태로·이철송, 세법상 실질과세에 관한 연구 － 조세회피의 규율방안을 중심으로, 한국경제연구원, 1985, 22－23면.
10) 이태로·한만수, 조세법강의, 박영사, 2018, 35－36면 참조.
11) 대법원 2011. 4. 14. 선고 2008두10591 판결; 2011. 4. 28. 선고 2010두3961 판결 등.

를 재구성하기 위해서는 조세법에 별도의 근거규정이 존재하여야 한다는 점이다. 판례의 경향을 살펴보면 조세부담을 줄이는 행위나 거래에 관한 쟁송에 있어서, 먼저 가장행위에 해당하는지의 여부를 보고, 다음으로 가장행위에 해당하지 아니하면 조세법에 형식과 실질이 다른 조세회피행위를 규제할 수 있는 구체적인 개별규정이 있는지를 보고 있다.[12]

가장행위를 재구성하면 조세회피행위의 부인과 동일한 결과가 발생할 수도 있지만, 이는 진실한 사실관계나 법률관계에 상응한 과세로서 조세회피행위의 부인이 아니다. 다만, 무엇이 진실한 사실관계 또는 법률관계인지는 신중하게 판단되어야 하고, 실체적 진실, 즉 진실한 사실관계나 법률관계를 규명하는 차원을 넘어서 사실관계 또는 법률관계를 새로이 설정하는 것은 허용되지 아니한다. 문제는 어떤 행위 또는 거래를 가장행위로 볼 것인지인데, 이하에서는 가장행위를 인정 또는 부정한 판례들을 살펴본다.

> **[관련판례] 가장행위의 인정 또는 부정**
> 1. 가장행위 부정 – 대법원 1991. 5. 14. 선고 90누3027 판결 * 파기환송
> 2. 가장행위 인정 01 – 대법원 1991. 12. 13. 선고 91누7170 판결
> 3. 가장행위 인정 02 – 대법원 1997. 5. 7. 선고 96누2330 판결

---

1. 가장행위 부정 – 대법원 1991. 5. 14. 선고 90누3027 판결 * 파기환송

(1) 사실관계

원고는 1974. 12. 30. 대지 473평방미터(제1토지)를 취득하여 소유하다가 1984. 12. 26. 소외인에게 소유권이전등기를 경료하여 주고 이와 교환하여 원고는 같은 날 위 소외인으로부터 위 토지에 인접하여 있는 위 소외인 소유의 대지 479평방미터(제2토지)에 관하여 소유권이전등기를 경료받은 다음, 1984. 12. 31. 소외 은행과 사이에 원고는 제2토지를 5억 원에, 위 소외인은 제1토지를 4억 9,000만 원에 각 매도하는 계약을 체결하고 그 대금 전액을 지급받은 후 1985. 4. 24. 위 은행에 위 각 토지에 대한 소유권이전등기를 마쳤다.

---

12) 대법원 1991. 5. 14. 선고 90누3027 판결; 1991. 12. 13. 선고 91누7170 판결; 1997. 5. 7. 선고 96누2330 판결; 2005. 1. 27. 선고 2004두2332 판결 등 참조.

　원고는 먼저 1985. 1. 28. 위 소외인에게 제1토지를 양도(교환)한 것에 대하여 기준시가로 양도차익을 계산하여 양도소득세 1,400만 원 및 방위세 280만 원으로 산정하여 양도차익예정신고 및 자진납부를 하는 한편, 1985. 5. 28. 위 은행에 제2토지를 양도한 것에 대하여 양도가액은 실지거래가액인 5억 원으로, 취득가액은 구 소득세법시행령 제170조 제1항 단서, 제115조 제1항 제1호 다목에 따라 환산한 가액(교환가격)으로 계산하여 양도차익이 없는 것으로 양도차익예정신고를 하였다.

　그러나 피고는 1988. 1. 4. 원고와 위 소외인 간의 토지의 교환은 각자 소유의 토지를 위 은행에 양도함에 있어 그 각 양도소득세의 상당부분을 포탈하기 위하여 중간에 개인 간의 거래를 개입시킨 형식적인 것에 불과하다고 하여 이를 부인하고 원고는 교환취득한 제2토지가 아닌 원래 소유의 제1토지를 위 은행에 양도한 것으로 보고 양도가액은 4억 9,000만 원으로, 취득가액은 1974. 12. 제1토지를 매수하면서 지급한 가액으로 계산하여 이 사건 과세처분을 하였다.

〈쟁점〉
－ 이 사건 교환이 가장행위인지 여부
－ 가장행위가 아니면 이를 부인하기 위한 구체적인 개별규정이 있는지 여부

(2) 판결내용
　"원심은 (중략) 위와 같이 외환은행과의 매매가 확정된 상태하에서 이루어진 원고와 위 소외인 사이의 1984. 12. 26. 자 교환은 원고가 1974. 12. 30. 제1토지를 취득하여 1985. 4. 24. 이를 위 은행에 직접 양도하는 것으로 하는 경우 소득세법 제23조 제4항, 제45조 제1항 제1호 및 같은 법 시행령 제170조 제1항 단서, 제115조 제1항 제1호 (다)목에 의하여 양도가액은 실지거래가액에 의하고 취득가액은 양도시기와 취득시기의 각 과세시가표준액에 비례하여 환산한 기준시가에 의하여야 하는데 양도시기와 취득시기의 기간이 길어 양 시기의 토지등급에 의한 과세시가표준액의 차이가 크게 되어 그 비율에 의하여 환산한 취득가액이 양도가액에 비하여 아주 적어지므로 결과적으로 양도차익이 매우 많아짐에 비하여, 원고가 위 토지를 1984. 12. 26. 위 소외인에게 교환양도한 경우에는 이는 개인 간의 거래로서 양도가액 및 취득가액을 모두 실지거래가액에 훨씬 못 미치는 기준시가에 의하므로 양도차익의 절대치가 아주 작아지고, 한편 위 교환에 의하여 1984. 12. 26. 취득한 제2토지를 단시간 내에 위 은행에 양도할 경우 양도가액은 실지거래가액에 의하고 양도시기와 취득시기의 기간이 짧아 양 시기의 과세시가표준액의 차이가 별로 없어 그 비율에 의하여 환산한 취득가액은 실지 양도가액과 별 차이가

없게 되어 양도차익은 근소하거나 없게 되는 점에 착안하여 원고가 위 은행과의 사이에 이루어질 제1토지의 양도로 인한 양도소득세의 상당 부분을 절감하기 위하여 그 사이에 원고와 전혀 동일한 입장에 처하여 있는 위 소외인과의 사이에 형식적으로 두 토지에 대한 교환합의에 의한 양도행위가 있었던 것으로 함으로써 형식적으로 이루어진 것에 불과할 뿐 실질적으로 원고와 위 소외인 간에 위 교환에 의한 양도행위가 있었다고 보기 어렵고 따라서 원고가 1984. 12. 26. 위 소외인에게 제1토지를 양도하고 그 대신 그로부터 제2토지를 교환취득하여 1985. 4. 24. 이를 위 은행에 양도하는 한편 위 소외인은 1984. 12. 26. 제1토지를 교환취득하여 1985. 4. 24. 이를 위 은행에 양도한 일련의 과정은 실질적으로는 원고가 제1토지를 1985. 4. 24. 위 은행에 양도한 것으로 봄이 마땅하므로 피고의 이 사건 과세처분은 정당하다고 판시하였다.”

“그러나 위와 같은 토지 교환행위는 가장행위에 해당한다는 등 특별한 사정이 없는 이상 유효하다고 보아야 할 것이므로 이를 부인하기 위하여는 권력의 자의로부터 납세자를 보호하기 위한 조세법률주의의 법적 안정성 또는 예측가능성의 요청에 비추어 법률상 구체적인 근거가 필요하다 할 것이다. 원심이 위 토지교환행위가 형식적인 것에 불과하고 그 일련의 과정이 실질적으로는 원고가 교환 전 소유하던 제1토지를 위 은행에 양도한 것이라고 본 조처에는 위 토지교환행위를 부인한다는 취지가 포함되어 있다고 보아야 할 것이므로 원심으로서는 이를 부인하게 된 구체적인 법률상의 근거를 밝혔어야 할 것임에도 불구하고 원심이 그 구체적인 법률상 근거를 심리도 하지 아니한 채 원고와 위 소외인이 서로의 토지를 교환하고 각자 교환취득한 토지를 다시 위 은행에 양도한 일련의 과정을 실질적으로는 원고가 교환 전의 소유 토지를 위 은행에 양도한 것으로 본 것은 조세법률주의 내지 실질과세의 원칙에 관한 법리를 오해하였거나 심리를 다하지 아니하여 판결에 영향을 미친 위법이 있다.”

2. 가장행위 인정 01 - 대법원 1991. 12. 13. 선고 91누7170 판결

(1) 사실관계

소외 대주건설주식회사는 광주직할시에서 아파트를 건축할 목적으로 현지 구매조사를 하는 과정에서 소외회사의 아파트 건축사실을 누설함으로 인하여 토지시세가 폭등하게 되자 소외회사의 대표이사인 소외인은 부동산중개업을 하는 소외인에게 관련 토지의 매입을 위임하면서 1988. 7. 경 착수금으로 5억 원 내지 7억 원을 맡기고 계약이 체결되어 계약서를 보내주면 소외회사가 그 매입자금을 위 소외인에게 송금하는 형식으로 관련 토지를 매입하였다.

원고를 포함한 관련 토지소유자들은 소외회사가 아파트 건축을 위하여 토지를 매수한다는 사실을 알면서도 법인인 소외회사 앞으로 양도하게 되면 실지거래가액에 따른 양도소득세를 부담하게 된다는 이유로 이를 꺼려하고 위 대표이사 등 개인명의로의 양도를 고집하여 1988. 8. 30. 위 대표이사가 원고로부터 이 사건 부동산을 매수한 것으로 하는 내용의 계약서를 작성하고, 같은 해 9. 12. 위 대표이사 앞으로 소유권이전등기를 경료하였다가 1989. 2. 14. 소외회사 앞으로 소유권이전등기를 경료하였다.

이에 관할세무서장은 매도인과 대표이사 개인 간에 체결된 계약과 그로 인한 소유권이전등기는 회사가 부동산을 실질적으로 매수함에 있어 매도인이 양도소득세의 중과를 피할 목적에서 대표이사 개인 명의를 중간에 개입시킨 가장매매행위라 보아 매도인이 법인에게 부동산을 양도한 것으로 보아 과세처분하였다.

〈쟁점〉

토지 매매계약서상의 매수인 명의를 실질적 매수인인 법인 대신에 그 대표이사 개인으로 하고 개인 앞으로 소유권이전등기를 경료한 것이, 매도인이 양도소득세의 중과를 피하기 위하여 한 가장행위라고 볼 수 있는지 여부

(2) 판결내용

"매도인이 아파트 건축을 위하여 토지를 매수한다는 사실을 알면서도 법인 앞으로 양도하게 되면 실지거래가액에 따른 양도소득세를 부담하게 된다는 이유로 회사의 대표이사 개인 명의로의 양도를 고집하여 그와 같은 내용의 계약서를 작성하고 대표이사 개인 앞으로 소유권이전등기를 경료하였다가 후에 회사 앞으로 소유권이전등기를 경료한 경우, 매도인과 대표이사 개인 간에 체결된 계약과 그로 인한 소유권이전등기는 회사가 부동산을 실질적으로 매수함에 있어 매도인이 양도소득세의 중과를 피할 목적에서 대표이사 개인 명의를 중간에 개입시킨 가장매매행위라 보아 매도인이 법인에게 부동산을 양도한 것이다."

"원고와 위 대표이사 간에 체결된 계약과 그로 인한 소유권이전등기는 소외회사가 이 사건 부동산을 실질적으로 매수함에 있어 원고가 양도소득세의 중과를 피할 목적에서 위 대표이사 명의를 중간에 개입시킨 가장매매행위라 할 것이므로, 원심이 같은 취지에서 원고가 법인에게 이사건 부동산을 양도한 것으로 판단한 조치에 소론과 같은 법리오해의 위법이 있다고 할 수 없다."

3. 가장행위 인정 02 – 대법원 1997. 5. 7. 선고 96누2330 판결

(1) 사실관계

원고는 조세감면규제법상 중소기업에 주어지는 혜택을 받기 위하여 종업원을 관계회사에 대규모로 전출발령하고 같은 날 관계 회사와 인적 용역계약을 체결하여 전출 발령한 종업원을 그대로 공급받아 위 기업의 사업장에서 계속 근무하도록 하였다. 이에 관할세무서장은 이러한 행위를 가장행위라고 보아 실체적 진실에 부합하는 행위 또는 거래로 재구성하여 과세처분하였다.

〈쟁점〉
조세감면규제법상의 중소기업 해당 여부의 판단 방법

(2) 판결내용

"조세감면규제법의 중소기업에 대한 특례규정들은 중소기업 육성이라는 조세정책적 차원에서 제정된 것이므로 그 적용의 전제가 되는 중소기업 해당 여부의 판단은 그 형식보다는 실질에 의하여야 하므로, 기업이 종업원 수를 위 법령 소정의 중소기업 규모로 줄이기 위하여 관계 회사에 종업원을 대규모로 전출발령하고 같은 날 관계 회사와 인적 용역계약을 체결하여 전출 발령한 종업원을 그대로 공급받아 위 기업의 사업장에서 계속 근무하도록 하였다면 같은 법 소정의 중소기업이라 할 수 없다."

3. 실질과세원칙에서 '실질'의 의미

가. 개요

어떤 행위 또는 거래의 형식과 실질이 다른 경우 거래의 형식보다는 실질에 따라 과세한다는 실질과세원칙에 있어서 '실질'이 뜻하는 바가 무엇인지는 매우 중요한 의미를 지닌다. 실질과세원칙에 관한 조세법 규정에 있어서 '실질'은 법률요건의 충족여부를 판단하게 하는 요소('형식'과 '실질'이 다른 경우)인 동시에 그 자체가 법률효과('형식'이 아닌 '실질'에 따른 과세)의 내용을 결정짓는 요소이기 때문이다.

실질과세원칙에 의하여 부인되는 거래의 '형식'이 납세의무자가 취한 법적 형식이라는 점에 있어서는 이견이 없다. 문제는 거래의 '실질'인데, 그 '실질'이 의미하는 바가 무엇인지에 대해서는 견해가 크게 두 가지로 나뉜다. 그 하나는 실질의 범위를 법적으로 제한하는 '법적 실질설'이고, 다른 하나는 독일 조세법상의 '경제적 관찰법'[13]에 기초를 두고 있는 '경제적 실질설'이다.

나. 법적 실질설

법적 실질설은 조세법도 법인 이상 헌법을 정점으로 하는 법질서에 편입되어야 하고, 과세관계도 사법(私法)상의 법적 형식을 존중하고 그 기초 위에서 형성되어야 한다는 견해이다. 법적 실질설에 의하면, 가장행위가 아닌 한 법적 형식과 법적 실질은 일치하는 것이고 원칙적으로 그 법적 실질에 따라 과세한다는 원칙이 실질과세원칙이다. 법적 실질설에 따르면, 사법상의 행위 또는 거래에서 실제로 행하여진 법적 형식에 의하지 아니하고 경제적 관점에서 상정한 법적 형식에 의하여 과세하는 것은, 그 필요성이 인정되는 경우라도 특별한 규정이 없는 이상 납세자의 법적 안정성 내지는 예측가능성을 해치고 재산권을 부당하게 침해하는 것이라고 한다. 물론 어떤 행위 또는 거래의 형식이 허위의 표시에 의하여 취해진 것이라면 이는 가장행위로서 무효가 되고 '실체적 진실'에 따라 과세된다. 한국의 경우를 보면, 법적 실질설이 통설적 지위를 점하고 있다는 의견도 있고, 판례도 같은 입장을 취하고 있다는 의견도 있는 반면, 법원의 판결에서 '법적 실질'이라는 개념을 뚜렷이 사용한 바는 없다는 견해도 있다.[14] '실질'의 의미에 대하여 한국의 조세법학자들 중 명백하게 법적 실질설을 취한다는 입장을 밝힌 경우는 거의 없는 것으로 파악된다. 한편 판례에서는 법적 실질설에 기초를 두고 판시한 예가 여러 건 있는 것으로 파악된다.[15] 그렇다고 하더라도 법적 실질설을 취하는 판례가 주류라고 할 정도는 아닌 듯하다. 일본의 경우에는 법적 실질설이 학설과 판례의 주류적인 입장이다.[16]

---

13) '경제적 관찰법(wirtschaftliche Betrachtungsweise)'이란 조세법의 해석은 그 문언에 얽매이는 것이 아니라 그 규율대상인 경제적 사실 또는 현상에 적합하게 행해져야 한다는 조세법 해석법리이다(1919년 독일 조세기본법 제4조 및 현행 독일 조세기본법은 제42조 참조).

14) 이태로·한만수, 앞의 책, 40면 참조.

15) 대법원 1974. 11. 26. 선고 74다1182 판결; 1998. 5. 26. 선고 97누1723 판결; 2001. 8. 21. 선고 2000두963 판결; 2012. 1. 19. 선고 2008두8499 판결 소수의견 등.

16) 일본은 현행 조세법에서 일반규정으로 실질과세원칙 중 실질귀속의 원칙에 관한 규정만을 두고

법적 실질설에 의하면 부당하게[17] 조세부담을 감소시키는 행위 또는 거래라
도 가장행위가 아닌 한 그 행위 또는 거래는 법적 형식과 법적 실질이 일치하는
행위 또는 거래로서 실질과세원칙에 부합한다고 한다. 부당하게 조세부담을 감소
시키는 행위 또는 거래를 조세회피행위라고 하여 규제하기 위해서는 실질과세원
칙에 대한 예외로서 그 법적 형식을 부인하고 경제적 실질에 따라 과세하는 별도
의 근거규정이 있어야 한다는 것이다. 법적 실질설의 논리에 따른다면, 실질과세
원칙은 그 자체가 법적 형식의 선택가능성을 남용하여 조세부담을 회피하는 탈법
행위, 즉 조세회피행위를 규제하기 위한 법원리는 아닌 것이 된다. 오히려 법적
실질설에 기초를 둔 실질과세원칙은 그 존재이유를 '담세력에 따른 조세부담'이
아니라 법적 안정성 내지는 예측가능성을 제고한다는 데서 찾아야 할 것이다.

다. 경제적 실질설

경제적 실질설에 의하면, 실질과세원칙에서의 실질은 경제적 실질을 의미하
는 것이고, 어떤 행위 또는 거래의 법적 형식과 경제적 실질이 다른 경우에는 그
법적 형식을 부인하고 경제적 실질에 따라 과세를 한다는 원칙이 실질과세원칙이
다. 경제적 실질설은 조세부담의 공평을 실현하기 위하여 행위 또는 거래를 경제
적 관점에서 파악하여 그 경제적 효과에 기초한 과세를 하여야 한다고 주장한다.
그리고 그 이유로 계약자유의 원칙에 기초하여 납세의무자가 행하는 사법상의 거
래형식을 조세법상의 요건에 그대로 적용한다면 조세부담의 공평이라고 하는 목
적은 실현될 수 없다는 점을 강조한다. 물론 경제적 실질설에 의하더라도 행위 또
는 거래의 형식이 통정허위표시에 의해 취해진 경우에는 가장행위로서 무효가 되
고 '실체적 진실'에 따라 과세된다. 한국의 경우를 보면, 대부분의 조세법학자들과
법원들은 실질과세원칙에서의 '실질'을 '경제적 실질'로 이해하고 있는 것으로 보

있고 실질계산의 원칙에 관한 규정을 두고 있지 아니하며(일본 소득세법 제12조, 법인세법 제
11조, 지방세법 제24조의2의2 등), 개별규정으로 '동족회사의 행위계산부인규정'을 두고 있다
(일본 법인세법 제132조 제1항). 일본의 경우 실질귀속의 원칙(실질귀속자과세의 원칙)에서 '실
질'의 의미에 대해서는 판례는 물론 학설상으로도 '경제적 실질설(경제적 귀속설)'이 아닌 '법적
실질설(법률적 귀속설)'이 주류이다, 金子 宏, 租税法, 弘文堂, 2021, 182－183面; 北野弘久, 앞
의 책, 101－104面 참조.
17) '부당하게'란 '경제적 합리성 없이 통상적으로 사용하지 않는 법적 형식을 사용하여'를 의미
한다.

여진다.[18]

경제적 실질설에 의하면 실질과세원칙은 그 자체가 법적 선택의 가능성을 남용하여 조세부담을 감소시키는 조세회피행위를 규제하기 위한 것이다. 그러므로 '실질'의 의미를 경제적 실질로 이해하는 경우에는, 실질과세원칙에 관한 조세법상의 문제는 명문의 근거규정이 있어야 하는지, 근거규정이 있어야 한다면 이를 일반규정으로 할 것인지 아니면 개별규정으로 할 것인지의 입법형식의 문제로 귀결된다.

라. 소결

법적 실질설은 실질과세원칙에서의 '실질'을 법적 실질로 보는 이론으로서, 이 이론에 따르면 가장행위가 아니라면 거래행위의 법적 형식과 법적 실질은 일치하는 것이고, 그 법적 형식과 같은 법적 실질에 따라 과세하는 것이 실질과세원칙에 부합한다는 견해로 이해된다. 그리고 어떤 거래행위를 법적 형식의 선택가능성을 남용하여 조세부담을 감소시키는 조세회피행위라고 하여 그 법적 형식을 부인하고 경제적 실질에 따라 과세하려면 조세법에 별도의 근거규정이 필요하다는 것이다. 이와 같이 이해되는 법적 실질설에 의한다면 납세자의 법적 안정성 내지는 예측가능성은 그만큼 제고될 수 있겠지만, 실질과세원칙은 과세의 공평을 위한 원리도 아니고 조세법 규정의 합목적성을 제고하는 원리도 아닌 것이 되고, 단지 가장행위가 아니라면 법적 형식의 선택가능성이 존중된다는 것을 확인해 주는 원리에 불과한 것이 된다.[19]

---

18) 헌법재판소는 '1989. 7. 21. 89헌마38 결정(전원재판부) 결정'에서 "실질과세의 원칙은 법률상의 형식과 경제적 실질이 서로 부합하지 않는 경우에 그 경제적 실질을 추구하여 그에 과세함으로써 조세를 공평하게 부과하겠다는 것이나 거기서 말하는 실질의 의미가 반드시 명확한 것도 아닐 뿐만 아니라 경우에 따라서는 형식상의 외관이나 명목에 치중하여 과세하는 것이 오히려 공평한 과세를 통한 조세정의의 실현에 부합되는 경우도 있을 수 있다"라고 하여 실질과세원칙에서의 '실질'의 의미를 일응 '경제적 실질'로 파악하고 있다. 아울러 대법원도 '1987. 5. 12. 선고 86누602 판결; 1987. 11. 10. 선고 87누362 판결 등'에서 실질과세원칙에서의 '실질'을 '경제적 실질'이라고 보아 법적 형식의 선택가능성을 남용하여 조세부담을 감소시키는 행위를 부인하고 있고, '2012. 1. 27. 선고 2010두5950, 2010두19393 판결; 2011. 4. 28. 선고 2010두3961 판결 등'에서도 문제된 행위가 직접 부인된 것은 아니지만 판시의 내용이 실질과세원칙에서의 '실질'이 '경제적 실질'임을 전제로 하고 있음을 볼 수 있다. 특히 '2012. 1. 19. 선고 2008두8499 판결'은 '실질'의 의미가 경제적 실질임을 확인한 대표적인 판례로서, 이 판결에 의하여 실질의 의미에 관한 의론이 사실상 종결되었다고 할 수 있다.

연역적으로 보더라도 실질과세원칙은 그 자체가 독일 조세법상의 '경제적 관찰법'을 조세법원리로서 수용한 것이고, '경제적 관찰법'은 조세법의 해석이 문언보다는 규율대상인 경제적 사실 또는 현상에 적합하게 행해져야 한다는 것이다. 또한 조세법의 기본이념인 공평과세는 담세력에 기반을 둔 것이고 담세력은 경제적 사실 또는 현상으로부터 파악될 수 있는 것이기 때문에, 조세법의 해석에 있어서 경제적 의의가 해석의 기준으로서 비중 있게 다루어져야 함은 당연한 것이고, 이를 표현한 것이 경제적 관찰법 내지는 실질과세의 원칙이다.

아울러 최근 일련의 실질과세원칙에 관한 판례들을 보면 조세부담을 줄이는 행위 또는 거래에 관한 쟁송에서 '가장행위에 해당한다고 볼 특별한 사정이 없는 이상 유효하다고 보아야 하며, 실질과세의 원칙에 의하여 납세의무자의 거래행위를 그 형식에도 불구하고 조세회피행위라고 하여 효력을 부인할 수 있으려면'이라는 표현을 반복해서 쓰고 있는데,[20] 이는 법적 형식과 법적 실질이 일치하더라도 법적 형식과 경제적 실질이 다른 경우에는 실질과세원칙에 의하여 그 법적 형식을 부인할 수 있다는 것으로 실질과세원칙에서의 '실질'이 경제적 실질임을 전제로 한 것이라고 이해된다.

이런 이유들에 기초하여 실질과세원칙에서의 '실질'은 이를 '경제적 실질'이라고 보는 것이 적절하고 타당하다.

4. 실질과세원칙의 입법형식: 실질과세원칙과 조세법률주의의 관계

가. 개요

실질과세원칙을 적용하여 조세회피행위를 규제함에 있어 실천적 의미에서 가장 중요한 문제는 실질과세원칙과 조세법률주의의 관계, 즉 입법형식의 문제이다. 보다 상세하게 언급하면, 조세법에서 법적 형식과 경제적 실질이 다른 거래행위를 열거하고 이에 대하여 경제적 실질에 따라 과세한다는 취지의 구체적인 개

---

19) 최성근, "실질과세원칙에 관한 법리와 규정에 대한 분석 및 평가", 조세법연구, 제19권 제2호, 2013, 130 – 131면.
20) 대법원 2011. 5. 13. 선고 2010두3916 판결; 2011. 4. 28. 선고 2010두3961 판결; 2009. 4. 9. 선고 2007두26629 판결 등 참조.

별규정을 두는 경우에만 그 법적 형식에도 불구하고 경제적 실질에 따라 과세할 수 있는가, 아니면 구체적인 개별규정이 없더라도 실질과세원칙에 관한 일반규정만 있으면 과세할 수 있는가, 아니면 일반규정조차 없더라도 어떤 거래행위의 법적 형식과 경제적 실질이 다른 경우 그 법적 형식에도 불구하고 경제적 실질에 따라 과세할 수 있는가라고 하는 입법형식의 문제가 실질과세원칙의 실제적인 적용에 있어서 핵심적인 쟁점이 된다는 것이다.

나. 실질과세원칙의 입법형식에 관한 학설 및 판례

(1) 실질과세원칙의 입법형식에 관한 학설

실질과세원칙의 입법형식에 관해서는 학설이 크게 세 부류로 나뉜다.

첫째는, 어떤 거래행위의 법적 형식을 무시하고 그 경제적 실질에 따라 과세한다는 구체적인 개별규정이 없으면 가장행위가 아닌 한 그 행위 또는 거래의 법적 형식만을 기준으로 과세효과를 파악하여야 한다는 '법적 형식 기준설'이다. 이 학설에 따르면 부당행위계산부인에 관한 소득세법 제41조나 제101조 또는 법인세법 제52조 등과 같은 규정은 실천적 의미를 갖지만, 국세기본법 제14조 제1항·제2항, 「국제조세조정에 관한 법률」 제3조 제1항·제2항 또는 지방세기본법 제17조와 같은 규정은 선언적 의미만을 갖는다. 한국의 판례는 실질과세원칙 중 실질계산의 원칙에 관한 한 이러한 입장을 취하고 있다. 일본은 한국보다 엄격하게 실질귀속의 원칙에 대해서도 법적 형식 기준설을 따르고 있다.

둘째는, 언제든지 경제적 실질만을 기준으로 과세효과를 파악하여야 한다는 '경제적 실질 기준설'이다. 이 학설은 어떤 거래행위의 당사자가 취한 법적 형식이 그가 의도한 경제적 실질과 다른 경우에는 법률규정의 근거 없이도 그 거래행위의 경제적 실질에 따라 과세할 수 있다는 입장이다. 미국의 경우가 그러하다.[21]

---

[21] 미국의 법원들은 실질과 다른 형식을 취함으로써 납세의무자가 얻게 되는 조세상의 이익을 부인하는데 실질과세원칙을 적용하여 왔다. 세부적으로는 실질우위(subtance-over-form), 사업목적(business purpose), 경제적 실질(economic substance), 가장거래(sham transaction) 및 단계거래(step transaction)와 같은 다양한 보통법이론들이 원용되고 있다. 미국의 연방대법원이 어떤 행위 또는 거래의 경제적 실질의 존부를 판단하기 위하여 오랜 기간에 걸쳐 확립한 기준은 문제된 행위 또는 거래를 취한 것이 조세부담의 감소 외에 관련법령에 의한 어떤 '수익적 이해(beneficial interest)'에 영향을 주었느냐 하는 것이다. 실질과세원칙에 따라 미국의 법원은 거래의 실질이 명백하게 외적 형식과 다른 경우 그 실질에 따라 '거래의 성질을 다시 결정할

이 학설에 의하면 실질과세원칙에 관한 규정은 확인적 의미를 갖는 데 불과하다.

셋째는, 사업상의 목적이나 경제적인 이유 없이 조세회피를 목적으로 행해진 거래행위에 대해서는 실질과세원칙에 관한 일반규정에 의하여 그 법적 형식을 부인하고 경제적 실질에 따라 과세한다는 '절충설'이다. 이 학설에 따르면 실질과세에 관한 일반규정은 제한적인 범위 내에서 실천적 의미를 가진다. 독일의 경우가 그러하다. 한국의 판례는 실질과세원칙 중 실질귀속의 원칙에 대하여 이러한 입장을 취하고 있다.

(2) 실질과세원칙의 입법형식에 관한 판례

실질과세원칙의 입법형식에 관하여, 한국의 법원은 대체로 실질'계산'의 원칙에 대해서는 구체적인 개별규정이 있는 경우에만 실질과세원칙의 적용이 가능하다는 법적 형식 기준설의 입장을 취하고 있다. 즉 법적 형식의 선택가능성을 남용하여 조세부담을 감소시키는 조세회피행위라고 비난될 여지가 있는 경우라도 실질계산의 원칙에 의하여 그 법적 형식을 부인할 수 있으려면 조세법률주의의 원칙상 부당행위계산부인규정(소법 제41조·제101조 및 법인세법 제52조) 등과 같은 구체적인 개별규정이 있어야 한다는 것이다.[22]

한편 실질과세원칙 중 실질'귀속'원칙에 대해서는 이와 다른 태도를 취하고 있는데, 실질과세원칙에 관한 판례들 중 과세물건의 귀속이 문제된 경우에는 조세법상의 구체적인 개별규정이 아니라 실질귀속원칙에 관한 일반규정인 국세기본법 제14조 제1항 등에 근거하여 조세회피행위를 부인한 예를 흔히 볼 수 있다.[23] 이들 판결의 내용을 보면 국세기본법 제14조 제1항 등을 적용조문으로 제시한 경우도 있고 그렇지 아니한 경우도 있는데, 조세법률주의가 실질과세원칙의 한계로서 역할을 한다는 사실을 감안한다면 적용조문을 제시하지 아니한 경우는 실정법

(re-characterize)' 권한을 가진다, 최성근, "단계거래원칙이 실질과세원칙에서 차지하는 지위와 부당한 단계거래의 판단기준", 조세법연구, 제14권 제2호, 2008, 166-167면.

22) 대법원 1992. 9. 22. 선고 91누13571 판결; 2001. 8. 21. 선고 2000두963 판결; 2000. 9. 29. 선고 97누18462 판결; 2009. 4. 9. 선고 2007두26629 판결; 2011. 4. 28. 선고 2010두3961 판결 등 참조.
23) 대법원 1989. 9. 29. 선고 89도1356 판결; 1990. 4. 10. 선고 89누992 판결; 1994. 4. 15. 선고 93누13162 판결; 2003. 4. 11. 선고 2002두8442 판결; 2012. 1. 19. 선고 2008두8499 판결 등 참조. 국세기본법 제14조 제1항 등의 실정법적 근거를 적시하지 아니한 경우도 다수 있다.

상 아무런 근거규정이 없더라도 실질과세원칙이 적용될 수 있음을 보여준 것이라 기보다는 적용조문의 제시가 생략된 경우라고 여겨진다.

> **[관련판례] 실질과세원칙의 입법형식**
>
> 1. 실질과세원칙의 입법형식 01: 실질귀속원칙 관련 – 대법원 2012. 1. 19. 선고 2008두8499 판결[24) * 파기환송
> 2. 실질과세원칙의 입법형식 02: 실질계산원칙 관련 – 대법원 2011. 4. 28. 선고 2010두3961 판결

1. 실질과세원칙의 입법형식 01: 실질귀속원칙 관련 – 대법원 2012. 1. 19. 선고 2008두8499 판결 * 파기환송

(1) 사실관계

네덜란드 법인인 원고 甲사가 100% 지분을 소유하고 있는 자회사들인 A사(로담코 코리아)와 B사(종로)는 내국법인인 C사(칠봉산업)의 지분을 50%씩을 취득하고, A사가 75% 지분을 소유하고 있는 내국법인인 D사(아이엔지)의 나머지 지분 25%를 B사가 취득하였다. A사와 B사는 이를 보유하다가 그 중 일부를 처분하였을 뿐 그 외 별다른 사업실적이 없고, 甲사와 A사·B사는 주소와 전화번호, 대표이사가 모두 같고 그 외의 직원은 없으며, A사와 B사의 C사와 D사 지분 취득자금도 모두 甲사가 제공하였고, 그 취득과 보유 및 처분도 전부 甲사가 관장하였다. 이러한 사실관계에 기초하여 과세관청은 A사와 B사들이 보유한 이 사건 주식 등은 실질적으로 모두 甲사에게 귀속되어 있으므로 甲사가 구 지방세법 제105조 제6항(과점주주 간주취득세)[25)의 과점주주에 해당한다고 보아 甲사에게 C사와 D사 주식에 대한 취득세를 부과하였고, 甲사는 이에 불복하여 소를 제기하였다.

---

24) 이 판결은 실질과세원칙에서 실질의 의미가 경제적 실질임을 확인하고 국세기본법 제14조 제1항의 독자적 지위를 긍정한 실질과세원칙에 관한 대표적인 판례이고, 이후 많은 판례들이 이 판결을 원용하고 있다, 대법원 2015. 11. 26. 선고 2013두25399 판결; 2015. 11. 26. 선고 2014두335 판결 등 참조.
25) 과점주주에 대한 간주취득세제도의 취지는 과점주주가 되면 당해 법인의 재산을 사실상 임의로 처분하거나 관리·운용할 수 있는 지위에 서게 되어 실질적으로 당해 재산을 직접 소유하는 것과 다름 없게 되므로 그 담세력을 인정하여 취득세를 부과하는 것이다.

〈쟁점〉

실질과세의 원칙에 의할 때 자회사 2사가 각 50%씩 소유한 주식을 모회사가 소유한 것으로 볼 수 있는지 여부

(2) 판결내용

"구 국세기본법(2007. 12. 31. 개정 전) 제14조 제1항은 "과세의 대상이 되는 소득·수익·재산·행위 또는 거래의 귀속이 명의일 뿐이고 사실상 귀속되는 자가 따로 있는 때에는 사실상 귀속되는 자를 납세의무자로 하여 세법을 적용한다"고 규정하고, 제2항은 "세법 중 과세표준의 계산에 관한 규정은 소득·수익·재산·행위 또는 거래의 명칭이나 형식에 불구하고 그 실질내용에 따라 적용한다"고 규정하고 있다.

위 규정이 천명하고 있는 실질과세의 원칙은 헌법상의 기본이념인 평등의 원칙을 조세법률관계에 구현하기 위한 실천적 원리로서, 조세의 부담을 회피할 목적으로 과세요건사실에 관하여 실질과 괴리되는 비합리적인 형식이나 외관을 취하는 경우에 그 형식이나 외관에 불구하고 실질에 따라 담세력이 있는 곳에 과세함으로써 조세회피행위를 규제하고 과세의 형평을 제고하여 조세정의를 실현하고자 하는 데 주된 목적이 있다. 이는 조세법의 기본원리인 조세법률주의와 대립관계에 있는 것이 아니라 조세법규를 다양하게 변화하는 경제생활관계에 적용함에 있어 예측가능성과 법적 안정성이 훼손되지 않는 범위 내에서 합목적적이고 탄력적으로 해석함으로써 조세법률주의의 형해화를 막고 그 실효성을 확보한다는 점에서 조세법률주의와 상호보완적이고 불가분적인 관계에 있다고 할 것이다. 이러한 실질과세의 원칙 중 구 국세기본법 제14조 제1항이 규정하고 있는 실질귀속자 과세의 원칙은 소득이나 수익, 재산, 거래 등의 과세대상에 관하여 그 귀속 명의와 달리 실질적으로 귀속되는 자가 따로 있는 경우에는 형식이나 외관을 이유로 그 귀속 명의자를 납세의무자로 삼을 것이 아니라 실질적으로 귀속되는 자를 납세의무자로 삼겠다는 것이고, 이러한 원칙은 구 지방세법 제82조에 의하여 지방세에 관한 법률관계에도 준용된다. 따라서 구 지방세법 제105조 제6항을 적용함에 있어서도, 당해 주식이나 지분의 귀속 명의자는 이를 지배·관리할 능력이 없고 그 명의자에 대한 지배권등을 통하여 실질적으로 이를 지배·관리하는 자가 따로 있으며, 그와 같은 명의와 실질의 괴리가 위 규정의 적용을 회피할 목적에서 비롯된 경우에는, 당해 주식이나 지분은 실질적으로 이를 지배·관리하는 자에게 귀속된 것으로 보아 그를 납세의무자로 삼아야 할 것이다. 그리고 그 경우에 해당하는지 여부는 당해 주식이나 지분의 취득 경위와 목적, 취득자금의 출처, 그 관리와 처분과정, 귀속명의자의 능력과 그에 대한 지배관계 등 제반 사정을 종합적으로 고려하

여 판단하여야 할 것이다."

"이 사건의 경우, 원심이 인정한 사실에 의하면 이 사건 자회사들이 아이엔지 및 칠봉산업의 주식 등을 취득하여 보유하고 있는 법적 형식만으로 볼 때는 원고는 아이엔지나 칠봉산업의 주식 등을 전혀 보유하고 있지 않은 반면, 종로가 취득한 아이엔지의 지분은 25%에 불과하고 이 사건 자회사들이 취득한 칠봉산업의 지분은 각 50%로서 그 지분보유 비율이 51% 이상인 경우에 적용되는 과점주주의 요건에도 해당하지 않기 때문에 원고 및 이 사건 자회사들 모두 구 지방세법 제105조 제6항이 규정한 이른바 간주취득세의 형식적 적용요건을 피해 가고 있다. 그러나 원심판결 이유와 기록에 의하면, 이 사건 자회사들이 이 사건 주식 등을 취득할 때 이 사건 자회사들의 지분은 원고가 100%를 소유하고 있었고, 그 전에 로담코 코리아가 아이엔지 주식 75%를 취득할 때도 그 지분 소유관계는 마찬가지였던 것으로 보인다. 또한 이 사건 자회사들은 위와 같이 아이엔지와 칠봉산업의 주식 등을 보유하다가 그 중 일부를 처분하는 방식으로 재산을 보유·관리하고 있을 뿐 그 외 별다른 사업실적이 없고, 회사로서의 인적 조직이나 물적 시설을 갖추고 있는 것도 없어서 독자적으로 의사를 결정하거나 사업목적을 수행할 능력이 없는 것으로 보인다. 그 결과 이 사건 주식 등의 취득자금은 모두 원고가 제공한 것이고 그 취득과 보유 및 처분도 전부 원고가 관장하였으며 로담코 코리아가 취득한 아이엔지 주식 75%의 경우도 이와 사정이 다르지 않을 것으로 보이고, 그 모든 거래행위와 이 사건 자회사들의 사원총회 등도 실질적으로는 모두 원고의 의사결정에 따라 원고가 선임한 대리인에 의하여 이루어진 것으로 보인다. 이러한 점 등으로 미루어 보면, 이 사건 주식 등을 원고가 직접 취득하지 않고 이 사건 자회사들 명의로 분산하여 취득하면서 이 사건 주식 등의 취득 자체로는 과점주주의 요건에 미달하도록 구성한 것은 오로지 구 지방세법 제105조 제6항에 의한 취득세 납세의무를 회피하기 위한 것이라고 보기에 충분하다.

위와 같은 여러 사정을 앞서 본 규정과 법리에 비추어 살펴보면, 원고가 이 사건자회사들에 대한 완전한 지배권을 통하여 아이엔지 주식 75%와 함께 이 사건 주식 등을 실질적으로 지배·관리하고 있으므로 원고가 그 실질적 귀속자로서 이 사건 주식 등의 취득에 관하여 구 지방세법 제105조 제6항에 의한 취득세 납세의무를 부담한다고 볼 여지가 상당하다.

그렇다면, 원심으로서는 이 사건 자회사들의 설립목적과 그에 대한 원고의 지배관계 및 지배의 정도, 아이엔지 주식 75%와 이 사건 주식 등의 취득 경위와 목적 등을 자세히 심리하여 그 실질적 귀속관계를 밝히고, 그에 따라 원고에게 이 사건 주식 등의 취득에 관하여 구 지방세법 제105조 제6항에 의한 취득세의 납세의무가 있는지 여부를 판단하였어야 할 것이다. 그럼에도 불구하고 원심은 위와

같은 점에 대한 심리·판단을 하지 아니한 채 이 사건 자회사들이 이 사건 주식 등
을 취득한 형식과 외관에만 치중한 나머지 원고에게 그 취득세의 납세의무가 없다
고 단정하였으니, 이러한 원심판단에는 실질과세의 원칙에 관한 법리를 오해하여
필요한 심리를 다하지 아니함으로써 판결결과에 영향을 미친 잘못이 있다. 이 점
을 지적하는 상고이유의 주장은 이유 있다."

2. 실질과세원칙 입법형식 02: 실질계산원칙 관련 - 대법원 2011. 4. 28. 2010두 3961 판결26)

(1) 사실관계

원고들은 2002. 경부터 2004. 경 사이에 주식회사 신한은행과 엔화스왑예금계
약이라는 이름으로, 원고들이 원화로 엔화를 매입하고 이를 예금하여 확정이자를
지급받고 만기에 원리금을 반환받는 엔화예금에 가입함과 동시에, 위 예금계약의
만기 또는 해지 시에는 엔화예금 원리금을 신한은행에 미리 확정된 환율로 매각하
여 원화로 이를 지급받기로 하는 선물환계약을 체결하였다. 이 사건 계약에 의하
면, 신한은행은 2002. 경부터 엔화정기예금거래와 선물환거래를 함께 가입하는 금
융상품을 개발하여 고객에게 세후실효수익률에서 일반정기예금보다 유리한 것으
로 홍보·판매하였는데, 고객들은 자신이 소유하던 원화를 엔화로 바꾸어 신한은
행에 예치하고 만기에 예금에 대한 이자(연리 0.25%)는 거의 없으나 계약 체결일
당시에 이미 약정된 선물환율에 의한 선물환매도차익(원금의 4.75% 상당 이익)을
얻게 되므로 결과적으로 확정금리(연리 5%)를 지급하는 원화정기예금상품과 유사

---

26) 본 건 대법원 판결이 있기 전에 엔화스왑예금에 관한 다수의 상반되는 하급심 판결들이 있었는
데, 각각의 논지를 정리해보면 다음과 같다. 먼저 엔화스왑예금 중 선물환거래로 인한 이익을
이자소득으로 보는 법원의 입장은 "실질과세의 원칙과 유형적 포괄주의를 채택하고 있는 이자
소득에 관한 소득세법 규정의 취지에 비추어 볼 때, 엔화스왑예금은 그 전체가 하나의 단일한
거래로서 원화정기예금과 유사한 거래이고, 엔화스왑예금으로부터 발생한 전체 이익은 현물원
화예금의 이자와 유사한 소득으로서 금전사용의 대가로 보는 것이 타당하므로 구 소득세법 제
16조 제1항 제13호의 금전사용에 대한 대가, 즉 이자소득에 해당한다"라는 것이었다. 다음으로
엔화스왑예금 중 선물환거래로 인한 이익을 이자소득으로 보지 않는 법원의 입장은 "당사자가
취한 거래형식이 과중한 세금의 부담을 피하기 위한 행위라고 하더라도 그 행위가 가장행위가
아닌 한 유효한데, 엔화스왑예금에서 엔화선물환거래가 가장행위에 해당한다거나 유기적으로
결합된 하나의 원화예금거래라고 보기 어렵고, 엔화정기예금과 엔화선물환거래가 각각 별개의
법률행위로서 유효하게 성립하였다"라는 것이었다. 전자에 해당하는 판결로는 서울행정법원
2009. 1. 23. 선고 2008구합12825 판결; 서울행정법원 2009. 2. 4. 선고 2008구합12528 판결;
대구지방법원 2009. 5. 13. 선고 2008구합947 판결; 청주지방법원 2009. 8. 20. 선고 2008구합
490 판결 등이 있고, 후자에 해당하는 판결로는 서울행정법원 2009. 1. 20. 선고 2008구합12511
판결; 서울고등법원 2010. 1. 26. 선고 2009누5840 판결 등이 있다.

하고 소득세법상 선물환매도차익이 비과세되므로 금융소득종합과세를 피할 수 있어 원화정기예금과 대비하여 고수익을 확보할 수 있었다.

엔/원 선물환시장은 2006. 5. 29. 경까지 한국에 존재하지 아니하였으므로 신한은행은 톰슨로이터코리아 주식회사로부터 이 사건 계약 당시 공시되는 만기의 달러/원 스왑포인트(선물환율에서 현물환율을 뺀 금액)와 달러/엔 스왑포인트를 제공받아 산정한 달러/원 선물환율을 달러/엔 선물환율로 나눈 엔/원 선물환율을 기준으로 약정선물환율을 정하였고, 위와 같이 산정된 엔/원 선물환율과 엔/원 현물환율의 차이인 엔/원 스왑포인트는 2002. 경부터 2005. 경까지 계속 양(＋)의 상태에 있었다.

〈쟁점〉

납세자의 거래행위를 그 형식에도 불구하고 조세회피행위라고 하여 효력을 부인하려면, 법률에 개별적이고 구체적인 부인규정이 있어야 하는지 여부

(2) 판결내용

"구 소득세법 제16조 제1항은 "이자소득은 당해 연도에 발생한 다음 각 호의 소득으로 한다"라고 규정하면서, 그 제3호에서 '국내에서 받는 예금의 이자와 할인액'을, 제9호에서 '대통령령이 정하는 채권 또는 증권의 환매조건부 매매차익'을, 제13호에서 '제1호 내지 제12호의 소득과 유사한 소득으로서 금전의 사용에 따른 대가의 성격이 있는 것'을 각 들고 있다.

그리고 구 소득세법 시행령 제24조는 "법 제16조 제1항 제9호 에서 대통령령이 정하는 채권 또는 증권의 환매조건부 매매차익이라 함은 금융기관이 환매기간에 따른 사전약정이율을 적용하여 환매수 또는 환매도하는 조건으로 매매하는 채권 또는 증권의 매매차익을 말한다"고 규정하고 있다.

납세의무자가 경제활동을 함에 있어서는 동일한 경제적 목적을 달성하기 위하여서도 여러 가지의 법률관계 중 하나를 선택할 수 있으므로 그것이 과중한 세금의 부담을 회피하기 위한 행위라고 하더라도 가장행위에 해당한다고 볼 특별한 사정이 없는 이상 유효하다고 보아야 하며, 실질과세의 원칙에 의하여 납세의무자의 거래행위를 그 형식에도 불구하고 조세회피행위라고 하여 그 효력을 부인할 수 있으려면 조세법률주의 원칙상 법률에 개별적이고 구체적인 부인규정이 마련되어 있어야 한다(대법원 1991. 5. 14. 선고 90누3027 판결, 대법원 2009. 4. 9. 선고 2007두26629 판결 등 참조)."

"원심은 이 사건의 사실관계에 기초하여, 당사자가 취한 거래형식이 세금의 부담을 회피하기 위한 행위라 하더라도 그것이 가장행위에 해당하는 등의 특별한

사정이 없는 이상 유효한 것으로 보아야 한다는 전제 아래, 이 사건 선물환계약은 엔화정기예금계약과는 구별되는 별개의 계약으로 인정되고, 법률행위의 효력이 없는 가장행위에 해당한다거나 엔화정기예금계약에 포함되어 일체가 되었다고 보기 어려우며, 이 사건 선물환거래로 인한 차익을 구 소득세법 제16조 제1항 제3호 소정의 예금의 이자 또는 이에 유사한 것으로서 같은 항 제13호 소정의 이자소득세의 과세대상에 해당한다고 보기 어렵다고 판단한 후, 나아가 구 소득세법 제16조 제1항 제9호는 채권 또는 증권을 환매조건부로 매매함으로써 계약시부터 환매조건이 성취될 때까지 금전사용의 기회를 제공하고 환매시대가로 지급하는 일정한 이익을 이자소득으로 보아 과세하는 것인데, 이 사건 선물환차익을 채권 또는 증권의 환매조건부 매매차익 또는 이에 유사한 것으로 보기도 어렵고, 설사 이에 유사하다고 하더라도 구 소득세법 제16조 제1항 제9호, 구 소득세법 시행령 제24조 소정의 환매조건부 매매차익은 채권 또는 증권의 매매차익만을 대상으로 하는데 구 소득세법 제16조 제1항 제13호가 유형적 포괄주의의 형태로 규정되어 있기는 하지만 채권이나 증권이 아닌 외국통화의 매도차익에 대하여도 이를 이자소득세로 확대해석하는 것은 조세법률주의의 원칙에 비추어 허용할 수 없다고 판단하였다.

앞서 본 법리와 관계 규정 및 기록에 비추어 살펴보면, 원심의 위와 같은 판단은 정당한 것으로 수긍할 수 있고, 거기에 상고이유에서 주장하는 바와 같은 구 소득세법 제16조 제1항 제13호의 적용범위에 관한 법리오해 등의 위법이 없다."[27)]

5. 실질과세원칙에 관한 법률규정

한국의 조세법은 실질과세원칙에 관하여 일반규정과 개별규정을 두고 있다.

실질과세원칙에 관한 일반규정은 실질귀속원칙과 실질계산원칙의 양자를 포섭하고 있고, 이러한 일반규정을 두고 있는 법률로는 국세기본법, 지방세기본법 및 「국제조세조정에 관한 법률」이 있다. 이 중 지방세기본법(제17조 제1항과 제2항)과 「국제조세조정에 관한 법률」(제3조 제1항과 제2항)의 일반규정은 국세기본법(제14조 제1항과 제2항)의 일반규정의 반복·강조이다.

실질과세원칙에 관한 개별규정은 다시 일정한 거래유형(행위 또는 거래의 유

---

27) 이 판결 이후 소득세법이 개정되어 제16조(이자소득)에 제13호로 '제1호부터 제12호까지의 규정 중 어느 하나에 해당하는 소득을 발생시키는 거래 또는 행위와 「자본시장과 금융투자업에 관한 법률」(이하 '자본시장법'이라 한다) 제5조에 따른 파생상품이 대통령령으로 정하는 바에 따라 결합된 경우 해당 파생상품의 거래 또는 행위로부터의 이익'이 추가되었다.

형)을 법률요건으로 하고 있는 경우와 특정한 거래형태(행위 또는 거래)를 법률요건으로 하고 있는 경우로 나눌 수 있다. 일정한 거래유형에 대한 실질과세원칙 규정으로는 국세기본법 제14조 제3항 및 「국제조세조정에 관한 법률」 제3조 제3항과 제4항이 있고, 특정한 거래형태에 대한 실질과세원칙 개별규정으로는 부당행위계산부인(소법 제41조·제101조 및 법인세법 제52조) 등의 실질계산원칙에 관한 개별규정과 신탁소득에 대한 수익자 과세(소법 제2조의3 및 법법 제5조) 등의 실질귀속원칙에 관한 개별규정이 있다.

가. 실질과세원칙에 관한 일반규정

실질과세원칙에 관한 일반규정 내지는 선언적 규정을 두고 있는 법률로는 국세기본법, 지방세기본법 및 「국제조세조정에 관한 법률」이 있다.

(1) 국세기본법

국세기본법은 제14조 제1항에서 "과세의 대상이 되는 소득·수익·재산·행위 또는 거래의 귀속이 명의일 뿐이고 사실상 귀속되는 자가 따로 있을 때에는 '사실상 귀속'되는 자를 납세의무자로 하여 조세법을 적용한다"라고 하여 과세물건의 실질적 귀속자의 판단에 관한 원칙(실질귀속원칙)을 규정하고 있다. 이 규정에서 '사실상의 귀속'이라는 표현이 경제적 효과 또는 경제적 실질을 의미한다는데 대해서는 이견이 없다. 실질과세원칙에 관한 판례들 중 과세물건의 귀속이 문제된 경우에는 국세기본법 제14조제1항에 근거하여 조세회피행위를 부인한 판결을 흔히 볼 수 있다.

국세기본법은 제14조 제2항에서 "세법 중 과세표준의 계산에 관한 규정은 소득·수익·재산·행위 또는 거래의 명칭이나 형식과 관계 없이 그 '실질 내용'에 따라 적용한다"라고 하여 과세표준의 실질적 인식에 관한 원칙(실질계산원칙)을 규정하고 있다. 이 규정은 법률요건과 법률효과가 명확하지 아니하고 '실질 내용'이라고 하는 추상적인 표현을 사용하고 있기 때문에 구체적인 사안에 직접 적용하기는 어렵다고 여겨진다. 실질과세원칙에 관한 판례들 중 과세표준의 인식이 문제된 경우에는 거의 대부분의 판결이 "실질과세원칙에 의하여 납세의무자의 거래행위를 그 형식에도 불구하고 조세회피행위라고 하여 효력을 부인할 수 있으려면 조세법률주의의 원칙상 개별적이고 구체적인 부인규정이 마련되어 있어야 한다"
라고 판시하여 국세기본법 제14조 제2항에 근거하여 조세회피행위를 부인하는
것을 인정하지 아니하였다.

(2) 지방세기본법과「국제조세조정에 관한 법률」

지방세기본법(제17조 제1항과 제2항)은 국세기본법의 실질과세원칙 규정과 동
일한 취지의 규정을 두고 있다. 한편「국제조세조정에 관한 법률」은 제3조 제1항
과 제2항에서 각각 조세조약에 대하여 실질귀속의 원칙과 실질계산의 원칙이
적용된다고 규정하고 있다.[28] 이들 규정에 대해서도 국세기본법 제14조 제1
항 및 제2항에 관한 것과 동일한 해석론이 전개될 수 있을 것이다.

나. 실질과세원칙에 관한 개별규정

(1) 일정한 거래유형을 법률요건으로 하고 있는 경우

① 국세기본법 제14조 제3항

국세기본법은 제14조 제3항에서 "제3자를 통한 간접적인 방법이나 둘 이상
의 행위 또는 거래를 거치는 방법으로 이 법 또는 세법의 혜택을 부당하게 받기
위한 것으로 인정되는 경우에는 그 경제적 실질 내용에 따라 당사자가 직접 거래
를 한 것으로 보거나 연속된 하나의 행위 또는 거래를 한 것으로 보아 이 법 또는
세법을 적용한다"라고 규정하여 부당한 우회거래 또는 다단계거래에 의한 조세회
피행위를 규제하고 있다. 이 규정은 동법 제14조 제2항의 적용상의 문제점을 해
결하기 위하여 2007년에 도입되었고, 동법 제14조 제1항에 대해서도 보완적 기능
을 가진다. 이 규정의 입법형식을 일반규정으로 보는 견해가 적지 아니한데, 적용
대상을 일반적·포괄적으로 규정하지 아니하고 우회거래 또는 다단계거래라고 하
는 '일정한 거래유형'으로 한정하고 있으므로 이 규정의 입법형식을 개별규정
으로 보는 것이 적절하다.[29]

---

28) 판례도 조세조약에 실질과세원칙이 적용된다는 입장을 취하고 있다, 대법원 2012. 10. 25. 선
고 2010두25466 판결; 2013. 4. 11. 선고 2011두3159 판결; 2015. 7. 23. 선고 2013두21373 판
결 등.

29) 그간에 관련판례가 없다가 2017년 이 규정의 적용에 관한 4건의 대법원 판결이 나왔고 이 중
1건에서 국세기본법 제14조 제3항의 적용을 최초로 인정하였다(대법원 2017. 2. 15. 선고 2015
두46963 판결). 나머지 3건의 판결도 이 규정 자체를 적용규정으로 보지 않은 것이 아니라 조세

판례는 이 규정의 적용요건에 대한 해석으로, 납세의무자가 선택한 거래 또는 행위의 법적 형식이나 과정이 처음부터 조세회피의 목적을 이루기 위한 수단에 불과하여 그 실질이 직접 또는 하나의 거래나 행위를 한 것과 동일하게 평가될 수 있어야 한다는 법리를 제시하였고, 구체적인 판단기준으로는, 당사자가 그와 같은 거래 또는 행위의 형식을 취한 목적, 제3자를 개입시키거나 단계별 거래 과정을 거친 경위, 그와 같은 거래 또는 행위의 방식을 취한 데에 조세부담의 경감 외에 필요 등 다른 합리적 이유가 있는지 여부, 각각의 거래 또는 행위 사이의 시간적 간격, 그러한 거래 또는 행위의 형식을 취한 데 따른 손실 및 위험부담의 가능성 등을 언급하였다.[30]

②「국제조세조정에 관한 법률」제3조 제3항과 제4항

「국제조세조정에 관한 법률」은 제3조 제3항에서 국세기본법 제14조 제3항의 부당한 우회거래 또는 다단계거래의 부인에 관한 규정과 동일한 취지의 규정을 두고 있다. 아울러 동조 제4항은 우회거래를 통하여 한국에 납부할 조세부담이 일정 비율 이상으로 현저히 감소하는 경우에는 납세의무자가 해당 우회거래에 정당한 사업 목적이 있다는 사실 등 조세를 회피할 의도가 없음을 입증하지 아니하면 조세회피 목적으로 거래한 것으로 추정하여 증명책임을 전환하고 있다.

(2) 특정한 거래형태(행위 또는 거래)를 법률요건으로 하고 있는 경우

① 부당행위계산부인(소법 제41조, 제101조 및 법법 제52조)[31]

부당행위계산부인은 실질과세원칙의 대표적인 개별규정이다. 좀 더 정확하

를 회피할 목적으로 우회거래 또는 다단계거래를 하였다고 볼 수 없다는 이유로 적용을 인정하지 아니하였다(대법원 2017. 1. 25. 선고 2015두3270 판결; 2017. 3. 22. 선고 2016두51511 판결; 2017. 12. 22. 선고 2017두57516 판결). 이후 국세기본법 제14조 제3항의 적용에 관한 판결들이 계속 나오고 있다.

30) 대법원 2017. 2. 15. 선고 2015두46963 판결; 2019. 1. 31. 선고 2014두41411 판결; 2022. 8. 25. 선고 2017두41313 판결 등 참조.

31) 소득세법과 법인세법 이외에도 부가가치세법도 제29조 제4항에서 부당행위계산부인에 관한 규정을 두고 있다. 그 내용을 보면, 특수관계인에게 공급하는 재화 또는 용역에 대한 조세의 부담을 부당하게 감소시킬 것으로 인정되는 경우로서, ① 재화의 공급에 대하여 부당하게 낮은 대가를 받거나 아무런 대가를 받지 아니한 경우, ② 용역의 공급에 대하여 부당하게 낮은 대가를 받는 경우 또는 ③ 대가를 받지 아니하지만 특수관계인에게 사업용 부동산의 임대용역 등을 공급하는 것이어서 예외적으로 용역의 공급으로 보는 경우에는, 공급한 재화 또는 용역의 시가를 공급가액으로 본다.

게 표현하면, 부당행위계산부인은 실질계산원칙의 개별규정이다. 이러한 부당행위계산부인에 대해서는 소득세법과 법인세법에서 관련 규정을 두고 있다.

　　ⅰ. 소득세법 제41조 및 제101조

　　과세관청은 배당소득 중 일부,[32] 사업소득, 기타소득 또는 양도소득이 있는 거주자의 행위 또는 소득금액의 계산이 그 거주자와 특수관계 있는 자와의 거래로 인하여 당해 소득에 대한 조세의 부담을 부당하게 감소시킨 것으로 인정되는 때에는, 그 거주자의 행위 또는 계산에 관계없이 당해 연도의 소득금액을 계산할 수 있다.

　　소득세법은 부당행위계산부인의 대상소득을 출자공동사업자의 배당소득, 사업소득, 기타소득 및 양도소득으로 한정하고 있는데, 대부분의 이자소득, 배당소득, 근로소득, 연금소득 및 퇴직소득은 당해 소득을 지급하는 단계에서 원천징수되어 부당행위계산의 여지가 거의 없기 때문이다.

　　ⅱ. 법인세법 제52조

　　과세관청은 내국법인의 행위 또는 소득금액의 계산이 특수관계 있는 자와의 거래에 있어서 그 법인의 소득에 대한 조세의 부담을 부당하게 감소시킨 것으로 인정되는 때에는, 그 법인의 행위 또는 소득금액의 계산에도 불구하고 그 법인의 각 사업연도의 소득을 계산할 수 있다.

　　법인세법의 부당행위계산부인규정은 특히 중요한 의미를 가지는데, 법인의 특성상 특수관계자가 다수일 뿐만 아니라 법인과 관련하여 다양한 손익거래와 자본거래가 행해지기 때문이다. 동법 시행령은 법인세법의 위임에 의하여 부당행위계산부인규정의 적용대상이 되는 거래형태로 현물출자자산의 과대평가 및 그 자산의 과대상각, 무수익자산의 출자 및 그 자산에 대한 비용부담, 자산을 무상 또는 시가보다 낮은 가액으로 양도 또는 현물출자한 경우 등을 열거하고 있다(법법령 제88조 제1항).

　　② **신탁소득에 대한 과세(소법 제2조의3 및 법법 제5조)**

　　신탁재산에 귀속되는 소득은 그 신탁의 이익을 받을 수익자가 그 신탁재산

---

32) 부당행위계산부인의 대상이 되는 배당소득은 공동사업(소법 제43조)에서 발생한 소득금액 중 출자공동사업자의 손익분배비율에 해당하는 금액에 한한다(소법 제41조 제1항 및 제17조 제1항 제8호).

을 가진 것으로 보아 소득세 또는 법인세를 과세하고, 신탁회사의 신탁재산에 귀속되는 수입과 지출은 그 법인의 수입과 지출로 보지 아니한다. 수익자가 특별히 정하여지지 아니하거나 존재하지 아니하는 신탁 또는 위탁자가 신탁재산을 실질적으로 통제하는 신탁의 경우에는 그 신탁재산에 귀속되는 소득은 위탁자에게 귀속되는 것으로 본다. 실질과세원칙 중 실질귀속원칙에 관한 개별규정이다. 신탁의 의의와 신탁과세에 대한 보다 상세한 내용은 '제2편 제1장 소득세법'에서 후술한다.

③ **부담부증여에 대한 양도소득세의 과세(소법 제88조 제1호)**

부담부증여시 '부담'에 대응하는 부분은 그 자산이 유상으로 사실상 이전되는 것으로 보아 양도소득세를 부과한다. 실질과세원칙 중 실질계산원칙에 관한 개별규정이다.

다. 실질과세원칙에 대한 예외규정

(1) 명의신탁재산의 증여의제(상증세법 제45조의2)

상증세법은 토지와 건물을 제외한 권리의 이전이나 그 행사에 등기 등이 필요한 재산의 실제소유자와 명의자가 다른 경우에는 그 명의자로 등기 등을 한 날[33]에 그 재산의 가액을 실제소유자가 명의자에게 증여한 것으로 보고 있다(제45조의2). 이 규정은 특히 주식의 차명거래, 즉 주식의 명의신탁에 초점이 맞추어져 있다. 다만, 조세회피의 목적 없이 타인의 명의로 재산의 등기 등을 하거나 소유권을 취득한 실제소유자의 명의로 명의개서를 하지 아니한 경우는 증여한 것으로 보지 아니한다(상증세법 제45조의2 제1항 제1호). 한편 ① 양도자가 소득세법 제105조 및 제110조에 따른 양도소득 과세표준 신고 또는 증권거래세법 제10조에 따른 신고와 함께 소유권 변경 내용을 신고하는 경우라든가 ② 상속으로 소유권을 취득한 경우로서 상속인이 상증세법 제67조에 따른 과세표준 신고 등과 함께 당해 재산을 상속세 과세가액에 포함하여 신고한 경우가 아니라면, 타인의 명의로 재산의 등기 등을 한 경우 및 실제소유자 명의로 명의개서를 하지 아니한 경우에는 조세회피 목적이 있는 것으로 추정한다(상증세법 제45

---

33) 그 재산이 명의개서를 하여야 하는 재산인 경우에는 소유권취득일이 속하는 해의 다음 해 말일의 다음 날을 말한다(상증세법 제45조의2).

조의2 제3항).

증여세는 수증자가 납세의무자이지만, 상증세법은 제4조의2 제2항에서 명의신탁재산의 증여의제에 해당하는 경우에는 형식적인 수증자인 명의자가 아니라 실제소유자에게 납세의무가 있다고 규정하고 있다.[34]

(2) 귀속불분명 시 대표자 인정상여(법법 제67조)

법인세법은 각 사업연도의 소득에 대한 법인세의 과세표준을 신고(납세의무자)하거나 법인세의 과세표준을 결정 또는 경정(과세관청)할 때 익금에 산입한 금액이 사외에 유출된 것은 분명하지만 그 귀속이 불분명한 경우에는 대표자에게 귀속된 것으로 보고 있다.[35]

익금에 산입한 금액이 사외에 유출된 것이 분명한 경우에는 그 귀속자에 따라 배당, 이익처분에 의한 상여, 기타소득, 기타 사외유출로 처분하는 것이 실질과세원칙에 부합한다.[36] 문제는 그 귀속이 불분명한 경우인데, 귀속불분명 시 대표자 인정상여 규정은 실질과세원칙에 반하지만 회사자산의 불투명한 사외유출을 방지하고 세수를 확보하기 위한 조치로서 일응 정당성을 가진다.[37]

'소득처분과 소득금액변동통지'에 관한 보다 상세한 내용은 '제2편 제2장 법인세법'에서 후술한다.

[관련판례] 국세기본법 제14조 제3항

1. 국세기본법 제14조 제3항 적용 01 – 대법원 2017. 2. 15. 선고 2015두 46963 판결

---

34) 상증세법은 제4조의2 제2항에서 제45조의2에 따라 재산을 증여한 것으로 보는 경우(명의자가 영리법인인 경우 포함)에는 실제소유자가 해당 재산에 대하여 증여세를 납부할 의무가 있다고 규정하고 있다. 이 경우 납세의무자인 실제소유자에 영리법인이 포함되는지 여부가 문제될 수 있는데, 상증세법 제4조의2 제2항에는, 2018. 12. 31. 개정 전 구 상증세법 제45조의2 제2항과 달리, 실제소유자에서 영리법인이 제외된다는 표현이 없다는 점 및 상증세법 제45조의2 명의신탁재산의 증여의제에 따른 증여세는 그 법적 성격을 조세가 아니라 행정벌이라고 보는 것이 일반적인 해석이라는 점에 비추어 볼 때, 영리법인은 원칙적으로 증여세의 납세의무자가 아니지만(상증세법 재4조의2 제1항 참조) 상증세법 제4조의2 제2항에 따른 증여세의 납세의무자인 실제소유자에는 영리법인도 포함된다고 보는 것이 타당하다.
35) 법인세법 제67조 및 동법 령 106조 제1항 제1호 단서.
36) 법인세법 제67조 및 동법 령 제106조 제1항 제1호 본문.
37) 대법원 2008. 9. 18. 선고 2006다49789 판결 참조.

2. 국세기본법 제14조 제3항 적용 02 - 대법원 2019. 1. 31. 선고 2014두
   41411 판결

1. 국세기본법 제14조 제3항 적용 01 - 대법원 2017. 2. 15. 선고 2015두46963 판결

(1) 사실관계

소외 2, 소외 1, 소외 3은 모두 A회사의 주주이고, 소외 1은 소외 2의 여동생이며 소외 3은 소외 1의 배우자이다. 원고 1, 원고 2, 원고 5는 소외 2의 자녀들이고, 원고 3, 원고 4는 원고 2의 자녀들이며, 원고 6, 원고 7은 원고 5의 자녀들이다. 원고 8, 원고 9는 소외 1과 소외 3 부부의 자녀들이다. 소외 2가 소외1과 소외 3의 직계후손인 원고 8과 원고 9에게 A회사 주식 합계 16,000주를, 소외 1과 소외 3이 소외 2의 직계후손인 원고 1 외 6인에게 A회사 주식 합계 16,000주를 증여하고 각각 증여세를 신고·납부하였다.

이에 대해 피고들은 이 사건 교차증여의 경제적 실질이 소외 2가 직계비속인 원고 1 외 6인에게 합계 16,000주를 직접 증여하고 소외 3, 소외 1이 그 자녀인 원고 8, 원고 9에게 합계 16,000주를 직접 증여한 것이라고 보았다. 이러한 판단에 따라 이 사건에 구 상증세법 제2조 제4항을 적용하여, 원고 1 외 6인에 대하여는 소외 3과 소외 1로부터 받은 증여분을 소외 2로부터 받은 증여분에 포함시키고, 원고 8, 원고 9에 대하여는 소외 2로부터 받은 증여분을 반분하여 각각 소외 3, 소외 1로부터 받은 증여분에 포함시켜, 재산정한 증여세를 원고들에게 부과하였다.

〈쟁점〉

구 상속세 및 증여세법 제2조 제4항, 제3항에 의하여 당사자가 거친 여러 단계의 거래 등 법적 형식이나 법률관계를 재구성하여 직접적인 하나의 거래에 의한 증여로 보고 증여세 과세대상에 해당한다고 하기 위한 요건 및 판단 기준

(2) 판결내용

"구 상속세 및 증여세법(2013. 1. 1. 법률 제11609호로 개정 전) 제2조는 제1항에서 증여세는 타인의 증여로 인한 증여재산을 과세대상으로 한다고 규정하고, 제3항에서 "증여란 그 행위 또는 거래의 명칭·형식·목적 등과 관계없이 경제적 가치를 계산할 수 있는 유형·무형의 재산을 직접 또는 간접적인 방법으로 타인에게 무상으로 이전(현저히 저렴한 대가를 받고 이전하는 경우를 포함한다)하는 것 또

는 기여에 의하여 타인의 재산가치를 증가시키는 것을 말한다"라고 하면서, 제4항
에서 "제3자를 통한 간접적인 방법이나 둘 이상의 행위 또는 거래를 거치는 방법
으로 상속세나 증여세를 부당하게 감소시킨 것으로 인정되는 경우에는 그 경제적
인 실질에 따라 당사자가 직접 거래한 것으로 보거나 연속된 하나의 행위 또는 거
래로 보아 제3항을 적용한다"라고 규정하고 있다(위 제4항의 규정 취지는 현행 국
세기본법 제14조 제3항에 그대로 승계·반영되어 있다).

위와 같이 구 상증세법 제2조 제4항에서 제3자를 개입시키거나 여러 단계의 거
래를 거치는 등의 방법으로 증여세를 부당하게 감소시키는 조세회피행위에 대하
여 그 경제적 실질에 따라 증여세를 부과하도록 한 것은, 증여세의 과세대상이 되
는 행위 또는 거래를 우회하거나 변형하여 여러 단계의 거래를 거침으로써 증여의
효과를 달성하면서도 부당하게 증여세를 감소시키는 조세회피행위에 대처하기 위
하여 그와 같은 여러 단계의 거래 형식을 부인하고 실질에 따라 증여세의 과세대
상인 하나의 행위 또는 거래로 보아 과세할 수 있도록 한 것으로서, 실질과세 원
칙의 적용 태양 중 하나를 증여세 차원에서 규정하여 조세공평을 도모하고자 한
것이다. 다만 납세의무자는 경제활동을 할 때 특정 경제적 목적을 달성하기 위하
여 어떤 법적 형식을 취할 것인지 임의로 선택할 수 있고 과세관청으로서도 특별
한 사정이 없는 한 당사자들이 선택한 법적 형식에 따른 법률관계를 존중하여야
하며, 또한 여러 단계의 거래를 거친 후의 결과에는 손실 등 위험 부담에 대한 보
상뿐 아니라 당해 거래와 직접적 관련성이 없는 당사자의 행위 또는 외부적 요인
등이 반영되어 있을 수 있으므로, 최종적인 경제적 효과나 결과만을 가지고 그 실
질이 직접 증여에 해당한다고 쉽게 단정하여 증여세의 과세대상으로 삼아서는 안
된다(대법원 2017. 1. 25. 선고 2015두3270 판결 참조).

그러므로 구 상증세법 제2조 제4항, 제3항에 의하여, 당사자가 거친 여러 단계
의 거래 등 법적 형식이나 법률관계를 재구성하여 직접적인 하나의 거래에 의한
증여로 보고 증여세 과세대상에 해당한다고 하려면, 납세의무자가 선택한 거래의
법적 형식이나 과정이 처음부터 조세회피의 목적을 이루기 위한 수단에 불과하여
그 재산 이전의 실질이 직접적인 증여를 한 것과 동일하게 평가될 수 있어야 하
고, 이는 당사자가 그와 같은 거래형식을 취한 목적, 제3자를 개입시키거나 단계
별 거래 과정을 거친 경위, 그와 같은 거래방식을 취한 데에 조세부담의 경감 외
에 사업상의 필요 등 다른 합리적 이유가 있는지 여부, 각각의 거래 또는 행위 사
이의 시간적 간격, 그러한 거래형식을 취한 데 따른 손실 및 위험부담의 가능성
등 관련 사정을 종합하여 판단하여야 한다."

"소외 2가 원고 8과 원고 9에게 A회사 주식 합계 16,000주를 증여한 것과 소외
3, 소외 1이 원고 1 외 6인에게 A회사 주식 합계 16,000주를 증여한 것은 증여자

들 사이에 상대방의 직계후손에게 동일한 수의 동일 회사 주식을 교차증여하기로 한 약정에 따른 것으로서, 약정 상대방이 자신의 직계후손에게 주식을 증여하지 않는다면 자신도 증여를 하지 않았을 것이다. 이 사건 교차증여로써 증여자들은 자신의 직계후손에게 A회사 주식을 직접 증여하는 것과 동일한 효과를 얻으면서도 합산과세로 인한 증여세 누진세율 등의 적용을 회피하고자 하였고, 이러한 목적이 아니라면 굳이 교차증여 약정을 체결하고 직계후손이 아닌 조카 등에게 주식을 증여할 이유가 없었다. 결국 소외 2와 소외 3, 소외 1은 각자의 직계비속인 원고들에게 A회사 주식을 증여하면서도 증여세 부담을 줄이려는 목적 아래 그 자체로는 합당한 이유를 찾을 수 없는 이 사건 교차증여를 의도적으로 그 수단으로 이용한 것으로 볼 수 있다. 이러한 점들을 종합하여 보면, 이 사건 교차증여는 구 상증세법 제2조 제4항에 따라 그 실질에 맞게 재구성하여 소외 3, 소외 1의 원고 1 외 6인에 대한 각 증여분은 소외 2가 위 원고들에게 직접 추가로 증여한 것으로, 소외 2의 원고 8, 원고 9에 대한 각 증여분은 소외 3, 소외 1이 위 원고들에게 직접 추가로 증여한 것으로 보아 증여세를 과세할 수 있다고 할 것이다.”

2. 국세기본법 제14조 제3항 적용 02 – 대법원 2019. 1. 31. 선고 2014두41411 판결

(1) 사실관계

원고들의 아버지인 甲이 경영하였던 A회사는 2006. 1. 1. 그 영업부서와 설계부서를, 甲과 원고들이 건설업 등을 목적으로 설립하였으나 영업손실 등으로 사업중단 상태에 있었던 B회사에 무상으로 이전하였다. 이후 A회사의 영업부서와 설계부서의 직원들을 승계한 B회사는 A회사 등의 영업, 설계 등을 대행하면서 별다른 위험부담 없이 거래금액의 5% 상당의 이익을 얻었다. A회사는 2008. 9. 1. B회사를 흡수합병하면서 B회사의 주주인 원고들에게 A회사 주식 1,375,000주씩을 합병 신주로 교부하였고, 그 결과 A회사에 대한 지분율이 원고 A는 11.45%에서 20.37%로, 원고 B은 8.37%에서 18.01%로 각각 증가하였다.

이에 대해 피고들은 B회사 설립 이후 이 사건 영업양도와 이 사건 합병에 이르기까지 일련의 행위들을 통하여, 원고들이 실질적으로 A회사의 기존 주주인 甲과 그의 특수관계인인 C회사로부터 이 사건 증가분 신주를 무상으로 교부받은 것이라고 보아 구 상속세 및 증여세법(2010. 1. 1. 개정 전) 제2조 제4항 등을 근거로 증여세를 과세하였다.

〈쟁점〉

이 사건 거래가 구 상증세법 제2조 제4항의 증여로 의제되는 우회거래 또는 다단계거래에 해당하는지

(2) 판결내용

(생략. 판결내용 중 관련 규정과 법리에 대한 설명은 앞에서 소개한 '대법원 2017. 2. 15. 선고 2015두46963 판결'과 동일하다.)

"이 사건 영업양도 이후 합병까지의 일련의 행위는 그 실질이 甲이 자신이 지배·운영하는 A회사 중 일부 부서의 인적, 물적 설비를 자식들인 원고들과 함께 설립한 기업가치가 미미한 B회사에 무상으로 넘기는 외형을 만든 후, A회사에 불리하고 B회사에 전적으로 유리한 공급거래와 영업대행거래를 통하여 A회사의 부(富)를 B회사에 2년 8개월 간 이전한 후 다시 B회사를 합병하는 외형을 갖추어, 건실한 회사인 A회사에 대한 甲 및 그와 특수관계에 있는 C회사의 지분율을 낮추고 원고들의 지분율을 높이는 결과를 만들어낸 것이므로, 이는 구 상증세법 제2조 제3항, 제4항에 따라 연속된 하나의 거래로서 증여세 과세대상인 '증여'행위에 해당한다."

Ⅱ. 신의·성실의 원칙

1. 개요

가. 의의

민법은 제2조 제1항에서 "권리의 행사와 의무의 이행은 신의에 좇아 성실히 하여야 한다"라고 규정하고 있는 바 이를 신의·성실의 원칙이라고 한다. 신의·성실의 원칙은 사법과 공법에 공통적으로 적용되는 일반원리이고 조세법률관계에도 적용된다. 조세법은 그 양이 방대하고 전문적·기술적이어서 일반 국민의 합규범적 행동을 기대하기 어려워 과세당국이 주도하는 납세지도, 법해석, 홍보 등 행정지도가 불가피하기 때문에, 이를 신뢰한 납세자를 보호하기 위하여 신의·성실 원칙의 적용하는 것이 각별히 필요하다.[38]

---

38) 이태로·한만수, 앞의 책, 49면 참조.

조세법에 있어서 신의·성실의 원칙의 적용 여부는 조세법률주의의 하나의 측면인 합법성을 관철할 것인지 아니면 다른 하나의 측면인 법적 안정성, 즉 신뢰 보호를 중시할 것인지 라고 하는 조세법률주의 내부에 있어서의 가치대립의 문제이다.[39] 신의·성실의 원칙은 합법성의 원칙을 희생하여서라도 납세자의 신뢰를 보호함이 정의에 부합하는 것으로 인정되는 특별한 사정이 있을 경우에 한하여 적용된다고 할 것이다.[40]

나. 주요적용범위

(1) 확약의 원칙

확약의 원칙이란 과세관청의 공적 견해표명, 즉 장래의 법적 상태에 대한 구속력 있는 언동이 있고, 납세자가 이를 신뢰하여 이로부터 정당하게 추론되는 바에 따라 조세법상 의미 있는 처분, 즉 사실관계를 형성한 경우 납세자의 신뢰가 보호되어야 한다는 원칙이다.

(2) 비과세관행

비과세관행이란 과세관청이 상당기간 동안 과세권을 행사하지 아니한 결과 납세자가 과세권의 행사가 없으리라고 믿을 정도에 이르게 된 경우 과세당국의 과세권은 그 효력을 상실하게 된다는 원칙이다. 비과세관행은 '실권의 원칙'이라고도 불리운다.

다. 근거규정

(1) 국세기본법 제15조

국세기본법은 제15조에서 "납세자가 그 의무를 이행함에 있어서는 신의에 따라 성실하게 하여야 한다. 세무공무원이 그 직무를 수행함에 있어서도 같다"라고 규정하고 있다. 국세기본법 제15조는 신의칙의 일반규정이면서 '확약의 원칙'의 근거규정이다.

---

39) 金子 宏, 앞의 책, 144面.
40) 대법원 1992. 9. 8. 선고 91누13670 판결 참조.

(2) 국세기본법 제18조 제3항

국세기본법은 제18조 제3항에서 "세법의 해석 또는 국세행정의 관행이 일반적으로 납세자에게 받아들여진 후에는 그 해석 또는 관행에 의한 행위 또는 계산은 정당한 것으로 보며, 새로운 해석 또는 관행에 의하여 소급하여 과세되지 아니한다"라고 규정하고 있다. 국세기본법 제18조 제3항은 신의칙의 파생원칙이면서 '비과세관행'의 근거규정이다.

2. 적용요건

납세자의 신의칙 위반에 대하여는 대부분 구체적인 개별규정(예컨대, 신고누락이나 허위신고 등에 대한 가산세 부과 등)이 있기 때문에 납세자가 신의칙 일반조항(국기법 제15조)으로 추가적인 불이익을 받는 경우가 드물다. 그러나 납세자가 세무공무원의 신의칙 위반을 주장하는 경우에는 구체적인 개별규정이 없어 위에서 언급한 신의칙 일반조항 또는 비과세관행에 관한 조항의 적용이 필요하다.

조세법률주의에 의하여 합법성이 강하게 작용하는 조세실체법에 대하여 확약의 원칙이나 비과세관행을 적용하는 것은 합법성의 원칙을 희생하더라도 납세자의 신뢰를 보호하는 것이 정의에 부합하는 것으로 인정되는 특별한 사정이 있을 경우에 한하여 적용된다.

가. 확약의 원칙의 적용요건[41)42)]

확약의 원칙의 적용요건은 (1) 공적 견해의 표명, (2) 납세자의 정당한 신뢰, (3) 신뢰에 기초한 납세자의 세무상 처리, (4) 과세당국의 기왕의 자기가 한 언동에 반하는 처분과 그 적법성, 및 (5) 과세당국의 신의에 반하는 처분으로 인한 납세자의 경제적 불이익이다.

---

41) 대법원 1985. 4. 23 선고 84누593 판결; 1993. 12. 28. 선고 93누18945 판결; 1993. 12. 28. 선고 93누18945 판결; 2010. 4. 29. 선고 2007두19447, 19454 판결 등 참조.

42) 제1회 변호사시험(1문), 제7회 변호사시험(1문) 및 제13회 변호사시험(2문)에서 신의성실의 원칙 중 '확약의 원칙의 요건'에 관한 문제가 출제된 바 있다.

(1) 공적 견해의 표명
① 공적 견해 표명의 의의
‘공적 견해의 표명’은 납세자의 신뢰의 대상이 되는 세무공무원의 언동[43]으로서, 추후 있게 될 처분보다 유리한 것은 모두 해당한다. 그러나 일반적인 견해표명은 이에 포함되지 아니한다.[44] 또한 공적 견해의 표명에 해당하려면 언동의 내용이 적법한 것이어야 한다. 예컨대, 신고누락을 묵인해 주겠다는 세무공무원의 언동과 같은 것은 공적 견해 표명에 해당하지 아니한다. 한편 세무공무원의 ‘착오’에 의한 언동도 공적 견해의 표명에 해당할 수 있지만, 이는 과세상으로 ‘누락’을 의미하는 것이므로 이로써 후술하는 비과세관행이 성립하지는 아니한다.

② 공적 견해 표명의 상대방
공적 견해 표명의 상대방에는 제한이 없다. 일반 공중·특정 납세자 모두 가능하다.

③ 언동의 형식
공적 견해 표명의 언동형식에는 제한이 없다. 명시·묵시·부작위가 모두 가능하다.

④ 작용의 형식
공적 견해 표명은 과세관청의 기관장·세무공무원 기타 책임 있는 자의 행정작용이어야 한다.[45][46]

---

43) “과세관청의 행위에 대하여 신의성실의 원칙 또는 신뢰보호의 원칙을 적용하기 위해서는, 과세관청이 공적인 견해표명 등을 통하여 부여한 신뢰가 평균적인 납세자로 하여금 합리적이고 정당한 기대를 가지게 할 만한 것이어야 한다. 비록 과세관청이 질의회신 등을 통하여 어떤 견해를 표명하였다고 하더라도 그것이 중요한 사실관계와 법적인 쟁점을 제대로 드러내지 아니한 채 질의한 데 따른 것이라면 공적인 견해표명에 의하여 정당한 기대를 가지게 할 만한 신뢰가 부여된 경우라고 볼 수 없다”, 대법원 2013. 12. 26. 선고 2011두5940 판결.
44) 대법원 1993. 7. 27. 선고 90누10384 판결; 2010. 4. 29. 선고 2007두19447, 19454 판결 등.
45) “납세의무자가 인터넷 국세종합상담센터의 답변에 따라 세액을 과소신고·납부한 경우, 그 답변은 과세관청의 공식적인 견해표명이 아니라 상담직원의 단순한 상담에 불과하므로, 납세의무자에게 신고·납세의무의 위반을 탓할 수 없는 정당한 사유가 있다고 보기 어렵다”, 대법원 2009. 4. 23. 선고 2007두3107 판결.
46) 납세자가 제기한 조세쟁송에 대한 재결청의 재결은 과세관청이나 세무공무원의 언동이라고 할 수 없고(대법원 2004. 2. 13. 선고 2002두12144 판결), 과세관청이 아닌 다른 행정기관의 언동은 과세관청과 협의를 토대로 한 것이 아닌 한 과세관청의 언동에 해당하지 아니한다(대법원 1997. 11. 28. 선고 96누11495 판결), 이태로·한만수, 앞의 책, 52면 참조.

(2) 납세자의 정당한 신뢰

확약의 원칙을 적용하려면 납세자에게 귀책사유가 없어야 한다. 예컨대, 명백하게 법에 반하는 내용이라면 정당한 신뢰가 있었다고 볼 수 없다.

(3) 신뢰에 기초한 납세자의 세무상 처리

확약의 원칙을 적용하려면 납세자의 신뢰와 이에 기초한 세무처리 간에 상당인과관계가 존재하여야 한다.

(4) 과세당국의 기왕의 자기가 한 언동에 반하는 처분과 그 적법성

확약의 원칙을 적용하려면 과세당국의 기왕의 자기가 한 언동에 반하는 처분이 있어야 하고 그 처분이 적법하여야 한다. 그 처분이 적법하지 아니하다면 확약의 원칙이 아니라 처분 자체의 하자로서 구제를 강구하여야 한다.

(5) 과세당국의 신의에 반하는 처분으로 인한 납세자의 경제적 불이익

확약의 원칙을 적용하려면 과세당국의 신의에 반하는 처분과 납세자의 경제적 불이익 간에 상당인과관계가 존재하여야 한다.

(6) 증명책임

확약의 원칙의 요건 충족 여부에 대한 증명책임은 원칙적으로 납세자가 부담한다.[47]

[관련판례] 확약의 원칙: 과세관청의 신의칙 위반 인정
대법원 1993. 12. 28. 선고 93누18945 판결

(1) 사실관계

A가 1988. 2. 20. 그의 소유인 이 사건 토지와 건물을 원고들에게 증여하여 원고들이 그에 따른 증여세와 방위세를 납부하였다. 그 후 1990. 12. 23. A가 사망

---

[47] "신의성실의 원칙이나 소급과세금지의 원칙이 적용되기 위한 요건의 하나인 '과세관청이 납세자에게 신뢰의 대상이 되는 공적인 견해를 표명하였다'는 사실은, 납세자가 주장, 입증하여야 한다고 보는 것이 상당하다", 대법원 1992. 3. 31. 선고 91누9824 판결 등.

하자 원고 중 1인을 비롯한 상속인들이 상속세 신고를 위하여 1991. 6. 17. 경 피고에게 찾아가 그 소속 공무원인 B에게 상속세 신고의 절차 및 납부액 등에 관하여 문의하였다.[48] B는 피고가 보관하고 있던 전산수록 자산소득 명세표 등 상속 관련 자료를 색출하여 보더니 원고들에 대하여는 상속재산이 없어 1991. 6. 13.자로 과세미달처리 하였으니 상속세 신고를 할 필요가 없다는 말을 하며 위 명세표(위 증여의 내용까지 모두 기재되어 있었음)까지 교부하여 주므로 원고들은 이에 따라 상속세 신고를 하지 아니하였다.

　　그 후 관할세무서장은 1992. 1. 6.에 이르러 A가 원고들에게 위 토지와 건물을 증여한 일자가 그의 사망일로부터 소급하여 3년 이내이므로 (구 상속세법상의 증여재산 합산과제제도에 따라)[49] 상속재산가액에 위 증여재산의 가액을 포함하여 신고하였어야 함에도 이를 누락하여 상속세 신고를 하지 아니하였다는 이유로, 종전의 배율방법 등에 관한 규정이 아닌 1990. 5. 1. 상속세법 시행령 개정에 따른 상향된 개별공시지가(토지)와 과세시가표준액(건물)을 기준으로 상속재산가액을 산정한 후 이에 기초하여 원고들에게 상속세와 방위세를 부과하였다.[50]

〈쟁점〉

　　확약의 원칙 요건 충족 여부. 납세자가 과세관청의 공적 견해 표시를 신뢰하여 증여재산신고를 하지 아니한 경우 과세관청이 신고기한 내에 신고를 하지 아니하였다고 하여 납세자에게 불이익처분을 하는 것이 신의성실의 원칙 위반에 해당하는지 여부

(2) 판결내용

　　"원심이 상속세법 시행령(1990. 5. 1. 개정된 것) 부칙 제2항은 "1990. 12. 31. 이전에 상속이 개시되는 것으로서 신고기간 내에 신고된 것에 대한 평가는 제5조의 개정규정에 불구하고 종전의 규정에 의한다"라고 하여 그 기간 내에 신고된 경

---

48) 상속세의 과세구조를 보면, 과세물건은 피상속인의 상속재산이고, 신고·납부는 사망한 달의 말일로부터 6개월 이내에 하여야 하며, 상속세 신고를 해도 상속세 과세표준과 세액을 관할세무서장이 최종적으로 결정하지만 무신고(20%) 또는 과소신고(10%)의 경우에는 가산세가 부과된다.

49) 현행 상증세법상 증여재산 합산과세제도(제13조 제1항)는 상속인 10년, 상속인 외의 자 5년 이내 증여재산가액을 상속재산가액에 합산하는 것이다. 이 경우 기납부한 증여세액은 상속세액에서 공제된다. 이 사건 당시에는 상속인 3년 이내였다.

50) 1990. 12. 23. 사망 후 기한 내에 신고하였다면, 상속재산의 평가에 종전의 규정에 따라 배율방법 또는 지방세법상의 과세시가표준액을 적용받고, 가산세를 부담하지 아니하였을 것이다. 이 사건에서는 1990. 12. 31. 이전에 상속이 개시되었지만 신고기간 내에 신고하지 못하여, 상속세 등을 부과함에 있어 상속재산의 평가를 1990. 5. 1. 상속세법 시행령 개정규정에 따라 개별공시지가 등에 의하고 가산세가 추가되었다.

우에는 종전의 규정에 따라 배율방법 또는 지방세법상의 과세시가표준액에 의하도록 하고, 그 기간 내에 신고되지 아니한 경우에는 개정규정에 따라 개별공시지가 등에 의하도록 하고 있어, 미신고라는 결과만을 놓고 보면 이 사건의 경우도 위 개정규정에 따라야 할 것처럼 보이나, 원고들이 위 망인이 사망한 날로부터 6월 이내에 피고에게 상속세 신고를 하러 갔으나 피고 소속 세무공무원이 과세미달로 신고할 필요가 없다는 말을 하며 그 명세표까지 교부하여 주므로 이를 믿고 신고하지 아니한 것이고, 달리 원고들이 상속세법에 대한 전문지식이 있어 위 증여가액도 상속가액에 포함되는 줄 알았다거나 중대한 과실로 이를 알지 못하였다고 인정할 만한 자료도 없으므로, 원고들이 상속세신고를 하지 아니한 것에는 정당한 사유가 있다고 할 것이고, 따라서 이 사건의 경우는 납세자에게 불이익하게 법적용을 할 수는 없어 위 경과규정에 따라 종전의 규정을 적용함이 타당하다고 할 것이므로, 이 사건 토지의 가액은 개정 전의 상속세법시행령 제5조 제2항 제1호 에 따라 배율방법에 의하여 평가한 가액에 의하여 산정하여야 할 것이라고 판단하였다.

원심판결이 설시한 증거관계에 비추어 보면, 원심의 사실인정과정에 소론과 같이 심리를 제대로 하지 아니하거나 채증법칙을 위반한 위법이 있다고 볼 수 없으므로, 이 점에 관한 논지는 이유가 없다."

"원심이 원고들이 상속세신고를 하지 아니한 데에는 정당한 사유가 있으므로 납세자에게 불이익하게 법적용을 할 수 없어 위 상속세법시행령 부칙 제2항의 경과규정에 따라 종전의 규정을 적용함이 타당하다고 할 것이라고 판시한 이유가 꼭 적절하다고 볼 수는 없다.

그러나 사실관계가 원심이 확정한 바와 같다면, 과세관청이 납세자인 원고들에게 신뢰의 대상이 될 만한 공적인 견해를 표시하여(피고 소속 공무원이 원고들에게 교부한 위 명세서에는 위 증여의 내용까지 모두 기재되어 있었다) 원고들이 귀책사유가 없이 위와 같은 견해가 정당한 것으로 신뢰하고 그에 따라 상속세법 제20조의 규정에 의한 신고기한 내에 상속재산에 가산되는 증여재산을 신고하지 아니한 것으로 볼 수 있으므로, 피고가 그와 같은 견해에 반하여 원고들이 그 신고기한 내에 신고를 하지 아니하였다는 이유로 위 상속세법 시행령 부칙 제2항(평가에 관한 경과조치)에 따라 제5조의 개정규정에 의하여 이 사건 토지의 가액을 평가함으로써 원고들의 이익을 침해하는 것은 신의성실의 원칙상 허용될 수 없다고 할 것이고, 따라서 이 사건 토지의 평가는 위 상속세법시행령 제5조의 개정규정에 불구하고 종전의 규정에 따라서 배율방법에 의하여 평가한 가액에 의하여야 할 것이므로, 원심의 판단은 결론이 결과적으로 정당하다고 볼 수 있고, 원심판결에 법리를 오해한 위법이 있다고 비난하는 논지는 받아들일 것이 못 된다."

나. 비과세관행의 적용요건[51)52)]

비과세관행의 적용요건은 (1) 비과세관행의 성립, (2) 납세자의 정당한 신뢰, (3) 신뢰에 기초한 납세자의 세무상 처리, (4) 새로운 적법한 해석·적용에 의한 소급과세, 및 (5) 과세당국의 신의에 반하는 처분으로 인한 납세자의 경제적 불이익이다.

(1) 비과세관행의 성립

① 비과세관행의 의의

비과세관행이란 비록 잘못된 해석이나 관행이더라도 납세자에게 정당한 것으로 이의 없이 받아들여져 납세자가 그와 같은 해석 또는 관행을 신뢰하는 것이 무리가 아니라고 인정될 정도에 이른 것을 말한다. 비과세관행은 단순한 과세누락과는 구별되고, 상당한 기간 동안 과세관청이 문제된 조세법 규정의 해석·적용상 과세요건이 되는 사실임을 알고서도 과세하지 아니한 경우이어야 한다.[53)] 따라서 착오의 경우에는 비과세관행의 성립이 부인된다.

② 비과세관행의 상대방

비과세관행의 상대방은 통일적 운용이 있는 경우로 국한되지 아니한다. 그렇더라도 국세기본법 제18조 제3항에서 정하는 '일반적으로 납세자에게 받아들여진 조세법의 해석 또는 국세행정의 관행'이란 비록 잘못된 해석 또는 관행이라도 특정 납세자가 아닌 불특정 일반 납세자에게 정당한 것으로 이의 없이 받아들여져 납세자가 그와 같은 해석 또는 관행을 신뢰하는 것이 무리가 아니라고 인정될 정도에 이른 것을 말한다.[54)]

③ 언동형식

비과세관행의 경우 언동형식으로 명시적 언동을 요하지는 않지만, 특히 조세

---

51) 대법원 1980. 6. 10. 선고 80누6 판결; 1983. 4. 12. 선고 80누203 판결; 2000. 1. 21. 선고 97누11065 판결; 2009. 12. 24. 선고 2008두15350 판결 등 참조.
52) 제8회 변호사시험(1문)에서 신의성실의 원칙 중 '비과세관행의 요건'에 관한 문제가 출제된 바 있다.
53) 대법원 1986. 6. 10. 선고 85누1009 판결 참조.
54) 대법원 1992. 9. 8. 선고 91누13670 판결 참조.

법 해석의 경우, 일반적인 견해표명에는 적용되지 아니한다. 단순히 조세법의 해석기준에 관한 공적 견해의 표명이 있었다는 사실만으로 그러한 해석 또는 관행이 형성되었다고 볼 수는 없다.

④ **작용형식**

비과세관행의 작용형식은 객관적 요건으로 '상당한 기간'을 요하고, 주관적 요건으로 '의사표시'를 요한다.

(2) 납세자의 정당한 신뢰

비과세관행을 적용하려면 납세자에게 귀책사유가 없어야 한다. 행정상 관행을 존중하려는 것은 일정기간 계속된 사실관계를 믿은 납세자의 신뢰를 보호하는데 주안점이 있는 것이다.

(3) 신뢰에 기초한 납세자의 세무상의 처리

비과세관행을 적용하려면 납세자의 신뢰와 이에 기초한 세무처리 간에 상당인과관계가 존재하여야 한다.

(4) 새로운 적법한 해석·적용에 의한 소급과세

비과세관행을 적용하려면 새로운 적법한 해석·적용에 의한 소급과세가 있어야 한다. 한편 그것이 장래를 향한 처분인 경우에는 적법하다.

(5) 과세당국의 신의에 반하는 처분으로 인한 납세자의 경제적 불이익

비과세관행을 적용하려면 과세당국의 신의에 반하는 처분과 납세자의 경제적 불이익 간에 상당인과관계가 존재하여야 한다.

(6) 증명책임

비과세관행의 요건 충족 여부에 대한 증명책임은 원칙적으로 납세자가 부담한다.[55]

---

55) "비과세 관행 존중의 원칙은 비과세에 관하여 일반적으로 납세자에게 받아들여진 세법의 해석 또는 국세행정의 관행이 존재하여야 적용될 수 있는 것으로서 (중략) 그러한 해석 또는 관행의 존재에 대한 증명책임은 그 주장자인 납세자에게 있다", 대법원 2013. 12. 26. 선고 2011두5940 판결.

[관련판례] 비과세관행

대법원 2009. 12. 24. 선고 2008두15350 판결 * 파기환송

(1) 사실관계

원고는 1968년경 간호전문대학인 춘해대학을 설립한 학교법인으로서 그 무렵부터 부산 부산진구 소재 춘해병원을 설치하여 경영해왔다. 사업소세는 지방세법이 1976. 12. 31. 법률 제2945호로 개정되면서 처음 도입되었는데, 도입 당시에는 '병원 등 의료업'을 경영하는 자가 비과세사업자로 규정되어 있었다. 이후 1981. 12. 31. 지방세법과 시행령이 개정되면서 병원 등 의료업을 경영하는 자에 대한 비과세 규정이 삭제됨으로써 병원 등 의료업을 경영하는 자도 원칙적으로 사업소세의 과세대상자가 되었는데, 이후 1991. 12. 31. 서울대학교병원 등 국립대학교병원을 경영하는 자가, 1994. 12. 31. 의과대학 부속병원을 경영하는 자가 차례로 비과세사업자로 규정되었다.

한편 대동간호전문대학을 운영하는 학교법인 화봉학원이 부산 동래구 명륜동에 설치하여 경영하는 대동종합병원에 대하여 부산 동래구청장이 수익사업에 해당한다고 보아 1988. 11. 20. 사업소세를 부과하였으나 당시 부산시의 이의신청 절차에서 취소된 일이 있고, 부산 동래구청장이 1997. 3. 8. 다시 대동종합병원에 대한 사업소세를 부과하였으나 당시 내무부의 심사청구 절차에서 학교법인 화봉학원이 비영리사업자이고 대동종합병원은 대동간호전문대학의 교육용에 제공되어 있어 수익사업에서 제외된다는 이유로 취소되었다.

관할 부산진구청장은 위와 같이 부산 동래구청장이 간호전문대학의 운영자가 경영하는 병원에 대한 사업소세를 부과하기 위하여 시도하는 중에도 원고가 경영하는 춘해병원에 관한 사업소세의 부과를 시도하지 않다가 2000. 6. 22. 행정자치부에서 '간호전문대학은 의과대학에 포함되지 않고, 그 운영자가 경영하는 부속병원 사업도 수익사업에 해당되므로 사업소세의 과세대상이 된다'는 취지의 질의회신을 보내오자 2003년경부터 원고에게 춘해병원에 대한 사업소세의 신고를 종용한 후 2006년에 이르러 제척기간이 도과하지 아니한 2001년부터 2005년까지 5년분의 사업소세를 부과하였다.

〈쟁점〉

비과세관행 요건의 충족 여부, 특히 비과세관행의 성립의 충족 여부

(2) 판결내용

"국세기본법 제18조 제3항이 규정하고 있는 '일반적으로 납세자에게 받아들여진 세법의 해석 또는 국세행정의 관행'이란 비록 잘못된 해석 또는 관행이라도 특정납세자가 아닌 불특정한 일반납세자에게 정당한 것으로 이의 없이 받아들여져 납세자가 그와 같은 해석 또는 관행을 신뢰하는 것이 무리가 아니라고 인정될 정도에 이른 것을 말하고, 그와 같은 비과세관행이 성립하려면, 상당한 기간에 걸쳐 과세하지 아니한 객관적 사실이 존재할 뿐만 아니라, 과세관청 자신이 그 사항에 관하여 과세할 수 있음을 알면서도 어떤 특별한 사정 때문에 과세하지 않는다는 의사가 있어야 하므로, 위와 같은 공적 견해의 표시는 비과세의 사실상태가 장기간에 걸쳐 계속되는 경우에 그것이 그 사항에 대하여 과세의 대상으로 삼지 아니하는 뜻의 과세관청의 묵시적인 의향의 표시로 볼 수 있는 경우 등에도 이를 인정할 수 있다."

"피고는 사업소세가 도입된 이래 20년 이상 원고가 경영하는 춘해병원에 대하여 사업소세를 부과하지 않으면서, 그와 같은 장기간의 비과세 기간 동안 인근 다른 과세관청의 유사 사례에 대한 사업소세 과세 시도를 보면서도 같은 조치를 취하지는 않은 채 그 이의신청 절차나 심사청구 절차에서 사업소세의 부과처분이 취소된 취지에 부응하여 비과세 조치를 계속 유지하였다고 볼 수 있으므로, 이와 같은 경위로 피고가 장기간에 걸쳐 비과세의 사실 상태를 유지한 것은 간호전문대학을 운영하고 있는 원고의 교육적 역할 등을 고려하여 묵시적으로 사업소세 비과세의 의사를 표시한 것으로 볼 수 있으므로 비과세관행이 성립하였다고 볼 여지가 있다."

"한편 과세관청이 과거의 언동을 시정하여 장래에 향하여 처분하는 것은 신의성실의 원칙이나 소급과세금지의 원칙에 위반되지 않으므로(대법원 1993. 2. 12. 선고 92누5478 판결 참조), 피고로서는 앞서 본 바와 같이 관계 법령상 사업소세의 과세대상이 되는 춘해병원에 대하여 장래에 향하여 사업소세를 부과할 수 있다 할 것인데, 피고가 2003년경부터 원고에게 춘해병원에 대한 사업소세의 신고를 종용한 것이 그 때까지의 사업소세 비과세의 언동을 시정하는 공적인 견해표명에 해당하는 것이라면 이후 분의 사업소세는 비과세관행의 성립에도 불구하고 적법하다."

3. 신의성실의 원칙과 예규[56]

예규(조세통칙)란 상급관청(국세청)이 국세행정의 통일을 도모하기 위하여 조세법령의 해석기준 또는 집행기준을 제시하는 행정규칙을 말한다. 국세청장이 기

---

56) 제1회 변호사시험(1문)에서 신의성실의 원칙 중 '예규가 있는 경우에 대한 판단'에 관한 문제가 출제된 바 있다.

획재정부 장관의 승인을 얻어 발한다. 조세법상 예규는 '확약의 원칙'의 요건 중 '공적 견해 표명' 또는 '비과세관행'의 요건 중 '비과세관행의 성립'의 충족 여부와 관련하여 문제될 수 있다. 예규가 '확약의 원칙'이나 '비과세관행'의 요건을 충족하였다는 간접증거가 될 수는 있지만 직접증거는 아니다.[57]

확약의 원칙과 관련하여, 예규는 구체적인 사안에 따라 공적 견해의 표명이 될 수도 있고 일반적 견해 표명이 될 수도 있다. 예규와 동일한 사안이더라도 그럴 수 있고, 더욱이 유사한 사안인 경우에는 일반적 견해 표명으로 취급받기 쉽다. 또한 예규에 의한 비과세관행이 성립하려면 객관적 요건인 '상당한 기간'과 주관적 요건인 '의사표시'를 충족하여야 한다.

한편 조세통칙은 법원이나 국민을 기속하는 효력이 있는 법규가 아니므로, 과세관청이 조세법 규정의 해석과 관련하여 납세의무의 성립 이후에 개정 또는 제정된 기본통칙의 규정을 참작하였다고 하더라도 그것이 조세관행을 존중하는 '비과세관행' 원칙에 위배되지 아니하는 한 그 점만으로 소급과세라고 할 수 없다.[58]

[관련판례] 신의성실의 원칙과 예규
대법원 2001. 4. 24. 선고 2000두5203 판결

(1) 사실관계

탤런트 및 광고모델 등으로 활동하여 오던 원고는 1997년 주식회사 코리아나 화장품 등 7개 회사와 사이에 계약기간 동안 동일 업종의 다른 회사 제품 또는 동종 경쟁상품의 광고에 출연할 수 없다는 내용의 전속모델계약을 체결하고, 그 전속모델계약금 13억 2,000만 원을 받았고, 주식회사 문화방송과 사이에 일정 횟수의 출연기간 중 다른 방송사의 작품에는 출연하지 못하고, 영화·광고물·케이블티브이·위성방송 등 다른 영상매체의 경우는 사전승인을 받아 출연할 수 있다는 내용의 전속출연계약을 체결하고 전속출연금 1억원을 받았다. 원고는 1998. 5. 31. 피고에게 1997년 귀속 종합소득세 과세표준 확정신고를 함에 있어서, 코리아

---

57) "소득세법 조세통칙에서 정한 대금업에 의한 사업소득의 해석기준은 일반적으로 납세의무자에게 받아들여진 소득세법의 해석 또는 국세청의 관행에 해당하지 않는다", 대법원 1987. 5. 26. 선고 86누96 판결.

58) 대법원 1992. 9. 8. 선고 91누13670 판결.

나 화장품 등 7개 회사와 문화방송으로부터 받은 전속모델계약금 및 전속출연금 합계 14억 2,000만 원을 기타소득으로 보고, 위 수입금액에서 소정의 필요경비 (75%)를 공제하여 산출한 소득금액인 3억 6,000만 원에다, 원고의 이자소득 1억 2,000만 원, 부동산 소득 1,000만 원, 사업소득 2억 7,000만 원 등을 합하여 종합소득 과세표준을 합계 7억 6,000만 원으로 산출하여 1997년 귀속 종합소득세 3억 원을 신고·납부하였다.

이에 대해 피고는, 원고가 코리아나화장품 등 7개 회사와 문화방송으로부터 받은 전속모델계약금과 전속출연계약금 합계 14억 2,000만 원의 수입금액은 기타소득이 아니라 사업소득에 해당한다고 보아 1998. 12. 17. 원고에게 1997년 귀속 종합소득세 3억 원을 추가로 부과·고지하였다. 이에 원고는 국세청의 1990. 7. 20. 자 예규(소득 22601 – 1539)와 1997. 5. 20. 자 예규(소득 46011 – 1385)에서 "소득세법령상 전속계약금은 기타소득에 해당한다"라고 기술하고 있다는 점을 들어 3억 원의 부과처분에 대한 취소를 청구하였다.

〈쟁점〉
조세법률관계에서 신의성실 원칙과 비과세관행의 적용요건

(2) 판결내용
"소득세법 제21조 제1항 제18호에서 기타소득으로 정한 '전속계약금'은 사업소득 이외의 일시적·우발적 소득에 해당하는 경우만을 의미하는 것으로서, 취득한 소득의 명칭이 '전속계약금'이라고 하여도 그것에 사업성이 인정되는 한 이를 사업소득으로 보아야 하고, 탤런트 등 연예인이 독립된 자격에서 용역을 제공하고 받는 소득이 사업소득에 해당하는지 또는 일시소득인 기타소득에 해당하는지 여부는 당사자 사이에 맺은 거래의 형식·명칭 및 외관에 구애될 것이 아니라 그 실질에 따라 평가한 다음, 그 거래의 한쪽 당사자인 당해 납세자의 직업 활동의 내용, 그 활동 기간, 횟수, 태양, 상대방 등에 비추어 그 활동이 수익을 목적으로 하고 있는지 여부와 사업활동으로 볼 수 있을 정도의 계속성과 반복성이 있는지 여부 등을 고려하여 사회통념에 따라 판단하여야 하며, 그 판단을 함에 있어서도 소득을 올린 당해 활동에 대한 것뿐만 아니라 그 전후를 통한 모든 사정을 참작하여 결정하여야 할 것이다."

"원고의 직업 활동의 내용, 그 활동 기간 및 활동의 범위, 태양, 거래의 상대방, 주수입원, 수익을 얻어온 횟수 및 규모 등에 비추어 볼 때, 연기자 겸 광고모델로서의 원고의 활동 그 자체가 수익을 올릴 목적으로 이루어져 온 것인 데다가 사회통념상 하나의 독립적인 사업활동으로 볼 수 있을 정도의 계속성과 반복성도 갖추고 있다고 판단되어 광고모델활동을 따로 분리할 것이 아니라 원고의 각종 연예계 관련활동 전체를 하나로 보아 그 직업 또는 경제활동을 평가하여야 할 것이어서 한국표준산업분류의 세세분류항목인 '92143. 자영예술가'에 해당된다고 할 것이므로, 그 실질에 비추어 원고의 이 사건 전속계약금 소득은 사업소득으로 보아야 한다."

"일반적으로 조세 법률관계에서 과세관청의 행위에 대하여 신의성실의 원칙이 적용되기 위하여는 과세관청이 납세자에게 신뢰의 대상이 되는 공적인 견해표명을 하여야 한다. 또한 국세기본법 제18조 제3항에서 말하는 비과세관행이 성립하려면 상당한 기간에 걸쳐 과세를 하지 아니한 객관적 사실이 존재할 뿐만 아니라, 과세관청 자신이 그 사항에 관하여 과세할 수 있음을 알면서도 어떤 특별한 사정 때문에 과세하지 않는다는 의사가 있어야 한다. 위와 같은 공적 견해나 의사는 명시적 또는 묵시적으로 표시되어야 하지만 묵시적 표시가 있다고 하기 위하여는, 단순한 과세 누락과는 달리 과세관청이 상당기간 불과세 상태에 대하여 과세하지 않겠다는 의사표시를 한 것으로 볼 수 있는 사정이 있어야 한다. 이 경우 특히 과세관청의 의사표시가 일반론적인 견해표명에 불과한 경우에는 위 원칙의 적용을 부정하여야 할 것이다(대법원 1995. 11. 14. 선고 95누10181 판결, 2000. 1. 21. 선고 97누11065 판결 등 참조)."

"원심판결 이유를 위 법리와 기록에 비추어 보면, 국세청의 1990. 7. 20. 자 예규(소득 22601 – 1539)는 소득세법령상 전속계약금은 기타소득에 해당한다는 일반적인 견해를 표명한 것에 불과하고, 1997. 5. 20. 자 예규(소득 46011 – 1385)의 제정으로 세법의 해석을 달리하게 된 것이 아니며, 전속계약금은 어느 경우에나 기타소득으로만 과세한다는 관행이 일반적으로 성립하였다고 볼 수 없다고 판단하여 이 사건 부과처분이 신의성실의 원칙 및 소급과세금지의 원칙 등에 위배되어 위법하다는 원고의 주장을 모두 배척한 조치는 정당하고, 거기에 상고이유로 주장하는 바와 같은 신의성실의 원칙, 소급과세의 원칙 및 비과세관행에 관한 법리오해 등의 위법이 없다."

4. 납세자에 대한 신의성실 원칙의 적용[59]

가. 의의

납세자의 신의칙 위반에 대하여는 대부분의 경우 이를 제재하는 구체적인

---

59) 제10회 변호사시험(1문)에서 '분식회계와 납세자에 대한 신의성실의 원칙 적용 여부', 제14회 변호사시험(1문)에서 '명의신탁과 납세자에 대한 신의성실의 원칙 적용 여부'에 관한 문제가 출제된 바 있다.

개별규정이 있기 때문에, 납세자가 국세기본법 제15조의 신의칙 일반조항에 의하여 추가적인 불이익을 받는 경우는 드물다. 그렇더라도 국세기본법 제15조가 세무공무원에 대해서만 적용되는 규정은 아니고 납세자에 대해서도 적용되는 경우가 있다.

납세자에게 신의칙을 적용한다는 것은 신의칙의 적용이 없다면 납세의무가 없을 자에게 조세를 부담시키는 결과를 가져온다. 더욱이 신의칙에 위반된 행위를 한 납세자에 대해서는 해당 법령에서 형벌, 행정벌, 가산세 등의 제재가 마련되어 있는 경우가 대부분이다. 그러므로 납세자에 대한 신의칙 적용은 제한적으로 행해질 필요가 있다.

나. 요건

(1) 납세자에 대하여 신의성실의 원칙을 적용하기 위한 요건

① 객관적으로 모순되는 행태가 존재할 것
② 그 행태가 납세의무자의 심한 배신행위에 기인한 것일 것
③ 그에 기하여 침해되는 과세관청의 신뢰가 보호받을 가치가 있는 것일 것

(2) 엄격한 요건이 요구되는 이유

납세자에 대한 신의성실 원칙의 적용에 엄격한 요건이 요구되는 이유는, 첫째, 조세법률주의에 의하여 합법성이 강하게 작용하는 조세실체법에 대한 신의성실 원칙의 적용은 합법성을 희생하여서라도 신뢰를 보호할 필요성이 있다고 인정되는 경우에 한하여 허용되기 때문이다. 이 점은 세무공무원에 대한 신의성실 원칙 적용의 경우도 마찬가지이다. 둘째, 과세관청은 실지조사권을 가지고 있을 뿐만 아니라 경우에 따라서 그 실질을 조사하여 과세하여야 할 의무가 있으며, 과세처분의 적법성에 대한 증명책임도 부담하고 있기 때문이다. 즉, 과세관청은 납세자로 하여금 납세의무를 이행하게 할 권한이 있고 또 의무도 지고 있기 때문에, 신의성실의 원칙을 적용하여 합법성을 희생시키는 경우는 제한적이어야 한다는 것이다.

[관련판례] 납세자의 모순적 행동과 신의성실의 원칙

1. 납세자에 대한 신의성실의 원칙 적용 부인 01 - 대법원 1997. 3. 20. 선고 95누18383 판결 * 파기환송
2. 납세자에 대한 신의성실의 원칙 적용 부인 02 - 대법원 2006. 1. 26. 선고 2005두6300 판결 (공통)
3. 납세자에 대한 신의성실의 원칙 적용 인정 - 대법원 2009. 4. 23. 선고 2006두14865 판결 * 파기환송

1. 납세자에 대한 신의성실의 원칙 적용 부인 01 - 대법원 1997. 3. 20. 선고 95누 18383 판결 * 파기환송

(1) 사실관계

원고는 1990. 12. 경 소외인으로부터 토지거래허가지역 내에 위치한 이 사건 토지를 매수하고 당시 경남 ○○군 ○○면 ○○리 83에 거주하면서도 토지거래허가를 얻기 위하여 그 거주지를 이 사건 토지의 소재지와 같은 읍내인 경남 ○○군 ○○읍 ○○리 1044의 1로 이전한 것처럼 그 주민등록을 이전하였다. 그 후 1990. 12. 24. 경상남도지사에게 토지거래허가신청을 하였으나, 1991. 1. 14. 원고가 규제구역 내에 거주하지 아니한다는 이유로 불허가처분되었다. 그러자 원고는 토지거래에 관한 규제를 피하기 위하여 1991. 3. 8. 마치 원고가 위 소외인으로부터 이 사건 토지를 증여받은 것처럼 소유권이전등기 서류를 만들어 원고 명의로 증여를 원인으로 한 소유권이전등기를 경료하였다.

이에 대해 피고는 1994. 9. 1. 원고가 이 사건 토지를 증여받은 것으로 보아 원고에 대하여 증여세의 부과처분을 하였다.

〈쟁점〉
- 조세소송에서의 신의성실의 원칙의 적용기준
- 매매 부동산에 관하여 국토이용관리법의 규정을 잠탈하여 증여 원인의 소유권이전등기를한 자가 무효 등기의 원상복구 없이 증여세 납부의무를 다투는 것이 신의칙에 반하는지 여부

(2) 판결내용

"조세소송에서의 신의성실원칙의 적용은 조세소송 절차법과 관련한 적용 및 실체법과 관련한 적용으로 나누어 볼 수 있고 조세소송의 절차법과 관련한 적용

은 민사소송에서의 그것과 특별히 구분된다 할 수 없을 것이지만, 조세법률주의에 의하여 합법성의 원칙이 강하게 작용하는 조세 실체법과 관련한 적용은 사적 자치의 원칙이 지배하는 사법에서보다는 제약을 받으며 합법성을 희생하여서라도 구체적 신뢰보호의 필요성이 인정되는 경우에 한하여 비로소 적용된다고 할 것이다.

더구나 납세의무자가 과세관청에 대하여 자기의 과거의 언동에 반하는 행위를 하였을 경우에는 세법상 조세감면 등 혜택의 박탈, 신고불성실·기장불성실·자료불제출가산세 등 가산세에 의한 제재, 각종 세법상의 벌칙 등 불이익처분을 받게 될 것이며, 과세관청은 실지조사권을 가지고 있는 등 세법상 우월한 지위에서 조세과징권을 행사하고 있고, 과세처분의 적법성에 대한 입증책임은 원칙적으로 과세관청에 있는 점 등을 고려한다면, 납세의무자에 대한 신의성실의 원칙의 적용은 극히 제한적으로 인정하여야 하고 이를 확대해석하여서는 안 될 것이므로, 납세의무자의 배신행위를 이유로 한 신의성실의 원칙의 적용은 그 배신행위의 정도가 극히 심한 경우가 아니면 허용하여서는 안 될 것이다.

따라서 신의성실의 원칙과 동열시되거나 한 적용례로 통용되는 금반언의 원칙을 적용함에 있어서도 객관적으로 모순되는 행태가 존재하고 그 행태가 납세의무자의 심한 배신행위에 기인하였으며 그에 의하여 야기된 과세관청의 신뢰가 보호받을 가치가 있는 것이어야 할 것이다.”

“실질과세의 원칙 하에서는 행위의 외형이 아니라 실질을 따져서 과세함이 원칙인바, 등기원인이 매매라 하여도 실질이 증여이면 증여로 과세하여야 할 것이고 반대의 경우도 마찬가지라 할 수 있다.

거래당사자가 법령상의 제한 등의 이유로 실질에 따라 등기를 하지 아니하고 실질과 달리 등기를 한 후 소송에서 그 실질이 등기부 상의 등기원인과 다른 것이라고 주장한다 하여 이를 모순되는 행태라고 하기는 어렵다. 또 앞서 본 바와 같이 과세관청은 실지조사권을 가지고 있을 뿐 아니라 이 사건과 같은 경우 그 실질을 조사하여 과세하여야 할 의무가 있고 그 과세처분의 적법성에 대한 입증책임도 부담하고 있는데 적절한 실지조사권 행사를 하지 아니한 과세관청에 대하여 납세의무자 스스로 등기원인을 달리하여 등기하였음을 사전에 알리지 않고 부과처분이 있은 후 뒤늦게 다툰다는 것만으로 심한 배신행위를 하였다고 할 수도 없을 것이다. 뿐만 아니라 과세관청이 등기부상의 등기원인만을 보고 이를 그대로 신뢰하였다 하더라도 이를 보호받을 가치가 있는 신뢰라고 할 수도 없다.

한편 등기를 말소하는 등 문제된 행위가 있기 이전의 상태로 원상복구하였는지의 여부는 배신행위 여부를 판단하는 요건이 될 수 없고, 무효의 등기에 근거하여 부과한 과세처분은 그 등기의 말소 여부와 관계없이 위법하다고 하는 이 법원의 종래의 견해와, 1994.12 22. 국세기본법이 개정되기 전까지는 감액경정청구제도가 도입되어 있지 아니하여서 사후의 사정변경에 따른 납세의무자의 구제절차가 미비하였으므로 원상복구되지 아니하였음을 이유로 일단 과세처분이 적법하다고 하면 이후에 원상회복을 하더라도 이미 적법하게 확정된 과세처분을 다툴 수 없었던 점, 등기된 내용과 실질이 다를 경우 그 등기를 말소하고 실질에 일치시키지 않는 한 등기된 원인대로 과세하여야 하고 실질에 의한 과세를 주장하는 것은 신의성실의 원칙에 반하여 허용될 수 없다고 한다면 실질과세원칙을 대폭 수정하는 결과가 된다는 점 등에 비추어 볼 때, 원상복구 여부가 배신행위 여부를 판단함에 있어 고려할 대상이라 할 수도 없다 할 것이다.

결국 이 사건에서 원고가 증여세 납부의무를 다툰다 하여 이를 신의성실의 원칙이나 금반언의 원칙에 위반되는 것이라 할 수는 없다.”

2. 납세자에 대한 신의성실의 원칙 적용 부인 02 - 대법원 2006. 1. 26. 선고 2005두6300 판결 (공통)

(1) 사실관계

자산을 과대계상하거나 부채를 과소계상하는 등의 방법으로 분식결산을 하고 이에 따라 과다하게 법인세를 신고, 납부하였다가 그 과다납부한 세액에 대하여 부과처분 취소소송을 제기한 사건이다.

〈쟁점〉
 - 실질과세 원칙의 적용 여부
 - 납세의무자 신의성실 원칙의 충족 여부

(2) 판결내용

“실질과세의 원칙에 비추어 법인세의 과세소득을 계산함에 있어서 구체적인 세법 적용의 기준이 되는 과세사실의 판단은 당해 법인의 기장 내용, 계정과목, 거래명의에 불구하고 그 거래의 실질내용을 기준으로 하여야 하는 것이다(대법원 1993.7.27. 선고 90누10384 판결 참조).

장부상 누락된 비용과 가공매출을 기초로 한 본 건 부과처분은, 모두 손금산입되거나 익금불산입되어야 할 부분을 제대로 반영하지 아니한 채 산정된 소득을 기준으로 한 것이므로 위법하다.”

“납세의무자에게 신의성실의 원칙을 적용하기 위해서는 객관적으로 모순되는 행태가 존재하고, 그 행태가 납세의무자의 심한 배신행위에 기인하였으며, 그에 기하여 야기된 과세관청의 신뢰가 보호받을 가치가 있는 것이어야 한다. 조세법률주의에 의하여 합법성이 강하게 작용하는 조세실체법에 대한 신의성실의 원칙 적용은 합법성을 희생하여서라도 구체적 신뢰보호의 필요성이 인정되는 경우에 한하여 허용된다고 할 것이고, 과세관청은 실지조사권을 가지고 있을 뿐만 아니라 경우에 따라서 그 실질을 조사하여 과세하여야 할 의무가 있으며, 과세처분의 적법성에 대한 증명책임도 부담하고 있다.

그러므로 본 건에서 납세의무자가 자산을 과대계상하거나 부채를 과소계상하는 등의 방법으로 분식결산을 하고 이에 따라 과다하게 법인세를 신고, 납부하였다가 그 과다납부한 세액에 대하여 취소소송을 제기하여 다툰다는 사정만으로 신의성실의 원칙에 위반될 정도로 심한 배신행위를 하였다고 볼 수는 없는 것이고, 과세관청이 분식결산에 따른 법인세 신고를 그대로 믿고 과세하였다고 하더라도 이를 보호받을 가치가 있는 신뢰라고 할 수도 없다는 이유로, 위 납세의무자에게 신의성실의 원칙을 적용할 수 없다."

3. 납세자에 대한 신의성실의 원칙 적용 인정 – 대법원 2009. 4. 23. 선고 2006두 14865 판결[60] * 파기환송

(1) 사실관계

A는 甲회사의 최대주주 겸 대표이사였는데, 甲회사 등에 대하여 1998. 8. 경화의절차개시결정이 이루어지자, 강제집행을 면할 목적으로 2001. 11. 처남인 원고에게 甲회사 등 소유의 이 사건 부동산을 명의신탁하였다.

원고는 2001. 10. 피고에게 사업장 구분을 '자가'로 하여 부동산임대업 등을 목적으로 한 사업자등록을 신청하고, 같은 해 11. 甲회사 등과 이 사건 부동산에 관하여 임대차계약을 체결한 것처럼 가장한 다음 2001년 제2기 부가가치세 확정신고를 하면서 이 사건 부동산 중 건물 등의 취득가액에 대한 매입세액 가운데 2억 4천만 원을 환급받았다.

원고가 그 이후 계속하여 부가가치세를 자진신고·납부하여 오다가 신고한 2004년 제1기 부가가치세 세액 중 일부를 납부하지 않자, 피고는 2004. 9. 6. 원고에 대하여 그 미납된 부가가치세(가산세 포함)의 징수를 위한 납부고지를 하는 한편, 원고가 이 사건 부동산임대업에 대한 폐업신고를 하였음을 이유로 2004. 12.

---

[60] 납세자에 대한 신의성실의 원칙을 적용한 최초의 판결인 '대법원 1990. 8. 2. 선고 89누8224 판결' 이후 오랜만에 재차 인정한 판결이다.

10. 원고에 대하여 폐업시의 잔존재화 자가공급 의제규정에 따라 이 사건 부동산 중 건물 등의 잔존 시가에 대한 부가가치세 1억 1,000만 원을 부과·고지하였다.

이에 대하여 원고는 본 건 부동산은 명의신탁된 것이고, 이에 기한 임대차계약은 통정허위표시에 의한 가장행위로서 무효이며, 이를 근거로 원고에게 폐업시의 잔존재화 자가공급 의제규정을 적용할 수 없다는 이유로 본 건 과세처분은 위법하다고 주장하면서 그 취소를 청구하였다.

〈쟁점〉

납세자에 대한 신의성실원칙 적용요건 충족 여부

(2) 판결내용

"조세법률주의에 의하여 합법성의 원칙이 강하게 작용하는 조세실체법과 관련한 신의성실의 원칙의 적용은 합법성을 희생해서라도 구체적 신뢰를 보호할 필요성이 있다고 인정되는 경우에 한하여 비로소 적용된다고 할 것인바, 납세의무자에게 신의성실의 원칙을 적용하기 위해서는 객관적으로 모순되는 행태가 존재하고, 그 행태가 납세의무자의 심한 배신행위에 기인하였으며, 그에 기하여 야기된 과세관청의 신뢰가 보호받을 가치가 있는 것이어야 할 것이다 (대법원 1997. 3. 20.선고 95누18383 판결; 2007. 6. 28. 선고 2005두2087 판결 등 참조)."

"원심판결 이유 및 원심이 적법하게 채택한 증거에 의하면, (생략) 위 인정 사실에 나타난 원고의 모순된 언동과 그에 이르게 된 경위 및 비난가능성의 정도, 이 사건 2004년 제2기 부가가치세 과세표준의 성격과 피고의 신뢰에 대한 보호가치의 정도, 부가가치세 등과 같이 원칙적으로 납세의무자가 스스로 과세표준과 세액을 정하여 신고하는 신고납세방식의 조세에 있어서 과세관청의 조사권은 2차적·보충적인 점 등을 앞서 본 법리에 비추어 보면, 원고가 명의신탁 받은 이 사건 부동산을 그 신탁자 등에게 임대한 것처럼 가장하여 사업자등록을 마치고 그 중 건물 등의 취득가액에 대한 매입세액까지 환급받은 다음 폐업시의 잔존재화 자가공급 의제규정에 따른 피고의 이 사건 2004년 제2기 부가가치세 부과처분 등이 있은 후에야 비로소 이 사건 부동산은 명의신탁된 것이므로 그 임대차계약은 통정허위표시로서 무효라고 주장하는 것은 신의성실의 원칙에 위배된다고 봄이 상당하다."

5. 적용효과

신의칙 위반이란 고도의 추상적 규범에 대한 판단으로서 과세당국이나 납세자의 입장에서는 객관적으로 명확한 판단을 내리기가 어렵고, 더구나 신의칙 위반이 되는 처분 자체는 적법한 처분이므로 외관상 명백하고 중대한 하자가 있다고 할 수는 없으므로 취소원인이 됨에 불과하다.[61]

III. 근거과세의 원칙

1. 의의

국세기본법은 신고확정방식을 납세의무 확정의 기본방식으로 채택하고 있다. 국세기본법은 이러한 확정방식 하에서, 납세의무자에 대하여 각종 장부와 증거서류의 작성, 비치 및 보관의무 등 협력의무를 지우고 있고, 과세관청에 대해서는 과세권을 적정하게 행사하도록 통제하기 위하여 근거과세의 원칙을 규정하고 있다.

근거과세의 원칙은 납세의무자가 조세법에 따라 장부를 갖추어 기록하고 있는 경우에는 해당 국세의 과세표준에 관한 조사와 결정은 그 장부와 관련 증빙자료에 의하여야 한다는 조세법 해석·적용상의 원칙이다(국기법 제16조 제1항). 그러나 기장의 내용이 사실과 다르거나 기장에 누락되어 있는 경우에는 그 부분에 한하여 정부가 조사한 사실에 따라 결정할 수 있다(국기법 제16조 제2항). 정부가 조사한 사실에 따라 결정하는 경우에는 조사한 사실과 결정의 근거를 결정서에 부기하여야 한다(국기법 제16조 제3항).

2. 위반의 성격

과세자료를 납세자가 비치한 장부와 증빙자료에 기초하여 수집하도록 한 것

---

61) 대법원 1991. 1. 29. 선고 90누7449 판결 등 참조.

은 과세관청의 자의에 의한 과세를 방지하여 납세의무자의 권리를 보장함과 동시에 납세의무자에게 불복청구의 편의를 주기 위한 것이다.[62] 이러한 근거과세의 규정은 행정상의 편의·원활 등 내부적인 필요에 의한 것이 아니고 과세권자와 납세의무자 간의 이해의 조정을 위한 것이므로, 이 규정을 위반한 과세는 하자있는 처분으로 취소의 대상이 된다.[63]

3. 추계조사

과세에 필요한 장부와 관련 증빙서류 자체가 없거나 중요한 부분이 미비 또는 허위인 때에는 추계조사결정을 할 수밖에 없다. 그렇더라도 납세자의 신고 또는 납부를 부인하고 이에 대한 추계조사결정을 하기 위해서는, ① 그 신고·납부를 함에 있어 제시한 제반 증빙서류 등의 부당성을 지적하고 ② 새로운 자료 제시를 받아 실지조사를 한 연후에, ③ 그렇게 하더라도 그 과세표준과 세액을 결정할 수 없을 때에 비로소 추계조사 결정을 하여야 한다.[64]

또한 추계에 의하여 조세를 부과할 수밖에 없을 경우에도 각 개별조세법에서 정하고 있는 추계의 요건 내지는 사유와 방법을 준수하여야 한다. 추계의 요건에 대해서는 소득세법 제80조 제3항 단서와 동법 시행령 제143조 제1항, 법인세법 제66조 제3항 단서와 동법 시행령 제104조 제1항, 부가가치세법 제57조 제2항 단서 등에서 규정하고 있고, 추계의 방법에 대해서는 소득세법 시행령 제143조 제3항, 법인세법 시행령 제104조 제2항, 부가가치세법 시행령 제104조 제1항 등에서 규정하고 있다.

4. 추계의 요건 또는 방법을 위반한 부과처분의 취소 등

가. 추계조사의 증명책임

추계가 정당한 것으로 인정받기 위해서는 추계할 수 있는 요건을 갖추었다

---

62) 임승순·김용택, 조세법, 박영사, 2022, 85면.
63) 이태로·한만수, 앞의 책, 29면.
64) 대법원 1980. 3. 11. 선고 79누408 판결.

는 것만으로 부족하고, 추계의 내용과 방법이 구체적인 사안에서 가장 진실에 가까운 실액을 반영할 수 있도록 합리적이고 타당성이 있는 것이어야 하며, 추계방법의 적법 여부가 다투어지는 경우에 합리성과 타당성에 대한 증명책임은 과세관청에 있지만, 과세관청이 관계 규정이 정한 방법과 절차에 따라 추계하였다면 합리성과 타당성은 일단 증명되었고, 구체적인 내용이 현저하게 불합리하여 실액을 반영하기에 적절하지 않다는 점에 관하여는 이를 다투는 납세자가 증명할 필요가 있다.[65]

나. 추계의 요건 또는 방법을 위반한 부과처분의 효과

추계의 요건 또는 방법을 충족하지 아니한 때에는 하자 있는 부과처분으로서 취소의 대상이 된다. 하자 있는 부과처분에 대한 취소에 있어서는 그 취소의 범위를 실지조사에 의한 세액을 초과하는 금액에 한정할 것인지(일부취소) 아니면 실제의 세액과 부합되는지를 따질 것 없이 절차상의 하자를 이유로 처분 자체를 취소할 것인지(전부취소)가 문제될 수 있는데,[66] 분쟁의 종국적인 해결을 위해서는 원칙적으로 그 초과액에 대해서만 취소하는 것이 타당하다. 그러나 과세관청이 조세법상의 조사결정 방법을 무시하고 막연한 방법으로 과세표준과 세액을 결정한 과세처분은 당연무효이고, 그 후 이를 경정하는 결정이 있었다고 하더라도 이로써 그 처분이 소급하여 유효로 되는 것은 아니다.[67] 과세처분취소소송에서의 일부취소에 관한 상세한 설명은 '제7장 조세쟁송'에서 후술한다.

> **[관련판례] 근거과세 원칙**
>
> 1. 추계조사 부정 – 대법원 1982. 5. 11. 선고 80누223 판결
> 2. 추계조사 인정 – 대법원 1985. 11. 26. 선고 83누400 판결

---

65) 대법원 2010. 10. 14. 선고 2008두7687 판결. 이 판결에서는 소득금액의 추계에 있어서 수입금액을 추계하는 경우 필요경비도 추계에 의하여야 하는지도 또 하나의 쟁점으로 다투어졌는데, 수입금액을 추계방법에 의하여 결정하더라도 필요경비는 실지조사에 의하여 결정할 수 있다면 이 부분까지 추계방법에 의하여 결정할 수는 없다고 판시하였다.
66) 이태로·한만수, 앞의 책, 30면 참조.
67) 대법원 1980. 3. 11. 선고 79누408 판결; 1982. 5. 11. 선고 80누223 판결.

1. 추계조사 부정 - 대법원 1982. 5. 11. 선고 80누223 판결

(1) 사실관계

1977년도에 소외 주식회사 금창이 사업부진으로 세금을 포탈할 우려가 있자, 피고는 법인세법의 규정이나 소득세법의 규정에 따른 과세표준액의 조사결정 방법을 전혀 밝히지 아니한 채 아무런 근거도 없이, 막연히 위 회사에 대한 부과예정세액이란 이름 아래 1977. 9. 2에 1976년도 법인세 5천만 원, 동 방위세 1천만 원을, 1977. 11. 10에 1976년도 갑종근로소득세 1천 8백만 원, 동 방위세금 3백 6십만 원을 각 부과 결정하여 위 회사에 각 고지하였다. 또한 1977. 11. 13에는 1976년도 말 현재 위 회사의 과점주주[68]인 원고를 위 각 국세에 대한 제2차납세의무자[69]로 지정하여 부과, 고지하였다.

〈쟁점〉
추계조사의 요건을 전혀 충족하지 아니한 부과처분의 효과

(2) 판결내용

"헌법 제36조(구 헌법 제33조)와 국세기본법 제16조가 밝히고 있는 조세법률주의와 근거과세주의는 국가가 국민에게 세금을 부과함에 있어서는 각종의 세법이 규정하는 절차와 방법에 따라 정확한 근거에 의하여 과세표준과 세액을 결정할 것을 요구하고 있으므로, 세무서장이 어떤 법인에게 법인세와 소득세를 부과하고자 할 때에는 법인세법과 소득세법이 규정하는 바의 자진신고, 실지조사, 서면조사, 추계조사 등의 방법에 따라 얻은 정확한 근거에 바탕을 두어 과세표준액을 결정하고 세액을 산출하여야 한다. 그와 같은 조사결정절차에 있어 단순한 과세대상의 오인, 조사방법의 잘못된 선택, 세액산출의 잘못 등의 위법이 있음에 그치는 것이 아니라 완전히 위 세법상의 조사결정방법 등을 무시해 버리고 아무런 근거도 없이 막연한 방법으로 과세표준액과 세액을 결정 부과하였다면 이는 당연무효의 부과처분이라 하지 않을 수 없다."

"위 회사에 대한 위 각 부과처분은 조세법률주의와 근거과세주의에 어긋나는

---

68) '과점주주'란 주주 또는 유한책임사원 등 1인과 그 특수관계인들로서, 소유주식금액 또는 출자액의 합계액이 당해 법인의 발행주식총수 또는 출자총액의 ① 100분의 50을 초과하면서 ② 그에 관한 권리를 실질적으로 행사하는 자들을 말한다(국기법 제39조 제2호).

69) '제2차납세의무'란 본래의 납세의무자 이외의 타인에게 부과하는 종적인 납세의무를 말한다. 이러한 제2차납세의무는 납세의무자의 재산에 대하여 강제징수를 하여도 그가 납부하여야 할 국세 및 강제징수비를 충당하기에 부족한 경우, 그 납세의무자와 일정한 관계가 있는 자가 부족액에 대하여 보충적으로 지는 납세의무이다.

당연무효의 처분이라고 할 것이고, 따라서 그 처분에 대한 부종적 처분인 원고에 대한 제2차납세의무자로서의 부과처분 또한 당연무효라고 할 것이다."

2. 추계조사 인정 – 대법원 1985. 11. 26. 선고 83누400 판결

(1) 사실관계

원고는 서울 소재 토지에 5층 건물을 소유하면서 위 건물의 일부는 점포로 임대하고 다른 일부는 원고가 와이샤스 소매업을 경영하고 있다. 원고는 1978사업연도 중에 위 임대에 따른 보증금으로 인하여 발생한 수입이나 이와 관련된 비용을 기장하지 아니하였다.

이에 대해 피고는 이러한 상황이 소득금액을 계산함에 필요한 장부나 증빙서류의 중요한 부분이 미비 또는 허위로 인하여 확인할 수 없는 경우에 해당된다고 보고, 위 보증금에 의한 수입금액을 소득세법 제29조에 따라 위 보증금에 대한 정기예금 이율로 환산한 금액으로 추계조사하여 결정하였다.

〈쟁점〉
총수입금액을 계산함에 필요한 장부와 증빙서류가 없거나 중요한 부분이 미비 또는 허위인 때에 해당하는 경우 추계조사결정 가능 여부

(2) 판결내용

"원고는 위 보증금에 의한 수입 내지 소득계산에 필요한 장부와 증빙서류를 구비하고 있지 아니하고, 또 소론과 같이 원고가 위 부동산 임대업에 관련하여 금전출납부, 수입, 경비 등 장부 등을 구비하고 있었다 하더라도, 위 장부에는 원심 판시와 같이 소외 정○준, 탁○숙에 대한 보증금과 임료의 기장이 누락되어 있고, 또 원고는 임차인들로부터 보증금을 수령하여 즉시 인출, 사용한 것으로 기재되어 있는데다, 그 인출지급한 명세도 명시되어 있지 않는 점 등에 미루어 볼 때, 이는 1978사업연도의 총수입금액을 계산함에 필요한 장부와 증빙서류가 없거나, 중요한 부분이 미비 또는 허위인 때에 해당하여 그 총수입금액은 추계조사 결정할 수밖에 없다 할 것이므로 원심의 위와 같은 판시와 그 판시 사실의 인정은 정당하고 거기에 소론과 같은 법리오해와 사실오인의 위법이 없다."

IV. 기업회계 존중의 원칙

1. 의의

　기업의 재산상태와 손익을 측정하고, 분류하고, 보고하는 행위를 기업회계라고 한다. 기업회계 존중의 원칙이란 과세는 사경제활동에 뒤따르는 것이므로 조세법은 기업회계가 객관성이 보장되는 한 이를 기초로 하여야 한다는 원칙이다. 기업회계의 존중이 필요한 이유는 이를 기업회계와 조세법 간의 관계에서 찾을 수 있다. 기업회계와 조세법은 기업의 계산 부분에서 교차점을 가진다. 기업회계와 조세법의 계산규정은 각각의 독자적인 목적(기업이익과 과세소득)에 따라 별개의 회계원리를 채용하고 있지만, 그 적용대상이 공통적으로 기업이란 점에서 상호연계성을 가진다. 이에 기초하여 조세법은 기업의 과세소득을 계산함에 있어 그 전제가 되는 수익, 비용 등의 개념을 기업회계에 의존하고 있다. 요컨대 조세법, 즉 법인세법에 있어서의 과세소득 계산구조는 상법에 따른 결산에 의하여 확정된 기업이익을 출발점으로 하여(기업회계), 그것에 조세법의 독자적인 목적(국고목적 및 사회·경제정책적 목적 등)에 의한 조정을 거쳐 계산된다는 특징을 가지고 있다.[70]

2. 법률규정

　국세기본법 제20조는 '국세의 과세표준을 조사·결정함에 있어서 당해 납세의무자가 계속하여 적용하고 있는 기업회계의 기준 또는 관행으로서 일반적으로 공정·타당하다고 인정되는 것은 이를 존중하여야 한다'라고 규정하고 있다. 동조는 조세법이 과세소득을 계산하기 위하여 필요한 모든 계산규정을 조세법 내에 두는 이른바 '자기완결형체계'를 채용하는 것이 아니라, 그 회계내용의 대부분을 일반적으로 공정·타당하다고 인정되는 기업회계에 의존하고 조세법에서 규정하는 것은 기업회계상의 이익을 과세소득으로 수정하기 위하여 필요한 최소한이라는 것을 명시한 중요한 규정으로 이해되고 있다. 그와 같은 의미에서 국세기본법

---

70) 田中久夫, 商法と税法の接點, 財經詳報社, 1989, 38面.

제20조는 기업의 과세소득 계산에 관한 기본적 규정일 뿐만 아니라, 조세법과 기업회계의 직접적인 연결점으로서의 역할을 하고 있다.

만약 조세법이 기업회계에 의존하는 이중적 계산구조를 채용하지 아니하고 조세법에서 기업의 모든 수익, 비용 등을 계산하기 위한 규정들을 둔다면 조세법 규정은 매우 복잡해질 것이다. 더욱이 그와 같은 계산규정들은 그 내용의 대부분이 기업회계기준 등에서 정하고 있는 것들을 중복하는 것에 지나지 아니한다. 또한 조세법이 과세소득계산의 기초가 되는 회계처리기준을 법률로 정한다면 그 경직성으로 인하여 경제적·사회적 환경변화에 즉각 대응하기가 어려울 것이다. 따라서 조세법에서는 추상적 표현이기는 하지만, '일반적으로 공정·타당하다고 인정되는 회계방법'에 과세소득 계산의 기초를 둠으로써 기업을 둘러싼 제환경의 변화에 바로 대응할 수 있는 체제를 갖출 필요가 있는 것이다.[71]

3. 일반적으로 공정·타당하다고 인정되는 기업회계관행

가. 공정·타당성

'공정'이란 기업의 재정상태 또는 경영성과를 나타내고자 하는 기업회계의 목적을 달성할 수 있을 정도로 합리적인 것을 말하고, '타당'이란 업종, 업태, 사업의 규모 등 기업의 현황과 거래의 성격에 적합한 것을 말한다.

나. 일반적 인정

기업회계가 '일반적 인정'에 해당하는 정도가 되려면 주체가 광범위하고 보편적으로 이용되어야 한다.

다. 회계관행

관행이란 상당기간 널리 적용되어 이용자들 간에 규범의식이 형성된 것을 말한다. 회계에 대한 관행 중에서 대표적인 것이 기업회계기준이다.

---

71) 위의 책, 58面 참조.

4. 기업회계기준

가. 개요

기업회계기준은 「주식회사 등 외부감사에 관한 법률」(이하 '외감법'이라 한다)에 근거하여 금융위원회가 증권선물위원회의 심의를 거쳐 일반적으로 공정·타당하다고 인정되는 회계관행을 모아 성문화한 명령이다. 기업회계기준은 제정의 절차나 형식면에서 법규명령은 아니지만 금융위원회가 법률의 위임에 근거하여 작성한 것이고 법령의 내용을 보충하는 것이기 때문에 행정규칙의 형식을 가진 법규명령이라고 보는 것이 타당하다.[72] 더욱이 외감법은 기업회계기준의 규범력을 확인하는 규정들을 두고 있는데, 외감법이 적용되는 회사는 동 기준에 의하여 재무제표 등을 작성하여야 하고(외감법 제5조 제3항), 이를 위반하는 경우에는 제재를 받는다.

나. 작성주체 및 적용대상

기업회계기준은 한국회계기준원이 금융위원회의 위탁을 받아 작성한다(외감법 제5조 제4항 및 동법 령 제7조 제1항). 기업회계기준은 자산총액 120억 원 이상 주식회사 등에 적용되고(외감법 제4조 및 동법 령 제5조), 그 외의 회사들에 대해서는 규범력이 없다(외감법 제5조 제3항의 반대해석).

다. 적용대상별 기업회계기준

(1) K-IFRS(한국채택국제회계기준)

K-IFRS(한국채택국제회계기준)는 모든 주권상장법인(코넥스시장 제외) 및 모든 금융기관(비상장저축은행, 여신전문사 및 상호금융기관 제외)이 적용대상이다.

(2) K-GAAP(일반기업회계기준)

K-GAAP(일반기업회계기준)는 자산총액 120억 원 이상의 비상장기업 등이 적용대상이다. 이들 기업은 K-IFRS를 선택할 수도 있다.

---

72) 이태로·한만수, 앞의 책, 63면 참조

(3) 중소기업회계기준

중소기업회계기준은 중소기업이 적용대상이고, 법무부가 작성하여 고시로 공표되며, 규범력을 갖지는 아니한다.

제 4 장 납세의무

납세의무는 의무의 강제성 여부에 따라 추상적 납세의무와 구체적 납세의무로 분류된다.

추상적 납세의무란 과세요건에 해당하는 사실이 있으면 발생하는 것으로 이러한 상태를 납세의무가 성립하였다고 한다. 납세의무가 성립하면 과세관청과 납세의무자 간에 금전 채권채무관계가 형성된다.

구체적 납세의무란 추상적 납세의무가 일정한 절차(납세자의 신고 또는 과세관청의 부과)를 거쳐서 확정된 것으로 이러한 상태를 납세의무가 확정되었다고 한다. 납세의무가 확정되면 과세관청이 납세의무자에 대하여 자력집행권을 행사할 수 있다.

납세의무는 연대납세의무나 제2차납세의무 또는 납세담보 등을 통해 확장되기도 하고, 종국적으로는 납부, 충당, 제척기간 만료, 소멸시효 완성 등에 의하여 소멸한다.

Ⅰ. 납세의무의 성립

1. 납세의무의 의의

납세의무는 조세법에서 정하는 과세요건에 해당하는 사실이 발생한 때에 성립한다(국기법 제21조 제1항). 이 점에서 납세의무의 성립은 일반 행정법관계에서 행정처분에 의하여 비로소 국민의 권리의무가 발생하는 것과 다르다.

'납세의무의 성립'이란 과세요건을 충족하여 추상적 납세의무가 발생한 상태를 말한다. 예를 들어, 상속세는 피상속인의 사망으로, 증여세는 증여에 의한 재산취득으로 납세의무가 성립하고, 소득세나 법인세와 같이 다수의 반복적인 소득이 과세물건인 세목의 경우에는 과세기간이 종료하는 때 납세의무가 성립한다.

납세의무가 성립한 때에는 아직 납세의무의 내용과 범위가 구체적으로 확정되지 아니하였기 때문에, 납세의무자는 그 조세채무를 이행할 수 없고 과세당국도 이에 대한 징수권을 행사할 수 없다.

'납세의무의 성립'은 부과권을 발생시키고 제척기간의 기준이 된다. 부과권이란 신고확정방식 세목의 경우에는 무신고 시 과세표준과 세액을 결정하거나 오류·탈루 시 결정을 변경하는 권한이고, 부과확정방식 세목의 경우에는 납세의무를 결정하는 권한이다.

2. 납세의무의 성립시기

가. 국세의 납세의무 성립시기

(1) 개요

일반적으로 과세요건에 해당하는 사실이 발생하면 즉시 납세의무가 성립하지만(국기법 제21조 제1항), 그 판정이 명확하지 아니할 수 있으므로 조세법에서는 각 세목별로 납세의무의 성립시기를 법정화하고 있다. 일정한 세목(소득세, 법인세, 부가가치세 등)에 대하여는 과세상의 편의를 위하여 '기간과세'를 하고 있는데, 이들 세목은 과세기간이 종료하는 때에 납세의무가 성립한다. 이와 함께 징수상의 기술적인 이유로 성립시기를 특정하고 있는 경우도 있는데, 원천징수, 중간예납, 수시부과 등이 그러하다.

(2) 법률규정

국세기본법은 제21조에서 국세의 세목별 성립시기를 규정하고 있다.

① 소득세·법인세: 과세기간이 끝나는 때. 다만, 청산소득에 대한 법인세는 그 법인이 해산을 하는 때이다.

② 상속세: 상속이 개시되는 때

③ 증여세: 증여에 의하여 재산을 취득하는 때

④ 부가가치세: 과세기간이 끝나는 때. 다만, 수입재화의 경우에는 세관장에게 수입신고를 하는 때이다.

⑤ 개별소비세·주세 및 교통·에너지·환경세: 과세물품을 제조장으로부터 반출하거나 판매장에서 판매하는 때, 과세장소에 입장하거나 과세유흥장소에서 유흥음식행위를 하는 때 또는 과세영업장소에서 영업행위를 하는 때. 다만, 수입물품의 경우에는 세관장에게 수입신고를 하는 때이다.

⑥ 인지세: 과세문서를 작성한 때

⑦ 증권거래세: 해당 매매거래가 확정되는 때

⑧ 교육세: 다음 각 목의 구분에 따른 시기

 i . 국세에 부과되는 교육세: 해당 국세의 납세의무가 성립하는 때

 ii. 금융·보험업자의 수익금액에 부과되는 교육세: 과세기간이 끝나는 때

⑨ 농어촌특별세: 「농어촌특별세법」 제2조 제2항에 따른 본세의 납세의무가 성립하는 때

⑩ 종합부동산세: 과세기준일(매년 6. 1.)

⑪ 가산세

 i . 제47조의2에 따른 무신고가산세 및 제47조의3에 따른 과소신고·초과환급신고가산세: 법정신고기한이 경과하는 때

 ii. 제47조의4 제1항 제1호·제2호에 따른 납부지연가산세(기간 비례) 및 제47조의5 제1항 제2호에 따른 원천징수 등 납부지연가산세(기간 비례): 법정납부기한 경과 후 1일마다 그 날이 경과하는 때

 iii. 제47조의4 제1항 제3호에 따른 납부지연가산세(지정납부기한 경과): 납부고지서에 따른 지정납부기한이 경과하는 때

 iv. 제47조의5 제1항 제1호에 따른 원천징수 등 납부지연가산세(미납부 사실): 법정납부기한이 경과하는 때

 v . 그 밖의 가산세: 가산할 국세의 납세의무가 성립하는 때

⑫ 원천징수하는 소득세·법인세: 소득금액 또는 수입금액을 지급하는 때

⑬ 납세조합이 징수하는 소득세 또는 예정신고납부하는 소득세: 과세표준이

되는 금액이 발생한 달의 말일

⑭ 중간예납하는 소득세·법인세 또는 예정신고기간·예정부과기간에 대한 부가가치세: 중간예납기간 또는 예정신고기간·예정부과기간이 끝나는 때

⑮ 수시부과(隨時賦課)하여 징수하는 국세: 수시부과할 사유가 발생한 때

나. 양도소득세의 납세의무 성립시기

양도소득세는 예정신고·납부하는 소득세에 해당하므로 과세표준이 되는 금액이 발생한 달의 말일(국기법 제21조 제3항 제2호)에 납세의무가 성립한다. 예정신고하는 소득세로는 양도소득세와 부동산매매업으로 인한 사업소득세가 있다.

부동산 양도소득세의 예정신고·납부는 양도일(대금청산일. 소법 제98조)이 속하는 달의 말일(주식 양도의 경우는 양도일이 속하는 반기의 말일)로부터 2월 이내(소법 제69조 제1항 및 제105조 제1항)에 하여야 한다. 소득세법은 양도소득이 양도시점에 일시적으로 발생한 다음 흩어져 없어지는 것을 막기 위하여, 양도소득의 발생시점에 예정신고·납부하도록 하는 제도를 두고 있는 것이다.

[관련판례] 납세의무의 성립

대법원 1985. 1. 22. 선고 83누279 판결

---

(1) 사실관계

원고가 1963. 12. 19. 경에 취득하여 소유하고 있는 서울 소재 토지는 1972. 2. 경부터 군사시설보호법 제3조에 의한 군사시설보호구역으로 설정되어 건축이 금지되어 오다가 1979. 3. 15.부터는 2층 이하 건물에 대하여는 위 금지조치가 해제되어 이후 그 건축이 가능하게 되었다. 위 대지는 그 중 일부가 도로에 접해 있고 인근의 주택들로 둘러쌓여 있으며 위 대지의 토지등급이 1980년에는 66등급이고 1981년에는 68등급인데, 그 지상에 건물이 건축되지 아니한 채 원고가 이를 1974년 이후 소외회사에 임대하여 나대지 상태인 위 대지를 그와 인접한 소외회사의 공장에서 생산한 석물의 적재용 등의 장소로 사용하고 있었다.

피고는 1981. 12. 31. 원고에게 위 대지는 법령의 규정에 의한 건축금지가 해제된 때인 1979. 3. 15.부터 1년 6월이 경과되었는데 그 지상 정착물이 없고 사실상 사용하지 아니하는 토지로서 위 석물제조장용에 의한 사용도 토지소유자인 원고

에 의한 직접 사용이 아니므로 공한지 제외요건에도 해당되지 아니하는 공한지라고 하여, 지방세법 시행령(1979. 4. 27. 령 9439호)과 같은 법 시행규칙(1979. 3. 21. 내무 289호)의 관련 규정을 적용하여 산출한 지방세법 제188조 제1항 제1호 제3목의 공한지에 대한 중과세율에 의한 1980년과 1981년의 재산세액에서 원고가 이미 납부한 같은 조 제1호 제1목의 일반과세율에 의한 재산세액 60만 원을 공제한 나머지의 재산세액과 이에 대한 방위세액을 추가하여 과세처분하였다.

〈쟁점〉

조세채무가 성립하려면 납세의무자가 과세요건의 충족사실을 인식하고 있어야 하는지 여부

(2) 판결내용

"이 사건 군사시설보호법에 의한 군사시설보호구역의 설정, 변경 또는 해제와 같은 행위는 행정입법행위 또는 통치행위로서 이와 같은 행위는 그 종류에 따라 관보에 게재하여 공포하거나 또는 대외적인 공고, 고시 등에 의하여 유효하게 성립되고 개별적 통지를 요하지 아니한다 할 것인 바(당원 1983.6.14. 선고 83누43 판결), 이와 같은 취지에서 조세채무는 법률이 정하는 과세요건이 충족되는 때에는 그 조세채무의 성립을 위한 과세관청이나 납세의무자의 특별한 행위가 필요 없이 당연히 자동적으로 성립하는 것이므로, 이 사건 과세요건의 충족사실인 이 사건 대지에 대한 건축금지조치가 해제된 때로부터 1년 6월이 경과됨으로써 원고가 그 주장과 같이 위 건축금지의 해제사실을 알지 못하였거나 알 수 없었는지의 여부에 구애됨이 없이 이 사건 조세채무가 당연히 성립하는 것이라고 판시한 원심조치는 정당하고 거기에 지방세법의 공한지에 대한 과세개념을 혼동한 잘못이 있다는 논지는 독자적 견해에 지나지 아니하여 채용할 수 없다."

II. 납세의무의 확정

1. 납세의무 확정의 의의, 방식 및 효력

가. 납세의무 확정의 의의

납세의무가 성립하였다고 해서 바로 일정 금액을 납부해야 할 의무가 발생하는 것은 아니고, 확정절차를 거쳐야 납부해야 할 금액이 구체화된다. 납세의무

의 확정은 납세의무자의 납세 또는 과세관청의 징세를 위하여 과세표준과 세액을 구체화하는 일방적 법률행위이다.

납세의무의 확정방식으로는 신고확정방식과 부과확정방식이 있는데, 신고확정방식은 납세의무자의 신고에 의하여 납세의무를 확정하는 방식이고, 부과확정방식은 과세관청의 부과에 의하여 납세의무를 확정하는 방식이다.

'납세의무의 확정'은 징수권을 발생시키고 소멸시효의 기준이 된다. 징수권이란 납부된 세액을 수납하고 불이행시 이행을 강제할 권한을 말한다.

나. 납세의무의 확정방식

(1) 종류

① 신고확정방식

납세의무자가 과세표준과 세액을 결정하는 방식이다. 납세의무자가 과세표준과 세액을 과세관청에 신고하면 과세관청의 부과처분 없이 신고한 대로 납세의무가 확정되는 방식으로, 대부분의 세목이 이 방식을 채택하고 있다.

② 부과확정방식

과세관청이 과세표준과 세액을 결정하는 방식이다. 과세관청의 부과처분에 의하여 납세의무를 확정시키는 방식으로, 부과확정방식의 세목과 신고확정방식의 세목이지만 신고를 하지 않거나 불성실신고를 한 경우에 부과확정방식이 적용된다.

(2) 각 방식별 장·단점

① 신고확정방식

ⅰ. 장점

첫째, 누구보다 과세요건사실을 잘 알 수 있기 때문에 과세표준과 세액의 결정이 정확하여 공평과세에 적합하다. 둘째, 정책 면에서 볼 때 자신이 내는 세액을 직접 확정하게 하므로 조세저항을 완화시킬 수 있다. 셋째, 조세 부과절차를 생략하고 징세비용을 절감할 수 있다.

ⅱ. 단점

첫째, 본인의 성실신고가 요망된다. 둘째, 본인의 성실신고가 없는 경우에 대비하여 추적장치에 의한 보완책이 필요하다.

② **부과확정방식**

신고확정방식의 역의 장·단점이 있다.

다. 납세의무의 확정에 관한 법률규정

(1) 개요

한국의 조세법은 신고확정방식을 주된 방식으로 하면서 부과확정방식을 병행함과 동시에 자동확정방식도 채용하고 있다(국기법 제22조 참조).

(2) 신고확정 세목

① 국세의 경우 소득세, 법인세, 부가가치세, 개별소비세, 주세 및 증권거래세가 있고, 지방세의 경우 취득세, 등록면허세, 담배소비세 등이 있다. 종합부동산세는 선택적 신고확정방식을 채택하고 있다. 이들 세목은 납세의무자가 과세표준과 세액을 신고하는 때에 확정되지만, 납세의무자가 과세표준과 세액을 신고하지 않거나 신고한 과세표준과 세액이 조세법이 정하는 바에 부합하지 아니하여 정부가 결정하거나 경정하는 경우에는 그 결정 또는 경정하는 때에 확정된다(국기법 제22조 제2항).

② **예정신고**

양도소득세나 부가가치세와 같이 예정신고납부가 의무화되어 있는 경우가 있다. 이 경우 예정신고에 의하여 추상적으로 성립된 납세의무의 내용이 징수절차로 나아갈 수 있을 정도로 구체화된 상태로 되었다고 할 것이고, 그런 의미에서 예정신고에 의하여 납세의무가 확정되는 것으로 본다.[1] 예정신고는 확정의 효력이 있으므로 이를 이행하지 아니하는 경우에는 가산세가 부과된다.

한편 예정신고와 확정신고가 다른 경우 예정신고 자체 또는 예정신고에 따른 징수처분의 효력이 문제될 수 있는데, 판례는 양도소득세의 예정신고에 따른 징수처분의 효력이 문제된 사건에서 납세자가 양도소득세 예정신고를 한 후 그와 다른 내용으로 확정신고를 한 경우에는 그 예정신고에 의하여 잠정적으로 확정된 과세표준과 세액은 확정신고에 의하여 확정된 과세표준과 세액에 흡수되어 소멸하고, 이에 따라 예정신고를 기초로 이루어진 징수처분 역시 효력을 상실한다고

---

1) 대법원 2011. 12. 8. 선고 2010두3428 판결 참조.

판시한 바 있다.[2]

(3) 부과확정 세목

국세의 경우 상속세, 증여세 등이 있고, 지방세의 경우 재산세 등이 있다. 법정신고납부기한 내에 신고 또는 납부하지 아니하여 부과되는 가산세(자동확정되는 납부지연가산세 제외)도 납부고지에 의하여 확정된다.[3]

(4) 자동확정 세목

납세의무가 성립하는 때에 별도의 절차 없이 세액을 확정하는 방식이다. 인지세, 원천징수하는 소득세·법인세, 납세조합이 징수하는 소득세, 중간예납하는 법인세(정부가 조사·결정하는 경우 제외), 및 국세기본법 제47조의4에 따른 납부지연가산세와 국세기본법 제47조의5에 따른 원천징수 등 납부지연가산세(납부고지서에 따른 납부기한 후의 가산세로 한정)가 이에 해당한다.

라. 납세의무 확정의 효력

납세의무가 확정되면, 과세관청은 납세의무자가 납부한 세액을 수납할 법적 근거를 갖게 되고 납세의무자가 확정된 세액을 납부하지 아니할 경우 자력집행권에 의하여 강제징수를 할 수 있다. 그러나 납세의무자의 신고 또는 과세관청의 부과처분에 의하여 납세의무가 확정되었다고 하더라도 그것으로 바로 불가변력 또는 불가쟁력이 발생하는 것은 아니다. 납세의무가 확정된 이후에도 수정신고, 경정청구, 경정처분 내지는 재처분, 행정불복, 조세소송 등에 의하여 그 과세표준과 세액이 변경될 수 있다.

---

2) 대법원 2008. 5. 29. 선고 2006두1609 판결. 이 같은 판시를 하면서 대법원이 제시한 근거는 ① 양도소득세는 기간과세의 원칙이 적용되어 당해 과세기간 중에 발생한 양도소득을 모두 합산하여 그 과세표준과 세액을 총괄적으로 신고함으로써 구체적 납세의무가 확정되는 점, ② 예정신고를 이행한 경우에도 일정한 경우에는 반드시 확정신고를 하여야 하는 점, ③ 예정신고납부의 예납적 성격 등이다.

3) 대법원 1992. 4. 28. 선고 91누13113 판결 참조.

[관련판례] 납세의무의 확정

1. 신고·납부의 중대하고 명백한 하자 01 - 대법원 1995. 2. 28. 선고 94다 31419 판결
2. 신고·납부의 중대하고 명백한 하자 02 - 대법원 2002. 11. 22. 선고 2002 다46102 판결 (공통)

1. 신고·납부의 중대하고 명백한 하자 01 - 대법원 1995. 2. 28. 선고 94다 31419 판결

(1) 사실관계

원고는 1989. 6. 27. 서울시장으로부터 도시재개발법의 규정에 따라 마포로 제2구역 제11지구 도심지재개발사업 시행인가를 받아, 사업시행으로 지상 16층 지하 5층 규모의 업무시설용 건물을 신축하여 1993. 6. 19. 준공검사를 마쳤다. 원고는 이 사건 건물에 관하여 준공검사 이후인 1993. 7. 19. 취득세 4억 원을, 1993. 8. 12. 등록세와 그 부가세인 교육세 합계 2억 원을 자진신고납부하고, 같은 날 소유권보존등기를 마쳤다.

지방세법 제7조와 제9조에 근거하여 1979. 1. 9. 서울특별시 조례 제1303호로 제정된 이후 1989. 1. 10. 조례 제2394호로 개정된 '서울특별시 재개발구역 내 토지 및 건축물에 대한 시세 과세면제에 관한 조례'(1989. 1. 1.부터 시행) 제2조는 '도시재개발사업시행자가 도시재개발법의 규정에 의하여 지정된 재개발구역 내에서 재개발사업시행을 위하여 취득하는 토지와 건축물(개량건축물 포함)에 대하여는 취득세와 등록세를 면제한다'는 취지를 규정하고 있으며, 위 규정은 1990. 12. 31. 조례 제2687호로 개정되어(1991. 1. 1.부터 시행) 종전의 조례에서 면세대상으로 규정한 도시재개발사업 이외에 '도시저소득주민의 주거환경개선을 위한 임시조치법'의 규정에 의한 주거환경개선사업도 면세대상으로 추가하였다가, 1991. 12. 31. 조례 제2843호로 다시 개정되어 (1992. 1. 1.부터 시행) 도시재개발법의 규정에 의하여 지정된 재개발구역 중 도시재개발법 소정의 주택개량재개발사업에 한하여 취득세와 등록세를 면제하고, 도심지재개발사업은 면세대상에서 제외하며, 다만, 그 부칙 제2항은 '이 조례 시행 당시 종전의 규정에 의하여 과세면제하였거나 과세면제하여야 할 시세에 대하여는 종전의 예에 의한다'라고 규정하고 있다.

〈쟁점〉

신고납세방식에 의한 조세에 있어서 납세의무자의 신고행위의 하자가 중대하

고 명백하여 당연무효에 해당하는지 여부를 판단하는 기준

(2) 판결내용

"취득세, 등록세는 신고납부방식의 조세로서 이러한 유형의 조세에 있어서는 원칙적으로 납세의무자가 스스로 과세표준과 세액을 정하여 신고하는 행위에 의하여 조세채무가 구체적으로 확정되고(과세관청은 납세의무자로 부터 신고가 없는 경우에 한하여 비로소 부과처분에 의하여 이를 확정하게 되는 것이다),

그 납부행위는 신고에 의하여 확정된 구체적 조세채무의 이행으로 하는 것이며 국가나 지방자치단체는 그와 같이 확정된 조세채권에 기하여 납부된 세액을 보유하는 것이므로, 납세의무자의 신고행위가 중대하고 명백한 하자로 인하여 당연무효로 되지 아니하는 한 그것이 바로 부당이득에 해당한다고 할 수 없고, 여기에서 신고행위의 하자가 중대하고 명백하여 당연무효에 해당하는지의 여부에 대하여는 신고행위의 근거가 되는 법규의 목적, 의미, 기능 및 하자있는 신고행위에 대한 법적 구제수단등을 목적론적으로 고찰함과 동시에 신고행위에 이르게 된 구체적 사정을 개별적으로 파악하여 합리적으로 판단하여야 할 것이다(당원 1986. 9. 23. 선고 86누112 판결, 1990. 11. 27. 선고 90다카10862 판결, 1993. 12. 7. 선고 93누11432 판결 등 참조). 이 사건에서 원심의 판단과 같이 납세의무자가 과세면제 대상임에도 이를 자진신고납부하였다고 하더라도 그 사정만으로는 그 신고행위의 하자가 중대하고 명백한 것이라고 단정할 수 없는 것이므로, 원심이 위와 같은 기준에 의하여 원고의 위 신고행위의 당연무효 여부에 대하여 심리 판단하지 아니하고 단지 신고납부된 취득세 등이 면제대상이라는 이유만으로 조세채무의 확정력이 배제된 것으로 보아 부당이득의 성립을 인정하였음은 그대로 수긍하기 어렵다."

"그러나 기록에 의하면 원고는 이 사건 자진신고납부에 앞서 그 취득세가 조례에 의한 면제대상임을 주장하여 피고에 대하여 면제신청을 하였으나, 피고는 앞에서 본 바와 같은 당원의 거듭된 견해에도 불구하고 이에 따르지 아니하고, 그 면제를 거부함에 따라 원고는 자진신고납부 해태에 따른 부가세의 부담회피와 신속한 소유권보존등기의 필요성에 의하여 부득이 자진신고납부를 하고, 그 구제수단으로 바로 이 사건 민사소송에 의하여(위와 같은 경우 지방세법상 납세의무자에게 과오납금환부신청권이 인정되지 아니하여 행정소송에 의한 구제방법은 인정되지 아니한다. 당원 1988. 12. 20. 선고 88누3406 판결 참조) 위 세액의 반환을 청구하기에 이르게 된 사정을 알 수 있는 바, 이 사건에서는 이러한 특별한 사정으로 인하여 위 신고행위에 조세채무의 확정력을 인정할 여지가 없는 중대하고 명백한 하자가 있어 당연무효에 해당한다고 할 것이고, 따라서 피고는 납부된 세액을 보유할 아무런 법률상 원인이 없는 것이어서 결국 피고에 대하여 부당이득을 인정한

원심판단은 결론에서 정당하고, 이와 다른 논지는 이유 없다.”

2. 신고·납부의 중대하고 명백한 하자 02 – 대법원 2002. 11. 22. 선고 2002다 46102 판결 (공통)

(1) 사실관계

1999. 4. 29. 구 '택지소유상한에 관한 법률(이하 '택상법'이라 한다)'에 대한 위헌결정 이후에 행해진 공매처분을 원인으로 하는 소유권이전등기가 무효임이 밝혀져 말소된 경우, 양도소득세를 자진신고·납부한 원고가 당해 신고·납부행위를 당연무효라고 하여 국가를 상대로 부당이득반환을 청구할 수 있는지의 여부가 문제된 사건이다.

망인은 위 법에 따라 동인 소유의 부동산에 대하여 1992년부터 1998년까지 합계 46억 원의 택지초과소유부담금 부과처분을 받았다. 그런데 위 망인이 1994년도분 택지초과소유부담금 7억 원 및 이에 대한 가산금 등을 납부하지 않자 서울특별시 강동구청장은 택상법 제30조, 국세징수법 제24조 등의 규정에 따라 1995. 3. 30. 이 사건 토지를 압류한 후 같은 해 4. 3. 권리자를 서울특별시(처분청 강동구청)로 하여 압류등기를 경료하였다. 그 후 위 망인이 부담금내역서 기재와 같이 1995년도, 1997년도, 1998년도분(1992년도부터 1997년 추징금분) 각 택지초과소유부담금 및 이에 대한 각 가산금 등의 납입을 지체하자 강동구청장은 1998. 6. 30. 한국자산관리공사에게 국세징수법 제61조의 규정에 따라 이 사건 토지에 대한 공매를 대행하게 하였다.

한편 헌법재판소는 '1999. 4. 29. 자 94헌바37 결정' 외 66건에 대한 결정에서, 헌법재판소법 제45조 단서의 규정취지에 따라 택상법 전부에 대하여 위헌결정을 하였고, 이에 위 망인은 같은 해 5. 19. 한국자산관리공사에게 위와 같은 사유를 들어 이 사건 토지에 관한 공매절차의 정지를 요청하였다. 그러나 한국자산관리공사는 그대로 이 사건 토지에 관한 공매절차를 진행하였는 바, 피고 모○○은 2000. 1. 24. 위 공매절차에서 이 사건 토지를 대금 24억 원에 낙찰 받아 같은 해 3. 24. 그 대금을 납입한 후 위 공매를 원인으로 한 청구취지 기재 소유권이전등기를 경료하였다.

이에 대해 피고 대한민국 산하의 강동세무서장은 그 무렵 위 망인에게, 위와 같이 동인으로부터 피고 모○○ 앞으로 소유권이전등기가 경료된 것은 양도소득세 과세대상인 자산양도에 해당하는데, 양도소득세 자진신고·납부의 경우 일정한 세금공제혜택이 있으니 위 양도소득세를 자진신고·납부하라는 내용의 양도소득세

예정신고안내문을 발송하였고, 이에 따라 위 망인은 강동세무서장에게 위 소유권 이전에 따른 양도소득세를 자진 신고한 후 피고 대한민국에게 양도소득세로, 2000. 11. 30. 및 같은 해 12. 30. 1억 5,000만 원씩 합계 3억 원을 납부하였다.

〈쟁점〉
- 신고납세방식의 조세에 있어서 납세의무자의 신고행위가 당연무효에 해당 하는지 여부의 판단기준
- 양도(공매처분에 의한 소유권 이전)가 무효인 경우 원고가 신고납부한 양도 소득세를 부당이득으로 반환받을 수 있는지 여부

(2) 판결내용
"신고납세 방식의 조세에 있어서는 원칙적으로 납세의무자가 스스로 과세표준 과 세액을 정하여 신고하는 행위에 의하여 납세의무가 구체적으로 확정되고, 그 납부행위는 신고에 의하여 확정된 구체적 납세의무의 이행으로 하는 것이며 국가 나 지방자치단체는 그와 같이 확정된 조세채권에 기하여 납부된 세액을 보유하는 것이므로, 납세의무자의 신고행위가 중대하고 명백한 하자로 인하여 당연무효로 되지 아니하는 한 그것이 바로 부당이득에 해당한다고 할 수 없고, 여기에서 신고 행위의 하자가 중대하고 명백하여 당연무효에 해당하는지의 여부에 대하여는 신 고행위의 근거가 되는 법규의 목적, 의미, 기능 및 하자 있는 신고행위에 대한 법 적 구제수단 등을 목적론적으로 고찰함과 동시에 신고행위에 이르게 된 구체적 사 정을 개별적으로 파악하여 합리적으로 판단하여야 한다(대법원 1995. 2. 28. 선고 94다31419 판결, 2001. 4. 27. 선고 99다11618 판결 등 참조)."

"원심은, 실질적으로는 이 사건 공매처분 및 이를 원인으로 한 피고 모성진 앞 으로 경료된 소유권이전등기가 무효라는 사정이 있다고 하더라도 피고 대한민국 산하 강동세무서장이 그러한 사정을 알고서도 원고들의 피상속인 망 이금임에게 양도소득세를 자진 신고·납부하게 하였다는 등의 특별한 사정이 없는 이상 위 소 유권이전등기를 양도소득세 부과대상인 자산양도로 보고 그에 따라 망인이 양도 소득세를 자진신고·납부한 행위에 있어 중대하고도 명백한 하자가 있다고 볼 수 는 없다고 할 것이고, 강동세무서장이 공매처분 및 이를 원인으로 하여 피고 모성 진 앞으로 경료된 소유권이전등기가 무효라는 사정을 알았다는 점에 관하여는 갑 제9호증의 기재만으로는 이를 인정하기에 부족하고 달리 이를 인정할 증거가 없 으며, 나아가 양도소득세 납부의무는 망인의 자진신고에 의하여 구체적으로 확정 되었다고 할 것인데 망인의 양도소득세 자진신고·납부행위에 중대하고도 명백한 하자가 있다고 볼 수 없는 이상 원고들과 피고 모성진 사이에 소유권이전등기가

무효임이 밝혀져 말소하라는 판결이 확정된다고 하더라도 양도소득세 자진신고·납부행위에 중대하고도 명백한 하자가 생겨 그 행위가 무효가 되는 것은 아니라고 할 것이니 피고 대한민국의 양도소득세 수령이 원고들에 대한 관계에서 법률상 원인 없는 부당이득이 될 수 없다고 판단하여 원고들의 피고 대한민국에 대한 주위적 및 예비적 주장을 모두 배척하였다.

앞서 본 법리와 기록에 비추어 살펴보면, 원심의 위와 같은 인정 및 판단은 정당하고, 거기에 채증법칙 위배로 인한 사실오인이나 양도소득세 자진납부의 효력 및 부당이득에 관한 법리오해 등의 위법이 없다."[4]

"구 택지소유상한에 관한 법률 소정의 택지초과소유부담금은 조세의 일종이 아니라 위 법이 정한 의무위반에 대한 제재로서 부과하는 금전적 부담으로서 위 법의 목적을 실현하기 위한 이행강제수단에 불과하므로 법률적인 근거 없이는 체납 택지초과소유부담금을 국세징수법에 따라 강제로 징수할 수는 없다 할 것이다. 그런데 위 법 폐지 전에는 그 제30조에서 "택지초과소유부담금의 납부의무자가 독촉장을 받고 지정된 기한까지 택지초과소유부담금 및 가산금 등을 완납하지 아니한 때에는 건설교통부장관은 국세 강제징수의 예에 의하여 이를 징수할 수 있다."고 규정함으로써 국세징수법 제3장의 강제징수 규정에 의하여 체납 택지초과소유부담금을 강제징수할 수 있는 길을 열어 놓았으나, 1999. 4. 29. 위 택지소유상한에 관한 법률 전부에 대한 위헌결정으로 위 제30조 규정 역시 그 날로부터 효력을 상실하게 되었다."

"위 규정 이외에는 체납 택지초과소유부담금을 강제로 징수할 수 있는 다른 법률적 근거가 없으므로, 위 위헌결정 이전에 이미 택지초과소유부담금 부과처분과 압류처분 및 이에 기한 압류등기가 이루어지고 각 처분이 확정되었다고 하여도, 위헌결정 이후에는 별도의 행정처분인 공매처분 등 후속 강제징수 절차를 진행할 수 없고(대법원 2002. 4. 12. 선고 2002다2294 판결 참조), 만일 그와 같은 절차를 진행하였다면 그로 인한 공매처분은 법률의 근거 없이 이루어진 것으로서 그 하자가 중대하고도 명백하여 당연무효라고 할 것이며, 그 공매처분에 기하여 이루어진 소유권이전등기 역시 원인무효의 등기라고 할 것이다.[5]

---

4) 이하는 대상판결이 위헌결성 이후의 소세행정처분의 효력에 대하여 판시한 내용이다.

5) 대법원은 헌법재판소의 위헌결정 이후의 조세행정처분의 효력과 관련하여 "위헌결정의 기속력과 헌법을 최고규범으로 하는 법질서의 체계적 요청에 비추어 국가기관 및 지방자치단체는 위헌으로 선언된 법률규정에 근거하여 새로운 행정처분을 할 수 없음은 물론이고, 위헌결정 전에 이미 형성된 법률관계에 기한 후속처분이라도 그것이 새로운 위헌적 법률관계를 생성·확대하는 경우라면 이를 허용할 수 없다. 따라서 조세 부과의 근거가 되었던 법률규정이 위헌으로 선언된 경우, 비록 그에 기한 과세처분이 위헌결정 전에 이루어졌고, 과세처분에 대한 제소기간이 이미 경과하여 조세채권이 확정되었으며, 조세채권의 집행을 위한 강제징수의 근거규정 자체에 대하여는 따로 위헌결정이 내려진 바 없다고 하더라도, 위와 같은 위헌결정 이후에 조세채권의

> 같은 취지에서 원고들의 피고 모성진에 대한 말소등기청구를 인용한 원심의 판
> 단은 정당하고, 거기에 사실오인, 법리오해, 법령위반, 심리미진 등의 위법이 없다."

2. 부과처분

가. 의의

부과처분이란 부과확정방식 세목의 경우와 신고확정방식 세목 중 무신고 또
는 오류·탈루가 있는 경우, 과세관청이 과세표준과 세액을 조사·결정하여 납세
의무를 확정하는 행정행위를 말한다.

나. 조사결정방법

과세표준과 세액의 조사결정방법으로는 실지조사결정과 추계조사결정이 있
다. 과세표준과 세액을 조사결정함에 있어서는 근거과세원칙(국기법 제16조)에 따
라 실지조사에 의하여야 할 것이지만, 장부가 없거나 중요부분이 부실한 경우에
는 추계조사에 의하여 부과할 수밖에 없다. 다만, 추계조사결정을 하더라도 개별
조세법에서 정하고 있는 추계의 요건(소법 제80조 제3항 단서 및 동법 령 제143조 제1
항, 부가세법 제57조 제2항 단서 등) 또는 방법(소법 령 제144조 제1항, 부가세법 령 제104
조 제1항 등)을 충족하고 있지 아니한 때에는 하자 있는 처분으로 취소 또는 무효
의 대상이 될 수 있다.

다. 납부고지

납부고지란 과세권자가 납세자에게 해당 조세의 과세연도, 세목 및 세액과
그 산출근거, 납부기한 및 납부장소를 명시하여 알리는 것을 말한다. 납부고지는
부과처분에 의한 납세의무 확정의 효력발생요건이다. 즉, 납세의무를 확정시키는
과세관청의 결정이나 경정은 납세의무자에게 송달하는 납부고지서가 도달된 때에
효력이 발생한다.

집행을 위한 새로운 강제징수에 착수하거나 이를 속행하는 것은 더 이상 허용되지 않고, 나아가
이러한 위헌결정의 효력에 위배하여 이루어진 강제징수는 그 사유만으로 하자가 중대하고 객관
적으로 명백하여 당연무효라고 보아야 한다"라고 판시하여 입장을 정리한 바 있다, 대법원
2012. 2. 16. 선고 2010두10907 전원합의체 판결.

하나의 납부고지서에 의하여 본세와 가산세를 함께 부과할 때에는 납부고지서에 본세와 가산세 각각의 세액과 산출근거 등을 구분하여 기재하여야 한다. 또한 여러 종류의 가산세를 함께 부과하는 경우에는 그 가산세들 상호 간에도 종류별로 세액과 산출근거 등을 구분하여 기재함으로써 납세자가 납부고지서 자체로 각 부과처분의 내용을 알 수 있도록 하여야 한다.[6]

라. 부과처분과 징수처분

일정한 행정목적을 위하여 독립된 행위가 단계적으로 이루어진 경우에 선행처분에 존재하는 하자는 그것이 당연무효의 사유가 아닌 이상 후행처분에 그대로 승계되지 아니한다.[7] 부과처분에 있어서도 하자가 중대하고 객관적으로 명백하여 당연무효가 아닌 한 그 하자가 이에 따른 징수처분에 승계되지 아니한다.[8]

[관련판례] 부과처분

1. 부과처분과 납세의무의 확정 – 대법원 1991. 1. 25. 선고 87다카2569 판결
2. 납부고지의 법적 성질 – 대법원 2004. 9. 3. 선고 2003두8180 판결

---

1. 부과처분과 납세의무의 확정 – 대법원 1991. 1. 25. 선고 87다카2569 판결

(1) 사실관계

관할세무서장이 원고들부터 연부연납[9]의 허가신청을 받아 이를 허가한 것만으로 상속세 부과처분이 있다고 볼 수 있는지 여부와 상속세의 부과처분이 있기 전

---

6) 대법원 2012. 10. 18. 선고 2010두12347 전원합의체 판결.
7) 대법원 1961. 10. 26. 선고 4292행상13 판결; 1974. 3. 26. 선고 73다1884 판결 등.
8) 대법원 1989. 7. 11. 선고 88누12110 판결 참조.
9) 납세의무자로 하여금 조세의 일부를 법정신고기한을 경과하여 납부할 수 있도록 연장하여 주는 제도가 연납(延納)인데, 연납에는 분납(分納)과 연부연납(年賦延納)이 있다. 법인세법 및 소득세법상 분납은 납부기한경과 후 45일 내(중소기업을 제외한 법인 1월)에 세금을 나누어 납부하도록 하는 제도이고, 상증세법상 연부연납은 상속세 또는 증여세의 납부세액이 2천만 원을 초과하는 경우 납세자금을 준비할 수 있도록 할 목적으로 장기간 (상속세 최장 10년, 증여세 최장 5년)에 걸쳐 나누어 납부하게 하는 제도이다(상증세법 제71조).

에 원고들이 자진하여 세액을 과다납부한 경우 부당이득이 성립하는지 여부가 문제된 사건이다.

《쟁점》
  - 세무서장이 상속세 과세가액을 결정하고 납세의무자로부터 연부연납허가신청을 받아 이를 허가한 것만으로 상속세 부과처분이 있다고 볼 수 있는지 여부
  - 부과납세 방식의 조세에 있어서 그 부과처분이 있기 전에 납세의무자가 자진하여 세금을 과다 납부한 경우 부당이득의 성부

(2) 판결내용
"세무서장이 상속세 과세가액을 조사 결정하고 납세의무자로부터 연부연납허가신청을 받아 이를 허가한 것만으로는 상속세부과처분이 있다고 볼 수 없으며, 부과납세방식의 조세에 있어서 그 부과처분이 있기 전에 납세의무자가 자진하여 세금을 과다납부하게 되었다면 부당이득의 성립을 인정하여야 할 것이며, 납세의무자가 세무서장의 인정가액에 따른 세금을 과세고지가 있기 전에 자진납부하였다 하여 거기에 비채변제의 법리가 적용된다 할 수 없으며, 원고의 이 사건 부당이득금반환청구를 신의칙에 반한다고 할 수도 없으므로 원심판결에 소론과 같은 위법이 있다고 할 수 없다."

2. 납부고지의 법적 성질 - 대법원 2004. 9. 3. 선고 2003두8180 판결

(1) 사실관계
피고 동수원세무서는 원고가 양도소득세 과세표준과 세액의 신고만 하고 세액을 납부하지 아니하자 신고한 사항에 대하여 아무런 경정 없이 신고내용과 동일한 세액을 납부하도록 고지하였다. 이에 대해 원고는 그 납부고지서의 발부가 양도소득세의 부과처분에 관한 고지라고 할 것인데, 위 부동산 양도의 실질은 명의신탁의 해지로서 유상양도가 아니므로 그 양도소득세 부과처분은 위법하여 취소되어야 한다고 소를 제기한 사건이다.

《쟁점》
신고확정방식 세목의 신고 후 미납 시 납부고지가 처분성을 갖는지 여부

(2) 판결내용

"양도소득세는 납세의무자가 그 과세표준과 세액을 신고하는 때에 세액이 확정
되어 신고와 함께 세액을 납부할 의무가 있는 것으로서, 납세의무자가 과세표준과
세액의 신고만 하고 세액을 납부하지 아니하여 과세관청이 신고한 사항에 대하여
아무런 경정 없이 신고내용과 동일한 세액을 납부하도록 고지한 것은 확정된 조세
의 징수를 위한 징수처분일 뿐 취소소송의 대상이 되는 부과처분으로 볼 수는 없
다."[10]

3. 수정신고 및 경정청구

가. 수정신고 - 증액신고

(1) 법률규정

과세표준신고서를 법정신고기한까지 제출한 자 및 기한후과세표준신고서를
제출한 자는 그 기재사항에 누락, 오류가 있음을 발견하였을 때에는 관할세무서
장이 개별조세법에 따라 해당 국세의 과세표준과 세액을 결정 또는 경정하여 통
지하기 전으로서 제척기간이 끝나기 전까지 이에 대한 수정신고를 할 수 있다(국
기법 제45조).

수정신고를 하고 추가자진납부를 한 때에는 당초 신고의 과소로 인하여 부
과하여야 할 가산세를 최고 100분의 90(1개월 이내)까지 경감한다(국기법 제48조 및
제46조). 그러나 과세표준과 세액을 경정할 것을 미리 알고 과세표준수정신고서를
제출한 경우에는 가산세 경감의 혜택이 주어지지 아니한다.

(2) 취지

수정신고는 신고확정방식을 보완하기 위한 제도이다. 신고확정방식에 의
하여 납세의무를 확정하는 세목의 경우 개별조세법은 법정기한 내에 과세표준

---

10) 징수처분의 취소를 구하는 불복은 통상 징수절차상의 위법에 대하여 취소를 구하는 것이다,
소순무·윤지현, 조세소송, 영화조세통람, 2018, 52면 참조. 그렇다고 모든 징수처분의 취소를
구하는 불복이 그러한 것은 아니고, 예컨대 피상속인의 단계에서 성립 및 확정된 납세의무와
관련하여 상속인 중 1인에게 납부고지를 하였는데 그 상속인에게 납부고지한 세액이 상속받은
재산을 초과하는 경우에는 징수처분에 고유한 하자가 있는 것으로 보아야 할 것이다, 이준봉,
조세법총론, 삼일인포마인, 2021, 392면 참조.

과 세액을 신고하도록 규정하고 있다. 그런데 조세법은 방대하고 복잡하며 내용이 전문적이기 때문에, 납세자가 과세표준과 세액을 제때에 정확하게 신고하기가 용이하지 않고 이로 인하여 불측의 손해를 입게 될 개연성이 적지 않다.

(3) 수정신고의 효력

과세표준신고서를 법정신고기한까지 제출한 자의 수정신고는 당초의 신고에 따라 확정된 과세표준과 세액을 증액하여 재확정하는 효력을 가진다(국기법 제22조의2 제1항). 그러나 수정신고는 당초 신고에 따라 확정된 세액에 관한 권리·의무관계에 영향을 미치지 아니한다(국기법 제22조의2 제2항).11)

수정신고에는 가산세의 경감을 신청한다는 뜻이 포함되어 있다고 보아야 할 것이므로, 수정신고를 하였음에도 불구하고 가산세의 경감이 없을 때에는 경정청구에 대한 거부처분의 경우와 마찬가지로 독립하여 그 자체로 불복사유가 된다고 보아야 할 것이다.12)

나. 경정청구 − 감액청구

(1) 일반적 경정청구

① 규정의 취지 및 내용

경정청구는 납세자가 신고한 과세표준 또는 세액에 대하여 과세관청에 조세부담의 경감을 내용으로 하는 정정을 청구할 수 있는 제도로서, 조세불복과 함께 납세자 권리구제의 두 축을 이룬다.13) 과세표준신고서를 법정신고기한까지 제출한 자 및 기한후과세표준신고서를 제출한 자는 최초 또는 수정 신고한 과세표준

---

11) 대법원 1992. 4. 28. 선고 91누13113 판결 참조.
12) 이태로·한만수, 조세법강의, 박영사, 2018, 85면 참조.
13) 경정청구와 조세불복을 비교하면, 경정청구는 과세표준 또는 세액을 과다하게 신고하거나 결손·환급을 과소하게 신고한 경우 또는 결정 또는 경정으로 인하여 과세표준 또는 세액이 증가한 경우의 구제방법이다. 청구기간은 일반 경정청구 사유가 있는 경우에는 법정신고기한 5년 이내(결정 또는 경정으로 증액 처분을 받은 경우에는 안 날로부터 90일 이내로 단축)이고, 후발적 경정청구 사유가 있는 경우에는 사유를 안 날로부터 3개월 이내이다. 이에 대해 조세불복은 조세법에 의한 처분으로서 위법 또는 부당한 처분을 받거나 필요한 처분을 받지 못함으로써 권리 또는 이익의 침해를 받은 경우의 구제방법이다. 조세불복은 행정불복과 조세소송으로 구분되고, 행정불복은 다시 이의신청, 심사청구, 심판청구로, 조세소송은 취소소송·무효소송·부존재확인소송 등으로 나뉜다.

또는 세액이 과다하거나 결손금액, 세액공제액 또는 환급세액이 과소한 경우, 법정신고기한이 지난 후 5년 이내[14]에 그 결정 또는 경정을 청구할 수 있다(국기법 제45조의2 제1항 본문). 다만, 결정 또는 경정으로 인하여 증가된 과세표준 또는 세액에 대해서는 해당 처분이 있음을 안 날로부터 3개월 이내(법정신고기한이 지난 후 5년 이내로 한정)에 경정을 청구할 수 있다(국기법 제45조의2 제1항 단서).

경정청구 기간 내에 적법하게 경정청구를 하였음에도 불구하고 과세관청이 2개월 이내에 통지하지 아니하는 경우에는 이를 거부처분으로 보아 통지를 받기 전이라도 그 2개월이 되는 날의 다음 날부터 불복절차를 진행할 수 있다(국기법 제45조의2 제3항).

경정청구는 특정한 자만 할 수 있는 공법행위이므로, 전부채권자가 직접 그 경정청구권을 행사할 수는 없고, 또 납세의무자에 대하여 금전채권만 가지고 있는 자도 특별한 사정이 없는 한 납세의무자의 경정청구권을 대위하여 행사할 수 없다.[15]

② 경정청구의 효력

수정신고는 그 자체로서 당초의 신고에 따라 확정된 과세표준과 세액을 증액하여 재확정하는 효력을 갖지만, 경정청구는 그 자체만으로 당초의 신고에 따라 확정된 과세표준과 세액을 감액하여 재확정하는 효력을 갖지는 아니한다.

경정청구는 과세처분에 대한 행정심판절차인 심사·심판청구 등과는 청구의 대상, 결정기관, 결정절차 등에서 차이가 있고, 그에 대한 과세관청의 결정이나 경정의 효력에 관하여 국세기본법에 특별한 규정이 없으며, 납세자의 경정청구를 거부한 과세관청의 처분에 대해서는 이의신청 또는 심사·심판청구 등의 불복절차가 별도로 마련되어 있는 점들에 비추어 볼 때, 과세관청은 납세자의 경정청구를 받아들여 과세표준이나 세액 등을 결정 또는 경정하였더라도 거기에 오류나 누락이 있는 경우에는 이를 바로잡는 처분을 할 수 있다.[16]

마찬가지로 납세자도 경정청구에 대하여 거부처분을 받았더라도 경정청구기한이 경과하지 않은 경우에는 사유를 보완하여 새로운 경정청구를 할 수 있고, 그

---

14) 국세기본법상 부과제척기간과 경정청구기간은 공히 원칙적으로 5년으로 동일하다.
15) 대법원 2014. 12. 11. 선고 2012두2713 판결.
16) 대법원 2015. 12. 23. 선고 2013두22475 판결.

에 대한 거부처분은 새로운 불복청구의 대상이 된다고 보아야 할 것이다.[17]

(2) 후발적 경정청구

후발적 경정청구제도의 취지는 납세의무 성립 후 일정한 후발적 사유의 발생으로 말미암아 과세표준 및 세액의 산정기초에 변동이 생긴 경우 납세자로 하여금 그 사실을 증명하여 감액을 청구할 수 있도록 함으로써 납세자의 권리구제를 확대하려는 데 있다.[18]

① 국세기본법 제45조의2 제2항

과세표준신고서를 법정신고기한까지 제출한 자 또는 국세의 과세표준 및 세액의 결정을 받은 자는 다음의 사유가 발생하였을 때에는 그 사유가 발생한 것을 안 날부터 3개월 이내에 결정 또는 경정을 청구할 수 있다.

    i. 최초 신고·결정 또는 경정에서 과세표준 및 세액의 계산 근거가 된 거래 또는 행위 등이 그에 관한 심판청구 또는 심사청구(감사원법에 따른 심사청구 포함)에 대한 결정이나 소송에 대한 판결(판결과 같은 효력을 가지는 화해나 그 밖의 행위 포함)에 의하여 다른 것으로 확정되었을 때

    ii. 소득이나 그 밖의 과세물건의 귀속을 제3자에게로 변경시키는 결정 또는 경정이 있을 때

    iii. 조세조약에 따른 상호합의가 최초 신고·결정 또는 경정의 내용과 다르게 이루어졌을 때

    iv. 결정 또는 경정으로 인하여 그 결정 또는 경정의 대상이 되는 과세기간 외의 과세기간에 대하여 최초 신고한 국세의 과세표준 및 세액이 세법에 따라 신고하여야 할 과세표준 및 세액을 초과할 때

    v. i.부터 iv.까지와 유사한 사유로서 대통령령으로 정하는 사유가 해당 국세의 법정신고기한이 지난 후에 발생하였을 때

② 국세기본법 시행령 제25조의2

국세기본법 제45조의2 제2항 제5호의 위임에 따른 후발적 경정청구의 사유

17) 이태로·한만수, 앞의 책, 91면.
18) 대법원 2011. 7. 28. 선고 2009두22379 판결 등 참조.

는 다음과 같다.

ⅰ. 최초 신고·결정 또는 경정을 할 때 과세표준 및 세액의 계산 근거가 된 거래 또는 행위 등의 효력과 관계되는 관청의 허가나 그 밖의 처분이 취소된 경우

ⅱ. 최초 신고·결정 또는 경정을 할 때 과세표준 및 세액의 계산 근거가 된 거래 또는 행위 등의 효력과 관계되는 계약이 해제권의 행사에 의하여 해제되거나 해당 계약의 성립 후 발생한 부득이한 사유로 해제되거나 취소된 경우

ⅲ. 최초 신고·결정 또는 경정을 할 때 장부 및 증거서류의 압수, 그 밖의 부득이한 사유로 과세표준 및 세액을 계산할 수 없었으나 그 후 해당 사유가 소멸한 경우

ⅳ. 그 밖에 ⅰ.부터 ⅲ.까지의 규정과 유사한 사유에 해당하는 경우

③ 후발적 경정청구사유인 '판결'의 범위

판례를 보면 후발적 경정청구의 사유를 상당히 넓게 인정하는 경향을 볼 수 있다. 이러한 경향과 관련하여 특히 중요한 의미를 갖는 사유가 '판결'인데, 어느 범위까지 후발적 경정청구사유로 인정할 것인지에 대해서는 의견이 나뉘는데, 그 해석의 법리는 다음과 같다.

ⅰ. 일반

국세기본법 제45조의2 제2항 제1호는 후발적 경정청구사유의 하나로 '최초의 신고·결정 또는 경정에서 과세표준 및 세액의 계산 근거가 된 거래 또는 행위 등이 그에 관한 소송의 판결(판결과 동일한 효력을 가지는 화해나 그 밖의 행위 포함)에 의하여 다른 것으로 확정되었을 때'를 규정하고 있다. 대법원은 후발적 경정청구 제도를 둔 취지를 납세의무 성립 후 일정한 후발적 사유의 발생으로 말미암아 과세표준 및 세액의 산정기초에 변동이 생긴 경우 납세자로 하여금 그 사실을 증명하여 감액을 청구할 수 있도록 함으로써 납세자의 권리구제를 확대하려는 데 있다고 판시하면서 법문보다 넓게 후발적 경정청구사유를 인정해 오고 있다.[19] 그

19) 대법원 2010. 12. 9. 선고 2008두10133 판결; 2013. 12. 26. 선고 2011두1245 판결; 2014. 1. 29. 선고 2013두18810 판결; 2014. 3. 13. 선고 2012두10611 판결; 2015. 7. 16. 선고 2014두5514 전원합의체 판결; 2018. 5. 15. 선고 2018두30471 판결 등.

럼에도 불구하고 대법원은 국세기본법 제45조의2 제2항 제1호의 '판결'에 대해서
는 그 범위를 엄격하게 해석하고 있다.

ii. 민사소송 판결

대법원은 후발적 경정청구사유 중 하나인 '거래 또는 행위 등이 그에 관한
소송에 대한 판결에 의하여 다른 것으로 확정된 경우'에 대하여 '최초의 신고 등
이 이루어진 후 과세표준 및 세액의 계산근거가 된 거래 또는 행위 등에 관한 분
쟁이 발생하여 그에 관한 소송에서 판결에 의하여 그 거래 또는 행위 등의 존부
나 그 법률효과 등이 다른 내용의 것으로 확정됨으로써 최초의 신고 등이 정당하
게 유지될 수 없게 된 경우'라고 해석해 오고 있다.[20] 이러한 법리에 따라 사인
간의 다툼을 판단하는 민사소송 판결이 후발적 경정청구사유인 '판결'에 해당한다
는 점에 대해서는 이견이 없다. 다만, 민사소송 판결에 있어서도 본안이 판단되지
아니한 각하판결이나 무변론 판결 등은 물론이고, 실제로 과세표준 및 세액의 계
산근거인 거래 또는 행위가 적극적으로 다투어지지 아니한 것은 후발적 경정청구
의 사유로 보기 어렵다고 할 것이다.[21]

iii. 조세소송 판결

행정소송 중 조세소송 판결이 후발적 경정청구 사유인 국세기본법 제45조의
2 제2항 제1호 소정의 '판결'에 해당되는지에 관하여는 부정적으로 보는 견해가
다수이다. 조세소송에서 법원은 사후적으로 당해 처분의 적부를 판단하여 처분의
일부나 전부를 취소하는 것일 뿐이고, 당해 처분의 변경을 명하는 이행판결은 허
용되지 아니하므로 조세소송 판결은 후발적 경정청구 사유인 '판결'에 해당하지
않는다는 의미이다. 대법원도 "법인세 신고 당시의 사실관계를 바탕으로 그 손금
귀속시기만을 달리 본 피고의 손금귀속방법이 위법하다고 판단하여 부과처분을
취소한 이 사건 확정판결은 국세기본법 제45조의2 제2항 제1호 소정의 판결에 포
함되지 않는다"라고 판시하여 조세소송 판결은 후발적 경정청구사유인 '판결'에
해당하지 않는다는 입장을 취하고 있는 것으로 보인다.[22]

---

20) 대법원 2006. 1. 26. 선고 2005두7006 판결; 2008. 7. 24. 선고 2006두10023 판결; 2011. 7. 28.
    선고 2009두22379 판결; 2017. 9. 7. 선고 2017두41740 판결 등.
21) 대법원 2008. 7. 24. 선고 2006두10023 판결; 2015. 8. 13. 선고 2015두42077 판결 등.
22) 대법원 2008. 7. 24. 선고 2006두10023 판결.

iv. 형사소송 판결

대법원은 형사소송 판결이 후발적 경정청구사유인 '판결'에 포함되지 않는다는 입장을 취하고 있다.23) 형사사건의 재판절차에서 납세의무의 존부나 범위에 관한 판단을 기초로 판결이 확정되었다 하더라도, 이는 특별한 사정이 없는 한 '최초의 신고 또는 경정에서 과세표준 및 세액의 계산 근거가 된 거래 또는 행위 등이 그에 관한 소송에 대한 판결에 의하여 다른 내용의 것으로 확정된 경우'에 해당한다고 볼 수 없다는 의미이다. 대법원은 그 이유의 하나로 형사소송절차에서는 대립 당사자 사이에서 과세표준 및 세액의 계산 근거가 된 거래 또는 행위의 취소 또는 무효 여부에 관하여 항변, 재항변 등 공격·방어방법의 제출을 통하여 이를 확정하는 절차가 마련되어 있지도 않다는 점을 들고 있다.24)

④ **몰수 또는 추징과 후발적 경정청구**25)

그러나 위법소득에 대한 과세 후 형사소송의 판결에 의하여 그 위법소득에 대한 몰수나 추징이 이루어졌다면, 경제적 이익의 상실가능성이 현실화된 경우로서 과세의 대상인 소득이 종국적으로 실현되지 아니한 것으로 보아야 한다. 즉 위법소득의 지배·관리라는 과세요건이 충족됨으로써 일단 납세의무가 성립하였다고 하더라도 그 후 몰수나 추징과 같은 위법소득에 내재되어 있던 경제적 이익의 상실가능성이 현실화되는 후발적 사유가 발생하여 소득이 실현되지 아니하는 것으로 확정됨으로써 당초 성립하였던 납세의무가 그 전제를 잃게 되었다면, 납세의무 성립 후 후발적 사유가 발생하여 과세표준 및 세액의 산정기초에 변동이 생긴 것으로 보아 특별한 사정이 없는 한 납세자는 국세기본법 제45조의2 제2항 등이 규정한 후발적 경정청구를 하여 그 납세의무의 부담에서 벗어날 수 있다.26) 이 경우 후발적 경정청구의 근거규정은 국세기본법 제45조의2 제2항 제1호가 아니라 동항 제5호와 동법 시행령 제25조의2 제4호가 될 것이다.27)

---

23) 대법원 2009. 1. 30. 선고 2008두21171 판결; 2007. 10. 12. 선고 2007두13906 판결 등.
24) 대법원 2020. 1. 9. 선고 2018두61888 판결.
25) 제5회 변호사시험(1문)과 제12회 변호사시험(1문)에서 '위법소득에 대한 추징과 후발적 경정청구'에 관한 문제가 출제된 바 있다.
26) 대법원 2015. 7. 16. 선고 2014두5514 판결 등.
27) '대법원 2015. 7. 16. 선고 2014두5514 판결 등'에서는 국세기본법 제45조의2 제2항 각 호 중 어느 조항에 근거하여 후발적 경정청구가 가능한 것인지를 밝히고 있지는 아니하다. 국세기본

⑤ 도산 등으로 인한 회수불능과 후발적 경정청구[28]

소득의 원인이 되는 권리가 확정적으로 발생하여 과세요건이 충족됨으로써 일단 납세의무가 성립하였다 하더라도 그 후 일정한 후발적 사유의 발생으로 말미암아 소득이 실현되지 아니하는 것으로 확정됨으로써 당초 성립하였던 납세의무가 그 전제를 잃게 되었다면, 사업소득에서의 대손금과 같이 소득세법이나 관련 법령에서 특정한 후발적 사유의 발생으로 말미암아 실현되지 아니한 소득금액을 그 후발적 사유가 발생한 사업연도의 소득금액에 대한 차감사유로 별도로 규정하고 있는 등의 특별한 사정이 없는 한, 납세자는 국세기본법 제45조의2 제2항 등이 규정한 후발적 경정청구를 하여 그 납세의무의 부담에서 벗어날 수 있다고 보아야 한다. 따라서 납세의무의 성립 후 소득의 원인이 된 채권이 채무자의 도산 등으로 인하여 회수불능이 되어 장래 그 소득이 실현될 가능성이 전혀 없게 된 것이 객관적으로 명백하게 되었다면, 이는 국세기본법 시행령 제25조의2 제2호에 준하는 사유로서 특별한 사정이 없는 한 국세기본법 시행령 제25조의2 제4호가 규정한 후발적 경정청구사유에 해당한다고 보는 것이 타당하다.[29]

⑥ 합의해제의 포함 여부 및 계약해제의 조세효과[30]

국세기본법 시행령 제25조의2 제2호(국기법 제45조 제2항 제5호 참조)는 전단에서 후발적 경정청구 사유의 하나로 '해제권의 행사에 의한 해제'를 정하고 있는데, 이는 법정해제와 약정해제 양자 모두를 의미하는 것이라고 할 것이다. 그리고 후단에서 이와 병렬적으로 후발적 경정청구 사유의 하나로 '부득이한 사유로 인한 해제'를 정하고 있는데, 합의해제가 이에 포함되는지가 문제될 수 있다.

판례는 "과세관청의 부과처분이 있은 후에 계약의 해제 등 후발적 사유가 발

법 제45조의2 제2항 제1호에서 규정하는 '최초의 신고·결정 또는 경정에서 과세표준 및 세액의 계산 근거가 된 거래 또는 행위 등이 그에 관한 소송에 대한 판결에 의하여 다른 것으로 확정된 때'라는 문언의 의미와 형사소송 판결은 후발적 경정청구사유인 '판결'에 포함되지 아니한다는 대법원의 입장(대법원 2009. 1. 30. 선고 2008두21171 판결; 2007. 10. 12. 선고 2007두13906 판결 등 참조)에 비추어 볼 때, 국세기본법 제45조의2 제2항 제1호가 아니라 동항 제5호 및 동법 시행령 제25조의2 제4호에 근거하여 후발적 경정청구가 가능하다고 판단한 것으로 보인다.

28) 제11회 변호사시험(2문)에서 '도산 등으로 인한 회수불능과 후발적 경정청구'에 관한 문제가 출제된 바 있다.

29) 대법원 2014. 1. 29. 선고 2013두18810 판결.

30) 제1회 변호사시험(2문)에서 '계약의 합의해제와 양도소득세 경정청구(특히 후발적 경정청구) 및 취소소송'에 관한 문제가 출제된 바 있다.

생한 경우 이를 원인으로 한 경정청구제도가 있다고 하더라도 이것이 그 처분 자체에 대한 쟁송의 제기를 방해하는 것은 아니다"[31]라고 하여, 합의해제를 법정해제 및 약정해제와 구분하여 후발적 경정청구 사유에서 배제하고 있지는 아니한 듯하다.

해제의 소급효는 법정·약정해제와 합의해제가 다르지 아니하므로 합의해제도 당연히 쟁송의 사유가 될 것이고, 이는 후발적 경정청구의 사유에 있어서도 달리 판단할 이유가 없으므로, 국세기본법 시행령 제25조의2 제2호의 '부득이한 사유로 인한 해제'에 합의해제가 포함된다고 보는 것이 타당하다. 다만, 합의해제가 후발적 경정청구 사유에 해당하려면 법정해제나 약정해제와 달리 '부득이한 사유'가 존재하여야 한다. '부득이한 사유'란 사회통념상 사정변경으로 인하여 계약을 해제하는 것이 객관적으로 불가피한 경우를 의미한다.[32] 예를 들어, 토지의 매매계약을 체결하고 대금 전액을 수령하였지만 거래신고 또는 농지매매증명 등의 문제로 토지의 이전등기를 할 수 없게 된 경우[33]라든가, 공장부지를 매수한 사람이 사망하였고 그 상속인은 미성년자이어서 공장을 건설할 형편이 안 되어 매도인과 합의해제하는 경우[34] 등이 그러하다.

한편 모든 세목에 대하여 계약의 해제가 후발적 경정청구나 쟁송의 사유가 되는 것은 아니고, 또 세목별로 계약해제에 따른 조세효과가 동일하지 아니하다. 이에 관한 상세한 내용은 '보충설명'에서 후술한다. 계약의 해제가 후발적 경정청구나 쟁송의 사유가 될 수 있는 대표적인 세목으로는 양도소득세(법인의 양도소득에 대한 법인세 포함)와 부가가치세를 들 수 있다. 계약의 해제가 후발적 경정청구나 쟁송의 사유가 되는 세목이더라도 그 계약의 해제가 조세회피를 위하여 악용되는 경우라면 예외적으로 후발적 경정청구 및 쟁송의 사유에 해당하지 아니한다고 보아야 할 것이다.

(3) 상속세와 증여세에 대한 경정청구의 특례

상속세와 증여세는 부과확정방식의 세목이지만 신고의무가 부과되어 있다.

---

31) 대법원 2002. 9. 27. 선고 2001두5972 판결; 2002. 9. 27. 선고 2001두5989 판결 참조.
32) 임승순·김용택, 조세법, 박영사, 2022, 208면 참조.
33) 대법원 1992. 12. 22. 선고 92누9944 판결.
34) 이태로·한만수, 앞의 책, 90면.

납세자가 국세기본법상 경정청구제도에 기하여 당초에 신고한 상속세나 증여세에 관한 경정청구를 할 수 있는지에 대해서는 이를 긍정하는 것이 판례의 입장이다.[35] 이에 더해 상증세법은 상속세와 증여세에 대해 별도의 경정청구에 관한 특례를 두고 있다(상증세법 제79조 및 동법 령 제81조).

① **상속세의 경정청구에 관한 특례**

상속세 과세표준 및 세액을 신고한 자 또는 그 신고한 상속세 과세표준 및 세액의 결정 또는 경정을 받은 자는 다음의 사유에 해당하는 경우에는 그 사유가 발생한 날부터 6개월 이내에 결정이나 경정을 청구할 수 있다.

  ⅰ. 상속재산에 대한 상속회복청구소송 등의 사유로 상속개시일 현재 상속인 간에 상속재산가액이 변동된 경우

  ⅱ. 상속개시 후 1년이 되는 날까지 상속재산의 수용 등의 사유로 상속재산의 가액이 크게 하락한 경우

② **증여세의 경정청구에 관한 특례**

증여세 과세표준 및 세액을 신고한 자 또는 그 신고한 상속세 과세표준 및 세액의 결정 또는 경정을 받은 자는 다음의 사유에 해당하는 경우 그 사유가 발생한 날부터 3개월 이내에 결정이나 경정을 청구할 수 있다.

  ⅰ. 부동산 무상사용에 따른 이익의 증여에 대하여 증여세를 결정 또는 경정받은 자가 부동산무상사용기간 중 부동산소유자로부터 해당 부동산을 상속 또는 증여받거나 해당 부동산을 무상으로 사용하지 아니하게 되는 경우

  ⅱ. 금전 무상대출 등에 따른 이익의 증여에 대하여 증여세를 결정 또는 경정받은 자가 대출기간 중에 대부자로부터 해당 금전을 상속 또는 증여받거나 해당 금전을 무상으로 또는 적정이자율보다 낮은 이자율로 대출받지 아니하게 되는 경우

  ⅲ. 타인의 재산을 무상으로 담보로 제공하고 금전 등을 차입하여 재산사용에 따른 증여세를 결정 또는 경정받은 자가 재산의 사용기간 중에 재산제공자로부터 해당 재산을 상속 또는 증여받거나 해당 재산을 무상으로

---

35) 대법원 2004. 8. 16. 선고 2002두9261 판결. 이 판결에서는 긍정 입장을 전제로 하여 거부처분 취소사유의 해당 여부를 심리하였다.

또는 적정이자율보다 낮은 이자율로 차입하지 아니하게 되는 경우

(4) 사해행위취소와 후발적 경정청구

채권자취소권의 행사로 사해행위가 취소되고 일탈재산이 원상회복되더라도, 채무자가 일탈재산에 대한 권리를 직접 취득하는 것이 아니고 사해행위 취소의 효력이 소급하여 채무자의 책임재산으로 회복되는 것도 아니다.[36]

대법원은 이 같은 법리에 기초하여 상속세에 대한 경정청구 거부처분 취소소송에서, 재산을 증여받은 수증자가 사망하여 증여받은 재산을 상속재산으로 한 상속개시가 이루어졌다면, 이후 사해행위취소 판결에 의하여 그 증여계약이 취소되고 상속재산이 증여자의 책임재산으로 원상회복되었다고 하더라도, 수증자의 상속인은 국세기본법 제45조의2 제2항이 정한 후발적 경정청구를 통하여 상속재산에 대한 상속세 납세의무를 면할 수 없다고 판시한 바 있다.[37]

다. 기한 후 신고

(1) 기한 후 신고의 의의 및 효과

법정신고기한 내에 과세표준신고서를 제출하지 아니한 자는 관할 세무서장이 해당 국세의 과세표준과 세액을 결정하여 통지하기 전까지 신고·납부할 수 있다(국기법 제45조의3). 법정신고기한이 지난 후 신고·납부를 한 경우에는 수정신고의 경우와 유사하게 가산세액의 최고 100분의 50까지 경감한다(국기법 제48조 제2항 제2호). 이 같은 가산세액의 경감은 가산세 중에서 무신고가산세(국기법 제47조의2)에만 해당하고, 과세표준과 세액을 결정할 것을 미리 알고 기한후과세표준신고서를 제출한 경우는 제외한다.

---

36) "민법 제406조의 채권자취소권의 행사로 인한 사해행위의 취소와 일탈재산의 원상회복은 채권자와 수익자 또는 전득자에 대한 관계에 있어서만 그 효력이 발생할 뿐이고 채무자가 직접 권리를 취득하는 것이 아니므로 채권자가 수익자와 전득자를 상대로 사해행위 취소와 일탈재산의 원상회복을 구하는 판결을 받아 그 등기 명의를 원상회복시켰다고 하더라도 재산세 납세의무자인 사실상의 소유자는 수익자라고 할 것이다", 대법원 2000. 12. 8. 선고 98두11458 판결, 대법원 2006. 8. 24. 선고 2004다23127 판결, 대법원 2012. 8. 23. 선고 2012두8151 판결 등 참조.
37) 대법원 2020. 11. 26. 선고 2014두46485 판결.

(2) 기한 후 신고에 따른 후속처분

기한 후 신고는 과세표준과 세액을 확정하는 효력이 없으므로, 기한 후 신고를 받은 과세관청은 해당 국세의 과세표준과 세액을 경정하는 것이 아니라 결정하고 통지하여야 한다(국기법 제45조의3 제3항). 이와 관련하여, 과세관청이 납세의무자에 대하여 과세표준과 세액이 기한후과세표준신고서를 제출할 당시 이미 자진납부한 금액과 동일하므로 별도로 고지할 세액이 없다는 내용의 신고시인결정통지를 하였다면, 그러한 신고시인결정 통지는 국세기본법 제45조의3 제3항이 정한 과세관청의 결정으로서 항고소송의 대상이 되는 행정처분에 해당한다.[38]

[보충설명]   세목별 계약해제의 조세효과

1. 양도소득세[39]

매매계약이 잔금 지급을 완료하기 전에 해제된 경우에는 계약의 효력이 소급하여 상실되므로 양도로 인한 소득이 있었음을 전제로 한 양도소득세 부과처분은 위법하다.[40] 계약의 잔금 지급이 완료된 이후의 부과처분에 대해서는 계약의 해제를 이유로 통상적인 경정청구를 할 수는 없지만, 해제권이 유보되어 있거나 '부득이한 사유로 인한 해제'의 경우에는 후발적 경정청구를 할 수 있다.[41]

한편 계약의 잔금 지급이 완료된 이후의 양도소득세 부과처분에 대하여 합의해제를 이유로 그 취소를 청구한 쟁송에서, 판례는 "양도소득세는 자산의 양도와 그에 따른 소득이 있음을 전제로 하여 과세하는 것으로서, 그 매매계약이 합의해제 되었다면 매매계약의 효력이 상실되어 자산의 양도가 이루어지지 않는 것이 되므로 양도소득세의 전제인 자산의 양도가 있었다고 볼 수 없다"라고 해제의 사법상 효력을 중시하는 취지의 판시를 하여,[42] 잔금 지급 이후의 양도소득세 부과처분에 대하여 합의해제를 이유로 제기

---

38) 대법원 2014. 10. 27. 선고 2013두6633 판결.
39) 제1회 변호사시험(2문)에서 '계약의 합의해제와 양도소득세 경정청구(특히 후발적 경정청구) 및 취소소송'에 관한 문제가 출제된 바 있다.
40) "부동산에 대한 매매계약을 체결하면서 매수인 앞으로 미리 소유권이전등기를 경료하였는데 매수인이 잔대금지급채무를 이행하지 아니하여 매도인이 매매계약을 해제하였다면, 위 매매계약은 그 효력이 소급하여 상실되었다고 할 것이므로 매도인에게 양도로 인한 소득이 있었음을 전제로 한 양도소득세 부과처분은 위법하다", 대법원 1985. 3. 12. 선고 83누243 판결 등.
41) 대법원 1992. 12. 22. 선고 92누9944 판결 참조.
42) 대법원 1984. 2. 14. 선고 82누286 판결; 1990. 7. 13. 선고 90누1991 판결; 1992. 12. 22. 선고

한 양도소득세 부과처분 취소소송을 인용하는 입장을 취하고 있다.[43]

2. 부가가치세

재화의 공급이 있은 후 부과처분이 있기 전에 공급계약을 해제한 경우에는 재화의 공급이 처음부터 없었던 것으로 되므로 부가가치세 납세의무가 없다.[44][45] 재화의 공급에 대한 부과처분이 있은 후 계약을 해제한 경우에는 계약의 해제를 이유로 통상적인 경정청구를 할 수는 없지만, 해제권이 유보되어 있거나 '부득이한 사유로 인한 해제'의 경우에는 후발적 경정청구를 할 수 있다.[46]

한편 부가가치세의 부과 대상이 되는 공급 이후의 부가가치세 부과처분에 대하여 채무불이행으로 인한 해제를 이유로 그 취소를 청구한 쟁송에서, 판례는 "매매계약의 해제 전에 부가가치세 부과처분이 이루어졌다 하더라도 해제의 소급효로 인하여 매매계약의 효력이 소급하여 상실되는 이상 부가가치세의 부과 대상이 되는 공급은 처음부터 없었던 셈이 되므로, 그 부가가치세 부과처분은 위법하다"라고 판시하여,[47] 공급 이후의 부가가치세 부과처분에 대하여 채무불이행으로 인한 해제를 이유로 제기한 부가가치세 부과처분 취소소송을 인용하는 입장을 취한 바 있다. 다만, 채무불이행으로 인한 해제는 법정해제이므로, 부가가치세의 경우에도 양도소득세의 경우처럼 공급 이후의 부가가치세 부과처분에 대하여 합의해제를 이유로 한 부과처분 취소소송이 인용될지는 판례상 명확하지 아니하다.

3. 증여세

상증세법은 제4조 제4항에서 "수증자가 증여재산(금전 제외)을 당사자 간의 합의에 따라 증여세 과세표준 신고기한 이내에 증여자에게 반환하는 경우(반환하기 전에 과세표

92누9944 판결 등.

43) 이러한 판례의 입장은, 과세처분의 위법성 여부를 판단하는 기준시기는 그 처분 당시라고 할 것인데 과세처분 이후의 납세자의 합의해제에 의하여 그 판단시기가 처분 당시가 아니라 처분 이후로 변경된다는 문제가 있다, 대법원 2013. 6. 28. 선고 2013두2778 판결 참조. 이 같은 문제는 개별조세법에서 관련규정을 두고 있지 아니한 다른 세목들의 경우에도 동일하게 제기될 수 있다.
44) 대법원 1998. 3. 10. 선고 96누13941 판결.
45) "조세소송에 있어서 부과처분의 위법성 여부에 대한 판단의 기준시기는 그 처분 당시라 할 것인바, 재화의 공급이 있었으나 납세의무자가 그에 대한 부가가치세 신고를 하지 아니한 경우, 과세관청이 부가가치세의 부과처분을 하기 전에 재화공급계약이 합의해제 되고, 그 공급대가까지 모두 반환되었다면 재화공급계약의 효력은 소급적으로 소멸하여 재화의 공급은 처음부터 없었던 것으로 보아야 하므로, 이를 과세원인으로 하는 부가가치세의 부과처분은 할 수 없다", 대법원 1998. 3. 10. 선고 96누13941 판결.
46) 대법원 1992. 12. 22. 선고 92누9944 판결 참조.
47) 대법원 2002. 9. 27. 선고 2001두5989 판결.

준과 세액을 결정받은 경우는 제외)에는 처음부터 증여가 없었던 것으로 보고, 증여세 과세표준 신고기한이 지난 후 3개월 이내에 증여자에게 반환하거나 증여자에게 다시 증여하는 경우에는 그 반환하거나 다시 증여하는 것에 대해서는 증여세를 부과하지 아니한다"라고 규정하고 있다. 따라서 신고기한이 지난 후에 반환하는 경우에는, 증여계약이 해제되었음을 원인으로 증여등기가 말소되었더라도, 당초의 증여에 대한 증여세에 대하여 다툴 수 없다. 또한 신고기한 만료로부터 3개월이 지난 후에 반환하는 경우에는 이에 더해 그 반환행위에 대해서도 증여세가 부과된다.

한편 금전으로 증여를 받은 경우에는 이를 반환하더라도 반환시기에 상관없이 당초의 증여와 반환 모두에 대하여 증여세가 부과된다. 금전은 증여와 동시에 본래 수증자가 보유하고 있던 현금자산에 혼입되어 현실적으로 '당초 증여받은 금전'과 '반환하는 금전'의 동일성 여부를 확인할 방법이 없고, 증여 및 반환이 용이하여 증여세 회피수단으로 악용될 우려가 크기 때문이다.[48]

4. 취득세

지방세법 시행령은 제20조에서 "해당 취득물건을 ① 등기·등록하지 아니하고 ② 취득일부터 60일 이내에 계약이 해제된 사실이 화해조서, 인낙조서, 공정증서 등에 의하여 입증되는 경우에는 취득한 것으로 보지 아니한다"라고 규정하고 있다. 따라서 등기·등록을 한 이후에는 계약이 해제되어도 취득세 납세의무의 성립에 영향이 없다.

취득세는 그 부동산의 취득행위를 과세물건으로 하여 부과하는 행위세이므로 그에 대한 조세채권은 그 취득행위라는 과세요건사실이 존재함으로써 당연히 발생하고, 일단 적법하게 취득한 다음에는 그 후 합의에 의하여 계약을 해제하고 그 재산을 반환하는 경우에도 이미 성립한 조세채권의 행사에 영향을 줄 수 없기 때문이다.[49]

[관련판례] 경정청구와 후발적 경정청구

1. 경정청구 거부 시의 구제수단 01 – 대법원 1992. 4. 28. 선고 91누13113 판결
2. 경정청구 거부 시의 구제수단 02 – 대법원 1997. 3. 28. 선고 96다42222 판결
3. 후발적 경정청구 01 – 대법원 2014. 1. 29. 선고 2013두18810 판결
4. 후발적 경정청구 02 – 대법원 2002. 9. 27. 선고 2001두5989 판결

48) 법무법인 화우, 세금이야기, 2019, 166−167면.
49) 대법원 1996. 2. 9. 선고 95누12750 판결 참조.

1. 경정청구 거부 시의 구제수단 01 – 대법원 1992. 4. 28. 선고 91누13113 판결[50]

(1) 사실관계

원고 우신보은관광호텔은 1990. 5. 3. 양우보은관광호텔에 대하여 부동산 등을 매도하고 같은 해 7. 2. 피고 영동세무서장에게 1990년도 제1기분 부가가치세 과세표준 및 납부세액신고를 하였으나 그 납부세액을 납부하지 아니하였다. 피고가 같은 해 7. 19.에 이에 대하여 납부불성실가산세액[51]을 합하여 납부고지를 하는 이 사건 처분을 하였다. 원고는 같은 해 8. 25. 위의 신고를 경정하는 과세표준 및 납부세액 경정청구를 하였는데, 피고가 1991. 2. 5. 원고의 위 경정청구가 부당하다는 이유로 신고된 부가가치세 과세표준 및 세액경정을 거부하는 처분을 하였다. 이에 원고는 당초의 신고에 따른 부가가치세의 징수 및 그 가산세의 부과·징수 처분에 대하여 부가가치세 부과처분 취소소송을 제기하였다.

〈쟁점〉

당초의 신고가 잘못된 것이고 경정청구에 대한 거부처분이 위법한 것인 경우, 당초의 신고에 따른 징수처분이나 그 가산세를 부과 징수하는 절차에서 당초 신고의 당부나 경정청구에 따른 경정거부처분의 당부를 다툴 수 있는지 여부

(2) 판결내용

"국세기본법 제45조 제1항 제1호, 제2항에 의하여, 부가가치세 과세표준신고서를 법정신고기한 내에 제출한 자는 그 기재사항에 누락, 오류가 있는 때에는 법정신고기한 경과 후 6월 내에 과세표준 경정청구서를 제출할 수 있고, 이 경우 당초에 신고한 과세표준 또는 납부세액을 감소시키거나 환급세액을 증가시키는 사항이 있을 때에는 정부는 이를 조사하여 그 결과를 신고인에게 통지하는 동시에 경정할 사항은 경정하여야 하는 것이나, 그렇다고 하여 이와 같은 경정처분절차와는 관계없이 당초의 부가가치세 과세표준 및 납부세액 신고와 이에 대한 경정청구가 하나가 되어 납세의무를 확정하는 효력이 있다고 볼 수 없고, 당초의 부가가치세 과세표준 및 납부세액 신고로 인한 납세의무의 효력이 이와 같은 경정청구로 인한

---

50) 이 사건 당시에는 지금의 '경정청구'에 해당하는 것으로 '감액수정신고'라는 용어를 사용하였다. 혼돈의 우려가 있으므로 이하의 사실관계와 판결내용에서는 감액수정신고라는 용어를 경정청구로 변경한다. 이하 같다.

51) 현행 조세법에서는 구 조세법상의 '납부불성실가산세'라는 용어가 '납부지연가산세'로 변경되어 있다. 참고로 구 조세법상 가산금이라는 용어도 납부지연가산세로 대체되어 있다. 즉, 현행 조세법에서의 납부지연가산세는 구 조세법상 납부불성실가산세와 가산금을 포괄하는 개념이다.

납세의무 확정의 효력에 흡수되어 소멸된다고 볼 수 없다."

"부가가치세는 신고로 인하여 일단 그 세액이 확정되고 신고하는 때에 이를 납부할 의무를 지는 것이므로 그 후 경정청구로 인하여 경정이 되지 않는 한 그 납부의무에 변동을 가져오는 것은 아니고, 가사 당초의 신고가 잘못된 것이고 경정청구에 따른 경정을 거부하는 것이 위법한 것이라고 하더라도 이 경정거부처분을 다투지 아니하고 당초의 신고에 따른 부가가치세의 징수처분이나 그 가산세를 부과, 징수하는 절차에서 당초 신고의 당부나 경정청구(수정신고)에 따른 경정거부처분의 당부를 다툴 수 없는 것이다."

2. 경정청구 거부 시의 구제수단 02 - 대법원 1997. 3. 28. 선고 96다42222 판결

(1) 사실관계

원고는 골프장업 등을 영위하는 회사로서 1989. 10. 7. 경기도지사로부터 골프장업 사업승인을 받은 다음 1991. 9. 24. 소외 주식회사 용송건설과 골프장(용송컨트리클럽) 건설공사계약을 체결하고 공사진행도에 따라 2개월 단위로 위 소외회사에게 공사보수금을 지급해 오던 중 1992. 7. 1.부터 같은 해 9. 30.까지의 위 공사용역제공에 대한 부가가치세로서 32억 원을 위 소외회사로부터 거래징수당하였다.

그런데 원고는 위 기간 중에는 아직 골프장을 개장하지 못하여 그 기간 중의 매출세액이 전혀 없었으므로 부가가치세의 납부세액을 신고하거나 과세관청으로부터 부과처분을 받은 바는 없고, 다만, 부가가치세 예정신고기간 중인 1992. 10. 25. 위 기간 중의 환급세액을 잘못 산정하여 신고하였다가 1993. 3. 2.에 위 32억 원을 1992년도 제2기 예정신고기간분 조기환급세액으로서 관할 과세관청인 동수원세무서장에게 신고하였는데, 위 과세관청은 원고가 공제되어야 할 매입세액이라고 주장하는 위 32억 원이 부가가치세법 제17조제2항제4호 및 그에 관한 같은 법 시행령 제60조 제6항 소정의 불공제대상인 "토지의 조성 등을 위한 자본적 지출에 관련된 매입세액"에 해당한다는 이유로 환급하지 아니하고 있다.[52]

〈쟁점〉

납세자가 과세표준 또는 세액에 누락·오류가 있음을 이유로 경정청구를 한 경

---

52) 부가가치세의 예정신고기간은 1기 4. 1.~4. 25, 2기 10. 1~10. 25이고, 확정신고기간은 1기 7. 1~7. 25, 2기 익년 1. 1~1. 25이다.

우, 그 경정청구만으로 차액 상당의 세액을 민사소송으로 환급청구할 수 있는지 여부

(2) 판결내용

"신고납세방식을 취하고 있는 부가가치세에 있어서는 납세의무자의 확정신고 또는 과세관청의 경정결정에 의하여 납부세액이나 환급세액의 존부 및 범위가 확정되므로 이러한 경우 납세의무자는 국가에 대하여 부당이득반환의 법리에 따라 민사소송으로 이미 확정되어 있는 환급세액의 반환을 구할 수 있다고 할 것이다.

그러나 납세의무자가 당초 신고한 과세표준과 납부세액 또는 환급세액에 누락·오류가 있음을 발견하여 법정신고기간 경과 후 6월 내에 과세표준 등의 경정청구를 한 경우에는 그 경정청구만으로 당초의 신고로 인한 납세의무 또는 환급청구권에 변동을 가져오는 것이 아니라 과세관청이 그 경정청구의 내용을 받아들여 과세표준 등을 감액결정하여야만 그로 인한 납세의무 등에 관한 확정의 효력이 생기게 되는 것이며, 이 경우 과세관청이 경정청구에 따른 경정을 거부하는 때에는 납세의무자로서는 행정쟁송의 절차에 따라 그 거부처분을 취소받음으로써 비로소 경정청구로 인한 납세의무 등을 확정할 수 있는 것이므로, 위와 같은 절차를 거쳐 환급청구권이 확정되기 전에는 국가에 대하여 환급세액의 반환을 곧바로 청구할 수는 없는 것이다(당원 1996. 4. 12. 선고 94다34005 판결 참조)."

"기록에 의하면, 원고는 1992. 10. 25. 이 사건 매입세액을 불공제로 한 1992년 제2기 예정신고기간분 부가가치세의 예정신고를 하였다가 뒤늦게 그 신고가 잘못된 것을 발견하고 1993. 3. 2. 위 매입세액을 공제하는 것으로 바꾸어 환급세액이 32억 원이라는 내용의 경정청구를 하였음을 알 수 있는 바, 위 경정청구는 예정신고에 대한 경정청구기간(예정청구기간 경과 후 3월 내)을 지난 것이긴 하나 그 신고가 확정신고에 대한 경정청구기간(법정신고기간 경과 후 6월) 내에 이루어진 이상 결국 경정청구로서의 효력은 있다고 할 것이고, 나아가 이는 환급세액의 증가를 가져오는 일종의 경정청구로서 과세관청이 이에 대하여 원심이 확정한 바와 같이 위 신고내용에 따른 경정을 거부하고 있다면 위 환급청구권의 존부와 범위가 아직 확정되지 아니한 상태에 있다고 할 것이므로 원고가 그 주장과 같은 금원의 지급을 구하려면 행정쟁송절차를 통하여 위 경정 거부처분의 위법을 먼저 다투어야 하고, 이 사건과 같이 피고에 대하여 민사소송으로 위 환급금의 지급을 구할 수는 없는 것이다.

원고의 이 사건 소는 쟁송방법을 잘못 선택한 것으로서 부적법한 것이라고 아니할 수 없다."

3. 후발적 경정청구 01 - 대법원 2014. 1. 29. 선고 2013두18810 판결[53]

(1) 사실관계

현진에버빌은 2007. 3. 경과 2008. 3. 경 원고들에 대한 배당금 전액에 관하여 배당소득세를 원천징수하여 납부하였고, 원고들은 2008. 5. 경과 2009. 5. 경 그 배당금 전액을 배당소득으로 하여 2007년 및 2008년 귀속 종합소득세를 신고·납부하였다. 그러나 원고들은 실제로는 이 사건 배당금을 현진에버빌로부터 지급받지 못하였는데, 현진에버빌은 2006년 이후 영업수지 악화와 이자 부담의 급격한 증가 등을 견디지 못하고 2009. 9. 경 부도처리 되었다. 이후 현진에버빌은 2010. 1. 25. 청산가치가 계속기업가치보다 크다는 이유로 회생절차 폐지결정을 받고 2010. 2. 9. 파산선고를 받았다.

〈쟁점〉

납세의무 성립 후 소득의 원인이 된 채권이 채무자의 도산 등으로 인하여 회수불능이 되어 장래 그 소득이 실현될 가능성이 전혀 없게 된 것이 객관적으로 명백한 경우, 국세기본법 시행령 제25조의2 제4호가 정한 후발적 경정청구사유에 해당하는지 여부

(2) 판결내용

"후발적 경정청구제도는 납세의무 성립 후 일정한 후발적 사유의 발생으로 말미암아 과세표준 및 세액의 산정기초에 변동이 생긴 경우 납세자로 하여금 그 사실을 증명하여 감액을 청구할 수 있도록 함으로써 납세자의 권리구제를 확대하려는 데 있다(대법원 2011. 7. 28. 선고 2009두22379 판결 등 참조)."

"소득세법상 소득의 귀속시기를 정하는 원칙인 권리확정주의는 소득의 원인이 되는 권리의 확정시기와 소득의 실현시기와의 사이에 시간적 간격이 있는 경우에는 과세상 소득이 실현된 때가 아닌 권리가 확정적으로 발생한 때를 기준으로 하여 그때 소득이 있는 것으로 보고 당해 과세연도의 소득을 계산하는 방식으로, 실질적으로는 불확실한 소득에 대하여 장래 그것이 실현될 것을 전제로 하여 미리 과세하는 것을 허용하는 것이다. 이러한 권리확정주의는 납세자의 자의에 의하여 과세연도의 소득이 좌우되는 것을 방지함으로써 과세의 공평을 기함과 함께 징세

---

53) 본 판결은 납세의무의 성립 후 소득의 원인이 된 채권이 채무자의 도산 등으로 인하여 회수불능이 되어 장래 그 소득이 실현될 가능성이 전혀 없게 된 것이 객관적으로 명백하게 되었다면, 이는 국세기본법 시행령 제25조의2 제2호에 준하는 사유로서 특별한 사정이 없는 한 국세기본법 시행령 제25조의2 제4호가 규정한 후발적 경정청구사유에 해당한다고 본 최초의 선례로서 의의가 있다.

기술상 소득을 획일적으로 파악하려는 데 그 취지가 있을 뿐 소득이 종국적으로 실현되지 아니한 경우에도 그 원인이 되는 권리가 확정적으로 발생한 적이 있기만 하면 무조건 납세의무를 지우겠다는 취지에서 도입된 것이 아니다(대법원 1984. 3. 13. 선고 83누720 판결; 2003. 12. 26. 선고 2001두7176 판결 등 참조)."

"위와 같은 후발적 경정청구제도의 취지, 권리확정주의의 의의와 기능 및 한계 등에 비추어 보면, 소득의 원인이 되는 권리가 확정적으로 발생하여 과세요건이 충족됨으로써 일단 납세의무가 성립하였다 하더라도 그 후 일정한 후발적 사유의 발생으로 말미암아 소득이 실현되지 아니하는 것으로 확정됨으로써 당초 성립하였던 납세의무가 그 전제를 잃게 되었다면, 사업소득에서의 대손금과 같이 소득세법이나 관련 법령에서 특정한 후발적 사유의 발생으로 말미암아 실현되지 아니한 소득금액을 그 후발적 사유가 발생한 사업연도의 소득금액에 대한 차감사유로 별도로 규정하고 있다는 등의 특별한 사정이 없는 한 납세자는 국세기본법 제45조의2 제2항 등이 규정한 후발적 경정청구를 하여 그 납세의무의 부담에서 벗어날 수 있다고 보아야 한다. 따라서 납세의무의 성립 후 소득의 원인이 된 채권이 채무자의 도산 등으로 인하여 회수불능이 되어 장래 그 소득이 실현될 가능성이 전혀 없게 된 것이 객관적으로 명백하게 되었다면, 이는 국세기본법 시행령 제25조의2 제2호에 준하는 사유로서 특별한 사정이 없는 한 국세기본법 시행령 제25조의2 제4호가 규정한 후발적 경정청구사유에 해당한다고 봄이 타당하다."

"이러한 사실관계를 앞서 본 법리에 비추어 살펴보면, 이 사건 배당금에 대한 배당 결의에 따라 원고들의 이 사건 미수령 배당금에 대한 권리가 확정적으로 발생하였다고 하더라도 그 후 이 사건 미수령 배당금채권은 소외회사들의 도산 등으로 인하여 회수불능이 되어 장래 그 소득이 실현될 가능성이 전혀 없게 된 것이 객관적으로 명백하고, 이는 국세기본법 시행령 제25조의2 제2호에 준하는 사유로서 국세기본법 시행령 제25조의2 제4호 가 규정한 후발적 경정청구사유에 해당한다. 따라서 이 사건 미수령 배당금채권의 회수불능을 이유로 한 원고들의 경정청구를 거부한 피고들의 이 사건 각 처분은 위법하다."

4. 후발적 경정청구 02 – 대법원 2002. 9. 27. 선고 2001두5989 판결

(1) 사실관계

건물에 대한 매매계약의 해제 전에 부가가치세 과세대상거래인 '재화의 공급'[54]이 있었다고 보아 원고에게 부가가치세 부과처분이 있었다. 위의 계약

---

54) 부가가치세의 과세대상거래는 '재화와 용역의 공급 및 재화의 수입'(부가세법 제4조 제1

해제 후 원고는 해제의 소급효로 인하여 매매계약의 효력이 소급하여 상실되는 이상 부가가치세의 부과대상이 되는 건물의 공급은 처음부터 없었던 셈이 되므로 위 부가가치세 부과처분은 위법하다는 이유로 부가가치세 부과처분 취소소송을 제기하였다.

〈쟁점〉
- 매매계약이 해제된 경우 그 해제 전에 이루어진 부가가치세 부과처분은 위법한 것인지 여부
- 과세관청의 부과처분이 있은 후에 계약해제 등 후발적 사유가 발생한 경우 이를 원인으로 한 경정청구와는 별도로 그 처분 자체에 관하여 다툴 수 있는지 여부

(2) 판결내용

"건물에 대한 매매계약의 해제 전에 부가가치세부과처분이 이루어졌다 하더라도 해제의 소급효로 인하여 매매계약의 효력이 소급하여 상실되는 이상 부가가치세의 부과 대상이 되는 건물의 공급은 처음부터 없었던 셈이 되므로, 위 부가가치세부과처분은 위법하다 할 것이며, 납세자가 과세표준신고를 하지 아니하여 과세관청이 부과처분을 한 경우 그 후에 발생한 계약의 해제 등 후발적 사유를 원인으로 한 경정청구제도가 있다 하여 그 처분 자체에 대한 쟁송의 제기를 방해하는 것은 아니므로 경정청구와 별도로 이 사건 처분을 다툴 수 있다."

4. 경정처분의 효력 [55]

가. 법률규정

(1) 증액경정의 경우(국기법 제22조의3 제1항)

세법에 따라 당초 확정된 세액을 증가시키는 경정(更正)은 당초 확정된 세액에 관한 이 법 또는 세법에서 규정하는 권리·의무관계에 영향을 미치지 아니한다.

항)이고, 이 중 '재화의 공급'은 '계약상 또는 법률상의 모든 원인에 의하여 재화를 인도 또는 양도하는 것'(부가세법 제9조 제1항)을 말한다.
55) 제4회 변호사시험(1문)에서 '경정처분의 효력, 증액경정과 감액경정', 제7회 변호사시험(2문)에서 '증액경정처분의 효력'에 관한 문제가 출제된 바 있다.

(2) 감액경정의 경우(국기법 제22조의3 제2항)

세법에 따라 당초 확정된 세액을 감소시키는 경정은 그 경정으로 감소되는 세액 외의 세액에 관한 이 법 또는 세법에서 규정하는 권리·의무관계에 영향을 미치지 아니한다.

나. 취지

국세기본법 제22조의3의 입법취지는 당초 신고 또는 결정에 의하여 확정된 세액에 대하여 경정이 있는 경우 그 경정의 효력을 법률로써 명확히 하려는 것이다. 이는 당초 처분 등에 대한 불복제기기간 등이 경과하여 이미 불가쟁력이 발생한 세액에 대해서는 다시 다툴 수 없게 한다는 것인데, 특히 고의적으로 소액의 경정사유를 제공하여 증액경정처분을 받아 이미 불복제기기간 등이 경과한 당초의 처분 등에 대해서도 불복청구를 하는 등 불복제도가 남용되는 경우를 방지하기 위한 것이다.

다. 경정처분의 효력에 관한 학설 및 판례

(1) 증액경정처분

증액경정처분의 효력에 관한 학설로는 당초의 처분과 경정처분을 별개의 처분으로 보아 각각의 효력이 유지된다는 병존설과 당초의 처분은 경정처분에 흡수된다는 흡수설이 있고, 판례는 흡수설을 취하여 전체로서 당초의 처분을 포함하는 경정처분을 취소의 대상으로 보고 있다.[56] 하나의 납세의무를 확정하기 위한 일련의 행위로서의 증액경정처분의 성질 및 분쟁의 일체적·통일적 심리(총액주의)의 필요성의 측면에서 종합적으로 고려해 볼 때, 당초의 처분은 증액경정처분에 흡수되어 소멸하고 증액경정처분만이 취소소송의 심판대상이 된다고 보는 것이 타당하다.

---

56) 대법원 1984. 12. 11. 선고 84누225 판결; 2004. 2. 13. 선고 2002두9971 판결; 2009. 5. 14. 선고 2006두17390 판결; 2011. 4. 14. 선고 2008두22280 판결; 2013. 4. 18. 선고 2010두11733 판결 등.

(2) 감액경정처분

감액경정처분의 효력에 관하여 판례는 역흡수설의 입장을 취하여, 당초의 처분만이 불복의 대상이고 감액경정을 통하여 그 세액이 감액된 것일 뿐이라고 보고 있다. 판례에 따르면, 감액경정처분은 당초의 처분과 별개의 독립된 처분이 아니라 그 실질은 당초 처분의 변경이고 그에 의하여 세액의 일부 취소라는 납세자에게 유리한 효과를 가져오는 것이므로, 그 감액경정으로도 아직 취소되지 않고 남아 있는 부분이 위법하다고 하여 다투는 경우에는 항고소송의 대상이 되는 것은 당초의 처분 중 감액경정에 의하여 취소되지 않고 남은 부분이 된다.[57] 이 경우 제소기간의 준수 여부도 당초의 처분을 기준으로 판단하여야 함은 당연하다.

라. 국세기본법 제22조의3에 대한 해석

(1) 증액경정처분

국세기본법 제22조의3은 증액경정처분이 당초 확정된 세액에 관한 권리·의무에 대하여 영향을 미치지 아니한다고 규정하고 있는 바, 심리의 범위는 흡수설에 기초하여 당초의 처분을 포함하는 증액경정처분을 대상으로 하지만, 감액될 수 있는 세액의 범위는 국세기본법 제22조의3에 따라야 한다. 그러므로 당초의 확정된 세액에 대하여 불가쟁력이 발생하지 아니한 경우에는 증액된 세액뿐만 아니라 당초의 세액까지도 감액될 수 있지만, 당초의 확정된 세액에 대한 경정청구 기간 및 불복기간의 경과 또는 전심절차의 종결[58] 등으로 불가쟁력이 발생한 경우에는 증액된 세액까지만 감액될 수 있다. 이 경우 당초 처분 등에 대한 불복제기기간 등의 경과 여부는 당초의 처분을 흡수하는 증액경정처분의 시점을 기준으로 역산하여 판단하여야 할 것이다.

(2) 감액경정처분

감액경정처분의 경우 심리의 범위는 감액되고 남는 당초의 처분을 대상으로 하는데, 당초 확정된 세액에 관한 권리·의무가 유효하지 아니한 경우, 즉 경정청

---

[57] 대법원 1991. 9. 13. 선고 91누391 판결.
[58] 전심절차의 종결이란 심사 또는 심판을 조세소송의 전심절차로 진행하고 그 절차에 대한 결정이 있고 나서 기한 내에 조세소송을 제기하지 아니한 경우를 말한다.

구기간 및 불복기간의 경과나 전심절차의 종결 등으로 불가쟁력이 발생한 경우에는 다툼 자체가 의미가 없고, 당초의 확정된 세액에 관한 권리·의무가 유효한 경우에 한하여 다툼이 의미가 있다.59) 한편 감액경정청구의 경우에는 그 성격상 당초 처분 등에 대한 불복제기기간 등의 경과 여부는 당초의 처분 그 자체의 시점을 기준으로 판단하여야 할 것이다.

> **[관련판례] 경정처분의 효력**
>
> 1. 경정처분에 대한 쟁송의 대상 – 대법원 1984. 12. 11. 선고 84누225 판결
> 2. 흡수설에 기반을 둔 증액경정처분 효력규정의 해석 – 대법원 2009. 5. 14. 선고 2006두17390 판결
> 3. 소송물의 단위와 행정처분의 단위 – 대법원 2012. 3. 29. 선고 2011두4855 판결 * 파기환송

1. 경정처분에 대한 쟁송의 대상 – 대법원 1984. 12. 11. 선고 84누225 판결

(1) 사실관계

피고 소공세무서장은 원고의 1976. 4. 1부터 1977. 3. 31까지의 사업연도(1976사업연도)와 1977. 4. 1부터 1978. 3. 31까지의 사업연도(1977사업연도)의 각 법인세 및 방위세 과세표준과 세액에 관한 신고내용을 부인하고 1976사업연도의 법인세 과세표준을 35억 원, 그 세액을 5억 원으로, 방위세 과세표준을 14억 원, 그 세액을 1억 원으로 조사결정을 하였다가 그 후 경정, 재경정 및 재재경정 등 여러 차례에 걸쳐 각 증액경정을 하였는데 최종적으로 재재경정에서 증액된 내용은 법인세 과세표준이 53억 원, 그 세액이 15억 원이고, 방위세 과세표준이 21억 원, 그 세액이 3억 3,000만 원이었다. 또한 1977사업연도의 법인세 과세표준을 47억 원, 그 세액을 10억 원으로, 방위세 과세표준을 19억 원, 그 세액을 1억 7,000만 으로 조사결정하였다가 그 후 이를 경정하여 법인세 과세표준을 46억 8,000만 원, 그 세액을 9억 9,000만 원으로 방위세 과세표준을 18억 7,000만 원, 그 세액을 1억 6,000만 원으로 각각 감액하였다.

---

59) 대법원 1991. 9. 13. 선고 91누391 판결.

〈쟁점〉
- 당초의 과세처분이 경정된 경우, 행정소송의 대상인 과세처분
- 이미 확정된 과세처분의 증액경정처분에 대한 항고소송에 있어서 이미 확정된 과세처분에 의한 세액에 대하여도 다툴 수 있는지 여부
- 과세처분 취소소송에 있어서의 과세처분의 절차상 적법요건에 대한 증명책임

(2) 판결내용

"과세관청이 과세처분을 한 뒤에 과세표준과 세액에 오류 또는 탈루가 있음을 발견하여 이를 경정하는 처분을 한 경우에, 증액경정인 때에는 처음의 과세처분에서 결정한 과세표준과 세액을 그대로 두고 증액부분만을 결정하는 것이 아니라 처음의 과세표준과 세액을 포함하여 전체로서 증액된 과세표준과 세액을 다시 결정하는 것이므로 처음의 과세처분은 뒤의 경정처분의 일부로 흡수되어 독립된 존재가치를 상실하여 소멸하고 오직 경정처분만이 쟁송의 대상이 되고, 감액경정인 때에는 처음의 과세처분에서 결정된 과세표준과 세액의 일부를 취소하는 데에 지나지 않으므로 처음의 과세처분이 감액된 범위 내에서 존속하게 되고 이 처분만이 쟁송의 대상이 되며 경정처분 자체는 쟁송의 대상이 될 수 없다."

"과세처분이 불복기간의 경과나 전심절차의 종결로 확정되어 이른바 불가쟁력 또는 불가변력이 발생하였다고 하여도 이러한 확정의 효력은 그 처분이 유효하게 존속하는 것을 전제로 한 것이므로 그 뒤의 증액경정처분에 의하여 처음의 과세처분이 위 경정처분에 흡수됨으로써 독립된 존재가치를 상실하고 소멸한 이상 그 불가쟁력이나 불가변력을 인정할 여지가 없고, 따라서 경정처분에 대한 소송절차에서 당사자는 이미 확정된 처음의 과세처분에 의하여 결정된 과세표준과 세액에 대하여도 그 위법여부를 다툴 수 있다."

"위 사실관계에 의하면 1976사업연도의 법인세 및 방위세에 있어서는 당초 결정에 의한 과세처분과 그 후의 경정 및 재경정처분은 최종의 재재경정처분에 흡수되어 소멸하고 오직 이 재재경정처분만이 쟁송의 대상이 된다고 할 것이며, 한편 1977사업연도의 법인세 및 방위세에 있어서는 위와 달리 경정처분에 의하여 감액된 범위 내에서 당초의 결정에 의한 과세처분이 쟁송의 대상이 된다."

2. 흡수설에 기반을 둔 증액경정처분 효력규정의 해석 – 대법원 2009. 5. 14. 선고 2006두17390 판결

(1) 사실관계

원고는 여성의류를 제조하거나 매수하여 롯데백화점과 현대백화점의 매장에서 이를 판매하다가 2000. 10. 폐업신고를 마친 후 2001. 5. 피고 성동세무서장에게 2000년 귀속 종합소득세를 신고하면서 2000.1.부터 같은 해 9.까지 소득금액 1억 원에 대한 종합소득세 2,800만 원을 납부하였고, 당시 A교역을 통해 매입한 블라우스, 원단 등에 대한 세금계산서 8장의 공급가액 합계 2억 5,000만 원 상당을 매출원가에 산입하였다. 그런데 A교역의 관할세무서장인 부천세무서장은 A교역이 위장가공사업자임을 적발하여 2002. 성동세무서장에게 이를 통지하였고, 성동세무서장은 원고가 신고한 이 사건 세금계산서 공급가액 전액을 필요경비에 불산입하여 2003. 10. 10. 원고에 대하여 2000년 귀속 종합소득세 1억 5,000만 원을 부과·고지하였다.

원고는 이에 불복하여 2003. 12. 29. 성동세무서장에 대한 이의신청을 거쳐 2004. 6. 4. 국세심판원에 심판을 청구하였는데, 이 때 원고는 당초 신고에서 누락된 인건비 3억 1,000만 원을 필요경비에 산입하여 달라고 함께 주장하였다.

피고는 원고가 경정청구기간 내에 위 사유를 가지고 경정청구를 하지 아니하였다가 피고가 위 세금계산서와 관련하여 이 건 부과처분을 하자 비로소 이와 무관한 것으로 이미 확정된 부분인 인건비 부분의 필요경비가 부당하게 과소공제되었다며 이 건 부과처분의 취소를 구하는 것은 허용될 수 없다고 주장하였다.

국세심판원은 2004. 11. 25. 원고의 위 인건비 주장에 대하여는 별도로 판단하지 아니한 채 원고가 실제 거래가 있었다고 주장한 부분 중 1,000만 원 부분만을 필요경비에 산입하도록 결정하였고, 이에 따라 성동세무서장은 위 부과처분 세액을 1억 4,000만 원으로 감액하였다.

〈쟁점〉
- 국세기본법 제22조의2의 시행 이후 당초 과세처분에 대한 증액경정처분이 있는 경우 항고소송의 심판대상
- 그 항고소송에서 당초 신고나 결정에 대한 위법사유를 함께 주장할 수 있는지 여부

(2) 판결내용

"당초 신고하거나 결정된 세액을 증액하는 경정처분이 있는 경우 종래 대법원

은, 납세의무자는 원칙적으로 그 증액경정처분만을 쟁송의 대상으로 삼아 취소를 청구할 수 있고, 이 경우 당초 신고나 결정이 불복기간의 경과나 전심절차의 종결로 확정되었다 하여도 증액경정처분에 대한 소송절차에서 증액경정처분으로 증액된 세액에 관한 부분만이 아니라 당초 신고하거나 결정된 세액에 대하여도 그 위법 여부를 다툴 수 있다고 판시하여 왔다."

"2002년 개정된 국세기본법에서 신설된 제22조의2는 '경정 등의 효력'이라는 제목으로 그 제1항에서 "세법의 규정에 의하여 당초 확정된 세액을 증가시키는 경정은 당초 확정된 세액에 관한 이 법 또는 세법에서 규정하는 권리·의무관계에 영향을 미치지 아니한다"라고 규정하고 있는 바, 증액경정처분은 당초 신고하거나 결정된 세액을 그대로 둔 채 탈루된 부분만을 추가하는 것이 아니라 증액되는 부분을 포함시켜 전체로서 하나의 세액을 다시 결정하는 것인 점, 부과처분취소소송 또는 경정거부처분취소소송의 소송물은 과세관청이 결정하거나 과세표준신고서에 기재된 세액의 객관적 존부로서 청구취지만으로 그 동일성이 특정되므로 개개의 위법사유는 자기의 청구가 정당하다고 주장하는 공격방어방법에 불과한 점, 국세기본법 제22조의 2 제1항의 주된 입법 취지는 증액경정처분이 있더라도 불복기간의 경과 등으로 확정된 당초 신고 또는 결정에서의 세액만큼은 그 불복을 제한하려는 데 있는 점 등을 종합하여 볼 때, 국세기본법 제22조의2의 시행 이후에도 증액경정처분이 있는 경우 당초 신고나 결정은 증액경정처분에 흡수됨으로써 독립된 존재가치를 잃게 된다고 보아야 할 것이므로, 원칙적으로는 당초 신고나 결정에 대한 불복기간의 경과 여부 등에 관계 없이 증액경정처분만이 항고소송의 심판대상이 되고, 납세의무자는 그 항고소송에서 당초 신고나 결정에 대한 위법사유도 함께 주장할 수 있다고 해석함이 타당하다."

3. 소송물의 단위와 행정처분의 단위 – 대법원 2012. 3. 29. 선고 2011두4855 판결 * 파기환송

(1) 사실관계

원고는 2002 사업연도 법인세 26억 5,000만 원, 2003 사업연도 법인세 39억 8,000만 원, 2004 사업연도 법인세 344억 원을 각 신고·납부하였다. 부산지방국세청장은 원고에 대한 2002 내지 2005 사업연도 법인세 정기조사를 실시한 후 피고에게 원고에 대한 과세자료를 통보하였다. 이에 피고는 2006. 12. 5. 원고에게 2002 사업연도 법인세 40억 2,000만 원, 2003 사업연도 법인세 3억 6,000만 원, 2004 사업연도 법인세 8,000만 원을 각 증액경정하였다. 원고는 2007. 3. 2. '분할

과정에서 유형자산감액손실 중 1,512억 5,000만 원을 세무상 유보사항으로 승계받았으나 이에 대하여 2002 사업연도 이후 별도로 세무조정을 하지 않았으므로 이 사건 감액손실액을 감가상각부인액으로 보아 감가상각범위액을 재계산하여야 하고 2002 내지 2004 사업연도별 감가상각시인부족액 범위 내에서 이를 손금으로 추인하여야 한다'고 주장하며 국세심판원에 심판청구를 하였다.

　이에 국세심판원은 2008. 1. 21. '원고가 2002 내지 2004 사업연도의 법인세 신고 시 자본금과 적립금 조정명세서상 세무상 유보로 관리하고 있는 이 사건 감액손실액을 감가상각부인액으로 보아 각 사업연도별 감가상각범위액을 재계산하고 각 사업연도별 감가상각시인부족액 범위 내에서 이를 손금으로 추인하되, 2006. 12. 5. 고지된 법인세 경정액을 경정세액의 한도로 하여 그 과세표준과 세액을 경정한다'는 결정을 함에 따라, 피고는 2008. 2.경 이 사건 각 증액경정처분 중 2002 사업연도 법인세 40억 2,000만 원, 2003 사업연도 법인세 3억 6,000만 원, 2004사업연도 법인세 8,000만 원을 각 감액경정하였다.

〈쟁점〉

　과세관청이, 갑 주식회사가 당초 신고한 2004 사업연도 법인세액에 대해 2006. 12. 5. 법인세 증액경정처분을 하였다가 다시 2008. 2. 경 동일한 금액을 감액하는 제1차 법인세 감액경정처분을 하였고, 2008. 3. 경 갑 회사가 이전에 한 감액청구 중 과다신고로 인한 부분을 제외한 부분을 받아들여 제2차 법인세 감액경정처분을 한 사안에서, 2004 사업연도 법인세의 법정신고기한인 2005. 3. 31.부터 경정청구기간이 경과하기 전인 2006. 12. 5. 증액경정처분이 있었으므로 갑 회사는 증액경정처분에 의하여 증액된 세액뿐만 아니라 당초 신고한 세액에 대해서도 취소를 구할 수 있는데도, 이와 달리 보고 2004 사업연도 법인세에 대한 증액경정처분이 제1차 감액경정처분에 의해 취소되어 더 이상 존재하지 아니한다는 전제하에 그 취소청구를 부적법하다고 본 원심판결이 법리오해의 위법이 있는지 여부

(2) 판결내용

　"구 국세기본법(2010. 1. 1. 개정 전) 제22조의 2 제1항은 "세법의 규정에 의하여 당초 확정된 세액을 증가시키는 경정은 당초 확정된 세액에 관한 이 법 또는 세법에서 규정하는 권리·의무관계에 영향을 미치지 아니한다."고 규정하고 있다.
　위 규정의 문언 및 위 규정의 입법 취지가 증액경정처분이 있더라도 불복기간이나 경정청구기간의 경과 등으로 더 이상 다툴 수 없게 된 당초 신고나 결정에서의 세액에 대한 불복을 제한하려는 데에 있음에 비추어 보면, 증액경정처분이 있는 경우 당초 신고나 결정은 증액경정처분에 흡수됨으로써 독립한 존재가치를 잃

게 되어 원칙적으로는 증액경정처분만이 항고소송의 심판대상이 되고 납세자는 그 항고소송에서 당초 신고나 결정에 대한 위법사유도 함께 주장할 수 있으나, 불복기간이나 경정청구기간의 도과로 더 이상 다툴 수 없게 된 세액에 관하여는 그 취소를 구할 수 없고 증액경정처분에 의하여 증액된 세액의 범위 내에서만 취소를 구할 수 있다고 할 것이다(대법원 2009. 5. 14. 선고 2006두17390 판결, 대법원 2011. 4. 14. 선고 2008두22280 판결, 대법원 2011. 4. 14. 선고 2010두9808 판결 등 참조).”

“원심은 (생략) 2002 사업연도 법인세 부과처분에 관하여는, 원고가 당초 신고한 세액은 불복기간의 경과로 더 이상 그 변경이 허용될 수 없고 이 사건 증액경정처분에 의하여 증액된 세액 전액에 대해 제1차 감액경정처분을 한 이상 2002 사업연도 법인세에 대한 증액경정처분은 이로써 취소되어 더 이상 존재하지 아니함에도 이 사건 증액경정처분에 의하여 증액된 세액이 존재함을 전제로 그 취소를 구하는 청구는 부적법하다고 판단하여 이 사건 소를 각하하였다. 이 사건 증액경정처분 중 증액된 세액 부분이 제1차 감액경정처분에 의해 취소되었다고 하더라도 당초 신고한 세액은 이 사건 증액경정처분에 흡수되어 증액경정처분의 일부를 구성하고 있는 것이므로, 원심이 이 사건 증액경정처분이 제1차 감액경정처분에 의하여 전부 취소되어 더 이상 존재하지 아니한다고 판단한 것은 잘못이라고 하겠다.”

“2005. 7. 13. 개정 전의 구 국세기본법 제45조의2 제1항은 경정청구기간을 법정신고기한 경과 후 2년 이내로 규정하고 있었으나, 위와 같이 개정된 국세기본법 제45조의2 제1항은 경정청구기간을 법정신고기한 경과 후 3년 이내로 규정하는 한편 그 부칙 제2항에서 종전의 규정에 따른 경정청구기간이 경과하지 아니한 결정 또는 경정의 청구에 관하여는 개정규정을 적용한다고 하고 있으므로, 위 개정 국세기본법 시행일인 2005. 7. 13. 현재 그 결정 또는 경정의 경정청구기간이 경과하지 아니한 경우에는 그 경정청구기간이 3년으로 연장되었다.”

“2004 사업연도 법인세의 경우에는 그 법정신고기한인 2005. 3. 31.부터 그 경정청구기간이 경과하기 전인 2006. 12. 5. 이 사건 증액경정처분이 있었으므로, 원고는 이 사건 증액경정처분에 의하여 증액된 세액뿐만 아니라 당초 신고한 세액에 대해서도 취소를 구할 수 있다고 할 것임에도, 이와 달리 원심은 2004 사업연도 법인세에 대한 증액경정처분이 제1차 감액경정처분에 의해 취소되어 더 이상 존재하지 아니한다고 전제한 다음 그 취소를 구하는 청구를 부적법하다고 배척하였으니, 이러한 원심의 판단에는 구 국세기본법 제22조의2 제1항에 관한 법리를 오해함으로써 판결에 영향을 미친 잘못이 있다. 이 부분 상고이유는 이유 있다.”

III. 납세의무의 확장

납세의무자는 통상 과세요건을 충족한 자이지만 국세기본법은 조세수입을 확보하기 위하여, 납세의무를 승계시키거나 납세의무자를 확대하거나 또는 납세의무자와 관련이 있는 자에게 제2차납세의무를 부담시키는 규정을 두고 있다.

1. 납세의무의 승계[60]

'납세의무의 승계'란 국세 및 강제징수비에 대하여 본래의 납세의무자 이외의 타자에게 납세의무를 승계하는 것을 말한다. 회사의 합병[61] 및 상속의 경우에 납세의무가 포괄적으로 승계된다.[62] 법인이 합병한 경우 합병 후 존속하는 법인 또는 합병으로 설립된 법인은 합병으로 소멸된 법인에 부과되거나 그 법인이 납부할 국세 및 강제징수비를 납부할 의무를 진다(국기법 제23조). 상속이 개시된 때에 그 상속인은 피상속인에게 부과되거나 그 피상속인이 납부할 국세 및 강제징수비를 상속으로 받은 재산의 한도에서 납부할 의무를 지고(국기법 제24조 제1항), 상속인이 2명 이상일 때에는 상속을 받은 재산의 한도에서 연대하여 납부할 의무를 지며(국기법 제24조 제3항), 피상속인에게 한 처분 또는 절차는 상속으로 인한 납세의무를 승계하는 상속인에 대해서도 효력이 있다(국기법 제24조 제6항).

국세기본법 제23조와 제24조에서 '부과되거나 납부할 국세 및 강제징수비'라 함은 합병 또는 상속으로 인하여 소멸된 법인 또는 피상속인에게 귀속되는 국세 및 강제징수비와 조세법에 정한 납세의무의 확정절차에 따라 장차 부과되거나 납부하여야 할 국세 및 강제징수비를 말한다.[63] 이와 같이 해석하면 '부과되거나 납부할 국세 및 강제징수비'에는 납세의무가 확정된 경우는 물론이고 납세의무가

---

60) 제5회 변호사시험(2문)에서 '상속으로 인한 납세의무 승계'에 관한 문제가 출제된 바 있다.
61) 합병이란 상법의 절차에 따라 2개 이상의 회사가 1개의 회사만 존속하고 나머지 회사들이 소멸하거나 전부 소멸하여, 청산절차를 거치지 아니하고 소멸회사의 모든 재산(소극재산·적극재산)을 존속회사 또는 신설회사가 포괄적으로 이전하고 사원을 승계하는 완전한 기업결합의 형태를 말한다.
62) 대법원 1980. 3. 25. 선고 77누265 판결 등 참조.
63) 국기법 기본통칙 23-0…2 참조.

성립하였지만 아직 확정되지 아니한 것도 포함된다.

상속의 경우, 적법하게 상속을 포기한 자는 국세기본법 제24조 제1항의 '상속인'에 포함되지 아니한다.[64] 또한 상증세법 제8조에 따라 상속재산으로 '보는' 피상속인이 보험계약자이고 상속인이 보험수익자인 보험금은, 보험수익자가 가지는 보험금지급청구권이 본래 상속재산이 아니라 상속인의 고유재산이기 때문에 국세기본법 제24조 제1항에서 정하는 상속으로 '받은' 재산에는 포함되지 않는다.[65]

그러나 국세기본법 제24조 제1항에 따른 납세의무의 승계를 피하면서 재산을 상속받기 위하여 피상속인이 상속인을 수익자로 하는 보험계약을 체결하고 피상속인의 사망으로 상속인이 보험금을 받은 경우로서, ① 민법 제1019조 제1항에 따라 상속을 한정승인 또는 포기한 상속인이 보험금을 받은 경우(보험금 전액) 및 ② 피상속인이 국세 또는 강제징수비를 체납한 상태에서 해당 보험의 보험료를 납입하고 상속인(민법 제1019조 제1항에 따라 상속을 한정승인 또는 포기한 상속인 제외)이 보험금을 받은 경우(보험금 일부[66]))에는 해당 보험금의 전액 또는 일부를 상속받은 재산으로 보아 상속세를 과세한다(국기법 제24조 제2항).

2. 연대납세의무[67]

가. 연대납세의무의 의의 및 종류

'연대납세의무'란 국세 및 강제징수비에 대하여 2인 이상의 납세의무자에게 연대책임을 부과하는 것을 말한다. 조세법상 연대납세의무를 지는 경우는 다음과 같다.

(1) 국세기본법상 연대납세의무(제25조)

① 공유물(공동명의)이나 공동사업 또는 그 공동사업에 속하는 재산에 관계되

---

64) 대법원 2013. 5. 23. 선고 2013두1041 판결.
65) 상동.
66) 보험료 납입기간 중 국세 등을 체납한 기간의 비율에 비례하는 보험금을 말한다.
67) 제5회 변호사시험(2문)에서 '상속세 연대납세의무자에 대한 납부고지'에 관한 문제가 출제된 바 있다.

는 국세 및 강제징수비

② 법인이 분할되거나 분할합병된 후 분할법인이 존속하는 경우 분할등기일 이전에 분할법인에 부과되거나 납세의무가 성립한 국세 및 강제징수비. 분할법인, 분할신설법인 및 존속하는 분할합병의 상대방 법인이 분할로 승계된 재산가액을 한도로 연대하여 납부할 의무

③ 법인이 분할 또는 분할합병한 후 소멸하는 경우 분할법인에 부과되거나 분할법인이 납부하여야 할 국세 및 강제징수비. 분할신설법인 및 분할합병의 상대방 법인이 분할로 승계된 재산가액을 한도로 연대하여 납부할 의무

④ 「채무자 회생 및 파산에 관한 법률」(이하 '채무자회생법'이라 한다)에 의한 신회사 설립[68]의 경우 기존의 법인에 부과되거나 납세의무가 성립한 국세 및 강제징수비

(2) 개별조세법상 연대납세의무

① 법인세법상 연결법인은 각 연결사업연도의 소득에 대한 법인세를 연대하여 납부할 의무가 있다(법법 제3조 제3항).

② 법인이 해산한 경우에 원천징수하여야 할 법인세 또는 소득세를 징수하지 아니하였거나 징수한 법인세 또는 소득세를 납부하지 아니하고 잔여재산을 분배한 때에는 청산인과 잔여재산을 분배받은 자가 각각 그 분배한 재산의 가액과 분배받은 재산의 가액을 한도로 그 법인세 또는 소득세를 연대하여 납부할 책임을 진다(법법 령 제116조 및 소법 제157조 제1항).

③ 소득세법상 거주자 1인과 그의 특수관계인이 공동사업자에 포함되어 있는 경우로서 손익분배비율을 거짓으로 정하는 등 법정사유가 있는 경우에는 그 특수관계인의 소득금액은 손익분배비율이 큰 공동사업자의 소득금액으로 보아 과세하는데(소법 제43조 제3항), 이 경우 그 특수관계인은 공동사업의 손익분배비율에 해당하는 그의 소득금액을 한도로 연대하여 납세의무를 진다(소법 제2조의2 제1항 단서).

④ 상증세법상 상속인 또는 수유자는 자기가 상속받은 재산을 한도로 상속세

---

68) 채무자회생법상 '신회사 설립'은 도산기업의 실추된 신용도와 기업이미지로는 갱생이 어려울 수 있다는 점을 감안하여 상법상 회사설립의 특례로서 도산기업에 의한 신회사의 설립을 인정하고 있는 제도이다.

연대납부의무를 진다(상증세법 제3조의2 제3항).[69]

⑤ 상증세법상 증여자는 ⅰ. 수증자의 주소나 거소가 분명하지 아니한 경우로서 조세채권을 확보하기 곤란한 경우, ⅱ. 수증자가 증여세를 납부할 능력이 없다고 인정되는 경우로서 체납으로 인하여 강제징수를 하여도 조세채권을 확보하기 곤란한 경우, 및 ⅲ. 수증자가 비거주자인 경우에는 수증자가 납부할 증여세를 연대하여 납부할 의무를 진다(상증세법 제4조의2 제6항).

나. 민법상 연대채무에 관한 규정의 준용 및 한계

연대납세의무에는 연대채무에 관한 민법의 규정들이 준용된다(국기법 제25조의2). 연대채무란 수인의 채무자가 동일한 내용의 급부에 관하여 각자 독립하여 전부의 급부를 할 채무를 부담하고, 그 중 1인의 급부가 있으면 다른 채무자도 채무를 면하는 채무관계이다. 과세관청은 어느 연대납세의무자에 대하여 또는 동시나 순차로 모든 연대납세의무자에 대하여 조세채무의 전부나 일부의 이행을 청구할 수 있고(민법 제414조), 이 경우 어느 연대납세의무자에 대한 이행청구는 다른 연대납세의무자에게도 효력이 있다(민법 제416조).

여기에서 문제되는 것이 이행청구의 효력이 미치는 범위인데, 이에 대해 판례는 "연대납세의무자의 상호연대관계는 이미 확정된 조세채무의 이행에 관한 것이지 조세채무 자체의 확정에 관한 것은 아니므로, 연대납세의무자라 할지라도 각자의 구체적 납세의무는 개별적으로 확정함을 요하는 것이어서 연대납세의무자 각자에게 개별적으로 구체적 납세의무 확정의 효력발생요건인 부과처분의 통지가 있어야 하고, 따라서 연대납세의무자의 1인에 대하여 납부고지를 하였다고 하더라도 이로써 다른 연대납세의무자에게도 부과처분의 통지를 한 효력이 발생한다고 할 수는 없다"라고 판시하였다.[70] 국세기본법은 이러한 판례의 취지를 반영하여 연대납세의무의 고지와 독촉에 관한 서류는 연대납세의무자 모두에게 각각 송달하도록 규정하고 있다(국기법 제8조 제2항).[71]

---

69) 상속세의 과세방식은 상속세를 자산세로 보고 평생 누적된 조세관계를 청산한다는 취지의 유산세제방식과 상속세를 수익세로 보고 피상속인의 사망을 계기로 하는 재산 취득에 대하여 과세한다는 유산취득세제방식이 있다. 한국의 상속세는 유산세제방식을 취하고 있고, 상속인은 상속재산의 점유비율에 따라 납세하고 상속받은 범위내에서 연대납세의무를 진다.

70) 대법원 1998. 9. 4. 선고 96다31697 판결 등.

3. 제2차납세의무

가. 의의

'제2차납세의무'란 납세의무자의 재산에 대하여 강제징수를 하여도 그가 납부하여야 할 국세 및 강제징수비를 충당하기에 부족한 경우, 그 납세의무자와 특정한 관계에 있는 자가 그 부족액에 대하여 보충적으로 지도록 하는 납세의무를 말한다. 납세의무자의 재산이 국세 및 강제징수비를 충당하기에 부족한지 여부를 판단함에 있어서는, 실제로 강제징수을 하지 않았더라도 부족액이 발생할 것이라고 객관적으로 인정되는 경우라면 해당 요건을 충족하는 것으로 본다.[72]

제2차납세의무자가 다수인 경우에는, 각자가 본래의 납세의무자의 체납세액에 대하여 독립하여 제2차납세의무를 부담하는 것이고 1개의 제2차납세의무에 대하여 납세의무자가 수인이 되는 경우가 아니기 때문에, 각자가 본래의 납세의무자의 체납세액 전액에 대하여 제2차납세의무를 부담한다.[73] 한편 제2차납세의무자가 납세의무를 이행한 경우에는 본래의 납세의무자에 대하여 구상권을 가진다.

나. 종류

제2차납세의무로는 (1) 청산인 등의 제2차납세의무(국기법 제38조), (2) 출자자의 제2차납세의무(국기법 제39조), (3) 법인의 제2차납세의무(국기법 제40조) 및 (4) 사업양수인의 제2차납세의무(국기법 제41조)가 있다.

(1) 청산인 등의 제2차납세의무(제38조)

① 개요

법인이 해산하여 청산[74]하는 경우에 그 법인에 부과되거나 그 법인이

---

71) 이태로·한만수, 앞의 책, 101면 참조.
72) 대법원 1996. 2. 23. 선고 95누14756 판결 등.
73) 대법원 1996. 12. 6. 선고 95누14770 판결.
74) 청산이란 해산에 의하여 본래의 활동을 정지한 법인의 후속처리를 위하여 재산관계를 정리하는 것을 말한다. 해산이란 존속사유를 잃은 법인이 권리능력을 상실하는 것을 말한다. 해산사유로는 해산명령·판결, 존속기간, 구성원의 해산결의 등이 있고, 해산한 법인은 청산의 목적범위 내에서 권리능력을 가진다.

납부할 국세 및 강제징수비를 납부하지 아니하고 해산에 의한 잔여재산을 분배하거나 인도하였을 때에 그 법인에 대하여 강제징수를 하여도 징수할 금액에 미치지 못하는 경우에는 청산인 또는 잔여재산을 분배받거나 인도받은 자는 그 부족한 금액에 대하여 제2차납세의무를 진다.

② 요건

제2차납세의무의 요건은 국세 및 강제징수비를 납부하지 아니하고 잔여재산을 분배 또는 인도한 경우이다.

③ 제2차납세의무자

제2차납세의무자는 청산인 또는 잔여재산을 분배받거나 인도받은 자이다. 청산인은 과실책임을 부담하는 것이고 잔여재산을 분배 또는 인도받은 자는 부당이득을 반환하는 것으로 보아야 할 것이다.[75]

④ 한도

제2차납세의무의 한도는 청산인의 경우 분배·인도한, 잔여재산을 분배 또는 인도받은 자의 경우 분배·인도받은 부분이다.

(2) 출자자의 제2차납세의무(국기법 제39조)[76]

① 개요

법인(주권상장법인 제외)의 재산으로 그 법인에 부과되거나 그 법인이 납부할 국세 및 강제징수비에 충당하여도 부족한 경우에는 그 국세의 납세의무 성립일 현재 해당 법인의 무한책임사원 또는 과점주주나 과점조합원은 부족한 금액에 대하여 제2차납세의무를 진다.

② 요건

제2차납세의무의 요건은 법인의 재산으로 국세 및 강제징수비에 충당하여도 부족한 경우이다.

③ 제2차납세의무자

제2차납세의무자는 그 국세의 납세의무 성립일 현재의 무한책임사원 또는 과점주주나 과점조합원이다.

---

75) 이태로·한만수, 앞의 책, 102－103면.
76) 제4회 변호사시험(1문)과 제9회 변호사시험(1문)에서 '출자자의 제2차납세의무'에 관한 문제가 출제된 바 있다.

ⅰ. 무한책임사원: 합명회사의 사원과 합자회사의 무한책임사원이 제2차납
세의무자이다.

ⅱ. 과점주주: 주주 또는 유한책임사원 1인과 1. 친족관계, 2. 경제적 연관
관계 또는 3. 경영지배관계에 있는 특수관계인(국기법 령 제18조의2)으로
서, 1. 그들의 소유주식 또는 출자액의 합계가 해당 법인의 발행주식총
수 또는 출자총액의 100분의 50을 초과하면서[77] 2. 그 법인의 경영에
대하여 지배적인 영향력을 행사하는 자들이 제2차납세의무자이다.[78][79]

ⅲ. 과점조합원: 영농조합법인 또는 영어조합법인의 조합원 1명과 그의 특
수관계인으로서 그들의 출자액의 합계가 해당 조합의 출자총액의 100
분의 50을 초과하는 자들이 제2차 납세의무자이다. 다만, 조합원 간에
손익분배비율을 정한 경우로서 그 손익분배비율이 출자액의 비율과
다른 경우에는 조합원 1명과 그의 특수관계인으로서 그들의 손익분배
비율의 합계가 100분의 50을 초과하는 자들을 과점조합원으로 한다.

④ 제2차납세의무의 한도

ⅰ. 무한책임사원: 무한책임사원의 경우에는 부족한 금액 전액에 대하여
제2차납세의무를 진다.

ⅱ. 과점주주 또는 과점조합원: 과점주주 또는 과점조합원의 경우에는 부
족한 금액을 그 법인의 발행주식 총수(의결권 없는 주식 제외) 또는 출자
총액으로 나눈 금액에 해당 과점주주 또는 과점조합원이 실질적으로
권리를 행사하는 주식(의결권 없는 주식 제외)의 수 또는 출자액을 곱하
여 산출한 금액을 한도로 제2차납세의무를 진다.

---

77) "과점주주에 해당하는지 여부를 판단함에 있어 과세관청은 주주명부나 주식이동상황명세서 또
는 법인등기부등본 등 자료에 의하여 주식의 소유사실을 증명하면 되고, 주주명의를 도용당하
였거나 실질소유주의 명의가 아닌 차명으로 등재되었다는 등의 사정으로 과점주주가 아님을 주
장하는 경우에는 그 명의자가 승명하여야 한다", 대법원 2004. 7. 9. 선고 2003두1615 판결.

78) "국세기본법 제39조 제2호에 의하여 법인의 주주에 대하여 제2차납세의무를 부담시키기 위하
여는 과점주주로서 그 법인의 운영을 실질적으로 지배할 수 있는 위치에 있음을 요하며 형식상
법인의 주주명부에 주주로 등재되어 있는 사유만으로 곧 과점주주라고 하여 제2차납세의무를
부담시킬 수 없다", 대법원 1989. 12. 12. 선고 88누9909 판결.

79) "국세기본법 제39조 제2호 규정의 입법취지와 개정경과 등에 비추어 보면, 위 규정에서 말하는
'100분의 50을 초과하는 주식에 관한 권리 행사'에 해당하기 위해서는 현실적으로 주주권을 행
사한 실적은 없더라도 적어도 납세의무 성립일 당시 소유하고 있는 주식에 관하여 주주권을 행
사할 수 있는 지위에는 있어야 한다", 대법원 2012. 12. 26. 선고 2011두9287 판결.

(3) 법인의 제2차납세의무(제40조)

① 개요

국세(둘 이상의 국세의 경우에는 납부기한이 뒤에 오는 국세)의 납부기간 만료일 현재 법인의 무한책임사원 또는 과점주주의 재산(그 법인의 발행주식 또는 출자지분 제외)으로 그 출자자가 납부할 국세 및 강제징수비에 충당하여도 부족한 경우에는 그 법인은 그 부족한 금액에 대하여 제2차납세의무를 진다.

② 요건

제2차납세의무의 요건은 출자자의 재산으로 국세 및 강제징수비에 충당하여도 부족하고, ⅰ. 그 출자자의 소유주식 또는 출자지분을 재공매 또는 수의계약[80])에 의하여도 매수희망자가 없는 경우, ⅱ. 법인이 외국법인인 경우로서 그 출자자의 소유주식 또는 출자지분이 외국에 있는 재산에 해당하여 국세징수법에 따른 압류 등 강제징수가 제한되는 경우 또는 ⅲ. 법률 또는 그 법인의 정관에 의하여 그 출자자의 소유주식 또는 출자지분의 양도가 제한된 경우이다.

③ 제2차납세의무자

제2차납세의무자는 그 국세의 납부기간(지정납부기한) 만료일 현재의 법인이다.

④ 한도

ⅰ. 무한책임사원의 경우: 무한책임사원에 대해서는 부족한 금액 전액에
   대하여 제2차납세의무를 진다.

ⅱ. 과점주주의 경우: 과점주주에 대해서는 소유주식 또는 출자지분 가액
   의 순자산가치 한도, 즉 '[(자산총액 − 부채총액) / 발행주식총액(출
   자총액)] × 소유주식금액(출자액)'을 한도로 제2차납세의무를 진다.

---

80) 수의계약이란 입찰·공매 등의 경쟁방법에 의하지 아니하고 임의로 적당한 상대자와 체결하는
   계약으로, 경쟁계약에 상대되는 용어이다. 수의계약에도 경쟁참가자를 제한하지 않는 일반 수
   의계약과 경쟁참가자를 제한하는 지명 수의계약이 있다.

(4) 사업양수인의 제2차납세의무(제41조)[81]

① 개요

사업이 양도·양수된 경우[82]에 양도일 이전에 양도인의 납세의무가 확정[83]된 그 사업에 관한 국세 및 강제징수비를 양도인의 재산으로 충당하여도 부족한 경우 사업양도인과 특수관계에 있는 사업양수인 등은 그 부족한 금액에 대하여 양수한 재산의 가액을 한도로 제2차납세의무를 진다.

② 요건

제2차납세의무의 요건은 사업양도인의 재산으로 사업양도일 이전에 양도인의 납세의무가 확정된 사업에 관한 국세 및 강제징수비에 충당하여도 부족한 경우이다.

③ 제2차납세의무자

제2차납세의무자는 사업장별로 그 사업에 관한 모든 권리(미수금에 관한 것 제외)와 모든 의무(미지급금에 관한 것 제외)[84]를 포괄적으로 승계한 자로서, ⅰ. 양도인과 특수관계인인 자 또는 ⅱ. 양도인의 조세회피를 목적으로 사업을 양수한 자이다(국기법 령 제22조).[85] 경매의 경우에도 사업 전부를 포괄적으로 양수하였다고

---

81) 제2회 변호사시험(2문)과 제11회 변호사시험(1문)에서 '사업양수인의 제2차납세의무'에 관한 문제가 출제된 바 있다. 특히 제11회 변호사시험(1문)에서는 사실혼 관계에 있는 자의 제2차납세의무자 적격 여부, 제2차납세의무에 대한 제척기간의 기산일 등이 주된 쟁점이었다. 국세기본법상 특수관계인에 해당하는 배우자에는 사실상의 혼인관계에 있는 자가 포함된다(국기법 제2조 제20호 가목 및 동법 령 제1조의2 제1항 제3호).

82) 판례는 약간의 표현만 달리할 뿐 '이전재산의 일체성'과 '영업의 동일성 유지'를 필수적인 개념 요소로 하면서, 국세기본법상 사업양수도의 개념에 관하여 상법상 영업양도의 개념을 차용하여 해석하고 있다.

83) 부가가치세 과세표준과 세액의 예정신고를 한 때에 그 세액에 대한 납세의무가 확정되었다고 할 것이므로 구 국세기본법 제41조 제1항에서 말하는 '사업양도일 이전에 양도인의 납세의무가 확정된 당해 사업에 관한 국세'에는 사업양도일 이전에 당해 사업에 관하여 예정신고가 이루어진 부가가치세도 포함된다, 대법원 2011. 12. 8. 선고 2010두3428 판결.

84) 채권양도와 채무인수는 상법상 영업양도 내지는 국세기본법상 사업양수도를 구성하는 본질적인 요소가 아니다.

85) 2019년 국세기본법 시행령 제22조 개정으로 적용대상인 사업의 양도·양수의 범위가 크게 좁아졌다. 경제적 실질에 따라 과세한다는 실질과세의 원칙을 고려한다면 국세기본법상 사업양수도의 개념을 상법상 영업양도의 개념보다 유연하게 해석할 필요가 있고, 적용대상인 사업의 양도·양수의 범위를 크게 좁혀 놓은 2019년 국세기본법 제22조의 개정이 그러한 여지를 만들어 주었다, 한병기, "사업양수인의 제2차납세의무의 과세요건인 '사업양수'에 관한 연구 ― 2019년 개정된 국세기본법 시행령 제22조를 중심으로 ―", 조세법연구, 제26권 제1호, 2020, 55−58면

인정되면 경락인이 2차납세의무를 부담하게 될 수 있다.[86]

④ **한도**

제2차납세의무의 한도는 양수한 재산의 가액, 즉 양수한 재산의 약정가액 또는 순자산가치(국기법 령 제23조 제2항)이다.

(5) 신탁 관련 제2차납세의무

① **법인과세 신탁재산[87] 수익자의 법인세에 대한 제2차납세의무(법법 제75조의11 제2항)**

재산의 처분 등에 따라 법인과세 수탁자가 법인과세 신탁재산의 재산으로 그 법인과세 신탁재산에 부과되거나 그 법인과세 신탁재산이 납부할 법인세 및 강제징수비를 충당하여도 부족한 경우에는 그 신탁의 수익자는 분배받은 재산가액 및 이익을 한도로 그 부족한 금액에 대하여 제2차납세의무를 진다.

② **수익자의 부가가치세에 대한 제2차납세의무(부가세법 제3조의2)**

수탁자가 납부하여야 하는 부가가치세 및 강제징수비를 신탁재산으로 충당하여도 부족한 경우에는 그 신탁의 수익자는 지급받은 수익과 귀속된 재산의 가액을 합한 금액을 한도로 하여 그 부족한 금액에 대하여 납부할 의무를 진다.

다. 제2차납세의무와 기준시기[88] – 출자자의 제2차납세의무를 중심으로

(1) 제2차납세의무자의 적격 여부

출자자의 제2차납세의무자 적격 여부는 주된 납세의무 성립일 현재를 기준으로 판단한다(국기법 제39조 본문 등 참조).[89] 그 밖의 경우에는 제2차납세의무자의 적격 여부를 판단함에 있어 시점이 따로이 문제되지 아니한다. 납세의무자의

참조.

86) 대법원 2002. 6. 14. 선고 2000두4095 판결.

87) 법인과세 신탁재산이란 수탁자의 선택에 의하여 조세법상 법인처럼 취급되는 신탁재산을 말한다(법법 제75조의10 이하). 법인과세 신탁재산 제도는 신탁법상의 목적신탁, 수익증권발행신탁, 유한책임신탁 등에 한하여 적용된다.

88) 제11회 변호사시험(1문)에서 '제2차납세의무에 대한 제척기간의 기산일, 제2차납세의무의 성립일(국기법 제26조의2 및 제41조)'에 관한 문제가 출제된 바 있다.

89) 대법원 1982. 5. 11. 선고 80누223 판결.

적격과 관련하여, 제2차납세의무자 지정처분은 처분성이 없으므로 항고소송의 대상이 되지 아니한다.[90]

(2) 제2차납세의무의 성립

제2차납세의무의 성립시기는 주된 납세의무자의 체납 등의 사실이 발생한 이후이다.[91] 보다 정확하게는 체납 등 이후 주된 납세의무에 징수부족액이 발생한 경우이다. 통상적으로 체납은 납부고지서에 의하여 지정한 납기일, 즉 지정납부기한 다음날부터 발생한다.[92]

(3) 제2차납세의무의 확정

제2차납세의무자에 대한 지정처분이 있고, 뒤이은 납부고지(납부고지서의 도달)에 의하여 제2차납세의무가 확정된다.

(4) 제2차납세의무 적격, 성립 및 확정의 프로세스

제2차납세의무자의 적격 여부는 주된 납세의무의 성립일 현재 등을 기준으로 판단한다. 주된 납세의무의 지정납부기한(납기일)이 도과(체납)하여 주된 납세의무에 징수부족액이 발생하면 제2차납세의무가 성립한다. 이어서 제2차납세의무자의 지정처분이 있게 되고 납부고지(납부고지서의 도달)에 의하여 제2차납세의무에 대한 확정의 효력이 발생한다.

(5) 법정기일

국세우선의 원칙과 관련하여, 제2차납세의무자의 재산에서 징수하는 국세의 법정기일은 제2차납세의무자에 대한 납부고지서의 발송일이다(국기법 제35조 제2항 제4호).

---

90) 대법원 1985. 2. 8. 선고 84누132 판결.
91) 대법원 2005. 4. 15. 선고 2003두13083 판결.
92) 납부기한에는 법정신고납부기한과 지정납부기한이 있다. 신고확정방식에 의할 경우 신고납부기한을 법률에서 정하고 있고 그 기간을 경과하면 가산세를 부가하여 언제까지 납부하라고 고지하는데 그 날이 지정납부기한(30일 이내)이다. 그리고 그 날을 경과하면 체납이 되는 것이다. 부과확정방식의 경우에는 부과처분을 하는 고지서에 명기된 날이 지정납부기한이고 그 날이 경과하면 체납이 된다.

라. 징수부족액 발생 여부에 대한 판단[93]

제2차납세의무의 성립은 주된 납세의무에 징수부족액이 발생할 것을 요건으로 하는데, 일단 주된 납세의무가 체납된 이상 그 징수부족액의 발생은 반드시 주된 납세의무자에 대하여 현실로 강제징수를 집행하여 부족액이 구체적으로 생기는 것을 요하지 아니하고, 강제징수를 하면 객관적으로 징수부족액이 생길 것으로 인정되면 족하다.[94] 징수부족액 요건과 관련하여, 제2차 납세의무자에 대한 부과처분 후 주된 납세의무자가 자력을 회복하여도 그 처분의 효력에는 영향이 없다.[95]

마. 제2차납세의무와 주된 납세의무의 관계

(1) 제2차납세의무는 주된 납세의무에 갈음하여 주된 납세의무자 이외의 자에게 부과하는 종적인 납세의무이므로 그 납세의무의 성립 및 소멸과 관련하여 주된 납세의무에 대하여 부종성과 보충성을 가진다(국기법 제2조 제11호 참조). 이 중 부종성을 보면, 주된 납세의무가 무효이거나 취소되면 제2차납세의무는 무효로 되고, 주된 납세의무의 내용에 변경이 생기면 제2차납세의무의 내용이 변경되며, 주된 납세의무가 소멸하면 제2차납세의무도 소멸한다.[96] 또한 주된 납세의무자에 대한 시효의 중단은 제2차납세의무자에 대하여도 그 효력이 있다.[97]

(2) 제2차납세의무는 주된 납세의무와는 별개로 성립하여 확정되는 것이므로, 제2차납세의무자는 자신에 대한 과세처분의 하자를 이유로 제2차납세의무에 대한 과세처분을 다툴 수 있다. 또한 제2차납세의무는 주된 납세의무의 존재를 전제로 하는 것이고 주된 납세의무에 대하여 발생한 사유는 원칙적으로 제2차납세의무에도 영향을 미치므로, 제2차납세의무자는 주된 납세의무의 위법 여부에 대한 확정에 관계없이 자신에 대한 제2차납세의무 부과처분의 취소소송에서 주된

---

93) 제2회 변호사시험(2문)에서 제2차납세의무의 요건 중 '징수부족액 발생 여부'에 대한 판단에 관한 문제가 출제된 바 있다.

94) 대법원 1996. 2. 23. 선고 95누14756 판결.

95) 대법원 2004. 5. 14. 선고 2003두10718 판결.

96) 임승순·김용택, 앞의 책, 120면.

97) 대법원 1985. 11. 12. 선고 85누488 판결.

납세의무자에 대한 부과처분의 하자를 주장할 수 있다.[98] 아울러 주된 납세의무자가 제기한 전소와 제2차 납세의무자가 제기한 후소가 각기 다른 처분에 관한 것이어서 그 소송물을 달리하는 경우에는 전소 확정판결의 기판력이 후소에 미치지 아니한다.[99]

> **[관련판례] 제2차납세의무**
>
> 1. 제2차납세의무자 적격 여부 – 대법원 1982. 5. 11. 선고 80누223 판결
> 2. 제2차납세의무의 성립시기 등 – 대법원 2005. 4. 15. 선고 2003두13083 판결
> 3. 제2차납세의무자 지정처분 – 대법원 1985. 2. 8. 선고 84누132 판결
> 4. 사업양수인의 제2차납세의무 – 대법원 2011. 12. 8. 선고 2010두3428 판결

---

1. 제2차납세의무자 적격 여부 – 대법원 1982. 5. 11. 선고 80누223 판결

(1) 사실관계[100]

피고 충무세무서장은 1977. 9. 소외 주식회사 금창에 대한 1973년부터 1975년까지의 법인소득 누락분을 조사한 결과 1973년도분 700만 원, 1974년도분 1,200만 원 및 1975년도분 800만 원의 소득누락분을 각 적출하여, 위 회사에 소득금액 변동통지를 하는 한편 위 각 누락분의 소득이 귀속불분명이라는 이유로 당시 시행되던 법인세법 시행령(1978. 4. 24. 개정 전 법률) 제94조(현행 제67조)에 따라 이를 대표자에 대한 상여로 보아 이에 대하여 위 회사가 원천징수하여야 할 갑종근로소득세액을 1,400만 원으로 산출하고 그에 대한 원천징수납부불이행 가산세 70만 원을 위 회사에 부과하였으나 납부하지 않았고, 그 재산으로 위 가산세에 충당하여도 부족하자 원고가 위 회사의 과점주주라는 이유로 1977. 11. 13 원고를 위 가산세에 대한 제2차납세의무자로 지정하여 이를 부과고지하였다.

이에 대해 원고는 위 회사의 총 주식 30,000주(1주당 액면 1,000 원)중 원고가 10,000주, 원고의 처 甲이 4,000주, 그 동생 乙이 3,500주를 소유하고 있었으나, 1977. 3. 21 乙이 그 소유주식 전부를 타에 처분한 결과 위 소득금액 변동통지가

---

98) 대법원 2009. 1. 15. 선고 2006두14926 판결.
99) 대법원 1996. 4. 26. 선고 95누5820 판결; 2009. 1. 15. 선고 2006두14926 판결 참조.
100) 소득금액변동통지와 소득처분에 관한 상세한 내용에 대해서는 '제2편 제2장 법인세법'을 참조할 것.

있은 1977. 9.에는 국세기본법 제39조 제1호 및 동 시행령 제20조의 과점주주가 아니었다고 주장하면서 과세처분취소를 청구한 사건이다.

〈쟁점〉
 - 출자자의 제2차납세의무자 적격 여부의 판단 기준시기
 - 원천징수 납세의무의 성립시기

(2) 판결내용

"국세기본법 제39조에 의하면 법인의 주주가 그 법인의 국세에 대한 제2차납세의무자가 되는 과점주주인가의 여부는 그 국세 납세의무의 성립일 현재를 기준으로 판단하도록 되어 있고, 같은 법 제21조 제2항 제1호에 의하면 원천징수하는 소득세는 그 소득금액을 지급하는 때에 납세의무가 성립하는 것으로 규정되어 있으며, 소득세법 제150조 제4항과 1977. 9. 당시 시행되던 동 시행령(1978. 4. 24. 개정 전) 제198조(현행 소득세법 제131조 제2항, 제135조 제4항 및 동법 시행령 제192조)에 의하면 법인세법에 의하여 처분되는 상여는 당해 법인이 세무서장으로부터 소득금액변동통지서를 받은 날 지급한 것으로 보도록 규정되어 있다. 그러므로 이 사건에 있어서 위 주식회사 금창의 상여간주소득은 앞서 본 소득금액변동통지가 위 회사에 송달된 1977. 9.에 대표자에게 지급된 것으로 볼 것이며 그 때에야 비로소 위 회사의 갑종근로소득세 원천징수의무가 생기는 것이어서 그 불이행 가산세의 납세의무도 그 때 성립한다고 볼 것인바,[101] 앞서 본 바와 같이 위 납세의무 성립일 현재, 원고는 위 회사의 과점주주가 아니었으므로 원고를 위 가산세에 대한 제2차납세의무자로 지정한 처분은 위법하다."

2. 제2차납세의무의 성립시기 등 - 대법원 2005. 4. 15. 선고 2003두13083 판결

(1) 사실관계

구 국세기본법(1998. 12. 28. 개정 전) 제39조제1항은 출자자의 제2차납세의무에 관하여 규정하면서, "법인의 재산으로 그 법인에게 부과되거나 그 법인이 납부할 국세·가산금과 체납처분비(강제징수비)에 충당하여도 부족한 경우에는 그 국세의 납세의무의 성립일 현재 다음 각 호의 1에 해당하는 자는 그 부족액에 대하

---

101) 구법에서는 가산세의 성립시기를 본세의 성립시기와 같도록 규정하고 있었는데, 2018년 개정되어 현재는 가산세의 종류별로 다양한 성립시기를 규정하고 있다(국기법 제21조 제2항 제11호 참조).

여 제2차납세의무를 진다"라고만 규정하여, 제2차납세의무를 부담하는 과점주주
의 책임범위에 관하여 별도의 제한을 두지 않았다. 이에 대해 개정 국세기본법
(1998. 12. 28. 개정)은 같은 항에 단서를 신설하여, "제2호의 규정에 의한 과점주
주의 경우에는 그 부족액을 그 법인의 발행주식총수로 나눈 금액에 과점주주의 소
유주식수를 곱하여 산출한 금액을 한도로 제2차납세의무를 부담한다"라고 규정함
으로써 과점주주의 제2차납세의무의 범위를 제한하면서도, 그 개정법률 부칙에서
제39조 제1항의 개정조문에 대하여 별도의 경과규정을 두지 아니하였다. 이와 관
련하여 적용할 법령과 제2차납세의무의 성립시기가 문제된 사건이다.

〈쟁점〉
 − 조세법령이 개정되면서 그 부칙에서 개정조문과 관련하여 별도의 경과규정
   을 두지 아니한 경우 적용할 법령
 − 제2차납세의무의 성립시기

(2) 판결내용
 "구 국세기본법(1998. 12. 28. 개정 전) 제39조 제1항은 (생략) 제2차납세의무
를 부담하는 과점주주의 책임 범위에 관하여 별도의 제한을 두지 않았는데, 현행
국세기본법(1998. 12. 28. 개정, 1999. 1. 1.부터 시행)은 같은 항에 단서를 신설하
여, 제2호의 규정에 의한 과점주주의 경우에는 그 부족액을 그 법인의 발행주식총
수로 나눈 금액에 과점주주의 소유주식수를 곱하여 산출한 금액을 한도로 제2차
납세의무를 부담한다고 규정함으로써 과점주주의 제2차납세의무의 범위를 제한하
고 있으면서도, 그 개정법률 부칙에서 제39조 제1항의 개정조문과 관련하여 별도
의 경과규정을 두지 아니하였는바, 조세법령이 개정되면서 그 부칙에서 개정조문
과 관련하여 별도의 경과규정을 두지 아니한 경우에는 '납세의무가 성립한 당시'에
시행되던 법령을 적용하여야 하는 것이고,[102] 한편 제2차납세의무가 성립하기 위
하여는 주된 납세의무자의 체납 등 그 요건에 해당되는 사실이 발생하여야 하는
것이므로, 그 성립시기는 적어도 '주된 납세의무의 납부기한'이 경과한 이후라고
할 것이다."
 "원심판결 이유에 의하면, 원심은 판시와 같은 사실을 인정한 다음, 원고의 이
사건 제2차납세의무는 소외회사의 1998년도 2기분 부가가치세에 대한 것으로서,
그 성립시기는 적어도 주된 납세의무자인 소외회사의 체납사실이 발생한 이후라고
할 것인데, 소외회사의 위 부가가치세 납세의무의 납부기한은 피고가 1999. 3. 15.

---
102) 개정 전후 법령의 적용에 있어서 일반 행정소송에서는 통상 처분 시 법령을 기준으로 하지만,
    조세쟁송에서는 납세의무 성립시점의 법령을 기준으로 한다.

경 납부고지서에 의하여 지정한 납기일인 1999. 3. 31.이라고 할 것이므로, 결국 원고의 이 사건 제2차납세의무는 개정 국세기본법의 시행일인 1999. 1. 1. 이후에 성립한 것이고, 따라서 원고의 이 사건 제2차납세의무의 범위 등에 관하여는 그 납세의무가 성립한 당시에 시행되는 법령인 개정 국세기본법이 적용된다고 판단하였다.

위의 법리와 기록에 비추어 살펴보면, 원심의 위와 같은 사실인정과 판단은 정당하고, 거기에 상고이유에서 주장하는 바와 같은 제2차납세의무에 대하여 적용될 법령에 관한 법리오해 등의 위법이 있다고 할 수 없다."

3. 제2차납세의무자 지정처분 - 대법원 1985. 2. 8. 선고 84누132 판결

(1) 사실관계

피고는 원고를 국세기본법 제39조 제2호 동시행령 제20조의 규정에 의한 소외 주식회사 하이타운백화점의 과점주주로 보고, 위 백화점이 체납한 국세(1980년도분부터 1982년도분까지 부가가치세 및 1982년도분 법인세와 방위세) 3천8백만 원에 대하여 원고를 제2차납세의무자로 지정하고, 원고에게 위 체납국세에 대한 납부고지처분을 하였다. 이에 원고가 위 처분들의 고지를 받은 일도 없고, 또 위 백화점의 주주도 아니며(원고의 동생이 원고의 승낙 없이 임의로 원고를 주주로 등재한 것임), 그 경영에 관여한 바도 없으므로 위 처분은 위법이라는 이유로 그 취소를 청구한 사건이다.

〈쟁점〉
제2차납세의무자 지정처분이 항고소송의 대상이 되는 행정처분인지 여부

(2) 판결내용

"국세기본법 제39조에 의한 제2차납세의무는 주된 납세의무자의 체납 등 그 요건에 해당하는 사실의 발생에 의하여 추상적으로 성립하고 납부고지에 의하여 고지됨으로써 구체적으로 확정된다고 할 것이니 구체적으로 납세의무가 발생하지 아니하는 위 제2차납세의무자 지정처분은 항고소송의 대상이 되는 행정처분이라고 볼 수 없으므로 이 사건 원고청구중 제2차납세의무자 지정처분의 취소를 구하는 부분은 그 주장 자체에 의하여 부적법한 소임이 명백한 바, 원심이 이를 바로 각하하지 아니하고 마치 위 제2차납세의무자 지정처분이 항고소송의 대상이 될 수 있는 것처럼 위 처분에 대한 전치절차의 이행 여부까지 심리판단 하였음은 항고소송의 대상이 되는 행정처분에 관한 법리를 오해한 잘못이 있다 하겠으나 이와

같은 잘못은 원고의 이 부분 소를 각하한 원심판결에 영향이 없으므로 원심판결을 파기할 사유로는 되지 아니한다."

4. 사업양수인의 제2차납세의무 - 대법원 2011. 12. 8. 선고 2010두3428 판결

(1) 사실관계

원고는 2007.11.15. 주식회사 프리머스화정으로부터 고양시 소재 씨네플러스 영화관 운영사업에 관한 권리와 의무를 포괄하여 양수하였다. 프리머스는 2007. 10. 24. 이 사건 사업에 관하여 2007년 제2기 예정신고기간(2007. 7. 1.부터 9. 30.까지)의 부가가치세 4천만 원을 예정신고하였으나 이를 납부하지는 않았다. 피고는 2007. 12. 5. 프리머스에 이 사건 부가가치세와 그에 대한 납부불성실가산세 1백만 원 합계 4천1백만 원의 납부를 고지하면서 납부기한을 2007. 12. 31.로 정하였다. 프리머스가 그 납부기한이 경과하도록 이 사건 부가가치세와 가산세를 납부하지 아니하자, 피고는 2008. 5. 8. 원고를 제2차납세의무자로 지정하여 원고에게 이 사건 부가가치세 및 가산세와 이에 대한 가산금 1백만 원 및 중가산금 2백만 원 합계 4천4백만 원을 부과하는 처분을 하였다.

〈쟁점〉

국세기본법 제41조 제1항에서 정한 '사업양도일 이전에 양도인의 납세의무가 확정된 당해 사업에 관한 국세'에 사업양도일 이전에 당해 사업에 관하여 예정신고가 이루어진 부가가치세도 포함되는지 여부

(2) 판결내용

"구 국세기본법(2010.1.1. 법률 제9911호로 개정 전) 제41조 제1항, 구 국세기본법 시행령(2007. 12. 31. 대통령령 제20516호로 개정 전) 제22조는 사업의 양도·양수가 있는 경우에 양도일 이전에 양도인의 납세의무가 확정된 당해 사업에 관한 국세·가산금과 체납처분비(강제징수비)를 양도인의 재산으로 충당하여도 부족이 있는 때에는 그 사업에 관한 권리와 의무를 포괄적으로 승계한 양수인은 그 부족액에 대하여 양수한 재산의 가액을 한도로 제2차납세의무를 진다고 규정하고, 구 국세기본법 제22조, 구 국세기본법 시행령 제10조의2 제1호 본문은 부가가치세에 있어서는 과세표준과 세액을 정부에 신고하는 때에 그 세액이 확정된다고 규정하고 있다. 그리고 구 부가가치세법(2007. 12. 31. 법률 제8826호로 개정 전) 제18조 제1항, 제4항은 사업자는 제1기분 예정신고기간(1. 1.부터 3. 31.까지)과 제2

기분 예정신고기간(7. 1.부터 9. 30.까지)이 각 종료한 후 25일 이내에 당해 예정
신고기간에 대한 과세표준과 세액을 사업장 관할세무서장에게 신고하고 그 세액
을 납부하여야 한다고 규정하고, 제23조 제1항은 사업장 관할세무서장은 사업자
가 예정신고를 하는 때에 신고한 세액에 미달하게 납부한 경우에는 그 미달한 세
액을 국세징수의 예에 의하여 징수한다고 규정하고 있으며, 구 부가가치세법 시행
령(2008. 2. 29. 개정 전) 제65조 제1항 제1호 단서는 예정신고에서 이미 신고한
내용은 확정신고의 대상에서 제외한다고 규정하고 있다.103)

구 국세기본법 제22조, 구 국세기본법 시행령 제10조의2 제1호 본문이 부가가
치세 납세의무의 확정시기를 과세표준과 세액을 정부에 신고하는 때로 규정하면
서 그 신고의 범위에서 예정신고를 제외하고 있지 않은 점, 납세의무의 확정이란
추상적으로 성립된 납세의무의 내용이 징수절차로 나아갈 수 있을 정도로 구체화
된 상태를 의미하는데, 예정신고를 한 과세표준과 세액은 구 부가가치세법 시행령
제65조 제1항 단서 에 의하여 확정신고의 대상에서 제외되므로 그 단계에서 구체
화되었다고 할 수 있을 뿐만 아니라 구 부가가치세법 제23조 제1항에 의하여 그
에 대한 징수절차로 나아갈 수 있는 점 등을 고려하여 볼 때, 부가가치세 과세표
준과 세액의 예정신고를 한 때에 그 세액에 대한 납세의무가 확정되었다고 할 것
이므로 구 국세기본법 제41조 제1항에서 말하는 '사업 양도일 이전에 양도인의 납
세의무가 확정된 당해 사업에 관한 국세'에는 사업양도일 이전에 당해 사업에 관
하여 예정신고가 이루어진 부가가치세도 포함된다고 해석함이 상당하다."

"원심판결의 이유와 원심이 적법하게 채택한 증거에 의하면, (생략) 이러한 사
실관계를 앞서 본 규정과 법리에 비추어 살펴보면, 프리머스가 2007. 10. 24. 이
사건 예정신고를 함으로써 이 사건 부가가치세 납세의무가 확정되었는데 그 후인
2007. 11. 15. 원고가 이 사건 사업을 양수하였으므로 원고는 이 사건 부가가치세
에 대하여 제2차납세의무를 부담한다고 할 것이다."

4. 양도담보권자의 물적납세의무104)

가. 양도담보의 의의

양도담보란 담보로 제공한 물건의 소유권 자체를 채권자에게 이전하고, 일정

---

103) 부가가치세의 예정신고는 납세의무 확정의 효력이 있다.
104) 현행 조세법상 물적납세의무로는 양도담보권자의 물적납세의무 이외에도 실제소유자가 증여
세 등을 체납한 경우 명의수탁자가 부담하는 물적납세의무(상증세법 제4조의2 제9항), 신탁의
위탁자가 부가가치세 등을 체납한 경우 수탁자가 부담하는 물적납세의무(부가세법 제3조의2
제3항) 등이 있다.

한 기간 내에 변제하는 경우 그 소유권을 다시 회복하기로 하는 담보제도이다. 형식은 양도이고 실질은 담보이며, 부동산의 경우 통상 등기를 하고 양도담보사실을 기재한다. 국세기본법은 양도담보권자의 물적납세의무에 관한 규정에서 '양도담보재산'을 '당사자 간의 계약에 의하여 납세자가 그 재산을 양도하였을 때에 실질적으로 양도인에 대한 채권담보의 목적이 된 재산'이라고 정의하고 있다(국기법 제42조 제3항).

나. 양도담보재산에 대한 과세

납세자가 국세 및 강제징수비를 체납한 경우에 그 납세자에게 양도담보재산이 있을 때에는 그 납세자의 다른 재산에 대하여 강제징수를 하여도 징수할 금액에 미치지 못하는 경우에만 국세징수법에서 정하는 바에 따라 그 양도담보재산으로써 납세자의 국세 및 강제징수비를 징수할 수 있다. 다만, 그 국세의 법정기일(국기법 제35조 제2항. 신고일 또는 납부고지서의 발송일) 전에 담보의 목적(설정등기)이 된 양도담보재산은 제외한다(이상 국기법 제42조 제1항).[105] 요컨대 국세기본법은 양도담보에 대하여 국세우선 원칙의 예외적 적용에 있어서 담보물권 등에 준하는 취급을 하고 있다.

양도담보권자에게 납부고지가 있은 후 납세자가 양도에 의하여 실질적으로 담보된 채무를 불이행하여 해당 재산이 양도담보권자에게 확정적으로 귀속되고 양도담보권이 소멸하는 경우에도 납부고지 당시의 양도담보재산이 계속하여 양도담보재산으로서 존속하는 것으로 본다(국기법 제42조 제2항).

5. 납세담보

가. 납세담보의 의의 및 종류

납세담보에는 물적 담보와 인적 담보가 있다. 국세징수법은 관할세무서장이 납부기한을 연장 또는 유예하는 경우 납세담보의 제공을 요구할 수 있다고 규정

---

105) 이와 관련하여, 상증세법상 명의수탁자의 증여세에 대한 물적납세의무는 그 의무를 부담하는 조세가 당해세에 해당하므로(국기법 제35조 제3항 참조), 법정기일에 상관없이 다른 담보물권에 우선하여 징수된다, 임승순·김용택, 앞의 책, 122면 참조.

하고 있고(국징법 제15조), 납세담보로 금전, 유가증권, 납세보증보험증권, 은행 등의 납세보증서, 토지 및 보험에 든 등기·등록된 건물·선박 등을 규정하고 있다(국징법 제18조). 또한 국세기본법은 보증인을 '납세자의 국세 또는 강제징수비의 납부를 보증한 자'라고 정의하고 있다(국기법 제2조 제12호).

납세의무자가 납세담보를 제공할 수 있는 경우로는 ① 납부기한을 연장 또는 유예하는 경우(국징법 제15조), ② 압류·매각의 유예(국징법 제105조 제3항), ③ 상속세 등의 연부연납(상증세법 제71조), ④ 국세확정 전 압류의 해제 요구(국징법 제31조 제4항 제1호), ⑤ 수입면허 전 보세구역에서의 과세물품 반출(개소세법 제10조 제4항), ⑥ 유흥주점 등 과세유흥장소 경영자에 대한 납세보전(개소세법 제10조 제5항), ⑦ 주류제조업자에 대한 납세보전(주세법 제21조) 등이 있다.106)

나. 납세담보의 요건 및 그 위반의 효과

조세채권은 국세징수법에 의하여 우선권 및 자력집행권이 인정되는 권리로서 사법상의 채권과는 그 성질을 달리하므로 조세채권의 성립과 행사는 법률에 의해서만 가능한 것이고, 조세법에 의하지 아니한 사법상의 계약에 의하여 조세채무를 부담하게 하거나 이를 보증하게 하여 이들로부터 조세채권의 종국적 만족을 실현하는 것은 허용되지 아니한다.107) 그러므로 납세담보는 조세법이 그 제공을 요구하도록 규정된 경우에 한하여 과세관청이 요구할 수 있고, 따라서 조세법에 근거 없이 제공한 납세담보는 공법상 효력, 즉 과세관청에 대해서는 효력이 없다.108)

한편 납세담보를 제공할 수 있는 조세법상 근거가 없다고 할지라도 납세의무자와 납세보증보험사업자 간에 납세보증보험계약을 체결하거나 납세의무자와 법률에서 정하지 아니한 보증인 간에 납세보증계약을 체결하는 것까지 막을 수는 없다. 이 경우 그 납세보증보험계약이나 납세보증계약은 과세관청에 대하여 효력이 없을 뿐이고 사인 간에는 효력이 있다.109)

---

106) 임승순·김용택, 위의 책, 125면 참조.
107) 대법원 1988. 6. 14. 선고 87다카2939 판결 등.
108) 대법원 1990. 12. 26. 선고 90누5399 판결.
109) 대법원 2005 8. 25. 선고 2004다58277 판결.

[관련판례] 납세담보

대법원 1990. 12. 26. 선고 90누5399 판결

(1) 사실관계

원고는 소외인으로부터 그가 캐나다로 이민가면서 세무서에 제출할 납세보증서가 필요하다는 부탁을 받고 소외인에게 부과되는 모든 국세에 대하여 납부할 것을 보증한다는 내용의 납세보증서를 작성하여 1987. 7. 21. 피고에게 제출하였다. 이 사건은 소외인이 1987. 10. 2. 그 소유의 인천 소재 부동산을 양도한데 대하여 피고는 1988. 1. 16. 소외인에게 양도소득세 1천만 원, 방위세 2백만 원의 부과처분을 하였으나 소외인이 이를 납부하지 아니한 채 이민을 가버리자 1988. 5. 15. 원고에게 제2차납세의무자에 준하여 소외인이 체납한 위 양도소득세와 방위세에 대하여 국세징수법 제12조 소정의 절차에 따른 납부고지서를 발부하여 이를 부과 고지하였고, 이에 대해 원고가 과세처분 무효확인소송을 제기한 사건이다.

〈쟁점〉

제3자에게 부과되는 모든 국세에 대하여 납부할 것을 보증한다는 내용의 납세보증서에 기하여 그 보증인에 대하여 한 과세처분의 효력 유무

(2) 판결내용

"원고가 소외인의 부탁으로 소외인에게 부과되는 모든 국세에 대하여 납부할 것을 보증한다는 내용의 납세보증서를 작성하여 과세관청인 피고에게 제출한 것이라면, 비록 그 납세보증서가 국세기본법 제31조 제2항, 같은 법 시행규칙 제9조 제2항 소정의 담보제공방법으로서의 보증서에 부합하는 서식에 따라 작성 제출된 것이더라도, 납세담보는 세법이 그 제공을 요구하도록 규정된 경우에 한하여 과세관청이 요구할 수 있고 따라서 세법에 근거 없이 제공한 납세보증은 공법상 효력이 없다고 할 것이므로, 위와 같은 납세보증행위는 조세법상의 규정에 의한 납세담보의 제공이 아니라 사법상의 보증계약에 의한 납세의 보증에 불과하여 무효라고 할 것이고, 그러한 납세보증계약에 기하여 한 피고의 이 사건 과세처분은 그 하자가 중대하고 명백하여 당연 무효라고 할 것인바, 이러한 취지에서 원심이 한 판단은 정당하고 거기에 소론과 같은 법리를 오해한 위법이 없으므로 논지는 이유 없다."

Ⅳ. 납세의무의 소멸

1. 조세채권의 발전단계

가. 추상적 납세의무

법률에서 정하는 과세요건을 충족하는 경우 납세의무가 성립한다(국기법 제 21조).

나. 구체적 납세의무

성립된 납세의무는 일정한 절차를 거쳐 구체적인 조세채권·채무로 확정된다 (국기법 제22조).

다. 납세의무의 이행 또는 불이행

납세의무자가 자진납부하거나 국가가 납세의무자에게 이행을 청구 또는 강 제한다.

라. 납세의무의 소멸

납세의무자의 이행 기타 원인에 의하여 조세채권, 즉 납세의무가 소멸한다 (국기법 제26조).

2. 납세의무 소멸사유

일단 성립·확정된 납세의무는 납부, 충당, 공매의 중지, 부과의 취소, 제척기 간의 만료, 소멸시효의 완성 등으로 소멸한다.[110]

---

110) 사법(私法)상 채무 소멸원인의 하나인 상계는 해석상 또는 규정상 허용되지 아니하고(지방세 징수법 제21조 참조), 결손처분이 있는 경우에도 소멸시효가 완성하는 때에 납세의무가 소멸 한다, 임승순·김용택, 앞의 책, 140-141면.

가. 소멸사유의 유형

국세기본법상 납세의무의 일반적인 소멸사유로는 (1) 납부, (2) 충당, (3) 부과의 취소, (4) 제척기간의 만료, 및 (5) 소멸시효의 완성이 있다. 이하에서는 이들 중 '제척기간의 만료'와 '소멸시효의 완성'에 대하여 살펴본다.

나. 제척기간[111]의 만료[112]

(1) 개요

제척기간의 만료는 부과권에 대한 것이다. 부과권이란 신고확정방식 세목의 경우에는 무신고 시 과세의 내용을 결정하거나 오류·탈루 시 과세의 내용을 변경하는 권한을 말하고, 부과확정방식 세목의 경우에는 납세의무를 확정하는 권한을 말한다. 과세관청이 제척기간 내에 국세의 부과권을 행사하지 아니하는 경우 납세의무는 소멸한다. 자동확정방식 세목의 경우에는 납세의무가 성립과 동시에 확정되므로 부과권이 문제되지 아니한다.

제척기간이 만료되는 경우에는 부과권이 소멸하기 때문에 과세권자는 일체의 새로운 부과처분을 할 수 없다. 다시 말해, 과세권자는 제척기간이 만료되면 결정이나 확정 또는 증액경정은 물론이고 감액경정도 할 수 없다. 부과권의 제척기간이 도과한 후에 이루어진 과세처분은 당연무효로서 위법한 처분이다.[113]

(2) 제척기간의 종류

국세의 종별에 따라 5년(통상. 역외거래[114] 과소신고 7년), 7년(무신고. 역외거래

---

111) 제척기간은 일정한 권리에 대하여 법이 정하는 존속기간으로서, 이러한 존속기간이 만료하면 권리는 당연히 소멸한다.

112) 제3회 변호사시험(2문), 제7회 변호사시험(1문), 제8회 변호사시험(2문), 제11회 변호사시험(1문), 제13회 변호사시험(1문)에서 '국세부과 제척기간의 종류, 기산일 등'에 관한 문제(제11회에서는 제2차납세의무의 경우)가 출제된 바 있다. 제5회 변호사시험(2문)에서는 '국세부과 제척기간의 도과 후 과세처분의 효력'에 관한 문제가 출제된 바 있다.

113) 대법원 1999. 6. 22. 선고 99두3140 판결.

114) '역외거래'란 「국제조세조정에 관한 법률」 제2조 제1항 제1호에 따른 국제거래 및 거래 당사자 양쪽이 거주자(내국법인과 외국법인의 국내사업장 포함)인 거래로서 국외에 있는 자산의 매매·임대차, 국외에서 제공하는 용역과 관련된 거래를 말한다(국기법 제26조2 제1항). '국제거래'란 거래 당사자 중 어느 한쪽이나 거래 당사자 양쪽이 비거주자 또는 외국법인(비거주자 또는 외국법인의 국내사업장은 제외한다)인 거래로서 유형자산 또는 무형자산의 매매·임대차, 용

무신고 10년), 10년[부정행위(사기나 그 밖의 부정한 행위) 및 상속세·증여세와 부담부증여로 인한 양도소득세. 부정행위 법인세와 관련하여 법인세법 제67조에 따라 처분된 금액에 대한 소득세 또는 법인세에 대해서도 같다.115) 역외거래 부정행위 15년] 및 15년(상속세·증여세 및 부담부증여로 인한 양도소득세의 부정행위, 무신고 및 거짓·누락 신고)으로 구분된다(국기법 제26조의2 제1항, 제2항 및 제4항).

부정행위에 의한 10년 또는 15년의 부과제척기간이 적용되기 위해서는 납세자의 '사기 기타 부정한 행위'가 있어야 할 뿐만 아니라 그로 인하여 국세를 포탈하거나 환급·공제받는 결과가 발생하여야 한다.116) 현행 조세법에서는 '사기나 그 밖의 부정한 행위'라는 표현을 ① 10년 또는 15년의 장기 부과제척기간(국기법 제26조의2), ② 부정행위 무신고 및 과소신고·초과환급신고 중가산세(국기법 제47조의2와 제47조의3) 및 ③ 조세포탈죄의 구성요건(조처법 제3조)의 세 군데에서 사용하고 있는데, 동일하게 '조세의 부과와 징수를 불가능하게 하거나 현저하게 곤란하게 하는 위계 기타 부정한 적극적인 행위'라는 의미로 해석되고,117) 각 사건에서 구체적인 사실관계를 살펴 부정한 행위에 해당하는지 여부를 판단한다.118)119)

역의 제공, 금전의 대차(貸借), 그 밖에 거래자의 손익(損益) 및 자산과 관련된 모든 거래를 말한다(국조법 제2조 제1항 제1호).

115) 이와 관련하여 판례는 다수의 판결에서 "법인의 대표자가 사기 기타 부정한 행위로 법인세를 포탈하였더라도 향후 과세관청의 소득처분이 이루어질 것까지 예상하여 그로 인해 자신에게 귀속될 상여 또는 인정상여에 대한 소득세를 포탈하기 위한 것으로 보기 어려우므로, 국세기본법 제26조의2 제1항 제1호에서 정한 '납세자가 사기 기타 부정한 행위로써 국세를 포탈한 경우'에 해당하지 않는다"라는 취지로 판시한 바 있다, 대법원 2010. 1. 28. 선고 2007두20959 판결; 2010. 4. 29. 선고 2007두11382 판결 등. 이 규정은 법인세법 제67조에 따른 소득처분의 결과 부과되는 소득세나 법인세도 사기나 그 밖의 부정한 방법으로 포탈한 것으로 사실상 의제하고 있는 것으로서 그 간의 판례 입장과 괴리가 있다, 이태로·한만수, 앞의 책, 127면 참조.

116) 대법원 2009. 12. 24. 선고 2007두16974 판결; 2014. 2. 27. 선고 2013두19516 판결.

117) 대법원 1988. 12. 27. 선고 86도998 판결; 1998. 5. 8. 선고 97도2429 판결; 2003. 2. 14. 선고 2001도3797 판결; 2013. 12. 12. 선고 2013두7667 판결; 2014. 2. 21. 선고 2013도13829 판결 등.

118) 판례에서 부정행위를 인정한 예를 보면, "다른 어떤 행위를 수반함이 없이 단순히 세법상의 신고를 하지 아니하거나 허위의 신고를 함에 그치는 것은 이에 해당하지 않지만, 과세대상의 미신고나 과소신고와 아울러 수입이나 매출 등을 고의로 장부에 기재하지 않는 행위 등 적극적 은닉의도가 나타나는 사정이 덧붙여진 경우에는 조세의 부과와 징수를 불능 또는 현저히 곤란하게 만든 것으로 볼 수 있다"라고 판시한 바 있다, 대법원 2015. 9. 15. 선고 2014두2522 판결.

119) 판례에서 부정행위를 부정한 예를 보면, "납세자가 명의를 위장하여 소득을 얻더라도, 명의위장이 조세포탈 목적에서 비롯되고 나아가 여기에 허위 계약서 작성과 대금의 허위지급, 과세

(3) 제척기간의 기산일

부과권의 제척기간은 조세를 부과할 수 있는 날로부터 기산한다(국기법 제26조의2 제1항 참조). 그러나 조세법상 납세의무의 성립시기와 부과권의 행사시기가 반드시 같지는 않다. 법정신고기한이 있는 경우(신고확정방식 세목)에는 법정신고기한의 다음 날부터 개시되고, 법정신고기한이 없는 경우(부과확정방식 세목)에는 납세의무 성립일 다음 날부터 개시된다(국기법 제26조의2 제9항 및 동법 령 제12조의3 참조). 한편 상속세와 증여세는 부과확정방식의 세목이지만 법정신고기한이 있는 경우이므로 그 기한 다음 날부터 부과권이 개시된다.

(4) 제척기간의 특례

제척기간은 중단이나 정지가 없는 불변기간이기 때문에 원칙적으로는 그 기간이 만료되면 납세의무가 당연히 소멸한다. 이에 대해 국세기본법은 특정한 경우 제척기간을 연장하는 특례를 두고 있다.

① **결정 또는 판결이 확정된 경우 등(국기법 제26조의2 제6항부터 제8항까지)**

국세기본법은 쟁송, 조세조약에 따른 상호합의 또는 경정청구 등을 거쳐 새로이 하는 부과처분에 대해서는 제척기간의 기산일과 기간을 달리 규정하고 있다.

이들 예외사유 중 하나를 보면, 국세의 부과에 대한 이의신청·심사청구·심판청구·감사원법에 의한 심사청구 또는 행정소송법에 따른 소송에 대한 결정이나 판결이 확정된 경우에는 그 결정 또는 판결이 확정된 날부터 1년이 경과되기 전까지는 '해당 결정 또는 판결'에 따라 결정이나 그 밖에 필요한 처분을 할 수 있다(국기법 제26조2 제6항 제1호).

이 규정은, 부과권의 제척기간에는 징수권의 소멸시효와는 달리 그 기간의 중단이나 정지가 없으므로 과세관청이 부과처분의 불복에 대한 결정 또는 판결이 있은 후 그에 따라 다시 부과처분을 하려는 시점에 이미 제척기간을 도과하였다고 하여 그 결정이나 판결의 결과에 따른 부과처분조차 할 수 없게 된다면 그 판

관청에 대한 허위 조세 신고, 허위의 등기·등록, 허위의 회계장부 작성·비치 등과 같은 적극적인 행위까지 부가되는 등 특별한 사정이 없는 한, 명의위장 사실만으로 구 국세기본법 제26조의2 제1항 제1호에서 정한 '사기 기타 부정한 행위'에 해당한다고 볼 수 없다" 라고 판시한 바 있다, 대법원 2017. 4. 13. 선고 2015두44158 판결; 2018. 3. 29. 선고 2017두69991 판결 등.

결 등은 무의미한 것이 되고, 또 과세관청이 제척기간의 만료를 염려하여 재차 부
과처분을 하게 되면 납세의무자에게 부담을 가중하는 것이 되므로 일정기간의 예
외를 두자는 취지에서 도입된 것이다.[120]

이 규정의 적용범위에 대하여, 판례는 "판결 등이 확정된 날로부터 1년 내라
하더라도 납세의무가 승계되는 등의 특별한 사정이 없는 한, 과세권자는 당해 판
결 등을 받은 자로서 그 판결 등이 취소하거나 변경하고 있는 과세처분의 효력이
미치는 납세의무자에 대해서만 그 판결 등에 따른 경정처분 등을 할 수 있을 뿐
그 취소나 변경의 대상이 된 과세처분의 효력이 미치지 아니하는 제3자에 대해서
까지 재처분을 할 수 있는 것은 아니다"라고 판시한 바 있다.[121]

이러한 판례와 관련하여 국세기본법은 실질과세원칙을 반영한 예외를 두고
있는데, 위의 판결 등에 의하여 'ⅰ. 명의대여 사실이 확인된 경우 실제로 사업을
경영한 자, ⅱ. 과세의 대상이 되는 재산의 귀속이 명의일 뿐이고 사실상 귀속되
는 자가 따로 있다는 사실이 확인된 경우 재산의 사실상 귀속자 및 ⅲ. 비거주자
및 외국법인 국내원천소득의 실질귀속자가 확인된 경우 그 국내원천소득의 실질
귀속자 또는 원천징수의무자'에 해당하게 된 경우에는 당초의 부과처분을 취소하
고 그 판결 등이 확정된 날부터 1년 이내에 경정이나 그 밖에 필요한 처분을 할
수 있도록 규정하고 있다(국기법 제26조2 제7항).

② 제척기간 이후 이월결손금을 공제하는 경우(국기법 제26조의2 제3항)

제척기간이 끝난 날이 속하는 과세기간 이후의 과세기간에 소득세법, 법인세
법 또는 조세특례제한법에 따라 이월결손금을 공제하는 경우 해당 이월결손금 등
이 발생한 과세기간의 소득세 또는 법인세의 제척기간은 이월결손금 등을 공제한
과세기간의 법정신고기한으로부터 1년으로 한다.

③ 부정행위로 고액의 상속세 또는 증여세를 포탈한 경우(국기법 제26조의2
제5항)

일반적인 상속세·증여세 부정행위의 경우 제척기간이 15년인데, 그것에
대한 예외이다.

ⅰ. 사유: 제척기간 연장의 사유는 부정행위로 상속세 또는 증여세를 포

---

120) 대법원 1996. 5. 10 선고 93누4885 판결; 2012. 10. 11. 선고 2012두6636 판결.
121) 대법원 2006. 2. 9. 선고 2005두1688 판결.

탈한 경우로서 재산가액이 50억 원을 초과하는 다음에 해당하는 경우이다. 상속인이나 증여자 및 수증자가 사망한 경우에는 그러하지 아니하다.

1. 제3자의 명의로 되어 있는 피상속인 또는 증여자의 재산을 상속인이나 수증자가 취득한 경우
2. 계약에 따라 피상속인이 취득할 재산이 계약이행기간에 상속이 개시됨으로써 등기·등록 또는 명의개서가 이루어지지 아니하고 상속인이 취득한 경우
3. 국외에 있는 상속재산이나 증여재산을 상속인이나 수증자가 취득한 경우
4. 등기·등록 또는 명의개서가 필요하지 아니한 유가증권, 서화, 골동품 등 상속재산 또는 증여재산을 상속인이나 수증자가 취득한 경우
5. 수증자의 명의로 되어 있는 증여자의 금융자산을 수증자가 보유하고 있거나 사용·수익한 경우
6. 비거주자인 피상속인의 국내재산을 상속인이 취득한 경우
7. 명의신탁재산의 증여의제에 해당하는 경우. 이 경우 해당 명의신탁과 관련된 국세를 포함한다.
8. 상속재산 또는 증여재산인 가상자산을 가상자산사업자를 통하지 아니하고 상속인이나 수증자가 취득한 경우

ii. 기간: 제척기간이 연장되는 기간은 해당 재산의 상속 또는 증여를 안 날로부터 1년 이내이다.

[관련판례] 제척기간

1. 10년 부과제척기간의 적용요건인 '사기 기타 부정한 행위' – 대법원 2018. 3. 29. 선고 2017두69991 판결 * 파기환송
2. 쟁송결과에 따른 제척기간 계산의 특례 – 대법원 2002. 7. 23. 선고 2000두6237 판결 (공통) * 파기환송

1. 10년 부과제척기간 적용요건인 '사기 기타 부정한 행위' – 대법원 2018. 3. 29. 선고 2017두69991 판결 * 파기환송

(1) 사실관계

원고는 비상장법인인 A주식회사 발행주식 중 일부를 1981년 경부터 1994년 경까지 甲, 乙, 丙에게 명의신탁하였다. 원고는 2008. 5. 2. 위와 같이 명의신탁한 주식을 자신 명의로 보유하고 있던 주식과 함께 모두 丁에게 양도하였고, 같은 해 8. 29. 자신을 포함한 각 주식 명의자들의 명의로 양도소득세를 신고하였다.

이에 대해 피고는 위와 같이 명의신탁된 주식에 대하여 지급된 2004년 및 2005년의 배당금이 실질적으로 원고에게 귀속되었다는 이유로 2015. 3. 9. 2004년 귀속 종합소득세부과처분을 하였고, 2015. 3. 11. 2005년 귀속 종합소득세 부과처분을 하였다. 또한 피고는 원고가 양도한 주식의 가액을 과소신고하였다는 이유로 2015. 3. 17. 원고에게 2008년 귀속 양도소득세 부과처분을 하였다.

〈쟁점〉

10년의 부과제척기간을 적용할 수 있는 요건인 '사기 기타 부정한 행위'에 해당되는지 여부

(2) 판결내용

"구 국세기본법(2010. 1. 1. 개정 전) 제26조의2 제1항은 제3호에서 상속세·증여세 이외의 국세의 부과제척기간을 원칙적으로 당해 국세를 부과할 수 있는 날부터 5년 간으로 규정하는 한편, 제1호에서 '납세자가 사기 기타 부정한 행위로써 국세를 포탈하거나 환급·공제받는 경우'에는 당해 국세를 부과할 수 있는 날부터 10년 간으로 하도록 규정하고 있다.

구 국세기본법 제26조의2 제1항 제1호의 입법취지는, 조세법률관계의 신속한 확정을 위하여 원칙적으로 국세 부과권의 제척기간을 5년으로 하면서도, 국세에 관한 과세요건사실의 발견을 곤란하게 하거나 허위의 사실을 작출하는 등의 부정한 행위가 있는 경우에는 과세관청이 탈루신고임을 발견하기가 쉽지 아니하여 부과권의 행사를 기대하기 어려우므로, 당해 국세의 부과제척기간을 10년으로 연장하는 데에 있다.

따라서 구 국세기본법 제26조의2 제1항 제1호가 정한 '사기 기타 부정한 행위'라고 함은 조세의 부과와 징수를 불가능하게 하거나 현저히 곤란하게 하는 위계 기타 부정한 적극적인 행위를 말하고, 다른 행위를 수반함이 없이 단순히 세법상

의 신고를 하지 아니하거나 허위의 신고를 함에 그치는 것은 여기에 해당하지 않는다(대법원 2013. 12. 12. 선고 2013두7667 판결 참조). 또한 납세자가 명의를 위장하여 소득을 얻더라도, 명의위장이 조세포탈의 목적에서 비롯되고 나아가 여기에 허위 계약서의 작성과 대금의 허위지급, 과세관청에 대한 허위의 조세 신고, 허위의 등기·등록, 허위의 회계장부 작성·비치 등과 같은 적극적인 행위까지 부가되는 등의 특별한 사정이 없는 한, 명의위장 사실만으로 구 국세기본법 제26조의2 제1항 제1호에서 정한 '사기 기타 부정한 행위'에 해당한다고 볼 수 없다(대법원 2017. 4. 13. 선고 2015두44158 판결 참조)."

"다음과 같은 사정들을 앞에서 본 법리에 비추어 살펴보면, 원고의 주식 명의신탁 행위와 이에 뒤따르는 부수행위를 조세포탈의 목적에서 비롯된 부정한 적극적인 행위로 볼 수 없다.

(1) 원고가 주식 중 일부를 1981년경부터 1994년경까지 명의신탁하여 이를 유지하기는 하였지만, 명의신탁 당사자들의 구체적 소득 규모에 따른 종합소득세 세율 적용의 차이, 조○운수 주식회사의 재무상태와 실제 이루어진 배당내역, 비상장주식 양도소득에 대한 누진세율 적용 여부 등의 사정과 그러한 사정의 변동 및 그에 대한 예견 가능성을 비롯하여 조세포탈의 목적을 추단케 하는 사정에 관한 피고의 충분한 증명이 없는 이 사건에서, 단순히 명의신탁이 있었다는 점만을 들어 원고가 이처럼 오랜 기간에 걸쳐 누진세율의 회피 등과 같은 조세포탈의 목적을 일관되게 가지고 명의신탁하였다고 단정하기는 어렵다.

(2) 명의신탁된 주식에 대한 배당금에 관하여 명의수탁자들의 소득세가 징수·납부되었지만, 이는 기존 명의신탁 관계가 해소되지 않은 상황에서 조○운수 주식회사가 배당금을 지급하면서 그 명의자인 명의수탁자들로부터 그에 대한 소득세를 일률적으로 원천징수한 결과에 따른 것일 뿐으로서, 거기에 명의신탁 당사자들의 적극적인 행위가 개입되었다고 볼 만한 사정도 없다.

(3) 원고는 마찬가지로 기존 명의신탁 관계가 해소되지 않은 상태에서 명의수탁자들 명의로 된 주식을 일반적인 주식 양도방법으로 처분하였을 뿐이고, 그에 관한 양도소득세를 모두 신고하였다. 나아가 명의신탁으로 인해 결과적으로 양도소득 기본공제에 다소 차이가 생겼지만, 명의신탁으로 인해 양도소득세의 세율이 달라졌다는 등의 사정도 보이지 않는 이상, 이러한 사소한 세액의 차이만을 내세워 조세포탈의 목적에 따른 부정한 적극적 행위가 있다고 볼 수 없다."

2. 제척기간 02: 쟁송결과에 따른 제척기간 계산의 특례 – 대법원 2002. 7. 23. 선고 2000두6237 판결 (공통)

(1) 사실관계

원고의 종합소득세부과처분소송에서, 대법원은 납세의무자의 소득이 부동산 임대소득이라 하여 과세되었으나 이자소득으로 인정되는 경우에는 피고들이 처분사유를 변경하고 그에 따른 정당한 세액을 주장, 입증하지 아니하는 한 당해 처분 전부를 취소하여야 하고 법원이 정당한 이자소득세를 산출하여 이를 초과하는 범위 내에서만 부과처분을 취소하여야 하는 것은 아니라고 판시(대법원 1997. 11. 14. 선고 96누8037 판결)하였다.

그러자 피고인 동래세무서장 등은 1998. 2. 2.와 1998. 2. 19. 그 판결의 취지에 따라 위 각 부과처분을 취소하면서 원고들이 수령한 금전을 이자소득으로 보고 종전 처분의 부과세액을 한도로 하여 다시 원고들에게 종합소득세 등 부과처분을 하자 원고들이 이에 대해 취소소송을 제기하였다.

〈쟁점〉

- 과세처분취소판결의 기판력의 객관적 범위 및 과세처분권자가 확정판결에 나온 위법사유를 보완하여 한 새로운 과세처분이 확정판결의 기판력에 저촉되는지 여부
- 구 국세기본법 제26조의2 제2항에 의한 재처분의 경우 같은 조 제1항의 제척기간의 적용 여부 및 납세자에게 불리한 재처분은 할 수 없다는 국세행정관행의 존부

(2) 판결내용

"과세처분을 취소하는 확정판결의 기판력은 확정판결에 나온 위법사유에 대하여만 미치므로 과세처분권자가 확정판결에 나온 위법사유를 보완하여 한 새로운 과세처분은 확정판결에 의하여 취소된 종전의 과세처분과는 별개의 처분으로서 확정판결의 기판력에 저촉되지 아니한다(대법원 1992. 9. 25. 선고 92누794 판결, 1992. 11. 24. 선고 91누10275 판결 등 참조).

원심이 같은 취지에서, 원고들이 제기한 1988년도 내지 1992년도 귀속분 종합소득세 및 방위세 부과처분 취소소송에서 원고들이 안○자로부터 받은 돈이 부동산임대소득이 아니라 이자소득이라는 이유로 종전처분을 전부 취소하는 판결이 확정되고, 그에 따라 피고들이 그 돈을 이자소득으로 보고 종전처분의 부과세액을 한도로 하여 다시 원고들에게 이 사건 종합소득세 등 부과처분을 하였으므로, 이

사건 처분은 종전처분에 대한 확정판결에서 나온 위법사유를 보완하여 한 새로운 과세처분으로서 종전처분과 그 과세원인을 달리하여 위 확정판결의 기속력 내지 기판력에 어긋나지 아니한다고 판단한 것은 옳고, 거기에 상고이유의 주장과 같은 법리오해 등의 잘못이 없다. 따라서 이 부분 상고이유는 받아들일 수 없다."

"종전의 과세처분이 위법하다는 이유로 이를 취소하는 판결이 선고·확정된 후 1년 내에 과세관청이 그 잘못을 바로 잡아 다시 과세처분을 한 경우에는 구 국세기본법(1993. 12. 31. 개정 전) 제26조의2 제1항이 정한 제척기간의 적용이 없다(대법원 1996. 5. 10. 선고 93누4885 판결, 2002. 1. 25. 선고 2001두9059 판결 등 참조).

원심이 같은 취지에서, 이 사건 처분은 종전처분 취소소송에 대한 판결이 확정된 날로부터 1년 내에 확정판결에 나온 위법사유를 보완하여 한 과세처분이므로 제척기간을 도과한 위법이 없다고 판단한 것은 옳고, 거기에 상고이유의 주장과 같은 법리오해 등의 잘못이 없으며, 또 과세관청은 납세자에게 유리한 재처분만 할 수 있을 뿐 납세자에게 불리한 재처분을 할 수 없다는 국세행정 관행이 존재한다고 볼 수도 없다. 따라서 이 부분 상고이유도 모두 받아들일 수 없다."

다. 소멸시효[122]의 완성[123]

(1) 개요

소멸시효의 완성은 징수권에 대한 것이다. 징수권이란 납세의무의 이행을 청구하고 불이행시 이행을 강제하며 납부된 세액을 수납하는 권한을 말한다. 과세관청이 소멸시효 기간 내에 국세의 징수권을 행사하지 아니하는 경우 납세의무는 소멸한다. 징수권의 소멸시효가 도과한 후에 이루어진 과세처분은 당연무효로서 위법한 처분이다.[124]

(2) 소멸시효의 종류

국세징수권의 소멸시효기간은 5억 원 미만의 국세채권이 5년, 5억 원 이상의 국세채권이 10년이다(국기법 제27조 제1항 제1호 및 제2호). 국세기본법은 고액체납

---

122) 소멸시효는 권리자가 권리를 행사할 수 있었음에도 불구하고 일정기간 권리를 행사하지 않은 경우 그 권리를 소멸시키는 제도이다.
123) 제4회 변호사시험(2문)과 제13회 변호사시험(1문)에서 '국세징수권 소멸시효의 기간, 기산일 등'에 관한 문제가 출제된 바 있다.
124) 대법원 1988. 3. 22. 선고 87누1018 판결.

자에 대한 국세징수권을 강화하고 있다.

(3) 소멸시효의 기산일

징수권의 소멸시효는 조세를 징수할 수 있는 날부터 기산한다(국기법 제27조 제1항 참조). 징수권의 소멸시효는 신고확정방식의 세목으로서 신고한 세액에 대해서는 그 법정신고납부기한의 다음 날부터 개시되고, 부과확정방식의 세목을 포함하여 과세표준과 세액을 정부가 결정, 경정 또는 수시부과결정하는 경우 납부고지한 세액에 대해서는 그 지정납부기한의 다음 날부터 개시된다(국기법 제27조 제3항).

(4) 소멸시효의 중단과 정지

① 소멸시효의 중단

국세징수권의 소멸시효 중단사유는 납부고지, 독촉[125], 교부청구[126] 및 압류이다(국기법 제28조 제1항).[127] 국세기본법은 민법상 소멸시효 중단사유의 준용을 배제하는 규정을 두고 있지 아니하므로, 민법의 소멸시효 중단사유는 성질상 허용되지 아니하는 경우를 제외하고는 조세채권에 대하여 적용할 수 있다(국기법 제27조 제2항).[128] 민법의 소멸시효 중단사유로는 청구, 승인, 압류, 가압류, 가처분 등이 있지만, 국세징수법에서 강제징수와 보전압류에 관한 특례규정을 두고 있기 때문에, 실제로는 이들 중 청구와 승인이 준용될 수 있을 것이다.[129]

---

125) 국세기본법은 제27조 제2항에서 소멸시효에 관하여 동법 또는 조세법에 특별한 규정이 있는 것을 제외하고는 민법에 의하도록 하고 있는 바, 민법상 최고에 해당하는 독촉은 1회에 한하여 소멸시효 중단의 효력을 가진다, 대법원 2006. 11. 9. 선고 2004두7467 판결 참조. 다만, 1회 독촉을 한 후에 다시 독촉을 하는 경우에는 즉시 시효중단의 효력이 발생하는 독촉으로서의 효력은 없지만, 1회 독촉 후에 다시 독촉을 한 다음 민법 제174조 규정에 따라 6월 내에 재판상 청구 또는 압류 등의 조치를 취하는 경우에는 다시 독촉을 한 시점부터 소멸시효가 중단된다.

126) 교부청구란 납세자의 재산에 관하여 다른 원인에 의한 강제집행절차가 진행되고 있거나 그것이 완료되었을 경우, 법원 등 그 강제집행의 결과인 금전을 처리하는 자에게 납세액 기타 채권액의 지급을 청구하는 것을 말한다.

127) 압류금지재산 또는 제3자의 재산을 압류한 경우로서 잘못 압류하였음이 확인되는 경우에는 즉시 압류를 해제하여야 하고, 잘못 압류한 경우에는 압류가 있더라고 소멸시효가 중단되지 아니한다(국기법 제28조 제1항 제4호).

128) 대법원 2020. 3. 2. 선고 2017두41771 판결 참조.

129) 임승순·김용택, 앞의 책, 155면.

② 소멸시효의 정지

국세징수권의 소멸시효 정지사유는 분납기간, 납부고지 등의 유예기간, 압류·매각의 유예기간, 연부연납기간, 사해행위 취소소송(국징법 제25조) 기간,[130] 채권자대위 소송(민법 제404조) 기간 및 체납자 국외체류 기간(6개월 이상 계속)이다(국기법 제28조 제3항). 이 중 사해행위 취소소송과 채권자대위 소송의 제기로 인한 시효정지는 소송이 각하·기각 또는 취하된 경우에는 효력이 없다(국기법 제28조 제4항).

V. 원천징수

1. 의의 및 종류

원천징수란 소득금액 또는 수입금액을 지급하는 원천징수의무자가 조세법에 따라 지급받는 원천징수대상자가 부담하여야 할 조세(이와 관계되는 가산세 제외)를 과세관청을 대신하여 징수하는 것을 말한다(국기법 제2조 제3호). 현행 조세법상으로는 소득세법(제127조 이하 등)과 법인세법(제73조, 제98조 등)에서 원천징수에 관한 규정을 두고 있다.

원천징수는 완납적 원천징수와 예납적 원천징수로 구분할 수 있는데, 조세법상 원천징수는 원칙적으로 추후 확정신고 및 납부를 하여야 하는 예납적 원천징수이다. 완납적 원천징수는 원천징수로 납세의무가 완결적으로 소멸하는데, 그 대상소득으로는 일용근로자의 근로소득, 분리과세이자소득, 분리과세배당소득, 분리과세기타소득 등이 있다.

---

130) '사해행위 취소소송 기간'은 2007년 국세기본법 개정에서 국세징수권 소멸시효의 정지사유로 추가된 것인데, 개정 전에는 사해행위로 체납자의 재산이 제3자에게 이전되는 경우 과세권자는 사해행위 취소소송 기간 중에 시효를 정지시킬 수 없었다.

2. 원천징수 납세의무의 성립, 확정 등

가. 성립

원천징수의무는 원천징수하는 소득세·법인세의 소득금액 또는 수입금액을 지급하는 때에 성립한다(국기법 제21조 제3항 제1호).

나. 확정

원천징수의무는 원청징수하는 소득세·법인세의 경우 납세의무가 성립하는 때 특별한 절차 없이 확정된다(국기법 제22조 제4항 제2호). 국세의 우선과 관련한 법정기일은 원천징수의무자로부터 징수하는 국세의 경우 그 납세의무의 확정일이다(국기법 제35조 제2항 제3호).

다. 원천징수의무자에 대한 납부고지의 성격

원천징수의무자에 대한 납부고지는 조세법에 따라 이미 성립·확정된 조세의 납부를 촉구하는 것이므로 부과처분이 아닌 징수처분에 해당한다.[131]

라. 납부

원천징수의무자는 원천징수한 소득세 또는 법인세를 그 징수일이 속하는 달의 다음 달 10일까지 원천징수 관할 세무서, 한국은행 또는 체신관서에 납부하여야 한다(소법 제128조 및 법법 제73조·제73조의2).

마. 원천징수 납세의무의 수정신고 및 경정청구

(1) 수정신고

원천징수의무자는 정산과정에서 원천징수대상자의 소득을 누락한 경우 수정신고를 할 수 있다(국기법 제45조 제1항 제3호).

---

131) 대법원 2012. 1. 26. 선고 2009두14439 판결.

(2) 경정청구

원천징수의무자 또는 원천징수대상자는 원천징수 또는 연말정산하여 소득
세 또는 법인세를 납부하고 소득세법 또는 법인세법에 따라 지급명세서를 제출
기한까지 제출한 경우 초과세액이 있는 때에는 원천징수세액 또는 연말정산세
액의 납부기한이 지난 후 5년 이내에 경정청구를 할 수 있다(국기법 제45조의2
제5항).

바. 원천징수를 하지 아니한 경우에 대한 과세관청의 권한

원천징수를 하지 아니하거나 할 수 없는 경우에는 과세관청은 원천징수의무
자뿐만 아니라 원천징수대상자에 대해서도 해당 조세를 부과, 징수할 수 있다. 예
컨대, 근로소득만이 있어 이에 대한 과세표준 확정신고의무가 면제된 원천징수대
상자라고 하더라도 원천징수가 누락된 이상 과세관청은 그에게 종합소득세를 부
과할 수 있다.[132]

3. 원천징수대상자, 원천징수의무자 및 과세관청 간의 법률관계

가. 원천징수대상자와 과세관청의 관계

원천징수제도에 있어서 조세법률관계는 원칙적으로 원천징수의무자와 과징
권자인 과세관청 간에만 존재하고, 원천징수대상자와 과세관청 간에는 원천징수
된 소득세·법인세를 원천징수의무자가 과세관청에 납부한 때에 원천징수대상자
로부터 납부가 있는 것으로 되는 것 이외에는 원칙적으로 양자 간에는 조세법률
관계가 존재하지 아니한다.[133]

나. 원천징수의무자와 과세관청의 관계

원천징수의무자가 징수금을 납부하여야 할 의무는 조세법상 원천징수의
무자의 과세관청에 대한 납부의무를 근거로 하여 성립하므로, 과세관청이 원

132) 대법원 2001. 12. 27. 선고 2000두10649 판결; 2006. 7. 13. 선고 2004두4604 판결.
133) 대법원 1984. 2. 14. 선고 82누177 판결 참조.

천징수세를 수납하는 행위는 단순한 사무적 행위에 지나지 아니하고 그 수납
행위는 공권력 행사로서의 행정처분이 아니다.134)

4. 원천징수의무와 관련한 분쟁

가. 원천징수의무에 대한 다툼

(1) 취소소송

원천징수의무는 성립과 동시에 자동으로 확정되므로 취소를 구할 처분이 없
다. 한편 법인세법 제67조에 따른 과세관청의 소득처분과 그에 따른 소득금액변
동통지는 원천징수의무자인 법인의 납세의무에 직접 영향을 미치는 과세관청의
행위로서 항고소송의 대상이 되는 조세행정처분이라고 봄이 상당하다.135) '소득
금액변동통지의 처분성'에 관한 상세한 설명은 '제2부 제2장 법인세법'에서 후술
한다.

(2) 부당이익반환의 소

원천징수의무자가 원천징수대상자로부터 원천징수대상이 아닌 소득에 대하
여 세액을 징수·납부하였거나 징수하여야 할 세액을 초과하여 징수·납부하였다
면, 이러한 세액은 국가가 원천징수의무자로부터 이를 납부받는 순간 아무런 법
률상의 원인 없이 보유하는 부당이득이 되므로 원천징수의무자는 국가를 상대로
부당이득반환청구소송을 제기할 수 있다.136)

나. 원천징수대상자에 의한 권리구제

(1) 원천징수의무자의 소득금액변동통지에 대한 취소소송 불가

원천징수의무자인 법인과 원천징수대상자인 개인 모두에게 소득금액변동통
지가 송달된 경우, 원천징수대상자인 개인은 추가신고·납부가 가능하지만(소법 령
제134조 제1항) 자신에게 송달된 소득금액변동통지에 대한 취소소송이 불가하고

---

134) 상동.
135) 대법원 2006. 4. 20. 선고 2002두1878 전원합의체 판결.
136) 대법원 2002. 11. 8. 선고 2001두8780 판결 참조.

법인에게 온 소득금액변동통지에 대해서도 취소소송이 불가하다.[137]

(2) 원천징수대상자의 경정청구 등

원천징수대상자는 원천징수의무자의 구상청구에 대응하거나 스스로 신고, 납부 후 경정청구를 할 수 있다.[138]

한편 국세기본법은 소득세 과세표준확정신고가 면제되는 거주자인 원천징수대상자, 국내원천소득(부동산소득과 부동산등양도소득 제외)이 있는 비거주자인 원천징수대상자 및 국내원천소득(부동산소득과 부동산등양도소득 제외)이 있는 외국법인인 원천징수대상자에 대하여 경정청구권을 인정하고 있다(국기법 제45조의2 제5항). 이들 원천징수대상자는 통상의 경정청구를 할 수 없기 때문에 납세자 권익보호 차원에서 별도의 규정을 두어 경정청구권을 인정한 것이다.

[관련판례] 원천징수의 법률관계

1. 원천징수의 법률관계 01 - 대법원 1984. 2. 14. 선고 82누177 판결
2. 원천징수의 법률관계 02 - 대법원 2002. 11. 8. 선고 2001두8780 판결 (공통)

---

1. 원천징수의 법률관계 01 - 대법원 1984. 2. 14. 선고 82누177 판결

(1) 사실관계

소외 A석유지주회사는 1980. 8. 1. 미국법인인 원고회사로부터 B석유공사 주식 23,751,771주를 미화 9천3백만 달러에 매수하고 그 해 8. 13. 그 매매대금을 지급함에 있어서, 원고 회사의 위 주식양도로 인한 소득은 구 법인세법 제55조 제10호 및 구 동법 시행령 제122조 제4항 제5호에 의하여 법인세의 과세소득이 되고, 또 원고회사는 국내에 같은 법 제56조 제1항 및 제3항에 규정된 사업장을 가지고 있지 아니하고 부동산소득도 없는 미국 법인이라는 이유로, 같은 법 제53조 제2항, 제54조 제2항 및 제59조 제1항 제3호에 따라 위 주식의 양도 수입금액을 원화로 환산한 570억 원을 그 과세표준으로 하고 이에 세율 100분의 25를 적용하여 양도소득으로 인한 법인세 142억 원을 원천징수하고, 피고는 그 해 8. 19. 소외 A석유

---

137) 대법원 2015. 3. 26. 선고 2013두9267 판결.
138) 대법원 2016. 7. 14. 선고 2014두45246 판결.

지주회사로부터 이를 납부받았다.

〈쟁점〉
- 원천징수에 있어서의 조세법률관계가 존재하는 당사자
- 과세관서가 원천징수세금을 수납하는 행위가 행정처분인지 여부

(2) 판결내용

"법인세의 원천징수는 지급자인 원천징수의무자가 법인세를 징수하여 과징관서에 납부하도록 하고 있어 법인세의 원천징수제도에 있어서 조세법률관계는 원칙적으로 원천징수의무자와 과징권자인 세무관서와의 간에만 존재하게 되고, 납세의무자(수급자)와 세무관서와의 사이에 있어서는 원천징수된 법인세를 원천징수의무자가 세무관서에 납부한 때에 납세의무자로부터 납부가 있는 것으로 되는 것 이외에는 원칙적으로 양자에는 조세법률관계가 존재하지 아니하고 납세의무자는 특단의 사정이 없는 한 원천징수의 유무에 불구하고 그 조세채무의 불이행 또는 이행지체의 책임을 과세권자로부터 추궁당하지 아니하는 것이니 결국 원천징수행위에 의하여 납세의무자의 납세의무는 소멸하지만 원천징수의무자가 징수금을 납부하여야 할 의무는 세법상 원천징수의무자의 과세관서에 대한 납부의무를 근거로 하여 성립하므로 과세관서가 원천징수 세금을 수납하는 행위는 단순한 사무적 행위에 지나지 아니하므로 그 수납행위는 공권력 행사로서의 행정처분이 아님이 명백하다는 취지로 판단하여 피고의 이 건 법인세의 수납행위를 행정처분임을 전제로 한 이 사건 소는 행정소송의 대상이 되지 아니하는 것을 그 대상으로 삼은 부적법한 것으로 단정하여 원고의 이 건 소를 각하하였는바, 원천세징수에 관한 원심의 위와 같은 판단은 정당하고, 따라서 피고의 이건 법인세의 수납행위가 원고에 대한 행정행위라고 할 수 없으니 그 취소를 구하는 이 사건 소는 부적법함을 면할 수 없으므로 소를 각하한 원심의 조치 역시 정당하고, 거기에 소론과 같은 법리오해의 위법이 없으므로 논지는 이유 없다."[139]

2. 원천징수의 법률관계 02 – 대법원 2002. 11. 8. 선고 2001두8780 판결 (공통)

(1) 사실관계

원고를 포함한 선정자들은 한국전자통신연구원에 근무하다가 구조조정에 따른

---

[139] 현행 국세기본법은 위 사건 당시와는 달리 원천징수세액이 과다한 경우 근로자나 비거주자가 경정을 청구를 할 수 있도록 규정하고 있다(제45조의2 제5항).

인력 감축계획에 따라 1998. 6. 30. 퇴직하였다. 한국전자통신연구원은 1998. 6. 30. 선정자들에 대하여 퇴직급여지급규정에 의한 퇴직금과 별도로 명예희망퇴직 장려금을 지급하였는데, 선정자들에 대한 1998년도 귀속 근로소득세를 원천징수 함에 있어 선정자들이 퇴직하면서 지급받은 이 사건 명예희망퇴직장려금을 근로 소득에 해당하는 것으로 보고 이를 근로소득에 포함시켜 근로소득세를 원천징수 한 후 피고에게 납부하였다.

선정자들은 1999. 5. 31.경 피고에게 이 사건 명예희망퇴직장려금은 퇴직소득 에 속하는 것으로 원천징수될 근로소득이 아님에도 원천징수되었다고 하면서 그 에 관하여 원천징수된 금액을 환급하여 줄 것을 신청하였다. 이에 피고는 1999. 7. 2. 경 위 명예희망퇴직장려금은 퇴직소득이 아닌 근로소득에 해당하므로 이를 근 로소득으로 보아 근로소득세를 원천징수한 것은 적법하다는 이유로, 선정자들의 위 환급신청을 거부하였다.

〈쟁점〉
- 국세환급금 결정이나 환급거부결정이 항고소송의 대상이 되는 처분인지 여부
- 과다 원천징수 세액의 환급청구권자

(2) 판결내용
"원천징수의무자가 원천납세의무자(원천징수대상자)로부터 원천징수대상이 아 닌 소득에 대하여 세액을 징수·납부하였거나 징수하여야 할 세액을 초과하여 징 수·납부하였다면, 국가는 원천징수의무자로부터 이를 납부받는 순간 아무런 법률 상의 원인 없이 보유하는 부당이득이 되고, 구 국세기본법(2000. 12. 29. 법률 제 6303호로 개정 전) 제51조 제1항, 제52조 등의 규정은 환급청구권이 확정된 국세 환급금 및 가산금에 대한 내부적 사무처리절차로서 과세관청의 환급절차를 규정 한 것일 뿐, 그 규정에 의한 국세환급금(가산금 포함) 결정에 의하여 비로소 환급 청구권이 확정되는 것은 아니므로, 국세환급금 결정이나 이 결정을 구하는 신청에 대한 환급거부결정 등은 납세의무자가 갖는 환급청구권의 존부나 범위에 구체적 이고 직접적인 영향을 미치는 처분이 아니어서 항고소송의 대상이 되는 처분이라 고 볼 수 없으며(대법원 1989. 6. 15. 선고 88누6436 전원합의체 판결 참조), 한 편, 위와 같은 환급청구권은 원천납세의무자(원천징수대상자)가 아닌 원천징수의 무자에게 귀속되는 것이므로(대법원 1989. 11. 14. 선고 88누6412 판결 참조), 원 천납세의무자(원천징수대상자)인 선정자들이 한 그들로부터 초과징수된 원천징수 세액의 환급신청을 피고가 거부하였다고 하더라도, 이는 항고소송의 대상이 되는 처분에 해당하지 아니한다."

VI. 서류의 송달

1. 송달의 의의

서류의 송달은 조세의 부과 또는 징수에 관한 처분의 효력발생시점을 비롯하여, 조세법에서 정하는 각종 기간의 진행, 중단, 정지 등의 기산점을 정하는 기준이 된다.

2. 송달받을 자와 장소[140]

서류는 그 서류에 수신인으로 지정되어 있는 명의인의 주소, 거소, 영업소 또는 사무소(전자송달인 경우 명의인의 전자우편주소)에 송달한다(국기법 제8조 제1항).

연대납세의무자에게 서류를 송달할 때에는 그 대표자를 명의인으로 하고, 대표자가 없을 때에는 연대납세의무자 중 국세를 징수하기에 유리한 자를 명의인으로 한다. 그러나 납부의 고지와 독촉에 관한 서류는 연대납세의무자 모두에게 각각 송달하여야 한다(국기법 제8조 제2항). 연대납세의무자의 상호연대관계는 이미 확정된 조세채무의 이행에 관한 것이므로, 연대납세의무자라 할지라도 구체적인 납세의무 확정의 효력발생요건인 과세처분은 별도로 행해져야 한다는 것이다.[141]

서류의 수령권한은 이를 다른 사람에게 위임할 수 있다. 이 경우 수임인의 자격에는 제한이 없고 묵시적으로도 가능한데, 판례는 서류의 수령권한을 위임한 것으로 보는 경우를 비교적 넓게 인정하고 있다.[142][143]

서류의 송달을 받을 자가 주소 또는 영업소 중에서 송달받을 장소를 정부에 신고한 경우에는 그 신고된 장소에 송달하여야 한다(국기법 제9조).

---

140) 제5회 변호사시험(2문)에서 '연대납세의무자에 대한 납부고지'에 관한 문제가 출제된 바 있다.
141) 대법원 1994. 5. 10 선고 94누2077 판결.
142) 대법원 1992. 2. 11. 선고 91누5877 판결; 1998. 5. 15. 선고 98두3679 판결 등 참조.
143) 임승순·김용택, 앞의 책, 182면.

3. 송달의 방법

　서류 송달은 교부, 우편 또는 전자송달의 방법으로 한다(국기법 제10조 제1항).
　납세의 고지·독촉·강제징수 또는 세법에 따른 정부의 명령에 관계되는 서류의 송달을 우편으로 할 때에는 등기우편으로 하여야 한다(국기법 제10조 제2항). 교부에 의한 서류 송달은 해당 행정기관의 소속 공무원이 서류를 송달할 장소에서 송달받아야 할 자에게 서류를 교부하는 방법으로 한다. 다만, 송달을 받아야 할 자가 송달받기를 거부하지 아니하면 다른 장소에서 교부할 수 있다(국기법 제10조 제3항).

　등기우편 또는 교부에 의한 서류 송달의 경우 송달할 장소에서 서류를 송달받아야 할 자를 만나지 못하였을 때에는 그 사용인이나 그 밖의 종업원 또는 동거인으로서 사리를 판별할 수 있는 사람에게 서류를 송달할 수 있으며, 서류를 송달받아야 할 자 또는 그 사용인이나 그 밖의 종업원 또는 동거인으로서 사리를 판별할 수 있는 사람이 정당한 사유 없이 서류 수령을 거부할 때에는 송달할 장소에 서류를 둘 수 있다(국기법 제10조 제4항). 등기우편 또는 교부에 의한 서류 송달의 경우 송달받아야 할 자가 주소 또는 영업소를 이전하였을 때에는 주민등록표 등으로 이를 확인하고 이전한 장소에 송달하여야 한다(국기법 제10조 제5항).

　전자송달은 서류를 송달받아야 할 자가 신청한 경우에만 한다(국기법 제10조 제8항). 납세자가 3회 연속하여 전자송달된 서류를 열람하지 아니하는 경우에는 전자송달의 신청을 철회한 것으로 본다(국기법 제10조 제9항).

4. 송달의 효력 발생

　송달하는 서류는 송달받아야 할 자에게 도달한 때부터 효력이 발생한다. 교부송달의 경우에는 교부 시점에 송달된 것으로 본다. 전자송달의 경우에는 송달받을 자가 지정한 전자우편주소에 입력된 때(국세정보통신망에 저장하는 경우에는 저장된 때)에 그 송달을 받아야 할 자에게 도달한 것으로 본다(이상 국기법 제12조). 공시송달의 경우에는 송달 대상 서류의 요지의 공고 후 14일이 지나면 송달된 것으로 본다(국기법 제11조 제1항).

[관련판례] 서류의 송달: 아파트 경비원에 대한 송달

대법원 2000. 7. 4. 선고 2000두1164 판결 * 파기환송

(1) 사실관계

피고는 1997. 1 .22. 이 사건 처분에 관한 납부고지서를 등기우편으로 원고의 주소지인 ○○아파트 ○○동 ○○호에 발송하였는데, 위 ○○아파트의 경비원인 소외 이○호가 1997. 1. 23. 집배원으로부터 위 납부고지서를 수령하였다.

원고가 거주하는 위 ○○아파트에서는 일반우편물이나 등기우편물 등 특수우편물이 배송되는 경우 ○○아파트 경비원이 이를 수령하여 거주자에게 전달하여 주었는데, 원고를 비롯한 위 아파트 주민들은 평소 이러한 특수우편물 전달방법에 관하여 아무런 이의도 제기하지 아니하였다.

〈쟁점〉
  - 우편송달 방법의 일환으로, 부과처분의 상대방인 납세의무자 등 서류의 송달을 받을 자가 다른 사람에게 우편물 기타 서류의 수령권한을 명시적 또는 묵시적으로 위임한 경우, 그 수임자가 해당 서류를 수령하면 위임인에게 적법하게 송달된 것으로 보아야하는지 여부
  - 우편송달 방법의 일환으로, 수령권한을 위임받은 자는 위임인의 종업원 또는 동거인이어야 하는지 여부

(2) 판결내용

"과세처분에 대한 심사청구기간을 정한 구 국세기본법 제61조 제1항에 정한 '당해 처분이 있은 것을 안 날'이라 함은 통지, 공고, 기타의 방법에 의하여 당해 처분이 있었다는 사실을 현실적으로 안 날을 의미하나, 이는 처분의 상대방이나 법령에 의하여 처분의 통지를 받도록 규정된 자 이외의 자가 이의신청 또는 심사청구를 하는 경우의 그 기간에 관한 규정이고, 과세처분의 상대방인 경우에는 처분의 통지를 받은 날을 기준으로 기간을 계산하여야 하며(대법원 1997. 9. 12. 선고 97누3934 판결; 1998. 9. 22. 선고 98두4375 판결; 1999. 2. 12. 선고 98두16828 판결 등 참조), 과세처분의 상대방인 납세의무자 등 서류의 송달을 받을 자가 다른 사람에게 우편물 기타 서류의 수령권한을 명시적 또는 묵시적으로 위임한 경우에는 그 수임자가 해당 서류를 수령함으로써 그 송달받을 자 본인에게 해당 서류가 적법하게 송달된 것으로 보아야 하고(대법원 1998. 4. 10. 선고 98두1161 판결 참조), 그러한 수령권한을 위임받은 자는 반드시 위임인의 종업원이거나 동

거인일 필요가 없다(대법원 1992. 1. 21. 선고 91누7859 판결; 2000. 3. 10. 선고 98두17074 판결 등 참조).”

　“원심이 인정한 사실관계에 의하면, 원고가 사는 ○○아파트에서는 일반우편물이나 등기우편물 등 특수우편물이 배달되는 경우 ○○아파트 경비원이 이를 수령하여 거주자에게 전달하여 왔고, 이에 대하여 원고를 포함한 ○○아파트 주민들이 평소 이러한 특수우편물 배달방법에 관하여 아무런 이의도 제기한 바 없었다는 것이므로, 사실관계가 이와 같다면, 원고가 ○○아파트의 주민들은 등기우편물 등의 수령권한을 ○○아파트 경비원에게 묵시적으로 위임한 것이라고 봄이 상당하고 (대법원 1994. 1. 11. 선고 93누16864 판결, 1998. 5. 15. 선고 98두3679 판결 등 참조), ○○아파트 경비원인 이○호가 우편집배원으로부터 이 사건 처분의 납부고지서를 수령한 1997. 1. 23.이 바로 구 국세기본법 제61조 제1항에 정한 처분의 통지를 받은 날에 해당하는바, 그로부터 60일이 경과하여 같은 해 3월 25일 제기된 원고의 이 사건 처분에 대한 이의신청과 그 후속 절차인 심사청구 및 심판청구는 모두 기간의 도과로 부적법하다고 할 수밖에 없으니, 이 사건 소 역시 적법한 전심절차를 거치지 아니한 것으로서 부적법하다고 하지 않을 수 없다.”

제 5 장 국세우선의 원칙

국세기본법은 제35조에서 채권평등의 원칙에 대한 예외로서 국세우선의 원칙을 천명하고 있다. 그러나 아무런 제한 없이 조세채권을 우선시킨다면 담보권자 등이 예측할 수 없는 손해를 입게 되고 나아가 사법상 거래질서에 커다란 혼란을 초래할 수도 있으므로, 국세기본법은 국세우선의 원칙에 대하여 다양한 예외를 인정하고 있다.

Ⅰ. 국세우선 원칙의 의의

국세기본법은 제35조 제1항 본문에서 "국세 또는 강제징수비는 다른 공과금 기타의 채권에 우선하여 징수한다"라고 하여 국세의 일반적 우선권을 규정하고 있다.

과거에는 전통적으로 과세고권의 절대성을 배경으로 조세채권이 사법(私法)상 채권에 대하여 우위에 놓여져 왔었다. 그러나 오늘날 조세채권의 우월성이라고 하는 것은 과세고권의 본질로부터 나오는 것이 아니라 조세수입의 확보 차원에서 국가의 재정수요에 필요한 조세채권의 징수를 도모하기 위한 것이고,1) 조세채권의 사법상 채권에 대한 우월성도 그와 같은 관점에서 기술적으로 고려되어야 하는 것으로 인식되고 있다. 그러한 흐름을 반영하여 국세기본법은 국세우선의 원칙에 대하여 다양한 예외를 인정하고 있다.

---

1) 헌법재판소 1990. 9. 3. 89헌가95 결정 참조.

II. 국세우선 원칙의 예외[2]

1. 조세채권과 담보채권의 관계 및 법정기일제도의 취지

국세에 관하여는 국세기본법 제35조 제1항 본문이 채권평등의 원칙에 대한 예외로서 국세우선의 원칙을 천명하고 있다. 그러나 사법상 거래에 있어서 전세권, 저당권 등의 담보권은 그 피담보채권의 우선변제를 확보하기 위하여 등기나 등록 등 공시방법을 취하여 설정하는 것인데, 이러한 전세권, 저당권 등의 피담보채권에 대하여도 아무런 제한 없이 조세채권이 우선한다면 담보권자는 그가 예측할 수 없는 조세채무의 체납 때문에 채권확보의 만족을 얻을 수 없는 손해를 입게 되며 나아가 사법상 거래질서에 커다란 혼란이 초래될 수도 있다. 따라서 국세기본법은 법정기일을 기준으로, 그 전에 전세권, 저당권 등의 담보권이 설정된 재산의 매각대금에서 국세를 징수하는 경우에는 그 전세권 등에 의하여 담보된 채권이 국세채권에 우선하고, 법정기일 후에 전세권 등이 설정된 경우에는 국세채권이 우선한다고 규정하고 있다. 이러한 법정기일은 납세자와 거래하는 제3자가 그 납세자 부담 국세의 발생을 예측할 수 있는 시기를 말하고, 이를 기준으로 담보권과의 우열을 가리는 것은 사법질서의 근간을 이루는 물권공시원칙과의 조정을 도모하고자 한 것이다.[3]

조세채권은 통상 그 성립으로부터 이행에 이르기까지 상당한 시일이 소요되므로 그 중 어느 시기를 기준으로 전세권, 저당권 등에 의하여 담보된 채권과의 우열을 가릴 것인지가 문제로 된다. 그런데 전세권, 저당권 등의 담보권은 등기나 등록을 하여야 비로소 성립하여 효력을 발생하므로 그 효력발생시기가 명확하지만 조세채권에 대하여는 그와 같은 특별한 공시방법이 없으므로, 만약 담보권을 취득하려는 자가 조세의 부담 여부를 전혀 예측할 가능성이 없는 시기 또는 과세관청이 임의로 정하는 시기를 기준으로 그 조세채권이 담보권에 우선할 수 있다고 한다면 이는 재산권인 담보권의 본질적인 내용을 침해하거나 그 내용을 과도

---

2) 제3회 변호사시험(2문)에서 '국세우선의 원칙과 예외'에 관한 문제가 출제된 바 있다.

3) 헌법재판소 2007. 5. 31. 2005헌바60 결정.

하게 제한하는 것임과 동시에 사법상 담보물권제도의 근간을 흔드는 것이 될 수 있다. 따라서 조세채권과 담보권 사이의 우열을 가리는 기준은 결국 '조세징수의 확보'와 '사법질서의 존중'이라는 두 가지 공익목적의 합리적 조정을 이루는 선에서 법률로써 명확하게 정하여야 하고, 과세관청 등에 의하여 임의로 변경될 수 없는 시기이어야 할 것이다.4)

신고납세방식의 국세에서는 과세기간이 종료하는 때 또는 그 밖에 각 해당 세법이 정하는 과세요건이 충족되는 때에 납세의무가 성립하고, 납세의무자가 과세표준과 세액을 신고기한 내에 신고함으로써 확정되며, 다만 신고를 하지 아니하거나 기타 법정사유로 과세관청이 이를 결정하는 경우에는 그 결정하는 때에 납세의무가 확정된다. 그리하여 납세의무자가 법정된 신고기한 내에 과세표준과 세액을 신고한 경우에는 그 신고일에 구체적 납세의무가 확정되며, 이 경우 담보권을 취득하려는 자도 그 조세채무의 존부 및 범위에 대한 예측가능성을 가지게 된다고 할 수 있다. 국세기본법은 신고납세방식의 국세(중간예납하는 법인세와 예정신고납부하는 부가가치세 포함)에 있어서 신고한 당해 세액에 대하여는 '그 신고일'을 법정기일로 규정하고 있다. 이를 기준으로 국세 신고일 전에 담보권이 설정된 재산의 매각대금에서 국세를 징수하는 경우에는 그 피담보채권이 국세에 우선하나, 국세 신고일 후에 담보권이 설정된 경우에는 국세를 우선하게 함으로써 국세우선의 원칙과 사법상 담보금융거래질서와 사이의 조화를 꾀하고 있다.5) 그 밖에 다른 세목 또는 납세의무에 대해서도 '조세징수의 확보'와 '사법질서의 존중'이라는 두 가지 공익목적의 합리적 조정을 이루는 선에서 법정기일을 정하고 있다.

2. 국세우선의 예외

국세 및 강제징수비는 다른 공과금이나 그 밖의 채권에 우선하여 징수하지만, 다음과 같은 공과금이나 그 밖의 채권에 대해서는 그러하지 아니하다.

---

4) 헌법재판소 1995. 7. 21. 93헌바46 결정; 2001. 7. 19. 2000헌바68 결정 참조.
5) 상동.

가. 체납처분비 또는 강제징수비(제35조 제1항 제1호)

지방세나 공과금의 체납처분 또는 강제징수를 할 때 그 체납처분 또는 강제징수 금액 중에서 국세 및 강제징수비를 징수하는 경우의 그 지방세나 공과금의 체납처분비 또는 강제징수비는 국세에 우선한다.

나. 강제집행, 경매 또는 파산 절차에 든 비용(제35조 제1항 제2호)

강제집행·경매 또는 파산 절차에 따라 재산을 매각할 때 그 매각금액 중에서 국세 및 강제징수비를 징수하는 경우의 그 강제집행, 경매 또는 파산 절차에 든 비용은 국세에 우선한다.

다. 담보채권 등과의 우선관계(제35조 제1항 제3호 및 제3호의2)

(1) 의의

① 법정기일 전에 설정된 전세권, 질권 또는 저당권, ② 법정기일 전에 주택임대차보호법 또는 상가건물 임대차보호법에 따라 대항요건과 확정일자를 갖춘 임차권,[6] 및 ③ 법정기일 전에 납세의무자를 등기의무자로 하고 채무불이행을 정지조건으로 하는 대물변제의 예약에 따라 채권 담보의 목적으로 가등기(가등록 포함)를 마친 가등기[7] 담보권에 의하여 담보되는 채권은 국세에 우선한다.

---

[6] 주택임차인이 확정일자제도에 따른 우선권을 인정받으려면 주택임대차보호법 제3조제1항에서 정하는 대항요건, 즉 주택의 인도와 주민등록(전입신고)을 갖추고 임대차계약증서상에 확정일자를 받아야 한다. 상가임차인의 경우에는 상가건물 임대차보호법 제3조 제1항에서 정하는 대항요건, 즉 건물의 인도와 사업자등록을 갖추어 관할세무서장으로부터 임대차계약서상 확정일자를 받아야 한다. 통상 부동산을 임차하면서 임대인의 체납 여부는 확인하지 않는데, 임대차계약을 체결하는 임차인으로서는 부동산등기부를 통한 권리관계 확인 외에도 임대인의 국세와 지방세 체납 여부를 반드시 확인할 필요가 있다. 확정일자를 받더라도 그것이 법정기일 후라면 임차보증금 반환청구권이 조세채권보다 후순위에 놓이기 때문이다.
　　주거용 건물 또는 상가건물을 임차하여 사용하려는 자는 해당 건물에 대한 임대차계약을 하기 전 또는 임대차계약을 체결하고 임대차 기간이 시작하는 날까지 임대인의 동의를 받아 미납국세의 열람을 신청할 수 있고, 임대차계약을 체결한 임차인으로서 계약에 따른 보증금이 일정금액(1천만원. 국징법 령 제97조 제2항)을 초과하는 자는 임대차 기간이 시작하는 날까지 임대인의 동의가 없이도 미납국세의 열람을 신청할 수 있다(국징법 제109조).
[7] 가등기란 담보목적으로 또는 본등기에 대비하여 미리 등기부상의 순위를 보전하기 위하여 행하는 등기를 말한다. 이 중 담보목적 가등기는 채무불이행을 정지조건으로 하는 대물변제의 예약에 따라 채권담보의 목적으로 행하는 가등기이다.

또한 전세권 등이 설정된 재산이 양도, 상속 또는 증여된 후 해당 재산이 국세의 강제징수 또는 경매 절차를 통하여 매각되어 그 매각금액에서 국세를 징수하는 경우 해당 재산에 설정된 전세권 등에 의하여 담보된 채권 또는 임대차보증금반환채권은 국세에 우선한다(국기법 제35조 제1항 제3호의2).[8] 다만, 해당 재산의 직전 보유자가 전세권 등의 설정 당시 체납하고 있었던 국세 등을 고려하여 대통령령으로 정하는 방법에 따라 계산한 금액[9]의 범위에서는 국세를 우선하여 징수한다.

(2) 법정기일(제35조 제2항)

① 신고확정방식 국세

신고확정방식 국세의 법정기일은 과세표준과 세액의 신고일이다. 중간예납하는 법인세 및 예정신고납부하는 양도소득세와 부가가치세를 포함한다.

② 부과확정방식 국세

부과확정방식 국세의 법정기일은 납부고지서의 발송일이다.[10] 지정납부기한 후의 납부지연가산세와 지정납부기한 후의 원천징수 등 납부지연가산세를 포함한다. 납부고지서의 도달일(부과처분의 효력발생시기)이 아니라 발송일을 법정기일로 정한 이유는 발송이 되었으면 이미 세액이 확정되었을 것이고 제3자가 이를 확인하는 것이 가능할 것이기 때문이다.[11]

③ 자동확정방식의 국세

자동확정되는 인지세와 원천징수의무자나 납세조합으로부터 징수하는 국세의 법정기일은 납세의무의 확정일이다.

---

8) 이 규정은 종래의 대법원 판례를 반영하여 소유권 이전 전후의 관계를 분명히 한 것으로, '대법원 2005. 3. 10. 선고 2004다51153 판결'은 저당부동산이 저당권설정자로부터 제3자에게 양도되면서 양도인이 가지는 계약상의 채무자 및 설정자로서의 지위를 양수인이 승계하기로 하는 내용의 계약인수가 이루어진 경우, 양수인인 제3자에게 부과된 국세가 법정기일이 앞선다거나 당해세라 하여 위 저당권부채권에 우선하여 징수할 수 있는 것은 아니라는 취지로 판시하였다.

9) "대통령령으로 정하는 방법에 따라 계산한 금액"은 ① 직전 보유자가 해당 재산을 보유하기 전에 해당 재산에 설정된 전세권 등이 없는 경우에는 직전 보유자 보유기간 중의 전세권 등 설정일 중 가장 빠른 날보다 법정기일이 빠른 직전 보유자의 국세 체납액을 모두 더한 금액이고, ② 직전 보유자가 해당 재산을 보유하기 전에 해당 재산에 설정된 전세권 등이 있는 경우에는 0원이다(국기법 령 제18조 제3항).

10) 부과처분의 효력발생시기는 납부고지서가 도달된 때이다.

11) 헌법재판소 1997. 4. 24. 93헌마83 결정.

④ **제2차납세의무**

제2차납세의무자의 재산에서 징수하는 국세의 법정기일은 청산인 등, 출자자, 법인 또는 사업양수인에 대한 납부고지서의 발송일이다.

⑤ **양도담보재산**

양도담보재산에서 징수하는 국세의 법정기일은 납부고지서의 발송일이다.

⑥ 그 밖에 압류와 관련하여 확정된 국세의 경우에는 법정기일이 압류등기일 또는 등록일이고, 신탁재산에서 징수하는 부가가치세, 종합부동산세 등의 경우에는 법정기일이 납부고지서의 발송일이다.

(3) 당초 신고, 담보물권 설정등기 및 증액경정처분으로 이어진 경우의 우선순위

당초 신고, 담보물권 설정등기 및 증액경정처분으로 이어진 경우에는 담보채권에 우선하는 세액이 당초 신고에 의한 것인지 증액경정처분에 따른 것인지가 문제될 수 있다. 국세기본법 제35조 제1항 제3호의 입법취지와 관련규정의 내용 및 체계 등에 비추어 볼 때, 납세의무자가 신고납세방식인 국세의 과세표준과 세액을 신고한 다음 매각재산에 담보물권 설정등기를 마친 경우에는, 이후에 과세관청이 당초 신고한 세액을 증액하는 경정을 하여 당초보다 증액된 세액을 고지하였더라도 당초 신고한 세액에 대해서만 그 신고일을 법정기일로 하여 담보채권보다 우선하여 징수할 수 있고, 이러한 우선순위는 당초의 신고를 포함하는 증액경정처분만이 항고소송의 심판대상이 된다는 법리가 있다고 하더라도 다르지 않다.[12]

라. 최우선변제임차보증금(제35조 제1항 제4호)

(1) 의의

「주택임대차보호법」 또는 「상가건물 임대차보호법」이 적용되는 임대차관계에 있는 주택 또는 건물을 매각할 때 그 매각금액 중에서 국세를 징수하는 경우에는 임대차에 관한 보증금 중 일정 금액으로서 「주택임대차보호법」 또는 「상가건물 임대차보호법」에 따라 임차인이 우선하여 변제받을 수 있는 금액에 관한 채

---

12) 대법원 2018. 6. 28. 선고 2017다236978 판결.

권은 국세에 우선한다(「주택임대차보호법」 제8조, 동법 령 제10조, 제11조 및 「상가건물 임대차보호법」 제14조, 동법 령 제6조, 제7조 참조).[13]

(2) 요건

임차보증금에 대한 최우선변제를 받기 위해서는, 주택의 경우 「주택임대차보호법」 제8조와 제3조 제1항에서 정하는 ① 주택의 인도와 ② 주민등록(전입신고)의 요건을, 상가의 경우 「상가건물 임대차보호법」 제14조 제1항과 제3조 제1항에서 정하는 ① 건물의 인도와 ② 사업자등록의 요건을 갖추어야 한다.

마. 임금채권 등의 우선관계(제35조 제1항 제5호)

(1) 의의

사용자의 재산을 매각하거나 추심할 때 그 매각금액 또는 추심금액 중에서 국세를 징수하는 경우에는 「근로기준법」 제38조 또는 「근로자퇴직급여 보장법」 제12조에서 정하는 바에 따라 임금, 퇴직금, 재해보상금 및 그 밖에 근로관계로 인한 채권과 국세 간에 우선관계를 결정한다.

(2) 우선관계

① 임금채권 등의 우선변제

임금·재해보상금·퇴직금 기타 근로관계로 인한 채권은 사용자의 총재산에 대하여 질권 또는 저당권에 의하여 담보된 채권을 제외하고는 조세·공과금 및 다른 채권에 우선하여 변제되어야 한다. 다만, 기존에 형성된 권리관계를 존중하여, 질권 또는 저당권에 우선하는 조세·공과금에 대하여는 그러하지 아니하다.

② 최우선변제임금채권 등

최종 3개월분의 임금, 재해보상금 및 최종 3년간의 퇴직급여에 해당하는 채권은 사용자의 총재산에 대하여 질권 또는 저당권에 의하여 담보된 채권, 조세·공과금 및 다른 채권에 우선하여 변제된다.

---

13) 확정일자부 임대차계약 보증금채권과 조세채권의 우선관계에 있어서는 일정 금액 최우선, 나머지는 법정기일 기준이다.

(3) 채권의 우선순위[14]

① 담보물권이 없는 경우에는 ⅰ. 임금채권, ⅱ. 조세채권, ⅲ. 일반채권의 순이다.

② 조세의 법정기일 이전에 담보물권이 설정되어 있는 경우에는 ⅰ. 담보채권, ⅱ. 임금채권, ⅲ. 조세채권, ⅳ. 일반채권의 순이다.

③ 조세의 법정기일 이후에 담보물권이 설정되어 있는 경우에는 ⅰ. 조세채권, ⅱ. 담보채권, ⅲ. 임금채권, ⅳ. 일반채권의 순이다.

3. 당해세

가. 의의 및 대상세목

당해세란 재산을 소유하고 있는 것 자체에 담세력이 있다고 인정하여 부과되는 조세로서, 국세 중에는 상속세, 증여세 및 종합부동산세, 지방세 중에는 재산세, 자동차세, 지역자원시설세 및 지방교육세가 당해세이다. 해당 재산에 대하여 부과된 당해세는 법정기일 전에 설정된 저당권 등에 의하여 담보된 채권보다 우선하며, 해당 재산의 소유권이 이전된 후라도 해당 재산에 대하여 부과된 종합부동산세는 저당권 등에 의하여 담보된 채권보다 우선한다(국기법 제35조 제3항).

나. 우선순위

당해세를 포함한 채권의 우선관계는 ① 절차비용, ② 최우선변제채권, ③ 당해세, ④ 그 밖 채권의 경우 법정기일 기준의 순이다.

다. 확정일자를 갖춘 주택임차권 및 주거용 건물의 전세권에 대한 예외

국세기본법은 주택임차인을 배려하여 확정일자를 갖춘 주택임차권 및 주거용 건물의 전세권에 대한 당해세의 예외를 규정하고 있다.

---

14) 국기법 기본통칙 4-1-22…35 참조.

주택임대차보호법에 따라 대항요건과 확정일자를 갖춘 임차권에 의하여 담보된 임대차보증금반환채권(동법 제3조의2 제2항) 또는 주거용 건물에 설정된 전세권에 의하여 담보된 채권(동법 제2조)은 해당 임차권 또는 전세권이 설정된 재산이 국세의 강제징수 또는 경매 절차를 통해 매각되어 그 매각금액에서 국세를 징수하는 경우, 그 확정일자 또는 전세권 설정일보다 법정기일이 늦은 해당 재산에 대하여 부과된 상속세, 증여세 및 종합부동산세(이상 당해세)의 우선 징수 순서에 대신하여 변제될 수 있다(국기법 제35조 제7항 1문).

이 경우 대신 변제되는 금액은 우선 징수할 수 있었던 해당 재산에 대하여 부과된 당해세의 징수액에 한정하며, 임대차보증금반환채권 등보다 우선 변제되는 저당권 등의 변제액과 국세기본법 제35조 제3항에 따라 해당 재산에 대하여 부과된 당해세를 우선 징수하는 경우에 배분받을 수 있었던 임대차보증금반환채권 등의 변제액에는 영향을 미치지 아니한다(국기법 제35조 제7항 2문).

4. 국세 상호 간 또는 국세와 지방세 간의 우선관계

가. 압류우선의 원칙

국세의 강제징수에 따라 납세자의 재산을 압류한 경우에 다른 국세 및 강제징수비 또는 지방세의 교부청구가 있으면 압류와 관계되는 국세 및 강제징수비는 교부청구된 다른 국세 및 강제징수비 또는 지방세보다 우선하여 징수한다(국기법 제36조 제1항). 한편 지방세 체납처분에 의하여 납세자의 재산을 압류한 경우에 국세 및 강제징수비의 교부청구가 있으면 교부청구된 국세 및 강제징수비는 압류에 관계되는 지방세의 다음 순위로 징수한다(국기법 제36조 제2항).

나. 압류우선 원칙의 예외

납세담보물을 매각하였을 때에는 압류우선의 원칙(국기법 제36조)에도 불구하고 그 국세 및 강제징수비는 매각대금 중에서 다른 국세 및 강제징수비와 지방세에 우선하여 징수한다(국기법 제37조).

III. 사해담보설정행위의 취소

납세자가 조세채권을 해하고자 제3자와 짜고 자신의 재산에 허위의 담보설
정계약(전세권, 질권, 저당권, 가등기 또는 양도담보 설정계약)을 하거나 확정일자를 받
은 경우에는 세무서장은 이 납세자의 재산감소행위에 대하여 법원에 취소를 청구
할 수 있다(국기법 제35조 제6항). 이 경우 납세자가 법정기일 전 1년 내에 친족 기
타 특수관계자와 담보설정계약을 체결한 경우에는 통정한 허위계약으로 추정한다.

사해담보설정행위에 대한 취소 청구는 국세징수법상 사해행위에 대한 취소
청구의 개별규정으로서 시효정지사유에 해당한다(국기법 제28조 제3항 제5호 및 국징
법 제25조). 사해담보설정행위 취소 제도는 민법상의 채권자취소 제도(민법 제406
조)를 차용한 것이므로, 국세기본법에 특별한 정함이 없는 경우에는 그 요건,
절차, 효과 등은 민법의 그것을 원용할 수 있을 것이다.[15]

---

15) 이태로·한만수, 조세법강의, 박영사, 2018, 148면 참조.

제 6 장 가산세와 국세의 환급

가산세는 조세법에서 정하는 과세표준과 세액의 신고, 납부 등의 의무를 이행하지 아니한 때에 부과하는 징벌적 제재와 법정지연이자의 성격을 가진 금전급부의무이다.

가산세의 종류로는 신고불성실가산세, 납부지연가산세, 원천징수 등 납부지연가산세, 및 소득세법, 법인세법, 부가가치세법 등 개별조세법상의 가산세가 있다.

Ⅰ. 가산세

1. 의의 및 종류

가. 의의

가산세란 조세법에서 규정하는 의무의 성실한 이행을 확보하기 위하여 조세법에 따라 산출한 세액에 가산하여 징수하는 금액을 말한다(국기법 제2조 제4호 및 제47조). 가산세는 조세법에서 정하는 과세표준과 세액의 신고, 납부 등의 의무를 이행하지 아니한 때에 부과하는 징벌적 제재와 법정지연이자[1]의 성격을 가진 금전급부의무이다(다수의 학설 및 판례 등 참조). 가산세는 본세와의 관계에서 부종성을 가지므로 본세가 취소되면 가산세도 당연히 취소된다. 예외적인 경우이기는 하지만, 본세의 산출세액이 없는 경우에도 가산세를 부과할 수 있다.[2]

---

1) 법정지연이자는 이행촉진을 위한 지연이자로서의 의미와 손해배상에 해당하는 지연이자로서의 의미를 함께 담고 있다.

나. 종류

가산세의 종류를 부과사유별로 분류하면 다음과 같다.

(1) 신고불성실가산세: 무신고와 과소신고·초과환급신고

(2) 납부지연가산세: 미납과 과소납부·초과환급

(3) 원천징수 등 납부지연가산세

(4) 소득세법, 법인세법, 부가가치세법 등 개별조세법상의 가산세

2. 신고불성실가산세

(1) 개요

국세기본법은 신고불성실가산세를 신고세목 전체에 공통적으로 적용할 수 있도록 국세기본법에 통일적·체계적으로 규정하여 세목 간 신고불성실가산세의 형평 및 입법의 효율화를 도모하고 있다(국기법 제47조의2 및 제47조의3).

국세기본법은 신고 위반을 일반 신고 위반(무신고와 과소신고·초과환급신고)과 부정한 신고 위반으로 구분하고, 부정한 신고 위반 등에 대해서는 가산세를 중과함으로써 성실신고를 유도하고 탈세를 방지하고 있다.

(2) 신고불성실가산세의 구분[3]

① 일반 신고 위반 가산세 세율과 부정한 신고 위반 가산세 세율

신고불성실가산세의 세율은 일반 무신고의 경우 100분의 20, 일반 과소신고와 일반 초과환급신고의 경우 100분의 10, 및 무신고, 과소신고 또는 초과환급신고에 부정행위가 개입된 경우 100분의 40(역외거래의 경우 100분의 60)이다(국기법 제47조의2 및 제47조의3).

② '부정한' 신고 위반의 의미

국세기본법 제47조의2와 제47조의3에 따르면 무신고 또는 과소신고·초과환

---

2) 대법원 2007. 3. 15. 선고 2005두12725 판결.

3) 제9회 변호사시험(1문)에서 '부정행위로 과소신고하거나 초과환급신고한 경우의 가산세인지 여부(국기법 제47조 및 제47조의3)'에 관한 문제가 출제된 바 있다.

급가산세에 부정행위가 개입된 경우에는 100분의 40(역외거래의 경우 100분의 60)의 가산세를 부과한다. 여기에서 '부정행위'의 의미는 10년 또는 15년의 장기 부과제척기간(국기법 제26조의2) 및 조세포탈죄 구성요건(조처법 제3조)에서의 '사기 그 밖의 부정한 행위'와 같다. 즉 국세기본법 제47조의2와 제47조의3에서의 부정행위는 동법 제26조의2 및 조세범처벌법 제3조에서의 '사기 그 밖의 부정한 행위'와 의미가 같고, 그 의미는 '조세의 부과와 징수를 불가능하게 하거나 현저하게 곤란하게 하는 위계 기타 부정한 적극적인 행위'이다.[4]

3. 납부지연가산세

(1) 개요

국세기본법은 납부지연가산세를 신고세목 전체에 공통적으로 적용할 수 있도록 통일적·체계적으로 규정하여, 세목 간 납부지연가산세의 형평 및 입법의 효율화를 도모하고 있다(국기법 제47조의4 및 제47조의5). 대부분의 세목이 신고확정방식을 채택하여 해당 개별조세법에서 법정신고·납부기한을 두고 있고, 법정신고기한을 지난 경우에는 신고불성실 등 가산세가, 법정납부기한을 지난 경우에는 그에 따른 납부지연가산세(납부고지일부터 지정납부기한까지는 납부지연가산세를 부과하지 아니한다)가 부과되며, 지정납부기한[5]을 지난 경우에는 그에 따른 납부지연가산세가 부과된다. 부과확정방식의 경우에는 납부고지서에 따른 납부기한(지정납부기한)을 지난 경우에는 그에 따른 납부지연가산세가 부과된다.

(2) 납부지연가산세의 구분

① 조세법에 따른 납부기한(법정납부기한)까지 조세를 납부하지 아니하는 경우 등에 부과하는 납부지연가산세(2018. 12. 개정 전 국세기본법상의 납부불성실 등 가산세): [법정납부기한까지 납부하지 아니한 세액 등×법정납부기한의 다음 날부터 납부일까지의 기간(납부고지일부터 지정납부기한까지의 기간은 제외한다)×금융회사 등

---

4) 대법원 1988. 12. 27. 선고 86도998 판결; 1998. 5. 8. 선고 97도2429 판결; 2003. 2. 14. 선고 2001도3797 판결; 2014. 2. 21. 선고 2013도13829 판결 등.
5) 지정납부기한은 납부고지일로부터 30일 이내의 범위로 정한다(국징법 제6조).

이 연체대출금에 대하여 적용하는 이자율 등을 고려하여 대통령령으로 정하는 이자율(10만분의 22, 연리 약 8%. 국기법 령 제27조의4)][6]

② 납부고지서에 따른 납부기한(지정납부기한)이 지난 후에 부과하는 납부지연가산세(2018. 12. 개정 전 국세징수법상의 가산금): (지정납부기한까지 납부하지 아니한 세액 등×100분의 3)+[지정납부기한까지 납부하지 아니한 세액 등×지정납부기한 다음 날부터 납부일까지의 기간×금융회사 등이 연체대출금에 대하여 적용하는 이자율 등을 고려하여 대통령령으로 정하는 이자율(10만분의 22, 연리 약 8%)]

③ 초과환급받은 세액 등에 부과하는 납부지연가산세: 초과환급받은 세액 등×환급받은 날의 다음 날부터 납부일까지의 기간(납부고지일부터 지정납부기한까지의 기간은 제외한다)×금융회사 등이 연체대출금에 대하여 적용하는 이자율 등을 고려하여 대통령령으로 정하는 이자율(10만분의 22, 연리 약 8%)

4. 가산세의 감면 등

(1) 가산세 면제(국기법 제48조 제1항)[7]

가산세를 부과하는 경우 기한연장사유에 해당하거나 정당한 사유가 있는 경우에는 가산세를 부과하지 아니한다.

① **기한연장사유**

국세기본법상 기한연장사유는 천재지변 또는 납세자의 재난·도난·질병 등이다(국기법 제6조 참조).

② **정당한 사유**

가산세는 위반행위와 제재 사이에 자기책임의 원리에 부합하는 정당한 상관관계가 있어야 한다.[8] 판례는 가산세가 부과되지 아니하는 정당한 사유를 축적하

---

6) 참고로 국세환급가산금의 이자율은 연 1천분의 12(연리 1.2%)(국기법 규칙 제19조의3)이고, 소송촉진특례법상 법정지연이자는 연리 12%(2019. 6. 이후)이며, 금융위원회는 전체 금융업권의 연체금리를 통일적으로 약정금리에 연리 3%를 더하는 것으로 정하고 있다.

7) 제2회 변호사시험(2문)에서 가산세의 면제사유 중 '기한연장사유'와 '정당한 사유', 제6회 변호사시험(2문) 및 제7회 변호사시험(1문)에서 가산세의 면제사유 중 '정당한 사유'에 관한 문제가 출제된 바 있다.

8) 대법원 2021. 2. 18. 선고 2017두38959 전원합의체 판결 참조.

고 있는데, 납세의무자가 그 의무를 알지 못한 것이 무리가 아니었다고 할 수 있어 이를 정당시할 수 있는 사정이 있는 경우, 그 의무의 이행을 당사자에게 기대하는 것이 무리라고 하는 사정이 있는 경우 등이다.9)

그러나 납세자에게 고의·과실이 없었다거나10) 조세법의 규정 내용을 알지 못하였다는 것11)은 가산세 면제의 '정당한 사유'에 해당하지 아니한다. 또한 납세의무자가 세무공무원의 잘못된 설명을 믿고 그 신고·납부의무를 이행하지 아니하였다고 하더라도 그것이 관계 법령에 어긋나는 것임이 명백한 때에는 그러한 사유만으로 정당한 사유가 있다고 볼 수 없다.12) 이에 더하여 대법원과 다른 견해에 선 조세심판원의 결정 취지를 납세자가 그대로 믿어 법령에 규정된 신고·납부의무 등을 해태하게 되었다고 하더라도 납세의무자에게 그 의무의 해태를 탓할 수 없는 정당한 사유가 있다고 할 수 없다.13)

(2) 가산세 경감(국기법 제48조 제2항)

① 수정신고

법정신고기한이 경과한 후 수정신고(국기법 제45조)를 한 경우에는 1개월 이내 100분의 90에서 1년 6개월 초과 2년 이내 100분의 10까지 가산세를 경감한다. 이 같은 경감은 제47조의3에서 정하는 과소신고가산세 또는 초과환급신고가산세에 한하고, 경정이 있을 것을 미리 알고 제출한 경우는 제외한다.

② 기한 후 신고

법정신고기한 후 신고·납부한 경우(국기법 제45조의3)에는 1월 이내 100분의 50 등으로 가산세를 경감한다. 이 같은 경감은 무신고가산세(국기법 제47조의2)에 한하고, 경정이 있을 것을 미리 알고 제출한 경우는 제외한다.

③ 과세전적부심사 지연 결정

과세전적부심사(국기법 제81조의15) 결정·통지기간(청구일로부터 30일) 내에 그 결과를 통지하지 아니한 경우에는 가산세의 100분의 50을 경감한다. 이 같은 경

---

9) 대법원 1995. 11. 14. 선고 95누10181 판결; 1996. 10. 11. 선고 95누17274 판결; 2022. 1. 14. 선고 2017두41108 판결 등.
10) 대법원 1989. 10. 27. 선고 88누2830 판결; 1995. 11. 14. 선고 95누10181 판결 등.
11) 대법원 1991. 11. 26. 선고 91누5341 판결; 2004. 2. 26. 선고 2002두10643 판결 등.
12) 대법원 1985. 11. 26. 선고 85누660 판결; 1993. 11. 23. 선고 93누15939 판결 등.
13) 대법원 1995. 11. 14. 선고 95누10181 판결; 1999. 8. 20. 선고 99두3515 판결 등.

감은 결정·통지가 지연됨으로써 해당 기간에 부과되는 납부지연가산세(국기법 제
47조의4)만 해당한다.

④ 그 밖에 세법에 따른 제출, 신고, 가입, 등록 및 개설의 기한이 지난 후 1
월 이내에 해당 세법에 따른 제출 등의 의무를 이행한 경우 등 지연 단축에 협력
한 경우에는 가산세의 100분의 50을 경감한다.

(3) 가산세의 적용제외

① **과소신고가산세의 적용제외(국기법 제47조의3 제4항)**

   i. 신고 당시 소유권에 대한 소송 등의 사유로 상속재산 또는 증여재산으
로 확정되지 아니하였던 경우

   ii. 상속재산(증여재산) 평가방법의 차이로 인하여 상속세(증여세) 과세표
준을 과소신고한 경우

   iii. 부담부증여의 양도소득세 과세표준을 과소신고한 경우 등

② **납부지연가산세의 적용제외(국기법 제47조의4 제3항. 법정납부기한의 다음
날부터 납부고지일까지의 기간에 한정)**

   i. 사업자가 어느 사업장에 대한 부가가치세를 다른 사업장에 대한 부가
가치세에 더하여 신고, 납부한 경우

   ii. 상속재산(증여재산) 평가방법의 차이로 인하여 상속세액(증여세액)의
납부지연이 발생한 경우

   iii. 부담부증여의 양도소득세 납부지연이 발생한 경우 등

(4) 가산세의 한도

① **기업의 규모에 따른 가산세의 한도**

개별조세법에서 정하는 단순협력의무 위반에 대한 가산세는 중소기업의 경
우 5,000만 원, 중소기업이 아닌 기업은 1억 원을 한도로 한다. 그러나 그 의무를
고의적으로 위반한 경우에는 한도를 적용하지 아니한다(국기법 제49조).

② **원천징수 등 납부지연가산세**

원천징수의무자가 징수하여야 하거나 징수한 세액을 법정납부기한까지 납부
하지 아니하거나 과소납부한 경우에는 납부하지 아니한 세액 또는 과소납부분 세

액의 100분의 50에 상당하는 금액을 한도로 하여 가산세를 부과한다(국기법 제47
조의5).

(5) 그 밖의 사항

① 본세의 감면과 가산세

가산세는 부과요건이 본세와 다르므로, 본세가 감면되더라도 가산세는 감면
되지 아니한다(국기법 제47조 제2항 및 조특법 제3조 제2항).

② 가산세의 중복 조정[14]

무신고가산세를 적용할 때 예정신고 및 중간신고와 관련하여 무신고가산세
또는 과소신고·초과환급신고가산세가 부과되는 부분에 대해서는 확정신고와 관
련하여 무신고가산세를 적용하지 아니한다(국기법 제47조의2 제5항).

③ 가산세의 독립 부과 및 독립 불복 가능 여부[15]

가산세는 징수절차의 편의상 당해 조세법이 정하는 국세의 세목으로 그 조세
법에 의하여 산출한 본세의 세액에 가산하여 함께 징수하는 것일 뿐(국기법 제2조
제4호 및 제47조 참조), 조세법이 정하는 바에 의하여 성립·확정되는 국세와는 본질
적으로 그 성질이 다른 것이므로, 가산세 부과처분은 본세의 부과처분과 별개의
과세처분이다.[16] 그러므로 본세와 분리하여 가산세를 독립적으로 부과하는 것이
가능하고,[17] 가산세의 부과처분에 대하여 독립적으로 불복을 하는 것이 가능하다.

[관련판례] 가산세

1. 가산세와 정당한 사유 01 – 대법원 1992. 10. 23. 선고 92누2936 판결 *
   파기환송

2. 가산세와 정당한 사유 02 – 대법원 2005. 11. 25. 선고 2004두930 판결

3. 가산세와 정당한 사유 03 – 대법원 2011. 4. 28. 선고 2010두16622 판결
   * 파기환송

---

14) 제2회 변호사시험(2문)에서 '양도소득세 예정, 확정신고의무 위반의 경우 가산세 부과'에 관한
   문제가 출제된 바 있다.
15) 제6회 변호사시험(2문)에서 '가산세의 독립 불복 가능 여부', 제12회 변호사시험(2문)에서 '가산
   세만의 별도 부과 가능 여부'에 관한 문제가 출제된 바 있다.
16) 대법원 2005. 9. 30. 선고 2004두2356 판결.
17) 대법원 2007. 3. 15. 선고 2005두12725 판결.

4. 가산세 독립 부과의 가능 여부 – 대법원 2007. 3. 15. 선고 2005두12725 판결

1. 가산세와 정당한 사유 01 – 대법원 1992. 10. 23. 선고 92누2936 판결 * 파기 환송

(1) 사실관계

원고는 토건업, 주택건설업을 목적사업으로 하는 법인으로서 그 소유의 서울 소재 토지의 지상에 23개동 2,390세대의 아파트를 건축분양하기로 하여 1986. 11. 3. 아파트건설공사에 착공한 다음 분양을 개시하여 1988. 7. 19. 준공함으로써 3년 동안 분양수입금을 얻었다. 원고는 1986부터 1988사업연도까지 법인세 등을 신고함에 있어 위 아파트부지로 제공된 토지대금 전액을 1986사업연도에 투입된 비용으로 계상하고, 아파트 분양대금은 당해 사업연도 투입원가가 전체 예정원가에서 차지하는 비율로 계산한 공사진행 기준에 따라 1986부터 1988사업연도까지 3개년에 걸쳐 계상하여 아파트 관련 분양차익을 계산하였다.

이에 대해 피고는 손익확정주의를 규정하고 있는 구 법인세법 제17조에 열거된 조항으로 손익의 귀속시기를 정하는 것이 어려운 경우이지만, 토지대금 전액을 1986사업연도에 투입된 비용으로 계상하여서는 아니되고 토지대금을 토지대금 이외의 비용이 각 사업연도에 지출된 비율에 따라 각 사업연도에 비용으로 배분하여야 한다고 판단하였고, 이러한 판단에 기초하여 1987년과 1988년 법인세를 증액하고 가산세를 부과하는 처분을 하였다.

〈쟁점〉
- 구 법인세법 제17조에 열거된 조항으로 손익의 귀속을 정하는 것이 어려운 경우 기업회계기준상의 손익의 발생에 관한 기준을 채택하여 손익의 귀속을 정할 수 있는지 여부
- 아파트분양사업자가 장기간에 아파트를 건설하여 분양하는 경우 기업회계상의 예약매출로 보아 분양수입 및 토지가액을 포함한 아파트건축공사의 공사진행기준에 따라 분배하고 귀속시킬 수 있는지 여부
- 법인세법상 과소신고가산세의 성질(＝행정벌) 및 납세의무자에게 의무해태를 탓할 수 없는 정당한 사유가 있는 경우에도 가산세를 과할 수 있는지 여부

(2) 판결내용

"구 법인세법 제17조 제1항에 의하면 내국법인의 각 사업연도의 익금과 손금의

귀속사업연도는 그 익금과 손금이 확정된 날이 속하는 사업연도로 한다라고 규정하여 손익확정주의를 선언한 다음, 같은 조 제2항 이하에서 거래의 유형 내지 대금의 지급방법에 따라 그 귀속시기를 개별적으로 열거하고 있으나, 이러한 거래유형 등에 따른 세법상의 손익귀속에 관한 규정은 현대사회의 다종다양한 모든 거래유형을 예측하여 그 자체 완결적으로 손익의 귀속을 정한 규정이라 할 수 없으므로, 위 열거된 조항으로 손익의 귀속을 정하는 것이 어려운 경우에는, 법인세법상의 손익확정주의에 반하지 아니하는 한, 일반적으로 공정타당한 회계관행으로 받아들여지는 기업회계기준상의 손익의 발생에 관한 기준을 채택하여 손익의 귀속을 정할 수도 있다 할 것이고 또한 그렇게 함이 국세기본법 제20조 소정의 기업회계존중의 원칙에도 부합한다 할 것이다."

"아파트분양사업자가 장기간에 아파트를 건설하여 분양하는 것은 기업회계상 예약매출에 해당되고 그 예약매출에 대하여는 법인세법상 그 귀속시기를 명확히 규정한 바 없다 할 것이어서 기업회계기준 제67조 제1항 제4호 단서 소정의 공사진행기준에 의하여 손익을 분배하고 그 귀속을 정할 수도 있다 할 것이고, 또한 그렇게 한다 하여 법인세법상의 손익확정주의에 반한다고 할 수 없으며, 한편 위 기업회계기준상의 공사진행기준(공사진행율)이라 함은 당해 각 사업연도 투입원가가 전체 예정원가(아파트건설도급금액의 합계액)에 차지하는 비율을 가리키는 것으로 분양원가의 하나인 토지가액은 기업회계의 원리상 그 자체 원가배분의 대상이 되는 것으로서 위 공사진행율을 산정함에 있어 토지가액 전부가 공사착공연도에 일시에 투입되었다고 볼 것이 아니라 공사진행기준에 따라 분배되어 투입된다고 볼 것이고 따라서 분양수입 및 토지가액을 포함한 분양원가는 아파트건축공사의 공사진행기준(작업진행율)에 따라 분배되고 귀속된다 할 것이다."

"법인세법상 과소신고가산세는 과세의 적정을 기하기 위하여 납세의무자인 법인으로 하여금 성실한 과세표준의 신고를 의무지우고 이를 확보하기 위하여 그 의무이행을 해태하였을 때 가해지는 일종의 행정벌의 성질을 가진 제재라고 할 것이고, 이와 같은 제재는 납세의무자가 그 의무를 알지 못하는 것이 무리가 아니었다고 할 수 있어서 그를 정당시할 수 있는 사정이 있을 때 또는 그 의무의 이행을 그 당사자에게 기대하는 것이 무리라고 하는 사정이 있을 때 등 그 의무해태를 탓할 수 없는 정당한 사유가 있는 경우에는 이를 과할 수 없다 할 것이다."

"첫째 앞서 본 바와 같이 원고의 분양손익에 대한 배분, 귀속방식이 잘못되었다 하더라도 이는 손익의 귀속시기를 정하고 있는 기업회계기준상의 공사진행기준에 대한 견해의 대립에 기인한 것인데, 본래 광범하고 항상 변동하는 경제적 현상과 거래를 그 규제대상으로 하고 있는 세법은 기술적이어서 그 해석이 극히 어렵다 할 것이고 특히 손익의 귀속시기에 대하여는 그러하다 할 것이어서 이에 대하여는 단순한 법률상의 부지나 오해의 범위를 넘어 세법 해석상 의의로 인한 견해의 대립이 생길 수 있다할 것이고 이 경우 납세의무자가 정부의 견해와 다른 견해를 취하였다 하여 가산세의 부과요건에 해당하게 된다고 본다면 납세의무자에게 너무 가혹하다는 점(기록에 의하면 국내의 기업 중 원고 방식과 같은 방법으로 손익의 귀속을 정한 법인이 다수 있는 것을 엿볼 수 있음), 둘째 이 사건에서와 같이 아파트 분양이라는 하나의 소득원천으로부터 발생하는 손익을 기간소득계산의 원칙상 3개 사업연도에 배분하는 작업을 거쳐야 하는데, 정부가 그 손익의 배분, 귀속이 잘못되었다 하여 당초의 사업연도에 이를 경정함이 없이 신고를 그대로 받아들였다가 그 후 그러한 잘못을 발견하고 일시에 3개 사업연도의 법인세를 전부 경정함으로써 원고에게 스스로 이를 경정할 수 있는 기회가 주어지지 아니한 점, 셋째 이 사건에 있어 원고가 신고한 3개 사업연도에 있어 분양차익의 총액은 정부가 산정한 그것과 동일하나 단지 그 손익의 분배방법상의 차이에 불과한 것인점 등을 종합하여 보면, 원고가 위와 같이 1988사업연도 법인세 과세표준등을 과소신고함으로써 결과적으로 그 의무이행을 해태하였다 하더라도 원고에게 그 의무해태를 탓할 수 없는 정당한 사유가 있다고 봄이 상당하다.”

2. 가산세와 정당한 사유 02 – 대법원 2005. 11. 25. 선고 2004두930 판결

(1) 사실관계

원고1은 1992. 10. 29. 사망한 소외 1의 둘째 언니이고, 원고10은 그 남동생, 원고2는 그 첫째 언니인 망 소외 2의 딸, 나머지 원고들은 그 셋째 언니인 망 소외 3의 자녀들이다. 소외 1은 1992. 10. 5. 위암과 암종증으로 입원 중이던 병실에서 법무사인 강명구와 변호사인 양승찬을 증인으로 참여시키고 소외 4, 소외 5를 유언집행자로 지정하여 자신의 재산인 부동산, 채권, 예금 등 30억 원 중 부동산 18억 원, 채권 5억 원, 예금 등 기타재산 1억 원의 합계 24억 원을 순복음신학교, 장로교 총신대학에 장학기금으로 출연하는 것을 내용으로 하는 구수증서에 의한 유언을 한 후 1992. 10. 29. 사망하였는데, 소외 1에게는 직계존비속 및 배우자가 없었다. 서울가정법원은 양승찬의 신청에 따라 1993. 1. 5. 92느6996 유언검인 사건의 심판으로 소외 1의 유언을 검인하였고, 이에 대하여 원고1은 유언의 효력을 다투면서 항고하였으나 1995. 3. 25. 서울지방법원에서 항고가 기각되었으며, 다시 원고1이 재항고하였으나 1995. 9. 5. 대법원에서 재항고가 기각되었다.

원고들은 1993. 4. 26. 유언의 취지에 따라 공익사업에 출연할 재산 24억 원을 상속세과세가액에서 공제하여 피고에게 구 상속세법 제20조의 규정에 의하여 별

표 3 상속세산출계산서 ①항 기재 '신고'란 기재와 같이 유증을 원인으로 한 상속세신고를 하였는데, 당시 신고세액을 자진납부하지는 않았다.

원고들은 소외 1의 구수증서에 의한 유언의 효력을 다투면서 1995. 경 소외 4, 소외 5에 대하여 가지는 유언무효확인청구권의 보전을 위한 유언집행금지가처분신청을 하여 1995. 11. 30. 서울지방법원으로부터 "유언무효확인청구의 판결확정시까지 소외 4, 소외 5는 소외 1 명의의 1992. 10. 5. 자 유언서에 기한 유언집행자로서의 직무집행을 하여서는 아니 된다"는 결정을 받았고, 1996. 경 소외 4, 소외 5에 대하여 유언무효확인의 소를 제기하여 1997. 5. 9. 서울지방법원으로부터 "망 소외 1의 구수증서에 의한 유언은 '질병 기타 급박한 사유로 인하여 다른 방식에 의한 유언을 할 수 없을 것'이라는 요건을 갖추지 못하여 무효임을 확인한다"는 판결을 받았다. 소외 4, 소외 5는 위 판결에 대하여 항소하였으나 1998. 3. 13. 서울고등법원에서 항소가 기각되었고, 소외 4, 소외 5가 상고하였으나 1999. 9. 3. 대법원에서 상고가 기각되었다.

피고 강서세무서장은 1998. 7. 15. 원고들이 소외 1의 재산을 법정상속비율(원고1, 원고10, 원고2 각 1/4, 나머지 원고들 각 1/28)로 상속한 것으로 보아 실지조사를 통하여 위 24억 원이 상속세 신고기한까지 공익사업에 실제로 출연되지 않았음을 이유로 이를 상속세 과세가액에 포함시키고, 원고들이 신고하여야 할 과세표준에 미달하게 신고하였음을 이유로 구 상속세법 제26조 제1항에 따라 산정한 신고불성실가산세 2억 5,000만 원 및 신고기한 내에 상속세를 자진납부하지 않았음을 이유로 구 상속세법 제26조 제2항, 구 상속세법시행령 제19조의2 제1항, 제2항에 따라 산정한 납부불성실가산세 3억 7,000만 원을 포함하여 같은 산출계산서 ②항 기재 '결정'란 기재와 같이 산출한 결정세액 18억 5,000만 원을 원고들의 상속지분비율에 따라 안분 계산하여, 원고1, 원고10, 원고2에게 각 상속세 4억 6,000만 원, 나머지 원고들에게 각 상속세 6,600만 원을 부과, 고지하는 이 사건 부과처분을 하였다.

〈쟁점〉
가산세의 법적 성질 및 부과요건

(2) 판결내용
"이 사건 상속세 신고는 원고들에 의한 것이 아니라 유언집행자인 소외 4, 5에 의하여 행해진 것인 점, 유언집행을 위하여 필요한 범위 내에서는 유언집행자의 상속재산에 대한 관리처분권이 상속인의 그것보다 우선할 뿐만 아니라, 이 사건 상속세 신고 당시에는 앞서 본 바와 같이 장학기금으로 24억 원을 출연하라는 망인의 위 유언의 효력이 미확정인 상태에 있었던 점 등 제반 사정을 종합하면, 위 상속세 신고 당시 원고들에게 유언집행자의 상속재산에 대한 관리처분권을 배제시키고 망인의 위와 같은 유언취지에 반하여 위 24억 원도 자신들이 상속받는 것을 전제로 하여 이를 상속세과세가액에 포함시켜 상속세 신고기한인 1993. 4. 29.까지 상속세를 신고 · 납부할 것을 기대하는 것은 무리가 있다 하지 않을 수 없고, 따라서 원고들에게는 이 사건 상속세 과소신고 · 납부를 탓할 수 없는 정당한 사유가 있다고 할 것이다. 따라서 이 사건 부과처분 중 위 24억 원에 대한 상속세 신고 · 납부의무 불이행을 이유로 한 가산세 부과처분 부분은 위법하다.”

3. 가산세와 정당한 사유 03 – 대법원 2011. 4. 28. 선고 2010두16622 판결 * 파기환송

(1) 사실관계

원고는 본점 소재지인 성남시 ○○구 ○○동 206을 사업장 주소로 하여, 원고를 주된 사업장으로, 원고 소속 사업부서 11개를 종사업장으로 하여 사업자등록을 한 상태에서 2006년 제2기 부가가치세 신고를 함에 있어, ‘부가가치세는 사업장마다 신고 · 납부하여야 한다’는 부가가치세법 제4조 제1항의 규정에 따라 원고 소속 마케팅전략본부의 매출액 1,900억 원을 원고 소속 마케팅부문의 매출액으로 신고함으로써 전략본부의 과세표준 중 이 사건 매출액 상당을 과소신고하였다.

이는 원고가 2006. 7. 13. 단행한 조직개편에 의하여 마케팅부문에 속해 있던 요금기획팀(요금전략담당)을 마케팅전략본부로 이전하면서 그에 따른 전산시스템 중 접속료 정산시스템을 정비하는 과정에서 원고의 IT본부에서 관리하던 접속료 정산시스템의 조직 기관코드가 그대로 부가가치세 시스템으로 이체 · 전환된 결과[원고 소속 직원이 기관코드의 매핑(mapping)을 누락하였다], 2006. 7.부터 2006. 11.까지의 접속료 수입이 조직개편 이전과 동일하게 마케팅부문으로 이체되었고, 그 결과 동일한 가액에 대한 마케팅전략본부의 접속료 수입이 누락되었는데 원고가 그와 같이 누락된 전산상의 매출액에 따라 부가가치세를 신고하였기 때문이다.

이에 성남세무서장은 전략본부가 매출액을 축소해 신고했다고 보고 신고불성실가산세 19억 원을 부과하였다.

〈쟁점〉
가산세 면제사유 해당 여부

(2) 판결내용

"세법상 가산세는 과세권의 행사 및 조세채권의 실현을 용이하게 하기 위하여 납세자가 정당한 이유 없이 법에 규정된 신고, 납세 등 각종 의무를 위반한 경우에 개별세법이 정하는 바에 따라 부과되는 행정상의 제재로서 납세자의 고의, 과실은 고려되지 않는 반면, 이와 같은 제재는 납세의무자가 그 의무를 알지 못한 것이 무리가 아니었다고 할 수 있어서 그를 정당시할 수 있는 사정이 있거나 그 의무의 이행을 당사자에게 기대하는 것이 무리라고 하는 사정이 있을 때 등 그 의무해태를 탓할 수 없는 정당한 사유가 있는 경우가 아닌 한 세법상 의무의 불이행에 대하여 부과되어야 한다(대법원 1998. 7. 24. 선고 96누18076 판결, 대법원 2010. 5. 13. 선고 2009두23747 판결 등 참조)."

"원고의 부가가치세 신고에 있어 매출액의 과소 신고가 원고의 전산시스템 운영상의 잘못에서 비롯된 것으로서 위와 같은 잘못은 원고가 전산시스템을 운영함에 있어 좀 더 주의를 기울였다면 충분히 예방할 수 있었다고 보이는 점, 원고는 정보통신 관련 대기업으로서 전산시스템의 운영·관리에 전문적 지식을 보유하고 있을 터이므로 그에 따른 책임은 원고 스스로 지는 것이 마땅한 점, 누락된 이 사건 매출액의 규모가 1,900억 원이 넘은 거액이었기에 원고로서는 부가가치세 신고 시에 각 사업장별 신고 매출액이 정확한 것인지 확인하였더라면 이 사건 매출액의 누락사실을 발견할 수도 있었을 것으로 보이는 점 등에 앞서 본 법리를 종합하여 보면, 원고에게 원고의 부가가치세 과소 신고를 탓할 수 없는 정당한 사유가 있었다고 볼 수 없다. 이는 원고가 주사업장 총괄납부승인을 받은 사업자라고 하여 달리 볼 것이 아니다.

그럼에도 불구하고 원심은 이와 달리, 원고가 주사업장 총괄납부승인을 받은 사업자로서 결과적으로 그 과세표준에 따른 부가가치세를 모두 납부하였다거나 위와 같은 과소신고가 원고 직원의 실수로 인한 것으로서 그로 인하여 피고의 행정력이 과도하게 소모되었다고 보기도 어렵다는 등 그 판시와 같은 사정만을 이유로 원고에게 부가가치세 과소 신고를 탓할 수 없는 정당한 사유가 있었다고 판단하였는바, 이러한 원심 판단에는 부가가치세법상 가산세에 관한 법리를 오해하여 판결 결과에 영향을 미친 위법이 있다."

4. 가산세 독립 부과의 가능 여부 – 대법원 2007. 3. 15. 선고 2005두12725 판결

(1) 사실관계

원고 회사는 국내외 항공운송업 등을 영위하는 주식회사로서, 2000. 3. 31. 피고에게 1999 사업연도 귀속 법인세 과세표준 및 세액을 신고하면서 구 법인세법 제119조에 따라 주식등변동상황명세서를 제출하였다(구 법법 령 제161조).

피고는 광주지방국세청장의 통보에 따라 원고 회사의 주식등 변동상황을 조사한 결과, 원고 회사가 제출한 주식등변동상황명세서에 1999 사업연도의 주식변동상황명세서 중 주주변동상황의 기재가 일부 누락된 사실을 확인하고, 2002. 11. 13. 원고 회사에게 구 법인세법 제76조 제6항에 따라 기재 누락된 주식 합계 9,323,784주(1주당 액면금액 5,000원)의 액면금액 합계 46,618,920,000원(9,323,784주 × 5,000원)의 2%에 해당하는 932,378,400원을 주식등변동상황명세서 불성실가산세로 부과·고지하는 이 사건 처분을 하였다.

〈쟁점〉

가산세의 법적 성질 및 본세의 산출세액이 없더라도 가산세만 독립하여 부과·징수할 수 있는지 여부

(2) 판결내용

"가산세는 과세권의 행사와 조세채권의 실현을 용이하게 하기 위하여 세법에 규정된 의무를 정당한 이유 없이 위반한 납세자에게 부과하는 일종의 행정상 제재이므로, 개별 세법에 의하여 산출한 법인세 등 본세에 가산세를 가산한 금액을 본세의 명목으로 징수한다 하더라도 이는 징수절차의 편의상 당해 세법이 정하는 국세의 세목으로 하여 그 세법에 의하여 산출한 본세의 세액에 가산하여 함께 징수하는 것일 뿐 세법이 정하는 바에 의하여 성립·확정되는 본세와는 그 성질이 다르다. 따라서 본세의 산출세액이 없는 경우에는 가산세도 부과·징수하지 아니한다는 등의 특별한 규정이 없는 한, 본세의 산출세액이 없다 하더라도 가산세만 독립하여 부과·징수할 수 있다."

"원심이 구 법인세법 제76조 제6항을 근거로 하는 이 사건 주식등변동상황명세서 제출 불성실 가산세에 관하여는 본세의 산출세액이 없는 경우에도 가산세는 부과·징수한다는 취지의 특별규정이 없으므로 본세의 산출세액이 없는 이 사건에 있어 위 가산세만 따로 부과·징수할 수 없다는 취지의 원고주장을 배척한 판단은 정당하다."

II. 국세의 환급

1. 의의 및 종류

가. 국세환급금(국기법 제51조)

(1) 의의

국세환급금이란 납세의무자가 국세 또는 강제징수비로서 납부한 금액 중 잘못 납부하거나 초과하여 납부한 금액 또는 조세법에 따라 환급받아야 할 세액을 말한다. 이 같은 환급을 구하는 소송은 민법에 근거한 부당이득반환청구소송이다 (민법 제741조 참조).

(2) 종류
① 과오납금
  i. 과납금: 조세납부 시에는 확정된 조세채무가 존재하였으나 납부 이후에 판결이나 취소결정 등의 사유로 조세채무가 소멸한 경우이다.
  ii. 오납금: 조세납부 시부터 조세채무가 존재하지 않았음에도 불구하고 납부 또는 징수하여 납부 또는 징수한 세액이 조세채무를 초과하는 부분이다.
② 환급세액
환급세액은 징세기술상의 이유로 조세납부 후에 최종적으로 세액이 확정되는 경우에 확정된 세액을 초과하는 납부세액이다. 예를 들어, 근로소득세 연말정산에 따른 원천징수세액의 환급이라든가 부가가치세의 매입세액이 매출세액을 초과하여 발생하는 환급 등이 이에 해당한다.
③ 물납의 환급
납세자가 상증세법에 따라 상속세를 물납한 후(상증세법 제73조) 과세처분의 취소 등으로 환급하는 경우에는 그 물납재산이 매각되었거나 다른 용도로 사용되고 있는 경우 등을 제외하고는 해당 물납재산으로 하여야 한다(국기법 제51조의2).

나. 국세환급가산금(국기법 제52조)

(1) 의의

국세환급가산금은 국세환급금에 가산하는 일종의 이자이다. 세무서장은 국세환급금을 충당하거나 지급할 때에는 국세환급가산금을 기산일부터 충당하는 날 또는 지급결정을 하는 날까지의 기간과 금융회사 등의 예금이자율 등을 고려하여 국세환급금에 가산하여야 한다.

(2) 산정방법

국세환급가산금은 시중은행의 1년 만기 정기예금 평균 수신금리를 감안하여 기획재정부령으로 정하는 이자율(현재 연 1천분의 12)로 하되, 조세쟁송의 결과에 따른 국세환급금이 그 결정 또는 판결이 확정된 날부터 40일 이후에 지급되는 경우에는 그 1.5배를 적용한다(국기법 제52조 제1항, 동법 령 제43조의3 제2항 및 동법 규칙 제19조의3).[18]

(3) 기산일(국기법 제52조 제1항 및 동법 령 제43조의3 제1항)

① 착오납부, 이중납부 또는 납부 후 그 납부의 기초가 된 신고 또는 부과를 경정하거나 취소함에 따라 발생한 국세환급금의 경우에는 국세 납부일이 기산일이다.

② 적법하게 납부된 국세의 감면으로 발생한 국세환급금의 경우에는 감면 결정일이 기산일이다.

③ 적법하게 납부된 후 법률이 개정되어 발생한 국세환급금의 경우에는 개정된 법률의 시행일이 기산일이다.

④ 환급세액의 신고, 환급신청, 경정 또는 결정으로 인하여 환급하는 경우에

---

[18] 국세기본법상 납부지연가산세의 부담률과 환급가산금의 이자율의 차이가 현격하다. 국세기본법은 납부지연가산세의 부담률을 금융회사 등이 연체대출금에 대하여 적용하는 이자율을 기준으로, 환급가산금의 이자율을 시중은행의 1년 만기 정기예금 평균 수신금리를 기준으로 산출하도록 규정하고 있다. 그 결과 납부지연가산세의 부담률은 연리 약 8%, 환급가산금의 이자율은 연리 1.2%(조세쟁송의 결과에 따른 환급가산금의 경우에는 그 1.5배인 1.8%)로 산출되는데, 여기에 더해지는 100분의 3의 비율로 부과되는 정액의 납부지연가산세까지 감안한다면, 납부지연가산세의 부담률과 환급가산금의 이자율 산출기준에 조세채권의 사채권(私債權)에 대한 우월성이 과도하게 반영되어 있다.

는 신고를 한 날(신고한 날이 법정신고기일 전인 경우에는 해당 법정신고기일) 또는 신청을 한 날부터 30일이 지난 날(조세법에서 환급기한을 정하고 있는 경우에는 그 환급기한의 다음 날)이 기산일이다. 한편 환급세액을 법정신고기한까지 신고하지 않음에 따른 결정으로 인하여 발생한 환급세액을 환급할 때에는 해당 결정일부터 30일이 지난 날이 기산일이다.

(4) 국세환급가산금 지급의 예외

① 고충민원의 처리에 따른 환급 등의 경우

국세와 관련하여 납세자가 국세기본법에 따른 불복청구 등을 그 기한까지 제기하지 않은 사항에 대해 과세관청에 직권으로 국세기본법 또는 다른 조세법에 따른 처분의 취소, 변경이나 그 밖의 필요한 처분을 해 줄 것을 요청하는 고충민원에 따라 국세환급금을 충당하거나 지급하는 경우에는 국세환급가산금을 가산하지 아니한다(국기법 제52조 제3항 및 동법 령 제43조의3 제3항).

② 물납을 환급하는 경우

물납을 환급하는 경우에는 국세환급가산금을 지급하지 아니한다(국기법 제51조의2 제1항). 물납재산을 그대로 환급하는 경우에는 국가의 보유기간 중 발생한 가치증가분이 그대로 납세의무자에게 이전되기 때문이다.[19]

2. 환급청구권자

가. 개요

환급의 청구권자는 과오납한 납세자와 조세법에 의하여 환급받을 납세자이다.

나. 구체적 사안별 청구권자

(1) 상속 및 합병(기본통칙 51-0…6, 7 참조)

상속인은 상속재산이 분할된 경우에는 그 분할된 바에 따라, 분할되지 아니한 경우에는 법정상속분에 따라 환급을 청구할 수 있다. 합병의 경우에는 피합병

---

19) 이태로·한만수, 조세법강의, 박영사, 2018, 172-173면.

법인으로부터 포괄적 승계를 받는 합병법인이 환급을 청구할 수 있다.

(2) 연대납세의무자(기본통칙 51-0…5 참조)

실제로 납부한 연대납세의무자가 환급을 청구할 수 있다. 연대납세의무가 없는 자가 납부한 경우에는 그 납부한 자가, 연대납세의무자가 2인 이상인 경우에는 각자가 납부한 금액에 따라 안분하여 환급을 청구할 수 있다.

(3) 제2차납세의무자(기본통칙 51-0…2 참조)

실제로 납부한 제2차납세의무자가 환급을 청구할 수 있다. 제2차납세의무가 없는 자가 납부한 경우에는 그 납부한 자가, 제2차납세의무자가 납부한 후 본래의 납세의무자의 납부로 환급사유가 발생한 경우에는 구상권 행사 여부를 조사하여 제2차납세의무자가 실제로 부담한 '납부한도 내'에서 환급을 청구할 수 있다.

(4) 납세보증인(기본통칙 51-0…4 참조)

납세보증인이 납부한 국세 등에 대해서는 피보증인인 납세의무자가 환급을 청구할 수 있다. 다만, 납세보증인이 보증채무의 금액을 초과하여 납부함으로써 발생한 환급금에 대해서는 납세보증인이 환급을 청구할 수 있다.

(5) 원천징수의 경우

원천징수의무자가 원천징수하여 납부한 세액에 대해서는 원천징수대상자가 아닌 원천징수의무자가 환급을 청구할 수 있다(국기법 제51조 제5항).

(6) 명의대여의 경우

실질귀속자가 따로 있어 명의대여자에 대한 과세를 취소하고 실질귀속자를 납세의무자로 하여 과세하는 경우에는 명의대여자 대신 실질귀속자가 납부한 것으로 확인된 금액은 실질귀속자의 기납부세액으로 먼저 공제하고 남은 금액이 있는 경우에는 실질귀속자에게 환급한다(국기법 제51조 제11항).

3. 환급절차, 충당절차 등

가. 환급절차

(1) 절차 일반
환급절차는 ① 결정, ② 통지, ③ 청구 및 ④ 환급의 단계로 진행된다.

(2) 환급의 이행
환급은 ① 환급금 발생, ② 환급금의 충당 등 및 ③ 잔여금 지급의 순으로 이행된다.

나. 충당절차

환급금의 충당은 환급금을 지급받을 자가 동시에 다른 국세 또는 강제징수비를 납부할 것이 있는 경우 국가의 환급금채무와 납세자의 조세채무를 대등액으로 소멸시키는 제도이다.

납부고지에 의하여 납부하는 국세 및 자진납부하는 국세의 경우에는 납세자의 동의 또는 청구가 필요하고(국기법 제51조 제2항 단서 및 제4항), 체납된 국세 및 강제징수비는 충당처분하여야 하며(국기법 제51조 제2항 본문), 원천징수국세 간에는 자동납부가 이루어진다(국기법 제51조 제5항). 국세환급금을 체납된 국세 및 강제징수비에 충당처분하는 경우에는 체납된 국세의 법정납부기한과 국세환급금 발생일 중 늦은 때로 소급하여 대등액에 관하여 소멸한 것으로 본다(국기법 제51조 제3항).

다. 국세환급금에 관한 권리의 양도와 충당

납세자는 국세환급금에 관한 권리를 타인에게 양도할 수 있다(국기법 제53조 제1항). 국세환급금에 관한 권리의 양도 요구가 있는 경우에는, 세무서장은 양도인 또는 양수인이 납부할 국세 및 강제징수비가 있으면 그 국세 및 강제징수비에 충당하고 남은 금액에 대하여 양도의 요구에 따른다(국기법 제53조 제2항).

4. 소멸시효

납세자의 국세환급금과 국세환급가산금에 관한 권리는 행사할 수 있는 때부터 5년간 행사하지 아니하면 소멸시효가 완성된다(국기법 제54조 제1항).

소멸시효에 관하여는 조세법에 특별한 규정이 있는 것을 제외하고는 민법에 따른다. 이 경우 국세환급금과 국세환급가산금을 과세처분의 취소 또는 무효확인청구의 소 등 행정소송으로 청구한 경우에는 시효의 중단에 관하여 민법 제168조 제1호에 따른 소멸시효의 중단사유인 청구를 한 것으로 본다(국기법 제54조 제2항).[20][21]

한편 국세환급금 등의 소멸시효는 세무서장이 납세자의 환급청구를 촉구하기 위하여 납세자에게 하는 환급청구의 안내·통지 등으로 인하여 중단되지 아니한다(제54조 제3항).

5. 환급거부통지의 처분성[22]

국세기본법의 국세환급금 및 국세환급가산금 결정에 관한 규정(국기법 제51조 및 제52조)은 이미 납세의무자의 환급청구권이 확정된 국세환급금(국세환급가산금 포함)에 대하여 내부적 사무처리절차로서 과세관청의 환급절차를 규정한 것에 지나지 않고, 그 규정에 의한 국세환급금 결정에 의하여 비로소 환급청구권이 확정되는 것은 아니다. 따라서 국세환급금 결정이나 이 결정을 구하는 신청에 대한 환급거부결정은 납세의무자가 갖는 환급청구권의 존부나 범위에 구체적이고 직접적인 영향을 미치는 처분이 아니어서 항고소송의 대상이 되는 처분이라고 볼 수 없다.[23] 그러므로 과세관청이 납세자의 환급신청에 응하지 않거나 거부통지를 한

---

20) 이 규정은 '대법원 1992. 3. 31. 선고 91다32053 전원합의체 판결'을 법률에 반영한 것이다.

21) 과세처분이 무효인 것으로 판단하여 국세환급금 반환청구, 즉 부당이득반환청구의 민사소송을 제기하였는데, 행정소송을 제기할 수 있는 기간을 도과한 후에야 과세처분이 취소의 대상인 것으로 밝혀진다면 권리구제의 기회를 상실할 수 있으므로, 과세처분이 무효인지 아니면 취소의 대상인지가 불분명한 경우에는 과세처분 취소 또는 무효확인청구의 소 등 행정소송을 제기하는 것이 안전할 수 있다, 이태로·한만수, 앞의 책, 172면.

22) 제6회 변호사시험(1문)에서 '국세환급거부결정의 처분성, 국세환급거부결정에 대한 구제방법'에 관한 문제가 출제된 바 있다.

때에는, 납세자는 이를 항고소송으로 다툴 수 없고 부당이득반환청구소송을 제기하여야 한다. 한편 부가가치세 환급세액 지급청구는 세액의 계산에 있어 전단계매입세액공제방식을 취하고 있는 부가가치세제의 특성상 이를 부당이득반환청구소송이 아니라 당사자소송(행소법 제3조 제2호)으로 다투어야 한다.24) 이에 관한 상세한 설명은 '제7장 조세쟁송'에서 후술한다.

[관련판례] 국세의 환급

대법원 1992. 3. 31. 선고 91다32053 전원합의체 판결

(1) 사실관계

원고회사를 비롯한 4개 교과서회사에 대한 세칭 검인정교과서 부정사건(조세포탈)에 대한 조사가 1977. 2. 24.부터 치안본부에서 시작되어 원고회사의 간부들이 연금되는 등 1개월간에 걸쳐 강압적인 수사가 강행되는 중에, 원고회사 간부들은 그들의 의사에 반하여 각 고등분과주식회사와 원고회사가 1971. 12. 11.부터 1977. 11. 30.까지 사이에 탈세하였다는 내용의 확인서, 진술서 등을 작성하였다.

치안본부장이 그 무렵 이를 국세청장에게 통보하자 국세청에서는 곧 원고회사에 세무조사반을 투입하여 세무조사를 실시한 결과, 1971. 12. 1.부터 1977. 11. 30.까지 사이에 위 각 분과주식회사와 원고회사가 금 45억 5,000만 원의 매출액을 누락시켰다고 보고, 이를 익금 가산하는 한편 그 금액이 위 각 분과주식회사와 원고회사의 대표이사 및 주주들에게 상여, 배당 등의 명목으로 분배 지급된 것으로 간주하였다.

위 국세청 조사반원들은 원고회사의 주주들을 국세청 강당에 모이게 하여 세무조사결과에 따라 소득금액을 신고할 것을 강권하면서 불응할 경우 주주들 개인업체에 대하여도 강력한 세무조사를 실시하여 중과세하거나 형사입건하겠다고 공언하므로, 주주들은 국세청 당국이 제시하는 각 과세연도 귀속소득금액(배당소득 및 근로소득)에 위 세무조사와 관계없이 이미 자진신고하여 납부한 소득금액을 합하여 이 사건 과세기간에 대한 소득금액계산서, 내역서, 명세서, 각서 등을 작성 제출하였다.

피고는 이러한 자료와 치안본부의 통보자료를 근거로 이 사건 법인세, 법인영

---

23) 대법원 1989. 6. 15. 선고 88누6436 전원합의체 판결; 1999. 10. 22. 선고 98두5194 판결 등.
24) 대법원 2013. 3. 21. 선고 2011다95564 전원합의체 판결; 2019. 6. 13. 선고 2016다239888 판결 참조.

업세, 개인영업세, 갑종근로소득세, 배당소득세, 이자소득세, 기타소득세, 방위세 등을 부과고지하였다.

이에 대해 원고회사는 과세처분에 불복하여 감사원의 심사청구를 거쳐 행정소송을 제기하였는바, 서울고등법원은 1983. 11. 18 과세처분을 취소하라는 판결을 선고하였고, 피고 국가가 이에 불복하여 대법원에 상고를 제기하였으나 대법원은 1984. 3. 13 상고를 기각하여, 원고회사에 대한 과세처분이 모두 무효로 되었다.

이에 국가는 과세처분이 취소된 이유가 납부고지서에 세액의 산출근거를 명시하지 아니한 절차상의 하자 때문이라고 판단하고, 절차상의 하자를 보완하여 1984. 6. 1 동일한 과세원인으로 원고회사에 대하여 과세처분을 하였다.

원고회사는 1984. 6. 15 세금을 납부하였고 이에 대해 전심절차를 거쳐 서울고등법원에 취소소송을 제기하였는바, 1985. 11. 1 과세처분의 무효를 선언하는 의미에서의 취소판결이 선고되었고, 이후 1990. 7. 27. 대법원의 판결로 확정되었다.

그럼에도 불구하고 국가는 이미 납부된 금액과 그 세액에 대한 환급가산금을 A회사에게 환급하지 아니하자, 원고회사는 국가에 대하여 오납금 합계 57억 5,000만 원의 환급을 청구하였다.

〈쟁점〉
 - 과세처분이 부존재하거나 당연무효인 경우 이 과세처분에 의한 오납금이 국가의 부당이득에 해당하는지 여부 및 이 경우 오납금에 대한 부당이득반환청구권의 발생시기
 - 과세처분의 취소를 구하였으나 재판과정에서 그 과세처분이 무효로 밝혀진 경우 오납금반환청구권의 소멸시효의 기산점
 - 시효중단사유로서의 재판상 청구에 권리가 발생한 기본적 법률관계에 관한 확인청구가 포함되는지 여부
 - 과세처분의 취소 또는 무효확인청구의 소가 조세환급을 구하는 부당이득반환청구권의 소멸시효 중단사유인 재판상 청구에 해당하는지 여부

(2) 판결내용
"과세처분이 부존재하거나 당연무효인 경우에 이 과세처분에 의하여 납세의무자가 납부하거나 징수당한 오납금은 국가가 법률상 원인 없이 취득한 부당이득에 해당하고, 이러한 오납금에 대한 납세의무자의 부당이득반환청구권은 처음부터 법률상 원인이 없이 납부 또는 징수된 것이므로 납부 또는 징수 시에 발생하여 확정된다(당원 1989. 6. 15. 선고 88누6436 판결 참조)."

"이 사건과 같이 과세처분의 취소를 구하였으나 재판과정에서 그 과세처분이

무효로 밝혀졌다고 하여도, 그 과세처분은 처음부터 무효이고 무효선언으로서의 취소판결이 확정됨으로써 비로소 무효로 되는 것은 아니므로 오납 시부터 소멸시효가 진행함에는 차이가 없다. 결국 원심이 위 각 과세처분에 대하여 무효선언으로서의 취소를 명한 판결이 확정된 때로부터 이 사건 부당이득반환청구권의 소멸시효가 진행한다고 판단하였음은 오납으로 인한 부당이득반환청구권의 소멸시효 기산일에 관한 법리를 오해한 것으로서 이 점을 지적하는 논지도 일응 이유 있다."

"시효제도의 존재이유는 영속된 사실상태를 존중하고 권리위에 잠자는 자를 보호하지 않는다는 데에 있고 특히 소멸시효에 있어서는 후자의 의미가 강하므로, 권리자가 재판상 그 권리를 주장하여 권리 위에 잠자는 것이 아님을 표명한 때에는 시효중단사유가 되는바, 이러한 시효중단사유로서의 재판상의 청구에는 그 권리 자체의 이행청구나 확인청구를 하는 경우만이 아니라, 그 권리가 발생한 기본적 법률관계에 관한 확인청구를 하는 경우에도 그 법률관계의 확인청구가 이로부터 발생한 권리의 실현수단이 될 수 있어 권리위에 잠자는 것이 아님을 표명한 것으로 볼 수 있을 때에는 그 기본적 법률관계에 관한 확인청구도 이에 포함된다고 보는 것이 타당하다.

이 사건에서 원심이 확정한 사실관계에 의하면, 이 사건 각 과세처분은 당연무효의 처분이어서 원고회사가 납부한 세금은 법률상 원인 없는 오납금이 되어 원고회사에게 환급청구권, 즉 부당이득반환청구권이 발생한 것인데, 원고들은 이러한 부당이득반환청구권을 실행하기 위하여 먼저 그 권리의 기본적법률관계인 위 각 과세처분에 대한 취소소송(무효선언으로서의 취소소송)을 제기하였음이 명백한바, 이러한 과세처분의 취소 또는 무효확인을 구하는 행정소송은 그 과세처분으로 오납한 조세에 대한 부당이득반환청구권을 실현하기 위한 수단으로서 권리 위에 잠자는 것이 아님을 표명한 것으로 볼 수 있으므로, 위 부당이득반환청구권의 소멸시효를 중단시키는 재판상 청구에 해당하는 것이고 이로서 그 소멸시효는 중단되었다고 보아야 할 것이다."

"일반적으로 위법한 행정처분의 취소, 변경을 구하는 행정소송은 사권을 행사하는 것으로 볼 수 없으므로 사권에 대한 시효중단사유가 되지 못하는 것 이나, 다만 이 사건과 같은 과세처분의 취소 또는 무효확인의 소는 그 소송물이 객관적인 조세채무의 존부 확인으로서 실질적으로 민사소송인 채무부존재확인의 소와 유사할 뿐 아니라, 과세처분의 유효 여부는 그 과세처분으로 납부한 조세에 대한 환급청구권의 존부와 표리관계에 있어 실질적으로 동일당사자인 조세부과권자와 납세의무자 사이의 양면적 법률관계라고 볼 수 있으므로, 위와 같은 경우에는 과세처분의 취소 또는 무효확인청구의 소가 비록 행정소송이라고 할지라도 조세환

급을 구하는 부당이득반환청구권의 소멸시효 중단사유인 재판상 청구에 해당한다
고 볼 수 있다.

　당원의 판례 중 위에서 설시한 견해와 달리 무효의 과세처분으로 오납한 조세
에 대한 부당이득반환청구권의 소멸시효는 오납이 있는 때로부터 진행하고 그 과
세처분에 대한 행정쟁송절차나 판결은 그 소멸시효중단사유가 되지 못한다는 취
지의 판례(1987. 7. 7. 선고 87다카54 판결)는 이를 폐기하기로 하고,또 위법한 행
정처분의 취소, 변경이나 무효확인을 구하는 행정소송은 사권에 대한 소멸시효중
단사유인 재판상 청구라고 볼 수 없다는 취지의 판례(1979. 2. 13. 선고 78다
1500, 1501 판결)는 위와 같이 과세처분의 취소, 변경 또는 무효확인을 구하는 행
정소송과 그 과세처분으로 인한 오납금에 대한 부당이득반환청구권과의 관계에
있어서는 적용되지 않는 것으로 그 견해를 변경하기로 한다."

제 7 장   조세쟁송

조세가 경제활동이나 일상생활에 미치는 영향이 날로 커지고 있고, 그 여파로 과세관청과의 분쟁도 날로 증가하고 있다. 조세사건의 권리구제절차를 단계적으로 보면(경정청구 제외), ① 과세처분이 있기 이전의 사전적 권리구제절차인 과세전적부심사, ② 부과처분이나 경정처분, 경정거부처분 등이 행해진 경우 소송 이전의 행정기관의 의한 전심절차, ③ 법원에 의한 취소소송, 무효확인소송 등 소송절차, ④ 징수단계의 압류처분, 압류해제거부처분, 공매처분 등에 대한 취소, 무효확인 등을 구하는 소송절차, ⑤ 납부 또는 강제징수 이후에 세액의 환급을 구하는 환급청구소송 등이 있다.[1]

I. 조세행정불복[2][3]

1. 총설

국세기본법 또는 세법에 따른 처분으로서 위법 또는 부당한[4] 처분을 받거나 필요한 처분을 받지 못함으로써 권리 또는 이익의 침해를 당한 자는 법원에 행정

---

1) 김국현, "조세소송의 주요쟁점과 최근판례", 대한변호사협회 2016 「조세 아카데미」 자료, 2016, 26면.
2) 제6회 변호사시험(1문)에서 '국세기본법상 부과처분에 대하여 다툴 수 있는 방법과 절차(경정처분 제외), 조세행정불복과 조세소송'에 관한 문제가 출제된 바 있다.
3) 제9회 변호사시험(2문)에서 '전심절차, 심사청구(감사원법에 따른 심사청구 포함)와 심판청구'에 관한 문제가 출제된 바 있다.
4) '부당한 처분'이란 위법에 해당하는 재량권의 일탈 또는 남용이 없으면서도 그 행사가 적정하지 아니한 경우를 말한다, 이준봉, 조세법총론, 삼일인포마인, 2021, 771면.

소송을 제기하기에 앞서 행정청에 대하여 그 처분의 취소 또는 변경을 청구하거나 필요한 처분을 청구할 수 있다(국기법 제55조 이하). 국세의 행정불복절차로는 이의신청, 심사청구 및 심판청구가 있는데, 국세의 부과처분에 대하여 소송을 제기하려면 반드시 심사청구 또는 심판청구 중 하나를 거쳐야 한다. 이의신청은 선택적 초심절차이다. 조세행정불복에 대해서는 원칙적으로 행정심판법이 적용되지 아니한다(국기법 제56조 제1항).

지방세기본법은 지방세의 행정불복절차로 이의신청과 심판청구를 두고 있고(지기법 제89조 제1항), 지방세의 부과처분에 대하여 소송을 제기하려면 반드시 심판청구를 거쳐야 한다(지기법 제98조 제3항). 지방세 행정불복절차의 운용에 관한 규정은 국기기본법의 관련규정과 그 내용이 거의 대동소이하다. 이하에서는 국세의 행정불복절차를 중심으로 조세행정불복에 관하여 살펴본다.

2. 행정불복전치주의

가. 의의

행정소송법은 일반 행정소송의 경우 법령의 규정에 의하여 해당 처분에 대한 행정심판을 제기할 수 있는 경우에도 이를 거치지 아니하고 제기할 수 있다고 규정하여 행정불복전치주의를 채용하고 있지 아니하다(행소법 제18조 참조). 그러나 조세소송을 제기하려면 반드시 심사(감사원법에 의한 심사 포함) 또는 심판이라고 하는 행정불복절차를 거쳐야 한다.

그렇다고 하여 모든 조세소송에 행정불복전치가 요구되는 것은 아니다. 행정불복전치는 취소소송과 부작위위법확인소송에 대해서만 적용되고, 무효 등 확인소송과 당사자소송에 대해서는 적용되지 아니한다.

나. 조세소송에 행정불복전치주의를 관철하는 이유[5]

행정불복절차는 무엇보다도 간이하고 신속한 절차를 통하여 쟁송의 경제를 기할 수 있다. 또한 과세처분은 대량적이고 반복적이므로 이로 인한 다툼이 법원

---

5) 이태로·한만수, 조세법강의, 박영사, 2018, 205-206면 참조.

으로 바로 가는 것을 걸러줄 필요가 있다. 아울러 과세처분은 복잡하고 기술적인 측면이 있으므로 소송 전에 사건을 검토하고 정리할 필요가 있다.

다. 행정불복전치주의의 예외

조세소송을 제기하기 전에 전심절차를 거쳤는지 여부는 과세처분별로 판단하는 것이 원칙이다. 그러나 조세행정에 있어서 2개 이상의 같은 목적의 행정처분이 단계적, 발전적 과정에서 이루어진 것으로서 서로 내용상 관련이 있다든지, 조세행정소송 계속 중에 그 대상인 과세처분을 과세관청이 변경하였는데 위법사유가 공통된다든지, 동일한 행정처분에 의하여 수인이 동일한 의무를 부담하게 되는 경우에 선행처분에 대하여 또는 그 납세의무자들 중 1인이 적법한 전심절차를 거친 때와 같이, 국세청장과 조세심판원으로 하여금 기본적 사실관계와 법률문제에 대하여 다시 판단할 수 있는 기회를 부여하였을 뿐더러 납세의무자로 하여금 굳이 또 전심절차를 거치게 하는 것이 가혹하다고 보이는 등 정당한 사유가 있는 때에는, 납세의무자가 전심절차를 거치지 아니하고도 과세처분의 취소를 청구하는 행정소송을 제기할 수 있다.[6]

라. 조세행정불복청구가 집행에 미치는 영향

이의신청, 심사청구 또는 심판청구는 조세법에서 특별한 규정이 있는 것을 제외하고는 해당 처분의 집행에 효력을 미치지 아니한다(국기법 제57조 제1항 본문). 즉, 이들 조세행정불복청구는 집행정지의 효력이 없으므로 부과된 세액을 납부를 하고 다투어야 한다. 그렇지 않으면 가산세 등의 불이익을 입게 된다.

다만, 해당 재결청이 처분의 집행 또는 절차의 속행 때문에 이의신청인, 심사청구인 또는 심판청구인에게 중대한 손해가 생기는 것을 예방할 필요성이 긴급하다고 인정할 때에는 처분의 집행 또는 절차 속행의 전부 또는 일부의 정지를 결정할 수 있다(국기법 제57조 제1항 단서).

---

6) 대법원 2014. 12. 11. 선고 2012두20618 판결.

3. 조세행정불복청구의 종류 및 기간

조세행정불복청구는 원칙적으로 심사청구 또는 심판청구의 1심급이다. 선택적 초심인 이의신청을 거치는 경우 2심급이 된다.

가. 이의신청(국기법 제66조)

(1) 신청기관

이의신청은 불복의 대상인 처분을 하였거나 하였어야 할 세무서장 또는 지방국세청장(처분청)에게 하여야 한다.

(2) 신청기간

이의신청의 기간은 당해 처분이 있은 것을 안 날 또는 처분 통지를 받은 날로부터 90일 이내이다.

(3) 결정·통지

이의신청심의위원회가 이의신청을 받은 날로부터 30일 이내에 결정·통지하여야 한다.

나. 심사청구(국기법 제61조 이하)

(1) 청구기관

심사청구는 불복의 사유를 갖추어 해당 처분을 하였거나 하였어야 할 세무서장을 거쳐 국세청장에게 하여야 한다.

(2) 청구기간

심사청구의 기간은 당해 처분이 있은 것을 안 날 또는 처분 통지를 받은 날로부터 90일 이내이다. 이의신청 후 심사를 청구하는 경우 결정서를 받은 날로부터 90일 이내이다.

(3) 결정·통지

국세심사위원회는 심사청구를 받은 날로부터 90일 이내에 결정·통지하여야 한다.

다. 심판청구(국기법 제67조 이하)

(1) 청구기관

심판청구에 대한 결정을 하기 위하여 국무총리 소속으로 조세심판원을 둔다.

(2) 청구기간

심판청구의 기간은 당해 처분이 있은 것을 안 날 또는 처분의 통지를 받은 때에는 그 받은 날로부터 90일 이내이다. 이의신청 후 심판을 청구하는 경우 이의신청의 결정서를 받은 날로부터 90일 이내이다.

(3) 결정·통지

조세심판원은 심판청구를 받은 날로부터 90일 이내에 결정·통지하여야 한다.

4. 조세행정불복의 대상

가. 개요

조세행정불복의 대상은 국세기본법 또는 다른 조세법에 따른 처분·거부처분 및 부작위(소극처분)이다(국기법 제55조). 과세관청의 처분 중 항고소송의 대상이 되는 처분인지 여부를 판단하는 기준이 되는 '처분성'에 관한 상세한 설명은 '조세소송'에서 후술한다.

나. 조세행정불복의 대상에서 제외되는 처분

과세관청 등의 처분 중 조세행정불복의 대상에서 제외되는 것은 다음과 같다.

(1) 조세행정불복에 대한 처분(국기법 제55조 제5항)

심사청구 또는 심판청구에 대한 처분에 대해서는 이의신청, 심사청구 또는 심판청구를 제기할 수 없다. 다만, 심사청구 또는 심판청구의 재조사결정에 따른 처분청의 처분에 대해서는 해당 재조사결정을 한 재결청에 대하여 심사청구 또는

심판청구를 제기할 수 있다.7) 재조사결정에 따른 처분을 포함하여, 이의신청에
대한 처분에 대해서는 심사청구 또는 심판청구를 제기할 수 있음은 물론이다. '재
조사결정'에 관한 상세한 설명은 '조세행정불복에 대한 결정'에서 후술한다.

(2) 조세범처벌절차법에 의한 통고처분(국기법 제55조 제1항 제1호)

통고처분이란 조세범칙사건의 조사에 의하여 범죄의 심증을 얻었을 때 세무
서장 등이 범칙자에게 벌금 등을 납부할 것을 통지하는 과벌적 행정처분이다(조세
범처벌절차법 제15조). 반드시 이행하여야 하는 의무는 아니고(가사처분성) 이행을
하면 공소권 소멸의 이익을 얻게 되는 이익처분이고 불이행 시 형사처벌로 이행
되므로 불복의 대상에서 제외된다.

(3) 감사원법에 의하여 심사청구를 한 처분(대상)과 그 심사청구에 대한
    처분(결정)(국기법 제55조 제1항 제2호)

상급기관인 감사원에 심사청구를 한 처분이나 그 심사청구에 대한 감사원의
처분에 대하여 이의신청·심사청구 또는 심판청구를 인정하는 것은 모순이기 때
문이다.

(4) 국세기본법 또는 다른 조세법에 따른 과태료 부과처분(국기법 제55
    조 제1항 제3호)

[보충설명] 감사원법에 의한 심사청구

1. 의의

감사원의 감사를 받는 자(피감사기관)의 직무에 관한 처분 기타 행위에 관하여 이해
관계 있는 자는 감사원에 그 처분이나 행위에 대한 심사청구를 할 수 있다. 국세청, 관세
청 및 지방자치단체는 감사원의 피감사기관에 해당하므로 국세청 등의 처분이 위법하거
나 부당한 경우에는 감사원법 규정에 의하여 심사청구를 할 수 있다.

---

7) 이의신청에 대한 재조사결정에 따른 처분에 대해서는 이의신청을 할 수 없다(국기법 제55조 제
6항).

2. 절차

과세처분이 있은 것을 안 날로부터 90일 이내에 당해 처분을 하였거나 하였어야 할 세무관서의 장을 거쳐 심사청구서를 제출하여야 한다. 감사원의 심사청구를 거친 사건에 대해서는 국세청의 심사 또는 조세심판원의 심판을 청구할 수 없으며, 결정의 통지를 받은 날로부터 90일 이내에 행정소송을 제기할 수 있다.

3. 다른 조세행정불복절차와의 차이

감사원은 스스로 처분을 할 수 없고 항상 시정을 명하여야만 한다는 점에서 다른 조세행정불복과 차이가 있다. 이에 대해 국세청 심사결정과 조세심판원 심판결정은 스스로 처분이 가능하다.

5. 조세행정불복의 청구인

가. 청구인 적격

(1) 위법 또는 부당한 처분으로 인하여 또는 필요한 처분을 받지 못함으로써 권리 또는 이익의 침해를 당한 자는 조세행정불복을 청구할 수 있다(국기법 제55조 제1항).

(2) 제2차납세의무자로서 납부고지서를 받은 자, 물적납세의무를 지는 자로서 납부고지서를 받은 자, 납세보증인 등도 조세행정불복을 청구할 수 있다(국기법 제55조 제2항).

나. 대리인

(1) 이의신청인, 심사청구인, 심판청구인 또는 처분청은 변호사, 세무사 또는 세무사법에 따른 세무사등록부 또는 공인회계사 세무대리업무등록부에 등록한 공인회계사를 불복대리인으로 선임할 수 있다(국기법 제59조 제1항).

(2) 국선대리인제도(국기법 제59조의2)

일정한 요건을 갖춘 이의신청인 등은 재결청에 국선대리인의 선정을 신청할 수 있다.

다. 불복청구인 지위의 승계

법령에 별도의 정함이 없지만 상속과 합병의 경우에는 불복청구인의 지위가 승계된다는 것이 일반적인 해석의 입장이다. 국세기본법이 상속의 경우 피상속인의 납세의무를 상속인이 승계하도록 규정하고 있고(국기법 제24조), 합병의 경우 존속법인 또는 신설법인이 소멸법인의 납세의무를 승계하고 있는 점에 비추어 볼 때 그와 같이 해석하는 것이 타당하다.

6. 조세행정불복의 심리

조세행정불복에서의 심리는 요건심리와 본안심리로 구분할 수 있다.[8]

요건심리는 불복청구가 법령에서 정하는 형식적 요건, 즉 ① 처분의 존재, ② 침해되었다고 주장하는 권리나 이익의 존재, ③ 청구인 적격 및 ④ 청구기간을 충족하였는지 여부를 심리하는 것이다.[9] 이들 형식적 요건 중 하나라도 충족되지 아니한 것이 있는 경우에는 각하하여야 한다.

불복청구가 형식적 요건을 충족하고 있는 경우라면 청구를 수리하고 본안에 대한 심리를 하여야 한다. 본안심리는 실질적인 내용에 대한 심리이고, 결정이 법령에서 정하는 기간 내에 청구인에게 전달될 수 있도록 진행되어야 한다.

심리의 대상과 범위는 조세소송과 같고, 이에 관한 상세한 설명은 '조세소송'에서 후술한다.

7. 조세행정불복에 대한 결정

가. 결정의 종류

조세행정불복에 대한 결정의 종류로는 (1) 각하결정(기간 등 형식적 요건을 불

---

8) 이태로·한만수, 앞의 책, 215면 참조.
9) 조세소송의 요건심리에서는 전심절차를 거쳤는지 여부가 추가된다.

비한 경우), (2) 기각결정(불복청구의 이유가 없다고 인정하는 경우), (3) 인용결정(취소 또는 경정결정 기타 필요한 처분의 결정) 및 (4) 재조사결정이 있다.

나. 재조사결정

(1) 재조사결정의 의의

재조사결정은 처분청으로 하여금 하나의 과세단위의 전부 또는 일부에 관하여 당해 결정에서 지적된 사항을 재조사하여 그 결과에 따라 과세표준과 세액을 경정하거나 당초 처분을 유지하는 등의 후속 처분을 하도록 하는 이의신청(국기법 제66조 제6항), 심사청구(국기법 제65조 제1항 제3호 단서) 및 심판청구(국기법 제80조의2)에 대한 결정의 한 유형이다.[10]

(2) 재조사결정 후에도 당초 처분을 유지할 수 있는 사유

국세기본법은 재조사 결과에도 불구하고 당초 처분을 취소 또는 경정하지 아니할 수 있는 근거 및 사유를 명시하고 있다. 국세기본법은 제65조 제6항에서 "처분청은 재조사 결과 심사청구인의 주장과 재조사 과정에서 확인한 사실관계가 다른 경우 등 대통령령으로 정하는 경우에는 해당 심사청구의 대상이 된 당초의 처분을 취소·경정하지 아니할 수 있다"라고 규정하고 있고, 동법 시행령은 제52조의3 제2항에서 구체적인 사유를 '① 심사청구인의 주장과 재조사 과정에서 확인한 사실관계가 달라 당초의 처분을 유지할 필요가 있는 경우와 ② 심사청구인의 주장에 대한 사실관계를 확인할 수 없는 경우'로 한정적으로 열거하고 있다.

(3) 재조사결정의 기속력

재조사결정이 있는 경우 처분청은 지적된 사항을 재조사하여 그 결과에 따라 후속조치를 할 의무를 부담한다. 재조사결정이 후속조치의 내용까지 구속하지는 아니하지만, 처분청이 추가적인 조사나 노력을 전혀 하지 아니한 채 당초 처분을 유지하는 처분을 한다면 그 후속처분은 재조사결정의 기속력에 반하여 위법하다.[11]

---

10) 대법원 2010. 6. 25. 선고 2007두12514 판결 참조.
11) 김완석, 박종수, 이중교, 황남석, 주석 국세기본법, 삼일인포마인, 2023, 1244면.

판례는 "재조사 결정은 재결청의 결정에서 지적된 사항에 관하여 처분청의 재조사결과를 기다려 그에 따른 후속 처분의 내용을 심판청구 등에 대한 결정의 일부분으로 삼겠다는 의사가 내포된 변형결정에 해당하므로, 처분청은 재조사 결정의 취지에 따라 재조사를 한 후 그 내용을 보완하는 후속 처분만을 할 수 있다. 따라서 처분청이 재조사 결정의 주문 및 그 전제가 된 요건사실의 인정과 판단, 즉 처분의 구체적 위법사유에 관한 판단에 반하여 당초 처분을 그대로 유지하는 것은 재조사 결정의 기속력에 저촉된다"라고 판시한 바 있다.12)

(4) 재조사결정 후 처분과 불이익변경금지의 원칙

재조사결정과 관련해서는, 재조사결정에 따라 납세자에게 불리한 증액경정처분도 할 수 있는지(국기법 제79조 제2항 참조)가 문제될 수 있다. 종래 실무상으로 재조사결정 후에 증액경정처분이 행하여지는 경우가 종종 있었고, 이러한 처분에 대하여 조세심판원은 대체로 적법성을 인정하고 있었다. 이에 대해 판례는 재조사결정에 따른 처분청의 재조사는 재결청의 심리과정에서 재조사의 필요성이 인정된 범위 내로 제한되고, 처분청이 재조사결정을 근거로 새로운 과세요건사실을 조사하거나 당초 처분액수를 증액하는 후속처분을 하는 것은 불이익변경금지의 원칙에 반하므로 원칙적으로 허용되지 않는다는 취지로 판시한 바 있다.13)

(5) 재조사결정에 따른 처분 후 제기할 수 있는 조세쟁송의 종류

재조사결정에 따른 처분에 대한 불복으로는, 이의신청에 대한 재조사결정에 따른 처분의 경우 심사청구 또는 심판청구를 제기할 수 있고(국기법 제55조 제5항 본문 및 제6항. 이의신청 불가), 심사청구 또는 심판청구에 대한 재조사결정에 따른 처분의 경우에는 심사청구 또는 심판청구를 제기하거나 아니면 바로 조세소송을 제기할 수 있다(국기법 제55조 제5항 단서 및 제56조 제2항 단서. 임의적 전치주의).

(6) 재조사결정에 따른 처분 후 조세쟁송의 제소기간

재조사결정은 처분청의 후속처분에 의하여 그 내용이 보완됨으로써 이의신청 등에 대한 결정으로서의 효력이 발생하므로, 재조사결정에 따른 심사청구기간

---

12) 대법원 2017. 5. 11. 선고 2015두37549 판결.
13) 대법원 2016. 9. 28. 선고 16두39382 판결.

이나 심판청구기간 또는 행정소송의 제소기간은 이의신청인 등이 후속 처분의 통지를 받은 날부터 기산된다(국기법 제56조 제4항 참조).14)

다. 결정의 원칙

(1) 불고불리의 원칙(국기법 제65조의3 및 제79조 제1항)

이의신청, 심사청구 또는 심판청구를 한 처분 이외의 처분에 대하여는 그 처분의 전부 또는 일부를 취소 또는 변경하거나 새로운 처분의 결정을 하지 못한다.

(2) 불이익변경금지의 원칙(국기법 제65조의3 및 제79조 제2항)

이의신청, 심사청구 또는 심판청구를 한 처분보다 청구인에게 불이익이 되는 결정을 하지 못한다.

라. 결정의 효력

조세행정불복에 대한 결정은 과세관청을 기속하고 과세관청은 그에 따라 즉시 필요한 처분을 하여야 한다(국기법 제80조). 과세처분에 관한 불복절차과정에서 그 불복사유가 이유가 있다고 인정하고 이에 따라 필요한 처분을 하였을 경우에는, 불복제도와 이에 따른 시정방법을 인정하고 있는 국세기본법의 취지에 비추어 동일 사항에 관하여 특별한 사유 없이 이를 번복하고 다시 종전의 처분을 되풀이 할 수 없다.15)

[관련판례] 조세행정불복

1. 행정불복 심판대상. 형식적 확정력과 실질적 확정력 – 대법원 2004. 7. 8.
   선고 2002두11288 판결 * 파기환송
2. 재조사결정에 대한 불복제기기간의 기산점 – 대법원 2010. 6. 25. 선고
   2007두12514 판결
3. 전심절차 01 – 대법원 1992. 8. 14. 선고 91누13229 판결 * 파기환송
4. 전심절차 02 – 대법원 2006. 4. 14. 선고 2005두1017 판결

---

14) 대법원 2010. 6. 25. 선고 2007두12514 전원합의체 판결 참조.
15) 대법원 1978. 1. 31. 선고 77누266 판결; 1990. 10. 23. 선고 89누6426 판결; 2010. 6.
    24. 선고 2007두18161 판결 등.

5. 조세심판 결정의 기속력 – 대법원 2017. 3. 9. 선고 2016두56790 판결

1. 행정불복 심판대상, 형식적 확정력과 실질적 확정력 – 대법원 2004. 7. 8. 선고 2002두11288 판결 * 파기환송

(1) 사실관계

소외 삼풍건설 주식회사는 1993. 12. 15. 13억 원을 유상증자하면서 대표이사인 최철종이 신주를 모두 인수하게 되면 과점주주가 되어 여러 가지 불이익을 받을 것에 대비하여 주식을 분산시킬 목적으로, 당시 경리부장이던 최경식의 아버지인 원고와 경리과장이던 임승복의 장인인 심명식의 명의를 빌려 마치 그들이 실권주 5만 주씩을 각 인수하는 것처럼 허위의 주식청약서와 이사회의사록 등을 작성하였다.

소외회사는 먼저, 1993. 7. 28. 최철종의 예금계좌에서 10억 원을 인출하여 그중 5억 원을 같은 날 원고 명의의 경수투자금융 예금계좌에 입금하였다가 다시 같은 해 12. 10. 위 5억 원을 인출하여 원고 명의의 기업은행 수원지점의 계좌에 4억 5,500만 원, 광명지점의 계좌에 4,500만 원을 각 분산 입금한 다음 같은 달 14. 위 5억 원을 모두 인출하여 원고 명의의 실권주 인수대금으로 소외회사에 납입하였다.

그 후 경인지방국세청에서 소외회사에 대한 주식이동을 조사한 결과, 위와 같이 원고 명의로 납입된 주식 인수대금 5억 원이 최철종의 예금계좌에서 나온 것으로 밝혀지자, 광명세무서장은 1996. 8. 16. 원고가 최철종으로부터 위 주식 인수대금을 현금증여받은 것으로 보아 원고에게 증여세 2억 8,500만 원을 부과하는 처분(제1처분)을 하고 그 부과고지서를 원고에게 송달하였다. 위 증여세부과고지서를 송달받은 원고는 아들인 최경식을 통하여 소외회사에 그 경위를 문의한 결과, 소외회사에서는 원고에게 회사에서 모두 알아서 처리할테니 걱정하지 말라는 취지의 답변을 하였다.

이에 따라 최철종은 1996. 9. 30. 원고에게 부과된 위 증여세 3억 원(가산세 1,400만 원 포함)을 원고 대신 납부하였고, 이에 피고는 1999. 3. 6. 최철종이 대납한 위 증여세액을 원고가 다시 증여받은 것으로 보아 과세처분을 하였다.

〈쟁점〉
- 행정처분이나 행정심판 재결이 불복기간의 경과로 확정된 경우, 그 확정력의 의미
- 증여자가 타인의 명의를 도용하여 실권주를 인수한 것이 피도용자에 대한

증여에 해당한다는 이유로 피도용자에게 증여세가 부과되자 증여자가 그 증여세를 대신 납부한 경우, 증여의 의사로 그 증여세 상당액을 증여한 것으로 볼 수 있는지 여부

(2) 판결내용

"일반적으로 행정처분이나 행정심판 재결이 불복기간의 경과로 인하여 확정될 경우 그 확정력은, 그 처분으로 인하여 법률상 이익을 침해받은 자가 당해 처분이나 재결의 효력을 더 이상 다툴 수 없다는 의미일 뿐, 더 나아가 판결에 있어서와 같은 기판력이 인정되는 것은 아니어서 그 처분의 기초가 된 사실관계나 법률적 판단이 확정되고 당사자들이나 법원이 이에 기속되어 모순되는 주장이나 판단을 할 수 없게 되는 것은 아니라고 할 것이다(대법원 1993. 4. 13. 선고 92누17181 판결 참조). 따라서 이 사건 제1처분이 이미 확정되어 법률상 불가쟁력이 생겼다고 하더라도, 원고가 최철종으로부터 실권주 인수대금 5억 원을 증여받았다는 사실관계까지 확정된 것은 아니므로, 원고로서는 최철종이 임의로 원고의 명의를 도용하여 소외회사의 실권주를 배정받은 다음 자신의 예금계좌에서 주식 인수대금 5억 원을 인출하여 원고 명의의 예금계좌에 입금하였다가 다시 그 돈을 인출하여 실권주 인수대금으로 납입하고 원고 명의로 실권주를 취득하였는데 과세관청은 예금인출의 외관만을 보아 원고가 최철종으로부터 현금 5억 원을 증여받았다고 보고 이 사건 제1처분을 하였다는 이유로 별도의 처분인 이 사건 처분에 대하여 다툴 수 있다고 할 것이다."

"원심이 적법하게 확정한 사실과 기록에 의하면, 위와 같은 경위로 이 사건 제1처분이 이루어진 사실, 이 사건 제1처분에 기한 증여세부과고지서를 송달받은 원고는 아들인 최경식을 통하여 소외회사에 그 경위를 문의한 결과, 소외회사에서는 원고에게 회사에서 모두 알아서 처리할 테니 걱정하지 말라는 취지의 답변을 한 사실, 그 후 소외회사에서는 원고에게 별도의 의사표시를 하지 아니하고 소외회사의 예금계좌에서 수표를 발행받아 위 증여세를 납부하고 최철종에 대한 주주, 임원단기차입금계정으로 기장처리한 사실 등을 알 수 있는바, 사정이 그러하다면 이 사건 제1처분의 전제사실과 같이 최철종이 원고에게 실권주 인수대금 5억 원을 증여하였다고 할 수는 없고, 따라서 이 사건 제1처분에 기한 증여세를 최철종이 납부하였다고 하더라도, 최철종이 원고에게 증여의 의사로 그 증여세 상당액을 증여하였다고 보기는 어려우며, 오히려 최철종이 명의도용으로 인하여 원고가 증여세를 부담하게 된 것에 대하여 책임을 느끼고 명의도용자로서 손해배상책임을 이행한 것으로 볼 여지가 있다고 할 것이다."

2. 재조사결정에 대한 불복제기기간의 기산점 – 대법원 2010. 6. 25. 선고 2007두 12514 판결

(1) 사실관계

피고(양천세무서장)은 2005. 4. 1. 원고에게 과거 매출신고 누락분에 대하여 부가가치세 1억 원을 부과고지하였고, 원고는 이에 불복하여 2005. 6. 29. 이의신청을 하였다.

피고는 원고의 주장이 이유 있다고 판단하여 2005. 7. 27. 실지거래 여부를 재조사하고 그 결과에 따라 과세표준과 세액을 경정하도록 한다는 취지의 재조사결정을 하였고, 피고의 위 결정서는 2005. 7. 29. 원고에게 도달하였다.

피고는 2005. 10. 24. 원고에게 당초 결정이 정당하다는 재조사결과를 통지하였고, 원고는 이에 불복하여 2005. 10. 28. 국세청에 심사청구를 하였다.

국세청은 2005. 12. 29. 위 심사청구가 재조사결정을 통보받은 2005. 7. 29.부터 심사청구기간인 90일을 도과하여 제기된 것으로서 부적법하다는 이유로 각하결정을 하였고, 원고는 이에 불복하여 2006. 3. 20. 이 사건 소를 제기하였다.

〈쟁점〉

재결청의 재조사결정에 따른 심사청구기간이나 심판청구기간 또는 행정소송의 제소기간의 기산점

(2) 판결내용

"이의신청 등에 대한 결정의 한 유형으로 실무상 행해지고 있는 재조사결정은 처분청으로 하여금 하나의 과세단위의 전부 또는 일부에 관하여 당해 결정에서 지적된 사항을 재조사하여 그 결과에 따라 과세표준과 세액을 경정하거나 당초 처분을 유지하는 등의 후속 처분을 하도록 하는 형식을 취하고 있다. 이에 따라 재조사결정을 통지받은 이의신청인 등은 그에 따른 후속 처분의 통지를 받은 후에야 비로소 다음 단계의 쟁송절차에서 불복할 대상과 범위를 구체적으로 특정할 수 있게 된다. 이와 같은 재조사결정의 형식과 취지, 그리고 행정심판제도의 자율적 행정통제기능 및 복잡하고 전문적·기술적 성격을 갖는 조세법률관계의 특수성 등을 감안하면, 재조사결정은 당해 결정에서 지적된 사항에 관해서는 처분청의 재조사결과를 기다려 그에 따른 후속 처분의 내용을 이의신청 등에 대한 결정의 일부분으로 삼겠다는 의사가 내포된 변형결정에 해당한다고 볼 수밖에 없다. 그렇다면 재조사결정은 처분청의 후속 처분에 의하여 그 내용이 보완됨으로써 이의신청 등에 대한 결정으로서의 효력이 발생한다고 할 것이므로, 재조사결정에 따른 심사청

구기간이나 심판청구기간 또는 행정소송의 제소기간은 이의신청인 등이 후속 처분의 통지를 받은 날부터 기산된다고 봄이 상당하다."

"이와 달리, 재조사결정에 따른 행정소송의 제소기간은 원칙적으로 납세자가 재결청으로부터 재조사결정의 통지를 받은 날부터 기산된다는 취지로 판시한 대법원 판결들은 이 판결의 견해와 저촉되는 범위에서 이를 모두 변경하기로 한다."

3. 전심절차 01 - 대법원 1992. 8. 14. 선고 91누13229 판결 * 파기환송

(1) 사실관계

피고는 원고가 이미 적법한 전심절차를 거친 1990. 8. 21. 자 증액경정처분에 의한 세액을 다시 증액하는 재경정처분을 하였다. 이러한 재경정처분은 이 사건 선박의 자가공급에 따라 그 가액을 과세표준에 산입하는 것을 내용으로 하고 있다는 점에서 증액경정처분과 내용이 같고, 그에 대하여 원고가 내세우는 위법사유도 같다.

〈쟁점〉

당초의 과세처분에 대하여 적법한 전심절차를 거쳤다면, 그 위법사유가 공통된 경우에는 증액경정처분에 대하여 취소소송을 제기함에 있어 다시 전심절차를 거칠 필요가 있는지 여부

(2) 판결내용

"과세처분이 있은 후에 증액경정처분이 있으면 당초의 과세처분은 경정처분에 흡수되어 독립적인 존재가치를 상실하므로 전심절차의 경유 여부도 그 경정처분을 기준으로 판단하여야 할 것이지만, 그 위법사유가 공통된 경우에는 당초의 과세처분에 대하여 적법한 전심절차를 거친 이상 전심기관으로 하여금 기본적 사실관계와 법률문제에 대하여 다시 검토할 수 있는 기회를 부여하였다고 볼 수 있을 뿐만 아니라, 납세의무자에게 굳이 같은 사유로 증액경정처분에 대하여 별도의 전심절차를 거치게 하는 것은 가혹하므로 납세의무자는 그 경정처분에 대하여 다시 전심절차를 거치지 아니하고도 취소를 구하는 행정소송을 제기할 수 있다고 할 것이다(당원 1990. 10. 12. 선고 90누 2383 판결, 1990. 8. 28. 선고 90누 1892 판결 각 참조)."

4. 전심절차 02 - 대법원 2006. 4. 14. 선고 2005두1017 판결

(1) 사실관계

원고는 1998년도, 1999년도 및 2001년도 귀속 법인세에 관한 이 사건 2002. 10. 2.자 증액경정처분에 불복하여 국세심판원에 심판청구를 하였다.

2003. 2. 21. 이에 대한 국세심판원의 심판결정이 나자, 다시 그 결정에 대한 불복 여부를 고려하던 중, 아직 그 불복 기간이 만료되지 아니한 2003. 5. 1. 위 2002. 10. 2.자 증액경정처분에 의하여 증액된 세액을 다시 증액하는 내용의 이 사건 증액재경정처분이 이루어지자, 이에 대한 전심절차를 따로 거치지 아니한 채 바로 이 사건 소송을 제기하였다.

〈쟁점〉

과세관청의 증액경정처분에 불복하여 국세심판원에 심판청구를 하고, 이에 대한 국세심판원의 심판결정이 난 후 그 결정에 대한 불복 여부를 고려하던 중, 불복 기간이 만료되지 아니한 상태에서 증액경정처분에 의하여 증액된 세액을 다시 증액하는 내용의 증액재경정처분이 이루어진 경우, 증액재경정처분에 대한 전심절차를 거치지 아니한 채 과세처분의 취소를 청구하는 행정소송을 제기할 수 있는 정당한 사유에 해당하는지 여부

(2) 판결내용

"조세행정에 있어서 2개 이상의 같은 목적의 행정처분이 단계적·발전적 과정에서 이루어진 것으로서 서로 내용상 관련이 있다든지, 세무소송 계속 중에 그 대상인 과세처분을 과세관청이 변경하였는데 위법사유가 공통된다든지, 동일한 행정처분에 의하여 수인이 동일한 의무를 부담하게 되는 경우에 선행처분에 대하여 또는 그 납세의무자들 중 1인이 적법한 전심절차를 거친 때와 같이, 국세청장과 국세심판원으로 하여금 기본적 사실관계와 법률문제에 대하여 다시 판단할 수 있는 기회를 부여하였을 뿐더러 납세의무자로 하여금 굳이 또 전심절차를 거치게 하는 것이 가혹하다고 보이는 등 정당한 사유가 있는 때에는 납세의무자가 전심절차를 거치지 아니하고도 과세처분의 취소를 청구하는 행정소송을 제기할 수 있다고 보아야 할 것이다(대법원 1991. 5. 24. 선고 91누247 판결, 1992. 9. 8. 선고 92누4383 판결, 2000. 9. 26. 선고 99두1557 판결 등 참조)."

"1998년도, 1999년도 및 2001년도 귀속 법인세 부분에 관하여 보면, 2003. 5. 1.자 증액재경정처분은 2002. 10. 2. 자 증액경정처분이 확정되기 전에 이루어진 것이므로 2002. 10. 2. 자 증액경정처분은 2003. 5. 1. 자 증액재경정처분에 흡수

되어 소멸되었다 할 것이어서, 위 각 처분이 서로 별개의 처분이라고 할 수 없다. 그리고 위 사실관계에 의하면, 원고가 2002. 10. 2. 자 경정처분에 불복하여 국세심판원 심판을 청구하면서 주장한 위법사유는 '분식회계로 인한 지급이자, 상여 등의 누락 및 가공 매출에 대한 손금산입 및 익금불산입'으로서 원고가 이 사건 소를 통하여 그 취소를 구하는 2003. 5. 1. 자 증액재경정처분에 대하여 주장하는 위법사유와 공통된다는 것인바, 이러한 공통사유에 대하여는 국세심판원에게 그 판단 기회가 이미 부여되었을 뿐만 아니라 원고로 하여금 2003. 5. 1. 자 증액재경정처분에 대하여 굳이 다시 전심절차를 거치게 하는 것은 가혹하다고 보이므로, 이는 납세의무자가 전심절차를 거치지 아니하고도 과세처분의 취소를 청구하는 행정소송을 제기할 수 있는 정당한 사유가 있는 때에 해당한다 할 것이다.

따라서 원고가 1998년도, 1999년도 및 2001년도 귀속 법인세에 관한 2003. 5. 1. 자 증액재경정처분에 대하여 따로 전심절차를 거치지 아니하였다 하더라도 위 각 법인세 부분에 관한 이 사건 소가 부적법하다고 볼 수 없다."

"2000년도 귀속 법인세 부분에 관하여 보면, 원고는 당초 2000년도 귀속 법인세는 과세표준이 음수이어서 납부할 세액이 없다고 신고하였는데, 피고가 2003. 5. 1. 자로 2000년도 귀속 법인세를 부과하는 내용의 증액경정처분을 하자, 이에 불복하여 따로 전심절차를 거치지 아니한 채 바로 이 사건 소송을 제기하였으나, 원고는 1998년도, 1999년도 및 2001년도 귀속 법인세에 관한 2002. 10. 2. 자 증액경정처분에 불복하여 국세심판청구를 할 당시 2000년도 귀속 법인세에 관한 피고의 과세표준 변경 결정 내용에 대하여도 다투었고, 그 국세심판 심리 당시 원고의 1998년도, 1999년도 및 2001년도 분식결산내역뿐만 아니라 2000년도 분식결산내역에 관하여도 일괄하여 자료가 제출되었으며, 2000년도 분식결산내역 중 부당하게 손금불산입된 부분과 익금산입된 부분의 내역과 금액이 모두 밝혀졌다. 국세심판원은 이러한 분식결산의 사실관계는 인정하면서도 분식결산으로 납부한 세금을 돌려주게 되면 '주식회사의 외부감사에 관한 법률'의 입법 취지와 국세기본법상의 신의성실의 원칙에 반한다는 이유로 원고의 청구 중 재조사가 필요한 부분을 제외한 나머지 청구를 받아들이지 아니하였다는 것이므로, 위(2002. 10. 2. 처분에 대한) 국세심판원의 심판 당시에 이미 2000년도 귀속 법인세에 관한 위 증액경정처분의 기초가 된 사실관계와 법률상 쟁점에 대하여도 사실상 필요한 심리가 마쳐져 국세심판원에게 그 판단의 기회가 부여되었다고 봄이 상당하고, 또한 원고가 2000년도 귀속 법인세에 관하여 심판청구를 하더라도 위 국세심판원의 결정과 같은 취지로 배척될 것도 충분히 예상할 수 있기에, 원고로 하여금 굳이 2000년도 귀속 법인세 부과처분에 한하여 별도로 전심절차를 밟게 하는 것은 비용과 시간의 측면에서 무의미하다고 보여지므로 원고로 하여금 2000년도 귀속 법인세 부과처분에 관하여 굳이 따로 전심절차를 밟게 하는 것은 가혹한 것으로 보이는바, 이 또한 납세의무자가 전심절차를 거치지 아니하고도 과세처분의 취소를 청구하는 행정소송을 제기할 수 있는 정당한 사유가 있는 때에 해당한다 할 것이다.

위와 같은 경우에 전심절차를 거치지 아니한 채 행정소송을 제기하는 것을 허용한다 하더라도, 과세처분의 대량반복성, 전문기술성, 정형성 등의 이유로 제소에 앞서 과세관청의 전문적인 지식과 경험을 활용함으로써 남소를 방지하고 사실관계에 관한 쟁점을 분명히 하며, 상급관청에게 감독, 시정의 기회를 부여함으로써 대량의 반복적 조세행정이 통일적으로 이루어질 수 있도록 하기 위함이라는 국세기본법 제56조 제2항의 규정 취지가 몰각될 우려도 없다 할 것이다. 따라서 이 사건 소 중 2000년도 귀속 법인세 부분도 부적법하다고 볼 수 없다."

5. 조세심판 결정의 기속력 – 대법원 2017. 3. 9. 선고 2016두56790 판결

(1) 사실관계

코스닥 상장법인인 A주식회사는 2005. 12. 5. 비상장법인인 B주식회사의 주식을 전부 인수하면서 B사의 주주들에게 A사의 신주를 발행해 주는 주식의 포괄적 교환계약을 체결하였다. 이 사건 교환계약에 따라 B사의 주주들인 원고1은 B사 163,556주의 교환대가로 A사 2,904,904주를, 원고2는 B사 11,520주의 교환대가로 A사 204,605주를 각 취득하였다.

이에 피고는 구 상속세 및 증여세법(2010. 1. 1. 개정 전) 제42조 제1항 제3호에 근거하여 이 사건 교환계약으로 원고들이 얻은 이익을 증여재산가액으로 보고 원고들에게 증여세를 결정·고지하는 종전 처분을 하였다. 이에 대하여 원고들이 제기한 심판청구에서 조세심판원은 2012. 12. 27. 이 사건 교환계약과 같은 주식의 포괄적 교환에 대하여 상증세법 제35조가 정한 저가·고가 양도에 따른 이익의 증여 등 규정을 적용하여 과세하는 것은 별론으로 하고, 상증세법 제42조를 적용하여 증여세를 부과한 종전 처분은 부당하다'는 이유로 이를 취소하는 결정을 하였다.

이에 따라 피고는 2013. 10. 1. 상증세법 제35조에 근거하여 원고들에게 증여세를 부과하는 이 사건 처분을 하였다. 이에 대하여 원고들은 조세심판원에 심판청구를 하였다가 기각결정이 내려지자 이 사건 소를 제기하였다.

그런데 대법원은 2014. 4. 24. 상법상 주식의 포괄적 교환에 의하여 완전자회사가 되는 회사의 주주가 얻은 이익에 대하여는 상증세법 제35조가 아닌 상증세법 제42조 제1항 제3호를 적용하여 과세하여야 한다'는 판결을 선고하였다(대법원 2014. 4. 24. 선고 2011두23047 판결). 그 후 피고는 이 사건 소에 이르러 처분의 근거 규정으로 이 사건 조항을 추가하였다.

〈쟁점〉

과세처분에 관한 불복절차에서 불복사유가 옳다고 인정하고 이에 따라 필요한 처분을 하였을 경우, 동일 사항에 관하여 특별한 사유 없이 이를 번복하고 다시 종전의 처분을 되풀이할 수 있는지 여부

(2) 판결내용

"구 국세기본법(2013. 1. 1. 개정 전)은 제81조에서 심판청구에 관하여는 심사청구에 관한 제65조를 준용한다고 규정하고, 제80조 제1항, 제2항에서 심판청구에 대한 결정의 효력에 관하여 제81조에서 준용하는 제65조에 따른 결정은 관계 행정청을 기속하고, 심판청구에 대한 결정이 있으면 해당 행정청은 결정의 취지에 따라 즉시 필요한 처분을 하여야 한다고 규정하고 있으며, 제65조 제1항 제3호에서 심사청구가 이유 있다고 인정될 때에는 그 청구의 대상이 된 처분의 취소·경정 결정을 하거나 필요한 처분의 결정을 한다고 규정하고 있다.

과세처분에 관한 불복절차에서 그 불복사유가 옳다고 인정하고 이에 따라 필요한 처분을 하였을 경우에는 불복제도와 이에 따른 시정방법을 인정하고 있는 위 법 규정의 취지에 비추어 동일 사항에 관하여 특별한 사유 없이 이를 번복하고 다시 종전의 처분을 되풀이할 수는 없다(대법원 1983.7.26. 선고 82누63 판결, 대법원 2014. 7. 24. 선고 2011두14227 판결 등 참조)."

"원심은 다음과 같이 판단하였다. 먼저 위 대법원 2011두23047 판결에 따라 상증세법 제35조를 근거로 하여 원고들에게 증여세를 부과할 수 없다. 다음으로, 증여세 과세의 기초가 되는 사정에 아무런 변경이 없는데도 이 사건 조항을 처분사유로 하는 것은 불복과정에서 취소된 종전 처분을 번복하여 이를 되풀이하는 것일 뿐만 아니라 이 사건 조항에 근거한 종전 처분을 취소한 조세심판 결정의 기속력에 저촉되고, 주식의 포괄적 교환에 상증세법의 어느 조문을 적용하여야 하는지에 관하여 견해가 갈리다가 대법원 판결에 의하여 명확하게 선언되었다고 하더라도 재결의 기속력을 배제하거나 처분의 반복을 허용할 수는 없으므로, 이 사건 소에서 처분의 근거 규정으로 이 사건 조항을 추가할 수 없다.

원심의 판단은 정당하고 상고이유 주장과 같이 과세처분 취소 후 재처분의 제한, 처분사유의 추가·변경이나 재결의 기속력 등에 관한 법리를 오해한 잘못이 없다."

II. 조세소송[16]

1. 의의, 종류 및 절차

가. 의의

조세소송은 조세에 관한 분쟁을 심리·판단하는 법원의 재판절차로서 행정소송의 일환이다. 조세소송은 자신의 권리구제를 직접 목적으로 하는 항고소송과 당사자소송, 납세자 자신의 권리구제를 목적으로 하지 않는 민중소송과 기관소송으로 분류된다(행소법 제3조).[17] 그 밖의 조세에 관한 소송으로는 당연무효 또는 원천징수 관련 환급청구 민사소송, 과세처분의 근거법령에 대한 헌법소송, 조세포탈죄의 성립요건으로서 '사기 그 밖의 부정한 행위'에 해당하는지를 다투는 형사소송 등이 있다.

나. 조세소송과 일반 행정소송의 차이

조세소송도 일반 행정소송으로 다루어져 행정소송법의 적용을 받지만 몇 가지 점에 있어서는 일반 행정소송과 달리 취급된다.

(1) 조세의 부과, 징수에서는 조세법률주의의 원칙상 과세관청의 재량행위가 인정되지 아니하고 그 적법성 여부만이 문제될 뿐이다. 따라서 조세소송에서는 당해 과세처분이 적법한지 아니면 위법한지 여부만이 판단의 대상이 되고 일반 행정소송에서와 같이 재량권의 일탈이나 남용 여부는 판단의 대상이 되지 아니한다.[18]

(2) 납세의무의 성립은, 일반 행정법관계에서 행정처분에 의하여 국민의 권리·의무가 발생하는 것과는 달리, 개별조세법에서 정한 과세요건이 충족되면 당연히 성립하고, 과세관청의 과세처분이나 납세의무자의 신고 등의 행위가 필요 없을 뿐만 아니라 납세의무자가 과세요건 충족사실을 인식할 필요가 없다.[19]

---

16) 제6회 변호사시험(1문)에서 '국세기본법상 부과처분에 대하여 다툴 수 있는 방법과 절차(경정처분 제외), 조세행정불복과 조세소송'에 관한 문제가 출제된 바 있다.

17) 김국현, 앞의 자료, 15면.

18) 위의 자료, 16면.

(3) 과세처분의 위법 여부의 판단을 과세처분 시의 법령이 아니라 납세의무 성립 시의 법령을 기준으로 한다는 점에서 일반 행정소송에서 처분 시의 법령을 기준으로 하는 것과 다르다.[20]

다. 종류(행소법 제3조)

(1) 항고소송(행소법 제4조)

항고소송이란 행정청의 우월한 지위에서 행한 처분에 의하여 권익을 침해당한 자가 그 위법을 이유로 당해 처분의 취소 또는 변경을 구하는 소송을 말한다. 행정소송법은 항고소송을 행정청의 처분 등이나 부작위에 대하여 제기하는 소송이라고 정의하고 있다(행소법 제3조 제1호). 항고소송으로는 취소소송, 무효확인소송 및 부작위위법확인소송이 있다. 이러한 구분과 관련하여 구체적인 사건에서 취소사유와 무효사유를 판별하는 것이 매우 어려운데, 판례는 대체로 법률관계나 과세요건사실의 내용을 오인하고 과세한 경우에는 취소사유로 보고,[21] 과세요건 자체가 흠결된 경우 등 그 위법성이 중대하고 명백한 경우는 무효사유로 보고 있다.[22]

① 취소소송

취소소송은 과세관청의 위법한 처분 등의 취소 또는 변경을 구하는 소송으로서, 과세처분 취소소송과 경정거부처분 취소소송이 이에 해당한다. 조세소송은 항고소송 중에서도 과세처분 취소소송이 거의 대부분을 차지한다. 취소소송은 제소기간의 제한을 받고 전심절차인 행정불복을 거쳐야 한다(행소법 제18조).

취소소송에서는 정당한 세액을 초과하는 부분만 취소하는 일부취소가 원칙이고, 정당한 세액이 산출되지 아니하는 예외적인 경우에는 전부취소를 한다. 일부취소를 구하는 소송을 제기하는 경우에는 정당한 세액을 계산하여 이를 초과하

---

19) 위의 자료, 19−20면 참조.

20) 위의 자료, 20면 참조.

21) 한편 과세관청이 법령을 해석함에 있어 오류를 범할 수 있는데, 이와 관련하여 대법원은 과세처분 당시 적용된 과세법령에 관한 법리나 해석론이 명확하게 밝혀지지 않아 해석에 다툼의 여지가 있을 때에는 과세관청이 그 법령을 잘못 해석, 적용하여 과세처분을 하였다고 하더라도 그 하자는 취소사유에 불과하다고 판시한 바 있다, 대법원 2018. 7. 19. 선고 2017다242409 전원합의체 판결.

22) 이태로·한만수, 앞의 책, 241면 참조.

는 부분의 취소를 구하는 형식으로 소장을 작성하여야 한다.

　② **무효확인소송**

　무효확인소송은 과세관청의 처분 등의 효력 유무 또는 존재여부를 확인하는 소송이다. 무효확인소송은 처분이 당연무효인 경우에 다툴 수 있고 그 위법성이 중대하고 명백한 것이어야 한다.[23] 무효확인소송은 취소소송과 달리 제소기간의 제한이나 행정불복전치주의가 적용되지 아니한다(행소법 제38조 제1항 참조).[24]

　조세를 납부한 후에도 무효확인청구의 소를 제기할 수 있다.[25] 또한 조세를 납부한 후에는 민사소송으로 부당이득반환청구를 하는 것도 가능하다.

　③ **부작위위법확인소송**

　행정청의 부작위가 위법하다는 것의 확인을 구하는 소송이다. 부작위위법확인소송은 취소소송과 마찬가지로 제소기간의 제한을 받고 전심절차인 행정불복을 거쳐야 한다(행소법 제38조 제2항).

(2) 당사자소송, 민중소송 및 기관소송

　① **당사자소송**

　조세소송으로서 당사자소송은 과세처분 자체를 다투는 것이 아니라 그 처분 등을 원인으로 하는 법률관계에 관하여 다투는 소송이다(행소법 제3조 제2호 참조).[26] 항고소송에서는 과세처분 등을 행한 처분청을 피고로 하지만, 당사자소송에

---

23) 무효와 취소의 구별기준에 대하여 우리 실정법은 이에 관한 명백한 기준을 제시하고 있지 아니하므로 학설과 판례에 따라 해결해야 하는데, 통설과 판례는 그 기준으로 '중대명백설'을 제시하고 있다, 이동식, 일반조세법, 준커뮤니케이션, 2017, 617면 참조.

24) 행정소송법 제38조 제1항에서는 무효 등 확인소송에 대하여 행정불복전치의 근거규정인 동법 제18조를 준용하고 있지 아니하다.

25) '대법원 2008. 3. 20. 선고 2007두6342 전원합의체 판결'은 행정처분의 근거법률에 의하여 보호되는 직접적이고 구체적인 이익이 있는 경우에는 다른 직접적인 구제수단이 있는지 여부와 관계 없이 무효확인을 구할 법률상 이익이 있다는 취지로 종래의 판결을 변경하였다. 이 판결에 따른다면, 세금을 납부한 후이거나, 전심절차를 거치지 않았거나 또는 제소기간이 도과되어 취소소송을 제기할 수 없게 된 경우에 무효 등 확인소송이 구제수단으로 활용될 수 있다. 김국현, 앞의 자료, 17-18면 참조.

26) 판례는 전술한 부가가치세 환급세액 지급청구 소송(대법원 2013 3. 21. 선고 2011다95564 판결; 2019. 6. 13. 선고 2016다239888 판결) 이외에도, 신고가 무효이고 세액을 아직 납부하지 않은 경우의 납세의무 부존재확인소송(대법원 2000. 9. 8. 선고 99두2765 판결; 2003. 10. 23. 선고 2002두5115 판결)과 조세채권 존재확인소송(대법원 2020. 3. 2. 선고 2017두41771 판결)도 당사자소송이라고 판시한 바 있다, 이창희, 세법강의, 박영사, 2022, 289면 참조.

서는 권리의무의 귀속주체인 국가(지방세의 경우 지방자치단체)를 피고로 한다(행소법 제39조).[27] 당사자소송은 취소소송과 달리 제소기간의 제한이나 행정불복전치주의가 적용되지 아니한다(행소법 제44조 제1항).

② 민중소송 및 기관소송

민중소송이란 국가 또는 공공단체의 기관이 법률에 위반되는 행위를 한 때에 직접 자기의 법률상 이익과 관계없이 그 시정을 구하기 위하여 제기하는 소송이고(행소법 제3조 제3호), 기관소송이란 국가 또는 공공단체의 기관상호 간에 있어서의 권한의 존부 또는 그 행사에 관한 다툼이 있을 때에 이에 대하여 제기하는 소송이다(행소법 제3조 제3호). 민중소송과 기관소송은 개별법률이 별도로 정하는 경우에 한하여 제기할 수 있는 소송이다(행소법 제45조). 조세소송과 관련하여 민중소송을 인정하는 법률은 없고, 기관소송의 예로는 조세조례의 재결의에 대하여 지방자치단체의 장이 대법원에 제기하는 것을 들 수 있다(지방자치법 제172조 제1항 및 제3항).[28]

라. 절차

조세소송은 행정법원을 1심으로 하는 일반 행정소송절차에 의한다. 조세소송의 제소기간은 일반 행정소송과 다르다.

일반 행정소송의 경우를 보면, 제소기간은 처분 등이 있음을 안 날[29]부터 90일 이내 또는 처분 등이 있은 날부터 1년 이내이다(행소법 제20조 제1항 및 제2항). 행정심판을 거친 경우의 제소기간은 재결서의 정본을 받은 날로부터 90일 또는 재결이 있은 날로부터 1년(정당한 사유가 있는 경우 예외 인정)이다(행소법 제20조 제1항, 제2항 및 제18조 제1항). 제소기간은 취소소송과 부작위위법확인소송에만 제한이 적용되고 무효 등 확인소송에는 적용되지 않는다.

이에 대해 조세소송의 경우에는 심사청구 또는 심판청구에 대한 결정통지서 또는 감사원의 심사결정통지서를 받은 날로부터 90일 내에 처분청을 당사자로 하여 제기하여야 한다(국기법 제56조 제3항).[30] 조세소송의 경우도 마찬가지로 제소

---

27) 김국현, 앞의 자료, 19면.
28) 이준봉, 앞의 책, 806면 참조.
29) 통지나 공고 그 밖의 방법으로 해당 처분이 있었다는 사실을 현실적으로 안 날을 말한다.

기간은 취소소송과 부작위위법확인소송에만 제한이 적용되고 무효 등 확인소송에는 적용되지 않는다.

2. 증명책임[31]

가. 조세소송에 있어서 증명책임의 특수성

조세소송도 행정소송이므로 처분의 적법성에 관한 증명책임은 원칙적으로 과세관청이 부담한다. 그러나 과세관청에 실지조사권이 있기는 하지만 과세요건사실을 뒷받침해 주는 과세자료의 대부분은 납세자가 직접 지배하는 영역 내에 있기 때문에 과세관청이 납세자의 협력 없이 과세자료를 확보하기는 쉽지 않다.[32]

이 같은 조세법률관계의 특수성으로 인하여, 조세소송에서의 증명책임은 그 분배의 문제보다는 과세관청이 '어느 정도 증명을 하였을 경우에 그 증명책임을 다한 것으로 볼 수 있는지'라고 하는 증명책임의 전환 또는 증명 정도의 완화에 관한 문제가 중요시되어 왔다.[33]

나. 증명책임의 소재

과세처분의 적법성은 과세관청이 증명하여야 하지만, 이를 다투는 납세자로서는 과세처분이 어떤 이유로 위법한지에 관하여 그 위법한 구체적 사실을 먼저 주장할 책임이 있다.[34]

납세자가 과세처분의 실체적 또는 절차적 위법 사실을 주장하는 경우 특별한 사정이 없는 한 과세관청이 그 과세요건사실의 존재와 절차의 적법성을 증명하여야 한다.[35] 그러나 과세처분의 무효확인소송에서는 그 무효를 주장

---

30) 심사청구 또는 심판청구의 결정기간에 결정의 통지를 받지 못한 경우에는 결정의 통지를 받기 전이라도 그 결정기간이 지난 날부터 행정소송을 제기할 수 있다(국기법 제56조 제3항 단서).
31) 제10회 변호사시험(2문)에서 과세요건사실에 대한 증명책임 중 '법인의 경비에 대한 증명책임'에 관한 문제가 출제된 바 있다.
32) 김국현, 앞의 자료, 86면.
33) 위의 자료, 86면 참조.
34) 대법원 1981. 6. 23. 선고 80누510 판결.
35) 대법원 2007. 2. 22. 선고 2006두6604 판결.

하는 납세자에게 그 과세처분에 존재하는 하자가 중대하고 명백하다는 것을 증명할 책임이 있다.36)

다. 증명책임의 전환 또는 증명 정도의 완화

조세소송에서의 증명책임은 조세법률관계의 특수성에 기초하여, 원칙적으로 과세관청에 처분의 적법성에 관한 증명책임이 있다고 보면서도, 일정한 경우에 대하여 법률에서 추정규정을 두는 방법 이외에도 증명책임을 전환하거나 증명의 정도를 완화하는 방법을 통하여 합리적인 해결을 도모하는 방향으로 법리와 실무가 전개되어 왔다.37)

증명책임의 전환 또는 증명 정도의 완화에 관한 법리로는 '일응의 추정' 내지는 '사실상 추정', '소극적 사실에 대한 부존재의 추정' 등이 있다.

(1) '일응의 추정' 내지는 '사실상 추정' - 경험칙의 적용

'일응의 추정'이란 과세관청이 주장하는 당해 처분의 적법성을 합리적으로 수긍할 수 있을 일응의 증명이 있는 경우에는 그 처분은 정당하다고 할 것이고 이와 상반되는 주장과 증명은 그 상대방인 납세자에게 그 책임이 돌아간다는 법리이다.38)

'일응의 추정' 법리에 따르면, 일반적으로 과세처분 취소소송에서 과세요건사실에 관한 증명책임은 과세관청에 있지만, 구체적인 소송과정에서 경험칙에 비추어 과세요건사실이 추정되는 사실이 밝혀진 경우에는 납세자가 문제된 사실이 경험칙을 적용하기에 적절하지 아니하다거나 해당 사건에서 그와 같은 경험칙을 배제하여야 할 만한 특별한 사정이 있다는 점 등을 증명하여야 한다.39) 그러나 그와 같은 경험칙이 인정되지 아니하는 경우에는 원칙으로 돌아가 과세요건사실에 관하여 과세관청이 증명하여야 한다.40)

36) 대법원 1984. 2. 28. 선고 82누154 판결.
37) 김국현, 앞의 자료, 88면 참조.
38) 대법원 1967. 5. 23 선고 67누22 판결; 1984. 7. 24. 선고 84누124 판결.
39) 대법원 2004. 4. 27. 선고 2003두14284 판결; 2012. 8. 17. 선고 2010두23378 판결 등.
40) 대법원 2015. 9. 10. 선고 2015두41937 판결. 이 사건에서는 '부부간의 계좌이체 시 증여가 추정되는지 여부'가 쟁점이었는데, 대법원은 "부부 사이에서 일방 배우자 명의의 예금이 인출되어 타방 배우자 명의의 예금계좌로 입금되는 경우에는 증여 외에도 단순한 공동생활의 편의, 일방

(2) '소극적 사실에 대한 부존재의 추정' - 필요경비 또는 손금에 관한 증명책임

'소극적 사실에 대한 부존재의 추정'이란 필요경비나 손금은 납세자에게 유리한 것이고 그것을 발생시키는 사실관계의 대부분은 납세자가 지배하는 영역 안에 있는 것이어서 납세자가 증명하는 것이 손쉽다는 점을 감안하면, 납세자가 그에 관한 증명을 하지 않는 필요경비나 손금에 대해서는 부존재의 추정을 용인하여 납세자에게 증명의 필요성을 인정하는 것이 공평의 관념에 부합한다는 법리이다.[41]

한편 '소극적 사실에 대한 부존재의 추정' 법리에 따르더라도 과세관청은 납세자가 신고한 비용의 용도와 지급의 상대방이 허위임에 대하여 상당한 정도로 증명하여야 한다. 그러한 증명이 전혀 없는 경우까지 납세의무자에게 곧바로 필요경비나 손금에 대한 증명책임을 돌릴 수는 없고, 과세관청이 그러한 증명을 하지 못한 경우에는 납세의무자가 신고한 비용을 함부로 부인할 수 없다.[42]

[관련판례] 증명책임

1. 증명책임 01 - 대법원 1984. 7. 24. 선고 84누124 판결 * 파기환송
2. 증명책임 02 - 대법원 2002. 11. 13. 선고 2002두6392 판결 * 파기환송

---

1. 증명책임 01 - 대법원 1984. 7. 24. 선고 84누124 판결 * 파기환송

(1) 사실관계

원고는 제재업 기타 목재가공업 및 합판제조업 등을 목적으로 하여 1970. 2. 17.에 성립되어 1983. 3. 10. 상호를 변경하고 회사정리법에 의하여 정리절차 개시결정된 법인이었다. 피고는 원고에 대한 세무사찰의 결과 원고의 자산장부상의 주주 가지급금 계정의 7억 4,000만 원, 받을 어음 계정의 7억 원, 대여금 계정의

배우자 자금의 위탁 관리, 가족을 위한 생활비 지급 등 여러 원인이 있을 수 있으므로, 그와 같은 예금의 인출 및 입금 사실이 밝혀졌다는 사정만으로는 경험칙에 비추어 해당 예금이 타방 배우자에게 증여되었다는 과세요건사실이 추정된다고 할 수 없다"라고 판시하였다.

41) 대법원 2004. 9. 23. 선고 2002두1588 판결; 2014. 8. 20. 선고 2012두23341 판결 등.
42) 대법원 2015. 6. 23. 선고 2012두7776 판결.

5억 5,000만 원, 미결산금 계정의 15억 9,000만 원 합계 35억 8,000만 원 중에서
가공증자 가지급금 1억 6,000만 원, 소외인에 대한 가지급금 2억 원, 소외 종합식
품주식회사에 대한 가지급금 3억 3,000만 원, 합계 6억 9,000만 원을 차감한 나머
지 28억 9,000만 원을 원고가 1972. 9. 1.부터 1980. 6. 30.까지 사이에 사채이자
로서 지급된 금원이라고 단정하고 위 28억 9,000만 원에서 확인된 채권자들에게
지급된 이자 합계 2억 6,000만 원, 1974. 12. 31. 이전에 지급한 이자 2억 2,000만
원(조세채권이 확정되었다고 하더라도 소멸시효가 완성된 부분), 이 건 처분당시
과세시기가 도래하지 않은 1980. 1. 1. 이후에 지급한 이자 4억 2,000만 원을 각
공제한 나머지 19억 9,000만 원에 대하여 법인세법 제63조 제1항의 규정에 따른
지급조서의 제출의무를 이행하지 아니하였다는 이유로 1980. 10. 2.에 동법 제41
조 제4항에 의거하여 1975. 1. 1.부터 1979. 12. 31.까지 해당 사업연도 및 과세기
간별로 구분하여 수시분 법인세로 400만 원을, 동 법인세로 600만 원을, 동 법인
세로 1,000만 원을, 동 법인세로 3,000만 원을, 동 법인세로 2,600만 원을 부과처
분을 하였다.

〈쟁점〉
 - 항고소송에 있어서 행정처분의 적법성에 관한 입증책임
 - 법인세 부과처분의 위법사유에 대한 증명책임

(2) 판결내용
"민사소송법의 규정이 준용되는 행정소송에 있어서 입증책임은 원칙적으로 민
사소송의 일반원칙에 따라 당사자 간에 분배되고 항고소송의 특성에 따라 당해 처
분의 적법을 주장하는 피고에게 그 적법사유에 대한 입증책임이 있다고 하는 것이
당원의 일관된 견해이므로 피고가 주장하는 당해 처분의 적법성이 합리적으로 수
긍할 수 있는 일응의 입증이 있는 경우에는 그 처분은 정당하다고 할 것이며 위와
같은 합리적으로 수긍할 수 있는 증거와 상반되는 주장과 입증은 그 상대방인 원
고에게 그 책임이 돌아간다고 풀이하여야 할 것이다."
"돌이켜 이 사건 기록을 살펴보면, 이 사건 주주 가지급금계정, 받을 어음계정,
대여금계정, 미결산금계정에 계상된 금액에 대하여 피고의 세무조사 당시 주식회
사 고○는 그 근거와 증빙을 제시하지 못하였을 뿐만 아니라 1972. 9. 1.부터
1980. 6. 30.까지의 기간 중 지급된 사채이자를 변태기장한 것이라고 주식회사 고
○의 대표이사를 대리한 부사장 김○림이 피고에게 확인서(을 제11호증)를 제출
하고 국세청 조사국 세무공무원에게 그와 같은 전말을 진술한 사실(을 제6호증의
1)이 인정되는 이 사건에 있어서 피고가 위 을 제6호증의 1 및 을 제11호증을 제

출하고 다시 증인 정○준의 증언에 의하여 이와 같은 사실을 입증하였다면 그와 반대되는 이 사건 부과처분의 위법사유에 관하여서는 원고에게 이를 주장 입증할 책임이 돌아간다고 할 것임에도 불구하고 위 을 제6호증의 1 및 을 제11호증의 각 기재와 증인 정○준의 증언을 대비되는 증거나 합리적인 이유의 설시도 없이 이를 배척하고 달리 이 돈이 사채이자로 지급된 것이라고 인정할 만한 자료가 없다고 하여 이 사건 부과처분이 위법하다고 판시한 원심조치는 필경 항고소송에 있어서의 입증책임에 관한 법리를 오해하고 입증책임을 전도하여 판결에 그 이유를 갖추지 아니한 잘못을 저질렀다 할 것이니 상고는 그 이유가 있다고 할 것이다.”

2. 증명책임 02 - 대법원 2002. 11. 13. 선고 2002두6392 판결 * 파기환송

(1) 사실관계

원고는 강○희와의 사이에 어린이집 건축공사를 금 7억 4,000만 원에 도급받는 내용의 건축도급계약서와 견적서를 작성하여 강○희에게 교부하였고, 강○희는 위 서류들을 농업협동조합중앙회 이천시지부에 제출하여 시설자금 융자신청을 하였으며, 원고는 강○희가 위 농업협동조합중앙회 이천시지부로부터 시설자금을 융자받음에 있어서 감정평가액 7억 2,000만 원 상당의 자신 및 친인척들의 부동산을 담보로 제공하였다.

일조종합건설 주식회사가 시공사로서 어린이집 건축공사를 하는 것으로 명의를 대여하여 강○희와의 사이에 공사도급계약서를 작성하였으나 강○희는 일조종합건설 주식회사에 대하여 아는 바가 없는 반면, 원고는 주식회사 장미주택건설이라는 상호로 건축업을 할 당시부터 일조종합건설 주식회사와 거래관계가 있었다.

어린이집 건축공사의 현장소장으로 근무하였던 조외기는 원고의 조카사위였고, 농업협동조합중앙회 이천시지부로부터 시설자금으로 대출된 4억 4,000만 원이 시공자로 신고된 원고의 계좌에 입금되었다가 그 중 근저당권설정등기 등의 비용으로 지출된 1,000만 원만이 강○희에게 지급되었을 뿐 나머지 금원은 모두 원고가 임의로 지출하였는데, 원고는 그 사용처에 대하여 명백히 밝히지 않을 뿐 아니라 그 지출내역이 원고가 제시한 강○희의 현금출납내역과도 일치하지 아니한다.

어린이집을 건축할 당시 강○희는 26세였고, 그 남편은 34세로 ‘장미화랑 표구사’라는 상호로 표구점을 운영한 경험이 있을 뿐 건축경험이 없었던 반면, 원고는 1990. 경부터 주식회사 장미주택건설이라는 상호로 건설업법인체를 설립하여 건축업을 한 경험이 있었다.

피고는, 원고가 강○희로부터 어린이집 건물에 대한 신축공사를 공사대금 7억

4,000만 원에 도급받아 공사를 시행하였음에도 불구하고, 위 건물신축공사에 따른 부가가치세 신고·납부를 하지 않았다고 하여, 1999. 5. 3. 원고에게 1996년도 2기분 부가가치세로 8,000만 원을 부과·고지하였다.

그 후, 피고는 이 사건 소송이 계속 중이던 2002. 3. 29. 위 신축공사의 실제 공사대금이 4억 3,000만 원이라고 하면서 당초의 부가가치세액을 4,700만 원으로 감액하는 경정처분을 하였다.

〈쟁점〉

세금부과처분 취소소송에 있어서 과세요건사실에 관한 증명책임의 소재 및 증명의 정도

(2) 판결내용

"일반적으로 세금부과처분취소소송에 있어서 과세요건사실에 관한 입증책임은 과세권자에게 있다 할 것이나, 구체적인 소송과정에서 경험칙에 비추어 과세요건사실이 추정되는 사실이 밝혀지면, 상대방이 문제로 된 당해 사실이 경험칙 적용의 대상적격이 되지 못하는 사정을 입증하지 않는 한, 당해 과세처분을 과세요건을 충족시키지 못한 위법한 처분이라고 단정할 수는 없다 할 것이다(대법원 1998.7.10. 선고 97누13894 판결 등)."

"원고가 강○희와 사이에 위 시설자금의 대출을 위하여 공사도급계약을 체결하였던 적이 있고, 시공사의 명의대여(일조 명의를 원고가 대여), 공사현장소장의 선임에 관여하였으며, 시공자로서 위 시설자금을 원고의 계좌로 입금받아 자신이 이를 지출한 점에 비추어, 경험칙상 원고가 시공자로서 이 사건 어린이집 건축공사를 시공하였다고 넉넉히 추정할 수 있는바, 원고가 그러한 경험칙을 적용할 수 없는 사정을 충분히 입증하였다고 보이지 아니하는 이 사건에 있어서는 원고가 이 사건 어린이집 건축공사의 시공자로서 강○희에게 부가가치세 과세요건인 용역을 제공하였다고 봄이 상당하다고 할 것이다.

그럼에도 불구하고, 원고가 이 사건 어린이집의 건축공사를 시공하지 아니하였음을 전제로 이 사건 과세처분이 위법하다고 본 원심의 판단에는 조세소송에 있어서 과세요건사실에 대한 입증책임 및 입증의 정도에 관한 법리를 오해하여 필요한 심리를 다하지 아니하였거나, 채증법칙을 위반하여 사실을 오인함으로써 판결에 영향을 미친 위법이 있다 할 것이다."

3. 조세소송의 소송물과 심리 범위[43)

가. 과세처분취소소송의 소송물[44)

일반 행정처분과 마찬가지로 당해 과세처분의 취소원인으로서의 '위법성 일반'을 과세처분취소소송의 소송물로 이해하는 것이 일반적인 해석의 입장이다. '위법성 일반'이란 과세처분에 있어서 실체적 요건인 내용상의 위법 및 절차적 요건인 절차상의 위법 모두를 의미한다.[45)

먼저 실체적 요건인 내용상의 위법에 대하여 살펴본다. 통설 및 판례에 의하면, 과세처분은 조세법의 규정에 의하여 객관적·추상적으로 성립한 조세채무를 구체적으로 확인하는 절차이므로, 당해 과세처분이 적법한지의 여부는 그 과세처분에 의하여 인정된 세액이 객관적으로 정당한 세액인지의 여부에 달려 있다.[46)

다음으로 절차적 요건인 절차상의 위법에 대하여 살펴보면, 조세법률주의의 원칙은 조세의 부과와 징수 모두 법률규정에 의하여 엄격하게 행해질 것을 요구하고 있고, 이에 어긋나는 과세처분 등은 정당한 세액이 부과·징수되었는지를 묻기 이전에 이미 위법한 것으로 허용될 수 없다. 납부고지서 기재사항이나 통지절차상의 하자 등 절차적 위법이 있는 경우에는 그 과세처분은 이러한 사유만으로도 위법한 것이 된다.

요컨대 과세처분취소송의 소송물 내지는 심리의 대상은 '위법성 일반'이고,

---

43) 소송물이란 법원이 소송에서 심리하여야 하는 것으로, '소송의 목적', '소송의 객체', '소송상의 청구', '심판의 대상' 또는 '심리의 대상'이라고 불리운다. 소송물 내지는 심리의 대상과 심리의 범위를 구분하지 아니하는 견해도 있지만, 여기에서는 양자를 구분한다.

44) 과세처분 무효 등 확인소송은 조세채권 내지는 조세법률관계의 효력 또는 존재여부를 확인받기 위한 소송으로서 청구취지만으로 소송물의 동일성이 식별되고, 무효사유로 내세운 개개의 주장은 공격방어방법에 불과하다는데 대해서는 이론(異論)이 없다. 따라서 과세처분을 직접 다투는 조세소송에서 소송물이 무엇인지는 주로 과세처분취소송에서 논의되고 있다, 문일호, "과세처분 취소소송의 소송물", 부산대학교 법학연구, 제48권 제1호, 2007, 1251면; 임승순·김용택, 조세법, 박영사, 2022, 331면; 소순무·윤지현, 조세소송, 조세통람사, 2018, 415−416면; 대법원 1992. 2. 25. 선고 91누6108 판결 등 참조.

45) 대법원 1987. 11. 10. 선고 86누491 판결 등 참조.

46) '대법원 1999. 9. 17. 선고 97누9666 판결'은 소송물과 관련하여 "과세처분의 취소소송에 있어서의 소송물은 과세관청의 과세처분에 의하여 인정된 과세표준 및 세액의 객관적 존부이고, 과세관청으로서는 소송 도중이라도 사실심 변론종결시까지 당해 처분에서 인정한 과세표준 또는 세액의 정당성을 뒷받침하기 위하여 처분의 동일성이 유지되는 범위 내에서 처분사유를 교환·변경할 수 있다"라고 판시한 바 있다.

여기에서 '위법성 일반'은 실체적 위법과 절차적 위법의 양자를 의미하며, 조세소송의 특성상 이를 정당한 세액의 존부와 과세처분절차상의 위법으로 이원적으로 파악할 필요가 있다.[47)

나. 과세처분취소소송의 심리 범위

(1) 총액주의와 쟁점주의

과세처분취소소송의 심리 범위는 취소소송의 소송물 중 실체적 위법 즉, 정당한 세액의 존부가 문제되는 경우에 한하는 것으로, 절차적 위법이 소송물인 경우와는 직접적인 관련이 없다. 일반적으로 심리의 범위에 관하여는 총액주의와 쟁점주의가 대립한다. 총액주의는 심리의 범위가 과세처분의 대상이 되는 세액 전부라는 의미이고, 쟁점주의는 심리의 범위가 당사자 간에 주장된 쟁점에 한정된다는 의미이다.

총액주의는 하나의 과세처분의 일부분에 대한 불복청구가 있더라도 과세처분의 대상이 되는 세액 전부에 대하여 심리하여 실체적인 총세액을 기준으로 가감하여 심리할 수 있다는 견해로서, 과세처분취소소송의 심리 범위에 관한 한국의 통설과 판례의 입장이다.[48) 이는 과세처분의 적법 여부가 과세처분에 의하여 인정된 세액이 객관적으로 정당한 세액을 초과하는지 여부에 달려 있다는 것이다. 총액주의에 따르면 실체적인 세액은 하나의 과세단위로서 전체가 불가분적으로 계산되므로, 이에 대한 부분적인 불복이 있는 경우에도 전체적으로 종합하여 위법성 여부를 판단하여야 한다. 따라서 소송과정에서 과세처분 중 부분적인 과세근거나 부분적인 불복이유에 구애되지 아니하고 '처분의 동일성'을 해하지 않는 범위 내에서 실체적으로 정당한 세액의 인식을 위한 주장이나 자료는 수시로 변경할 수 있고 이에 따른 증거를 제출할 수 있다.[49)

'처분의 동일성' 여부는 '과세단위'에 의하여 판단하는데, 과세단위의 일반적

---

47) 이병철, "조세소송의 소송물에 관한 새로운 접근", 기업법연구, 제19권 제4호, 2005, 553 – 555면 참조. 이와 비교하여 민사소송의 소송물에 관한 법리로는 구소송물이론(실체법설), 신소송물이론(소송법설), 신실체법설 및 상대적 소송법설이 있고, 판례는 구소송물이론(실체법설)을 취하고 있다. 구소송물이론(실체법설)은 실체법상의 권리를 소송물로 보고, 실체법상의 권리마다 소송물을 별개라고 하며, '청구취지'가 아니라 '청구원인'에 의하여 소송물을 파악한다.
48) 문일호, 앞의 논문, 1256 – 1260면 참조.
49) 대법원 1980. 10. 14. 선고 78누345 판결; 1989. 12. 22. 선고 88누7255 판결 등.

인 판단기준은 세목·납세의무자·과세기간 등이다.[50] 그간의 판례를 보면,[51] 법인세, 소득세 등의 기간과세에서 소득의 귀속사업연도를 달리 주장하는 처분사유의 변경은 처분의 동일성을 해하는 것이 되어 허용되지 아니한다.[52] 한편 종합소득에 합산되는 소득의 종류, 즉 이자소득, 배당소득, 사업소득, 근로소득, 연금소득 및 기타소득은 그 원천이 다르고 과세표준의 산정방법도 달리 규정되어 있지만, 이들은 합산되어 하나의 종합소득세 과세표준이 된다는 점에서 하나의 과세단위로 본다.[53] 아울러 양도소득세 부과처분에 있어서 양도의 상대방을 오인한 것이라도 과세원인이 된 양도자산이 동일하면 처분의 동일성은 유지된다.[54] 증여세의 경우에는 그 원천이 되는 증여재산의 취득에 따라 과세단위가 구분되므로 각각의 증여행위가 과세단위가 된다.[55] 또한 수인으로부터 재산을 증여받은 경우에는 증여자별로 과세단위가 성립하고 증여자별로 세율을 적용하여 각각의 증여세액을 산출하는바, 증여자를 1인으로 보고 행해진 과세처분 이후 실제 증여자가 2인 이상으로 밝혀진 경우에는 과세의 기초사실이 달라져 처분의 동일성이 유지되지 아니한다.[56]

과세처분취소소송에서 당해 과세처분이 위법한 것으로 판단되고 사실심변론종결시까지 제출된 자료에 의하여 적법하게 부과될 정당한 세액이 산출되는 경우에는, 과세처분 전부를 위법하다고 하여 전부 취소하지 아니하고 과세처분 중 적법하게 산출되는 정당한 세액을 초과하는 부분만을 위법한 것으로 보아 그 위법한 부분만 취소한다.[57] 한편 과세처분이 위법한 것으로 판단되더라도 사실심변론

---

50) 징수처분에 있어서도 과세단위, 즉 납세의무의 단위에 의하여 '처분의 동일성' 여부를 판단한다. 판례는 잘못된 세목으로 납부고지를 한 경우 시효중단의 효력과 관련하여, "세목은 부과처분에서는 물론 징수처분에서도 납세의무의 단위를 구분하는 본질적인 요소이므로 근거 세목이 '소득세'인 1차 징수처분과 징수처분의 근거 세목이 '법인세'인 2차 징수처분은 처분의 동일성이 인정되지 않아 1차 징수처분이나 응소행위 등은 같은 양도소득에 대한 원천징수분 법인세 징수권의 소멸시효를 중단하는 '납부고지'에 해당하지 않는다"라고 판시한 바 있다, 대법원 2020. 11. 12. 선고 2017두36908 판결.
51) 대법원 2011. 1. 27. 선고 2009두1617 판결; 2012. 5. 24. 선고 2010두7277 판결 등.
52) 하태흥, "조세판례의 동향", 대한변호사협회 2016 「조세 아카데미」 자료, 2016, 36면 참조.
53) 위의 자료, 36-37면.
54) 대법원 1994. 5. 24. 선고 92누9265 판결.
55) 하태흥, 앞의 자료, 37면 참조.
56) 대법원 2006. 4. 27. 선고 2005두17058 판결.
57) 대법원 1987. 11. 10. 선고 86누491 판결; 1989. 4. 11. 선고 87누647 판결 등.

종결시까지 정당한 세액을 산출할 수 없는 경우에는 전부를 취소하여야 할 것이다. 또한 과세처분절차상의 위법이 판명되는 경우에는 당해 과세처분 자체가 취소됨은 물론이다.

(2) 재처분의 기판력 또는 기속력 저촉 여부

과세처분에 대한 취소소송에서 기각판결이 확정된 경우에는 그 과세처분이 적법하다는 점에 관하여 기판력이 발생한다. 따라서 과세처분에 대한 취소소송에서 패소한 납세자는 다른 이유를 들어 그 과세처분의 취소를 구하는 소를 제기하지 못한다. 문제는 과세처분에 대한 취소소송에서 인용판결이 확정된 경우 과세관청도 다른 이유를 들어 다시 과세처분을 하는 것이 기판력에 저촉되는지의 여부인데, 행정법관계에서 행정청은 행정처분에 대한 취소소송이 제기된 이후에도 심지어는 확정판결 이후에도 동일 또는 유사한 처분을 다시 내릴 수 있고, 그러한 처분은 공정력이론[58]에 의하여 일단 유효한 것으로 받아들여지며, 더욱이 행정청은 자력으로 행정처분의 상대방이 되는 국민의 재산에 대한 강제집행절차를 진행할 수도 있다.[59] 즉 기판력으로는 과세관청에 의한 동일한 재처분의 차단이 불가하다.

당초처분에 대한 취소판결의 기판력의 객관적 범위는 판결의 주문에만 미치고(민사소송법 제216조 제1항 참조) 행정법관계에서 행정청은 언제든지 재처분을 할 수 있기 때문에, 기판력으로는 이 같은 행정청의 재처분에 효과적으로 대응할 수가 없다. 그러므로 판결의 실효성을 확보하기 위하여 실정법에 의하여 특별히 인정한 효력으로서, 행정청에 대하여 소극적으로는 동일한 재처분을 금지하고 적극적으로는 판결의 취지에 따라 그 위법상태를 제거하여야 할 의무를 부여하는 것이 기속력이다(행소법 제30조 참조)(특수효력설. 통설·판례).[60] 취소판결의 기속력은 그 실효성을 보장하기 위하여 판결의 주문에 대해서 뿐만 아니라 그 전제가 되는

---

58) 행정행위의 공정력이란 행정행위의 하자가 존재하더라도 그 하자가 당연무효가 아닌 한 권한 있는 기관에 의해 취소되기 전에는 일응 유효한 것으로 추정되는 효력을 말한다. 행정행위 공정력으로 인하여 행정행위는 비록 취소사유가 인정되더라도 행정청에 의하여 직권취소되거나 행정법원에 의하여 쟁송취소되기 전까지는 유효한 것으로 추정된다.

59) 문일호, 앞의 논문, 1268면.

60) 위의 논문, 1269면; 대법원 1982. 3. 23. 선고 81도1450 판결; 1989. 2. 28. 선고 88누6177 판결 등 참조.

처분의 위법사유에 관한 판단에 대해서도 미친다고 보는 것이 일반적인 해석의 입장이다.

과세처분 취소판결에서 위법사유로 판단된 사항을 보완하지 않은 채로 이전의 이유로 재처분을 하는 것은 기속력에 반하므로 허용될 수 없고, 이 같은 하자는 중대하고 명백한 것이어서 그 재처분은 당연무효라고 할 것이다.[61] 이에 대해 실체상 또는 절차상 하자를 보완한 재처분은 새로운 과세처분으로서 종전의 과세처분과는 별개의 처분으로서 허용된다.[62] 이러한 재처분은 종전의 과세처분과는 사유를 달리하는 것이기 때문에, 기판력의 범위에서 벗어날 뿐만 아니라 기속력에도 반하지 않기 때문이다.

[관련판례] 조세소송의 소송물과 심리범위

1. 조세소송의 소송물과 심리범위 – 대법원 1987. 11. 10. 선고 86누491 판결
   * 파기환송
2. 조세소송의 소송물, 심리범위 및 총액주의와 쟁점주의 – 대법원 1992. 9. 22. 선고 91누13205 판결 * 파기환송
3. 기판력의 범위와 재처분 01 – 대법원 2002. 7. 23. 선고 2000두6237 판결 (중복 생략) * 파기환송
4. 기판력의 범위와 재처분 02 – 대법원 1985. 12. 24. 선고 84누242 판결
5. 재처분의 기판력 저촉 여부 – 대법원 2002. 5. 31. 선고 2000두4408 판결
6. 판결의 형식과 효력 – 대법원 1995. 4. 28. 선고 94누13527 판결 * 파기환송
7. 부가가치세 환급금, 당사자소송 – 대법원 2013. 3. 21. 선고 2011다95564 판결
8. 국세환급금 청구, 민사소송 – 대법원 2002. 11. 8. 선고 2001두8780 판결 (중복 생략)

---

61) 대법원 1982. 5. 11. 선고 80누104 판결; 1990. 12. 11. 선고 90누3560 판결 등.
62) 문일호, 앞의 논문, 1270면; 대법원 2002. 5. 31. 선고 2000두4408 판결; 2002. 7. 23. 선고 2000 두6237 판결 등 참조.

1. 조세소송의 소송물과 심리범위 - 대법원 1987. 11. 10. 선고 86누491 판결 * 파기환송

(1) 사실관계

원고는 1972. 6. 3. 서울특별시장으로부터 이 사건 토지를 2,600만 원에 매수하여 보유하여 오다가 1980. 12. 경 위 토지에 사무실용 건물을 신축하여 이를 분양하거나 또는 임대하는 사업을 하기로 하고 설계업자에게 건물설계를 의뢰하여 작성된 설계도면 등을 제출하여 같은 해 12. 30. 서울특별시장으로 부터 건축허가를 받고, 같은 달 31 소외 삼○종합건설주식회사와 공사도급금액 37억 9,400만 원으로 공사도급계약을 체결하고 원고는 1981. 2. 20. 위 건축현장사무실 주소를 사업장으로 그날을 개업일로 하여 관할 마포세무서장에게 같은 해 3. 9. 부동산매매(상가신축분양), 임대업을 사업목적으로 한 사업자등록을 마쳤다.

삼○종합건설은 같은 달 25 위 건축공사 착공에 들어갔으나, 그 후 원고는 위 사무실분양이 순조롭지 아니하고 공사비 조달이 어려워지자 건물완공을 하여 사무실을 분양 또는 임대하려던 당초의 계획을 변경하여 위 토지 및 그 지상 미완성 건물을 소외 한국투자신탁에 1981. 9. 11. 이 사건 토지의 대금 10억 원으로 매매계약을 체결하고, 원고가 위 삼○종합건설에 도급을 주어 이미 진척된 건축물에 관한 일체의 권리의무와 건축허가권에 관련한 모든 권리의무 일체의 대가를 22억 8,000만 원으로 소외 한국투자신탁에 매각하고 같은 달 관할세무서장에게 폐업신고를 하였다. 원고에게는 같은 년도에 배당소득 10만 원, 부동산소득 500만 원과 이 사건 토지분양도소득 9억 9,000만 원, 미완성건물양도소득 7억 1,000만 원이 있었다.

피고는 원고의 배당소득 외의 소득이 부동산매매업으로부터 발생한 것으로 보아, 1982. 7. 15. 원고에 대하여 1982년 수시분(1981년 귀속) 종합소득세 10억 6,000만 원, 동 방위세 1억 5,000만 원을 부과처분하였다.

이에 대해 원심은 원고가 1972년 경부터 소유하고 있는 이 사건 토지와 그 지상에 건축 중이던 12층까지의 철골공사가 끝난 상태의 미완성 건물을 한국투자신탁에 양도한 것은 공사비 조달이 어려워 분양과 임대하는 사업을 하는 당초 계획을 포기하고 위와 같이 이 사건 토지 등을 위 소외회사에 양도한 것이므로, 사업자등록을 한 사실이 있다 하더라도 그 사업계획을 포기하고 이 사건 토지와 그 지상의 미완성건물을 양도한 수익의 목적이나 계속성 및 반복성이 없다 할 것이니 이를 부동산매매업이라고 볼 수 없고 이를 부동산매매업으로 보고 과세한 피고의 이 과세처분은 위법하다고 판시하면서, 원고에 대한 배당소득과 부동산소득을 합한 소득금액 510만 원에 대한 종합소득세 40만 원, 동 방위세 10만 원과 이 사건 토지와 미완성건물양도로 인한 양도차익 17억 원에 대한 양도소득세 8억 5,000만 원, 동 방위세 9,700만 원을 산정하고 피고의 이 사건 부과처분 중에서 위 인정세액을 초과하는 부분에 관하여만 취소하였다.

〈쟁점〉
- 과세처분취소 소송의 심리대상
- 종합소득세부과처분의 취소를 구하는 사건에서 양도소득세액을 산출하여 그 범위내의 세액은 위법하다고 한 법원조치의 처분권주의 위반 여부

(2) 판결내용

"과세처분이란 당해 과세요건의 충족으로 객관적, 추상적으로 이미 성립하고 있는 조세채권을 구체적으로 현실화하여 확정하는 절차이고 이 사건과 같은 과세처분의 취소소송은 위와 같은 과세처분의 실체적, 절차적 위법을 그 취소원인으로 하는 것으로서 그 심리의 대상은 과세관청의 과세처분에 의하여 인정된 조세채무인 과세표준 및 세액의 객관적 존부, 즉 당해 과세처분의 적부가 심리의 대상이 되는 것이고 납세자의 실제의 과세표준이나 세액 자체는 심리의 대상이 되는 것은 아니다(대법원 1980. 10. 14 선고 78누345 판결 참조)."

"기록을 보면 피고가 1982. 7. 15. 원고에 대하여 한 이 사건 과세처분은 1982년 수시분(1981년 귀속) 종합소득세 10억 6,000만 원, 동 방위세 1억 5,000만 원이 부과처분이고 원고는 위 부과처분의 위법을 들어 그 취소를 구하고 있음이 분명하므로, 이 사건 심리의 대상은 피고의 위 과세처분에 의하여 인정된 조세채무인 종합소득의 과세표준과 종합소득세액의 객관적인 존부라 하겠고 법원은 피고의 이 사건 종합소득세의 부과처분의 위법 여부만을 심리하여야 할 것임에도, 원심은 피고의 이 사건 과세처분 중 원고의 배당소득 10만 원과 부동산소득 500만 원을 합한 종합소득 510만 원에 대한 종합소득세 40만 원, 동 방위세 10만 원만이 적법하고, 이 사건 토지와 그 지상의 미완성건물을 위 소외회사에 양도한 사실에 대하여는 부동산매매업이라 볼 수 없다 하여 피고가 이를 부동산매매업으로 보아 그 판시와 같이 종합소득세를 부과한 과세처분이 위법하다고 판시하면서도, 위 양도소득에 관하여는 피고가 원고에게 양도소득금액을 과세표준으로 하여 그에 대한 세액 기타 필요한 사항을 납부고지에 의하여 통지한 바 없어 아직 유효한 과세처분이 있었다고 볼 수도 없고 따라서 당사자가 구하지도 아니하여 심리의 대상이 될 수 없는 양도소득의 과세표준과 양도소득세액을 그 판시와 같이 산출하고 피고의 이 사건 과세처분 중 양도소득세 8억 5,000만 원, 동 방위세 9,700만 원의 범위내의 것은 적법한 양 판시하였으니, 원심판결의 위 양도소득에 관한 부분은 처

분권주의[63]에 위배한 것으로 파기를 면할 수 없다."

2. 조세소송의 소송물, 심리 범위 및 총액주의와 쟁점주의 – 대법원 1992. 9. 22. 선고 91누13205 판결 * 파기환송

(1) 사실관계

원고는 알미늄박 제조 및 동 제품가공판매업 등을 주업으로 하는 외국투자법인으로서 1982. 5. 27. 그룹사인 소외 주식회사 롯데주조의 신주발행시 실권주 50만 주를 1주당 액면가액인 1,000원씩 인수하였다가 1983. 12. 31. 소외 롯데칠성음료 주식회사에 이를 1주당 240원씩 합계 1억 2,000만 원에 양도하고 그 차액금 3억 8,000만 원을 1983. 사업연도의 손금으로 계상하였다.

이에 피고는 이 사건 주식양도 당시의 1주당 시가도 액면가액인 1,000원으로 봄이 타당하므로 이 사건 주식의 양도는 원고가 출자자 등에게 자산을 시가에 미달하게 양도한 때에 해당된다고 보고 법인세법 제20조, 같은 법 시행령 제46조 제1항 제1호, 제2항 제4호를 적용하여 원고가 손금으로 계상한 위 주식처분손 3억 8,000만 원을 손금불산입하고 법인소득금액계산상 익금에 산입하여 1987. 4. 20. 이 사건 부과처분하였다.

피고는 사실심 계속 중, 원고가 롯데칠성에 롯데주조의 주식을 1주당 240원에 양도한 것이 저가양도라는 주장을 증명하는 것이 여의치 아니하자, 원고가 롯데주조의 주식의 주식을 1주당 1,000원에 인수한 것이 고가매입에 해당한다고 주장을 변경하였다.

〈쟁점〉

과세관청이 주식양도가 저가양도에 해당한다고 보아 손금부인하여 과세처분을 한 경우 과세처분취소소송에서 고가매입에 해당한다고 주장을 변경할 수 있는지 여부

(2) 판결내용

"조세소송의 목적물은 과세관청이 결정한 소득금액의 존부라고 할 것이므로 과세관청으로서는 그 처분의 동일성을 해하지 아니하는 범위 내에서 과세처분취소소송의 변론종결시까지 당해 과세처분에서 인정한 과세표준액등이 객관적으로 존

---

63) 처분권주의란 민사소송법상 당사자가 소송의 취하, 청구의 포기, 재판상의 화해 등으로 스스로 소송의 해결을 꾀하여 소송을 처분할 수 있음을 인정하는 주의를 말한다.

재함을 긍인하게 할 모든 주장과 자료를 제출할 수 있다고 할 것인 바, 법인이 그 보유주식을 처분하고 그 처분손실액을 처분한 사업연도의 손비로 계상한 것에 대하여 과세관청이 이를 법인세법 소정의 저가양도에 해당한다고 보아 부당행위계산부인규정에 따라 손금부인하여 과세처분을 한 경우 그 과세처분 취소소송에서 위 주식양도가 저가양도에 해당하지 않는다면 그 매입이 고가매입에 해당한다고 주장을 변경하였다면 고가매입이거나 저가양도이거나 간에 그 처분손실액의 부인을 통한 법인세 자체의 귀속사업연도는 달라진다고 볼 수 없고, (생략) 피고의 위 주장변경은 거래상대방이 위 시행령 소정의 특수관계자에 해당하는 지의 여부를 떠나 처분내용의 동일성을 해한다고 볼 수 없어 허용되어야 할 것이다.”

“기록을 살펴보면 피고는 원심 제2차 변론기일에 진술한 1988. 7. 8. 자 준비서면 및 제6차 변론기일에 진술한 1988. 10. 14. 자 준비서면에서 원고가 이 사건 주식을 액면가액으로 인수한 것은 고가매입에 해당한다는 취지의 주장을 분명하게 한 바 있고 또한 위에서 본 바와 같이 원고의 이 사건 주식양도가액이 법령에 따른 평가액에 기초한 것으로서 정당한 가액으로 인정된다면 그 차액의 범위나 보유기간 등에 비추어 다른 특별한 사정이 없는 한 원고의 위 주식인수가액은 시가 내지는 정상가격을 초과한 가격으로 보여지므로 원심으로서는 모름지기 롯데주조와 원고가 위 시행령 소정의 특수관계자에 해당하는지의 여부를 비롯한 위 초과액의 범위에 관하여 심리, 판단하였어야 할 것이다.

원심판결에는 위 고가매입과 관련된 피고의 주장에 대한 판단을 유탈한 위법이 있다고 할 것이고 이는 판결결과에 영향을 미쳤다고 할 것이므로 원심판결은 이 점에서 그대로 유지될 수 없고 이점을 지적하는 상고논지는 이유 있다.”

3. 기판력의 범위와 재처분 01 – 대법원 2002. 7. 23. 선고 2000두6237 판결 (중복 생략) * 파기환송

4. 기판력의 범위와 재처분 02 – 대법원 1985. 12. 24. 선고 84누242 판결

(1) 사실관계

피고가 1979. 6. 18. 원고에게 각 종합소득세 및 방위세의 부과처분을 하였다. 원고는 장왕사란 상호로 출판사를 경영함과 동시에 소외 한국중등교과서주식회사, 한국고등교과서주식회사, 한국교과서주식회사, 한국검정실업교과서주식회사의 각 주주로 있는 자인데, 1977. 2. 24.부터 세칭 검인정교과서 부정사건에 관한 조사가

치안본부에서 착수되고 곧이어 위 각 소외회사들에 대한 국세청의 세무사찰이 있은 바로 직후인 같은 해 6. 30. 위 각 소외회사들의 주주의 한 사람인 원고가 1973년부터 1976년까지 사이에 위 각 소외회사들로부터 ① 1973년에 배당(실지배당, 지상배당, 인정배당), 이자소득 6,200만 원, 사업소득 500만 원, 근로소득 200만 원 합계 6,900만 원, ② 1974년에 배당, 이자소득 1억 7,000만 원, 사업소득 800만 원, 근로소득 400만 원 합계 1억 8,200만 원, ③ 1975년에 이자소득 100만 원, 배당소득 1억 9,400만 원, 부동산소득 200만 원, 사업소득 600만 원 근로소득 4,300만 원, 합계 2억 4,600만 원, ④ 1976년에 이자소득 1,200만 원, 배당소득 1억 5,700만 원, 부동산소득 100만 원, 사업소득 2,300만 원, 근로소득 2,500만 원 합계 2억 1,800만 원의 각 소득을 얻었다고 신고하였다.

이에 피고는 위 각 신고를 근거로 조세법에 따라 산출된 각 해당 연도의 종합소득세 및 동 방위세의 부과처분을 하였다가 1979. 10. 16. 위 배당소득 등에 대한 각 원천납부세액을 위 각 소외회사들이 국가에 납부하지 아니하였다고 하여 당초 고지세액에서 공제되었던 위 원천제세 상당을 부인하고 이를 그 원천납세의무자(원천징수대상자)인 원고가 납부할 의무가 있다고 하여 위 각 세액을 합산하여 이 사건 종합소득세 및 동 방위세를 원고에게 추가로 부과처분하였다.

〈쟁점〉
세액산출 근거 등의 기재가 누락된 납부고지서에 의한 과세처분의 효력

(2) 판결내용
"국세징수법 제9조, 소득세법 제128조, 같은 법 시행령 제183조 등이 소득세를 부과 징수하고자 할 때에는 과세표준과 세율, 세액 및 그 산출근거를 납부고지서에 명시하여 발부, 통지하도록 한 것은 단순한 훈시규정이 아니라 강행규정이며, 따라서 납부고지서에 세액산출 근거 등의 기재가 누락되었다면, 그 과세처분은 위법한 것으로서 취소의 대상이 된다 함이 당원의 확립된 판례이므로, 같은 취지의 원심판결은 정당하다.

그 결과, 이와 같은 납부고지의 하자는 납세의무자가 전심절차에서 이를 주장하지 아니하였다거나, 납부고지 전에 사실상 부과처분의 내용을 알고서 쟁송에 이르렀다고 하여, 그 하자가 치유되는 것이라고 할 수 없으며, 또 피고가 납부고지서의 누락된 기재사항을 보완하여 동일한 처분을 다시 하고, 이로 인하여 원고와 피고가 또 다시 쟁송절차를 되풀이하게 됨으로써 경제적, 시간적, 정신적 낭비를 초래하게 된다고 하여 이 사건 과세처분의 취소가 공공복리에 적합하지 아니한다든지, 소의 이익이 없는 것이라고 할 수 없다.

국세기본법 제16조, 제58조에서 납세의무자에게 과세당국의 조사결정서 또는 관계서류를 열람 또는 등사할 수 있는 기회를 보장하고 있다고 하여, 과세근거 명시에 관한 법령의 강행규정성에 무슨 소장을 가져오지 못하고, 소론이 들고 있는 당원 1971. 7. 29. 선고 71누72 판결은 이 사건과는 다른 사안에 관한 것이어서 적절한 선례가 되지 못한다.

또 원고가 위와 같은 위법사유를 전심절차에서 주장하지 않다가 이 사건 항고소송절차에서 뒤늦게 주장하였다고 하여, 이를 소론과 같이 동일성이 없는 청구원인의 추가로는 보기 어렵다 할 것이요, 따라서 원심이 원고의 위와 같은 위법사유 주장을 심리판단하였다 하여 허물이 될 수 없다. 논지는 모두 이유 없다."

5. 재처분의 기판력 저촉 여부 – 대법원 2002. 5. 31. 선고 2000두4408 판결

(1) 사실관계

원고에게 부과된 1994년도 귀속분 증여세부과처분에 대하여 동 처분의 대상이 된 토지양도가 특수관계자 사이의 저가양도임은 별론으로 하고 무상양도는 아니라는 이유로 동 처분을 전부 취소하는 판결이 확정된 이후, 피고 행정청(서초세무서장)이 그 판결의 취지에 따라 위 토지양도가 특수관계자 사이의 저가양도에 해당한다는 이유로 다시 원고에게 증여세 부과처분을 하자 원고가 이에 대해 취소소송을 제기한 것이다.

〈쟁점〉

과세처분을 취소하는 판결이 확정된 경우, 과세처분권자가 확정판결에 적시된 위법사유를 보완하여 행한 새로운 과세처분이 전 판결의 기판력에 저촉되는지 여부

(2) 판결내용

"과세처분을 취소하는 판결이 확정된 경우, 그 확정판결의 기판력은 확정판결에 적시된 위법사유에 한하여만 미친다 할 것이므로 과세처분권자가 그 확정판결에 적시된 위법사유를 보완하여 행한 새로운 과세처분은 확정판결에 의하여 취소된 종전의 과세처분과는 별개의 처분으로서 확정판결의 기판력에 저촉된다 할 수 없다(대법원 1992. 9. 25. 선고 92누794 판결 및 1992. 11. 24. 선고 91누10275 판결 참조)."

"원심은, 원고가 1994년도 귀속분 증여세부과처분(종전처분)에 대하여 제기한 서울고등법원 97구5499호 부과처분취소소송에서 이 사건 토지의 양도가 특수관계

자 사이의 저가양도임은 별론으로 하고 무상양도는 아니라는 이유로 부과처분 전부의 취소를 명하여 그 판결이 대법원의 상고기각으로 확정된 사실 및 그 후 위 판시 취지에 따라 피고가 이 사건 토지의 양도가 특수관계자 사이의 저가양도에 해당한다는 이유로 다시 이 사건 증여세부과처분을 한 사실을 인정한 다음, 이 사건 처분은 확정판결에 적시된 종전처분의 위법사유를 보완하여 행한 새로운 과세처분으로서 상호 처분의 동일성이 인정되지 아니하므로 확정판결의 기속력 내지 기판력에 반하지 아니한다고 판단하였다.

관련 법규정과 기록에 비추어 원심의 위와 같은 판단은 정당하고 거기에 상고이유에서 주장하는 바와 같은 확정판결의 기속력 내지 기판력에 관한 법리오해의 위법이 있다고 할 수 없다.”

6. 판결의 형식과 효력 – 대법원 1995. 4. 28. 선고 94누13527 판결 * 파기환송

(1) 사실관계

피고는 원고 공사의 서울연수원 부지 등에 대한 종합토지세를 부과함에 있어서, 지방세법 제234조의13 제2항 제4호가 “직업훈련기본법에 의한 직업훈련시설에 직접 사용하는 토지(건축물 바닥면적의 7배를 초과하는 토지 제외)”를 종합토지세 면제대상토지로 규정하고 있음을 전제로 하여 위 부지상에는 서울 ○○구 ○○동170의 2 외 16필지에 걸쳐 총 바닥면적 합계 3만 9천㎡의 건축물이 건축되어 있고, 위 건축물 중 직업훈련의 전용으로 사용되는 건축물의 면적은 1만 6천㎡이고, 나머지 건축물은 직업훈련과 사내일반연수에 공동으로 사용되거나 그를 보조하는 시설들인 바, 결국 위 연수원이 직업훈련뿐 아니라 사내일반연수에 공동으로 사용되는 시설이라고 하여 원고 공사의 ‘1990년도 사업 내 직업훈련실시계획서’에 의한 서울연수원 총 교육실시 연인원 대 직업훈련실시연인원에 의한 안분비율 12.8%를 기준으로 산출한 건축물 바닥면적 5천㎡를 직업훈련시설에 해당하는 건축물의 바닥면적으로 인정하여 그의 7배인 3만 5천㎡를 과세면제대상으로 하고, 이를 이 사건 연수원 부지 중 서울 ○○구 ○○동170의 2 대 7만 9천㎡의 1필지에서 공제한 다음 나머지 연수원 부지에 대하여 그 중 일부는 종합합산과세의 방식으로, 일부는 별도 합산과세의 방식으로 종합토지세를 부과하였다.

〈쟁점〉

소송자료에 의하여 정당한 세액을 산출할 수 없다면 과세처분 전부를 취소하여야 하는지 여부

(2) 판결내용

"원심이 적법하게 인정한 사실에 의하면, 피고는 원고 공사의 서울연수원 부지 등에 대한 종합토지세를 부과함에 있어서, 지방세법 제234조의13 제2항 제4호 가 "직업훈련기본법에 의한 직업훈련시설에 직접 사용하는 토지(건축물 바닥면적의 7배를 초과하는 토지를 제외한다)"를 종합토지세 면제대상토지로 규정하고 있음을 전제로 하여 (생략) 종합토지세를 부과하였다. (생략) 직업훈련에 직접 사용되는 건축물과 그렇지 아니한 건축물을 명확히 구분하여 그에 따라 종합토지세를 면제하거나 과세하여야 할 것인 바, 피고가 채택한 위 산정방법은 지방세법령 어디에도 그 근거를 두지 아니한 것으로서 합리성과 타당성을 결여하여 위법하다고 아니할 수 없다. 또한 과세처분취소소송에 있어 처분의 적법여부는 정당한 세액을 초과하느냐의 여부에 따라 판단되는 것으로서, 당사자는 사실심 변론종결시까지 객관적인 과세표준과 세액을 뒷받침하는 주장과 자료를 제출할 수 있고, 이러한 자료에 의하여 적법하게 부과될 정당한 세액이 산출되는 때에는 그 정당한 세액을 초과하는 부분만 취소하여야 할 것이나,[64] 그렇지 아니한 경우에는 과세처분 전부를 취소할 수 밖에 없으며, 그 경우 법원이 직권에 의하여 적극적으로 합리적이고 타당성 있는 면제대상토지의 산정방법을 찾아내어 부과할 정당한 세액을 계산할 의무까지 지는 것은 아니라고 할 것인바(당원 1992. 7. 24. 선고 92누4840 판결 참조), 기록에 의하여 살펴보아도 이 사건 연수원 부지상의 건축물 중 어느 것이 직업훈련에 전용으로 사용되고, 어느 것이 직업훈련과 사내일반연수에 공용으로 사용되는지를 명확히 구분할 수 없고, 따라서 정당한 종합토지세액을 산출할 수 없어 과세처분 전부를 취소할 수밖에 없다. 이와 같은 취지에서 이 사건 종합토지세부과처분을 전부 취소한 원심의 조치는 정당하고 거기에 소론과 같은 심리미진이나 법리오해의 위법이 있다고 할 수 없다. 논지는 이유가 없다."

7. 부가가치세 환급세액 지급청구, 당사자소송 – 대법원 2013. 3. 21. 선고 2011다 95564 판결

(1) 사실관계

원고는 2009. 3. 11. 소외회사를 위탁자로 하는 신축분양사업 시행을 위한 관

---

64) 과세처분의 취소 또는 무효 등 확인 판결은 형성력이 있다고 이해하는 것이 보통이고, 그 전제로서 법원의 취소 판결 등은 반드시 취소하는 세액을 숫자로서 명확하게 특정하여야 한다. 조세심판원 등 전심기관의 실무에서는 일정한 기준만을 정하여 과세관청에게 구체적인 경정을 명하는 방식의 결정도 종종 하고 있다. 세법교수 36인 공저, 판례세법, 박영사, 2011, 141면.

리형 토지신탁계약 및 사업약정을 체결하면서 위 사업과 관련한 부가가치세 환급
채권을 소외회사로부터 양수받기로 약정하였다. 이에 따라 원고는 소외회사로부터
2009. 3.부터 2012. 1.까지 사이에 발생하는 소외회사의 부가가치세 환급채권을
양도받고 2009. 4. 15. 소외회사를 대리하여 파주세무서장에게 위와 같은 내용의
채권양도통지를 하여 그 통지서가 그 무렵 파주세무서장에게 도달하였다.

피고는 2010. 1. 경 소외회사로부터 2009년 2기 부가가치세 환급 확정신고를
받아 2010. 2. 11. 소외회사에게 8억 1,000만 원을 환급하고, 2010. 4. 경 소외회
사로부터 2010년 1기 부가가치세 환급 예정신고를 받아 2010. 5. 7. 소외회사에게
5억 3,000만 원을 환급하였다. 원고는 소외회사로부터 관련 부가가치세 환급채권
을 양수받기로 하고 이를 피고에게 통지하였다고 주장하였으나, 피고는 채권양도
의 목적이 된 부가가치세 환급금은 과세기간이나 환급금 발생기간이 서로 다르고
국세환급금 양도요구서 서식과 같이 구체적인 기간이나 금액을 특정하지 아니하
였으므로 특정되지 않았다고 주장하였다. 이에 원고는 피고를 상대로 하여 서울중
앙지방법원에 위 조세환급금은 피고의 부당이득금이므로 이를 반환하라는 민사소
송을 제기하였다.

〈쟁점〉
부가가치세 환급세액 지급청구가 당사자소송의 대상인지 여부

(2) 판결내용

"부가가치세법 제17조 제1항은 "사업자가 납부하여야 할 부가가치세액은 자기
가 공급한 재화 또는 용역에 대한 세액(이하 '매출세액'이라 한다)에서 다음 각 호
의 세액(이하 '매입세액'이라 한다)을 공제한 금액으로 한다. 다만 매출세액을 초
과하는 매입세액은 환급받을 세액(이하 '환급세액'이라 한다)으로 한다."고 규정하
면서, 제1호에서 '자기의 사업을 위하여 사용되었거나 사용될 재화 또는 용역의
공급에 대한 세액'을, 제2호에서 '자기의 사업을 위하여 사용되었거나 사용될 재화
의 수입에 대한 세액'을 들고 있고, 제24조 제1항은 "사업장 관할 세무서장은 각
과세기간별로 그 과세기간에 대한 환급세액을 대통령령으로 정하는 바에 따라 사
업자에게 환급하여야 한다."고 규정하고 있다. 한편 이러한 위임에 따른 부가가치
세법 시행령 제72조 제1항은 "법 제24조 제1항에 규정하는 환급세액은 각 과세기
간별로 그 확정신고기한 경과 후 30일 내에 사업자에게 환급하여야 한다."고 규정
하고 있고, 제4항은 "법 제24조에 따라 환급되어야 할 세액은 법 제18조·제19조
또는 이 영 제73조 제4항에 따라 제출한 신고서 및 이에 첨부된 증빙서류와 법 제
20조에 따라 제출한 매입처별세금계산서합계표,신용카드매출전표 등 수령명세서

에 의하여 확인되는 금액에 한정한다.”고 규정하고 있다.

이와 같이 부가가치세법령이 환급세액의 정의 규정, 그 지급시기와 산출방법에 관한 구체적인 규정과 함께 부가가치세 납세의무를 부담하는 사업자에 대한 국가의 환급세액 지급의무를 규정한 이유는, 입법자가 과세 및 징수의 편의를 도모하고 중복과세를 방지하는 등의 조세 정책적 목적을 달성하기 위한 입법적 결단을 통하여, 최종 소비자에 이르기 전의 각 거래단계에서 재화 또는 용역을 공급하는 사업자가 그 공급을 받는 사업자로부터 매출세액을 징수하여 국가에 납부하고, 그 세액을 징수당한 사업자는 이를 국가로부터 매입세액으로 공제·환급받는 과정을 통하여 그 세액의 부담을 다음 단계의 사업자에게 차례로 전가하여 궁극적으로 최종 소비자에게 이를 부담시키는 것을 근간으로 하는 전단계세액공제 제도를 채택한 결과, 어느 과세기간에 거래징수된 세액이 거래징수를 한 세액보다 많은 경우에는 그 납세의무자가 창출한 부가가치에 상응하는 세액보다 많은 세액이 거래징수되게 되므로 이를 조정하기 위한 과세기술상, 조세정책적인 요청에 따라 특별히 인정한 것이라고 할 수 있다(대법원 1992. 11. 27. 선고 92다20002 판결, 대법원 2011. 1. 20. 선고 2009두13474 전원합의체 판결 등 참조).

따라서 이와 같은 부가가치세법령의 내용, 형식 및 입법 취지 등에 비추어 보면, 납세의무자에 대한 국가의 부가가치세 환급세액 지급의무는 그 납세의무자로부터 어느 과세기간에 과다하게 거래징수된 세액 상당을 국가가 실제로 납부받았는지 여부와 관계없이 부가가치세법령의 규정에 의하여 직접 발생하는 것으로서, 그 법적 성질은 정의와 공평의 관념에서 수익자와 손실자 사이의 재산상태 조정을 위해 인정되는 부당이득 반환의무가 아니라 부가가치세법령에 의하여 그 존부나 범위가 구체적으로 확정되고 조세 정책적 관점에서 특별히 인정되는 공법상 의무라고 봄이 타당하다.

그렇다면 납세의무자에 대한 국가의 부가가치세 환급세액 지급의무에 대응하는 국가에 대한 납세의무자의 부가가치세 환급세액 지급청구는 민사소송이 아니라 행정소송법 제3조 제2호 에 규정된 당사자소송의 절차에 따라야 한다.

그럼에도 이와 달리 부가가치세 환급세액의 지급청구가 행정소송이 아닌 민사소송의 대상이라고 한 대법원 1996. 4. 12. 선고 94다34005 판결, 대법원 1996. 9. 6. 선고 95다4063 판결, 대법원 1997. 10. 10. 선고 97다26432 판결, 대법원 2001. 10. 26. 선고 2000두7520 판결 등과 국세환급금의 환급에 관한 국세기본법 제51조 제1항 의 해석과 관련하여 개별 세법에서 정한 환급세액의 반환도 일률적으로 부당이득반환이라고 함으로써 결과적으로 부가가치세 환급세액의 반환도 부당이득반환이라고 본 대법원 1987. 9. 8. 선고 85누565 판결, 대법원 1988. 11. 8. 선고 87누479 판결 등을 비롯한 같은 취지의 판결들은 이 판결의 견해에 배치되는 범위 내에서 이를 모두 변경하기로 한다."

"위 법리 및 기록에 비추어 보면, 원심이 이 사건 2008년 2기, 2009년 1기, 2009년 2기의 부가가치세 환급세액에 관하여 적용되는 구 부가가치세법(2010. 1. 1. 개정 전) 제24조 제1항 및 이 사건 2010년 1기의 부가가치세 환급세액에 관하여 적용되는 부가가치세법 제24조 제1항에 따라 각각 발생한 부가가치세 환급세액 지급청구권을 양수하였음을 내세우는 원고의 청구가 민사소송의 대상임을 전제로 민사소송절차에 의하여 심리·판단한 제1심판결을 취소하고 이 사건을 행정사건 관할법원인 의정부지방법원으로 이송한 조치는 정당하고, 거기에 상고이유의 주장과 같은 부가가치세 환급세액 지급청구권의 법적 성질과 소송형식에 관한 법리를 오해한 위법이 없다."

8. 국세환급금 청구, 민사소송 - 대법원 2002. 11. 8. 선고 2001두8780 판결 (중복 생략)

4. 조세행정행위의 처분성

가. 총설

항고소송의 대상이 되는 행정처분은 행정청의 공법상의 행위로서 특정 사항에 대하여 법규에 의한 권리의 설정 또는 의무의 부담을 명하거나 기타 법률상의 효과를 직접 발생하게 하는 등 국민의 구체적인 권리·의무에 직접 관계가 있는 행위를 가리키는 것이고, 상대방 또는 기타 관계자들의 법률상 지위에 직접적인 법률적 변동을 일으키지 않는 행위 등은 항고소송의 대상이 되는 처분이 될 수 없다.[65]

행정소송법(제2조 제1호)과 행정심판법(제2조 제1호)은 '처분'이란 '행정청의 구체적 사실에 관한 법집행으로서의 공권력의 행사 또는 그 거부와 그 밖에 이에 준하는 행정작용'이라고 정의하고 있다. 법원은 이를 고려하여 '국민의 권리 의무에 대하여 직접 영향을 미치는지 여부'까지 판단하여 처분성 유무를 확인한다.[66]

65) 대법원 1999. 7. 23. 선고 97누10857 판결.
66) 대법원 2007. 10. 11. 선고 2007두1316 판결; 2014. 7. 24. 선고 2011두14227 판결; 2015. 3. 26. 선고 2013두9267 판결 등.

구체적으로 처분성 유무가 문제된 조세행정행위와 이에 대한 법원의 판단을 살펴
보면 다음과 같다.

나. 구체적인 경우

(1) 과세표준 결정 - 무신고 또는 과소신고의 경우 포함

세무공무원이 소득금액을 계산하고 이에 따라 과세표준을 결정하는 것은 과
세관청의 내부적인 의사결정이어서 항고소송의 대상이 되는 항고소송의 대상이
되는 행정처분이 아니므로, 과세표준의 결정에 잘못이 있는 경우에는 후행하는
과세처분의 효력을 다투는 절차에서 이를 주장할 수 있다.[67]

(2) 제2차납세의무자 지정통지

제2차납세의무자의 지정통지만으로는 아직 납세의무가 확정되는 것이 아니
므로 그 지정처분은 항고소송의 대상이 되는 행정처분이라고 할 수 없다.[68] 납세
의무자의 지정처분은 과세관청이 징수절차로 나아갈 수 있다는 의미를 갖는 것이
지 그 자체로서 처분성을 갖는 것은 아니다.

(3) 공매 결정과 통지

공매결정은 과세관청의 내부적인 의사결정이므로 항고소송의 대상이 되
는 행정처분이라고 볼 수 없다.[69]

공매통지는 그 자체가 그 상대방인 체납자 등의 법적 지위나 권리·의무에
직접적인 영향을 주는 행정처분에 해당한다고 할 것은 아니므로 다른 특별한 사
정이 없는 한 체납자 등은 공매통지의 결여 등 절차상 위법을 들어 공매처분의
취소 등을 구할 수 있는 것이지 공매통지 자체를 항고소송의 대상으로 삼아 그
취소 등을 구할 수는 없다.[70]

공매통지는 국가의 강제력에 의하여 진행되는 공매에서 체납자 등의 권리

---

67) 대법원 1999. 7. 23. 선고 97누10857 판결; 2002. 11. 26. 선고 2001두2652 판결; 2008. 5. 15.
    선고 2008두2583 판결 등 참조.
68) 대법원 1985. 2. 8. 선고 84누132 판결.
69) 대법원 1998. 6. 26. 선고 96누12030 판결; 2007. 7. 27. 선고 2006두8464 판결 등.
70) 대법원 2011. 3. 24. 선고 2010두25527 판결 등.

내지 재산상의 이익을 보호하기 위하여 법률로 규정한 절차적 요건이라고 보아야 하며, 공매처분을 하면서 체납자 등에게 공매통지를 하지 않았거나 공매통지를 하였더라도 그것이 적법하지 아니한 경우에는 절차상의 흠이 있어 그 공매처분은 위법하다.71)

(4) 대표자 인정상여의 결정과 소득금액변동통지

대표자 인정상여의 결정은 과세관청의 내부적인 의사결정이므로 항고소송이 되는 행정처분이라고 볼 수 없다. 그러나 소득금액변동통지72)는 원천징수의무자인 회사의 납세의무에 직접 영향을 미치는 과세관청의 행위이므로 처분성이 있다.73) 이에 관한 상세한 설명은 '제2편 제2장 법인세법'에서 후술한다.

(5) 세무조사 결정통지의 처분성

부과처분을 위한 과세관청의 질문조사권이 행해지는 세무조사결정이 있는 경우 납세의무자는 세무공무원의 과세자료 수집을 위한 질문에 대답하고 검사를 수인하여야 할 법적 의무를 부담하게 되는 점, 세무조사는 기본적으로 적정하고 공평한 과세의 실현을 위하여 필요한 최소한의 범위 안에서 행하여져야 하고, 동일한 세목 및 과세기간에 대한 재조사는 납세자의 영업의 자유 등 권익을 심각하게 침해할 뿐만 아니라 과세관청에 의한 자의적인 세무조사의 위험마저 있으므로 조세공평의 원칙에 현저히 반하는 예외적인 경우를 제외하고는 금지될 필요가 있는 점, 납세의무자로 하여금 개개의 과태료 처분에 대하여 불복하거나 조사 종료 후의 과세처분에 대하여만 다툴 수 있도록 하는 것보다는 그에 앞서 세무조사결정에 대하여 다툼으로써 분쟁을 조기에 근본적으로 해결할 수 있는 점 등을 종합하면, 세무조사결정은 납세의무자의 권리·의무에 직접 영향을 미치는 공권력의 행사에 따른 행정작용으로서 항고소송의 대상이 된다.74)

---

71) 대법원 2008. 11. 20. 선고 2007두18154 전원합의체 판결, 이전 판례 변경.

72) 원천징수하는 소득세는 그 소득금액을 지급하는 때 납세의무가 성립한다(국기법 제21조 제2항 제1호). 법인세법에 의하여 처분되는 상여는 당해 법인이 세무서장으로부터 소득금액변동통지서를 받은 날 지급한 것으로 본다(소법 제150조 제4항 및 동법 령 제198조). 상여의제소득에 대해서는 소득금액변동통지서를 받은 날 원천징수세 납세의무가 성립하고 바로 확정되며(국기법 제22조 제4항 제3호), 원천징수의무 불이행(다음 달 10일까지)에 따른 가산세의 납세의무도 그 때 성립한다(국기법 제21조 제2항 11호).

73) 대법원 2006. 4. 20. 선고 2002두1878 전원합의체 판결, 이전 판례 변경.

[관련판례] 조세행정행위의 처분성

1. 세무조사 결정통지의 처분성 – 대법원 2011. 3. 10. 선고 2009두23617 판결 * 파기환송
2. 소득처분에 따른 소득금액변동통지의 처분성 – 대법원 2006. 4. 20. 선고 2002두1878 판결 * 파기환송
3. 소득금액변동통지 하자의 징수처분 불승계 – 대법원 2012. 1. 26. 선고 2009두14439 판결

1. 세무조사 결정통지의 처분성 – 대법원 2011. 3. 10. 선고 2009두23617 판결 * 파기환송

(1) 사실관계

원고는 자신의 사무소를 운영하는 변호사이고 피고는 서대전세무서이다. 2006년 초 원고의 사무소에 근무하던 직원이 원고의 탈세 혐의사실을 피고에게 제보하였고 피고는 같은 해 원고에 대한 세무조사를 실시하였다. 그 세무조세 결과 원고의 종합소득세 신고금액이 4억 8,000만 원 누락되어 피고는 종합소득세와 부가가치세 등 1억 8,000여만 원을 부과하였다. 원고는 위 과세처분에 불복하여 국세심판원에 심판청구를 하였고 일부인용 결정을 받았다.

그 후 제보자는 피고에게 위의 세무조사에서 누락사항이 있다는 추가제보를 하였고, 이에 피고는 2007년 3월 경 세무조사를 추가로 실시하겠다는 통지를 하였다. 이어서 피고는 원고 사무소에서 이 사건 세무조사에 착수하려고 하였으나 원고의 반발로 조사할 수 없었다. 그리고 원고는 국세청장에게 이 사건 세무조사결정에 대한 심사청구를 하였으나 각하되었다.

(2) 판결내용

"행정청의 어떤 행위가 항고소송의 대상이 될 수 있는지의 문제는 추상적·일반적으로 결정할 수 없고, 구체적인 경우 행정처분은 행정청이 공권력의 주체로서 행하는 구체적 사실에 관한 법집행으로서 국민의 권리의무에 직접적으로 영향을 미치는 행위라는 점을 염두에 두고, 관련 법령의 내용과 취지, 그 행위의 주체·내용·형식·절차, 그 행위와 상대방 등 이해관계인이 입는 불이익과의 실질적 견련성, 그리고 법치행정의 원리와 당해 행위에 관련한 행정청 및 이해관계인의 태도

---

74) 대법원 2011. 3. 10. 선고 2009두23617, 23624 판결.

등을 참작하여 개별적으로 결정하여야 한다(대법원 1992. 1. 17. 선고 91누1714 판결, 대법원 2010. 11. 18. 선고 2008두167 전원합의체 판결 등 참조).

구 국세기본법 제81조의4 제1항은 '세무공무원은 적정하고 공평한 과세의 실현을 위하여 필요한 최소한의 범위 안에서 세무조사를 행하여야 하며, 다른 목적 등을 위하여 조사권을 남용하여서는 아니 된다'고 규정하고, 제81조의7 제1항은 '세무공무원은 국세에 관한 조사를 위하여 당해 장부·서류 기타 물건 등을 조사하는 경우에는 조사를 받을 납세자에게 조사개시 10일(현행 20일. 국기법 제81조의7 제1항) 전에 조사대상 세목, 조사기간 및 조사사유 기타 대통령령이 정하는 사항을 통지하여야 한다. 다만, 범칙사건에 대한 조사 또는 사전통지의 경우 증거인멸 등으로 조사목적을 달성할 수 없다고 인정되는 경우에는 그러하지 아니하다'고 규정하고 있다.

한편 소득세법 등 개별 세법에서는 세무공무원에게 납세의무자 등에 대하여 직무수행상 필요한 경우 질문을 하고, 해당 장부, 서류 기타 물건을 조사하거나 제출을 명할 수 있는 권한을 인정하고 있고(소득세법 제170조, 법인세법 제122조, 부가가치세법 제35조), 조세범처벌법 제17조에 의하면 세법의 질문조사권 규정에 따른 세무공무원의 질문에 대하여 거짓으로 진술하거나 그 직무집행을 거부 또는 기피한 자는 과태료에 처해지게 된다.

이와 같이 ① 부과처분을 위한 과세관청의 질문조사권이 행해지는 세무조사결정이 있는 경우 납세의무자는 세무공무원의 과세자료 수집을 위한 질문에 대답하고 검사를 수인하여야 할 법적 의무를 부담하게 되는 점, ② 세무조사는 기본적으로 적정하고 공평한 과세의 실현을 위하여 필요한 최소한의 범위 안에서 행하여져야 하고, 더욱이 동일한 세목 및 과세기간에 대한 재조사는 납세자의 영업의 자유 등 권익을 심각하게 침해할 뿐만 아니라 과세관청에 의한 자의적인 세무조사의 위험마저 있으므로 조세공평의 원칙에 현저히 반하는 예외적인 경우를 제외하고는 금지될 필요가 있는 점(대법원 2010. 12. 23. 선고 2008두10461 판결 등 참조), ③ 납세의무자로 하여금 개개의 과태료 처분에 대하여 불복하거나 조사 종료 후의 과세처분에 대하여만 다툴 수 있도록 하는 것보다는 그에 앞서 세무조사결정에 대하여 다툼으로써 분쟁을 조기에 근본적으로 해결할 수 있는 점 등을 종합하면, 세무조사결정은 납세의무자의 권리·의무에 직접 영향을 미치는 공권력의 행사에 따른 행정작용으로써 항고소송의 대상이 된다."

2. 소득처분에 따른 소득금액변동통지의 처분성 - 대법원 2006. 4. 20. 선고 2002 두1878 판결 * 파기환송

(1) 사실관계

원고는 1993사업연도부터 1997사업연도까지 계약추진비로 40억 8,000만 원을 필요경비로 계상하여 이를 손금에 산입하였는데, 세무서장은 위 금액 중 30억 2,000만 원은 증빙서류에 의하여 지출이 확인되지 않는다는 이유로 익금에 산입하는 한편, 그 중 부과제척기간이 경과하지 않은 1995사업연도부터 1997사업연도까지의 해당 금액 23억 2,000만 원은 사외로 유출된 것이 분명하나 그 귀속이 불분명한 경우에 해당한다는 이유로 대표자 인정상여로 소득처분[75]을 한 다음, 1999. 5. 19. 그러한 내용이 기재된 소득금액변동통지서를 원고에게 송달하였다. 원고는 1999. 6. 10. 위와 같은 소득금액변동통지에 따라 위 인정상여로 소득처분된 금액 (23억 2,000만 원)에 대한 소득세 9억 3,000만 원을 원천징수하여 납부하였다.

〈쟁점〉

과세관청의 소득처분에 따른 소득금액변동통지가 항고소송의 대상이 되는 조세행정처분인지 여부

(2) 판결내용

"원심은, 소득금액변동통지는 원천징수 소득세에 관하여 지급시기를 의제하여 과세관청이 징수처분에 나아가기 위한 절차적 요건을 규정한 것에 불과하고 그로 인하여 원천징수의무자의 실체상 납세의무의 존부나 범위에 어떠한 변동을 가져오는 것이 아니므로 항고소송의 대상이 되는 독립된 행정처분이라고 할 수 없다는 이유로, 같은 취지에서 이 사건 소득금액변동통지의 취소를 구하는 원고의 이 사건 예비적 청구에 관한 소를 부적법하다고 하여 각하한 제1심판결을 그대로 유지하였다."

"그러나 법인세법 제67조, 구 법인세법 시행령(2001. 12. 31. 개정 전) 제106조는 과세관청은 법인세의 과세표준을 결정 또는 경정함에 있어서 익금에 산입한 금액을 그 귀속자에 따라 상여·배당·기타소득 등으로 처분하도록 규정하고 있고, 구 소득세법(2000. 12. 29. 개정 전) 제17조 제1항 제4호, 제20조 제1항 제1호

---

75) 소득처분이 이루어지는 프로세스를 보면, 익금산입(또는 손금불산입), (사내 유보의 경우에는 법인세 추징과 가산세 부과로 끝나지만 사외 유출된 경우라면) 소득처분, 법인과 귀속자에 대한 소득금액변동통지로 이어진다. 이에 대해 해당 법인은 원천징수의무가 있고, 귀속자는 종합소득 신고·납부의무 등이 있다.

(다)목, 제21조 제1항 제20호, 제127조 제1항, 구 소득세법 시행령(2000. 12. 29. 개정 전) 제42조 제1항 제2호는 위와 같이 법인세법에 의하여 배당·상여·기타소득으로 처분된 소득금액을 소득세의 과세대상으로 하면서 그 소득금액을 지급하는 법인이 이를 원천징수하도록 규정하고 있으며, 한편 구 국세기본법 제21조 제2항, 제22조 제2항, 구 소득세법 제128조, 제135조 제4항, 제158조, 구 소득세법 시행령 제192조 제1항, 제2항, 구 소득세법 시행규칙(2002. 4. 13. 개정 전) 제100조 제24호, 조세범처벌법 제11조는 원천징수의 대상이 되는 배당·상여·기타소득으로 처분된 소득금액을 '소득금액변동통지서'라는 서식에 의하여 당해 법인에게 통지하고, 이와 같이 소득금액변동통지서에 기재된 당해 배당·상여·기타소득은 그 통지서를 받은 날에 지급한 것으로 의제되어 그 때 원천징수하는 소득세의 납세의무가 성립함과 동시에 확정되는 것으로 규정함과 아울러, 원천징수의무자는 소득금액변동통지를 받은 달의 다음 달 10일까지 원천징수세액을 납부하여야 하고, 만일 원천징수의무자가 징수하였거나 징수하여야 할 세액을 그 기간 내에 납부하지 아니하였거나 미달하여 납부한 때에는 그 납부하지 아니한 세액 또는 미달한 세액의 100분의 10에 상당하는 금액을 불성실가산세로 납부하여야 할 뿐만 아니라, 원천징수의무자가 정당한 사유 없이 그 세를 징수하지 아니하거나 징수한 세금을 납부하지 아니하는 경우에는 1년 이하의 징역 또는 그 징수하지 아니하였거나 납부하지 아니한 세액에 상당하는 벌금에 처하도록 규정하고 있다.

이와 같이 과세관청의 소득처분과 그에 따른 소득금액변동통지가 있는 경우 원천징수의무자인 법인은 소득금액변동통지서를 받은 날에 그 통지서에 기재된 소득의 귀속자에게 당해 소득금액을 지급한 것으로 의제되어 그 때 원천징수하는 소득세의 납세의무가 성립함과 동시에 확정되고, 원천징수의무자인 법인으로서는 소득금액변동통지서에 기재된 소득처분의 내용에 따라 원천징수세액을 그 다음달 10일까지 관할 세무서장 등에게 납부하여야 할 의무를 부담하며, 만일 이를 이행하지 아니하는 경우에는 가산세의 제재를 받게 됨은 물론이고 형사처벌까지 받도록 규정되어 있는 점에 비추어 보면, 소득금액변동통지는 원천징수의무자인 법인의 납세의무에 직접 영향을 미치는 과세관청의 행위로서, 항고소송의 대상이 되는 조세행정처분이라고 봄이 상당하다.

이와는 달리, 소득금액변동통지가 항고소송의 대상이 되는 행정처분이라고 할 수 없다고 판시한 대법원 1984. 6. 26. 선고 83누589 판결 등을 비롯한 같은 취지의 판결들은 이 판결의 견해에 배치되는 범위 내에서 이를 모두 변경하기로 한다."

3. 소득금액변동통지 하자의 징수처분 불승계 - 대법원 2012. 1. 26. 선고 2009두 14439 판결

(1) 사실관계

피고는 원고가 2003. 6. 경 소외회사로부터 수취한 매입세금계산서 3장을 실물 거래가 없는 허위의 세금계산서로 보아 그 공급가액 1억 2,000만 원을 손금불산입 하고 그 매입세액을 포함한 1억 3,000만 원을 대표자에 대한 상여로 소득처분하여 2006. 8. 1. 원고에게 그에 따른 소득금액변동통지를 하였고, 원고가 이 사건 소득 금액변동통지에 따른 원천징수 근로소득세를 납부하지 아니하자 피고는 2007. 3. 1. 원고에게 2003년 귀속 원천징수 근로소득세 등 합계 3,600만 원을 납부하도록 고지하였다. 한편, 원고는 이 사건 소득금액변동통지에 대하여 소정의 불복기간이 지나도록 다투지 아니하다가 이 사건 징수처분에 이르러 징수처분의 고유한 하자 에 관하여는 아무런 주장도 하지 아니한 채 이 사건 소득금액변동통지의 구체적 내용만을 다투고 있다.

〈쟁점〉
과세관청의 소득처분과 그에 따른 소득금액변동통지가 있는 경우, 후행처분인 징수처분에 대한 항고소송에서 징수처분 고유의 하자가 아닌 소득세 납세의무 자 체에 관하여 다툴 수 있는지 여부

(2) 판결내용

"과세관청의 소득처분과 그에 따른 소득금액변동통지가 있는 경우 원천징수의 무자인 법인은 소득금액변동통지서를 받은 날에 그 통지서에 기재된 소득의 귀속 자에게 당해 소득금액을 지급한 것으로 의제되어 그때 원천징수하는 소득세의 납 세의무가 성립함과 동시에 확정되므로 소득금액변동통지는 원천징수의무자인 법 인의 납세의무에 직접 영향을 미치는 과세관청의 행위로서 항고소송의 대상이 된 다(대법원 2006. 4. 20. 선고 2002두1878 전원합의체 판결). 그리고 원천징수의무 자인 법인이 원천징수하는 소득세의 납세의무를 이행하지 아니함에 따라 과세관 청이 하는 납부고지는 확정된 세액의 납부를 명하는 징수처분에 해당하므로 선행 처분인 소득금액변동통지에 하자가 존재하더라도 그 하자가 당연무효 사유에 해 당하지 않는 한 후행처분인 징수처분에 그대로 승계되지 아니한다. 따라서 과세관 청의 소득처분과 그에 따른 소득금액변동통지가 있는 경우 원천징수하는 소득세 의 납세의무에 관하여는 이를 확정하는 소득금액변동통지에 대한 항고소송에서 다투어야 하고 그 소득금액변동통지가 당연무효가 아닌 한 징수처분에 대한 항고

소송에서 이를 다툴 수는 없다고 해야 할 것이다.”

"원심판결 이유에 의하면, 피고는 원고가 2003. 6. 경 주식회사 금빛코리아로부터 수취한 매입세금계산서 3장을 실물거래가 없는 허위의 세금계산서로 보아 그 공급가액 1억 2,000만 원을 손금불산입하고 그 매입세액을 포함한 1억 3,000만 원을 대표자에 대한 상여로 소득처분하여 2006. 8. 1. 원고에게 그에 따른 소득금액변동통지를 한 사실, 원고가 이 사건 소득금액변동통지에 따른 원천징수 근로소득세를 납부하지 아니하자 피고는 2007. 3. 1. 원고에게 2003년 귀속 원천징수 근로소득세 등 합계 3,600만 원을 납부하도록 고지한 사실 등을 인정한 다음, 원고가 이 사건 소득금액변동통지에 대하여 소정의 불복기간이 지나도록 다투지 아니하다가 이 사건 징수처분에 이르러 징수처분의 고유한 하자에 관하여는 아무런 주장도 하지 아니한 채 이 사건 소득금액변동통지의 구체적 내용만을 다투고 있을 뿐이고 그 다투는 사유는 이 사건 소득금액변동통지의 당연무효 사유에 해당한다고 볼 수 없다는 이유로, 이 사건 징수처분은 위법하다고 할 수 없다고 판단하였다.

앞서 본 법리 및 기록에 비추어 살펴보면, 원심의 이러한 판단은 정당하고 거기에 상고이유에서 주장하는 바와 같은 징수처분의 불복사유에 관한 법리오해 등의 위법이 없다."[76]

---

76) 납세의무자의 입장에서는 소득금액변동통지의 처분성을 인정한 것이 조기에 불복할 기회를 얻는 장점이 있지만, 소득금액변동통지를 받은 때로부터 불복기간이 기산되고 징수처분인 납부고지에 대하여는 다툴 수 없다는 단점이 있다. 이전오, "소득세법의 주요쟁점과 최근판례", 대한변호사협회 2016 「조세 아카데미」 자료, 2016, 12면 참조.

제 8 장 납세자의 권리

조세법률관계를 채권·채무관계로 보는 것이 일반적인 해석이지만, 조세법 현실에 있어서는 실질적으로 조세행정관청에 우월적 지위가 인정되고 있다. 이 같은 과세관청의 우월적 지위는 실체법적 조세법률관계보다는 절차법적 조세법률관계에서 두드러진다.

국세기본법은 실체법적 차원을 넘어 절차법적 차원에까지 납세자의 권익을 보장하기 위하여 세무행정절차의 적정성·투명성을 제고한다는 취지로 납세자 권리의 보호에 관한 규정을 두고 있다. 납세자권리 보호에 관한 주요 제도로는 세무조사와 과세전적부심사를 들 수 있다.

Ⅰ. 납세자의 권리에 대한 개관

1. 납세자권리의 의의

조세법률관계를 채권·채무관계로 보는 것이 일반적인 해석이지만, 조세법 현실에 있어서는 실질적으로 조세행정관청에 우월적 지위가 인정되고 있다. 이 같은 과세관청의 우월적 지위는 실체법적 조세법률관계보다는 절차법적 조세법률관계에서 두드러진다. 납세의무는 주권자인 국민의 자발적인 동의를 기초로 공동의 이익을 위하여 설정된 의무이므로, 과세권을 행사함에 있어서는 실체법상으로는 물론이고 절차법상으로도 납세자의 권리가 최대한 보장되어야 한다.[1] 국세기본법은 실체법적 차원을 넘어 절차법적 차원에까지 납세자의 권익을 보장하기 위

---

1) 임승순·김용택, 조세법, 박영사, 2022, 84면.

하여 세무행정절차의 적정성·투명성을 제고한다는 취지로 납세자권리의 보호에
관한 규정을 두고 있다.

2. 납세자권리의 보호 일반

가. 납세자권리헌장의 제정 및 교부(국기법 제81조의2)

국세청장은 국세기본법 제81조의3부터 제81조의6까지 규정한 사항 기타 납
세자의 권리보호에 관한 사항을 포함하는 납세자권리헌장을 제정하여 고시하여야
한다. 세무공무원은 ① 세무조사(「조세범 처벌절차법」에 따른 조세범칙조사 포함)를 하
는 경우, ② 사업자등록증을 교부하는 경우, ③ 기타 대통령령이 정하는 경우에는
납세자권리헌장의 내용이 수록된 문서를 납세자에게 교부하여야 한다.

나. 납세자의 성실성 추정(제81조의3)

다음의 경우를 제외하고는 납세자가 성실하며 제출한 신고서 등이 진실한
것으로 추정하여야 한다(국기법 제81조의6 제3항 참조).
(1) 납세자가 세법이 정하는 신고 등의 납세협력의무를 이행하지 아니한 경우
(2) 무자료거래, 위장·가공거래 등 거래내용이 사실과 다른 혐의가 있는 경우
(3) 납세자에 대한 구체적인 탈세제보가 있는 경우
(4) 신고내용에 오류·탈루의 혐의를 인정할 명백한 자료가 있는 경우

다. 비밀유지 및 정보제공

(1) 비밀유지(국기법 제81조의13)

다음의 경우를 제외하고는, 납세자가 조세법이 정한 납세의무를 이행하기 위
하여 제출한 자료나 국세의 부과 또는 징수를 목적으로 업무상 취득한 자료 등(과
세정보)을 타인에게 제공 또는 누설하거나 목적 외의 용도로 사용할 수 없다.
  ① 지방자치단체 등이 법률이 정하는 조세의 부과 또는 징수의 목적등에 사
    용하기 위하여 과세정보를 요구하는 경우
  ② 국가기관이 조세쟁송 또는 조세범의 소추목적을 위하여 과세정보를 요구

하는 경우

③ 법원의 제출명령 또는 법관이 발부한 영장에 의하여 과세정보를 요구하는 경우

④ 세무공무원 간에 국세의 부과·징수 또는 질문·검사상의 필요에 의하여 과세정보를 요구하는 경우

⑤ 통계청장이 국가통계작성 목적으로 과세정보를 요구하는 경우

⑥ 사회보험의 운영을 목적으로 설립된 기관이 관계 법률에 따른 소관 업무를 수행하기 위하여 과세정보를 요구하는 경우

⑦ 국가행정기관, 지방자치단체 또는 공공기관이 급부·지원 등을 위한 자격의 조사·심사 등에 필요한 과세정보를 당사자의 동의를 받아 요구하는 경우

⑧ 「국정감사 및 조사에 관한 법률」에 따른 조사위원회가 국정조사 목적을 달성하기 위하여 조사위원회의 의결로 비공개회의에 과세정보의 제공을 요청하는 경우

⑨ 다른 법률의 규정에 따라 과세정보를 요구하는 경우

(2) 정보제공(국기법 제81조의14)

납세자가 납세자의 권리의 행사에 필요한 정보를 요구하는 경우에는 이를 신속하게 제공하여야 한다.

라. 과세전적부심사[2](국기법 제81조의15)

(1) 과세전적부심사의 의의

과세전적부심사란 세무조사 결과에 따른 부과처분 등을 하기 전에 과세할 내용을 미리 납세자에게 통지한 후 이의가 있는 경우 과세관청이 과세의 적법성 여부를 검증하도록 하는 사전적 권리구제절차를 말한다.

(2) 과세예고통지

세무서장 또는 지방국세청장은 다음의 경우에는 미리 납세자에게 그 내용을

---

2) 제6회 변호사시험(1문)과 제14회 변호사시험(1문)에서 '과세예고통지와 과세전적부심사'에 관한 문제가 출제된 바 있다.

서면으로 통지(과세예고통지)하여야 한다.

① 지방국세청장 또는 국세청장의 업무감사 결과(현지에서 시정조치하는 경우 포함)에 따라 세무서장 또는 지방국세청장이 과세하는 경우

② 세무조사에서 확인된 것으로 조사대상자 외의 자에 대한 과세자료 및 현지 확인조사에 따라 세무서장 또는 지방국세청장이 과세하는 경우

③ 납부고지 하려는 세액이 100만 원 이상인 경우. 감사원의 지적사항에 대한 소명안내를 받은 경우 및 과세관청이 납세자의 기한후신고와 동일하게 결정하는 경우는 제외한다.

(3) 과세전적부심사의 청구

① 과세전적부심사를 청구할 수 있는 경우

세무조사 결과에 대한 서면통지 또는 국세기본법 제81조의15 제1항에서 열거한 과세예고통지를 받은 자는 통지를 받은 날부터 30일 이내에 통지를 한 세무서장이나 지방국세청장에게 통지 내용의 적법성에 관한 심사(과세전적부심사)를 청구할 수 있다. 다만, 법령과 관련하여 국세청장의 유권해석을 변경하여야 하거나 새로운 해석이 필요한 경우 등에는 국세청장에게 청구할 수 있다.

② 과세전적부심사를 청구할 수 없는 경우

다음의 경우에는 과세전적부심사를 청구할 수 없다.

ⅰ. 국세징수법에 규정된 납기 전 징수의 사유가 있거나 세법에서 규정하는 수시부과의 사유가 있는 경우

ⅱ. 「조세범 처벌법」 위반으로 고발 또는 통고처분하는 경우. 다만, 고발 또는 통고처분과 관련 없는 세목 또는 세액에 대해서는 과세전적부심사를 청구할 수 있다.[3]

ⅲ. 세무조사 결과 통지 및 과세예고통지를 하는 날부터 국세부과 제척기간의 만료일까지의 기간이 3개월 이하인 경우

ⅳ. 조세조약을 체결한 상대국이 상호합의 절차의 개시를 요청한 경우 및 재조사 결정에 따라 조사를 하는 경우(국기법 령 제63조의15 제3항)

---

3) 과세단위가 아니라 하나의 처분 내라고 하더라도 고발 또는 통고처분과의 동일성이 인정되는 범위를 기준으로 판단하여야 한다, 대법원 2023. 12. 17. 선고 2022두45968 판결 참조.

(4) 과세전적부심사의 청구에 대한 결정과 통지

① 과세전적부심사 청구를 받은 세무서장, 지방국세청장 또는 국세청장은 각각 국세심사위원회의 심사를 거쳐 결정을 하고 그 결과를 청구를 받은 날부터 30일 이내에 청구인에게 통지하여야 한다. 과세전적부심사의 청구에 대한 결정은 과세처분 전에 행하는 과세관청의 견해표명에 불과하여 처분성이 없으므로 쟁송의 대상이 되지 아니한다.

② **과세전적부심사 청구에 대한 결정의 종류**

　ⅰ. 청구가 이유 없다고 인정되는 경우 – 채택하지 아니한다는 결정

　ⅱ. 청구가 이유 있다고 인정되는 경우 – 채택하거나 일부 채택하는 결정. 구체적인 채택의 범위를 정하기 위하여 사실관계 확인 등 추가적으로 조사가 필요한 경우에는 재조사 결정을 할 수 있다.

　ⅲ. 청구기간이 지났거나 기간 내 보정하지 아니하였거나 그 밖에 청구가 적법하지 아니한 경우 – 심사하지 아니한다는 결정

(5) 과세예고통지 없는 과세처분의 효력

과세관청이 과세처분에 앞서 필수적으로 행하여야 할 과세예고통지를 하지 아니함으로써 납세자에게 과세전적부심사의 기회를 부여하지 아니한 채 과세처분을 하였다면, 이는 납세자의 절차적 권리를 침해한 것으로서 과세처분의 효력을 부정하는 방법으로 통제할 수밖에 없는 중대한 절차적 하자가 존재하는 경우에 해당하므로 그 과세처분은 위법하다.[4]

(6) 과세예고통지 등 후 과세전적부심사 청구 또는 그 결정 전 과세처분의 효력

세무조사의 결과에 대한 서면통지 또는 과세예고통지 후 과세전적부심사 청구나 그에 대한 결정이 있기도 전에 과세처분을 하는 것은, 원칙적으로 과세전적부심사 이후에 이루어져야 하는 과세처분을 그보다 앞서 함으로써 과세전적부심사 제도 자체를 형해화시킬 뿐만 아니라 과세전적부심사 결정과 과세처분 사이의 관계

---

4) 대법원 2016. 4. 15. 선고 2015두52326 판결.

및 불복절차를 불분명하게 할 우려가 있으므로, 그와 같은 과세처분은 납세자의 절차적 권리를 침해하는 것으로서 절차상 하자가 중대하고도 명백하여 무효이다.5)

마. 납세자보호관 등 및 납세자보호위원회

(1) 납세자보호관(국기법 제81조의16)

납세자의 권리보호를 위하여 국세청에 납세자 권리보호업무를 총괄하는 납세자보호관을 두고, 세무서 및 지방국세청에 납세자 권리보호업무를 수행하는 담당관을 각각 1인을 둔다. 국세청장은 납세자보호관을 개방형직위로 운영하고 납세자보호관 및 담당관이 업무를 수행할 때에 독립성이 보장될 수 있도록 하여야 한다. 이 경우 납세자보호관은 조세·법률·회계 분야의 전문지식과 경험을 갖춘 사람으로서 ① 세무공무원이 아닌 사람 또는 ② 세무공무원으로 퇴직한 지 3년이 지난 사람을 대상으로 공개모집한다.

(2) 납세자보호위원회(국기법 제81조의18과 제81조의19)

① 납세자보호위원회의 설치

세무서, 지방국세청 및 국세청에는 납세자 권리보호에 관한 사항을 심의하기 위하여 납세자보호위원회를 둔다. 납세자보호위원회의 위원은 세무 분야에 전문적인 학식과 경험이 풍부한 사람과 관계 공무원 중에서 국세청장(세무서 납세자보호위원회의 위원은 지방국세청장)이 임명 또는 위촉한다.

② 납세자보호위원회의 심의사항

ⅰ. 세무서 납세자보호위원회와 지방국세청 납세자보호위원회

    1. 세무조사의 대상이 되는 과세기간 중 연간 수입금액 또는 양도가액이 가장 큰 과세기간의 연간 수입금액 또는 양도가액이 100억 원 미만(부가가치세에 대한 세무조사의 경우 1과세기간 공급가액의 합계액이 50억 원 미만)인 납세자(중소규모납세자) 외의 납세자에 대한 세무조사(조세범칙조사 제외) 기간의 연장. 다만, 조사대상자가 해명 등을 위하여 연장을 신청한 경우 제외

---

5) 대법원 2016. 12. 27. 선고 2016두49228 판결.

2. 중소규모납세자 이외의 납세자에 대한 세무조사 범위의 확대

3. 세무조사 기간 연장 및 세무조사 범위 확대에 대한 중소규모납세자의 세무조사 일시중지 및 중지 요청

4. 위법·부당한 세무조사 및 세무조사 중 세무공무원의 위법·부당한 행위에 대한 납세자의 세무조사 일시중지 및 중지 요청

5. 장부 등의 일시 보관 기간 연장

6. 그 밖에 납세자의 권리보호를 위하여 납세자보호담당관이 심의가 필요하다고 인정하는 안건

ⅱ. 국세청 납세자보호위원회

1. 세무서 납세자보호위원회 또는 지방국세청 납세자보호위원회의 심의를 거친 세무서장 또는 지방국세청장의 결정에 대한 납세자의 취소 또는 변경 요청

2. 그 밖에 납세자의 권리보호를 위한 국세행정의 제도 및 절차 개선 등으로서 납세자보호위원회의 위원장 또는 납세자보호관이 심의가 필요하다고 인정하는 사항

③ 납세자보호위원회에 대한 납세자의 심의 요청 및 결과 통지 등

세무서장 또는 지방국세청장은 납세자가 심의를 요청한 사항에 대하여 납세자보호위원회의 심의를 거쳐 결정을 하고, 납세자에게 그 결과를 통지하여야 한다.

납세자는 세무조사 기간이 끝나는 날까지 세무서장 또는 지방국세청장에게 ⅰ. 세무조사 기간 연장 및 세무조사 범위 확대에 대한 중소규모납세자의 세무조사 일시중지 및 중지 또는 ⅱ. 위법·부당한 세무조사 및 세무조사 중 세무공무원의 위법·부당한 행위에 대한 납세자의 세무조사 일시중지 및 중지에 대한 심의를 요청할 수 있다. 이 경우 심의 결과는 요청을 받은 날부터 20일 이내에 통지하여야 한다.

납세자는 세무서장 또는 지방국세청장으로부터 결과를 통지를 받은 날부터 7일 이내에 그 세무서장 또는 지방국세청장의 결정에 대하여 국세청장에게 취소 또는 변경을 요청할 수 있다. 납세자의 요청을 받은 국세청장은 국세청 납세자보호위원회의 심의를 거쳐 세무서장 및 지방국세청장의 결정을 취소하거나 변경할 수 있다. 이 경우 국세청장은 요청받은 날부터 20일 이내에 그 결과를 납세자에

게 통지하여야 한다.

Ⅱ. 세무조사

1. 세무조사의 의의 및 남용금지

가. 세무조사의 의의

조세법은 과세표준과 세액을 납세의무자가 스스로 신고하여 확정하는 신고납세방식을 기본으로 하고 있다. 신고확정방식이 제대로 기능하기 위해서는 국민의 성실한 납세의식의 확립과 이를 담보하고 검증하기 위한 과세관청의 적정한 과세자료 수집방안이 필수적이다.6)

세무조사란 국세의 과세표준과 세액을 결정 또는 경정하기 위하여 질문을 하거나 해당 장부·서류 또는 그 밖의 물건을 검사·조사하거나 그 제출을 명하는 활동을 말한다(국기법 제2조 제21호). 세무조사는 과세권의 실현을 위한 행정조사의 일종으로서 부과확정방식의 조세에 대하여는 과세표준과 세액을 결정하기 위한 자료를 수집할 수 있도록 하고, 신고확정방식의 조세에 대하여는 신고내용의 적정성을 검증할 수 있도록 함으로써, 조세의 탈루를 막고 납세자의 성실한 신고를 담보하는 중요한 기능을 수행한다.7)

나. 세무조사의 남용금지

세무조사는 그 속성상 납세자의 권리를 침해할 개연성이 크므로, 조세법령과 판례에서는 세무조사와 관련하여 납세자의 권리 보호에 상당한 비중을 두고 있다.

국세기본법은 제81조의4 제1항에서 세무공무원은 적정하고 공평한 과세를 실현하기 위하여 필요한 최소한의 범위에서 세무조사를 하여야 하고, 다른 목적 등을 위하여 조사권을 남용해서는 아니 된다고 규정하고 있고, 판례는 이 규정을 구체적 사건에 직접 적용되는 법규로서의 효력을 인정하고 있다.8)

---

6) 임승순·김용택, 앞의 책, 85면 참조.

7) 하태흥, "조세판례의 동향", 대한변호사협회 2016 「조세 아카데미」 자료, 2016, 41면.

2. 세무조사의 관할 및 대상자 선정

가. 세무조사의 관할(국기법 제81조의6 제1항)

세무조사는 납세지 관할 세무서장 또는 지방국세청장이 수행한다. 다만, 납세자의 주된 사업장 등이 납세지와 관할을 달리하거나 납세지 관할 세무서장 또는 지방국세청장이 세무조사를 수행하는 것이 부적절한 경우 등에는 국세청장(같은 지방국세청 소관 세무서 관할 조정의 경우에는 지방국세청장)이 그 관할을 조정할 수 있다.

나. 세무조사의 대상 선정(국기법 제81조의6 제2항부터 제5항까지)

국세기본법은 세무조사를 정기선정과 수시선정으로 나누고 그 선정기준을 규정하여 세무조사에 대한 신뢰성과 예측가능성을 부여하고 있다. 조세범칙조사의 대상 선정에 관하여는 조세범처벌절차법에서 별도의 규정을 두고 있다(국기법 제7조 제1항 및 동법 령 제6조 제1항).

세무조사대상 선정기준에 해당되지 아니함에도 불구하고 세무조사대상으로 선정하여 과세자료를 수집하고, 그에 기하여 과세처분을 하는 것은 국세기본법 제81조의6과 제81조의4를 비롯하여 적법절차의 원칙을 위반한 것으로 특별한 사정이 없는 한 위법하다.[9]

(1) 세무조사의 선정방식 및 선정기준

① 정기선정

정기적으로 신고의 적정성 검증을 위하여 조사대상을 선정하는 방식이다. 정기선정의 기준은 다음과 같다.

　ⅰ. 성실도의 분석 결과 불성실 혐의가 있다고 인정되는 경우
　ⅱ. 4 과세기간 이상 세무조사를 받지 아니한 경우
　ⅲ. 무작위추출에 의한 표본조사

② 수시선정

---

8) 대법원 2016. 12. 15. 선고 2016두47659 판결; 2017. 12. 13. 선고 2016두55421 판결.
9) 대법원 2014. 6. 26. 선고 2012두911 판결.

정기선정 이외에 탈세 제보 등에 의하여 수시로 조사대상을 선정하는 방식이다. 수시선정의 기준은 다음과 같다.

　ⅰ. 납세자가 세법이 정하는 신고 등의 납세협력의무를 이행하지 아니한 경우

　ⅱ. 무자료거래, 위장·가공거래 등 거래내용이 사실과 다른 혐의가 있는 경우

　ⅲ. 납세자에 대한 구체적인 탈세제보가 있는 경우

　ⅳ. 신고내용에 오류·탈루의 혐의를 인정할 명백한 자료가 있는 경우

　ⅴ. 납세자가 세무공무원에게 직무와 관련하여 금품을 제공하거나 금품제공을 알선한 경우

(2) 부과확정방식 세목의 결정을 위한 세무조사

과세관청의 조사결정에 의해 과세표준과 세액이 확정되는 세목(상속세, 증여세, 종합부동산세, 증권거래세 등)의 경우 과세표준과 세액을 결정하기 위하여 세무조사를 할 수 있다.

(3) 소규모 성실사업자에 대한 정기세무조사 면제

① 의의

소규모 성실사업자에 대해서는 객관적인 증빙자료에 의하여 과소신고한 것이 명백한 경우를 제외하고는 정기세무조사를 면제할 수 있다.

② 요건

　ⅰ. 업종별 수입금액 요건 - 개인의 경우 간편장부대상자, 법인의 경우 수입금액이 1억원 이하인 자(국기법 령 제63조의5 제1항)

　ⅱ. 성실성 요건 - 장부기장, 성실신고 등(국기법 령 제63조의5 제2항)

3. 세무조사의 원칙 – 재조사(중복조사) 금지의 원칙과 통합조사의 원칙

가. 재조사 금지의 원칙(국기법 제81조의4 제2항)[10]

(1) 의의

세무공무원은 같은 세목 및 같은 과세기간에 대하여 원칙적으로 재조사를 할 수 없다. 같은 세목 및 같은 과세기간에 대한 거듭된 세무조사는 납세자의 영업의 자유나 법적 안정성 등을 심각하게 침해할 뿐만 아니라 세무조사권의 남용으로 이어질 우려가 있으므로, 재조사는 조세공평의 원칙에 현저히 반하는 예외적인 경우를 제외하고는 금지될 필요가 있다.

(2) 재조사 금지의 예외

국세기본법은 다음과 같은 사유가 있는 경우에는 예외적으로 같은 세목 및 같은 과세기간에 대한 재조사를 허용하고 있다.

① 조세탈루의 혐의를 인정할 만한 명백한 자료가 있는 경우

② 거래상대방에 대한 조사가 필요한 경우

③ 2개 이상의 과세기간과 관련하여 잘못이 있는 경우

④ 심사청구(이의신청, 심판청구 준용) 또는 과세전적부심사청구가 이유가 있다고 인정되어 취소·경정 또는 필요한 처분을 하기 위하여 재조사를 하는 경우

⑤ 납세자가 세무공무원에게 직무와 관련하여 금품을 제공하거나 금품제공을 알선한 경우

⑥ 통합조사원칙의 예외로서 부분조사를 실시한 후 해당 조사에 포함되지 아니한 부분에 대하여 조사하는 경우

⑦ 기타 이와 유사한 경우로서 대통령령이 정하는 경우(국기법 령 제63조의2)

    i. 부동산투기, 매점매석, 무자료거래 등 경제질서 교란 등을 통한 세금탈루 혐의가 있는 자에 대하여 일제조사를 하는 경우

    ii. 과세관청 외의 기관이 직무상 목적을 위해 작성하거나 취득해 과

---

10) 제3회 변호사시험(1문), 제10회 변호사시험(1문) 및 제14회 변호사시험(2문)에서 '세무조사 재조사(중복조사) 금지의 원칙과 예외'에 관한 문제가 출제된 바 있다.

세관청에 제공한 자료의 처리를 위해 조사하는 경우

iii. 국세환급금의 결정을 위한 확인조사를 하는 경우

iv. 조세범칙행위의 혐의를 인정할 만한 명백한 자료가 있는 경우

(3) 재조사 금지 예외사유에 대한 해석

① 2개 이상의 과세기간과 관련하여 잘못이 있는 경우

국세기본법 제81조의4 제2항 제3호 '2개 이상의 과세기간과 관련하여 잘못이 있는 경우'란 하나의 원인으로 인하여 2개 이상의 사업연도에 걸쳐 과세표준 및 세액의 산정에 관한 오류 또는 누락이 발생한 경우를 말한다.[11] 따라서 다른 사업연도에 발견된 것과 같은 종류의 잘못이 해당 사업연도에도 단순히 되풀이되는 경우는 예외사유에 해당하지 아니한다.

그러나 완결적인 하나의 행위가 원인이 되어 같은 잘못이 2개 이상의 사업연도에 걸쳐 자동적으로 반복되는 경우는 물론, 하나의 행위가 그 자체로 완결적이지는 아니하더라도 그로 인해 과세표준 및 세액의 산정에 관한 오류 또는 누락의 원인이 되는 원칙이 결정되고, 이후에 2개 이상의 사업연도에 걸쳐 그 내용이 구체화되는 후속조치가 이루어질 때에는, 이러한 후속조치는 그 행위 당시부터 예정된 것이므로 마찬가지로 하나의 행위가 원인이 된 것으로서 예외사유에 해당한다.[12]

② 특정항목 조사 후 다른 항목 조사의 경우

국세기본법 제81조의4 제2항 제6호 '통합조사원칙의 예외로서 부분조사를 실시한 후 해당 조사에 포함되지 아니한 부분에 대하여 조사하는 경우'와 관련하여, 특정항목에 대하여 세무조사를 진행한 후 다른 항목에 대하여 세무조사를 하는 경우 특정항목에 대한 세무조사를 하는 때에 다른 항목에 대한 세무조사도 가능하였다면 중복세무조사에 해당한다.[13][14]

---

11) 대법원 2017. 4. 27. 선고 2014두6562 판결.

12) 상동.

13) 대법원 2015. 2. 26. 선고 2014두12062 판결.

14) "납세자의 사업장 소재지를 관할하는 세무서장이 실시한 세무조사는 부가가치세 경정조사로서 조사목적과 조사의 대상이 부가가치세액의 탈루 여부에 한정되어 그 결과에 따라 부가가치세의 증액경정처분만이 이루어졌고, 주소지를 관할하는 세무서장이 실시한 세무조사는 개인제세 전반에 관한 특별세무조사로서 그 결과에 따라 종합소득세의 증액경정처분 등이 이루어진 경우,

③ 국세기본법 시행령 제63조의2 제2호 '과세관청 외의 기관이 직무상 목적을 위해 작성하거나 취득해 과세관청에 제공한 자료'의 의미

세무조사권을 남용하거나 자의적으로 행사할 우려가 없는 과세관청 외의 기관이 직무상 목적을 위하여 작성하거나 취득하여 과세관청에 제공한 자료로서 국세의 부과, 징수와 납세의 권리에 필요한 자료를 의미하고, 이러한 자료에는 과세관청이 종전 세무조사에서 작성하거나 취득한 자료는 포함되지 않는다.[15]

④ 국세기본법 시행령 제63조의2 제4호 '조세범칙행위의 혐의를 인정할 만한 명백한 자료가 있는 경우'의 의미

조세의 탈루사실이 확인될 상당한 정도의 개연성이 객관성과 합리성이 뒷받침되는 자료에 의하여 인정되는 경우로 엄격하게 제한되어야 하고, 그러한 객관성과 합리성이 뒷받침되지 않는 한 탈세제보가 구체적이라는 사정만으로는 여기에 해당하지 않는다.[16]

나. 통합조사의 원칙(국기법 제81조의11)

(1) 의의

세무조사는 납세자의 사업과 관련하여 세법에 따라 신고·납부의무가 있는 세목을 통합하여 실시하는 것을 원칙으로 한다. 같은 세목 및 같은 과세기간에 대한 재조사를 금지하는 재조사 금지의 원칙만 있다면 납세자의 입장에서는 세목만 바뀌어 매년 세무조사를 받는 불합리한 상황이 발생할 수 있고, 또 과세권자의 입장에서도 소득세 또는 법인세와 부가가치세처럼 세목에 따라서는 상호 간에 밀접한 연관이 있어서 효율적인 조세행정을 위해서는 관련 세목들을 함께 조사할 필요가 있다.[17] 이러한 점들을 고려하여 국세기본법은 세무조사의 원칙으로 재조사 금지의 원칙과 함께 통합조사의 원칙을 규정하고 있다.

종합소득세부과처분에 관한 위 각 세무조사가 같은 세목 및 같은 과세기간에 대한 중복조사에 해당하지 않는다", 대법원 2006. 5. 25. 선고 2004두11718 판결.

15) 대법원 2015. 5. 28. 선고 2014두43257 판결.
16) 대법원 2010. 12. 23. 선고 2008두10461 판결.
17) 이동식·김석환, "통합·부분조사제도의 재설계 : 신고내용 확인을 위한 부분조사제도의 도입을 중심으로", 조세연구, 제20권 제4집, 2020, 64－65면.

(2) 특정한 세목에 대한 조사의 예외

다음의 경우에는 예외적으로 특정한 세목만을 조사할 수 있다.

① 세목의 특성, 납세자의 신고유형, 사업규모 또는 세금탈루 혐의 등을 고려하여 특정 세목만을 조사할 필요가 있는 경우

② 조세채권의 확보 등을 위하여 특정 세목만을 긴급히 조사할 필요가 있는 경우

③ 그 밖에 세무조사의 효율성 및 납세자의 편의 등을 고려하여 특정 세목만을 조사할 필요가 있는 경우로서 대통령령으로 정하는 경우[18]

(3) 특정한 사항을 확인하기 위한 부분조사의 예외

다음의 경우에는 확인을 위하여 필요한 부분에 한정한 조사를 실시할 수 있다.

① 경정 등의 청구에 대한 처리 또는 국세환급금의 결정을 위하여 확인이 필요한 경우

② 심사청구(이의신청, 심판청구 준용) 또는 과세전적부심사청구가 이유가 있다고 인정되어 취소·경정 또는 필요한 처분을 하기 위한 재조사 결정에 따라 사실관계의 확인 등이 필요한 경우

③ 거래상대방에 대한 세무조사 중에 거래 일부의 확인이 필요한 경우

④ 납세자에 대한 구체적인 탈세 제보가 있는 경우로서 해당 탈세 혐의에 대한 확인이 필요한 경우

⑤ 명의위장, 차명계좌의 이용을 통하여 세금을 탈루한 혐의에 대한 확인이 필요한 경우

⑥ 그 밖에 세무조사의 효율성 및 납세자의 편의 등을 고려하여 특정 사업장, 특정 항목 또는 특정 거래에 대한 확인이 필요한 경우로서 다음의 경우(국기법 령 제63조의12 제1항)

　ⅰ. 법인이 주식 또는 출자지분을 시가보다 높거나 낮은 가액으로 거래하거나 특수관계인인 법인 간의 합병 등 특정한 자본거래(법법 령 제88조 제1항제8호 및 제8호의2)로 인하여 해당 법인의 특수관계인인 다른 주주

---

18) 2024. 12. 현재 이 조문에서 위임한 사항을 규정한 하위법령이 없다.

등에게 이익을 분여하거나 분여받은 구체적인 혐의가 있는 경우로서 해당 혐의에 대한 확인이 필요한 경우

ⅱ. 무자료거래, 위장·가공 거래 등 특정 거래 내용이 사실과 다른 구체적인 혐의가 있는 경우로서 조세채권의 확보 등을 위하여 긴급한 조사가 필요한 경우

ⅲ. 과세관청 외의 기관이 직무상 목적을 위해 작성하거나 취득하여 과세관청에 제공한 자료의 처리를 위해 조사하는 경우

ⅳ. 소득세법 및 법인세법에 따른 조세조약상의 비과세·면제 적용 신청(소법 제156조의2 제1항·제2항 및 법법 제98조의4 제1항·제2항)의 내용을 확인할 필요가 있는 경우

4. 세무조사의 통지 및 기간

가. 세무조사의 사전통지 및 연기신청(국기법 제81조의7)

(1) 사전통지기간

국세에 관한 조사를 위하여 당해 장부·서류 기타 물건 등을 조사하는 경우에는 조사를 받을 납세자에게 조사개시 20일(불복청구 등의 재조사결정에 따른 재조사를 하는 경우에는 7일) 전에 조사대상 세목 및 조사사유 기타 대통령령이 정하는 사항을 사전통지하여야 한다.

그러나 사전통지를 하면 증거인멸 등으로 조사목적을 달성할 수 없다고 인정되는 경우에는 그러하지 아니하다.

(2) 연기 신청 및 승인 여부 통지

세무조사의 사전통지를 받은 납세자가 천재·지변 기타 대통령령이 정하는 사유로 인하여 조사를 받기 곤란한 경우에는 대통령령이 정하는 바에 따라 관할 세무관서의 장에게 조사를 연기하여 줄 것을 신청할 수 있다.

연기신청을 받은 관할 세무관서의 장은 연기신청 승인여부를 결정하고 그 결과를 조사개시 전까지 통지하여야 한다

나. 세무조사 실시기간 및 기간연장(국기법 제81조의8)

세무조사는 원칙적으로 최소한의 기간 동안 실시하도록 하여 납세자의 세무조사에 대한 부담을 완화하고, 불가피한 사유로 연장하는 경우에는 연장기간과 사유를 통지하도록 하여 세무조사에 대한 신뢰도를 높이고 예측가능성을 부여하고 있다.

(1) 세무조사 실시기간

① 세무조사 기간은 조사대상, 세목, 업종, 규모 및 조사의 난이도 등을 고려하여 최소한으로 정한다.

② 수입금액 또는 양도금액이 100억 원 미만인 경우에는 세무조사 기간을 20일 이내로 한다.

(2) 세무조사 기간연장

① 연장이 가능한 경우. 세무조사의 기간을 연장하는 때에는 연장사유와 기간을 문서로 통지하여야 한다.

  ⅰ. 장부 은닉, 제출거부 등 조사기피

  ⅱ. 거래처 조사 등이 필요한 경우

  ⅲ. 조세탈루 혐의가 포착되거나 범칙사건으로 전환되는 경우

  ⅳ. 천재·지변 또는 노동쟁의로 인한 조사중단 등 국세청장이 정하는 경우

  ⅴ. 납세자보호관 등이 세금탈루혐의와 관련하여 추가적인 사실 확인이 필요하다고 인정하는 경우

  ⅵ. 세무조사 대상자가 세금탈루혐의에 대한 해명 등을 위하여 세무조사 기간의 연장을 신청한 경우로서 납세자보호관등이 이를 인정하는 경우

② 세무조사 기간을 연장하는 경우로서 최초로 연장하는 경우에는 관할 세무관서의 장의 승인을 받아야 하고, 2회 이후 연장의 경우에는 관할 상급 세무관서의 장의 승인을 받아 각각 20일 이내에서 연장할 수 있다. 다만, 다음에 해당하는 경우에는 세무조사 연장기간의 제한을 받지 아니한다.

ⅰ. 무자료거래, 위장·가공거래 등 거래 내용이 사실과 다른 혐의가 있어 실제 거래 내용에 대한 조사가 필요한 경우

ⅱ. 국제거래를 이용하여 세금을 탈루하거나 국내 탈루소득을 해외로 변칙유출한 혐의로 조사하는 경우

ⅲ. 명의위장, 이중장부의 작성, 차명계좌의 이용, 현금거래의 누락 등의 방법을 통하여 세금을 탈루한 혐의로 조사하는 경우

ⅳ. 거짓계약서 작성, 미등기양도 등을 이용한 부동산 투기 등을 통하여 세금을 탈루한 혐의로 조사하는 경우

ⅴ. 상속세·증여세 조사, 주식변동 조사, 범칙사건 조사 및 출자·거래관계에 있는 관련자에 대하여 동시조사를 하는 경우

5. 그 밖의 사항

(1) 세무조사에 있어서 조력 받을 권리(국기법 제81조의5)

납세자는 세무조사를 받는 경우에 변호사·공인회계사·세무사 또는 조세에 관하여 전문지식을 갖춘 자로 하여금 조사에 입회하게 하거나 의견을 진술하게 할 수 있다.

(2) 세무조사 범위 확대의 제한(국기법 제81조의9)

세무공무원은 구체적인 세금탈루 혐의가 여러 과세기간 또는 다른 세목까지 관련되는 것으로 확인되는 경우를 제외하고는 조사진행 중 세무조사의 범위를 확대할 수 없다.

(3) 장부 등의 보관 금지(국기법 제81조의10)

세무공무원은 원칙적으로 세무조사의 목적으로 납세자의 장부 등을 세무관서에 임의로 보관할 수 없다.

(4) 세무조사의 결과 통지(국기법 제81조의12)

세무공무원은 세무조사를 마쳤을 때에는 그 조사를 마친 날부터 20일(송달이

곤란한 경우 등 예외적인 경우 40일) 이내에 다음의 사항이 포함된 조사결과를 납세 자에게 설명하고, 이를 서면으로 통지하여야 한다.

① 세무조사 내용

② 결정 또는 경정할 과세표준, 세액 및 산출근거

③ 세무조사 대상 세목 및 과세기간, 과세표준 및 세액을 결정 또는 경정하 는 경우 그 사유, 수정신고가 가능하다는 사실 또는 과세전적부심사를 청 구할 수 있다는 사실

[관련판례] 세무조사

1. 세무조사권 남용 – 대법원 2016. 12. 15. 선고 2016두47659 판결
2. 금지대상 재조사 해당 여부 – 대법원 2015. 2. 26. 선고 2014두12062 판 결 * 파기환송
3. 위법한 재조사에 기한 과세처분의 효력 – 대법원 2017. 12. 13. 선고 2016 두55421 판결 * 파기환송

---

1. 세무조사권 남용 – 대법원 2016. 12. 15. 선고 2016두47659 판결

(1) 사실관계

소외 2는 2009년 8월부터 2012년까지 국세청 재산세국 부동산거래관리과에서 계장 및 서기관으로 근무하였는데, 2011년 10월 경 소외 3으로부터 소외 1과 사 이의 토지 매매 관련 분쟁을 해결해 달라는 부탁을 받았다. 그는 세무조사를 통하 여 압박하는 방법으로 소외 1로 하여금 토지 소유권을 반환하게 하기 위하여 2012년 1월 경 소외 1 및 소외 4에 대한 부동산 탈세제보서를 직접 작성한 후 자신의 사실혼 배우자인 소외 5에게 주어 소외 5로 하여금 2012. 1. 30. 위 탈세제보서를 국세청에 접수하도록 하였다. 이 사건 탈세제보서의 내용은, 소외 1 등이 대전 서구 (주소 1 생략) 외 30필지 토지 및 지상물 일체를 소외 3 등으로부터 시가보다 현저히 낮은 가액으로 매수하여 121억 원의 증여세를 포탈하였다는 것이다.

이 사건 탈세제보서를 접수한 국세청 재산세국 부동산거래관리과는 2012년 1 월 경 이를 소외 1과 소외 4의 각 주민등록상 주소지를 관할하는 대구지방국세청 과 서울지방국세청으로 이송하였다. 소외 2는 2012년 8월 경 서울지방국세청 조

사3국 조사관리과 분석팀장에게 전화하여 이 사건 탈세제보서의 처리 경과를 묻던 중, 그로부터 소외 1의 주민등록상 주소지가 경주이어서 서울지방국세청에 세무조사 관할이 없다는 이야기를 듣자, "소외 1의 실거주지가 '서울 강남구 (주소 2 생략)'이므로 서울지방국세청에도 관할이 있다. 관할 조정을 신청하라."는 취지로 말하였다. 위 분석팀장은 소외 1이 위 주소지에서 실제로 거주하는지 확인하는 절차를 거치지 아니한 채 소외 2의 말만 믿고 세무조사 관할 조정신청을 하였고, 소외 2는 그 중간결재자로서 결재를 하였으며, 2012. 8. 24. 국세청장의 조정신청 승인이 이루어졌다.

　서울지방국세청 조사3국 조사관리과는 이 사건 탈세제보서 및 세무조사 관할조정승인에 근거하여 소외 1 및 이 사건 회사를 비롯하여 소외 1과 관련이 있는 회사들을 세무조사 대상자로 선정하고, 2012. 8. 31. 소외 1의 증여세 탈세 혐의 및 이 사건 회사에 대한 법인세통합조사에 관한 세무조사계획을 수립하였다. 서울지방국세청 조사3국 조사3과 소속 조사관들은 2012. 9. 6. 경 울산에 위치한 이 사건 회사의 사무실에서 관련 문서, 통장내역 등을 압수한 것을 시작으로 3개월간 소외 1과 이 사건 회사에 대한 세무조사를 실시하였다. 소외 2는 이 사건 세무조사가 진행 중이던 2012년 11월 경 조사팀장 소외 6에게 전화하여 이 사건 탈세제보서의 처리 경과를 묻던 중, 소외 6이 '이 사건 탈세제보서에 기재된 거래내용은 부동산의 양수로 볼 수 없으므로 양수가 이루어진 다음에 저가 양수 여부를 판단하여야 한다'고 하자, 그는 장기할부매매 이론(3회 이상 분할)을 적용하면 부동산 양수가 이루어진 것으로 볼 수 있으므로 소외 1의 부동산 저가 양수로 인한 증여세 포탈 혐의를 인정할 수 있다는 취지의 말을 하였다. 한편 소외 6은 이 사건 세무조사 중에 소외 1 등에게 '대전시 서구 (주소 1 생략) 외 30필지 토지에 관하여 소외 3과 원만히 합의하면 이와 같은 포괄적인 세무조사를 받지 않았을 것이다'는 취지의 말을 하였다. 그는 또한 수사기관에서 '대전시 서구 ○○동 소재 부동산 사건만 해결되었으면 이 사건 세무조사가 시작되지도 않았을 것이다. 관할도 없는 서울지방국세청에서 그런 작은 회사에 세무조사를 나간다는 것은 특이한 경우이다. 부동산 저가 양수로 인한 증여세 탈세제보에 대한 조사만 이루어지면 되는데, 소외 1과 관련된 회사들까지 세무조사가 이유 없이 확대되었다고 생각하였다.'는 취지의 진술을 하였다.

　서울지방국세청장은 2012. 9. 6.부터 같은 해 12. 4.까지 이 사건 회사에 대한 법인세통합조사를 실시하여 소외 1이 2004. 12. 31. 그 소유의 이 사건 회사 주식 1,009주를 원고에게 명의신탁한 사실을 확인하고, 피고에게 과세자료를 통보하였다. 이에 피고는 2013. 11. 7. 구 상속세 및 증여세법(2007. 12. 31. 개정 전) 제45조의2 명의신탁재산의 증여의제 규정에 따라 원고에게 2004년 귀속 증여세 4,700

만 원(가산세 포함)을 결정·고지하였다.

〈쟁점〉

세무조사가 과세자료의 수집 또는 신고내용의 정확성 검증이라는 본연의 목적이 아니라 부정한 목적을 위하여 행하여진 경우, 세무조사에 의하여 수집된 과세자료를 기초로 한 과세처분이 위법한지 여부

(2) 판결내용

"법치국가원리는 국가권력의 행사가 법의 지배 원칙에 따라 법적으로 구속을 받는 것을 뜻한다. 법치주의는 원래 국가권력의 자의적 행사를 막기 위한 데서 출발한 것이다. 국가권력의 행사가 공동선의 실현을 위하여서가 아니라 특정 개인이나 집단의 이익 또는 정파적 이해관계에 의하여 좌우된다면 권력의 남용과 오용이 발생하고 국민의 자유와 권리는 쉽사리 침해되어 힘에 의한 지배가 되고 만다. 법치주의는 국가권력의 중립성과 공공성 및 윤리성을 확보하기 위한 것이므로, 모든 국가기관과 공무원은 헌법과 법률에 위배되는 행위를 하여서는 아니 됨은 물론 헌법과 법률에 의하여 부여된 권한을 행사할 때에도 그 권한을 남용하여서는 아니된다.

조세법의 영역에서 법치국가원리는 조세법률주의로 나타난다(헌법 제59조). 조세법률주의는 조세의 종목과 세율 그 밖의 과세요건과 조세의 부과·징수절차를 법률로 정하여야 한다는 것을 그 기본내용으로 한다. 조세채무는 법률이 정하는 과세요건이 충족되는 때에는 당연히 자동적으로 성립한다(대법원 1985. 1. 22. 선고 83누279 판결 참조). 그러나 법률의 규정에 의하여 조세채무가 성립한다고 하더라도 그 내용을 적법하게 확정하여 납부 및 징수 등의 후속절차가 이루어지도록 하려면 과세관청이 과세요건이 되는 사실관계를 정확하게 파악할 수 있어야 한다. 이러한 취지에서 세법은 세무공무원에게 납세의무자 또는 관계인에게 필요에 따라 질문을 하고, 관계서류, 장부 그 밖의 물건을 검사할 수 있는 권한을 부여하고 있다(소득세법 제170조, 법인세법 제122조, 부가가치세법 제74조 등). 질문검사권의 행사를 통해 과세요건사실을 조사·확인하고 과세에 필요한 직접·간접의 자료를 수집하는 일련의 행위가 세무조사이다(국세기본법 제81조의2 제2항 제1호).

국세기본법은 제81조의4 제1항에서 "세무공무원은 적정하고 공평한 과세를 실현하기 위하여 필요한 최소한의 범위에서 세무조사를 하여야 하며, 다른 목적 등을 위하여 조사권을 남용해서는 아니 된다"라고 규정하고 있다. 이 사건 조항은 세무조사의 적법 요건으로 객관적 필요성, 최소성, 권한 남용의 금지 등을 규정하고 있는데, 이는 법치국가원리를 조세절차법의 영역에서도 관철하기 위한 것으로

서 그 자체로서 구체적인 법규적 효력을 가진다. 따라서 세무조사가 과세자료의 수집 또는 신고내용의 정확성 검증이라는 그 본연의 목적이 아니라 부정한 목적을 위하여 행하여진 것이라면 이는 세무조사에 중대한 위법사유가 있는 경우에 해당하고 이러한 세무조사에 의하여 수집된 과세자료를 기초로 한 과세처분 역시 위법하다고 보아야 한다. 세무조사가 국가의 과세권을 실현하기 위한 행정조사의 일종으로서 과세자료의 수집 또는 신고내용의 정확성 검증 등을 위하여 필요불가결하며, 종국적으로는 조세의 탈루를 막고 납세자의 성실한 신고를 담보하는 중요한 기능을 수행한다 하더라도 만약 그 남용이나 오용을 막지 못한다면 납세자의 영업활동 및 사생활의 평온이나 재산권을 침해하고 나아가 과세권의 중립성과 공공성 및 윤리성을 의심받는 결과가 발생할 것이기 때문이다.”

"위와 같은 법리에 비추어 원심판결을 살펴본다. 원심이 인정한 사실관계에 의하면, 이 사건 세무조사는 세무공무원인 소외 2가 소외 1과 토지 관련 분쟁관계에 있던 소외 3의 부탁을 받고 세무조사라는 이름으로 소외 1을 압박하여 분쟁 토지의 소유권을 반환하게 하기 위한 방편으로 행하여진 것으로서 세무조사의 객관적 필요성이 결여된 것이다. 또한 이 사건 세무조사를 담당한 서울지방국세청 조사3국 조사관리과로서는 조사 개시 직후 소외 1에게 부동산 저가 양수로 인한 증여세 포탈 혐의를 인정할 수 없다는 결론을 내렸음에도 불구하고 합리적인 이유 없이 이 사건 회사에 대한 포괄적인 법인세 통합조사로 조사의 범위를 확대하였는데 이는 최소성의 원칙에도 위반된 것이다. 끝으로 이 사건 세무조사는 외관상으로는 세무조사의 형식을 취하고 있으나 그 실질은 세무공무원이 개인적 이익을 위하여 그 권한을 남용한 전형적 사례에 해당하고 그 위법의 정도가 매우 중대하다. 결국 이 사건 세무조사는 위법하므로 그에 근거하여 수집된 과세자료를 기초로 이루어진 이 사건 처분 역시 위법하다.”

2. 금지대상 재조사 해당 여부 - 대법원 2015. 2. 26. 선고 2014두12062 판결
   * 파기환송

(1) 사실관계

피고는 2011. 7. 6. 원고에게, 조사대상 세목을 '법인세 부분조사'로, 조사대상기간을 '2006. 1. 1.부터 2010. 12. 31.까지'로, 조사범위를 '본사 지방이전에 따른 임시특별세액 감면과 관련한 사항'으로 한 세무조사결정을 통지하고 세무조사를 실시하였다. 그 후인 2012. 3. 21. 피고는 다시 원고에게 조사대상세목을 '법인제세 통합조사'로, 조사대상기간을 '2009. 1. 1.부터 2010. 12. 31.까지'로 하는 세무조사결정을 통지하였다.

〈쟁점〉

어느 세목의 특정 과세기간의 특정 항목에 대하여 세무조사를 한 경우, 당초 세무조사를 한 특정항목을 제외한 다른 항목에 대하여만 다시 세무조사를 함으로써 세무조사의 내용이 중첩되지 아니한 경우에도 구 국세기본법 제81조의4 제2항에서 금지하는 재조사에 해당하는지 여부

(2) 판결내용

"구 국세기본법(2013.1.1. 개정 전의 것) 제81조의4 제2항은 "세무공무원은 다음 각 호의 어느 하나에 해당하는 경우가 아니면 같은 세목 및 같은 과세기간에 대하여 재조사를 할 수 없다"고 규정하여 세목과 과세기간을 기준으로 재조사에 해당하는지를 판단하도록 하고 있다. 또한 구 국세기본법 제81조의7 제1항은 세무조사를 시작하기 전에 통지하여야 할 사항의 하나로 '조사대상 세목'을 들고 있으며, 제81조의9 제1항은 "세무공무원은 구체적인 세금탈루 혐의가 여러 과세기간 또는 다른 세목까지 관련되는 것으로 확인되는 경우 등 대통령령이 정하는 경우를 제외하고는 조사진행 중에 세무조사의 범위를 확대할 수 없다."고 규정하여 세무조사의 단위를 구분하는 원칙적인 기준이 과세기간과 세목임을 밝히고 있다. 나아가 구 국세기본법 제81조의11은 "세무조사는 특정한 세목만을 조사할 필요가 있는 등 대통령령으로 정하는 경우를 제외하고는 납세자의 사업과 관련하여 세법에 따라 신고·납부의무가 있는 세목을 통합하여 실시하는 것을 원칙으로 한다"고 규정하고 있다.

이러한 관련 규정의 문언과 체계, 같은 세목 및 과세기간에 대한 거듭된 세무조사는 납세자의 영업의 자유나 법적 안정성 등을 심각하게 침해할 뿐만 아니라 세무조사권의 남용으로 이어질 우려가 있으므로 조세공평의 원칙에 현저히 반하는 예외적인 경우를 제외하고는 금지될 필요가 있는 점, 재조사를 금지하는 입법취지에는 세무조사기술의 선진화도 포함되어 있는 점 등을 종합하여 보면, (*원칙) 세무공무원이 어느 세목의 특정 과세기간에 대하여 모든 항목에 걸쳐 세무조사를 한 경우는 물론 그 과세기간의 특정 항목에 대하여만 세무조사를 한 경우에도 다시 그 세목의 같은 과세기간에 대하여 세무조사를 하는 것은 구 국세기본법 제81조의4 제2항에서 금지하는 재조사에 해당하고, 세무공무원이 당초 세무조사를 한 특정 항목을 제외한 다른 항목에 대하여만 다시 세무조사를 함으로써 세무조사의 내용이 중첩되지 아니하였다고 하여 달리 볼 것은 아니다. 다만 (*예외) 당초의 세무조사가 다른 세목이나 다른 과세기간에 대한 세무조사 도중에 해당 세

목이나 과세기간에도 동일한 잘못이나 세금탈루 혐의가 있다고 인정되어 관련 항목에 대하여 세무조사 범위가 확대됨에 따라 부분적으로만 이루어진 경우와 같이 당초 세무조사 당시 모든 항목에 걸쳐 세무조사를 하는 것이 무리였다는 등의 특별한 사정이 있는 경우에는 당초 세무조사를 한 항목을 제외한 나머지 항목에 대하여 향후 다시 세무조사를 하는 것은 구 국세기본법 제81조의4 제2항에서 금지하는 재조사에 해당하지 아니한다고 볼 것이다."

"원심이 적법하게 채택한 증거에 의하면, ① 피고가 2011. 7. 6. 원고에게 조사대상 세목을 '법인세 부분조사'로, 조사대상기간을 '2006. 1. 1.부터 2010. 12. 31. 까지'로, 조사범위를 '본사 지방이전에 따른 임시특별세액 감면과 관련된 사항'으로 한 세무조사결정처분을 하고 이에 따라 세무조사를 실시한 사실, ② 피고는 2012. 3. 21. 다시 원고에게 조사대상세목을 '법인제세 통합조사'로, 조사대상기간을 '2009. 1. 1.부터 2010. 12. 31.까지'로 하는 이 사건 세무조사결정처분을 한 사실 등을 알 수 있다.

이러한 사실관계를 앞서 본 법리에 비추어 살펴보면, 이 사건 세무조사결정처분 중 2010사업연도 법인세 부분은 특별한 사정이 없는 한 구 국세기본법 제81조의4 제2항에서 금지하는 재조사에 해당하고(2009사업연도 법인세 부분에 대하여는 원심에서 그 취소를 구하는 원고의 청구가 인용되었고, 이에 대하여 피고가 상고하지 아니하였다), 그에 앞서 이루어진 세무조사의 대상이 본사 지방이전에 따른 임시특별세액 감면과 관련한 부분에 한정되었고 이 사건 세무조사결정처분의 조사대상에서는 그 부분이 제외되었다고 하여 달리 볼 수는 없다."

3. 위법한 재조사에 기한 과세처분의 효력 – 대법원 2017. 12. 13. 선고 2016두 55421 판결 * 파기환송

(1) 사실관계

원고는 2004. 10. 12. 이 사건 부동산을 경매로 취득한 후 2012. 2. 26. OO중공업 주식회사에 양도하였다. 원고는 2012. 4. 27. 양도소득세를 신고하면서, 2004. 11. 1.부터 2005. 6. 1.까지 사이에 이 사건 부동산 중 건물에 대한 리모델링 공사를 하여 시공업체에 공사비 2억 8,500만 원을 지급하였고, 그 외에 기승압 공사비 2,600만 원을 지급하였음을 이유로 위 비용들을 필요경비로 신고하였다.

강동세무서장은 2012. 10. 4.부터 2012. 10. 23.까지 원고에 대하여 세무조사를 하였고, 원고가 이 사건 공사에 대한 공사계약서 및 공사내역서, 금융거래내역서, 이 사건 양수회사가 2006. 12. 19. 이 사건 부동산을 임차할 당시 리모델링 공사가 되어 있었다는 취지의 이 사건 양수회사 대표자 소외 1의 확인서를 제출하자 이 사건 공사비에 한하여 필요경비로 인정하는 것으로 세무조사를 종결하였다.

그 후 국세청은 강동세무서에 대한 업무감사를 실시하여, 시공업체가 공사비에 대한 세금계산서를 발급하지 않았고 원고가 제시한 공사비 지급내역도 수취자 미확인 등으로 신빙성이 없다는 이유로, 이 사건 공사가 실제 진행되었는지를 검토하여 원고에 대한 양도소득세를 재경정하도록 시정지시를 하였다.

이에 강동세무서의 조사담당 공무원은 2014. 7. 23.부터 2014. 7. 25.까지 이 사건 공사여부를 확인하기 위해 이 사건 부동산을 현장 방문하여, 이 사건 양수회사의 대표자 소외 1과 직원 소외 2를 만나서 소외 1 명의의 확인서가 위조되었고 실제는 이 사건 공사가 이루어지지 않았다는 취지의 진술서와 관련 장부를 제출받은 후, 이 사건 공사가 실제로 이루어지지 않았다고 보아 이 사건 공사비를 부인하였다. 원고의 주소지를 관할하는 피고는 2014. 10. 1. 원고에 대하여 2012년 귀속 양도소득세를 부과하는 이 사건 처분을 하였다.

〈쟁점〉

금지된 재조사를 하였으나, 재조사로 얻은 과세자료를 제외하더라도 과세처분이 가능하였다면 그 과세처분은 적법한지 여부

(2) 판결내용

"구 국세기본법(2014. 12. 23. 개정 전, 이하 같다) 제81조의4는 제1항에서 "세무공무원은 적정하고 공평한 과세를 실현하기 위하여 필요한 최소한의 범위에서 세무조사를 하여야 하며, 다른 목적 등을 위하여 조사권을 남용해서는 아니 된다."라고 규정하고 있다. 이어 제2항에서 "세무공무원은 다음 각 호의 어느 하나에 해당하는 경우가 아니면 같은 세목 및 같은 과세기간에 대하여 재조사를 할 수 없다"라고 규정하면서, 그 각 호에서 재조사가 허용되는 경우로 '조세탈루의 혐의를 인정할 만한 명백한 자료가 있는 경우'(제1호), '거래상대방에 대한 조사가 필요한 경우'(제2호), '2개 이상의 과세기간과 관련하여 잘못이 있는 경우'(제3호), '이의신청이나 심사청구 또는 심판청구가 이유 있다고 인정되어 필요한 처분의 결정을 하여 그 결정에 따라 조사를 하는 경우'(제4호), '그 밖에 제1호부터 제4호까지와 유사한 경우로서 대통령령으로 정하는 경우'(제5호)를 들고 있다.

세무조사는 기본적으로 적정하고 공평한 과세의 실현을 위하여 필요한 최소한의 범위 안에서만 행하여져야 하고, 더욱이 같은 세목 및 같은 과세기간에 대한 재조사는 납세자의 영업의 자유나 법적 안정성을 심각하게 침해할 뿐만 아니라 세무조사권의 남용으로 이어질 우려가 있으므로 조세공평의 원칙에 현저히 반하는

예외적인 경우를 제외하고는 금지할 필요가 있다.

같은 취지에서 국세기본법은 재조사가 예외적으로 허용되는 경우를 엄격히 제한하고 있는 바, 그와 같이 한정적으로 열거된 요건을 갖추지 못한 경우 같은 세목 및 같은 과세기간에 대한 재조사는 원칙적으로 금지되고, 나아가 이러한 중복세무조사금지의 원칙을 위반한 때에는 과세처분의 효력을 부정하는 방법으로 통제할 수밖에 없는 중대한 절차적 하자가 존재한다고 보아야 한다.

이러한 관련 규정들의 문언과 체계, 재조사를 엄격하게 제한하는 입법 취지, 그 위반의 효과 등을 종합하여 보면, 구 국세기본법 제81조의4 제2항에 따라 금지되는 재조사에 기하여 과세처분을 하는 것은 단순히 당초 과세처분의 오류를 경정하는 경우에 불과하다는 등의 특별한 사정이 없는 한 그 자체로 위법하고, 이는 과세관청이 그러한 재조사로 얻은 과세자료를 과세처분의 근거로 삼지 않았다거나 이를 배제하고서도 동일한 과세처분이 가능한 경우라고 하여 달리 볼 것은 아니다."

"위와 같은 사실관계를 앞서 본 법리에 비추어 살펴보면, 이 사건 재조사는 구 국세기본법 제81조의4 제2항 각 호에서 정한 재조사가 예외적으로 허용되는 경우에 해당한다고 볼 수 없어 같은 항에 따라 금지되는 것이었으므로, 이 사건 재조사에 기한 이 사건 처분은 이 사건 재조사로 얻은 과세자료를 근거로 삼았는지 또는 이를 배제하고서도 가능한지를 따질 것도 없이 위법하다."

제 9 장 국세징수법상 강제징수

> 강제징수란 납세의무자가 확정된 조세채무를 이행하지 않는 경우 과세관청이 강제적으로 집행하는 징수절차를 말한다. 강제징수는 압류, 매각 및 청산의 각각 독립된 행정처분으로 이루어진다.
>
> 과세처분과 강제징수는 별개의 행정처분으로서 독립성을 가지므로, 과세처분이 무효 또는 부존재인 경우에는 이를 실현하기 위한 강제징수도 당연무효이지만, 과세처분에 위법한 하자가 있는 경우라도 그 하자가 취소사유에 그칠 때에는 과세처분이 취소되지 아니하는 한 그 과세처분에 의한 강제징수는 위법하다고 할 수 없다.[1]

Ⅰ. 개요

1. 강제징수의 의의

과세관청은 공법상 채권인 조세채권에 대하여 직접 강제집행을 할 수 있다.[2] 납세의무자가 확정된 조세채무를 이행하지 않는 경우에는 관할세무서장은 강제징수에 들어가게 된다. 강제징수는 크게 (1) 체납자의 재산을 확보하는 압류(압류처분과 그에 따른 압류등기), (2) 압류한 재산을 금전으로 환가하는 매각(공매 또

---

1) 대법원 1987. 9. 22. 선고 87누383 판결; 1988. 6. 28 선고 87누1009 판결 등.
2) 동일한 재산에 대하여 법원에서의 강제집행절차와 관할세무서장의 강제집행절차가 동시에 진행될 수 있는데, 법원의 강제집행절차가 이미 진행 중인 경우에는 관할세무서장이 별도의 절차를 진행하지 아니하고 교부청구를 하는 것이 일반적이다, 이창희, 세법강의, 박영사, 2022, 179-180면.

는 수의계약) 및 (3) 매각대금을 국세 등에 배분, 충당하기 위한 청산으로 이루어진다. 이러한 일련의 강제징수는 그 전체로서 하나의 행정처분이 되는 것이 아니고, 압류, 매각 및 청산이 각각 독립된 행정처분이 된다.

국세징수법상 강제징수에 관한 주요 규정으로는 납부의 고지(제6조 이하), 독촉(제10조), 압류(제31조 이하), 공매(제66조), 공매의 공고(제72조), 공매 통지(제75조), 매각결정 및 매수대금 납부기한 등(제84조), 배분방법(제96조) 등을 들 수 있다.

2. 과세처분과 강제징수의 관계

일정한 행정목적을 위하여 독립된 행위가 단계적으로 이루어진 경우에 선행처분에 존재하는 하자는 그것이 당연무효의 사유가 아닌 이상 후행처분에 그대로 승계되지 않고, 또 행정처분이 당연무효가 되려면 처분에 위법사유가 있다는 것만으로는 부족하고 그 하자가 중대하고도 명백한 것이어야 하며, 하자가 중대하고도 명백한 것인가의 여부는 그 법규의 목적, 의미, 기능 등과 구체적 사안의 특수성 등을 합리적으로 고찰하여 판별하여야 한다.[3]

과세처분과 강제징수는 별개의 행정처분으로서 독립성을 가지므로, 과세처분이 무효 또는 부존재인 경우에는 이를 실현하기 위한 강제징수도 당연무효이지만, 과세처분에 위법한 하자가 있는 경우라도 그 하자가 취소사유에 그칠 때에는 과세처분이 취소되지 아니하는 한 그 과세처분에 의한 강제징수는 위법하다고 할수 없다.[4]

---

3) 대법원 1989. 7. 11. 선고 88누12110 판결.
4) "명의상의 사업자에 대하여 한 부가가치세 부과처분은 실질과세의 원칙에 위반한 중대한 하자가 있기는 하나 그 하자가 객관적으로 명백한 것이라고는 할 수 없어 당연무효라고는 볼 수 없고 따라서 이에 따른 압류처분도 당연무효라고는 볼 수 없다", 대법원 1989. 7. 11. 선고 88누12110 판결.

II. 독촉

독촉이란 납세자가 납부기한까지 조세를 완납하지 아니하는 경우 강제징수에 앞서 그 이행을 최고하는 행위를 말한다. 관할세무서장은 원칙적으로 납부기한이 경과한 후 10일 이내에 독촉장을 발부하여야 한다(국징법 제10조 제1항 및 제2항). 독촉은 납세의무 소멸시효의 중단사유이다(국기법 제28조 제1항).

독촉은 여러 차례 행해질 수 있는데, 소멸시효 중단사유가 되는 독촉은 전술한 바와 같이 원칙적으로 1회의 독촉에 한한다.

III. 압류

압류란 강제징수의 첫 단계가 되는 행정처분으로서 국세채권의 강제징수를 위하여 체납자의 특정재산에 대해 법률상 또는 사실상의 처분을 금하고 그 재산을 환가할 수 있는 상태에 두는 처분을 말한다. 실질적인 강제징수는 압류에 의하여 개시된다.

관할세무서장은 납세자가 독촉장을 받고 지정된 기한까지 국세를 완납하지 아니하거나 납부기한 전 징수(국징법 제9조)에 따른 납부고지를 받고 단축된 기한까지 국세를 완납하지 아니하면 납세자의 재산을 압류한다(국징법 제31조 제1항). 압류대상재산은 ① 체납자의 재산에 속할 것, ② 금전적 가치를 가질 것, ③ 양도성을 가질 것 및 ④ 압류금지재산(국징법 제41조)이 아닐 것의 요건을 갖추어야 한다.[5]

① 국세, 지방세 또는 공과금의 체납으로 강제징수 또는 체납처분이 시작된 경우라든가 ② 민사집행법에 따른 강제집행 또는 담보권 실행 등을 위한 경매가 시작되거나 채무자회생법에 따른 파산선고를 받은 경우 등 일정한 사유가 있어 국세가 확정된 후 그 국세를 징수할 수 없다고 인정될 때에는, 관할세무서장은 조

---

5) 이준봉, 조세법총론, 삼일인포마인, 2021, 676면 참조.

세채권의 확정 전이라도 국세로 확정되리라고 추정되는 금액의 한도에서 납세자의 재산을 압류할 수 있는데(국징법 제31조 제2항 및 제9조 제1항), 이러한 압류는 보전압류를 포함한다.[6]

압류와 관련된 소송에서는 압류의 대상이 된 재산의 소유권을 주장하는 제3자 또는 압류 후 소유권을 취득한 제3자의 원고 적격이 주로 문제된다.[7] 압류 후 소유권을 취득한 제3자는 압류해제신청에 대한 거부처분취소소송을 제기할 수 있고,[8] 당연무효사유가 있는 경우에는 압류등기말소를 청구하는 민사소송을 제기할 수 있다.[9]

IV. 공매

공매는 매수의 기회를 일반에게 공개하여 강제적으로 환가하는 처분으로서 강제징수 중의 한 단계를 이루고 있고, 경쟁입찰 또는 경매의 방법에 의한다(국징법 제65조 및 제66조).[10] 공매는 세무서장이 하는 것을 원칙으로 하고, 필요한 경우 한국자산관리공사로 하여금 공매를 대행하게 할 수 있다(국징법 제103조).

국세기본법에 따른 이의신청, 심사청구 또는 심판청구가 진행 중이거나 행정소송이 계속 중에 있는 국세의 체납으로 인하여 압류한 재산은 그 신청 또는 청구에 대한 결정이나 소에 대한 판결이 확정되기 전에는 공매할 수 없다(국징법 제66조 제4항 본문). 그러나 썩거나 상하거나 감량되어 재산의 가치가 줄어들 우려가 있다면 공매가 가능하다(국징법 제66조 제4항 단서 및 제67조 제2호).

세무서장은 공매공고를 한 때에는 즉시 그 내용을 체납자, 납세담보물의 소유자, 공매재산이 공유물의 지분인 경우 공유자 및 압류재산상의 전세권·질권·저당권 그밖의 권리를 가진 자에게 통지하여야 한다(국징법 제75조).

---

6) 이창희, 앞의 책, 186면 참조.
7) 김국현, "조세소송의 주요쟁점과 최근판례", 대한변호사협회 2016「조세 아카데미」자료, 2016, 133면.
8) 체납 후 압류 전에 소유권을 이전한 경우라면 국세징수법 제25조에 따라 사해행위의 취소 및 원상회복을 청구할 수 있다.
9) 김국현, 앞의 자료, 134면.
10) 김국현, 앞의 자료, 134면 참조.

판례에 따르면, 한국자산관리공사가 당해 부동산을 공매 또는 재공매하기로
한 결정 자체는 내부적인 의사결정에 불과하여 항고소송의 대상이 되는 행정처분
에 해당하지 않는다.11) 한편 공매통지에 하자가 있는 경우에는 그 공매처분은 위
법하게 되지만,12) 공매통지 자체가 그 상대방인 체납자 등의 법적 지위나 권리·
의무에 직접적인 영향을 주는 행정처분에 해당하지 아니하므로 다른 특별한 사
정이 없는 한 공매통지 자체를 항고소송의 대상으로 하여 그 취소를 구하는 소송
을 제기할 수 없다.13)

11) 대법원 1998. 6. 26. 선고 96누12030 판결; 2007. 7. 27. 선고 2006두8464 판결 등.
12) 대법원 2008. 11. 20. 선고 2007두18154 전원합의체 판결.
13) 대법원 2007. 7. 27. 선고 2006두8464 판결; 2011. 3. 24. 선고 2010두25527 판결 등.

제10장 조세범처벌법

사기나 그 밖의 부정한 행위로써 조세를 포탈하거나 조세의 환급·공제를 받은 자는 형사처벌을 받는다. '사기 기타 부정한 행위'라는 것은 조세의 부과와 징수를 불가능하게 하거나 현저하게 곤란하게 하는 위계 기타 부정한 적극적인 행위를 말한다.

조세범의 처벌은 국세청장 등의 고발이 있어야 기소할 수 있지만, 포탈세액 등 법정기준을 넘어서 「특정범죄 가중처벌 등에 관한 법률」에 해당하면 국세청장 등의 고발이 필요 없다.

Ⅰ. 개요

'조세범처벌법'은 사기나 그 밖의 부정한 행위로써 조세를 포탈하거나 조세의 환급·공제를 받은 자는 형사처벌을 받는다고 규정하고 있다(조처법 제3조 제1항). 조세범의 처벌절차에 관하여는 별도의 '조세범처벌절차법'에서 정하고 있다. 조세법처벌법과 조세범처벌절차법의 적용대상인 조세는 국세이고, 관세와 지방세의 범칙행위에 대한 처벌과 처벌절차에 대해서는 별도의 법률이 적용된다. 지방세의 경우에는 지방세기본법에서 지방세 범칙행위의 처벌과 범칙행위 처벌절차에 관하여 규정하고 있고(지기법 제101조부터 제126조까지), 관세의 경우에는 관세법에서 관세범의 처벌 및 조사와 처분에 관하여 규정하고 있다(관세법 제268조의2부터 제319조까지).

국세의 범칙행위에 대해서는 국세청장, 지방국세청장 또는 세무서장의 고발

이 있어야 기소할 수 있지만, 포탈세액 등이 5억 원 이상이어서 「특정범죄 가중
처벌 등에 관한 법률」의 적용대상에 해당하면 고발이 없는 경우에도 기소할 수
있다(조처법 제21조 및 「특정범죄 가중처벌 등에 관한 법률」 제8조, 제16조).[1]

II. 형사처벌의 내용

조세범처벌법에 따르면, 사기나 그 밖의 부정한 행위로써 조세를 포탈하거나
조세의 환급·공제를 받은 자는 2년 이하의 징역 또는 포탈세액, 환급·공제받은
세액의 2배 이하에 상당하는 벌금에 처한다(조처법 제3조 제1항 본문). 다만, 포탈세
액 등이 3억 원 이상이고 신고·납부하여야 할 세액의 100분의 30 이상인 경우와
포탈세액 등이 5억 원 이상인 경우에는 3년 이하의 징역 또는 포탈세액 등의 3배
이하에 상당하는 벌금에 처한다(조처법 제3조 제1항 단서).

조세범에 대해서는 정상에 따라 징역형과 벌금형을 병과할 수 있다(조처법 제
3조 제2항). 또한 조세포탈죄를 상습적으로 범한 자는 형의 2분의 1을 가중하지만
(조처법 제3조 제4항), 조세포탈죄를 범한 자가 포탈세액 등에 대하여 법정신고기한
이 지난 후 2년 이내에 수정신고를 하거나 법정신고기한이 지난 후 6개월 이내에
기한 후 신고를 하였을 때에는 형을 감경할 수 있다(조처법 제3조 제3항).

III. '사기나 그 밖의 부정한 행위'의 의의

조세포탈죄가 성립하기 위해서는 납세자의 행위가 탈세이면서 '사기 기타 부
정한 행위'에 해당하여야 한다. 구 '조세범처벌법'은 사기 기타 부정한 행위로써
조세를 포탈하거나 조세의 환급, 공제를 받은 자를 처벌한다는 규정을 두고 있었
지만, 조세범처벌법 위반죄의 구성요건인 '사기 기타 부정한 행위'의 정의나 유형

---

1) 「특정범죄 가중처벌 등에 관한 법률」의 적용대상은 지방세의 경우도 동일하고, 관세의 경우에
는 밀수출입죄(관세법 제269조) 물품가액 3,000만 원 이상, 관세포탈죄(관세법 제270조) 포탈
세액 5,000만 원 이상 등이다(제6조).

등에 대해서는 별도의 규정을 두지 아니하였다. 그 내용과 범위에 대해서는 전적으로 해석에 맡겨져 있었는데, 대법원은 "조세범처벌법 제9조 제1항에서 정한 '사기 기타 부정한 행위'라는 것은 조세의 부과와 징수를 불가능하게 하거나 현저하게 곤란하게 하는 위계 기타 부정한 적극적인 행위를 말한다"라고 해석하면서, 개별 사건에서 구체적인 사실관계를 살펴 부정한 행위에 해당하는지 여부를 판단하였다.2)

　　조세포탈죄의 성립요건 중 '책임성' 충족 여부에 대해 살펴보면, 조세포탈범은 목적범이 아니라 고의범이므로 피고인에게 조세를 회피하거나 포탈할 목적까지 가질 것을 요하는 것은 아니며, 조세포탈죄의 범의가 있다 함은 납세의무를 지는 사람이 자기의 행위가 사기 기타 부정한 행위에 해당하는 것과 그 행위로 인하여 조세포탈의 결과가 발생한다는 사실을 인식하면서 부정행위를 감행하거나 하려고 하는 것을 의미한다.3)

IV. '사기나 그 밖의 부정한 행위'의 유형

　　조세범처벌법은 제3조 제6항에서 '사기 기타 부정한 행위'를 다음과 같은 행위로서 '조세의 부과와 징수를 불가능하게 하거나 현저히 곤란하게 하는 적극적 행위'라고 정의하면서 유형화하고 있는데, 이는 종래의 판례를 반영한 것이다.

　　(1) 이중장부의 작성 등 장부의 거짓 기장

　　(2) 거짓 증빙 또는 거짓 문서의 작성 및 수취

　　(3) 장부와 기록의 파기

　　(4) 재산의 은닉, 소득·수익·행위·거래의 조작 또는 은폐

　　(5) 고의적으로 장부를 작성하지 아니하거나 비치하지 아니하는 행위 또는 계산서, 세금계산서 또는 계산서합계표, 세금계산서합계표의 조작

　　(6) 「조세특례제한법」제5조의2 제1호에 따른 전사적 기업자원관리설비의 조작 또는 전자세금계산서의 조작

---

2) 대법원 2014. 2. 21. 선고 2013도13829 판결 등.
3) 대법원 2006. 6. 29. 선고 2004도817 판결.

(7) 그 밖에 위계(僞計)에 의한 행위 또는 부정한 행위

[관련판례] 사기 기타 부정한 행위 여부
대법원 2014. 2. 21. 선고 2013도13829 판결

(1) 사실관계

A회사는 피고인 2가 운영하던 폐기물소각 처리업체로서 2005. 12. 5. B회사에 폐기물소각 인허가권 및 기본재산을 모두 143억 원에 매도하여 그 후에는 실질적으로 폐업한 상태였다. 위 인허가권 등의 기본재산의 장부가액은 본래 82억여 원에 불과하여 A회사는 60억 원 이상의 처분이익에 대한 법인세 15억여 원을 납부하여야 할 상황이었고, 한편 피고인 2는 위 143억 원 중 92억여 원을 A회사의 장부에 기재하지 않고 횡령하여 A회사재산의 매각에 따른 이익을 정상적으로 신고할 경우 그 92억여 원이 대표자 인정상여로 처리되어 피고인 2도 종합소득세를 납부하여야 할 상황이었다.

이에 피고인 2는 기존에 A회사의 세금신고를 위임하였던 세무사가 있었음에도 직원을 통하여 다른 세무법인의 사무장인 피고인 1을 소개받았고, A회사의 2005년도 법인세 및 피고인 2 개인의 종합소득세를 해결해 달라는 부탁과 함께 피고인 1에게 15억 원을 지급하였다. 이후 피고인 1은 다른 세무사에게 의뢰하여 2006. 3. 22. A회사의 2005년도 법인세를 전자신고하면서, 신고서에 첨부한 제출서류 중 2005 과세연도에 관한 합계표준 대차대조표에 본래의 장부가액이 82억여 원인 위 인허가권 등 기본재산의 가액을 142억여 원으로 허위 기재하고, 이에 맞추어 표준손익계산서에 유무형자산처분이익 등을 축소 기재하였으며, 아울러 그 이후 관할 세무서에 제출한 것으로 보이는 2005년 12월 현재의 합계잔액시산표에도 위 기본재산 등의 가액을 과다하게 기재하였다.

이처럼 본래의 장부가액이 82억여 원인 위 인허가권 등 기본재산을 143억 원에 양도하여 그 처분이익이 실제는 60억 원 이상 발생하였음에도 불구하고, 피고인 1은 위와 같은 허위의 장부가액 142억여 원을 전제로 처분이익을 계산하고 이에 따라 법인세 산출세액을 신고한 사실을 인정하였다.

〈쟁점〉
- 구 조세범처벌법 제9조 제1항에서 정한 '사기 기타 부정한 행위'의 의미
- 과세대상의 미신고나 과소신고와 아울러 수입이나 매출 등을 고의로 장부에

기재하지 않는 행위 등 적극적 은닉의도가 드러난 경우가 '사기 기타 부정한 행위'에 해당하는지 여부와 그 판단기준

(2) 판결내용

"구 「조세범 처벌법」(2010. 1. 1. 전문개정 전) 제9조 제1항에 규정된 조세포탈죄에서 '사기 기타 부정한 행위'라 함은, 조세의 포탈을 가능하게 하는 행위로서 사회통념상 부정이라고 인정되는 행위, 즉 조세의 부과와 징수를 불가능하게 하거나 현저히 곤란하게 하는 위계 기타 부정한 적극적 행위를 말한다. 따라서 다른 행위를 수반함이 없이 단순히 세법상의 신고를 하지 아니하거나 허위의 신고를 함에 그치는 것은 이에 해당하지 않지만, 과세대상의 미신고나 과소신고와 아울러 수입이나 매출 등을 고의로 장부에 기재하지 않는 행위 등 적극적 은닉의도가 나타나는 사정이 덧붙여진 경우에는 조세의 부과와 징수를 불능 또는 현저히 곤란하게 만든 것으로 인정할 수 있다 할 것이다(대법원 2012. 6. 14. 선고 2010도9871 판결 등 참조). 이때 적극적 은닉의도가 객관적으로 드러난 것으로 볼 수 있는지 여부는 수입이나 매출 등을 기재한 기본 장부를 허위로 작성하였는지 여부뿐만 아니라, 당해 조세의 확정방식이 신고납세방식인지 부과확정방식인지, 미신고나 허위신고 등에 이른 경위 및 사실과 상위한 정도, 허위신고의 경우 허위 사항의 구체적 내용 및 사실과 다르게 가장한 방식, 허위 내용의 첨부서류를 제출한 경우에는 그 서류가 과세표준 산정과 관련하여 가지는 기능 등 제반 사정을 종합하여 사회통념상 부정이라고 인정될 수 있는지 여부에 따라 판단하여야 한다."

"위와 같은 사실관계, 특히 피고인 2가 피고인 1에게 공소외 1회사의 법인세 신고를 의뢰하게 된 경위 및 법인세를 납부하지 않기 위하여 피고인 1이 취한 구체적인 방법 등 여러 사정을 앞서 본 법리에 비추어 살펴보면, 피고인들의 행위는 단순히 세법상의 신고를 허위로 한 것에 그치는 것이 아니라, 법인세를 포탈하겠다는 적극적 은닉의도가 객관적으로 드러난 경우라고 보기에 충분하다.

원심의 이 부분 이유 설시에 다소 부적절한 점이 있기는 하지만, 피고인 1의 이 사건 공소사실상의 행위가 구 법 제9조 제1항의 '사기 기타 부정한 행위'에 해당한다고 본 결론은 정당한 것으로 수긍이 간다. 거기에 피고인 1이 상고이유로 주장하는 구 법 제9조 제1항의 '사기 기타 부정한 행위'에 관한 법리를 오해하는 등의 위법이 있다고 할 수 없다."

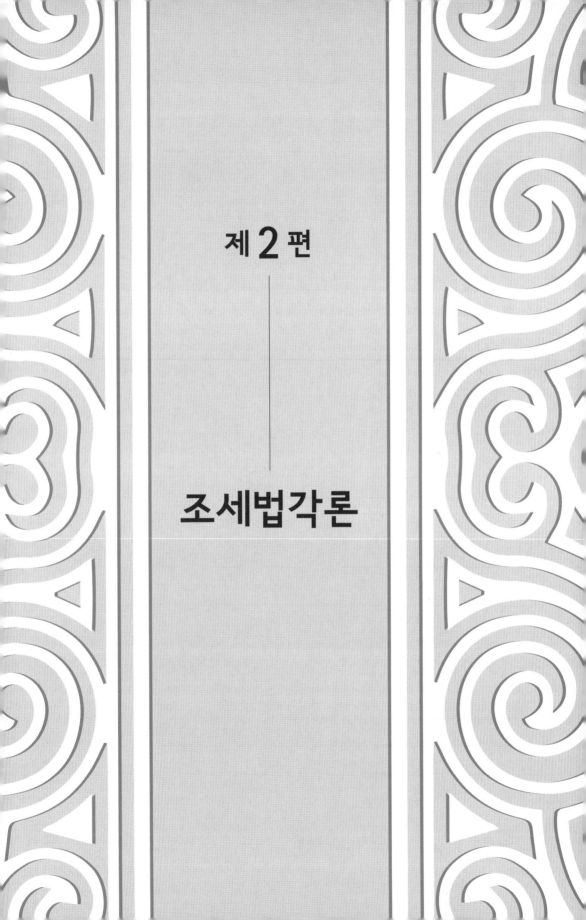

제 2 편

조세법각론

제1장 소득세법

Ⅰ. 총설

1. 소득세의 의의

소득세는 소득을 발생시킨 개인에게 부과하는 직접세이다. 소득세는 수평적 관계인 시민을 전제로 한 근대적 의미의 조세 중에서 역사적으로 가장 오래 된 세목이고, 어느 나라에서든 조세체계의 근간을 이룬다. 소득세는 법인세와 함께 '소득과세'를 구성하고,[1] 초과누진세율로 담세력에 따라 과세하여 '응능과세의 원칙'에 가장 부합하는 세목이다.

소득세의 기본이 되는 과세원리로는 ① 응능과세, ② 기간과세 및 ③ 생계배려를 들 수 있고, 이 중 응능과세는 다시 ① 종합과세, ② 순소득[2]과세, ③ 최저생활의 보장, ④ 누진과세 및 ⑤ 실질과세로 세분할 수 있다.[3]

소득세는 기간과세 세목이다. 소득세는 1월 1일부터 12월 31일까지의 1년분 소득금액에 대하여 과세한다(소법 제5조 제1항). 그러나 거주자가 과세기간 중에 사망하거나 주소 또는 거소를 국외로 이전하여 비거주자가 되는 경우에는 1월 1일부터 사망일 또는 출국일까지의 소득금액에 대하여 소득세를 과세한다(소법 제5조 제2항과 제3항).

---

1) 소득과세를 소득세(개인소득세)와 법인세(법인소득세)로 구분하는 나라는 한국, 독일, 일본 등이고, 한국의 경우 내국세 중 소득과세가 차지하는 비중은 50% 내외이다. 미국의 경우는 소득세(income tax)의 납세의무자를 개인(individules)와 법인(corporations)으로 구분하고 있다.
2) 순소득이란 전체 소득에서 비용을 빼고 남은 소득을 말한다.
3) 임승순·김용택, 조세법, 박영사, 2022, 388면.

소득세의 과세관할은 거주자의 경우 주소지이고 주소지가 없는 때에는 거소지이다(소법 제6조 제1항). 비거주자의 소득세 과세관할은 국내사업장(소법 제120조) 소재지이고, 국내사업장이 없는 경우에는 국내원천소득이 발생하는 장소이다(소법 제6조 제2항).

2. 소득의 개념

가. 서설

과세 여부를 결정함에 있어서는 소득이 어디에서(from where) 발생하였는가 뿐만 아니라 무엇으로부터(from what) 발생하였는가도 중요한 의미를 가진다.[4] 독일과 미국은 과세소득의 원천기준에 관하여 각기 다른 기준을 가지고 있고, 한국을 비롯한 세계 여러 나라들은 자국의 과세소득 원천기준을 정립함에 있어 양국으로부터 많은 영향을 받아 왔다.

소득세제 일반에 관하여 독일과 미국을 비교하면, 독일은 납세자의 개별적인 사정보다는 소득의 발생원천(origin), 즉 물적 속성에 주안점을 두고 상세하게 분류하는 경향이 있다. 반면에 미국은 소득의 물적 속성보다 납세자의 개별적인 사정에 초점을 맞추고 포괄적으로 포착하는 경향이 있다.[5]

소득의 개념에 있어 독일은 '소득원천설(Quellentheorie)'의 영향이 강하고, 미국은 '순자산증가설(Reinvermögenszugangstheorie)'의 영향이 강하다. 전자는 소득의 발생원의 차이에 따라 소득을 분류하고 그 소득별로 과세방법을 달리하는 분류소득과세(schedular system)와 친한 반면, 후자는 소득분류를 세분화하지 아니하는 포괄적 소득과세(global system)와 친하다.[6]

나. 소득원천설

소득원천설은 소득의 원천별로 과세여부를 판단한다는 견해이다. 소득원천

---

4) John F. Avery Johnes, "Does the United Kingdom give Credit for Tax on a Permanant Establishment Abroad?", British Tax Review 191, 1994, p.191.

5) 최성근, "비거주자의 과세소득 원천기준에 관한 비교법적 고찰 — 독일과 미국을 중심으로 —", 조세학술논집, 제23집 제1호, 2007, 113면.

6) 위의 논문, 98면.

설은 원칙적으로 일정한 원천에서 계속·반복적으로 발생하는 소득만을 과세대상 소득으로 인정하고 일시소득은 과세대상에서 제외한다. 소득의 개념으로 소득원 천설을 취하는 경우에는 조세법에서 열거주의의 형식으로 소득을 정의한다. 한국 의 소득세법은 소득원천설에 기초하여 과세 여부를 판단한다.

다. 순자산증가설

순자산증가설은 원천의 종류를 불문하고 일정한 과세기간의 순자산증가분에 대하여 과세를 한다는 견해이다. 소득의 개념으로 순자산증가설을 취하는 경우에 는 조세법에서 포괄주의의 형식으로 소득을 정의한다. 세계적으로 지배적인 견해 이고, 한국의 법인세법은 순자산증가설에 기초하여 과세 여부를 판단한다.

라. 한국의 경우

한국의 소득세법은 소득원천설에 기반을 두고 소득의 개념을 파악한다. 소득 세법은 소득을 구분하여 과세대상을 규정하고, 소득세법에서 규정하고 있는 소득 (8가지) 이외의 소득은 과세대상에서 제외한다.

다만, 소득세법은 양도소득, 기타소득, 퇴직소득과 같은 일시소득도 과세대 상소득으로 포섭하여, 소득원천설을 기본으로 하면서 순자산증가설의 요소를 수 용하는 입장을 취하고 있다. 또한 이자소득, 배당소득, 사업소득, 연금소득, 퇴직 소득 등에 대해서는 유형별 포괄주의를 채택하여 새로운 형태의 소득도 과세할 수 있도록 하고 있다.7) 이런 점에서는 소득세법은 소득원천설을 기본으로 하면서 사실상 순자산증가설에 근접하고 있다고 말할 수 있다.

---

7) 유형별 포괄주의 규정에 대해서는 조세법률주의의 관점에서 엄격하게 해석한다는 것이 판례의 대체적인 경향이다.

3. 위법소득과 미실현소득의 과세상 취급

가. 위법소득[8]

(1) 개요

위법소득이란 ① 사법상 무효인 거래에 따른 수입, ② 도박 기타 범죄로 인한 수입, ③ 행정법규를 위반한 거래로부터 발생한 수입 등을 말한다. 판례를 통하여 위법소득에 대한 과세의 근거법리가 확립되어 왔고, 소득세법은 특정한 범죄소득을 기타소득으로 포섭하고 있다. 위법소득에 대한 과세 법리의 핵심은 '조세의 가치중립성'에 기초하여 경제적 현실, 즉 납세자에 대한 소득의 귀속 여부에 따라 조세부담의 타당성 여부를 판단한다는 것이다.

(2) 위법소득에 대한 과세의 법리와 소득세법 규정

판례에 따르면, 소득세는 개인의 소득이라고 하는 경제적 현상에 착안하여 담세력이 있다고 보여지는 것에 과세하려는 데 그 근본취지가 있으므로, 과세소득은 이를 경제적 측면에서 보아 '현실로 이득을 지배·관리하면서 이를 향수하고 있어 담세력이 있는 것'으로 판단되면 족하고, 그 소득을 얻게 된 원인관계에 대한 법률적 평가가 반드시 적법하고 유효한 것이어야 하는 것은 아니라고 한다.[9] 따라서 위법한 소득이더라도 현실적으로 이를 지배·관리하면서 향수하고 있다면, 소득세법에서 정하는 해당 소득의 종류의 따른 과세가 행해진다. 아울러 소득세법은 위법소득에 대한 판례 법리에 기초하여 뇌물과 알선수재 및 배임수재에 의하여 받은 금품을 과세대상소득으로 규정하고 있다(소법 제21조 제1항 제23호 및 제24호).

(3) 위법소득에 대한 몰수 또는 추징의 과세효과

판례에 따르면, 위법소득에 대해서는 이를 반환할 의무가 있더라고 과세가 가능하다고 본다.[10] 그러나, 전술한 바와 같이, 위법소득에 대하여 몰수나 추징이 이루어진 경우에는, 그 위법소득에 내재되어 있던 경제적 이익의 상실가능성이 현실화된 경우로서 그 소득이 종국적으로 실현되지 아니한 것이므로 과세의 대상이 되지 아니한다. 위법소득에 대한 과세 후 몰수 또는 추징이 이루어진 경우라면 이러한 몰수 또는 추징이 후발적 경정청구의 사유에 해당한다.

(4) 위법소득과 관련한 비용의 인정 여부

소득세법상 필요경비의 인정 여부를 판단함에 있어서는 경제적 측면과 함께 법적 측면이 고려되어야 한다. 소득세는 원칙적으로 소득이 다른 법률에 의하여 금지되는지 여부와 관계 없이 담세력에 따라 과세되어야 하고, 과세는 순소득을 대상으로 하여야 하므로 위법소득을 얻기 위하여 지출한 비용이더라도 필요경비로 인정함이 원칙이다. 그러나 비용의 지출이 사회질서에 심히 반하는 등의 특별한 사정이 있는 경우라면 필요경비로 인정되지 아니한다.[11]

나. 미실현이득

자산의 가치가 상승하는 경우 이를 처분하지 않더라도 미실현이득은 발생한다. 이러한 미실현이득에 대해 바로 과세를 하는 경우에는 납세의 재원이라든가 소득의 측정 등이 문제될 수 있다. 이에 대해, 과세대상의 범위를 실현된 소득에 국한할 것인지 아니면 미실현이득도 포함시킬 것인지의 여부는 과세목적·과세소득의 특성·과세기술상의 문제 등을 고려하여 판단할 입법정책의 문제라고 보는 것이 헌법재판소의 입장이다.

헌법재판소의 결정례에 따르면, 이득이 실현되었건 실현되지 않았건 납세자에게 소득의 증대에 따른 담세력의 증대가 있었다는 점에서는 본질적으로 차이가 없고, 미실현이득에 대한 과세 역시 실현이득에 대한 과세와 마찬가지로 원본과는 구별되는 소득에 대한 과세에 지나지 아니하므로 법리적으로는 원본잠식의 문제가 생길 여지는 없기 때문에, 미실현이득에 대하여 과세하는 것이 헌법상의 조세개념에 저촉되거나 그와 양립할 수 없는 모순이 있는 것으로는 볼 수 없다고 한다.[12]

---

11) 대법원 2015. 2. 26. 선고 2014도16164 판결 참조.
12) 헌법재판소 1994. 7. 29. 92헌바49.

[관련판례] 소득의 개념

1. 위법소득에 대한 과세 - 대법원 1983. 10. 25. 선고 81누136 판결
2. 미실현이득에 대한 과세 - 헌법재판소 1994. 7. 29. 92헌바49, 52 결정
   * 헌법불합치

---

1. 위법소득에 대한 과세 - 대법원 1983. 10. 25. 선고 81누136 판결

(1) 사실관계[13]

원고는 소외 오대양통상주식회사의 부사장으로 재직하면서 같은 회사가 대전시로부터 2,200만 원에 매수한 공장부지 3,000평의 잔금 700만 원을 지급하지 못하여 공장부지를 대전시장에게 반환할 상황이 되자, 대표이사 몰래 동 부지를 1977. 7. 13. 소외 천광철강주식회사에게 5,100만 원에 양도하고 3회에 걸쳐 대금의 일부인 4,900만 원을 받았다. 그런데 오대양통상주식회사는 위 토지를 대전시장에게 반납한 것처럼 기장처리하고 이 사건 변론종결시까지도 위 공장부지의 매매대금을 착복한 원고에게 그 이득의 반환 내지는 손해배상청구를 하지 않고 있었다. 원고는 위 공장부지를 불법매각하고 그 대금을 취득하였다는 이유로 사문서위조, 횡령 등 죄로 유죄판결을 받았고, 오대양통상주식회사의 관할세무서장인 동대전세무서장은 위 공장부지의 양도로 인한 차익에 해당하는 2,700만 원이 오대양통상주식회사로부터 원고에게로 인정상여된 것으로 처리하여 1979. 10. 10. 원고에게 이 사건 종합소득세 부과처분을 하였다.

이에 대하여 원고는, 위 공장부지의 매매대금을 취득하여 소득을 얻게 되었다고 하더라도 첫째, 위 소득은 일시적인 것이고 법률적으로는 결국 피해자에게 환원되어야 할 것이어서 원고에게 궁극적으로 귀속될 성질의 것이 아니므로 이를 과세소득에 포함시킬 수 없고, 둘째, 소득세법은 순자산증가설의 입장을 취하고 있는 법인세법과는 달리 소득원천설의 입장을 취하고 있으므로, 소득세법에 과세할 수 있는 소득으로 명문으로 규정되어 있지 아니한 위법소득은 이를 과세소득에 포함시킬 수 없으므로, 결국 이 사건 과세처분은 위법하다고 주장하였다.

〈쟁점〉

위법소득이라도 소득세 부과의 대상이 되는지 여부

---

13) 이상신, "위법소득에 대한 과세", 조세판례백선, 박영사, 2005, 173면 참조.

(2) 판결내용

"소득세법은 소득세부과대상이 되는 소득을 일일이 열거하여 그 열거된 소득에 대하여만 소득세를 부과하도록 규정하고 있으므로 소득세법에 규정되어 있지 아니한 소득에 대하여 소득세를 부과할 수 없음은 소론과 같으나, 소득세법은 개인의 소득이라는 경제적 현상에 착안하여 담세력이 있다고 보여지는 것에 과세하려는데 그 근본취지가 있다 할 것이므로, 과세소득은 이를 경제적 측면에서 보아 현실로 이득을 지배, 관리하면서 이를 향수하고 있어 담세력이 있는 것으로 판단되면 족하고 그 소득을 얻게 된 원인관계에 대한 법률적 평가가 반드시 적법하고 유효한 것이어야 하는 것은 아니라 할 것이다."

"원심은 원고가 소외 오대양통상주식회사의 부사장으로 재직하면서 같은 회사가 대전시로부터 매수한 공장부지 3,000평을 소외 천광철강주식회사에게 양도하고 그 대금을 착복하였는바, 위 공장부지의 양도로 인한 이익은 소외 오대양통상주식회사의 익금으로 산입되어야 할 것임에도 불구하고 이를 회사에 입금시키지 아니하고 원고 개인이 이를 취득하였으니 위 이익은 같은 소외회사의 익금에 추가 산입되어야 하고 이는 같은 회사의 임원인 원고에게 귀속되었음이 분명하므로 당시의 법인세법 제33조 제5항(1974. 12. 21 개정), 같은 법 시행령 제94조 제2항(1980. 12. 31 개정 전)의 규정에 따라 이를 원고에 대한 상여로 처분하여야 할 것이며, 소득세법 제21조 제1항의 규정에 의하면, 법인세법에 의하여 상여로 처분된 금액은 근로소득으로 보도록 되어 있으므로 결국 원고에게는 종합소득세 부과대상인 근로소득이 존재한다고 설시한 다음 위와 같은 원고의 소득이 범죄행위로 인한 위법소득에 해당된다 하더라도 소외 오대양통상주식회사는 타에 처분된 위 공장부지를 그 매도인이었던 대전시에 반납한 양 기장 처리하여 놓고 원심변론종결시까지도 원고의 위법소득에 대한 환원조치를 취하고 있지 않으니 이는 과세소득에서 제외시킬 수 없다고 판단하여 원고의 청구를 기각하였는바, 위 공장부지의 양도로 인한 이익이 소외 오대양통상주식회사의 익금으로 산입되어야 한다는 점에 다툼이 없는 이 사건에 있어서 이와 같은 원심의 판단은 논리과정에 다소 미흡한 점이 있기는 하나 결론에 있어서 정당하고 논지가 지적하는 바와 같은 세법의 법리를 오해하여 위법소득을 과세소득에 포함시킨 잘못이 있다거나 조세법률주의의 원칙을 위반한 잘못이 있다고 볼 수는 없다 할 것이다."

2. 미실현이득에 대한 과세 - 헌법재판소 1994. 7. 29. 92헌바49, 52 결정 * 헌법불합치

(1) 사실관계

청구인은 서울 소재 대지를 소유하고 있고, 그 지상에는 무허가건물 2동이 각각 건립되어 있다. 이에 서초세무서장은 1991. 11. 1. 위 토지가 토지초과이득세법(제정 1989. 12. 30, 개정 1993. 6. 11. 이하 '토초세법'이라 한다) 제8조 제1항 제4호 다목(무허가 건축물의 부속토지)에 따른 유휴토지 등에 해당한다고 보아 청구인에게 1990. 1. 1.부터 같은 해 12. 31.까지의 예정결정기간분에 대한 토지초과이득세(이하 '토초세'라고 한다) 2,000만 원을 부과·고지하였다.

청구인은 서울고등법원에 위 토초세 부과처분의 취소를 구하는 행정소송(92구12058)을 제기하는 한편, 토초세는 실현되지 아니한 가상이득에 대하여 과세하는 것으로서 국민의 재산권을 침해하는 것이므로, 세액의 계산, 과세표준, 세율을 각 규정하고 있는 토초세법 제10조 내지 제12조는 재산권의 보장과 제한에 관한 헌법 제23조 제3항에, 국세청장에게 1년 단위로 토초세를 부과할 수 있는 권한을 포괄위임하고 있는 토초세법 제23조는 조세법률주의를 규정한 헌법 제38조에 각 위반된다는 이유로 위 법원에 위헌제청신청(92부505)을 하였다. 위 법원은 1992. 11. 19. 청구인의 위헌제청신청을 기각하는 결정을 하였고, 위 위헌제청기각결정이 같은 해 12. 7. 청구인에게 송달되자 청구인은 같은 달 12. 헌법재판소법 제68조 제2항에 따라 이 사건 헌법소원심판청구를 하였다.

〈쟁점〉

미실현이득에 대한 과세가 헌법상의 조세개념에 저촉되는지 여부

(2) 판결내용

"이득이 실현되었건 실현되지 않았건 납세자에게 소득의 증대에 따른 담세력의 증대가 있었다는 점에서는 실현이득이나 미실현이득 양자가 본질적으로 차이가 없고, 그와 같이 증대된 소득의 실현 여부, 즉 증대된 소득을 토지자본과 분리하여 현금화할 것인지의 여부는 당해 납세자가 전체 자산구성을 어떻게 하여 둘 것인가를 선택하는 자산보유형태의 문제일 뿐 소득창출의 문제는 아니며, 미실현이득에 대한 과세 역시 실현이득에 대한 과세와 마찬가지로 원본과는 구별되는 소득에 대한 과세에 지나지 아니하므로, 적어도 법리적으로는 미실현이득에 대한 과세에 있어서 원본잠식의 문제가 생길 여지는 없고, 실제에 있어서도 비록 과세목적과 과세방법이 다르기는 하나 자산재평가세, 자산평가 차익에 대한 법인세 등 미실현이

득에 과세하는 기존의 예가 없지도 아니하다."

"따라서 과세대상인 자본이득의 범위를 실현된 소득에 국한할 것인가 혹은 미실현이득을 포함시킬 것인가의 여부는, 과세목적, 과세소득의 특성, 과세기술상의 문제 등을 고려하여 판단할 입법정책의 문제일 뿐, 헌법상의 조세개념에 저촉되거나 그와 양립할 수 없는 모순이 있는 것으로는 보여지지 아니한다."

4. 소득의 귀속시기

가. 총설

소득세는 1. 1.~12. 31.을 과세기간으로 하므로 소득의 귀속시기는 세액의 계산에 큰 영향을 미친다. 소득의 귀속시기는 과세시기와 직결되고, 조세법규정의 개정 시 소득에 귀속시기에 따라 적용법령이 달라질 수 있으며, 누진세율구조 하에서는 소득의 귀속시기에 따라 적용세율이 달라질 수 있다.

소득세법은 "거주자의 각 연도의 총수입금액과 필요경비의 귀속연도는 총수입금액과 필요경비가 확정된 날이 속하는 연도로 한다"라고 규정하여(소법 제39조제1항), 과세소득의 계산에 관하여 소득이 현실적으로 없더라도 그 원인이 되는 권리가 확정적으로 발생한 때에는 그 소득의 실현이 있는 것으로 보고 과세소득을 계산하는 '권리확정주의'를 채택하고 있다. 필요경비에 대해서는 기업회계기준에서의 '수익·비용 대응주의'을 원용하고 있다(소법 제27조).

권리확정주의는 납세자의 자의에 의하여 과세연도의 소득이 좌우되는 것을 방지함으로써 과세의 공평을 기함과 함께 징세기술상 소득을 획일적으로 파악하여 징수를 확보하려는 요청에 따른 것이다.[14]

소득세법상 소득의 귀속시기에 관한 법리는 법인세법상 손익의 귀속시기에 관한 법리와 대동소이하다. 소득 또는 손익의 귀속시기에 관하여 기업회계기준과 비교하는 보다 상세한 설명은 '제2장 법인세법'에서 후술한다.

나. '권리확정'의 의미

문제는 언제 권리가 확정되었다고 볼 것인가인데, 소득이 발생하였다고 하기

---

14) 대법원 1984. 3. 13. 선고 83누720 판결; 헌법재판소 2010. 2. 25. 2009헌바92, 139 결정 등.

위해서는 소득이 현실적으로 실현되었을 것까지는 필요 없다고 하더라도 적어도 소득이 발생할 권리가 그 실현의 가능성에 있어 상당히 높은 정도로 성숙·확정되어야 한다(이른바 '성숙이론').[15] 좀 더 풀어서 말하면, 권리의 확정은 민법이나 상법에 규정된 각 권리의 발생요건이나 유효요건을 충족하고 권리로서 법적으로 보장된 상태를 말하는 것이 아니고, 널리 권리의 실현이 가능하다고 인정될 수 있는 상태, 즉 계약의 성립과 효력의 발생에서 한 걸음 더 나아가 수익의 원인이 되는 권리의 내용이 법이 보장하는 바에 의하여 실현될 가능성이 객관적으로 인정되는 상태를 말한다.[16] 그러므로 소득의 원인이 되는 채권이 일응 발생된 때라 하더라도 그 소득이 실현될 가능성이 전혀 없게 된 것이 객관적으로 명백한 때에는, 소득세의 과세는 그 전제를 잃게 되므로 그 소득을 과세소득으로 하여 소득세를 부과할 수 없다.[17]

다. 소득세법상 소득유형별 귀속시기와 권리확정주의

소득세법은 제39조 제1항에서 권리확정주의를 규정하고 있는 외에 동조 제6항의 위임에 따라 동법 시행령에서 소득유형별 귀속시기를 규정하고 있는데(소법령 제89조, 제93조, 제96조 및 제97조 참조), 이러한 소득세법 시행령상의 귀속시기는 권리확정주의에 따른 귀속시기와 일치하지 않는 경우가 발생할 수 있다.

이 같은 상충이 있는 경우에는, 판례가 취하고 있는 이른바 '성숙이론'에 따른다면, 다시 소득세법 시행령상의 귀속시기가 권리확정주의에 따른 귀속시기와 비교하여 납세자에게 유리한 경우와 불리한 경우로 나누어, 전자의 경우에는 납세자에게 유리한 소득유형별 시행령 규정이 권리확정주의의 기준에 우선하여 적용되지만, 후자의 경우에는 소득유형별 시행령 규정이 법률에 어긋나 그 효력이 없다고 할 것이므로 시행령 규정에 정한 요건의 충족만으로 소득의 귀속시기가 도래했다고 볼 수 없다고 할 것이다.[18]

---

15) 대법원 1967. 6. 20. 선고 67누25 판결; 1984. 3. 13. 선고 83누720 판결; 1985. 6. 11. 선고 85누26 판결; 1987. 11. 24. 선고 87누828 판결 등 참조.

16) 이태로·한만수, 조세법강의, 박영사, 2018, 555면; 임승순·김용택, 앞의 책, 683면.

17) 대법원 1997. 6. 13. 선고 96누19154 판결 등.

18) 이태로·한만수, 앞의 책, 315면. 법인세의 익금과 손금의 귀속시기를 결정함에 있어서도 같은 문제가 발생한다.

라. 비영업대금 이자소득의 과세대상 여부 판단시기에 관한 판례 및 규정[19]

비영업대금 이자소득이란 금전의 대여를 사업목적으로 하지 아니하는 자가 일시적·우발적으로 금전을 대여함에 따라 지급받는 이자 또는 수수료 등을 말한다(소법령 제26조 제3항). 종래 소득의 귀속시기와 관련하여 납세자와 과세관청 간에 다툼이 많았던 것 중 하나가 비영업대금 이자소득의 귀속시기이다. 대법원은 '2013. 9. 13. 선고 2013두6718 판결'에서 "비영업대금의 이자소득에 대한 과세표준 확정신고 또는 과세표준과 세액의 결정·경정 전에 대여원리금 채권을 회수할 수 없는 일정한 사유가 발생하여 그 때까지 회수한 금액이 원금에 미달하는 때에는, 그와 같은 회수불능사유가 발생하기 전의 과세연도에 실제로 회수한 이자소득이 있다고 하더라도 이는 이자소득세의 과세대상이 될 수 없고, 대여원리금 채권의 전부 또는 일부를 회수할 수 없는 사유가 발생하였는지는 이자를 수입한 때를 기준으로 판단할 것이 아니라 과세표준확정신고 또는 과세표준과 세액의 결정·경정이 있은 때를 기준으로 판단하여야 한다"라고 판시하였다.

2014년에 위 판결의 취지를 수용하는 내용으로 소득세법 시행령이 개정되었다. 소득세법 시행령 제51조 제7항은 비영업대금의 이익의 총수입금액을 계산할 때 해당 과세기간에 발생한 비영업대금의 이익에 대하여 과세표준 확정신고 전에 해당 비영업대금이 채무자의 파산, 강제집행, 형의 집행, 사업의 폐지, 사망, 실종 또는 행방불명으로 회수할 수 없는 채권에 해당하여 채무자 또는 제3자로부터 원금 및 이자의 전부 또는 일부를 회수할 수 없는 경우에는 회수한 금액에서 원금을 먼저 차감하여 계산하도록 규정하고 있다.

마. 변호사 보수의 귀속시기

변호사가 받는 보수는 착수금, 성공보수, 정액 고문료, 시간당 보수 등으로 다양할 수 있다.

먼저 변호사가 받을 착수금과 성공보수가 구분되어 있고 착수금은 사건의

---

19) 제4회 변호사시험(2문)에서 '회수불능 시 이자소득의 과세대상 여부'에 관한 문제가 출제된 바 있다.

경과 또는 소송의 결과와 무관하게 반환하지 않는다는 약정이 있는 경우라든가, 정액 고문료 또는 시간당 보수를 받는 경우에는, 이들 착수금, 정액 고문료 및 시간당 보수의 귀속시기에 소득세법에서 정하는 인적용역의 제공에 따른 사업소득의 수입시기에 관한 규정이 적용된다. 소득세법 시행령 제48조 제8호는 인적용역의 제공에 따른 사업소득의 수입시기를 '용역대가를 지급받기로 한 날 또는 용역의 제공을 완료한 날 중 빠른 날'이라고 규정하고 있다.

다음으로 변호사 성공보수의 귀속시기는 승소판결이 확정되는 때이다. 가집행선고부 판결에 의하거나 승소판결이 확정되기 전에 성공보수를 받은 경우에도 그러하다. 왜냐하면 가집행선고로 인한 지급물은 상소심에서 취소될 수 있는 잠정적인 것이기 때문이다.[20] 한편 승소판결 확정 후라도 성공보수에 관한 분쟁이 있는 경우에는 그 분쟁이 명백하게 부당한 경우가 아니라면 그 분쟁에 관한 소송이 확정된 때에 비로소 그 권리가 확정된다고 보아야 할 것이다.[21]

[관련판례] 소득의 귀속시기

1. 권리확정주의와 소득발생기준시기 01 – 대법원 1977. 12. 27. 선고 76누25 * 파기환송

2. 권리확정주의와 소득발생기준시기 02 – 대법원 2011. 6. 24. 선고 2008두20871 판결

3. 변호사 성공보수 귀속시기 01: 대금을 수령한 경우 – 대법원 2002. 7. 9. 선고 2001두809 판결

4. 변호사 성공보수 귀속시기 02: 대금을 수령하지 않은 경우 – 대법원 1997. 6. 13. 선고 96누19154 판결

---

1. 권리확정주의와 소득발생기준시기 01 – 대법원 1984. 3. 13. 선고 83누720 판결 * 파기환송

(1) 사실관계

원고는 소외인 甲에게 7,200만 원을 대여하고 1979. 5. 17.부터 같은 해 7. 16.

---

20) 세법교수 36인 공저, 앞의 책, 549면 참조.
21) 대법원 1997. 6. 13. 선고 96누19154 판결 등.

까지의 2개월분 이자 450만 원을 수령하였으나 그 후에 원금이나 이자를 변제받지 못하였다. 위 소외인은 사업에 실패하여 부채만 남긴 채 도산하였고 위 채권담보를 위하여 설정한 근저당권은 선순위자의 채권액이 피담보물의 평가액을 초과하여 원고에게 의미가 없는 것이 되었다.

그런데 과세관청인 피고는 1979년과 1980년에 원고에게 위 이자채권 상당액의 소득이 있는 것으로 보고 이를 근거로 종합소득세를 부과하였다. 이에 원고는 소외인에 대한 대여금채권과 이자채권은 회수할 가능성이 전혀 없으므로 이를 과세소득으로 본 이 사건 과세처분은 위법하다고 주장하였다.

〈쟁점〉
- 과세소득의 발생에 관한 권리확정주의와 소득발생기준시기
- 채무자의 도산으로 회수불능인 채권과 과세소득 여부

(2) 판결내용

"원래 소득세는 경제적인 이득을 대상으로 하는 것이므로 종국적으로는 현실적으로 수입된 소득에 관하여 과세하는 것이 원칙일 것이나 소득세법은 소득이 현실적으로 없더라도 그 원인이 되는 권리가 확정적으로 발생한 때에는 그 소득의 실현이 있는 것으로 보고 과세소득을 계산하는 이른바 권리확정주의를 채택하고 있다(소득세법 제28조, 제51조 참조). 소득세법에서 이러한 주의를 채택한 것은 납세자의 자의에 의하여 과세연도의 소득이 좌우되는 것을 방지함으로써 과세의 공평을 기함과 함께 징세기술상 소득을 획일적으로 파악하여 징수를 확보하려는 요청에 따른 것이다. 권리확정주의는 소득의 원인이 되는 권리의 확정시기와 소득의 실현시기와 사이에 시간적 간격이 있을 때 과세상 소득이 실현된 때가 아닌 권리가 발생된 때를 기준으로 하여 그 때 소득이 있는 것으로 보고 당해 연도의 소득을 산정하는 방식으로서 실질적으로는 불확실한 소득에 대하여 장래 그것이 실현될 것을 전제로 하여 미리 과세하는 것을 허용한 것이라 할 것이다."

"그런데 소득의 원인이 되는 채권이 일응 발생된 때라 하더라도 그 과세대상이 되는 채권이 채무자의 도산으로 인하여 회수 불능이 되어 장래 그 소득이 실현될 가능성이 전혀 없게 된 것이 객관적으로 명백한 때에는 경제적 이득을 대상으로 하는 소득세의 과세는 그 전제를 잃게 되고 따라서 이러한 경우에 그 소득을 과세소득으로 하여 소득세를 부과할 수는 없다 할 것이다. 그런 의미에서 이 건에 있어서 원고의 위 주장이 인정되는지의 여부는 이건 과세처분의 적법여부의 판단과 직결되는 것이라 할 것이므로 원심이 원고의 청구를 배척하려면 원고의 위 주장에 대하여 그 당부를 심리 판단했어야 할 것이다. 원심이 이에 이르지 아니한 채 원

고의 청구를 배척한 것은 심리미진, 판단유탈의 위법이 있다 할 것이므로 이 점을 지적하는 논지는 이유 있다."

2. 권리확정주의와 소득발생기준시기 02 - 대법원 2011. 6. 24. 선고 2008두 20871 판결

(1) 사실관계

원고가 소외 1에 대한 대여금 18억 원과 그 이자를 회수하지 못하고 있던 중 연대채무자인 소외 2를 상대로 이 사건 대여원리금의 청구소송을 제기하여 원고의 청구를 인용하는 가집행선고부 승소판결(서울지방법원 2003. 7. 30. 선고 2002가합84864 판결)을 받아 이를 집행권원으로 하여 2004. 11. 19. 소외 2의 부동산에 대한 강제집행절차에서 이 사건 대여원리금 중 4억 6,000만 원을 배당받았고, 그 중 6,000만 원은 원금의 변제에, 나머지 4억 원은 이자의 변제에 각각 충당되었다. 이후 2005년에 이 사건 대여원리금 청구소송의 상고심에서 소외 2의 상고가 기각되어 쟁점 배당금이 원고에게 확정적으로 귀속되었다. 이 사건에서 이자소득의 수입시기가 문제되었다.

〈쟁점〉

이 사건 이자소득의 수입시기가 대여원리금 청구소송이 확정되어 배당금이 원고에게 확정적으로 귀속된 2005년도인지 아니면 배당금을 받은 날이 속하는 2004년도인지 여부

(2) 판결내용

"구「소득세법」(2009. 12. 31. 개정 전) 제39조 제1항은 '거주자의 각 연도의 총수입금액의 귀속연도는 총수입금액이 확정된 날이 속하는 연도로 한다.'고 규정하면서, 제24조 제3항은 '총수입금액의 계산에 있어서 수입하였거나 수입할 금액의 범위와 계산 또는 그 확정시기에 관하여 필요한 사항은 대통령령으로 정한다.'고 규정하고, 그 위임에 의한 구「소득세법 시행령」(2010. 2. 18. 개정 전) 제45조 제9의2호는 '비영업대금의 이익의 수입시기는 약정에 의한 이자지급일로 한다. 다만, 이자지급일의 약정이 없거나 약정에 의한 이자지급일 전에 이자를 지급받는 경우 또는 제51조 제7항의 규정에 의하여 총수입금액 계산에서 제외하였던 이자를 지급받는 경우에는 그 이자지급일로 한다.'고 규정하고 있다. 한편, 구「소득세법 시행령」 제51조 제7항은 '비영업대금의 이익의 총수입금액을 계산함에 있어서

과세표준 확정신고 또는 과세표준과 세액의 결정·경정 전에 당해 비영업대금이 채무자에 대한 강제집행 등으로 회수할 수 없는 채권에 해당하여 채무자 또는 제3자로부터 원금 및 이자의 전부 또는 일부를 회수할 수 없는 경우에는 회수한 금액에서 원금을 먼저 차감하여 계산한다. 이 경우 회수한 금액이 원금에 미달하는 때에는 총수입금액은 이를 없는 것으로 한다.'고 규정하고 있다."

"원심은 (중략) 쟁점 배당금은 원고가 임시로 보관하는 것이 아니라 그 배당받은 날에 원고의 소유로 귀속되어 원고가 임의로 처분할 수 있는 것이며, 가령 그 후의 상소심에서 이 사건 가집행선고부 승소판결이 취소되는 경우가 생긴다고 하더라도 그 배당의 효력이 부인되는 것이 아니라 부당이득반환 의무만 발생할 뿐이라는 이유로 쟁점 배당금에 의한 이자소득 4억 원의 수입시기는 구 「소득세법」 제45조 제9의2호 단서에 의하여 쟁점배당금을 받은 날이 속하는 2004년도라고 판단하면서, 이와 달리 그 이자소득의 수입시기를 이 사건 대여원리금 청구소송의 상고심에서 소외 2의 상고가 기각되어 쟁점배당금이 원고에게 확정적으로 귀속된 2005년도로 보아야 한다는 원고의 주장을 배척하였다.

기록과 앞서 본 각 규정의 내용 및 그 입법 취지, 그리고 소득세법상 이자소득의 귀속시기는 당해 이자소득에 대한 관리·지배와 이자소득의 객관화 정도, 납세자금의 확보시기 등을 함께 고려하여 그 이자소득의 실현가능성이 상당히 높은 정도로 성숙·확정되었는지 여부를 기준으로 판단하여야 하는 점(대법원 1998. 6. 9. 선고 97누19144 판결 등 참조), 납세자가 가집행선고부 승소판결에 의한 배당금의 수령에 관하여 이자소득세 등을 과세당한 후 상소심에서 그 판결이 취소되어 배당금을 반환하는 경우가 발생하더라도 국세기본법 제45조의2 제2항에 의하여 그 이자소득세 등에 대한 경정청구를 함으로써 구제를 받을 수 있는 점 등에 비추어 보면, 이 사건 이자소득의 수입시기에 관한 원심의 판단은 정당한 것으로 수긍할 수 있다."

3. 변호사 성공보수 귀속시기 01: 대금을 수령한 경우 – 대법원 2002. 7. 9. 선고 2001두809 판결

(1) 사실관계

변호사인 원고가 1989. 3. 29. 소외 1 외 88인으로부터 소외 1 등이 소외 한국수자원공사를 상대로 하는 관행어업권 침해로 인한 손해배상청구 소송사건을 위임받으면서 원고가 위 소송사건을 "제1심판결 확정시까지" 수임하여 대리하되, 인지대, 감정비 등 제반 소송비용은 원고가 부담하고, 그 변호사 보수에 관하여는 판결 승소금액의 10%를 착수금으로, 20%를 성공사례금으로 지급받기로 약정하였다.

원고는 위 수임약정에 따라 서울민사지방법원에 소외 1을 원고(선정당사자)로, 소외 공사를 피고로 하는 손해배상청구소송을 제기하여 그 소송을 수행한 결과 1992. 10. 9. 같은 법원으로부터 소외 공사는 소외 1 등에게 합계 14억 원 및 이에 대한 지연손해금을 지급하라는 가집행선고부 일부승소 판결을 선고받았다. 소외 공사는 이에 불복하여 항소를 제기한 후 1992. 11. 13. 원고 및 소외 1과 사이에 위 제1심판결에서 지급을 명한 금원 중 지연손해금 등을 제외한 금원을 가지급하기로 합의하였고, 원고는 위 합의에 따라 14억 원을 소외 공사로부터 지급받아 그 중 30%에 해당하는 4억 2,000만 원은 원고가 수령·보관하고, 나머지 금원은 소외 1 등에게 나누어 지급하였다.

위 소송사건의 항소심인 서울고등법원은 1996. 2. 28. 손해배상금액을 합계 8억 7,000만 원으로 감액하는 내용의 판결을 선고하였고, 이에 쌍방이 상고한 결과 대법원은 1998. 9. 18. 항소심 판결을 파기하여 환송하는 취지의 판결을 선고하여 위 소송사건은 원심 변론종결 당시 서울고등법원에 계속 중에 있으며, 소외 공사는 1999. 1. 18. 소외 1 등을 상대로 위 가지급금 중 환송 전의 항소심에서 인용된 금액을 초과하는 금원의 반환을 구하는 내용의 가지급금반환신청을 하였다. 원고는 위 소송사건의 전 심급을 통하여 소외 1 등의 소송대리를 수행하면서 위 소송사무를 처리해 오고 있다.

이에 대해 피고는 제1심판결의 가집행선고에 따라 지급받은 가지급금 중 일부를 변호사가 수령하여 보관한 것을 현실적으로 수입된 원고의 확정적인 사업소득으로 인정하여 소득세를 부과하였다.

〈쟁점〉

변호사 성공보수의 귀속시기가 가집행선고부 판결에 따라 현금을 받는 날인지 아니면 승소판결이 확정되는 시기인지 여부

(2) 판결내용

"소득세법상 소득의 귀속시기를 정하는 원칙인 권리확정주의란 과세상 소득이 실현된 때가 아닌, 권리가 발생한 때에 소득이 있는 것으로 보고 당해 연도의 소득을 산정하는 것으로 실질적으로는 불확실한 소득에 대하여 장래 실현될 것을 전제로 하여 미리 과세하는 것을 허용하는 원칙이기는 하나, 그와 같은 권리확정주의에서 '확정'의 개념은 소득의 귀속시기에 관한 예외 없는 일반원칙으로 단정하여서는 아니되고, 구체적인 사안에 관하여 소득에 대한 관리·지배와 발생소득의 객관화 정도, 납세자금의 확보시기 등까지도 함께 고려하여 그 소득의 실현 가능성

이 상당히 높은 정도로 성숙·확정되었는지 여부를 기준으로 귀속시기를 판단하여야 할 것인바(대법원 1997. 6. 13. 선고 96누19154 판결 등 참조), 변호사가 소송사무를 위임받으면서 수임사건이 승소로 확정되었을 때 승소금액의 일정비율 부분을 보수로 받기로 약정한 경우에는 소송사무의 처리가 수임사건의 승소로 확정됨으로써 완결된 때에 그 보수금 소득이 실현된 것으로 보아야 한다(대법원 1993. 4. 27. 선고 92누8934 판결, 2001. 2. 27. 선고 2000두9458 판결 등 참조).”

   “원심은 (중략) 위 인정 사실에 위 소송사건의 성질, 당사자의 숫자, 위 수임약정의 내용 등의 제반 사정을 참작하면, 위 수임약정은 위 소송사건에 대한 판결이 확정됨으로써 사건이 종국적으로 완결된 때에 원고의 인적 용역의 제공이 완료되어 그 보수금 소득이 실현되는 내용이라고 해석함이 상당하므로, 아직 위 소송사건이 법원에 계속중에 있어 이에 대한 판결이 확정되지 아니한 이상, 원고의 인적 용역의 제공이 완료되었다고 할 수 없고, 또한 위 제1심판결의 가집행선고에 따라 소외 공사가 지급한 위 금원은 구 민사소송법(2002. 1. 26. 법률 제6626호 전문개정 전) 제201조 제2항 소정의 ‘가집행선고로 인한 지급물’에 해당하여 그 금원의 지급은 확정적인 것이 아니고 상소심에서 그 가집행선고 또는 본안판결이 취소되는 것을 해제조건으로 하는 잠정적인 것에 지나지 아니하여, 원고가 위 가지급금 중 일부인 4억 2,000만 원을 소외 공사로부터 수령하여 보관한 것은 일종의 가수금으로 봄이 상당하므로, 이를 현실적으로 수입된 원고의 확정적인 사업소득으로 인정하여 소득세를 부과한 피고의 이 사건 처분은 발생하지 아니한 소득에 대한 과세로서 위법하다고 판단하였다. 앞서 본 법리 및 기록에 비추어 살펴보면, 원심의 위와 같은 사실인정 및 판단은 정당하고, 거기에 상고이유에서 주장하는 바와 같은 소득세법상의 소득의 귀속시기에 관한 법리오해, 채증법칙 위배, 심리미진 등의 위법이 없다.”

4. 변호사 성공보수 귀속시기 02: 대금을 수령하지 않은 경우 – 대법원 1997. 6. 13. 선고 96누19154 판결

(1) 사실관계

   변호사인 원고는 1990. 10. 경 소외 밀성박씨 충헌공파 동호공 용순분파 종중으로부터 별지 목록 기재 토지에 대해 명의수탁자인 박원필 등 10명의 종중원들 상대로 한 명의신탁 해지를 원인으로 한 소유권이전등기 청구소송을 수임하면서, 승소시 승소를 얻는 경제적 이익의 30%에 해당하는 금액을 성공보수금으로 받기로 약정하고, 그 지급방법으로 승소 시 종중이 이전받게 되는 부동산소유권의

30% 지분을 이전받기로 정하였다.

원고는 소외 종중을 대리하여 소송을 진행한 결과, 1992. 1. 28. 서울지방법원에서의 소외 종중에 대한 승소판결이 선고되었고, 상대방의 항소로 진행된 서울고등법원 소송에서도 1992. 10. 2. 항소기각의 판결이 선고되었으며, 대법원에서도 1993. 5. 11. 상고기각의 판결이 선고되어 동 판결이 확정되었다.

그런데 소송 진행 중 본건 토지가 소외 대한주택공사에서 시행되는 고양능곡 택지개발 사업지구에 편입되는 바람에 본건 토지가 소외 공사에 수용되자, 원고와 소외 종중은 지분이전등기 대신 토지수용으로 받게 될 보상금의 30%를 원고가 지급받기로 약정하였다. 그러나 소외 종중이 원고의 보상금 수령에 이의를 제기하면서 소외 공사에 원고에 대한 보상금 지급중지를 요청하여 그 보상금이 공탁되었고, 원고는 소외 종중과 소송 끝에 1995년에 비로소 공탁금을 찾을 수 있었다.

이에 대하여 피고는 원고가 얻게 된 위 소득을 해당 판결이 확정된 1993년도에 귀속될 소득으로 보아 원고가 1993년 종합소득세 신고시 위 소득금액을 누락하였다면서 1995. 10. 1. 원고에 가산세 4,800만 원을 포함한 종합소득세 2억 8,000만 원의 부과처분을 하였다.

〈쟁점〉
- 소득세법상 소득의 귀속시기를 판단하는 기준
- 소송을 통하여 확정된 변호사보수 소득의 권리확정 시기

(2) 판결내용

"소득세법상 소득의 귀속시기를 정하는 원칙인 권리확정주의란 과세상 소득이 실현된 때가 아닌, 권리가 발생한 때에 소득이 있는 것으로 보고 당해 연도의 소득을 산정하는 것으로 실질적으로는 불확실한 소득에 대하여 장래 실현될 것을 전제로 하여 미리 과세하는 것을 허용하는 원칙이기는 하나, 그와 같은 권리확정주의에서 '확정'의 개념은 소득의 귀속시기에 관한 예외 없는 일반원칙으로 단정하여서는 아니되고, 구체적인 사안에 관하여 소득에 대한 관리·지배와 발생소득의 객관화 정도, 납세자금의 확보시기 등까지도 함께 고려하여 그 소득의 실현 가능성이 상당히 높은 정도로 성숙·확정되었는지 여부를 기준으로 귀속시기를 판단하여야 하며(대법원 1993. 6. 22. 선고 91누8180 판결 참조), 특히 소득의 지급자와 수급자 사이에 채권의 존부 및 범위에 관하여 다툼이 있어 소송으로 나아간 경우에는 그와 같은 분쟁이 그 경위 및 사안의 성질 등에 비추어 명백히 부당하다고 할 수 없는 경우라면 그 소송 이전 단계에서 소득이 발생할 권리가 확정되었다고 할 수 없고 판결이 확정된 때에 비로소 그 권리가 확정된다고 보아야 할 것이다(대법

원 1988. 9. 27. 선고 87누407 판결, 1997. 4. 8. 선고 96누2200 판결 등 참조).”

"원심은, 변호사인 원고가 소외 종중으로부터 소송사건을 수임하면서 승소확정 시 소송 목적물의 일부를 성공보수로 받기로 하여 소송사무를 수행한 결과 1993. 5. 11. 소외 종중의 승소판결이 확정된 사실 및 원고의 보수금 채권의 존부에 관하여 소외 종중과의 사이에 다툼이 생겨 소송으로까지 나아간 끝에 그에 관한 판결이 1995. 2. 19. 확정된 사실을 인정한 다음, 원고의 보수금 채권에 관한 분쟁이 그 경위 등에 비추어 원고에게 책임을 돌려야 할 명백히 부당한 것이라고는 보이지 아니하므로 보수금 채권에 관한 판결이 확정된 때에 원고의 권리가 확정되었다고 판단하였는바, 기록과 앞서 본 법리에 비추어 살펴보면 원심의 이와 같은 인정 및 판단은 정당하고, 거기에 상고이유로서 주장하는 바와 같은 법리오해, 심리미진, 판단유탈 등의 위법이 있다고 할 수 없다.”

II. 납세의무자

I. 개인 및 법인으로 보는 단체 외의 사단, 재단, 그 밖의 단체

가. 개인

(1) 개요

소득세의 납세의무자는 국내 또는 국외 원천소득이 있는 거주자와 국내원천소득이 있는 비거주자인 개인이다. 거주자는 무제한적 납세의무자로서 국내외 원천의 모든 소득에 대하여 납세의무를 지고, 비거주자는 제한적 납세의무자로서 국내원천소득에 대하여 납세의무를 진다(소법 제3조). 거주자란 국내에 주소 또는 183일 이상의 거소를 둔 개인을 말하고, 비거주자란 거주자가 아닌 개인을 말한다(소법 제1조의2 제1항 제1호와 제2호).

다만, 해당 과세기간 종료일 10년 전부터 국내에 주소나 거소를 둔 기간의 합계가 5년 이하인 외국인 거주자에게는 과세대상 소득 중 국외에서 발생한 소득의 경우 국내에서 지급되거나 국내로 송금된 소득에 대해서만 과세한다(소법 제3조 제1항 단서). 외국의 국적을 가진 거주자의 납세의무를 완화하기 위한 규정이다.

(2) 주소와 거소의 판정(소법 령 제2조)

① **주소**

ⅰ. 주소는 국내에 생계를 같이 하는 가족 및 국내에 소재하는 자산의 유무 등 생활관계의 객관적 사실에 따라 판정한다(소법 령 제2조 제1항).

ⅱ 국내에 거주하는 개인이 다음의 어느 하나에 해당하는 경우에는 국내에 주소를 가진 것으로 본다(소법 령 제2조 제3항).

1. 계속 183일 이상 국내에 거주할 것을 통상 필요로 하는 직업을 가진 때

2. 국내에 생계를 같이하는 가족이 있고, 그 직업 및 자산상태에 비추어 계속하여 183일 이상 국내에 거주할 것으로 인정되는 때

② **거소**

ⅰ. 거소는 주소지 이외의 장소에 상당기간에 걸쳐 거주하지만 주소와 같이 밀접한 일반적 생활관계가 발생하지 아니하는 장소이다(소법 령 제2조 제2항).

ⅱ. 국내에 거소를 둔 기간이 1과세기간 동안 183일 이상인 경우에는 국내에 183일 이상 거소를 둔 것으로 본다(소법 령 제4조 제3항).

나. 법인으로 보는 단체 외의 사단, 재단 및 그 밖의 단체[22]

국세기본법 제13조에 따라 법인으로 보는 단체 외의 사단, 재단 및 그 밖의 단체는 국내에 주사무소 또는 사업의 실질적 관리장소를 둔 경우에는 거주자로, 그 밖의 경우에는 비거주자로 보아 소득세법을 적용한다(소법 제2조 제3항). 이처럼 '법인이 아닌 단체'를 그 구성원과 별개의 거주자나 비거주자로 보아 독립된 납세능력을 인정하는 취지는 경제적 관점에서 단일성을 인정할 수 있기 때문이다.[23] 이러한 단체의 예로는 종중, 학교동창회, 직장공제조합, 등기하지 아니한 주택조합 및 공동주택자치관리기구, 미인가신용협동조합, 새마을공동사업장 등을 들 수 있다.

---

22) 제2회 변호사시험(1문)에서 '법인이 아닌 단체에 대한 과세, 종중의 조세법상 지위'에 관한 문제가 출제된 바 있다.

23) 이태로·한만수, 앞의 책, 264면 참조.

이러한 단체가 구성원 간 이익의 분배방법 또는 분배비율이 정하여져 있거나 사실상 이익이 분배되는 것으로 확인되는 경우에는 해당 구성원이 공동으로 사업을 영위하는 것으로 보아 구성원별로 과세한다. 그러나 이러한 단체가 구성원 간 이익의 분배방법이나 분배비율이 정하여져 있지 않고 사실상 이익이 분배되는 것으로 확인되지 않는 경우에는 해당 단체를 1 거주자 또는 1 비거주자로 보아 과세한다.

[보충설명] '법인이 아닌 단체'에 대한 과세

1. 법인이 아닌 단체에 대한 과세 일반

(1) 법인으로 보아 법인세를 과세하는 경우
(2) 거주자 또는 비거주자로 보아 과세하는 경우

2. 법인으로 보는 경우(국기법 제13조) – 법인 개념의 확장

(1) 당연의제법인 – 법인 아닌 단체 중 다음의 어느 하나에 해당하는 것으로서, 수익을 구성원에게 분배하지 아니하는 것은 법인으로 본다.
 ① 주무관청의 허가 또는 인가를 받아 설립되거나 법령에 따라 주무관청에 등록한 사단, 재단, 그 밖의 단체로서 등기되지 아니한 것
 ② 공익을 목적으로 출연된 기본재산이 있는 재단으로서 등기되지 아니한 것
(2) 승인의제법인 – 법인으로 보는 단체 외의 법인 아닌 단체 중 다음 요건을 모두 갖춘 것으로서 대표자나 관리인이 관할 세무서장에게 신청하여 승인을 받은 것도 법인으로 본다.
 ① 조직과 운영에 관한 규정을 가지고 대표자나 관리인을 선임하고 있을 것
 ② 자신의 계산과 명의로 수익과 재산을 독립적으로 소유·관리할 것
 ③ 수익을 구성원에게 분배하지 아니할 것

3. 거주자 또는 비거주자로 보는 법인이 아닌 단체에 대한 과세방법(소법 제2조 제3항 및 동법 령 제3조의2)

(1) 구성원 간 이익의 분배방법이나 분배비율이 정하여져 있거나 사실상 이익이 분배되는 것으로 확인되는 경우에는 해당 구성원이 공동으로 사업을 영위하는 것으로 보아

구성원별로 과세한다.

　(2) 구성원 간 이익의 분배방법이나 분배비율이 정하여져 있지 않거나 확인되지 않는 경우에는 해당 단체를 1 거주자 또는 1 비거주자로 보아 과세한다.

[관련판례] 법인으로 보는 단체 외의 사단, 재단 및 그 밖의 단체

대법원 1981. 6. 9. 선고 80누545 판결 * 파기환송

(1) 사실관계

　종중 대표자인 원고의 명의로 등기부상 소유권보존등기가 되어 있는 종중 소유의 부동산을 그 종중이 양도하였는데 관할세무서장은 그 대표자에게 해당 부동산의 양도소득세를 부과하였고 이 같은 처분에 대해 그 대표자가 불복하였다.

〈쟁점〉
－ 명의신탁자가 신탁부동산을 매각처분한 경우 명의신탁자가 양도소득세의 납세의무자인지의 여부
－ 종중이 과세단위가 될 수 있는지의 여부

(2) 판결내용

　"국세기본법 제14조 제1항은 과세의 대상이 되는 소득, 수익, 재산, 행위 또는 거래의 귀속이 명의뿐이고 사실상 귀속되는 자가 따로 있는 때에는 사실상 귀속되는 자를 납세의무자로 하여 세법을 적용한다고 규정하며, 소득세법 제7조 제1항, 법인세법 제3조 제1항도 같은 취지의 실질과세원칙을 명시하고 있다. 따라서 위 원판시의 확정사실과 같이 본건 임야들이 위 종중의 소유이나 등기부상 원고 명의로 등재되어 있는 것은 위 종중의 대표자인 원고에의 명의신탁한 것이고 또 위 종중 결의에 의하여 위 임야를 타에 매각한 것이라면 양도의 주체 및 양도소득세의 납세의무자는 위 명의수탁인인 원고가 아니라 위 종중이라 할 것이므로(당원 1981. 2. 24. 선고 80누376 판결 참조) 대외적 관계에서는 원고 소유라는 전제에서 위 양도에 따른 양도소득세를 원고에 부과한 피고의 본건 처분을 정당하다고 한 원판시는 위 설시의 실지과세에 관한 법리를 오해한 위법이 있다고 할 것이다."

　"원판시는 위 종중이 세법상의 과세단위로 볼 수 없으니 등기명의인인 원고에의 과세를 적법시한 것 같으나 소득이나 수익 및 거래의 법률상 귀속은 명목뿐이고 사실상 귀속자가 따로 있을 때는 명목상의 귀속자에 세금을 부과하지 아니하고 실질상의 귀속자에 이를 부과한다는 취지인 만큼 실질상의 귀속자가 과세단위로

볼 수 있는 여부에 불구하고 명목상의 귀속자에겐 과세할 수 없는 것이라고 해석
된다. 그리고 위 종중이 국세기본법상의 법인격이 없는 사단, 재단 또는 단체에 해
당되지 아니한다 하여도 소득세법 제1조 제3, 4항 시행규칙 제2조 제1항(현행 소
법 제2조 제3항)에 규정된 단체의 대표자 또는 관리인이 선임되어 있고 이익의 분
배방법 및 비율이 정하여져 있지 아니하는 단체로서 거주자로 보고, 또 법인세법
제1조 제2항(현행 법법 제2조 제2호 다목)에 규정된 법인격 없는 사단, 재단, 기타
단체는 비영리내국법인으로 보고 이 법을 적용한다는 규정에 따라 과세단위로 볼
수 있다고 할 것이니 이 점에서도 원심판결은 과세단위에 관한 법리오해가 있다고
할 것이다.”

2. 소득세 납세의무의 특례

가. 상속인

(1) 원칙

피상속인의 소득금액에 대한 소득세와 상속인의 소득금액에 대한 소득세는
구분하여 계산하여야 한다(소법 제44조 제1항).

(2) 예외

연금계좌의 가입자가 사망하고 그 배우자가 연금 외 수령 없이 연금계좌를
상속으로 승계하는 경우에는 해당 연금계좌에 있는 피상속인의 소득금액은 상속
인의 소득금액으로 보아 소득세를 계산한다(소법 제44조 제2항).

나. 신탁

(1) 납세의무자

신탁재산에 귀속되는 소득은 수탁자가 아니라 그 신탁의 이익을 받을 수익
자에게 귀속되는 것으로 본다(소법 제2조의3 제1항). 수익자가 정해지지 아니하거나
위탁자가 신탁재산을 실질적으로 통제하는 등의 경우에는 그 소득은 위탁자에게
귀속되는 것으로 본다(소법 제2조의3 제2항).

(2) 신탁소득의 구분

법인과세 신탁재산으로부터 받는 배당금 또는 분배금 등이 배당소득으로 구분되는 것을 제외하고는, 신탁소득은 수탁자에게 이전되거나 그 밖에 처분된 재산권으로부터 발생하는 소득의 내용별로 구분한다(소법 제4조 제2항 및 제17조 제1항 제2의2호).

[보충설명] 신탁과세

1. 과세원칙

신탁이란 신탁을 설정하는 자(위탁자)와 신탁을 인수하는 자(수탁자) 간 신임관계에 기하여 위탁자가 수탁자에게 특정의 재산(영업이나 저작재산권의 일부를 포함)을 이전하거나 담보권의 설정 또는 그 밖의 처분을 하고 수탁자로 하여금 일정한 자(수익자)의 이익 또는 특정의 목적을 위하여 그 재산의 관리, 처분, 운용, 개발, 그 밖에 신탁 목적의 달성을 위하여 필요한 행위를 하게 하는 법률관계(신탁법 제2조)를 말한다.

신탁에 대한 과세이론으로는 신탁실체설과 신탁도관설이 있다. 신탁실체설에 따르면 신탁재산 또는 수탁자가 납세의무자가 되고, 신탁도관설에 따르면 수익이 실질적으로 귀속되는 자가 납세의무자가 된다.

소득세법과 법인세법은 신탁도관설의 입장을 취하여, 신탁재산에 귀속되는 소득은 그 신탁의 이익을 받을 수익자가 그 신탁재산을 가진 것으로 보아 과세하고, 수익자가 특별히 정하여지지 아니하거나 존재하지 아니하는 신탁 또는 위탁자가 신탁재산을 실질적으로 통제하는 신탁의 경우에는 그 신탁재산에 귀속되는 소득은 위탁자에게 귀속되는 것으로 본다.

한편 부가가치세법은 신탁실체설의 입장을 취하여 수탁자를 납세의무자로 보는데, 수탁자가 위탁자로부터 이전받은 신탁재산을 관리·처분하면서 재화를 공급하는 경우에는 수탁자 자신이 신탁재산에 대한 권리와 의무의 귀속주체로서 계약당사자가 되어 신탁업무를 처리한 것이므로, 이때의 부가가치세 납세의무자는 재화의 공급이라는 거래행위를 통하여 재화를 사용·소비할 수 있는 권한을 거래상대방에게 이전한 수탁자라는 것이다.[24]

---

24) 대법원 2017. 5. 18. 선고 2012두22485 전원합의체 판결 참조.

2. 소득세법과 법인세법에서의 신탁과세

소득세법과 법인세법에서는 ① 신탁재산에 귀속되는 소득은 수탁자가 아니라 그 신탁의 이익을 받을 수익자에게 귀속되는 것으로 보고(소법 제2조의3 제1항 및 법법 제5조 제1항), ② 수익자가 정해지지 아니하거나 위탁자가 신탁재산을 실질적으로 통제하는 등의 경우에는 그 소득은 위탁자에게 귀속되는 것으로 본다(소법 제2조의3 제2항 및 법법 제5조 제3항).

신탁소득의 성격은, 배당소득으로 구분되는 법인과세 신탁재산으로부터 받는 배당금 또는 분배금 등을 제외하고는, 수탁자에게 이전되거나 그 밖에 처분된 재산권에서 발생하는 소득의 내용별로 구분한다(소법 제4조 제2항, 제17조 제1항 제2의2호 및 법법 제5조 제2항, 제75조의11 제2항).

3. 부가가치세법에서의 신탁과세

신탁재산과 관련된 재화 또는 용역을 공급하는 때에는 수탁자가 신탁재산별로 각각 별도의 납세의무자로서 부가가치세를 납부할 의무가 있다(부가세법 제3조 제2항). 수탁자가 납부하여야 하는 부가가치세 또는 강제징수비를 신탁재산으로 충당하여도 부족한 경우에는, 그 신탁의 수익자는 지급받은 수익과 귀속된 재산의 가액을 합한 금액을 한도로 하여 그 부족한 금액에 대하여 제2차 납세의무를 진다(부가세법 제3조의2 제1항).

그러나 ① 신탁재산과 관련된 재화 또는 용역을 위탁자 명의로 공급하는 경우, ② 위탁자가 신탁재산을 실질적으로 지배·통제하는 경우 대통령령으로 정하는 경우 등에 해당하는 때에는 위탁자가 부가가치세를 납부할 의무가 있다(부가세법 제3조 제3항). 위탁자가 부가가치세 또는 강제징수비를 체납한 경우로서 그 위탁자의 다른 재산에 대하여 강제징수를 하여도 징수할 금액에 미치지 못할 때에는, 해당 신탁재산의 수탁자는 그 신탁재산으로써 위탁자의 부가가치세 등을 납부할 물적납세의무를 진다(부가세법 제3조의2 제2항).

한편 신탁재산에 대한 위탁자의 지위를 제3자에게 이전하는 경우에는, 담보신탁 등 신탁재산의 실질적인 소유권이 위탁자가 아닌 제3자에게 있는 경우를 제외하고는, 위탁자가 직접 재화를 공급하는 것으로 본다(부가세법 제10조 제8항).

4. 투자신탁(집합투자기구; 펀드)에 대한 과세

자본시장법에 따른 투자신탁(제9조 제18항 제1호)의 경우에는 소득의 원천으로부터 투자신탁에 소득을 지급하는 단계에서 원천징수하지 않고, 투자신탁 단계에서 법인세를 내지도 않는다(법법 제73조 제2항 및 제5조 제2항). 투자신탁은 해마다 결산하여 수익을 모두 수익자에게 귀속시키고 있고, 투자신탁이 수익자에게 지급하는 소득은 원천징수세의 대상이다(법법 제73조 제1항 제2호 및 소득세법 제127조 제1항). 수익자 단계에서 수익자가 법인이라면 소득이 원천단계에서부터 수익자에게 귀속하는 것으로 보고, 수익자가 개인이라면 집합투자기구로부터의 이익을 배당소득으로 구분한다(법법 제5조 제1항 및 소법 제17조 제1항 제5호). 투자자가 사실상 자산운용에 관한 의사결정을 하는 사모투자신탁은 이를 집합투자기구로 보지 아니하고 투시하여 소득의 원천별로 구분하여 과세한다(소법 제4조 제2항 및 동법 령 제26조의2 제2항 참조).

III. 과세대상소득과 과세방식

1. 과세대상소득

가. 종류

소득세의 과세대상소득은 총 8가지이고, 이 중 이자소득, 배당소득, 사업소득, 근로소득, 연금소득, 기타소득의 6가지 소득이 종합소득과세 대상소득이고, 퇴직소득과 양도소득의 2가지가 분류소득과세 대상소득이다.

나. 과세대상소득을 특정하는 방식

소득세의 과세대상소득을 특정하는 방식으로는 열거주의방식과 포괄주의방식이 있고, 한국의 소득세법은 열거주의방식을 원칙으로 하면서 유형별로 부분적 포괄주의방식을 채용하고 있다.

(1) 열거주의방식(schedular system)

열거주의방식은 소득개념에 관한 학설 중 소득원천설에 기초하여 과세대상소득을 특정하는 방식이다. 열거주의방식의 경우 조세법에 열거된 소득만이 과세되어 과세에 대한 예측가능성이 보장되고, 과세행정의 자의적 판단으로 인한 국민의 재산권 침해를 방지할 수 있어 헌법상의 조세법률주의의 요청에 합치된다. 반면에 사회가 발전하면서 새로운 형태의 소득이 발생하더라도 이를 조세법상 과세소득으로 열거하지 아니한 한 과세할 수 없게 되는 단점이 있다. 한국을 비롯하여 영국, 독일, 프랑스, 일본 등이 소득세에 대하여 이러한 방식을 채용하고 있다.

(2) 포괄주의방식(global system)

포괄주의방식은 소득개념에 관한 학설 중 순자산증가설에 기초하여 과세대상소득을 특정하는 방식이다. 포괄주의방식의 경우 조세법상 과세대상을 명백하게 규정하지 아니하고 누구든지 경제적 이익이 발생하면 이를 모두 과세할 수 있도록 하여, 과세기반이 확대되고 탈세의 가능성이 적어진다. 반면에 과세에 대한 예측가능성이 없어지고 과세당국이 과세대상 여부에 대한 재량권을 가지게 되어 헌법상 조세법률주의 원칙과 상충할 소지가 있다. 미국 등이 이러한 방식을 채용하고 있다.

(3) 소득세법의 경우

소득세법은 열거주의방식을 원칙으로 하면서 일부 유형에 대해서는 부분적 포괄주의방식을 채용하여, 이자, 배당 및 연금소득의 경우 소득세법에 열거된 소득과 유사한 소득은 동일하게 과세한다고 규정하고 있다. 한국 판례의 경향을 보면, 유형별 포괄주의의 해석에 관하여 엄격한 입장을 취하고 있다.[25]

2. 과세방식

가. 과세단위로서의 납세의무자

한국은 소득세액의 산출을 위한 과세표준 귀속자의 단위를 정하는 방식에 있어서 대부분의 나라들처럼 개인과세주의를 채택하고 있다. 다만, 특수관계인의 공동사업소득에 한하여 일정한 요건을 충족하는 경우 예외적으로 합산과세하고 있다(소법 제43조 및 제2조의2).

---

25) 대법원 2011. 4. 28. 선고 2010두3961 판결; 2011. 5. 13. 선고 2010두3916 판결 등 참조.

나. 개인주의과세

(1) 종합소득과세와 분리과세

종합소득이란 1인에게 집중되는 단기간(1년)의 이자소득, 배당소득, 사업소득, 근로소득, 연금소득 및 기타소득을 말한다. 종합소득 중 이자소득, 배당소득, 연금소득 및 기타소득은 일정한 경우 징세의 편의상 종합소득에 포함시키지 아니하고 원천징수 분리과세한다(소법 제14조).

이자소득·배당소득을 분리과세하는 경우 세율은 통상 100분의 14이고, 비영업대금이자[26]와 출자공동사업자 배당 소득에 대한 세율은 각각 100분의 25이다(소법 제129조 제1항 제1호 및 제2호). 그러나 개인별로 국내에서 원천징수하는 이자소득과 배당소득의 합계금액(금융소득금액)이 2,000만 원 이하인 경우에는 100분의 14의 세율로 분리과세하지만(소법 제14조 제3항 제6호)(금융소득종합과세), 금융소득금액이 2,000만 원을 초과하는 경우에는 종합소득에 합산하여 과세한다. 구체적으로는 ① (2천만 원×14%)+(2천만 원 초과 금융소득+여타 종합소득금액)×소득세 기본세율과 ② (금융소득×14%)+(여타 종합소득금액×소득세 기본세율) 중 큰 금액으로 비교과세한다(소법 제62조 참조).

연금소득은 공적연금소득, 사적연금소득 및 퇴직연금소득으로 구분된다. 공적연금은 납입단계에서 전액 소득공제를 받고 이후 수령하는 단계에서 조세부담이 발생한다. 공적연금소득은 다른 소득과 합산하여 종합소득과세 신고를 하여야 한다. 연금저축계좌 등로부터 수령하는 사적연금소득은 1,500만 원 이하인 경우에는 수령 연령에 따라 100분의 3에서 100분의 5까지의 세율로 세율로 분리과세하고(소법 제14조 제3항 제9호 및 제129조 제1항 제5의2호 가목), 1,500만 원을 초과하는 경우에는 연금수령액 전액에 대하여 종합소득과세와 100분의 15 세율의 분리과세 중에서 선택할 수 있다(소법 제64조의4). 퇴직연금소득은 수령 연령에 따라 100분의 3에서 100분의 5까지의 세율로 퇴직소득세의 100분의 60에서 100분의 70의 수준으로 분리과세된다.

기타소득 소득금액[27]이 300만 원 이하인 경우에는 통상 100분의 20 세율의

---

26) 비영업대금이자란 개인의 사채이자, 어음할인료, 기일전지급할인료 등을 말한다.
27) '기타소득 소득금액'이란 기타소득에서 필요경비를 뺀 소득금액을 말한다.

분리과세와 종합소득과세 중에서 선택할 수 있다(소법 제14조 제3항 제8호 및 제129
조 제1항 제6호 라목). 기타소득 소득금액이 300만 원을 초과하는 경우에는 해당 금
액 전액을 합산하여 종합소득과세 신고를 하여야 한다.

(2) 분류소득과세

분류소득으로는 퇴직소득과 양도소득이 있다. 이들 소득은 장기간에 걸친 누
적된 소득이기 때문에 특정한 해의 종합소득에 합산하는 경우 누진세율로 인하여
조세부담이 불합리하게 과중해질 수 있으므로 종합소득으로부터 제외하여 별도로
과세하도록 한 것이다.

다. 공동사업소득에 대한 과세 – 조합과세

(1) 원칙

① 소득세법은 공동사업의 경우에는 공동사업을 영위하는 장소인 공동사업
장을 1거주자로 보아 공동사업장 단위로 소득금액을 계산하고, 그 소득금액
을 각 공동사업자에게 분배하도록 하고 있다(소법 제43조 제1항).[28]

② 공동사업에서 발생한 소득금액은 약정된 손익분배비율에 따라 분배하고,
약정 손익분배비율이 없는 경우에는 지분비율에 따라 분배한다(소법 제43조 제2항).

③ 조합원에게 분배되는 소득의 종류는 해당 조합이 얻는 각 소득의 소
득구분을 그대로 따른다.[29]

④ **조합에 부동산 등을 현물출자하는 것이 양도에 해당하는지 여부**

각 조합원이 조합에 출자하는 각종 자산은 출자자의 개인재산과는 구별되는
조합재산을 구성하게 되어 조합원의 합유가 되고, 출자자는 그 출자의 대가로 조
합원의 지위를 취득하는 것이므로, 조합에 대한 자산의 현물출자는 양도소득
세의 과세원인인 양도에 해당한다.[30]

---

28) 공동사업자가 당해 공동사업장에 토지 등 부동산을 무상으로 제공한 경우 부당행위계산부인의
대상에 해당하는지 여부에 대하여, 판례는 그 제공이 다른 공동사업자 개인이 아니라 공동사업
장에 제공하는 것으로 보아야 하므로 부당행위계산부인의 대상에 해당하지 아니한다고 판시한
바 있다, 대법원 2005. 3. 11. 선고 2004두1261 판결.

29) 윤병철, "조합과세에 관한 판례연구 – 출자, 지분양도 및 노무제공과 관련하여 –, 조세법연구,
제8권 제1호, 2002, 92면 참조.

30) 대법원 1985. 2. 13. 선고 84누549 판결; 1985. 3. 12. 선고 84누544 판결; 1985. 5. 28. 선고

⑤ 조합지분의 양도나 탈퇴로 인한 소득의 구분

조합체가 조합재산인 부동산을 양도함으로써 얻는 소득은, 그것이 사업용 재고자산이면 사업소득이 되고, 사업용 고정자산으로서 양도소득세 과세대상이면 양도소득이 된다. 탈퇴한 조합원이 다른 조합원들에게 잔존 조합재산에 관한 자신의 지분을 양도하고 일부 조합재산을 받음으로써 얻는 소득의 성질도 이와 다르지 않으므로, 그 소득은 탈퇴 당시 조합재산의 구성내역에 따라 탈퇴한 조합원의 사업소득 또는 양도소득이 된다.[31]

(2) 예외 – 특수관계인 공동사업소득의 합산과세

① 거주자 1인과 그 특수관계인이 공동사업자에 포함되어 있는 경우로서 손익분배비율을 거짓으로 정하는 경우에는 그 특수관계인의 소득금액은 손익분배비율이 가장 큰 공동사업자의 소득금액으로 본다. 소득은 각 개인별로 계산하여 과세함이 원칙이지만, 특수관계인 간의 긴밀한 경제적 협력관계를 감안하여 누진세율의 회피를 위한 소득분할(income – splitting)에 대처하려는 취지이다.[32]

② 적용범위 및 적용요건

　i . 적용범위: 적용범위는 거주자 1인과 특수관계인(거주자와 생계를 같이 하는 자로서 배우자, 직계존속 및 직계비속과 그 배우자, 형제자매와 그 배우자)이다.

　ii . 적용요건: 적용요건은 다음의 어느 하나에 해당하는 경우이다.

　　1. 공동사업자의 과세표준 확정신고서에 기재한 소득금액, 업종, 지분율 등이 현저하게 사실과 다른 경우

　　2. 공동사업자 간의 경영참가, 거래관계, 자산·부채 등의 재무상태로 보아 조세를 회피하기 위한 것으로 확인되는 경우

(3) 출자공동사업자의 소득에 대한 과세

출자공동사업자란 공동사업의 경영에 참여하지 않으면서 출자만 하는 자로서, ① 공동사업에 성명 또는 상호를 사용하게 한 자 및 ② 공동사업에서 발생한

84누545 판결; 2002. 4. 23. 선고 2000두5852 판결 등.

31) 대법원 2015. 12. 23. 선고 2012두8977 판결.

32) 이태로·한만수, 앞의 책, 387면 참조.

채무에 대하여 무한책임을 부담하기로 약정한 자가 아닌 경우를 말한다(소법 제43조 제1항 및 동법 령 제100조).

소득세법은 출자공동사업자의 손익분배비율에 해당하는 금액은 이를 배당소득으로 규정하고 있다(소법 제17조 제1항 제8호). 출자공동사업자의 배당소득은 25%의 세율로 원천징수된다(소법 제129조 제1항 제2호 가목).

한편 일반적인 배당소득에 대한 소득세는 원천징수된 것으로 소득신고 의무가 없는 경우(금융소득종합과세의 대상이 아닌 경우)도 있지만, 소득세법은 출자공동사업자 배당소득에 대해서는 그 실질적인 성격이 사업소득과 유사하다고 보아, 종합소득세를 신고하는 때에 반드시 해당 소득을 포함하여 종합소득금액을 신고하도록 하고, 소득세 기본세율을 적용한 경우와 25%의 세율을 적용한 경우 중 큰 금액으로 비교과세하고 있다.

[관련판례] 과세방식

1. 과세의 인적 단위 – 헌법재판소 2002. 8. 29. 2001헌바82 결정
2. 동업관계에서 탈퇴한 조합원이 얻는 소득의 구분 – 대법원 2015. 12. 23. 선고 2012두8977 판결 * 파기환송

---

1. 과세의 인적 단위 – 헌법재판소 2002. 8. 29. 2001헌바82 결정

(1) 사실관계

구 소득세법 제61조 제1항의 부부 자산소득 합산과세제도에 대하여 헌법재판소에 위헌심사를 구하는 헌법소원을 제기한 사건이다.

〈쟁점〉

부부 자산소득(이자소득, 배당소득, 부동산임대소득) 합산과세제도 합헌 여부

(2) 판결내용

"부부 자산소득 합산과세는 헌법 제36조 제1항에 의해서 보호되는 혼인한 부부에게 조세부담의 증가라는 불이익을 초래한다. 이러한 불이익은 자산소득을 가진 고소득계층뿐만 자산소득을 가진 중간 소득계층에게도 광범위하게 발생한다고 볼 수 있고, 자산소득을 가진 혼인한 부부가 혼인하지 아니한 자산소득자에 비해서 받

게 되는 불이익은 상당히 크다고 할 것이다. 이에 반해서 자산소득합산과세를 통하여 인위적인 소득분산에 의한 조세회피를 방지하고, 소비단위별 담세력에 부응한 공평한 세부담을 실현하고, 소득재분배효과를 달성하는 사회적 공익은 기대하는 만큼 그리 크지 않다고 할 것이다. 위 양자를 비교형량하여 볼 때 자산소득합산과세를 통해서 얻게 되는 공익보다는 혼인한 부부의 차별취급으로 인한 불이익이 더 크다고 할 것이므로, 양자 간에는 균형적인 관계가 성립한다고 볼 수 없다."

"이 사건 법률조항인 구 소득세법 제61조 제1항이 자산소득합산과세제도를 통하여 합산대상 자산소득을 가진 혼인한 부부를 소득세부과에서 차별취급하는 것은 중대한 합리적 근거가 존재하지 아니하므로 헌법상 정당화되지 아니한다. 따라서 혼인관계를 근거로 자산소득합산과세를 규정하고 있는 이 사건 법률조항은 혼인한 자의 차별을 금지하고 있는 헌법 제36조 제1항에 위반된다."

2. 동업관계에서 탈퇴한 조합원이 얻는 소득의 구분 - 대법원 2015. 12. 23. 선고 2012두8977 판결 * 파기환송

(1) 사실관계

원고 등 5인의 동업자들은 2003. 5. 30. 상호출자한 자금으로 지상 9층, 지하 4층의 스포츠센터 건물을 매수하여 분양, 매매, 임대 등의 공동사업을 경영하기로 하는 동업계약을 체결하면서 원고의 지분을 12분의 3으로 정하였다. 동업자들은 2003. 6. 2. 공매절차에서 이 사건 상가건물을 대금 214억 원에 취득하여 일반 분양 등의 공동사업을 하여 왔다. 원고는 2004. 2. 5. 위 동업관계에서 탈퇴하면서 다른 동업자들과 사이에 이 사건 상가건물 중 204호를 제외한 2층 전체 및 해당 부지를 원고의 단독소유로 하고, 이미 분양한 부분을 제외한 나머지 건물 부분 및 해당 부지를 다른 동업자들의 소유로 하는 방법으로 동업을 해지하기로 하였으며, 그에 따라 이 사건 부동산에 관하여 원고 명의로 소유권이전등기를 마쳤다.

이에 대해 피고는 이 사건 부동산의 분양예정가액 58억 6,000만 원에서 원고의 출자금액인 53억 5,000만 원을 공제한 5억 1,000만 원을 동업관계 탈퇴에 따른 원고의 배당소득으로 보아 2010. 5. 17. 원고에게 2004년 귀속 종합소득세를 부과하였다.

〈쟁점〉
- 조합원이 조합체에서 탈퇴하면서 지분의 계산으로 일부 조합재산을 받는 경우 지분 계산의 법적 성격(지분 상호 교환 또는 매매) 및 탈퇴한 조합원이 다른 조합원들에게 잔존 조합재산에 관한 자신의 지분을 양도하고 일부 조

합재산을 받음으로써 얻는 소득의 성질

- 탈퇴한 조합원이 탈퇴 당시 지분의 계산으로 얻는 소득이 구 소득세법 제17
조 제1항 제3호, 제7호, 제2항 제1호가 정한 배당소득에 해당하는지 여부

(2) 판결내용

"어느 조합원이 조합체에서 탈퇴하면서 지분의 계산으로 일부 조합재산을 받는 경우에는 마치 합유물의 일부 양도가 있는 것처럼 그 개별 재산에 관한 합유관계가 종료하므로(민법 제274조 제1항), 이와 같은 지분의 계산은 세법상 탈퇴한 조합원과 공동사업을 계속하는 다른 조합원들이 조합재산에 분산되어 있던 지분을 상호 교환 또는 매매한 것으로 볼 수 있다. 그런데 공동사업을 목적으로 한 조합체가 조합재산인 부동산을 양도함으로써 얻는 소득은, 그것이 사업용 재고자산이라면 사업소득이 되며(구 소득세법 제87조, 제43조) 사업용 고정자산으로서 양도소득세 과세대상이라면 양도소득이 된다(구 소득세법 제118조). 탈퇴한 조합원이 다른 조합원들에게 잔존 조합재산에 관한 자신의 지분을 양도하고 일부 조합재산을 받음으로써 얻는 소득의 성질도 이와 다르지 않으므로, 탈퇴 당시 조합재산의 구성내역에 따라 탈퇴한 조합원의 사업소득 또는 양도소득이 된다고 할 것이다."

"한편 구 소득세법 제17조 제1항 제7호는 '제1호 내지 제6호의 소득과 유사한 소득으로서 수익분배의 성격이 있는 것'을 배당소득으로 규정하고 있다. 그런데 조합체가 공동사업을 통하여 얻는 일정한 소득금액은 각 조합원의 지분 또는 손익분배비율에 따라 분배되어 조합원들 각자에게 곧바로 귀속되고 개별 조합원이 직접 납세의무를 부담하므로(구 소득세법 제87조, 제43조, 제118조) 개별 조합원들이 조합체로부터 수익분배를 받는다고 할 수 없으며, 어느 조합원이 탈퇴하면서 지분의 계산으로 일부 조합재산을 받는 경우에도 그로 인한 소득은 곧바로 탈퇴한 조합원에게 귀속할 뿐이다. 따라서 탈퇴한 조합원이 탈퇴 당시 지분의 계산으로 얻는 소득은 구 소득세법 제17조 제1항 제3호, 제7호, 제2항 제1호가 정한 배당소득에 해당한다고 할 수 없다."

IV. 소득의 구분

I. 소득 구분의 의의

가. 개요

소득세법은 소득원천설에 기초하여 소득의 개념을 파악하고, 과세대상소득을 이자소득, 배당소득, 사업소득, 근로소득, 연금소득, 기타소득, 퇴직소득, 양도소득의 8가지로 구분하여 열거하고 있다. 소득을 구분하는 것은 각 소득의 특성에 따라 소득금액의 계산과 과세방법을 달리 하는데 그 실익이 있다.

나. 소득 구분의 실익

(1) 소득금액 계산구조의 차이

① 이자소득의 소득금액은 총이자수입금액이다(소법 제16조 제2항).[33]

② 배당소득의 소득금액은 총배당수입금액이다(소법 제17조 제3항). 배당소득의 경우에는 법인과의 이중과세를 조정하는 제도를 두고 있다.

③ 사업소득의 소득금액은 총수입금액에서 필요경비를 뺀 금액이다(소법 제19조 제2항). 사업소득의 소득금액 계산과 관련해서는 최저한세[34]가 적용된다.

④ 근로소득의 소득금액은 총급여액에서 근로소득공제를 뺀 금액이다(소법 제20조 제2항).

⑤ 연금소득의 소득금액은 총연금액에서 연금소득공제를 뺀 금액이다(소법 제20조의3 제3항).

---

33) 헌법재판소는 당해 연도의 총수입금액을 이자소득금액으로 하는 소득세법상 규정에 대하여 "이 자소득에 있어서 그 소요되는 비용의 성질, 그 비용을 공제할 필요성의 정도, 조세관계의 간명 성과 징세의 효율성이라는 조세정책적 기술적 필요성 등을 종합적으로 고려할 때 조세평등주의에 위배되는 비합리적 차별이라고 볼 수 없다"라고 판시한 바 있다, 헌법재판소 2001. 12. 20. 2000헌바54 결정. 배당소득에 대해서도 동일한 법리가 적용될 수 있을 것이다.

34) 소득세법에서 최저한세란 거주자의 사업소득과 비거주자의 국내사업장에서 발생한 사업소득에 대한 소득세를 계산할 때 조세특례제한법에 따른 감면을 받더라도 일정한 금액 이상의 조세는 부담하게 하는 제도이다. 개인사업자가 부담하는 최저한세율은 사업소득에 대한 소득세를 계산할 때 조세특례제한법상 감면을 적용하기 전 산출세액의 45%, 그 감면 전 산출세액이 3,000만원 이하인 부분은 35%이다(조특법 제132조 제2항). 법인세상 최저한세에 대해서는 후술한다.

⑥ 기타소득의 소득금액은 총수입금액에서 지급받은 금액의 100분의 60 등의 필요경비를 뺀 금액이다(소법 제21조 제3항).

⑦ 퇴직소득의 소득금액은 퇴직 시 받는 금액의 합계액에서 퇴직소득공제를 뺀 금액이다(소법 제22조 제3항).

⑧ 양도소득의 소득금액은 양도가액에서 취득가액 등 필요경비와 양도소득공제를 뺀 금액이다(소법 제95조 제1항).

(2) 과세방법의 차이

① 종합과세소득과 분류과세소득

소득세의 과세대상소득 중 이자소득, 배당소득, 사업소득, 근로소득, 연금소득, 기타소득은 종합과세소득이고, 퇴직소득, 양도소득은 분류과세소득이다.

② 분리과세

종합과세소득 중 이자소득, 배당소득, 연금소득 및 기타소득은 전술한 바와 같이 일정한 경우 분리과세가 인정되는 소득이다.

③ 원천징수세 대상소득

이자소득, 배당소득, 원천징수대상 사업소득, 근로소득, 연금소득, 기타소득 및 퇴직소득은 원천징수세 대상소득이다. 원천징수세의 세율은 기본적으로 이자소득 14%, 배당소득 14%, 사업소득 3%, 근로소득·연금소득 및 퇴직소득의 경우 소득세 기본세율, 기타소득 20% 등이다.

[관련판례] 소득구분의 의미

대법원 1988. 1. 19. 선고 87누102 판결 * 파기환송

(1) 사실관계

원고가 1983. 및 1984. 각 사업연도의 법인세 과세표준과 세액 신고 시에 사채이자로 지급한 금액이라 하여 손비로 계상한 1983년도분 2,300만 원과 1984년도분 금 4,400만 원에 대하여, 피고는 그 채권자가 불분명하다고 하여 원고의 위 각 사업연도의 법인세의 과세표준과 세액을 결정함에 있어 이를 손금에 산입하지 아니하고 익금에 가산한 후 그 대표자에 대한 상여로 처분하여 원고에게 그에 대한 근로소득세 등을 부과하고서도, 위 각 금액에 대하여 다시 이 사건 이자소득세 등

의 부과처분(원천징수 관련)을 하였다. 또한 피고는 원고가 1985. 1. 1.부터 같은 해 6. 30까지 사이에 1,000만 원을 사채이자로 지급하였다 하여 그 지급사실의 유무를 확인함이 없이 1985. 8. 1. 원고에게 위 금액에 대한 이자소득세 등을 부과하는 이 사건 과세처분(원천징수 관련)을 한 후, 원고의 1985사업연도 법인세의 과세표준과 세액을 결정함에 있어 다시 위 사채이자의 지급금액이 그 채권자가 불분명하다고 하여 이를 손금에 산입하지 아니하고 이를 익금에 가산하여 그 대표자에 대한 상여로 처분하고 그에 대한 근로소득세 등을 부과하였다.

〈쟁점〉

법인이 지급한 사채이자가 채권자가 불분명한 사채이자로 인정된 경우 법인의 채권자에 대한 이자소득세 원천징수의무의 유무

(2) 판결내용

"법인이 사채이자를 지급한 경우 그것이 위 법인세법 제16조 제11호와 같은 법 시행령 제33조 제7항 각 호에서 규정하는 채권자가 불분명한 사채이자로 인정되어 법인세의 과세표준과 세액을 결정함에 있어 손금산입에서 제외되고 익금에 산입되어 대표자에 대한 상여로 처분된 이상 그 금액은 법인의 대표자에게 귀속된 것으로 보아야 하고, 불분명한 채권자에게 귀속된 것으로는 볼 수 없으므로 법인은 그에 대한 근로소득세를 원천징수하여 납부해야 할 의무만이 있을 뿐 이와는 별도로 채권자에 대한 이자소득세를 원천징수하거나 이를 납부하여야 할 의무는 없다고 해석함이 상당하다 할 것이다."

2. 소득의 종류별 내용과 범위

가. 이자소득(소법 제16조)[35]

(1) 개요

① 이자의 일반적인 정의는 금전을 대여하고 원본의 금액과 대여기간에 비례하여 받는 금전 또는 그 대체물이다. 그러나 소득세법상 이자소득으로 과세되는 '이자'는 금전소비대차에서 발생하는 법령상의 이자뿐만 아니라 금전 이외의 경제적 의미의 이자도 포함한다.[36]

---

[35] 제4회 변호사시험(2문)에서 '이자소득과 사업소득의 구분', 제11회 변호사시험(2문)에서는 '이자소득과 사업소득의 구분, 사업소득의 판단기준'에 관한 문제가 출제된 바 있다.

② 이자소득에 대해서는 필요경비가 인정되지 아니하고, 해당 과세기간의 총수입금액이 과세소득이 된다.

(2) 이자소득의 범위

이자소득의 구체적인 범위는 다음과 같다.

① 국·공채 및 회사채의 이자·할인액, 은행의 이자 등 및 이들 소득과 유사한 소득으로서 금전 사용에 따른 대가로서의 성격이 있는 것(소법 제16조 제1항 제1호부터 제7호까지)

② 채권 또는 증권의 환매조건부 매매차익, 저축성보험의 보험차익, 직장공제회 초과반환금(소법 제16조 제1항 제8호부터 제10호까지)

③ 비영업대금의 이익(소법 제16조 제1항 제11호)

금전의 대여를 영업으로 하지 아니하는 자가 일시적·우발적으로 금전을 대여함에 따라 지급받는 이자 또는 수수료 등이 이에 해당한다.[37]

④ ①부터 ③까지의 소득과 유사한 소득으로서 금전의 사용에 따른 대가로서의 성격이 있는 것(소법 제16조 제1항 제12호)

⑤ 이자소득을 발생시키는 거래와 파생상품의 거래가 결합된 금융상품의 경우 그 파생상품의 거래로부터의 이익(소법 제16조 제1항 제13호)

예컨대, 엔화 정기예금과 엔화 선물환거래가 결합된 이른바 엔화스왑예금 등으로부터 발생하는 소득이 이에 해당한다.

[관련판례] 이자소득의 범위

대법원 2011. 5. 13. 선고 2010두3916 판결[38]

(1) 사실관계

원고는 2003년부터 2006년 초반까지 사이에 엔화정기예금의 이자(약 연

---

36) 이태로·한만수, 앞의 책, 266면 참조.
37) 대법원 1991. 3. 27. 선고 90누9230 판결; 1991. 10. 8. 선고 91누3475 판결 등 참조.
38) 이 판결은 앞서 실질과세원칙 관련판례(실질과세원칙의 입법형식)에서 소개했던 '대법원 2011. 4. 28. 선고 2010두3961 판결'과 사건의 내용 및 결론은 같지만 다루는 쟁점에 차이가 있어서 여기에서 소개한다.

0.05%)는 과세대상에 포함되지만 소득세법상 선물환차익(약 연 3.6%)은 비과세되어 3개월의 정기예금으로도 이자율 연 4.31%(세전)를 확보할 수 있고 금융소득종합과세도 회피할 수 있다는 점을 내세워 주로 고액의 예금고객으로부터 원화를 받아 엔화로 환전하여('현물환거래') 엔화정기예금에 가입시키고('엔화정기예금거래') 거래 당일 예금만기와 일치하는 날의 선물환율을 적용하여 엔화를 매입하는 약정을 함으로써('엔화선도거래') 원금 및 이익금을 다시 원화로 돌려주는 방식의 현물환거래와 엔화정기예금거래 및 선물환거래가 함께 이루어지는 거래('엔화스왑예금거래')를 하였고, 예금만기에 고객에게 엔화정기예금의 이자를 지급하면서는 원천징수를 하였으나 선물환거래로 발생한 이익('선물환차익')에 대해서는 비과세소득으로 보아 원천징수를 하지 않았다.

이에 대하여 피고는 엔화스왑예금거래에 따라 원고에게는 금전의 사용기회가 제공되고 고객에게는 그 대가가 지급되었다고 보아, 선물환차익까지도 포함한 전체 이익이 소득세법 제16조 제1항 제13호 소정의 이자소득에 해당한다며 원고에게 선물환차익에 대해서는 이자소득세 원천징수처분을 하면서 동시에 금융소득종합과세 대상 고객들에 대해서는 선물환차익을 금융소득에 합산하여 종합소득세 과세처분을 하였다.

〈쟁점〉

선물환차익을 쟁점 조항의 이자소득에 해당하는 것으로 볼 것인지 여부. 즉, 열거주의 원칙을 채택하고 있는 소득세법 과세체계 하에서 이자소득의 유형별 포괄주의 과세를 위하여 도입된 쟁점 조항의 법적 성격을 어떻게 볼 것인지 여부

(2) 판결내용

"납세의무자가 경제활동을 함에 있어서는 동일한 경제적 목적을 달성하기 위하여서도 여러 가지의 법률관계 중 하나를 선택할 수 있으므로 그것이 과중한 세금의 부담을 회피하기 위한 행위라고 하더라도 가장행위에 해당한다고 볼 특별한 사정이 없는 이상 유효하다고 보아야 하며, 실질과세의 원칙에 의하여 납세의무자의 거래행위를 그 형식에도 불구하고 조세회피행위라고 하여 그 효력을 부인할 수 있으려면 조세법률주의 원칙상 법률에 개별적이고 구체적인 부인규정이 마련되어 있어야 한다(대법원 1991. 5. 14. 선고 90누3027 판결, 대법원 2009. 4. 9. 선고 2007두26629 판결 등 참조).

한편, 구 소득세법(2006. 12. 30. 개정 전) 제16조 제1항은 "이자소득은 당해 연도에 발생한 다음 각 호의 소득으로 한다."라고 규정하면서, 제3호에서 '국내에서 받는 예금의 이자와 할인액'을, 제9호에서 '대통령령이 정하는 채권 또는 증권

의 환매조건부 매매차익'을, 제13호에서 '제1호 내지 제12호의 소득과 유사한 소득으로서 금전의 사용에 따른 대가의 성격이 있는 것'을 들고 있다.

그리고 구 소득세법 시행령(2005. 2. 19. 개정 전) 제24조는 "법 제16조 제1항 제9호에서 대통령령이 정하는 채권 또는 증권의 환매조건부 매매차익이라 함은 금융기관이 환매기간에 따른 사전약정이율을 적용하여 환매수 또는 환매도하는 조건으로 매매하는 채권 또는 증권의 매매차익을 말한다"고 규정하고 있다."

"원심은 위와 같은 사실관계에 터 잡아, 이 사건 엔화선물환거래를 구성하는 엔화현물환 매도계약과 엔화정기예금계약 및 엔화선물환매수계약이 서로 다른 별개의 법률행위로서 유효하게 성립한 것이므로 그로 인한 조세의 내용과 범위는 그 법률관계에 맞추어 개별적으로 결정되는 것이지 그 거래가 가장행위에 해당한다거나 실질과세의 원칙을 내세워 유기적으로 결합된 하나의 원화예금거래라고 보기 어려우므로, 이 사건 엔화스왑예금거래를 통하여 고객이 얻은 선물환차익은 자본이익의 일종인 외환매매이익에 불과할 뿐 구 소득세법 제16조 제1항 제3호 소정의 예금의 이자 또는 이와 유사한 소득으로 볼 수 없어 같은 항 제13호 소정의 이자소득세의 과세대상에 해당하지 않는다고 판단하고, 나아가 구 소득세법 제16조 제1항 제9호는 채권 또는 증권을 환매조건부로 매매함으로써 계약시부터 환매조건이 성취될 때까지 금전사용의 기회를 제공하고 환매시 대가로 지급하는 일정한 이익을 이자소득으로 보아 과세하는 것인데 이 사건 선물환차익은 채권 또는 증권의 환매조건부 매매차익 또는 그와 유사한 것으로 보기 어렵고, 설령 그와 유사하다고 하더라도 구 소득세법 제16조 제1항 제9호와 구 소득세법 시행령 제24조 소정의 환매조건부 매매차익은 채권 또는 증권의 매매차익만을 대상으로 하고 있으므로, 구 소득세법 제16조 제1항 제13호가 유형적 포괄주의의 형태로 규정되어 있다고 하여 이를 근거로 채권이나 증권이 아닌 외국통화의 매도차익인 이 사건 선물환차익에 관하여도 이자소득세의 과세대상이라고 확대해석하는 것은 조세법률주의의 원칙에 비추어 허용할 수 없다고 판단하였다.

앞서 본 법리와 관계 규정 및 기록에 비추어 살펴보면, 원심의 위와 같은 판단은 정당한 것으로 수긍할 수 있고, 거기에 상고이유에서 주장하는 바와 같은 구 소득세법 제16조 제1항 제13호의 적용범위에 관한 법리오해 등의 위법이 없다."

나. 배당소득(소법 제17조)

(1) 개요

① 주주(사원)의 지위에서 받는 일체의 소득은 배당소득에 해당한다. 이러한 배당소득에 대하여는 배당, 인정배당, 의제배당이라는 용어가 쓰이고 있고, 또 법

인주주가 받은 배당은 그 법인주주가 지급하는 배당과 구별하여 '수입배당'이라는
용어를 쓴다. 한편 배당금의 지급이라 함은 현실적인 지급뿐만 아니라 그와 동일
시할 수 있는 사실에 의하여 지급의무가 소멸되는 일체의 행위를 포함하므로, 주
주들이 임의로 배당금지급청구권을 포기하여 법인의 지급의무를 면제시킨 것은
배당금의 지급에 해당한다.[39]

② 배당소득에 대해서는 필요경비가 인정되지 아니하고, 해당 과세기간의 총
수입금액이 과세소득이 된다.

(2) 배당소득의 범위

배당소득의 구체적인 범위는 다음과 같다.

① **출자자(주주, 사원 등)가 법인으로부터 받는 이익이나 잉여금의 배당 또는
분배금 등 및 이들 소득과 유사한 소득으로서 수익분배의 성격이 있는 것
(소법 제17조 제1항 제1호와 제2호)**

이익배당은 지급방식에 따라 현금배당과 주식배당으로 구분할 수 있는데, 기
업회계기준과 법인세법에서 그 취급을 달리하고 있다. 주식배당의 성격에 대해서
는 주식분할설과 이익배당설로 견해가 나뉜다. 기업회계기준은 주식분할설에 근
거하여 주식배당을 배당으로 보지 아니한다. 법인의 입장에서는 재무상태표상 자
본금이 증가하고 그 금액만큼 잉여금이 감소하여 자본의 합계에 변동이 없고, 주
주의 입장에서는 보유주식 수만 증가할 뿐 주주의 지분율에 변동이 없으므로 주
식배당은 주식분할과 같다는 이유에서이다. 이에 대해 법인세법에서는 이익배당
설에 근거하여 주식배당을 이익배당으로 본다. 법인의 입장에서는 금전배당과 마
찬가지로 잉여금의 감소를 초래하고, 주주의 입장에서는 대가를 지급하지 아니하
고 주식을 교부 받는 경제적 이익이 있다는 이유에서이다.

② **법인과세 신탁재산으로부터 받는 배당금 또는 분배금(소법 제17조 제1항
제2의2호 및 법법 제5조 제2항)**

③ **의제배당(소법 제17조 제1항 제3호)**

의제배당은 법인의 잉여금이 통상적인 이익배당 이외의 다른 형태로 출자자
에게 이전되는 경우에 발생한다. 의제배당은 감자, 해산, 합병, 분할 등의 경우 주

---

[39] 대법원 1984. 12. 26. 선고 84누594 판결; 1985. 11. 12. 선고 85누489 판결 등.

주가 받은 대가가 소멸된 주식의 장부가액(취득가액)을 초과하면 그 초과액을 배당으로 보는 것이다.

예컨대, 자본금 감소 등으로 인한 투자의 회수, 잉여금의 자본금전입(익금불산입항목인 자본잉여금 제외), 청산 시 잔여재산분배, 합병·분할·분할합병 시 주주등이 받는 주식 또는 출자지분의 가액과 금전 또는 그 밖의 재산가액이 출자에 소요된 금액을 초과하는 금액이 의제배당에 해당한다(소법 제17조 제2항).

④ 인정배당(소법 제17조 제1항 제4호)

인정배당은 법인이 법인세 신고를 하지 아니하거나 신고가 정당하지 아니하여 과세관청이 과세표준과 세액을 결정 또는 경정함에 있어 익금에 가산한 금액이 출자자(출자자인 임원 제외)에게 귀속되었다고 보아 소득처분하는 경우에 발생한다.

⑤ 국내 또는 국외에서 받는 대통령령으로 정하는 집합투자기구로부터의 이익 (소법 제17조 제1항 제5호)[40]

⑥ 국내 또는 국외에서 받는 대통령령으로 정하는 파생결합증권 또는 파생결합사채로부터 발생하는 이익(소법 제17조 제1항 제5의2호)

⑦ 금전이 아닌 재산의 신탁계약에 의한 수익권이 표시된 수익증권으로서 대통령령으로 정하는 수익증권으로부터의 이익(소법 제17조 제1항 제5의3호)[41]

⑧ 「자본시장과 금융투자업에 관한 법률」에 따른 투자계약증권으로서 대통령령으로 정하는 투자계약증권으로부터의 이익(소법 제17조 제1항 제5의4호)[42]

⑨ 외국법인으로부터 받는 이익이나 잉여금의 배당 또는 분배금(소법 제17조 제1항 제6호)

⑩ 「국제조세조정에 관한 법률」에 따른 간주배당(소법 제17조 제1항 제7호 및 국조법 제27조)

---

40) 집합투자기구(펀드)로부터 발생하는 수익은 이자, 주식 매매차익, 주식 배당소득, 채권 매매차익, 채권 이자소득, 환차익 등 수익원천에 관계 없이 모두 배당소득으로 과세된다.

41) 비금전 신탁 수익증권의 형태로 운영되는 조각투자상품에 대한 과세기준이 불명확하여 그 수익구조가 유사한 집합투자기구로부터의 이익과 동일하게 배당소득으로 과세하도록 한 것이다 (2025. 7. 1. 이후 지급받는 분부터 적용). '조각투자상품'이란 신탁 수익증권 또는 투자계약증원 형태로 분할 발행하여 다수 투자자가 투자거래할 수 있는 신종 투자상품이다.

42) 투자계약증권의 형태로 운영되는 조각투자상품에 대한 과세기준이 불명확하여 그 수익 구조가 유사한 집합투자기구로부터의 이익과 동일하게 배당소득으로 과세하도록 한 것이다(2025. 7. 1. 이후 지급받는 분부터 적용).

간주배당은 「국제조세조정에 관한 법률」상 특정외국법인(설립국에서의 부담세율이 한국 법인세법상 최고세율의 70% 이하이고 내국인이 발행주식총수 또는 출자총액의 10% 이상 보유한 외국법인)의 유보소득 중 내국인에게 귀속될 금액은 내국인이 배당받은 것으로 보는 제도이다. 내국인이 외국신탁의 수익권을 직접 또는 간접으로 보유하고 있는 경우에는 신탁재산을 각각 하나의 외국법인으로 보아 동일한 방식으로 과세한다.

⑪ 공동사업에서 발생한 소득금액 중 출자공동사업자(상법상 익명조합원)의 손익분배비율에 해당하는 금액(소법 제17조 제1항 제8호, 제43조)

⑫ ①부터 ⑪까지의 소득과 유사한 소득으로서 수익분배의 성격이 있는 것(제17조 제1항 제9호)

⑬ 배당소득을 발생시키는 거래 또는 행위와 파생상품이 결합된 금융상품의 경우 해당 파생상품의 거래 또는 행위로부터의 이익(제17조 제1항 제10호)

[관련판례] 준비금의 자본금전입과 취득비용의 인정 여부

대법원 1992. 11. 10. 선고 92누4116 판결 * 파기환송

(1) 사실관계

소외 합병회사가 1986. 12. 31. 소외 피합병회사를 흡수합병하면서, 피합병회사의 주주들에게 피합병회사의 주식(액면금 500원) 1주에 대하여 합병회사의 주식(액면금 500원) 1주씩을 발행, 교부하였다. 이에 따라 원고도 구주 320,000주를 소유하고 있다가 합병회사로부터 같은 수의 합병신주를 교부받았는데 구주의 대부분은 이익잉여금, 자본준비금 또는 재평가적립금을 자본금전입하여 무상증자함으로 인하여 무상으로 취득한 것이었다.

이에 피고는 원고의 구주 중 80,000주만을 유상취득한 것으로 보고 합병신주의 액면금액 합계 중 구주를 취득하기 위하여 지출한 비용을 초과하는 금액은 구 소득세법(1990. 12. 31. 개정 전) 제26조 제1항 제4호 소정의 의제배당소득에 해당한다고 보고 이 사건 과세처분을 하였다.

〈쟁점〉

− 법인합병 시 합병으로 소멸한 회사의 주식 중 자본준비금이나 재평가적립금의 자본금전입에 따라 취득한 무상주의 액면가액이 구 소득세법(1990. 12.

31. 개정 전) 제26조 제1항 제4호 소정의 "소멸한 법인의 주식을 취득하기 위하여 소요된 금액"에 포함되는지 여부
– 합병 의제배당소득금액 계산에 있어 이익준비금의 자본금전입에 따라 취득한 무상주 액면가액을 위 "가"항의 "소멸한 법인의 주식을 취득하기 위하여 소요된 금액"으로 보아 구주의 취득비용으로 공제하여야 할 것인지 여부

(2) 판결내용

"구 소득세법 제26조 제1항 제4호 소정의 '소멸한 법인의 주식을 취득하기 위하여 소요된 금액'이라 함은 소멸한 법인의 주식을 취득하기 위하여 실제로 지출한 금액을 뜻하며, 자본준비금이나 재평가적립금의 자본금전입에 따라 취득한 무상주는 주금을 불입하지 않고 무상으로 교부받은 것으로서, 종전에 가지고 있던 주식의 취득에 소요된 취득가액 중에는 이러한 무상주의 취득가액도 사실상 포함된 것이므로, 그 무상주의 액면가액을 '소멸한 법인의 주식을 취득하기 위하여 소요된 금액'이라고 할 수는 없는 것이다(당원 1992. 2. 28. 선고 90누2154 판결, 같은 해 3.31. 선고 91누9824 판결, 같은 해 6.26. 선고 92누 3397 판결 등 참조)."

"따라서 원심이 위 제4호 소정의 '소멸한 법인의 주식을 취득하기 위하여 소요된 금액'을 무상주를 포함한 총주식의 액면금액으로 해석하고 자본준비금이나 재평가적립금의 자본금전입에 따라 취득한 무상주의 액면금액까지 취득비용으로 인정하여, 이 사건 과세처분을 위법하다고 판단한 것은, 법인합병 시의 의제배당소득금액 산정에 관한 법리를 오해한 위법이 있다고 아니할 수 없다."

"이익준비금의 자본금전입에 따라 취득하는 무상주의 경우에는, 소득세법 제26조 제1항 제2호 본문 및 같은 법 시행령 제50조 제1항 제1호, 제57조 제2항 제3호에 의하여 그 자본금전입을 결정한 날에 이미 그 무상주의 액면금액이 의제배당소득으로 확정되어 과세대상이 되므로, 그후 합병에 의하여 그 무상주에 대하여 합병신주가 교부되었다 하더라도 합병 의제배당소득금액을 계산함에 있어서는 이 무상주의 액면금액을 구주의 취득비용으로 공제하여야 할 것이고, 그러한 법리는 과세관청이 그 무상주의 가액에 대하여 별도의 의제배당소득으로 과세하지 아니하였다 하여 달라지는 것은 아니라 할 것이다."

"따라서 원고가 소유하던 구주인 위 무상주 중 이익준비금의 자본금전입에 따라 취득한 무상주에 관하여는 이 사건 합병 의제배상소득금액을 계산함에 있어서 그 무상주의 액면금액을 취득비용으로 공제하여야 할 것이므로, 이 부분의 원심의 이유 설시는 적절하다고 할 수 없지만, 그 무상주의 액면금액에 관한 한 이를 취득비용으로 인정하여야 한다는 원심의 판단결과는 정당하다고 할 것이다."

다. 사업소득(소법 제19조)[43]

(1) 개요

① 사업소득은 개인이 영리를 목적으로 자기의 계산과 책임 하에 계속적·반복적으로 행하는 활동을 통하여 얻는 소득, 즉 개인기업이 가득하는 소득이다. 소득세법상 사업소득에 해당하는 것인지 여부는 그 사업이 수익을 목적으로 하고 있는지와 그 규모, 회수, 태양 등에 비추어 사업활동으로 볼 수 있을 정도의 계속성과 반복성이 있는지 등을 고려하여 사회통념에 따라 판단한다.[44]

② 사업소득에 대해서는 필요경비가 인정된다. 사업소득에 대한 필요경비로 인정받으려면 '수입 대응 비용일 것'과 '통상성'을 갖추어야 한다. 소득세법은 제27조 제1항에서 "사업소득금액을 계산할 때 필요경비에 산입할 금액은 '해당 과세기간의 총수입금액에 대응하는 비용'로서 '일반적으로 용인되는 통상적인 것'의 합계액으로 한다"라고 규정하고 있다(같은 취지의 법법 제19조 제2항 참조).[45]

법인세법에서는 소득금액을 계산함에 있어 손금으로 인정받으려면 '사업관련성'과 함께 '통상성' 또는 '직접 수익관련성'을 갖추어야 한다(법법 제19조 제2항). 사업소득 필요경비의 '통상성'에 대해서는 법인세 손금의 판단기준에 관한 법리를 원용할 수 있을 것이다. 법인세 손금의 판단기준에 관한 상세한 설명은 '제2장 법인세법'에서 후술하고 있다.

(2) 사업소득의 범위

① 사업은 작물재배업[46]을 제외한 농업·임업·어업으로부터 각종 제조

---

43) 제4회 변호사시험(2문)에서 '이자소득과 사업소득의 구분', 제8회 변호사시험(2문)에서 '사업소득의 판단기준', 제11회 변호사시험(2문)에서 '이자소득과 사업소득의 구분, 사업소득의 판단기준', 제14회 변호사시험(2문)에서 '사업소득과 기타소득의 구분, 사업소득의 판단기준'에 관한 문제가 출제된 바 있다.

44) 대법원 2005. 8. 19. 판결 2003두14505 판결; 2008. 11. 26. 선고 2008구합14548 판결; 2010. 7. 22. 선고 2008두21768 판결; 2017. 7. 11. 선고 2017두36885 판결 등.

45) 소득세법은 제27조 제1항에서 '해당 과세기간의 총수입금액에 대응하는 비용'이라는 표현을 사용하고 있는데, 기업회계기준의 수익, 비용 인식방법인 '발생주의' 중 비용에 대한 '수익, 비용대응주의'를 염두에 둔 것이라고 보여진다.

46) 보다 정확하게는 곡물 및 기타 식량작물 재배업을 말한다. 농업소득(작물재배업)에 대해서는 국세와 지방세가 부과되지 아니한다.

업, 판매업 및 서비스업에 이르기까지 그 범위가 넓고 종류가 다양하다.

② **사업용 고정자산에 대한 양도소득세(소법 제97조 제3항)**

양도자산의 보유기간에 따른 각 과세기간의 사업소득금액을 계산함에 있어 그 자산에 대한 감가상각비로서 필요경비에 산입하였거나 산입할 금액이 있을 때에는, 양도소득의 필요경비를 계산할 때 취득가액에서 그 금액을 공제한다. 사업소득금액 계산 시 사업용 고정자산의 감가상각비가 필요경비로 인정되어 종합소득세를 감소시킨 경우라면, 그 자산의 양도소득금액 계산 시에는 그 감가상각비를 더한 금액에 대하여 양도소득세를 부담하게 한다는 것이다.

[관련판례] 사업소득

1. 사업의 의의 01 – 대법원 1986. 11. 11. 선고 85누904 판결
2. 사업의 의의 02 – 대법원 1989. 3. 28. 선고 88누8753 판결
3. 사업에서 발생하는 소득 – 대법원 2008. 1. 31. 선고 2006두9535 판결
4. 사업소득의 소득금액과 필요경비 – 대법원 2002. 1. 11. 선고 2000두1799 판결 * 파기환송

---

1. 사업의 의의 01 – 대법원 1986. 11. 11. 선고 85누904 판결

(1) 사실관계

원고는 1978. 9. 경부터 1980. 4. 경까지 사업자등록을 하지 아니한 채, 업무용 차량 5대를 보유하고 상시 7명의 종업원들을 고용하여 '경남사'라는 상호로 대금업을 영위하면서, 위 기간 동안 자기자금과 전주들의 타인자금 등 도합 916억 원을 자기의 계산 아래 70여명의 고객을 상대로 수 십회에 걸쳐 월 3.2%부터 3.6%까지의 고율로 대여하여 사채이자수입을 얻는 한편, 타인자금으로 대출한 부분에 대하여는 각 전주들에게 위 대출이자보다 저율의 이자를 지급하여 왔다. 이에 피고는 원고가 위 각 과세기간 동안 얻은 총 이자소득에서 전주들에게 지급한 이자액과 비과세소득을 각각 뺀 금액을 과세소득으로 확정한 다음, 원고가 '단기금융업법'에 의한 재무부장관의 단기금융업 인가를 받거나 사업자등록을 받지 아니한 채 음성적으로 사채거래를 한 것이므로, 소득세법상 비영리대금 이자소득에 해당한다고 하여 이자소득으로 과세하였다. 이에 대해 원고는 필요경비가 인정되는 사업소득이라고 주장하였다.

〈쟁점〉

단기금융업 인가를 받지 않고 사업자 등록도 없이 대금업을 영위하여 취득한 이자수입도 대금업으로 인하여 발생한 사업소득에 해당하는지 여부

(2) 판결내용

"사업자등록을 하지 않은 채 1년 반 동안의 장기간에 걸쳐 자기계산과 책임하에 업무용 차량 5대와 상시 7명의 직원을 고용하여 916억 원의 자금을 동원하여 70여명의 고객을 상대로 수십 회에 걸쳐 금전을 대여하고 그에 대한 이자수익을 취득해 왔다면, 원고가 비록 '단기금융업법'에 의한 재무부장관의 단기금융업 인가를 받지 아니하였고 사업자등록을 필하지 아니하였다 하더라도 위의 금전거래행위는 그 규모와 횟수, 인적, 물적 설비의 정도, 거래의 태양 등 제반 사정에 비추어 이자수익의 취득을 목적으로 하는 대금업을 영위한 것이라고 보아야 할 것이므로 위의 금전거래로 인하여 취득한 이자 상당의 수입은 위 거래 당시의 소득세법상 대금업으로 인하여 발생한 사업소득에 해당된다고 봄이 상당하다."

2. 사업의 의의 02 – 대법원 1989. 3. 28. 선고 88누8753 판결

(1) 사실관계

원고는 1977. 5. 경 그 소유의 서울 소재 토지에 주택근린생활시설 등의 건물 6동을 신축하여 그 때부터 방실별로 많은 세대에게 6년여 동안 임대하여 오다가 1983. 6. 22.과 같은 해 6. 30. 소외 5인에게 위 토지 및 그 지상건물을 매도하고 그에 대한 양도소득세를 신고, 납부하였다. 이에 대하여 피고는 원고의 매도행위가 부가가치세법상의 부동산매매업 및 소득세법상의 건설업에 해당된다고 보고 부가가치세, 종합소득세 등을 부과, 고지하였다.

〈쟁점〉

소득세법상 사업소득인지의 여부를 가리는 기준

(2) 판결내용

"(먼저 부가가치세에 대해서 보면,) 원심이 적법하게 확정한 바와 같이 원고가 임대를 목적으로 1977. 5. 경 이 사건 토지에 주택근린생활시설 등의 건물 6동을 신축하여 그때부터 방실별로 여러 세대에게 6년여 동안 임대하여 오다가 1983. 6. 22. 과 같은 해 6. 30. 소외인 등에게 위 토지 및 지상건물을 매도하였을 뿐 그 동

안에 매매를 사업의 종류로 하여 사업자등록을 하였거나 그와 같은 사업을 영위한 일이 없었다면, 이는 부가가치세법 시행규칙 제1조 제1항이 정하는 매매를 사업목적으로 나타내어 판매한 때나 그와 같은 목적으로 1과세기간 중에 1회 이상 부동산을 취득하고 2회 이상 판매한 때에 해당하지 아니하므로 원고를 가리켜 부가가치세의 과세대상이 되는 부동산매매업자라고 할 수 없다 할 것이다."

"(다음으로 사업소득세에 대해서 보면,) 소득세법상의 사업소득에 속하는 것인가의 여부는 그 사업이 수익을 목적으로 하고 있는지와 그 규모, 회수, 태양 등에 비추어 사업활동으로 볼 수 있을 정도의 계속성과 반복성이 있는지 등을 고려하여 사회통념에 따라 가려져야 할 것이므로, 앞에서 본 바와 같이 원고가 이 사건 건물을 임대목적으로 신축하여 6년 동안이나 여러 사람에게 방실별로 임대하여 오다가 타인에게 매도하였을 뿐이라면 이를 가리켜 소득세법 시행령 제33조 제2항이 정하는 "주택을 신축하여 판매하는 사업"을 영위하였다고 볼 수 없다 할 것이다"

"원심은, 원고가 1993. 11. 경부터 2001. 11. 경까지 이 사건 주택을 타인에게 임대하여 왔고, 2000. 7. 10. 경에는 이 사건 주택을 사업장으로 하여 공동주택 장기임대를 주종목으로 하는 부동산업의 사업자등록을 하였으며, 이 사건 주택의 양도 무렵인 2002. 5. 경 이 사건 주택의 양도대가와는 별도로 위 임대사업을 폐지함에 따른 영업손실보상 명목으로 이 사건 보상금을 수령한 사실을 인정한 다음, 이와 같은 원고의 사업운영 내용, 기간, 규모 및 이 사건 보상금의 지급경위와 그 지급시기 등에 비추어 보면, 이 사건 보상금은 이 사건 주택의 양도 또는 대여로 인하여 발생한 소득이 아니라 이 사건 주택의 임대사업과 관련하여 발생한 손실에 대한 보상금으로 지급된 것이므로, 양도소득이나 부동산임대소득으로 볼 수는 없고 총수입금액에 산입되는 사업소득에 해당한다고 판단하였다.

위와 같은 법리와 관련 규정 및 기록에 비추어 살펴보면, 이러한 원심의 판단은 정당하고, 거기에 상고이유에서 주장하는 바와 같은 소득세법상 양도소득, 사업소득 및 부동산임대소득에 관한 법리오해 등의 위법이 없다."

3. 사업에서 발생하는 소득 – 대법원 2008. 1. 31. 선고 2006두9535 판결

(1) 사실관계

원고는 1993. 11. 2. 그 소유의 서울 소재 토지에 다세대주택을 신축한 뒤 이를 타인에게 임대하여 왔다. 그런데 이 사건 토지 일대를 사업부지로 하여 주택재건축사업을 시행하기 위해 2000. 6. 3. 아파트재건축주택조합이 설립되자, 원고는

2000. 7. 10. 관할세무서장에게 개업일자를 2000. 6. 24., 사업장을 이 사건 주택 ○○○호, 주업태를 부동산업, 주종목을 공동주택 장기임대로 하는 사업자등록을 하였다. 이후 이 사건 토지가 위 사업부지에 편입됨에 따라 더 이상 이 사건 주택 을 이용하여 임대사업을 영위할 수 없게 되자, 2001. 11. 24. 재건축조합에게 이 사건 토지와 건물에 대하여 신탁을 원인으로 한 소유권이전등기를 해주면서, 그 대가로 재건축조합으로부터 이 사건 토지·건물의 평가액인 6억 2,000만 원으로 위 아파트를 분양받기로 약정하였다. 그리고 위와 별도로 원고는 재건축조합으로 부터 이 사건 주택을 이용한 임대사업의 폐지에 따른 영업손실보상금 명목으로 2002. 5. 15. 2억 원, 같은 달 24. 2억 7,000만 원 등 합계 4억 7,000만 원을 지급 받았다. 원고는 2002년 귀속 종합소득세 과세표준신고를 하면서 이 사건 보상금을 수입금액으로 신고하지 아니하였다.

이에 대해 피고는 2003. 12. 8.부터 같은 달 10.까지 실지조사를 거쳐 위 보상 금은 원고가 이 사건 주택의 임대사업과 관련하여 얻은 사업소득에 해당함에도 그 신고를 누락하였다는 이유로 그 금액을 원고의 2002년 귀속 종합소득의 총수입금 액에 가산하는 방법으로 종합소득세를 경정한 후 2004. 1. 10. 원고에 대하여 2002년 귀속 종합소득세 2억 원(가산세 포함)을 부과·고지하였다. 이에 대해 원 고는 부동산소유권을 이전하면서 받은 것이니 양도소득에 해당한다고 주장하였다.

〈쟁점〉

사업자가 사업장의 수용 또는 양도로 인해 사업시행자로부터 받는 보상금이 양 도소득인지 사업소득인지 여부의 판단 기준

(2) 판결내용

"사업자가 사업을 영위하다가 그 사업장이 수용 또는 양도됨으로 인하여 그와 관련하여 사업시행자로부터 지급받는 보상금은, 그 내용이 양도소득세 과세대상이 되는 자산 등에 대한 대가보상금인 경우는 양도소득으로, 그 이외의 자산의 손실에 대한 보상이나 영업보상, 휴·폐업보상, 이전보상 등 당해 사업과 관련하여 감소되 는 소득이나 발생하는 손실 등을 보상하기 위하여 지급되는 손실보상금인 경 우는 그 사업의 태양에 따른 사업소득으로 보아 그 총수입금액에 산입함이 상 당하다."

4. 사업소득의 소득금액과 필요경비 – 대법원 2002. 1. 11. 선고 2000두1799 판결
* 파기환송

(1) 사실관계

원고는 1991. 6. 13. 이 사건 건물을 신축하여 같은 달 17일 소유권보존등기를 마치고 이를 임대하여 부동산임대업을 영위해 오면서, 투하자본을 회수하기 위하여 주식회사 한국외환은행으로부터 1991. 12. 24.에 1억 원, 1992. 6. 20.에 500만 원, 1993. 4. 6.에 3,500만 원, 1993. 10. 22.에 7,000만 원, 1994. 7. 1.에 1억 원, 1995. 10. 16.에 5,000만 원을 각 차용하여 1993. 12. 31. 현재 합계 2억 1,000만 원의 차입금채무를, 1994. 12. 31.부터 1995. 12. 31.까지는 합계 1억 7,500만 원의 차입금채무를 각각 부담하고 그 차입금에 대한 이자를 지급해왔다. 원고는 1994년분 및 1995년분 각 종합소득세 과세표준확정신고를 하면서 위 차입금의 지급이자로 2,500만 원 및 2,300만 원을 부동산임대업에 관한 필요경비로 각 공제하여 신고하였으나, 피고는 실지조사를 거쳐 위 지급이자가 총수입금액을 얻기 위하여 직접 사용된 부채의 지급이자에 해당하지 않는다는 이유로 이를 필요경비에서 제외하여 이 사건 1994년분 및 1995년분 각 종합소득세 부과처분을 하였다.

〈쟁점〉
임대사업자의 자본인출금으로 사용한 차입금 지급이자의 필요경비 해당 여부

(2) 판결내용

"거주자가 부동산임대업을 자기 자본에 의하여 경영할 것인지 차입금에 의하여 경영할 것인지는 거주자 개인의 선택에 달린 문제이므로, 거주자의 부동산임대소득금액을 계산함에 있어서, 임대용 부동산의 취득비용으로 사용된 당초의 차입금을 그 후 다른 차입금으로 상환한 경우는 물론이고, 당초 자기 자본으로 임대용 부동산을 취득하였다가 그 후 투하자본의 회수를 위하여 새로 차입한 금원을 자본인출금으로 사용한 경우에도, (생략) 그 차입금채무는 부동산임대업을 영위하는 데 필요한 자산에 대응한 부채로서 사업에 직접 사용된 부채에 해당한다고 보아야 할 것이고, 따라서 그 차입금의 지급이자는 총수입금액을 얻기 위하여 직접 사용된 부채에 대한 지급이자로서 필요경비에 해당한다고 보아야 할 것이다."

"원심이 확정한 위 사실관계 및 이 사건 기록에 의하면, (생략) 원고는 당초 이 사건 토지의 가액에 상당한 10억 5,000만 원을 자본금으로 계상하고 임대보증금으로 건물을 신축하면서 부족한 신축비용 등을 단기차입금으로 충당하였다가, 그 후 임대보증금 수령액이 늘어나자 투하자본을 회수함에 있어서, 그 임대보증금 일

> 부를 자본인출금으로 사용하는 한편, 당초의 차입금을 새로운 이 사건 차입금으로 대체·상환하였거나, 혹은 그 임대보증금 일부로 당초의 차입금을 상환하는 한편, 이 사건 차입금을 자본인출금으로 사용한 것이라고 볼 수 있고, 따라서 이 사건 차입금채무는 부동산임대업에 직접 사용된 부채에 해당하여 그 지급이자는 총수입금액을 얻기 위하여 직접 사용된 부채에 대한 지급이자로서 필요경비에 해당한다고 보아야 할 것이다."

라. 근로소득(소법 제20조)

(1) 개요

① 근로소득은 명칭 여하에 불구하고 비독립적인 지위에서 노무를 제공하고 받는 대가이다. 과세대상이 되는 근로소득에 해당하는지의 여부는 그 지급된 금원의 명목이 아니라 성질에 따라 결정된다. 그 금원의 지급이 근로의 대가가 되는 경우는 물론이고 어느 근로를 전제로 그와 밀접하게 관련되어 근로조건의 내용을 이루고 규칙적으로 지급되는 것이라면 과세의 대상이 된다.[47] 대부분의 경우 고용계약에 의하여 노무가 제공되지만, 경우에 따라서는 위임계약(이사·감사)이나 공법상의 근로관계(공무원)에 의하여 노무가 제공되기도 한다.

② 근로소득에 대해서는 필요경비가 인정되지 아니한다. 그러나 생계배려 차원에서 근로소득 일반공제와 특별공제, 그리고 세액공제가 인정된다.

(2) 근로소득의 범위

① 과세대상 근로소득은 근로를 제공함으로써 받는 봉급·급료·보수·세비·임금·상여·수당과 이와 유사한 성질의 급여이다. 근로관계의 계속성 여하에 따라 일반급여와 일용근로자급여[3개월 기준(건설공사 1년 기준), 100분의 6의 세율로 원천징수 분리과세]로 구분한다.

② 인정상여(소법 제20조 제1항 제3호 및 법법 제67조), 퇴직 시 받는 소득으로서 퇴직소득에 속하지 아니하는 소득(소법 제20조 제1항 제4호), 종업원 등 또는 대학의 교직원이 지급받는 직무발명보상금(소법 제20조 제1항 제5호), 생산·공급하는 재화 또는 용역을 저가로 제공하여 임원 등이 얻는 이익(소법 제20조 제1항 제6호), 주

---

47) 대법원 2005. 4. 15. 선고 2003두4089 판결 참조.

식매수선택권 행사이익(소법 령 제38조 제1항 제17호)[48] 등도 근로소득에 포함된다.

[관련판례] 근로소득

1. 근로소득 해당여부 01 – 대법원 1999. 9. 17. 선고 97누9666 판결 * 파기
   환송
2. 근로소득 해당여부 02 – 대법원 2005. 4. 15. 선고 2003두4089 판결
3. 주식매수선택권 – 대법원 2007. 11. 15. 선고 2007두5172 판결 (공통)

---

1. 근로소득 해당여부 01 – 대법원 1999. 9. 17. 선고 97누9666 판결 * 파기환송

(1) 사실관계

상호신용금고법에 따라 상호신용계업무, 신용부금업무 등을 목적으로 하여 설립된 법인인 원고가 1989. 3. 29. 경부터 1991. 9. 30. 경까지의 사이에 부동산의 임차보증금을 그 소유자들에게 지급한다는 명목으로 주주 겸 대표이사인 소외인에게 76억 원, 주주 2인에게 각각 2억 원씩, 합계 80억 원을 지급하였으나 그 부동산들은 실제로 사용된 적이 없었다.

이에 피고는 원고가 특수관계자인 위 소외인 등에게 임차보증금 명목으로 합계 80억 원을 지급한 것은 임차보증금을 빙자하여 자금을 무상으로 변칙대여한 것으로서 부당행위계산에 해당한다고 보고 이를 부인하여, 원고의 1988. 7. 1.부터 1992. 6. 30.까지의 각 사업연도에 대한 법인세 과세표준을 경정함에 있어 그에 대한 인정이자를 익금에 산입한 뒤, 구 법인세법(1994. 12. 22. 개정 전) 제32조 제5항, 같은 법 시행령(1993. 12. 31. 개정 전) 제94조의2 제1항 제1호 (가)목 및 (나)목에 의하여 1989년부터 1992년까지의 귀속연도별로 위 인정이자 중 소외인에 대한 부분은 상여로, 위 주주 2인에 대한 부분은 배당으로 각각 소득처분하고, 그 소득처분에 근거하여 1993. 8. 20. 원고에 대하여 1989년부터 1992년까지의 귀속분 원천징수세액으로서 위 소외인의 근로소득세 등과 위 주주 2인의 배당소득세 등을 징수고지하였다.

〈쟁점〉

대표이사가 법인의 수익을 사외유출시켜 자신에게 귀속되도록 한 것 중 법인의 사업을 위하여 사용된 것임이 분명하지 아니한 것이 근로소득에 해당하는지 여부

---

48) 퇴직 후 또는 상속에 따른 주식매수선택권 행사이익은 기타소득에 해당한다.

(2) 판결내용

"법인의 대표이사가 그의 지위를 이용하여 법인의 수익을 사외로 유출시켜 자신에게 귀속시킨 것 중 법인의 사업을 위하여 사용된 것임이 분명하지 아니한 것은 특별한 사정이 없는 한 대표이사 자신에 대한 상여 내지 이와 유사한 임시적 급여로서 근로소득에 해당하는 것으로 볼 수 있으므로(대법원 1997. 12. 26. 선고 97누4456 판결 참조), 원심 법원으로서는 대표이사인 소외인이 원고의 자금 76억 원을 무상으로 대여받아 사용함으로써 그 사용기간 동안 얻은 통상 지급하여야 할 이자 상당의 경제적 이익이 소득세법 제21조 제1항 제1호 (가)목 소정의 근로소득으로서 소외인에게 귀속된 것이라는 피고의 변경된 처분사유에 관하여 심리하여 이 사건 처분이 그대로 유지될 수 있는지의 여부를 판단하였어야 할 것이다."

"그럼에도 불구하고, 원심이 소득처분에 관한 법인세법 제32조 제5항이 위헌이라는 이유로 이 사건 처분 중 위 소외인의 1989년부터 1992년까지의 귀속분 근로소득세 합계 9억 원 등의 원천징수처분 부분이 위법하다고 판단함에 그치고 만 것은, 처분사유 변경에 관한 법리를 오해하여 심리를 다하지 아니하였거나 판단을 유탈한 것이라고 할 것이어서, 이 부분에 관한 상고이유의 주장은 정당하기에 이를 받아들인다."

2. 근로소득 해당여부 02 - 대법원 2005. 4. 15. 선고 2003두4089 판결

(1) 사실관계

피고는 1999. 1. 10. 원고 국민의료보험관리공단에 대하여, 통합 전의 공무원 및사립학교 교직원 의료보험관리공단(원고)이 1996. 1. 1.부터 1998. 8. 31.까지의 기간 동안 임직원들에게 지급한 기밀비, 업무추진비, 자가운전보조비 등은 각 해당연도 직원들의 근로소득(1996년 3억 4,000만 원, 1997년 5억 2,000만 원, 1998년 4억 원)으로서 이에 대한 원천징수가 이루어졌어야 함에도 이를 하지 않아 1996년부터 1998년까지의 원천징수 근로소득세가 과소징수되었다는 이유로 각 근로소득세 1996년 귀속분 9,000만 원, 1997년 귀속분 1억 3,000만 원, 1998년 귀속분 1억 3천만 원을 부과처분을 하였다.

〈쟁점〉
과세대상이 되는 근로소득에 해당하는지 여부의 판단 기준

(2) 판결내용

"과세대상이 되는 근로소득에 해당하는지 여부는 그 지급된 금원의 명목이 아니라 성질에 따라 결정되어야 할 것으로서 그 금원의 지급이 근로의 대가가 될 때는 물론이고 어느 근로를 전제로 그와 밀접히 관련되어 근로조건의 내용을 이루고 규칙적으로 지급되는 것이라면 과세의 대상이 되는 것이다(대법원 1962. 6. 21. 선고 62누26 판결, 1972. 4. 28. 선고 71누222 판결 등 참조)."

"원심은, 원고 소속 임직원들에게 지급된 이 사건 기밀비와 업무추진비는 그 직급에 따라 매월 정액으로 정기적으로 지급되었을 뿐만 아니라 원고가 그 사용목적이나 사용방법 등에 관하여 아무런 기준을 제시한 바도 없고, 또 원고 소속 임직원들이 이 사건 기밀비와 업무추진비를 업무와 관련하여 지출하였다고 볼만한 아무런 자료도 없는 점 등에 비추어 보면, 이 사건 기밀비와 업무추진비는 실질적으로 근로 제공의 대가에 해당하거나 아니면 적어도 근로를 전제로 그와 밀접히 관련되어 근로조건의 내용을 이루면서 규칙적으로 지급된 것으로서 과세대상인 근로소득에 해당한다."

3. 주식매수선택권 – 대법원 2007. 11. 15. 선고 2007두5172 판결 (공통)

(1) 사실관계

원고들은 외국기업들의 국내자회사의 임직원으로 근무하면서 국내자회사들의 주식을 67%와 100%씩 보유하고 있던 외국기업들로부터 원고들이 일정한 기간 국내자회사들에서 근무하여야 하고, 원칙적으로 국내자회사들과 고용계약이 해지되면 주식매수선택권 부여계약도 그 효력을 상실하며, 부여된 주식매수선택권은 타인에게 양도할 수 없다는 조건으로 외국모회사의 주식매수선택권을 부여받았다. 그 후 원고들은 국내자회사에 근무하면서 1996년부터 2000년까지 각각 그 주식매수선택권을 행사함으로써 그 행사일 현재의 주식거래가액(시가)에서 주식매수선택권 행사가격(실제 취득가격)을 공제한 차액을 기준환율로 환산한 금액 상당의 이익을 얻었다. 이에 대해 피고는 각각 근로소득세를 부과하였다.

〈쟁점〉
- 외국모회사의 국내자회사에 근무하는 사람이 외국모회사로부터 받은 모회사에 대한 주식매수선택권 행사이익이 근로소득에 해당하는지 여부
- 주식매수선택권 행사이익의 소득발생시기

(2) 판결내용

"소득세법 제20조 제1항 소정의 근로소득은 지급형태나 명칭을 불문하고 성질상 근로의 제공과 대가관계에 있는 일체의 경제적 이익을 포함할 뿐 아니라 직접적인 근로의 대가 외에도 근로를 전제로 그와 밀접히 관련되어 근로조건의 내용을 이루고 있는 급여도 포함한다 할 것이다."

"사정이 그러하다면 원고들의 이 사건 주식매수선택권 행사이익은 국내 자회사들의 경영과 업무수행에 직접 또는 간접적으로 영향을 미치는 외국 모회사들이 원고들에게 지급한 것으로서 이는 원고들이 국내 자회사들에게 제공한 근로와 일정한 상관관계 내지 경제적 합리성에 기한 대가관계가 있다고 봄이 상당하다."

"소득세의 과세대상이 되는 소득이 발생하였다고 하기 위하여는 소득이 현실적으로 실현되었을 것까지는 필요 없다고 하더라도 소득이 발생할 권리가 그 실현의 가능성에 있어 상당히 높은 정도로 성숙·확정되어야 하고, 그 권리가 이런 정도에 이르지 아니하고 단지 성립한 것에 불과한 단계로서는 소득의 발생이 있다고 할 수 없는 바(대법원 2003. 12. 26. 선고 2001두7176 판결 등 참조), 주식매수선택권은 그 행사 여부가 전적으로 이를 부여받은 임직원의 선택에 맡겨져 있으므로 단순히 주식매수선택권의 부여 자체만으로는 어떠한 소득이 발생되었다고 볼 수 없고, 주식매수선택권을 행사하여 주식을 취득함으로써 비로소 해당 주식의 시가와 주식매수선택권 행사가액의 차액에 상당하는 경제적 이익이 확정 내지 현실화된다고 할 것이므로 위 행사 시점에 그로 인한 소득이 발생한 것으로 보아야 할 것이다."

"원심이 이 사건 주식매수선택권의 행사이익은 그 행사시기가 속한 과세기간의 근로소득에 해당한다고 판단한 것은 위 법리에 따른 것으로 정당하고, 거기에 상고이유로 주장하는 바와 같은 근로소득의 발생시기에 관한 법리오해 등의 위법이 없다."

마. 연금소득(소법 제20조의3)

(1) 개요

① 연금소득은 연금의 형태로 지급되는 소득이다. 공적연금(국민연금, 공무원연금, 군인연금, 사립학교교직원연금), 사적연금(연금저축 등) 및 퇴직연금이 대상이다.

② 연금소득에 대해서는 필요경비가 인정되지 아니하지만, 종합소득과세를 하는 경우에는 근로소득처럼 생계배려차원에서 소득공제가 인정된다(350만 원 이

하 100분의 100에서 1,400만 원 초과 100분의 10까지. 소법 제47조의2 참조).

(2) 연금소득의 범위

① 과세대상 연금소득은 공적연금소득, 연금저축계좌 등에서 인출하는 사적연금소득 및 퇴직연금계좌에서 인출하는 퇴직연금소득이다.

② **과세대상인 공적연금소득의 범위 축소(소법 제20조의3 제2항)**

공적연금소득의 과세대상은 2002년 1월 1일 이후에 납입된 연금기여금과 사용자 부담금을 기초로 하거나 2002년 1월 1일 이후 근로의 제공을 기초로 하여 받는 연금소득으로 한다. 2002년 1월 1일부터 공적연금 기여금에 대한 소득공제를 인정하였고, 그 이전에는 공적연금기여금에 대한 소득공제를 인정하지 아니하였기 때문이다.

바. 기타소득(소법 제21조)

(1) 개요

① 기타소득은 일시적·우발적 소득 중에서 종합소득에 포함되는 소득이다. 소득세법은 기타소득에 대하여 열거주의방식을 취하고 있다.

② 기타소득에 대해서는 필요경비가 인정되는데, 대부분의 경우 지급받은 금액의 100분의 60이다.

(2) 기타소득의 범위

① 과세대상 기타소득은 상금, 당첨금, 저작권 등의 양도·대여수익, 광업권·어업권·산업재산권 등의 대여수익·양도소득, 장소의 일시적 대여에 따른 소득, 위약금, 배상금, 전속계약금, 강연료, 원고료 등이다.

② **위약금 또는 배상금(소법 제21조 제1항 제10호)**

'위약금 또는 배상금'이란 계약의 위약 또는 해약으로 인하여 받는 위약금, 배상금 및 부당이득 반환 시 지급받는 이자(법정이자)[49]를 말한다.

'위약금 또는 배상금' 중 기타소득에 해당하는 부분은 재산권에 관한 계약의 위약 또는 해약으로 인하여 받는 손해배상으로서 그 명목 여하에 불구하고 본래

---

49) 대법원 1997. 9. 5. 선고 96누16315 판결 등 참조.

의 계약의 내용이 되는 지급 자체에 대한 손해를 넘는 손해에 대하여 배상하는
금전 또는 기타 물품의 가액이다. 계약의 위약 또는 해약으로 반환받은 금전 등의
가액이 계약에 따라 당초 지급한 총금액을 넘지 아니하는 경우에는 지급 자체에
대한 손해를 넘는 금전 등의 가액으로 보지 아니한다(소법 령 제41조 제8항).

생명·신체 등의 인격적 이익이나 가족권 등 비재산적 이익의 침해로 인한
손해배상 또는 위자료 등 및 이에 대한 지연손해금은 소득세의 과세대상에 해당
하지 아니한다. 예컨대, 교통재해를 직접적인 원인으로 신체상의 상해를 입었음을
이유로 지급된 보험금은 소득세의 과세대상이 아니고 이에 대한 지연손해금도 소
득세의 과세대상이 아니다.[50]

위약 또는 해약의 대상이 되는 '계약' 내지는 '재산권에 관한 계약'이란 엄격
한 의미의 계약만을 가리킨다. 소송상 화해는 재산권에 관한 계약을 원인으로 하
여 성립되었다는 등의 특별한 사정이 없는 한 이에 포함되지 아니한다. 따라서 당
초 재산권에 관한 계약과는 관계가 없는 것으로서 소송상 화해로 비로소 발생하
는 의무의 위반을 원인으로 한 배상금은 원칙적으로 소득세의 과세대상에 해당하
지 아니한다.[51]

[관련판례] 기타소득

1. 위약금 또는 배상금 01 – 대법원 1997. 9. 5. 선고 96누16315 판결
2. 위약금 또는 배상금 02 – 대법원 2004. 4. 9. 선고 2002두3942 판결 * 파
   기환송
3. 뇌물 등의 몰수·추징과 과세 – 대법원 2015. 7. 16. 선고 2014두5514 전
   원합의체 판결 * 파기환송

---

1. 위약금 또는 배상금 01 – 대법원 1997. 9. 5. 선고 96누16315 판결

(1) 사실관계

원고는 1984. 5. 16. 소외 주식회사 국제상사가 소외 신한투자금융주식회사와
의 사이에 1982. 12. 3. 체결한 어음거래약정에 따라 신한투금에 대하여 부담하는

---

[50] 대법원 2008. 6. 26. 선고 2006다31672 판결.
[51] 대법원 2014. 1. 23. 선고 2012두3446 판결.

채무를 연대보증하였고, 국제상사는 위 어음거래약정에 따라 신한투금으로부터 할인어음대출로 25억 6,000만 원을 차용하였는데, 위 국제상사가 이를 변제하지 아니하여 위 신한투금은 1986. 5. 27. 위 국제상사에 대한 위 할인어음대출금을 자동채권으로 하여 연대보증인인 원고가 위 신한투금에 대하여 가지고 있던 25억 6,000만 원의 약속어음채권을 수동채권으로 하여 대등액에서 상계의 의사표시를 하였다.

원고는 그 후 위 국제상사를 상대로 서울지방법원 90가합21716 호로 구상금청구의 소를 제기하여 1990. 9. 21. 위 법원으로부터 위 국제상사는 원고에게 25억 6,000만 원 및 이에 대한 상계일, 즉 청구권 발생일인 1986. 5. 27.부터 위 사건의 소장부본송달일인 1990. 4. 13.까지는 민법에 정한 연 5%의, 그 다음날부터 완제일까지는 '소송촉진 등에 관한 특례법'에 정한 연 25%의 각 비율에 의한 지연손해금을 지급하라는 취지의 승소판결을 선고받고, 위 판결이 그 무렵 확정됨에 따라 1990. 11. 1. 국제상사로부터 위 판결에서 지급을 명한 25억 6,000만 원 및 이에 대한 지연손해금으로 8억 5,000만 원 합계 34억 1,000만 원을 지급받았다.

이에 피고는 1995. 2. 16. 위 지연손해금으로 지급받은 8억 5,000만 원을 구 소득세법 제25조 제1항 제9호 소정의 기타소득으로 보고 위 금액을 원고가 1990년도 종합소득으로 신고한 4,000만 원과 합산한 도합 8억 9,000만 원을 원고의 1990년도 종합소득으로 하여 원고가 납부하여야 할 종합소득세를 계산하고 이 사건 금원에 대한 신고 및 납부불성실 가산세를 가산한 다음 원천징수하거나 자진납부한 원고의 기납부세액을 공제하고 청구취지 기재와 같이 종합소득세 등을 부과하는 처분을 하였다.

〈쟁점〉
  − 수탁보증인이 보증채무를 이행한 다음 주채무자에 대한 구상권 행사로서 수령한 법정이자 및 지연손해금이 기타소득의 일종인 손해배상금에 해당하는지 여부
  − 위 법정이자가 이자소득의 일종인 '비영업대금의 이익'에 해당하는지 여부

(2) 판결내용
"수탁보증인이 그 출재로 주채무를 소멸하게 한 다음, 주채무자를 상대로 제기한 구상금 청구소송에서 그 출재액과 이에 대한 면책일(상계일) 이후 소장송달일까지의 연 5%의 민사법정이율에 의한 법정이자와 그 다음날부터 완제일까지의 '소송촉진 등에 관한 특례법' 소정의 연 25%의 비율에 의한 지연손해금에 관한 승소판결을 받고 그 확정판결에 기하여 법정이자와 지연손해금을 수령한 경우, 그

지연손해금은 구 소득세법(1994. 12. 22. 개정 전) 제25조 제1항 제9호, 같은 법 시행령(1994. 12. 31. 개정 전) 제49조 제3항에서 기타소득의 하나로 정하고 있는 '계약의 위약 또는 해약으로 인하여 받는 위약금과 배상금'에 해당한다고 할 것이다.

　　수탁보증인의 구상권에 속하는 법정이자는 이자의 일종으로서 채무불이행으로 인하여 발생하는 손해배상과는 그 성격을 달리하는 것이므로, 소득세법에서 기타소득의 하나로 정하고 있는 "계약의 위약 또는 해약으로 인하여 받는 위약금과 배상금"에 해당하지 아니한다."

　　"'비영업대금의 이익'이란, 금전의 대여를 영업으로 하지 아니하는 자가 일시적·우발적으로 금전을 대여함에 따라 지급받는 이자 또는 수수료 등을 말하는 것이고(대법원 1991. 3. 27. 선고 90누9230 판결, 1991. 10. 8. 선고 91누3475 판결 등 참조), 여기서 말하는 법정이자는 대여금으로 인한 것이 아니어서 위와 같은 '비영업대금의 이익'에 해당하지 아니한다고 할 것이다."

2. 위약금 또는 배상금 02 - 대법원 2004. 4. 9. 선고 2002두3942 판결 * 파기환송

(1) 사실관계

　　원고들은 1995. 5. 4. 이 사건 부동산을 대금 29억 원에 대주건설 주식회사에게 매도하는 매매계약을 체결한 다음 1995. 7. 19.까지 계약금과 중도금으로 합계 18억 원을 수령하였다. 대주건설의 자금사정이 악화되어 약정 잔대금 지급기일에 잔대금의 지급이 여의치 않게 되자 원고들은 1995. 9. 28. 대주건설의 요청에 따라 이 사건 부동산의 소유권이전등기에 필요한 서류를 먼저 교부하는 대신 대주건설은 1995. 10. 20.까지 잔대금 11억 원 중 5억 원을 지급하고 나머지 6억 원은 명도 완료 즉시 지급하기로 약정하였다. 그런데 대주건설이 원고들로부터 소유권이전등기서류를 교부받고서도 등기비용 등이 부족하여 이전등기를 하지 못할 뿐만 아니라 약정기일에 잔대금도 지급하지 못하자, 원고들은 1996. 11. 25. 대주건설에게 이 사건 매매계약을 해제한다는 의사표시를 하였다. 그 후 대주건설을 인수한 주식회사 송산과 사이에 계약불이행과 관련한 귀책사유, 계약의 해제 여부 등을 둘러싸고 의견대립이 있던 중에 1997. 7. 14. 원고들과 송산은 이 사건 매매계약을 해제하기로 합의하면서, 원고들은 이미 수령한 계약금 및 중도금 합계 18억 원 중에서 3억 원은 매매계약의 해제로 인한 손해금으로 원고들이 몰취하고 나머지 15억 원만을 송산에게 반환하였다. 이 과정에서 원고들은 잔대금 지급기일까지 이 사건 부동산의 명도를 완료하기 위하여 그 부동산을 임차하고 있던 다수의 임차인들에게 임대차보증금 외에 이사비용 등을 지급한 다음에 임차부분을 명도받기도 하고, 일부 임차인들과는 명도소송 등을 통하여 임차부분을 명도받기도 하였으며, 또 대주건설의 요청으로 이 사건 부동산 지상에 있던 한옥 건물 2채를 원고들의 비용으로 철거하기도 하였다.

이에 대해 관할세무서는 이 사건 매매계약이 매수인인 대주건설의 채무불이행으로 인한 원고들의 해약통보에 의하여 1996. 11. 25. 경 해제되었고, 1997. 7. 14.자 약정은 해제로 인한 손해배상의 범위를 매매계약시 약정한 위약금 상당액으로 정한 것으로 보이므로, 결국 원고들이 손해금으로 수령한 위 3억 원은 구 소득세법(2000. 12. 29. 개정 전) 제21조 제1항 제10호 소정의 계약의 위약 또는 해약으로 인하여 받는 위약금 또는 배상금으로 기타소득에 해당한다고 판단하여 과세처분하였다.

〈쟁점〉

매수인측의 채무불이행으로 매매계약을 합의해제하면서 매도인이 매수인으로부터 손해배상금 명목으로 금원을 지급받은 경우, 그 금원이 구 소득세법상의 '기타소득'에 해당하는지 여부

(2) 판결내용

"구 소득세법(2000. 12. 29. 개정 전) 제21조 제1항 제10호는 '기타소득'의 하나로 계약의 위약 또는 해약으로 인하여 받는 위약금과 배상금을 규정하고 있고, 같은 법 시행령(2000. 12. 29. 개정 전) 제41조 제3항은 법 제21조 제1항 제10호에서 위약금 또는 배상금이라 함은 재산권에 관한 계약의 위약 또는 해약으로 인하여 받는 손해배상으로서 그 명목 여하에 불구하고 본래의 계약의 내용이 되는 지급 자체에 대한 손해를 넘는 손해에 대하여 배상하는 금전 또는 기타 물품의 가액을 말한다고 규정하고 있다."

"원고들이 지급받은 위 3억 원은 '본래 계약의 내용이 되는 지급 자체에 대한 손해를 넘는 손해에 대하여 배상하는 금전'으로 기타소득에 해당한다기보다는 원고들이 입은 현실적인 손해를 전보하기 위하여 지급된 손해배상금으로 보는 것이 상당하다고 할 것이다."

3. 뇌물 등의 몰수·추징과 과세 – 대법원 2015. 7. 16. 선고 2014두5514 전원합의체 판결 * 파기환송

(1) 사실관계

재건축정비사업조합의 조합장인 원고는 2008. 7. 경 재건축상가 일반분양분을

우선 매수하려는 소외 1로부터 5,000만 원을, 아파트관리업체 선정 대가로 소외 2로부터 3,8000만 원을 각각 교부받았다. 원고는 2010. 4. 9. 이에 관하여 '특정범죄가중처벌 등에 관한 법률' 위반(뇌물)죄로 처벌을 받으면서 위 합계 8,800만 원의 추징을 명하는 판결을 선고받은 후 그 항소와 상고가 기각되어 판결이 확정되자 2011. 2. 16. 추징금 8,800만 원을 모두 납부하였다.

이에 대해 피고는 위 8,800만 원이 '뇌물'로서 구 소득세법 제21조 제1항 제23호가 정한 기타소득에 해당한다고 보아 2012. 9. 1. 원고에게 2008년 귀속 종합소득세를 부과하였다.

〈쟁점〉
- 위법소득의 지배·관리라는 과세요건이 충족되어 납세의무가 성립한 후 몰수나 추징과 같은 후발적 사유가 발생하여 소득이 실현되지 아니하는 것으로 확정됨으로써 당초 성립하였던 납세의무가 전제를 잃게 된 경우, 후발적 경정청구를 하여 납세의무의 부담에서 벗어날 수 있는지 여부
- 이러한 후발적 경정청구사유가 존재하는데도 당초에 위법소득에 관한 납세의무가 성립하였던 적이 있음을 이유로 과세처분을 한 경우, 항고소송을 통해 취소를 구할 수 있는지 여부

(2) 판결내용

"과세소득은 경제적 측면에서 보아 현실로 이득을 지배·관리하면서 이를 향수하고 있어 담세력이 있다고 판단되면 족하고 그 소득을 얻게 된 원인관계에 대한 법률적 평가가 반드시 적법·유효하여야 하는 것은 아니다(대법원 1983. 10. 25. 선고 81누136 판결 등 참조). 이러한 점에서 구 소득세법(2008. 12. 26. 개정 전) 제21조 제1항은 '뇌물'(제23호), '알선수재 및 배임수재에 의하여 받는 금품'(제24호)을 기타소득의 하나로 정하고 있다.

뇌물 등의 위법소득을 얻은 자가 그 소득을 종국적으로 보유할 권리를 갖지 못함에도 그가 얻은 소득을 과세대상으로 삼는 것은, 그가 사실상 소유자나 정당한 권리자처럼 경제적 측면에서 현실로 이득을 지배·관리하고 있음에도 불구하고 이에 대하여 과세하지 않거나 그가 얻은 위법소득이 더 이상 상실될 가능성이 없을 때에 이르러야 비로소 과세할 수 있다면 이는 위법하게 소득을 얻은 자를 적법하게 소득을 얻은 자보다 우대하는 셈이 되어 조세정의나 조세공평에 반하는 측면이 있음을 고려한 것이고, 사후에 위법소득이 정당한 절차에 의하여 환수됨으로써 그 위법소득에 내재되어 있던 경제적 이익의 상실가능성이 현실화된 경우에는 그때 소득이 종국적으로 실현되지 아니한 것으로 보아 이를 조정하면 충분하다.

그런데 형법상 뇌물, 알선수재, 배임수재 등의 범죄에서 몰수나 추징을 하는 것은 범죄행위로 인한 이득을 박탈하여 부정한 이익을 보유하지 못하게 하는 데 그 목적이 있으므로, 이러한 위법소득에 대하여 몰수나 추징이 이루어졌다면 이는 그 위법소득에 내재되어 있던 경제적 이익의 상실가능성이 현실화된 경우에 해당한다고 보아야 한다. 따라서 이러한 경우에는 그 소득이 종국적으로 실현되지 아니한 것이므로 납세의무 성립 후 후발적 사유가 발생하여 과세표준 및 세액의 산정기초에 변동이 생긴 것으로 보아 납세자로 하여금 그 사실을 증명하여 감액을 청구할 수 있도록 함이 타당하다. 즉, 위법소득의 지배·관리라는 과세요건이 충족됨으로써 일단 납세의무가 성립하였다고 하더라도 그 후 몰수나 추징과 같은 위법소득에 내재되어 있던 경제적 이익의 상실가능성이 현실화되는 후발적 사유가 발생하여 소득이 실현되지 아니하는 것으로 확정됨으로써 당초 성립하였던 납세의무가 그 전제를 잃게 되었다면, 특별한 사정이 없는 한 납세자는 국세기본법 제45조의2 제2항 등이 규정한 후발적 경정청구를 하여 그 납세의무의 부담에서 벗어날 수 있다고 보아야 한다. 그리고 이러한 후발적 경정청구사유가 존재함에도 과세관청이 당초에 위법소득에 관한 납세의무가 성립하였던 적이 있음을 이유로 과세처분을 하였다면 이러한 과세처분은 위법하므로 납세자는 항고소송을 통해 그 취소를 구할 수 있다고 할 것이다."

"원고가 뇌물로 받은 8,800만 원에 관하여는 그 수령 당시에 일단 납세의무가 성립하였다고 하더라도 그 후 추징과 같은 위법소득에 내재되어 있던 경제적 이익의 상실가능성이 현실화되는 후발적 사유가 발생하여 소득이 실현되지 아니하는 것으로 확정됨으로써 당초 성립하였던 납세의무가 그 전제를 잃게 되었으므로, 당초에 위법소득에 관한 납세의무가 성립하였던 적이 있음을 이유로 한 이 사건 처분은 위법하다."

사. 퇴직소득(소법 제22조)

(1) 개요

① 퇴직소득은 근로소득자가 퇴직할 때 지급받는 퇴직급여 중 일시금, 퇴직보험금, 퇴직수당 등의 합산액이다. 퇴직소득은 수령주체의 근로성, 과세의 계기로서의 퇴직의 현실성, 과세객체인 급부의 임금후불성·일시지급성 등을 그 요건으로 한다.[52]

---

52) 이태로·한만수, 앞의 책, 317면.

② 퇴직소득에 대해서는 필요경비가 인정되지 아니하고, 근로소득의 경우처럼 생계배려 차원에서 일반·특별 퇴직소득공제가 인정된다.

(2) 퇴직소득의 범위

① 소득세법에서 정하는 과세대상 퇴직소득은 공적연금 관련법에 따라 받는 일시금, 사용자 부담금을 기초로 하여 현실적인 퇴직을 원인으로 지급받는 소득 및 이들 소득과 유사한 소득이다(소법 제22조 제1항 및 동법 령 제42조의2 제4항).

② 퇴직소득이 발생하기 위하여는 현실적인 퇴직이 있어야 한다. 다음과 같은 경우는 현실적인 퇴직에 해당하지만, 퇴직급여를 실제로 받지 아니한 경우라면 소득세법상 퇴직으로 인정되지 아니한다(소법 령 제43조 제1항).

　ⅰ. 종업원이 임원이 된 경우
　ⅱ. 합병·분할 등 조직변경, 사업양도, 직·간접으로 출자관계에 있는 법인으로의 전출 또는 동일한 사업자가 경영하는 다른 사업장으로의 전출이 이루어진 경우
　ⅲ. 법인의 상근임원이 비상근임원이 된 경우
　ⅳ. 비정규직 근로자가 정규직 근로자로 전환된 경우

아. 양도소득(소법 제94조)

(1) 개요

① 양도소득이란 개인이 토지, 건물 등 부동산이나 분양권과 같은 부동산에 관한 권리 또는 주식 등을 양도함으로 인하여 발생하는 소득을 말한다.

② 양도소득에 대해서는 필요경비 및 기본·특별 양도소득공제가 인정된다.

(2) 양도소득의 대상자산

① **부동산**

토지와 건물

② **부동산에 관한 권리**

부동산을 취득할 수 있는 권리(분양권), 지상권, 전세권 및 등기된 임차권

③ 주식 등

주식과 출자지분. 상장주식은 비과세를, 비상장주식은 과세를 원칙으로 하지만, 상장주식도 대주주가 양도하는 주식과 거래소시장에서의 거래에 의하지 아니하는 주식은 과세된다. 주식 등의 양도소득에 대한 과세의 상세한 내용은 후술한다.

④ 기타 자산

사업용 고정자산과 함께 양도하는 영업권,[53] 이용권 또는 회원권, 일정한 요건(자산총액 중 부동산 등의 가액이 차지하는 비율이 100분의 50 이상)에 해당하는 법인의 주식 또는 출자지분의 100분의 50 이상, 자산총액 중 부동산 등의 가액이 차지하는 비율이 100분의 80 이상인 법인의 주식 등

⑤ 파생상품 등

파생상품 또는 파생결합증권 중 소득세법에서 정하는 것(소법 제94조 제1항 제5호와 동법 령 제159의2 제1항). 다만, 파생상품 등의 거래로부터 발생하는 소득으로서 이자소득이나 배당소득으로 분류되는 것 제외한다.

⑥ 신탁의 이익을 받을 권리(신탁수익권)(소법 제94조 제1항 제6호)

다만, 신탁수익권의 양도를 통하여 신탁재산에 대한 지배·통제권이 사실상 이전되는 경우는 신탁재산 자체의 양도로 본다.

(3) 양도의 개념(소법 제88조)[54]

① 소득세법상 양도란 자산에 대한 등기·등록 여부에 관계 없이 매도·교환·법인에 대한 현물출자 등으로 인하여 그 자산이 '유상(대가성)'으로 '사실상 이전'되는 것을 말한다. '유상성'이란 자산을 양도한 대가로 경제적 이익을 받는 것을 말한다. '사실상 이전'이란 소유권의 이전이 없더라도 자산에 대한 실질적인 지배권이 이전되는 경우를 말한다. 소득세법은 그 시점을 '대금을 청산한 날'로 보고 있다(소법 제98조 참조).

---

53) 영업권이란 그 기업의 전통, 사회적 신용, 그 입지조건, 특수한 제조기술 또는 특수거래관계의 존재 등을 비롯하여 제조판매의 독점성 등으로 동종의 사업을 영위하는 다른 기업이 올리는 수익보다 큰 수익을 올릴 수 있는 초과수익력이라는 무형의 재산적 가치를 말한다, 대법원 2004. 4. 9. 2003두7804 판결.

54) 제6회 변호사시험(2문)에서 '양도의 개념, 이혼에 따른 재산분할 및 위자료와 양도소득세'에 관한 문제가 출제된 바 있다.

② **양도로 보는 경우의 예**

증여자의 부동산에 설정된 채무를 부담하면서 증여가 이루어지는 부담부증여에 있어서 수증자가 부담하는 채무상당액은 그 자산이 사실상 유상양도되는 결과와 같으므로 양도에 해당한다.

③ **양도로 보지 않는 경우의 예**

ⅰ. 위탁자와 수탁자 간 신임관계에 기하여 위탁자의 자산에 신탁이 설정되고 그 신탁재산의 소유권이 수탁자에게 이전된 경우로서, 위탁자가 신탁 설정을 해지하거나 신탁의 수익자를 변경할 수 있는 등 신탁재산을 실질적으로 지배하고 소유하는 것으로 볼 수 있는 경우에는 양도로 보지 아니한다.

ⅱ. 신탁해지를 원인으로 소유권이 원상회복 되는 경우, 공동소유의 토지를 소유자별로 단순 분할 등기하는 경우, 도시개발법에 의한 환지처분으로 지목 또는 지번이 변경되는 경우 등은 이를 양도로 보지 아니한다.

ⅲ. 배우자 또는 직계존비속 간 매매로 양도한 경우에는 증여한 것으로 추정되어 양도소득세가 과세되지 않고 증여세가 과세된다.

(4) **양도시기(소법 제98조)**

① 양도의 시기는 원칙적으로 대금청산일이다. 이러한 양도일은 양도차익의 산정을 비롯하여, 양도소득의 귀속연도, 장기보유특별공제의 적용 여부 및 공제율의 크기, 비과세 또는 감면 요건의 충족 여부, 세율의 적용 구분 및 양도차익 예정신고기한의 기준시기가 된다.

② 경매의 경우에는 경락대금을 완납한 때가 양도시기이고,[55] 지급수단이 어음·수표인 경우에는 그 결제일이 양도시기이다.[56] 다만, 대물변제의 경우에는 소유권 이전등기(부동산) 또는 인도(동산)를 완료하여야 대물변제가 성립되어 기존채무가 소멸하므로 양도시기는 그 소유권이전등기 또는 인도가 완료된 때이다.[57]

---

55) 대법원 1977. 7. 8. 선고 96누15770 판결; 2009. 5. 28. 선고 2009두2733 판결.
56) 이태로·한만수, 앞의 책, 355면 참조.
57) 대법원 1991. 11. 12. 선고 91누8432 판결; 1995. 5. 15. 선고 95누3527 판결.

(5) 영업권의 양도

영업권에 대한 조세상의 취급을 보면, 단독이전의 경우에는 기타소득으로 취급되고, 사업용 부동산·주식 등 사업용 고정자산과 함께 양도하는 경우에는 양도소득으로 취급된다.

(6) 명의신탁재산의 양도와 양도소득세 납세의무자

명의신탁된 재산의 법형식적인 소유 명의는 수탁자에게 있으나 실질적인 소유권은 신탁자에게 있으므로, 신탁자가 자신의 의사에 의해 신탁재산을 양도하는 경우에는 그가 양도소득을 사실상 지배, 관리, 처분할 수 있는 지위에 있어 양도소득세의 납세의무자가 된다. 그러나 수탁자가 신탁자의 위임이나 승낙 없이 임의로 명의신탁 재산을 양도하였다면 그 양도 주체는 수탁자이지 신탁자가 아니고, 양도소득이 신탁자에게 환원되지 않는 한 신탁자가 양도소득을 사실상 지배, 관리, 처분할 수 있는 지위에 있지도 아니하므로 '사실상 소득을 얻은 자'로서 양도소득세의 납세의무자가 된다.[58]

후자의 경우 양도소득의 환원이 있었다고 볼 수 있는지 여부가 문제될 수 있는데, 양도소득의 환원이 있었다고 보기 위해서는 명의수탁자가 양도대가를 수령하는 즉시 전액을 자발적으로 명의신탁자에게 이전하는 등 사실상 위임사무를 처리한 것과 같이 명의신탁자가 양도소득을 실질적으로 지배, 관리, 처분할 수 있는 지위에 있어 명의신탁자를 양도의 주체로 볼 수 있는 경우라야 하고, 특별한 사정이 없는 한 단지 명의신탁자가 명의수탁자에 대한 소송을 통해 상당한 시간이 경과한 후에 양도대가 상당액을 회수하였다고 하여 양도소득의 환원이 있다고 할 수는 없다.[59]

[관련판례] 양도소득

1. 경매, 수용 – 대법원 1991. 4. 23. 선고 90누6101 판결
2. 계약무효에 대한 조세효과의 예외: 토지거래허가 잠탈 목적의 매매와 양도

---

58) 대법원 1999. 11. 26. 선고 98두7084 판결 등.
59) 대법원 2014. 9. 4. 선고 2012두10710 판결.

소득세 과세 - 대법원 2011. 7. 21. 선고 2010두23644 판결 * 파기환송
3. 양도시기와 취득시기 - 대법원 2014. 6. 12. 선고 2013두2037 판결 * 파기
환송

1. 경매의 조세효과 - 대법원 1991. 4. 23. 선고 90누6101 판결

(1) 사실관계

원고는 주류도매업자로서 원고의 소유이던 이 사건 부동산을 소외회사의 한국상업은행에 대한 채무의 담보를 위하여 위 은행에 저당권설정의 목적물로 제공하였으나, 위 소외회사가 사업부진으로 인하여 그 채무를 이행하지 못함에 따라 이 사건 부동산에 대한 경매절차가 진행되었고, 이후 경락되어 소외 2인이 그 소유권을 취득하였다.

이에 피고는 위 경락에 의한 소유권이전을 양도로 보아 위 경락가격에서 이 사건 부동산에 대한 취득가액과 경매비용을 뺀 나머지에 대하여 양도소득세를 부과하였다. 이에 대해 원고는 소외회사의 채무에 대한 담보로 이 사건 부동산을 제공하였다가 그 부동산이 경락되고 원채무자인 위 소외회사는 파산상태에 이르러 손해만 입었을 뿐인데 피고가 위 부동산의 경락으로 인하여 원고가 수익을 얻었다고 보고 행한 이 사건 부과처분은 위법하다고 주장하였다.

〈쟁점〉
- 임의경매에 의하여 물상보증인 소유의 부동산소유권이 이전된 경우의 양도소득의 귀속자(=물상보증인)
- 주채무자의 무자력으로 인한 구상권행사의 사실상 불능이 양도소득의 귀속에 영향을 미치는지 여부

(2) 판결내용

"근저당권 실행을 위한 임의경매에 있어서 경락인은 담보권의 내용을 실현하는 환가행위로 인하여 목적부동산의 소유권을 승계취득하는 것이므로, 비록 임의경매의 기초가 된 근저당권설정등기가 제3자의 채무에 대한 물상보증으로 이루어졌다 하더라도 경매목적물의 양도인은 물상보증인이고 경락대금도 경매목적물의 소유자인 물상보증인의 양도소득으로 귀속되는 것이고, 물상보증인의 주된 채무자에 대한 구상권은 납부된 경락대금이 주채무자가 부담하고 있는 피담보채무의 변제에 충담됨에 따라 그 대위변제의 효과로서 발생하는 것이지 경매의 대가적 성질에

따른 것은 아니기 때문에, 주된 채무자의 무자력으로 인하여 구상권의 행사가 사실상 불가능하게 되었다고 하더라도 그러한 사정은 양도소득을 가리는 데는 아무런 영향이 없다(당원 1988. 2. 9. 선고 87누941 판결 참조)."

2. 계약무효에 대한 조세효과의 예외: 토지거래허가 잠탈 목적의 매매와 양도소득세 과세 – 대법원 2011. 7. 21. 선고 2010두23644 전원합의체 판결 * 파기환송

(1) 사실관계

원고는 2005. 4. 18. 망 소외 1과 토지거래허가구역 내에 위치한 위 망인 소유의 이 사건 각 토지에 관하여 매매대금 20억 8,000만 원으로 하는 매매계약을 체결하였다. 원고는 그 직후에 소외 2외 6인과 매매대금 합계 27억 4,000만 원에 이 사건 각 토지에 관한 각 전매계약을 체결하고, 그 무렵 최종매수인들과 위 망인을 직접 당사자로 하는 토지거래허가를 받아 이 사건 각 토지에 관하여 최종매수인들 명의로 각 소유권이전등기를 마쳐 주었다. 이에 피고는 2009. 1. 10. 원고가 이 사건 각 토지를 최종매수인들에게 전매한 것이 자산의 사실상 유상이전으로서 그로 인한 소득이 양도소득세 과세대상에 해당한다는 이유로 원고에게 2005년도 귀속 양도소득세, 신고불성실가산세, 납부불성실가산세 등 합계 6억 9,000만 원을 부과하는 처분을 하였다.

〈쟁점〉

'국토의 계획 및 이용에 관한 법률'에서 정한 토지거래 허가구역 내 토지를 매도하고 대금을 수수하였으면서도, 토지거래허가를 배제하거나 잠탈할 목적으로 매수인 앞으로 매매가 아닌 증여를 원인으로 한 이전등기를 마쳤거나 토지를 제3자에게 전매하여 매매대금을 수수하고서도 최초의 매도인이 제3자에게 직접 매도한 것처럼 토지거래허가를 받아 이전등기를 마친 경우, ① 위 등기가 말소되지 않은 채 남아 있고 ② 매도인 또는 중간매도인이 수수한 매매대금을 그대로 보유하고 있는 때에는 예외적으로 양도소득세 과세대상이 되는지 여부

(2) 판결내용

"양도소득세는 자산의 양도로 인한 소득에 대하여 과세되는 것이므로, 외관상 자산이 매매·교환·현물출자 등에 의하여 양도된 것처럼 보이더라도, 그 매매 등의 계약이 처음부터 무효이거나 나중에 취소되는 등으로 효력이 없는 때에는, 양도인이 받은 매매대금 등은 원칙적으로 양수인에게 원상회복으로 반환되어야 할

것이어서 이를 양도인의 소득으로 보아 양도소득세의 과세대상으로 삼을 수 없음이 원칙이다.”

“위법 내지 탈법적인 것이어서 무효임에도 불구하고 당사자 사이에서는 그 매매 등 계약이 유효한 것으로 취급되어 매도인 등이 그 매매 등 계약의 이행으로서 매매대금 등을 수수하여 그대로 보유하고 있는 경우에는 종국적으로 경제적 이익이 매도인 등에게 귀속된다 할 것이고 그럼에도 그 매매 등 계약이 법률상 무효라는 이유로 그 매도인 등이 그로 인하여 얻은 양도차익에 대하여 양도소득세를 과세할 수 없다고 보는 것은 그 매도인 등으로 하여금 과세 없는 양도차익을 향유하게 하는 결과로 되어 조세정의와 형평에 심히 어긋난다.”

“국토계획법이 정한 토지거래허가구역 내의 토지를 매도하고 그 대금을 수수하였으면서도 토지거래허가를 배제하거나 잠탈할 목적으로 매매가 아닌 증여가 이루어진 것처럼 가장하여 매수인 앞으로 증여를 원인으로 한 이전등기까지 마친 경우 또는 토지거래허가구역 내의 토지를 매수하였으나 그에 따른 토지거래허가를 받지 아니하고 이전등기를 마치지도 아니한 채 그 토지를 제3자에게 전매하여 그 매매대금을 수수하고서도 최초의 매도인이 제3자에게 직접 매도한 것처럼 매매계약서를 작성하고 그에 따른 토지거래허가를 받아 이전등기까지 마친 경우에, 그 이전등기가 말소되지 아니한 채 남아 있고 매도인 또는 중간의 매도인이 수수한 매매대금도 매수인 또는 제3자에게 반환하지 아니한 채 그대로 보유하고 있는 때에는 예외적으로, 매도인 등에게 자산의 양도로 인한 소득이 있다고 보아 양도소득세 과세대상이 된다고 봄이 상당하다.”

“이미 그와 같이 무효인 매매계약에 기하여 위 망인으로부터 최종매수인들 앞으로 소유권이전등기가 마쳐진 채 말소되지 아니하고 남아 있고, 원고는 최종매수인들로부터 받은 매매대금을 반환하지 아니한 채 그대로 보유하고 있다면, 앞서 본 법리에 비추어 원고가 이 사건 각 토지를 최종매수인들에게 전매한 것은 이 사건 각 토지를 사실상 이전함으로써 양도한 것이므로 예외적으로 자산의 양도로 인한 소득이 있다고 보아 양도소득세의 과세대상이 되는 경우에 해당한다고 보아야 할 것이다. 따라서 피고의 이 사건 처분은 이러한 범위 안에서 적법하다.”

3. 양도시기와 취득시기 – 대법원 2014. 6. 12. 선고 2013두2037 판결 * 파기환송

(1) 사실관계

원고는 1999. 12. 10. 도시개발사업을 추진하던 소외회사와의 사이에 원고 소유의 이 사건 토지를 대금 15억 7,000만 원에 매도하기로 하는 계약을 체결하면서, 계약금 1억 5,000만 원은 계약일에, 중도금 14억 원은 2000. 4. 10.에, 잔금 2,000만 원은 '사업승인 후 15일 내'에 각 지급받기로 약정하였고, 소외회사로부터 계약 당일 계약금을, 2000. 4. 11. 중도금을 각 지급받았다.

원고는 1999. 12 .16. 소외회사에 이 사건 토지의 사용승낙서를 작성하여 주었을 뿐만 아니라 2000. 4. 27. 이 사업의 시공사에 대하여 채무자를 소외회사로 하고 위 계약금과 중도금 합계 15억 5,000만 원을 채권최고액으로 한 근저당권설정등기를 마쳐주는 등 소외회사가 이 사건 토지의 사용수익을 개시하도록 하였다. 그리고 소외회사는 이 사건 도시개발사업의 승인을 받지 못한 상태에서 2006. 12. 22. 원고에게 잔금 2,000만 원을 지급하였다.

이에 피고는 그 잔금지급일을 이 사건 토지의 양도시기로 보아 원고에게 2006년 귀속 양도소득세를 부과하는 처분을 하였다.

〈쟁점〉
- 구 소득세법 시행규칙 제78조 제3항 제2호가 정하는 장기할부조건부 매매의 요건을 갖춘 것으로 볼 수 있는 경우
- 양도소득세의 과세요건을 충족하는 부동산의 양도가 있다고 볼 수 있는 대가적 급부의 이행 정도 및 이 경우 대가적 급부가 사회통념상 거의 전부 이행되었다고 볼 만한 정도에 이르는지 판단하는 기준

(2) 판결내용
"구 소득세법(2009. 12. 31. 개정 전) 제98조의 위임을 받은 구 소득세법 시행령(2008. 2. 29. 개정 전) 제162조 제1항은 자산의 양도시기를 그 각 호의 경우를 제외하고는 원칙적으로 당해 자산의 대금을 청산한 날로 규정하면서, 그 제3호에서 '재정경제부령이 정하는 장기할부조건의 경우에는 소유권이전등기 접수일·인도일 또는 사용수익일 중 빠른 날'을 그 예외의 하나로 규정하고 있다.

그리고 구 소득세법 시행규칙(2008. 4. 29. 개정 전) 제78조 제3항 은 '재정경제부령이 정하는 장기할부조건'이라 함은 자산의 양도로 인하여 당해 자산의 대금을 월부·연부 기타의 부불방법에 따라 수입하는 것 중 '당해 자산의 양도대금을 2회 이상으로 분할하여 수입할 것(제1호)' 및 '양도하는 자산의 소유권이전등기 접수일·인도일 또는 사용수익일 중 빠른 날의 다음 날부터 최종 할부금의 지급기일까지의 기간이 1년 이상인 것(제2호)'의 요건을 갖춘 것을 말한다고 규정하고 있다."

"구 소득세법 제98조, 구 소득세법 시행령 제162조 제1항의 각 규정은 납세자의 자의를 배제하고 과세소득을 획일적으로 파악하여 과세의 공평을 기할 목적으로 소득세법령의 체계 내에서 여러 기준이 되는 자산의 취득시기 및 양도시기를

통일적으로 파악하고 관계규정들을 모순 없이 해석·적용하기 위하여 세무계산상 자산의 취득시기 및 양도시기를 의제한 규정인 점(대법원 2002. 4. 12. 선고 2000두6282 판결 등 참조) 등에 비추어 보면, 매매계약의 경우 그 계약 당시에 최종 할부금의 지급기일이 자산의 소유권이전등기 접수일·인도일 또는 사용수익일 중 빠른 날의 다음 날부터 최종 할부금의 지급기일까지의 기간이 1년 이상임이 확정되어 있어야만 구 소득세법 시행규칙 제78조 제3항 제2호가 규정하는 장기할부조건부 매매의 요건을 갖춘 것으로 볼 수 있고, 단지 최종 할부금의 지급일까지 상당한 기간이 소요될 것으로 예상되었거나 구체적인 계약 이행 과정에서 최종 할부금의 지급이 지연되어 결과적으로 소유권이전등기등기 접수일·인도일 또는 사용수익일 중 빠른 날의 다음 날부터 1년 이상이 경과된 후에 지급되었다고 하여 장기할부조건부 매매라고 할 수는 없다."

"구 소득세법 제98조, 구 소득세법 시행령 제162조 제1항의 문언과 취지 등을 종합하여 보면, 부동산의 매매 등으로 그 대금이 모두 지급된 경우뿐만 아니라 사회통념상 그 대가적 급부가 거의 전부 이행되었다고 볼 만한 정도에 이른 경우에도 양도소득세의 과세요건을 충족하는 부동산의 양도가 있다고 봄이 타당하다고 할 것이나, 그 대가적 급부가 사회통념상 거의 전부 이행되었다고 볼 만한 정도에 이르는지 여부는 미지급 잔금의 액수와 그것이 전체 대금에서 차지하는 비율, 미지급 잔금이 남게 된 경위 등에 비추어 구체적 사안에서 개별적으로 판단하여야 한다."

"원심판결 이유에 의하면, 원고는 소외회사와 이 사건 매매계약을 체결할 당시 잔금 2,000만 원을 '사업승인 후 15일 내'에 지급받기로 약정하였을 뿐이라는 것이고, 이 사건 토지의 인도일이나 사용수익일은 정하지 아니한 것으로 보이며, 사업승인이 언제 이루어질 것인지도 계약 당시 확정할 수 없었던 것으로 보인다. 또 이 사건 토지의 인도일 또는 사용수익일을 2000. 4. 27.로 보더라도 그 다음 날부터 최종 할부금인 잔금의 지급기일까지의 기간이 1년 이상인지 여부가 계약 당시 확정되어 있지 아니하였다. 따라서 이러한 사실관계를 앞서 본 법리에 비추어 보면 이 사건 매매계약은 소유권이전등기 접수일·인도일 또는 사용수익일 중 빠른 날의 다음 날부터 잔금의 지급기일까지의 기간이 1년 이상이라고 할 수 없어 장기할부조건부 매매에 해당하지 아니한다고 할 것이고, 잔금이 실제로 지급된 때까지의 기간이 결과적으로 1년 이상이 되었다고 하여 달리 볼 것은 아니다.

그리고 이 사건 매매계약이 장기할부조건부 매매에 해당하지 않는 이상 이 사건 토지의 양도시기는 대금을 청산한 날로 보아야 할 것인바, 원고가 2000. 4. 11.까지 소외회사로부터 지급받은 계약금 및 중도금 합계액이 15억 5,000만 원으로서 총 매매대금의 98%에 이르지만, 잔금을 남겨 둔 경위나 미지급된 잔금의 액수 등에 비추어 볼 때 잔금 2,000만 원은 거래관행상 대금이 모두 지급된 것으로 볼 수 있을 정도로 적은 금액이라고 보기도 어렵다. 따라서 이 사건 토지의 양도시기는 그 잔금이 모두 지급된 날인 2006. 12. 22.로 보아야 할 것이다."

Ⅴ. 세액의 계산과 신고·납부

1. 종합소득과세

가. 기본적인 세액계산 구조

종합소득과세의 기본적인 세액계산 구조는 다음과 같다.

총수입금액 − 필요경비 = 소득금액

소득금액 − (소득공제 + 비과세소득 + 이월결손금) = 과세표준

과세표준 × 세율 = 산출세액

산출세액 − (세액공제 + 세액감면) = 결정세액

결정세액 − 기납부세액(중간예납 + 수시부과 + 원천징수) = 납부세액

[보충설명] 소득공제, 비과세소득, 세액공제 및 세액감면 비교

1. 소득공제: 해당 조세의 목적상 소득금액으로부터 일정금액을 공제하는 제도이다.
2. 비과세소득: 과세대상이 되지 아니하므로 처음부터 과세표준으로부터 제외되는 소득이다.
3. 세액공제: 해당 조세의 목적상 세액으로부터 일정금액을 공제하는 제도이다.
4. 세액감면: 납세자의 신청에 의하여 일부 소득에 대하여 과세를 감면하는 제도이다. 일단 감면대상 소득을 합산하여 소득세액을 산출한 후, 이 세액에서 감면대상 소득이 전체 소득에서 차지하는 비율을 곱하여 얻은 금액을 감면한다.

나. 소득금액

소득금액은 총수입금액에서 필요경비를 뺀 나머지이다.

총수입금액 − 필요경비 = 소득금액

(1) 총수입금액

이자소득, 배당소득, 사업소득, 근로소득, 연금소득, 기타소득의 6가지 종합
과세소득의 합계액이다. 이 중 이자소득, 배당소득, 연금소득, 기타소득의 4가지
종합과세소득은 일정한 금액을 초과하지 아니하는 경우 원천징수 분리과세된다.

사업소득의 총수입금액은 매출액에 영업외 수익에 해당하는 수입금액을 더
한 것인데, 매출액은 부가가치세 일반과세자는 매출부가가치세를 제외한 매출액
(일반과세자 부가가치세 신고금액)이고[60] 간이과세자는 매출부가가치세를 포함한 매
출액(간이과세자 부가가치세 신고금액)이며 면세사업자는 총매출액(면세사업자 현황신
고금액)이다.

(2) 필요경비

6가지 소득 중 사업소득과 기타소득에 대해서만 필요경비가 인정된다. 필요
경비는 특히 사업소득과 밀접한 관련이 있는데, 소득세법은 거주자가 해당 과세
기간에 지급하였거나 지급할 금액 중 ① 소득세와 개인지방소득세, ② 벌금·과료
와 과태료, ③ 국세징수법 또는 그 밖의 조세에 관한 법률에 따른 가산금과 강제
징수비, ④ 조세에 관한 법률에 따른 징수의무의 불이행으로 인하여 납부하였거
나 납부할 세액, ⑤ 일정한 가사(家事)의 경비와 이에 관련되는 경비 등은 사업소
득을 계산할 때 필요경비에 산입할 수 없도록 규정하고 있다(소법 제33조). 소득세
법 시행령은 필요경비가 불산입되는 '일정한 가사(家事)의 경비와 이에 관련되는
경비'의 하나로 '사업용 자산의 합계액이 부채의 합계액에 미달하는 경우에 그 미
달하는 금액에 상당하는 부채의 지급이자'를 열거하고 있다(소법 제33조 제1항 제5
호 및 동법 령 제61조 제1항 제2호). 지급이자는 여러모로 과세상의 문제는 야기하는

---

60) 법인세에서도 매출부가가치세는 수익으로 보지 아니하여 익금에 산입되지 아니한다.

속성이 있는데, 이 경우에도 사업에서 손실을 입어 부채가 자산보다 많아지는 경우도 있을 수 있다는 비판이 제기될 수 있다.[61]

사업소득에 대한 필요경비 중 매입부가가치세와 관련해서는, 부가가치세 일반과세자는 부가가치세 신고 시 공제받는 매입부가가치세를 필요경비에 산입할 수 없고,[62] 간이과세자는 매입부가가치세에 대하여 애초부터 공제라는 개념이 없으므로 매입원가로 인정되어 필요경비에 산입되며, 면세사업자도 매입부가가치세는 공제받지 못하는 세액이므로 매입원가로 인정되는 필요경비에 산입할 수 있다.

다. 과세표준

과세표준은 소득금액에서 소득공제, 비과세소득 및 이월결손금(사업소득의 경우)을 뺀 나머지이다.

소득금액 − (소득공제 + 비과세소득 + 이월결손금) = 과세표준

(1) 소득공제

해당 조세의 목적상 과세표준을 산정함에 있어 소득금액으로부터 일정금액을 공제해 주는 것으로, 소득세의 경우 종합소득공제, 즉 인적 공제와 유형별 소득공제가 있다.

① 종합소득공제(인적 공제)

분리과세되는 이자소득·배당소득·연금소득 또는 기타소득만 있는 자에 대해서는 종합소득공제를 인정하지 아니한다.

ⅰ. 기본공제(소법 제50조): 본인·배우자 및 부양가족 1인당 150만 원이다.

ⅱ. 추가공제: 부양가족 중 70세 이상 경로우대자 1인당 100만 원, 장애인 1인당 200만 원 등이다.

② 유형별 소득공제 등

생존배려 차원에 근로소득과 연금소득에 대하여 인정되는 공제이다.

---

61) 이창희, 세법강의, 박영사, 2022, 440면.
62) 법인세에서도 매입부가가치세는 비용으로 보지 아니하여 손금에 산입되지 아니한다.

ⅰ. 근로소득공제(소법 제47조 및 제52조): 급여액 500만 원 이하 '100분의 70'에서 급여액 1억 원 초과 '1,475만 원 + (1억원을 초과하는 금액의 100분의 2)'까지 초과역누진의 5단계, 2,000만 원 한도로 인정된다.

ⅱ. 연금소득공제(소법 제47조의2): 총연금액 350만 원 이하 '100분의 100'에서 총연금액 1,400만 원 초과 '630만 원 + (1,400만 원을 초과하는 금액의 100분의 10)'까지 초과역누진의 4단계, 900만 원 한도로 인정된다.

ⅲ. 그 밖의 소득공제(소법 제51조의3, 제51조의4 및 제52조): 그 밖의 소득공제로 연금보험료공제, 주택담보노후연금 이자비용공제 및 국민건강보험료 등 특별소득공제가 있다.

(2) 비과세소득(소법 제12조)

과세대상이 되지 아니하므로 처음부터 과세표준으로부터 제외되는 소득이다. 공익신탁의 이익과 사업소득, 근로소득, 퇴직소득, 연금소득 및 기타 소득 중 특정한 소득에 대하여 비과세가 인정된다.

(3) 결손금과 이월결손금

결손금이란 사업자의 사업소득금액을 계산함에 있어 해당 과세기간에 속하거나 속하게 될 필요경비가 해당 과세기간에 속하거나 속하게 될 총수입금액을 초과하는 경우의 그 초과금액을 말한다(소법 제45조 제1항과 제3항). 이월결손금이란 다음 과세연도로 이월되는 결손금을 말한다(소법 제45조 제3항). 결손금공제의 방식으로는 이월공제와 소급공제가 있는데, 소득세법은 이월공제를 원칙으로 하면서 예외적으로 중소기업에 대한 결손금소급공제제도(소법 제85조의2 참조)를 두고 있다.[63]

사업자가 비치·기록한 장부에 의하여 해당 과세기간의 사업소득금액을 계산할 때 발생한 결손금은 그 과세기간의 종합소득과세표준을 계산할 때 근로소득금액, 연금소득금액, 기타소득금액, 이자소득금액, 배당소득금액에서 순차적으로 공

---

63) 소득세법과 법인세법은 일정한 요건을 충족하는 중소기업에 대하여 각각 직전 과세기간의 사업소득에 대한 세액(사업장별)과 직전 사업연도의 법인세(법인별)에 대하여 결손금 소급공제를 인정하고 있다.

제한다(소법 제45조 제1항). 이 같은 순차적 공제 후에도 결손금이 남으면 다음 과세기간 이후로 이월되어 종합소득금액에서 공제된다(소법 제45조 제2항). 이월결손금은 해당 이월결손금이 발생한 과세기간의 종료일부터 15년 이내에 끝나는 과세기간의 소득금액을 계산할 때 먼저 발생한 과세기간의 이월결손금부터 근로소득금액, 연금소득금액, 기타소득금액, 이자소득금액 및 배당소득금액에서 순서대로 공제한다(소법 제45조 제3항).[64]

라. 세율

종합소득세의 세율은 과세표준 1,400만 원 이하 100분의 6에서 과세표준 10억 원 초과 100분의 45까지의 8단계 초과누진세율로 되어 있다(소법 제55조).

마. 세액공제와 세액의 감면

(1) 세액공제

해당 조세의 목적상 산출세액으로부터 일정금액을 공제하는 것이다. 배당세액공제(소법 제56조), 기장세액공제(소법 제56조의2), 외국납부세액공제(소법 제57조), 재해손실세액공제(소법 제58조), 근로소득에 대한 세액공제[근로소득세액공제(소법 제59조), 보험료(보장성보험) 세액공제(소법 제59조의4 제1항), 의료비 세액공제(소법 제59조의4 제2항), 교육비 세액공제(소법 제59조의4 제3항) 등], 자녀세액공제(소법 제59조의2), 연금계좌세액공제(소법 제59조의3), 기부금 세액공제(소법 제59조의4 제4항) 등이 있다.

이 중 기부금의 경우 공익성의 정도에 따라 합산이 인정되는 금액에 차등을 두고 있고, 그 합산금액이 1천만 원 이하인 경우 100분의 15, 1천만 원 초과인 경우 100분의 30의 세액을 공제한다. 기부금 중 국가, 지방자치단체, 사립학교 등에 대한 특례기부금(소법 제34조 제2항 제1호 및 법법 제24조 제2항 제1호)은 전액 합산이 인정되고 사회복지, 문화 등에 대한 일반기부금(소법 제34조 제3항 제1호)은 원칙적으로 소득금액의 100분의 30까지 합산이 인정된다. 그 외의 기부금에 대해서는 세액공제가 인정되지 아니한다. 또한 사업자가 기부금을 사업소득의 필요경비에

---

64) 소득공제와 비과세소득은 이월이 불가능하고, 과세표준을 계산함에 있어서는 소득공제와 비과세소득보다 이월결손금을 먼저 사용하여야 한다.

산입한 경우에는 그 기부금은 세액공제의 대상에서 제외된다.[65]

(2) 세액의 감면

해당 조세의 목적상 일부 소득에 대하여 과세를 면제하는 제도이다. 납세자의 신청이 있는 경우에만 해당 세액을 감면한다. 세액의 감면은 일단 감면대상 소득, 즉 해당 근로소득금액 또는 사업소득금액을 합산하여 세액을 산출한 후, 그 세액에서 감면대상 소득이 종합과세소득금액에서 차지하는 비율 만큼의 세액을 감면(소법 제59조의5 제1항)하는 방식(exemption with progression)으로 행해진다. 이 같은 방식으로 감면하는 이유는 누진세율의 효과를 보존하고자 하는 취지에서이다.[66]

소득세법에서는 ① 정부 간의 협약에 의하여 한국에 파견된 외국인이 쌍방 또는 일방국의 정부로부터 받는 급여와 ② 거주자로서 외국의 국적을 가진 자가 특정 선박과 항공기의 외국항행사업으로부터 얻는 소득을 세액감면 대상소득으로 규정하고 있다(소법 제59조의5 제1항). 그 밖에도 조세특례제한법은 종합소득세에 대한 다수의 세액감면규정을 두고 있는데, 주로 중소기업과 관련된 것이다.

[보충설명] 배당소득에 대한 이중과세 조정

1. 배당소득에 대한 이중과세 조정의 의의

배당소득에 대하여 과세하는 경우에는 법인단계와 주주단계에서의 이중부담을 조정하기 위하여 개인주주에 대해서는 세액을 공제하는 방식을, 법인주주에 대해서는 배당금액에 일정율을 곱하여 익금불산입하는 방식을 채용하고 있다. 원천징수 분리과세하는 배당소득에 대해서는 이중과세 조정이 적용되지 아니한다.

2. 소득세법상 배당소득에 대한 이중과세의 조정(소법 제17조 제3항 및 제56조)

(1) 배당소득을 종합소득과세하는 경우에는 법인단계와 주주단계에서의 이중부담을

---

65) 사업자는 사업소득의 필요경비에 산입하지 못한 기부금의 필요경비 한도초과액을 10년 간 이월하여 필요경비에 산입할 수 있다(소법 제34조 제5항).

66) 이태로·한만수, 앞의 책, 399면 참조.

조정하기 위하여 배당세액공제를 인정하고 있다. 배당소득 중 금융소득종합과세 기준금액을 초과하는 부분에 대해서만 적용된다.

(2) 법인세 주주 귀속방식(imputation방식)

종합소득과세 대상 배당소득에 당해 배당소득에 대한 법인세상당액[배당소득 × 배당가산율(Gross-up비율)]을 더하여 종합소득세액을 계산한 후, 법인세상당액을 종합소득세액에서 공제하는 방식이다. 종합소득과세의 누진세율구조를 유지하면서 세액공제의 효과를 달성하기 위함이다.

(3) 100분의 10의 Gross-up비율(배당가산율)

배당을 지급한 법인의 '실제 법인세부담율(법인세납부세액 / 법인의 소득금액. 법인세납부세액의 경우 소득공제, 비과세소득, 세액공제 및 세액감면 반영)'을 기준으로 산출한 비율이다. 배당세액공제방식에 의하여 산출된 세액이 최소한 분리과세의 세율을 적용하여 산출한 세액 이상이 되도록 하여 분리과세 대상자와의 과세형평을 도모하고 있다.

3. 산식

이중과세 조정 후 배당소득세 = 법인세가 없는 경우의 배당소득금액(A) × 소득세율 − 배당세액공제(당해 배당소득에 대한 법인세상당액: 당해 배당소득 × Gross-up비율)

A = 배당소득 × (1 + 가산율)
가산율 = 법인세율 / (1 − 법인세율)(가산율은 통상 법인세율을 기초로 계산)

바. 과세표준·세액의 신고 및 중간예납

(1) 과세표준 및 세액의 신고

종합소득세의 과세표준과 세액은 익년 5월 1일부터 5월 31일까지 신고로 확정된다.

(2) 중간예납(소법 제65조)

사업소득이 있는 납세의무자의 종합소득세에 적용된다. 1월 1일부터 6월 30일까지의 기간을 중간예납기간으로 하여 전년도 종합소득세액의 2분의 1에 상당하는 금액을 11월 30일까지 납부하여야 한다.

2. 부동산 양도소득세

양도소득세는 자본이득세로서 자본이득의 환수기능을 가지지만 한국에서는 특히 부동산 투기억제라는 정책목적적 기능이 강조되고 있다.[67] 양도소득세의 본질적인 특성은 장기간에 걸쳐 누적된 소득이 특정한 시점에 실현되어 과세된다는 점이다.

가. 기본적인 세액계산 구조

부동산 양도소득세의 세액계산구조는 다음과 같다.

총수입금액(양도가액) − **필요경비**(취득가액 등) = **양도소득금액**(양도차익)
양도소득 − (양도소득기본공제 + 장기보유특별공제 + 비과세소득) = **과세표준**
과세표준 × 세율 = **산출세액**
산출세액 − 세액감면 = **결정세액**(납부세액)

나. 소득금액

소득금액은 총수입금액, 즉 양도가액에서 필요경비, 즉 취득가액, 자본적 지출 및 기타 양도비용을 뺀 나머지이다.

총수입금액(양도가액) − **필요경비**(취득가액 등) = **양도소득금액**(양도차익)

(1) 양도가액의 평가(소법 제96조)

① 원칙

실지거래가액. 부동산 양도소득세의 경우에는 양도가액과 취득가액을 평가함에 있어서는 '실지거래가액'에 따름을 원칙으로 한다. '실지거래가액'이란 자산의 양도 또는 취득 당시에 양도자와 양수자가 실제로 거래한 가액으로서 해당 자산의 양도 또는 취득과 대가관계에 있는 금전과 그 밖의 재산가액을 말한다(소법 제88조 제5호).

---

67) 임승순·김용택, 앞의 책, 499면.

② **예외**

기준시가. 부동산 양도소득세와 관련하여, 실지거래가액이 없거나 확인이 불가능한 경우에는 양도가액의 평가는 기준시가에 의하고,[68] 양도가액을 기준시가에 의할 때에는 취득가액도 기준시가에 의하여 산정한다(소법 제100조 제1항). 토지의 기준시가는 개별공시지가이고, 건물의 기준시가는 건물기준시가이다.

[보충설명] 기준시가

기준시가는 부동산, 부동산에 관한 권리, 주식, 파생상품 등의 양도소득세 계산 시 양도가액과 취득가액의 산정(제99조) 등의 기준이 되는 정부가 정한 가액이다. 양도가액의 평가를 기준시가로 하는 경우 필요경비는 표준율을 적용한다. 소득세법에서 규정하고 있는 기준시가 중 토지, 건물 및 주택의 기준시가는 다음과 같다.

1. 토지

토지의 기준시가는 지방자치단체의 장이 평가하여 공시하는 개별공시지가이다. 개별공시지가는 '지가공시 및 토지 등의 평가에 관한 법률'에 따라 전국 토지 50만필지의 토지가격 고시액에 토지의 이용상태, 주변환경, 도로상황 등을 고려하여 산정한다. 예외적으로 지가급등 또는 급등의 우려가 있는 지역의 경우 배율방법에 의한 평가가액을 적용한다.

2. 건물

건물의 기준시가는 국세청장이 고시하는 건물기준시가이다. 국세청장은 건물의 신축가격, 구조, 용도, 위치, 신축년도 등을 참작하여 매년 1회 이상 건물기준시가를 산정·고시한다.

3. 주택

주택의 기준시가로는 지방자치단체의 장이 평가하여 고시하는 개별주택 공시가격과 2

---

[68] 상증세법에서는 시가가 없거나 확인이 불가능한 경우에는 보충적 평가방법을 채용하고 있지만, 소득세법에서는 부동산 또는 주식의 양도가 상속이나 증여에 비하여 상대적으로 빈번하게 발생하는 점을 감안하여 순손익가치와 순자산가치의 산정, 평가기준시기 등에 대하여 상대적으로 간소한 규정을 두고 있는 기준시가제도를 채용하고 있다.

국토교통부장관이 평가하여 고시하는 공동주택 공시가격이 있다. 지방자치단체의 장과 국토교통부장관은 건물의 종류, 규모, 거래상황 등을 참작하여 매년 1회 이상 토지와 건물을 일괄하여 주택의 기준시가를 산정·고시한다.

(2) 필요경비(소법 제97조)

① 취득가액

취득가액은 양도가액에 적용한 기준과 동일한 기준으로 평가한다.

② 자본적 지출

자본적 지출은 토지, 건물 등을 구입한 이후 지출된 수선비, 개량비, 소송비용 등이다.

③ 기타 양도비용

그 밖에 중개수수료, 광고비 등이 필요경비로 인정된다.

④ 양도소득세 이월과세(소법 제97조의2 제1항 및 동법 령 제163조의2 제1항)

거주자가 양도일부터 소급하여 10년(주식 등의 경우에는 1년) 이내에 그 배우자 또는 직계존비속으로부터 증여받은 토지, 건물, 주식, 부동산취득권, 회원권 등 양도차익을 계산할 때 양도가액에서 공제할 취득가액은 증여자의 취득가액을 기준으로 한다. 필요경비 중 자본적 지출에는 증여자의 자본적 지출도 포함되고, 거주자(수증자)가 해당 자산에 대하여 납부하였거나 납부할 증여세 상당액이 있는 경우 필요경비에 산입한다.

다. 과세표준

과세표준은 양도소득에서 양도소득공제와 비과세소득을 뺀 나머지이다.

양도소득 − (양도소득기본공제+장기보유특별공제+비과세소득) = 과세표준

(1) 양도소득공제

① 양도소득기본공제(소법 제103조)

1과세연도에 250만 원의 양도소득 기본공제가 인정된다. 1과세연도 중 2회 이상 또는 1회 2개 이상 자산을 양도한 경우라도 250만 원만 가능하다.

② **장기보유특별공제(소법 제95조 제1항 및 제2항)**

장기보유특별공제로는 보유기간 3년 이상 4년 미만인 부동산의 양도차익 100분의 6에서 보유기간 15년 이상인 부동산의 양도차익 100분의 30까지 8단계 누진공제가 인정된다. 또한 1세대 1주택 12억 원 초과분에 대해서는 보유기간 3년 이상 4년 미만 100분의 12에서 보유기간 10년 이상 100분의 40까지의 누진공제가, 그리고 보유기간 중 거주기간 3년 이상 4년 미만 100분의 12에서 거주기간 10년 이상 100분의 40까지의 누진공제가 중복적으로 적용된다. 미등기양도자산에 대해서는 장기보유특별공제가 배제된다.

(2) 비과세소득(소법 제89조)

① 파산선고에 의한 처분으로 발생하는 소득, ② 경작상 필요에 의한 농지의 교환·분합으로 인하여 발생하는 소득, ③ 2년 이상 보유 1세대 1주택(조정대상지역의 경우 보유기간 2년 이상이고 그 보유기간 중 거주기간 2년 이상. 고가주택의 실지거래가액 12억원 초과분 제외)과 이에 부수되는 토지로서 건물이 정착된 면적의 5배(도시계획구역 안) 또는 10배(도시계획구역 밖)를 넘지 아니하는 토지의 양도로 인한 소득 등

[보충설명] '세대'와 '주택'의 개념

1. 세대의 개념(소법 제88조 제6호 및 동법 령 제152조의3)

1세대라 함은 거주자 및 배우자가 그들과 동일한 주소 또는 거소에서 생계를 같이 하는 가족 전원을 말한다. 가족이라 함은 거주자와 배우자의 직계존비속(그 배우자 포함) 및 형제자매를 말하며, 취학·질병의 요양, 근무상 또는 사업상 형편으로 본래의 주소 또는 거소를 일시 퇴거한 자를 포함한다. 또한 1세대의 판정시기는 양도당시의 상황에 따라 판정한다. 1세대를 구성하려면 배우자가 있어야 하는 것이 원칙이다. 그러나 다음에 해당하는 경우에는 배우자가 없는 때에도 1세대로 본다.
  (1) 납세의무자의 연령이 30세 이상인 경우
  (2) 납세의무자의 배우자가 사망하거나 이혼한 경우
  (3) 12개월간 경상적·반복적 소득이 기준 중위소득을 12개월로 환산한 금액의 100

분의 40 수준 이상으로서 소유하고 있는 주택 또는 토지를 관리 · 유지하면서 독
립된 생계를 유지할 수 있는 경우

2. 주택의 개념(소법 제88조 제7호 및 동법 령 제152조의4)

주택이란 허가 여부나 공부(公簿)상의 용도구분과 관계없이 세대의 구성원이 독립된
주거생활을 할 수 있는 구조(세대별로 구분된 각각의 공간마다 별도의 출입문, 화장실,
취사시설이 설치되어 있는 구조)를 갖추어 사실상 주거용으로 사용하는 건물을 말한다.
이 경우 그 용도가 분명하지 아니하면 공부상의 용도에 따른다.

라. 세율(소법 제104조)

(1) 누진세율

① 토지, 건물 등의 보유기간 2년 이상인 경우 과세표준 1,400만 원 이하
100분의 6부터 과세표준 10억 원 초과 100분의 45까지의 8단계 초과누진세율(종
합소득세 세율과 같음). 분양권의 경우에는 양도소득 과세표준의 100분의 60

② 비사업용 토지의 경우 과세표준 1,400만 원 이하 100분의 16부터 과세표
준 10억 원 초과 100분의 55까지의 8단계 초과누진세율

(2) 비례세율

토지, 건물 등의 보유기간 1년 미만인 경우 100분의 50(주택, 조합원입주권 및 분
양권의 경우에는 100분의 70), 보유기간 1년 이상 2년 미만인 경우 100분의 40(주택,
조합원입주권 및 분양권의 경우에는 100분의 60), 미등기양도자산의 경우 100분의 70

마. 세액감면(조특법 제69조 및 제70조)

① 8년 이상 자경농지의 양도와 ② 자경농지의 대토(代土). 8년 이상 자경농
지 양도의 경우, 양도일 현재 농지이고 8년 이상 소유하여야 하며 취득 시부터 양
도 시까지 농지소재지에 거주하면서 직접 경작하여야 한다(조특법 제69조 제1항 및
동법 령 제66조). 자경농지 대토의 경우에는, 해당 토지가 주거지역 등에 편입되거
나 농지 외의 토지로 환지예정지 지정을 받은 경우에는 편입 또는 지정을 받은
날까지 발생한 양도차익에 대해서만 면제된다(조특법 제70조 제1항).

바. 신고와 납부[69]

(1) 예정신고, 납부

양도일이 속하는 달의 말일부터 2개월 이내에 예정신고·납부를 하여야 한다 (소법 제105조 제1항 제1호). 부동산 양도소득세의 경우 예정신고·납부세액공제가 없고 예정신고·납부하지 않거나 과소신고·납부하는 경우에는 가산세가 부과된다.

(2) 확정신고, 납부

연간 양도소득을 합산하여 양도일이 속한 해의 익년 5월 1일부터 5월 31일 까지 확정신고를 하여야 하지만(소법 제110조 제1항), 예정신고를 한 자는 해당 소득에 대한 확정신고를 하지 아니할 수 있다(소법 제110조 제4항 본문). 그러나 해당 과세기간에 누진세율 적용대상 자산에 대한 예정신고를 2회 이상 하는 경우 등에 는 확정신고를 하여야 한다(소법 제110조 제4항 단서 및 동법 령 제173조 제4항).[70]

3. 주식 양도소득세

주식의 양도차익에 대한 과세에 있어서는 상장주식은 비과세, 비상장주식은 과세를 원칙으로 하지만, 상장주식도 대주주가 양도하는 주식과 거래소시장에서 의 거래에 의하지 아니하는 주식은 과세되고, 비상장주식이지만 소액주주가 K－OTC[71]를 통하여 양도하는 중소·중견기업 주식은 비과세된다.

가. 납세의무자

(1) 상장법인(코넥스 포함)의 주주

① 상장법인의 주식 양도차익에 대해서는 원칙적으로 비과세한다. 예외적으

---

69) 제2회 변호사시험(2문)에서 '양도소득세 예정, 확정신고의무 위반의 경우 가산세 부과'에 관한 문제가 출제된 바 있다.
70) 이에 해당하지 않는 한 예정신고를 한 자는 '당해 소득'에 대한 확정신고를 하지 않을 수 있는데, 이는 예정신고를 한 양도소득 외에 동일한 과세연도에 귀속되는 양도소득이 더 있더라도 마찬가지이다, 대법원 2021. 11. 25. 선고 2020두51518 판결.
71) 금융투자협회가 운영하는 장외주식시장을 말한다.

로 대주주가 양도하는 주식과 소액주주가 장외에서 양도하는 주식의 양도차익은 과세된다.

② 대주주란 종목별 지분율이 양도일이 속한 사업연도의 직전 사업연도말 기준으로 유가증권시장 1%, 코스닥시장 2%, 코넥스시장 4% 이상(직전 사업연도 종료일에는 대주주 판정기준 지분율에 미달하였으나 그 후 주식을 추가 취득함에 따라 대주주 판정기준 지분율 이상을 보유하게 되면 그 이후부터 대주주에 해당)이거나, 종목별 보유액이 양도일이 속한 사업연도의 직전 사업연도말 기준으로 유가증권시장, 코스닥시장, 코넥스시장 공히 50억 원 이상인 주주를 말한다(소법 제94조 제1항 제3호 및 동법 령 제157조).

(2) 비상장법인의 주주

① 비상장법인의 주식 양도차익에 대해서는 원칙적으로 과세한다. 예외적으로 소액주주가 K-OTC를 통하여 양도하는 중소·중견기업 주식의 양도차익은 과세되지 아니한다. 다만, K-OTC라도 대주주의 양도차익은 과세된다.

② 대주주란 종목별 지분율이 양도일이 속한 사업연도의 직전 사업연도말 기준 4% 이상(직전 사업연도 종료일에는 대주주 판정기준 지분율에 미달하였으나 그 후 주식을 추가 취득함에 따라 대주주 판정기준 지분율 이상을 보유하게 되면 그 이후부터 대주주에 해당)이거나, 종목별 보유액이 양도일이 속한 사업연도의 직전 사업연도말 기준 50억 원 이상인 주주를 말한다(소법 제94조 제1항 제3호 및 동법 령 제157조).

(3) 국외주식의 주주

국외주식의 양도차익에 대해서는 상장·비상장, 소액주주·대주주 구분 없이 양도소득세가 부과된다(소법 제94조 제1항 제3호 및 동법 령 제157조의3).

나. 기본적인 세액계산 구조

(1) 국내주식 양도소득세

양도가액 – 취득가액 = 양도소득금액(각 반기 내에 발생한 양도차익에 대하여 예정신고·납부, 한 해 발생한 양도차익에 대하여 확정신고·납부)

양도차익 = 과세표준

과세표준 × 세율 = 세액

(2) 국외주식 양도소득세

양도가액 − 취득가액 = 양도소득금액(한 해 발생한 양도차익에 대하여 확정신고·납부)

양도차익 − (거래비용과 증권사 수수료) − 250만원(기본공제) = 과세표준

과세표준 × 세율 = 세액

다. 소득금액의 통산

(1) 주식양도차손은 주식양도차익과의 통산만 허용되고 순차손은 다른 종류 자산에 이월되지 아니한다(소법 제102조).

(2) 국내주식 양도소득세 과세대상인 양도차손익은 국외주식 양도소득세 과세대상인 양도차손익과 통산이 가능하다. 그러나 국내주식 비과세 대상인 소액주주 양도차손익은 국외주식 양도소득세 과세대상인 양도차손익과 통산이 불가하다.

(3) 소득세법상 '기타 자산'으로 분류되는 부동산유사주식(이용권, 회원권 등)의 경우에는 부동산과 같이 취급되어 그 양도차손익은 부동산양도손익과의 통산만 허용된다(소법 제94조 제1항 제4호 나목).

라. 세율

(1) 중소기업(소법 제104조 제1항 제11호)

① 소액주주의 주식 양도소득세의 세율은 100분의 10이고, 상장법인과 비상장법인 공통이다.

② 대주주의 주식 양도소득세의 세율은 과세표준 3억 원 이하 100분의 20, 3억 원 초과 100분의 25이고, 보유기간에 따른 차이가 없으며 상장법인과 비상장법인 공통이다.

(2) 중소기업 외 법인(소법 제104조 제1항 제11호)

① 소액주주의 주식 양도소득세의 세율은 100분의 20이고, 상장법인과 비상장법인 공통이다.

② 대주주의 주식 양도소득세의 세율은 1년 미만 보유한 경우에는 100분의 30, 1년 이상 보유한 경우에는 과세표준 3억 원 이하 100분의 20, 3억 원 초과 100분의 25이고, 상장법인과 비상장법인 공통이다.

(3) 국외주식(소법 제104조 제1항 제12호)

① 중소기업 100분의 10, 중소기업 외 100분의 20, 기타 자산(특정주식 등) 100분의 6에서 100분의 45까지. 중소기업 국외주식으로 인정되는 것은 중소기업 내국법인의 국외상장인 경우에 한한다.

② 외국증권시장에 상장된 주식 등의 양도차익에 대해서는 통상 100분의 20의 세율이 적용된다.

마. 신고와 납부

(1) 예정신고, 납부

양도일이 속하는 반기의 말일부터 2월 내에 예정신고·납부를 하여야 한다(소법 제105조 제1항 제2호). 반기 중 여러 건의 주식을 양도한 경우에는 모아서 반기로 예정신고·납부한다. 주식 양도소득세의 경우도 부동산 양도소득세와 마찬가지로 예정신고·납부세액공제는 없고 예정신고·납부하지 않거나 과소신고·납부하는 경우에는 가산세가 부과된다. 국외주식은 예정신고·납부의 대상에서 배제되어 있고(소법 제105조 제1항 제2호 및 제94조 제1항 제3호 참조) 확정신고·납부만 하면 된다.

(2) 확정신고, 납부

주식 양도소득세의 확정신고, 납부는 기본적으로 부동산 양도소득세의 경우와 같다. 연간 양도소득을 합산하여 양도일이 속한 해의 익년 5월 1일부터 5월 31일까지 확정신고를 하여야 하지만(소법 제110조 제1항), 예정신고를 한 자는 해당 과세기간에 누진세율 적용대상 자산에 대한 예정신고를 2회 이상 하는 경우 등을 제외하고는 해당 소득에 대한 확정신고를 하지 아니할 수 있다(소법 제110조 제4항 및 동법 령 제173조 제5항).

바. 주식대차에 대한 소득세법상 취급

(1) 주식대차거래의 개념

주식대차거래란 주식의 소유자(대여자)가 수수료를 받고 주식의 소유권을 상대방(차입자)에게 양도하면서 일정기간 경과 후에 차입자가 다시 동종·동량의 주식을 대여자에게 반환하기로 약정하는 거래이다.[72] 공매도(short sale)를 직접적인 목적으로 하는 것이 보통이지만, 선물 또는 옵션과 결합한 복합파생거래를 목적으로 행해지기도 한다.

(2) 주식대차거래와 양도소득세 과세

소득세법은 주주가 일정기간 후에 같은 종류로서 같은 양의 주식 등을 반환받는 조건으로 주식 등을 대여하는 경우에는 주식 등을 대여한 날부터 반환받은 날까지의 기간 동안 그 주식 등은 대여자의 주식 등으로 보아 과세대상 여부를 판단한다(소법 령 제157조 제10항). 대주주의 주식대차거래를 통한 조세회피를 방지하기 위하여 대차주식을 대여자의 주식으로 보아 대주주 여부(지분율 및 시가총액)를 판단하도록 한 것이다.[73]

사. 파생상품의 양도소득에 대한 과세

(1) 과세대상

과세대상은 파생결합증권, 장내파생상품 또는 장외파생상품 중 소득세법에서 정하는 것(소법 제94조 제1항 제5호, 동법 령 제159의2 제1항)이고, 국내·외 파생상품 양도손익은 통산이 가능하다.

(2) 세율

세율은 기본세율이 100분의 20이고, 탄력세율이 100분의 10이다.

---

72) 문성훈·임동원, "주식대차거래의 과세상 쟁점 및 개선방안", 경북대학교 법학논고, 제41집, 2013, 230면.
73) 대법원은 소득세법상 양도소득세 과세대상이 되는 대주주의 지분율을 계산할 때 주식대차계약에 따른 대차주식이 포함되는지 여부가 문제된 사안에서, 주식대차계약에 따라 주식의 소유권은 대여자로부터 차입자에게 이전하므로 대차주식은 주식 대여자의 주식에 포함되지 아니하다고 판단한 바 있다, 대법원 2010. 4. 29. 선고 2007두11092 판결.

아. 신탁수익권의 양도소득에 대한 과세

(1) 과세물건

과세물건은 신탁의 이익을 받을 권리의 양도로 발생하는 소득이다(소법 제94 조 제1항 제6호).

(2) 세율

세율은 과세표준 3억 원 이하 100분의 20, 과세표준 3억 원 초과 100분의 25이다.

자. 증권거래세

(1) 과세물건

주식 또는 지분의 양도. 주식 또는 지분의 양도에 대하여 증권거래세를 부과 하고 증권거래세의 과세표준은 주권의 양도가액(거래대금)으로 한다. 증권거래세 는 매도 시에만 적용하고, 손익과는 무관하다.

(2) 납세의무자

① 증권시장에서 양도되는 주권: 한국예탁결제원
② 증권시장 밖에서 금융투자협회를 통해 장외매매거래방식으로 양도되는 비상장주권: 한국예탁결제원
③ 금융투자업자를 통해 주권 등을 양도하는 경우: 금융투자업자
④ 사인 간에 양도되는 주권: 양도자

(3) 세율

① 비상장주식 0.45%
② 유가증권시장 상장주식 0.23%(농어촌특별세 0.15% 포함. 유가증권시장 상장주 식의 경우에만 농어촌특별세가 부과된다), 코스닥 상장주식 0.23%, 코넥스 상장주식 0.10%, K-OTC 거래주식 0.25% 및 장외거래주식 0.45%

(4) 주식대차와 증권거래세

주식의 양도가 주식대차약정에 기하여 차용한 주식을 상환하는 것인 경우에는 '주권을 목적물로 하는 소비대차'(증권거래세법 제6조 제3호 및 동법 령 제3조)에 해당하여 증권거래세가 과세되지 아니한다.[74]

[보충설명] 펀드(집합투자기구) 투자자에 대한 과세

1. 소득의 종류

(1) 펀드에서 발생하는 수익은 이자, 주식 매매차익, 주식 배당소득, 채권 매매차익, 채권 이자소득, 환차익 등 수익원천에 관계 없이 모두 배당소득으로 과세된다(법법 제17조 제1항 제5호). 2,000만 원 초과하는 경우에는 금융소득종합과세가 적용된다.

(2) 그러나 펀드에서 발생하는 수익 중 상장증권, 「벤처기업육성에 관한 특별법」(이하 '벤처기업법'이라 한다)에 의한 벤처기업의 주식 또는 출자지분 및 상장증권 대상 장내파생상품의 거래 또는 평가손익은 수익원천에서 제외된다(법법 령 제26조의2 제4항 참조).

2. 조세 부과 및 징수

(1) 펀드에서 발생한 과세수익은 펀드의 기준가와 별도로 공시되는 과세표준 기준가에도 반영되고, 펀드 결산 또는 환매 시점에 과세표준 기준가의 변동분에 대하여 조세가 부과된다.

(2) 펀드로 유입되는 이자, 주식 등에 대한 배당소득은 정기결산 시 과세가 이루어지고, 주식의 매매 또는 평가로 인한 수익은 환매시점에 과세된다.

(3) 결산일에 회계기간 동안 발생한 수익을 확정한 후 과세가 이루어지고, 조세가 징수된 후의 금액은 펀드에 재투자된다.

(4) 주식의 매매차익 또는 평가이익은 환매할 때 한 번 과세된다.

(5) 결산시점에 수익이 나서 세액을 납부하였지만 그 후 환매할 때 전체적으로 손실이 났더라도 결산 시 납부한 세액은 환급되지 아니한다.

(6) 펀드별로 결산일에 수익을 정산하지 않고 환매할 때에 전체 투자기간 동안의 수익에 대하여 세액을 납부하도록 정할 수 있다.

---

74) 대법원 2006. 9. 28. 선고 2005두2971 판결.

3. 국외주식 등 투자펀드 과세체계

국외주식 등 투자펀드로는 국내 자산운용사가 국내법에 따라 설정하는 국외펀드와 외국 자산운용사가 외국법에 따라 설정하는 역외펀드가 있다. 국외주식의 양도소득은 증권거래세 없이 양도소득세가 과세되지만,[75] 국외주식 등 투자펀드로부터의 수익에 대해서는 수익원천에 관계없이 양도소득세가 아닌 배당소득세가 과세된다.

4. 퇴직소득세

가. 개요

퇴직소득은 일시금으로도 출금할 수 있고 연금으로도 출금할 수 있다. 일시금 출금 시에는 퇴직소득으로 분류과세되고, 연금 출금 시에는, 전술한 바와 같이, 퇴직연금소득에 대하여 수령 연령에 따라 100분의 3에서 100분의 5까지의 세율로 퇴직소득세의 100분의 60에서 100분의 70의 수준으로 분리과세된다.

나. 세액의 계산

퇴직급여는 다년간 누적되었다가 일시적으로 지급되는 것이어서, 여기에 바로 종합소득세의 누진세율을 적용하면 조세부담이 과중하게 되므로, 종합소득세와는 다른 계산구조로 세액을 산출한다. 퇴직소득세의 세액계산 구조는 다음과 같다(소법 제22조, 제48조, 제55조 및 동법 령 제42조의2).

① 사용자 부담 퇴직 수령 소득 + 공적연금 일시금 + 퇴직소득 지연이자 등 = 퇴직소득금액(퇴직급여)

② 퇴직소득금액 − 근속연수공제(1차 공제) = 퇴직소득과세표준

③ 퇴직소득 과세표준 ÷ 근속연수 × 12 = 환산급여

④ 환산급여 − 차등공제(2차 공제) = 환산과세표준

⑤ 환산과세표준 × 종합소득세율 = 환산산출세액

⑥ 환산산출세액 ÷ 12 × 근속연수 = 산출세액

---

75) 국내 상장주식은 원칙적으로 양도차익에 대한 과세 없이 증권거래세만 과세된다.

다. 과세표준

① **퇴직소득과세표준**

근속연수공제는 근속연수 1년에 대하여 5년 이하 30만 원에서 20년 초과 120만원까지이다. 1년 미만은 1년으로 계산한다.

② **환산과세표준**

차등공제는 환산급여 800만 원 이하 100분의 100에서 환산급여 3억 원 초과 100분의 35까지의 5단계 초과역누진공제이다.

VI. 부당행위계산부인

1. 의의

소득세법은 배당소득(출자공동사업자의 공동사업소득에 한한다), 사업소득, 기타소득 또는 양도소득의 총수입금액 또는 필요경비의 계산에 있어 특수관계인과의 거래로 조세의 부담을 부당하게 감소시킨 것으로 인정되는 경우에는 그 행위 또는 계산과 관계 없이 해당 과세기간의 소득금액을 계산할 수 있도록 규정하고 있다(소법 제41조 및 제101조).

부당행위계산부인규정은 실질과세원칙 중 실질계산원칙을 구체화하는 개별규정으로서 공평과세를 실현하는 것이 그 입법취지이다. 부당행위계산부인에 대한 보다 상세한 내용은 '제2장 법인세법'에서 후술한다.

2. 요건

부당행위계산부인의 요건은 특수관계인(소법 령 98조 제1항 및 제167조 제4항) 사이의 거래가액이 사회통념이나 관습에 비추어 볼 때 합리적인 경제인이 취할 정상적인 거래가액에 해당하지 않아 부당하게 조세의 부담을 감소시킨 것으로 인정되는 경우일 것이다.[76] 소득세법 시행령 제98조 제2항(사업소득 또는 기타소득

중 조세부담을 부당하게 감소시킨 것으로 인정되는 경우)과 제167조 제3항(양도
소득 중 조세부담을 부당하게 감소시킨 것으로 인정되는 경우)에서 조세의 부담
을 부당하게 감소시킨 것으로 인정되는 경우를 다음과 같이 열거하고 있다.

가. 사업소득 또는 기타소득 중 조세부담을 부당하게 감소시킨 것으로 인정되는 경우

① 특수관계인으로부터 시가보다 높은 가격으로 자산을 매입하거나 특수관
계인에게 시가보다 낮은 가격으로 자산을 양도한 경우

② 특수관계인에게 금전이나 그 밖의 자산 또는 용역을 무상 또는 낮은 이율
등으로 대부하거나 제공한 경우. 다만, 직계존비속에게 주택을 무상으로
사용하게 하고 직계존비속이 그 주택에 실제 거주하는 경우는 제외한다.

③ 특수관계인으로부터 금전이나 그 밖의 자산 또는 용역을 높은 이율 등으
로 차용하거나 제공받는 경우

④ 특수관계인으로부터 무수익자산을 매입하여 그 자산에 대한 비용을 부담
하는 경우

⑤ 그 밖에 특수관계인과의 거래에 따라 해당 과세기간의 총수입금액 또는
필요경비를 계산할 때 조세의 부담을 부당하게 감소시킨 것으로 인정되
는 경우

①부터 ③까지 및 ⑤(①부터 ③까지에 준하는 행위만 해당한다)는 시가와 거래가
액의 차액이 3억 원 이상이거나 시가의 100분의 5에 상당하는 금액 이상인 경우
만 해당한다.

나. 양도소득 중 조세부담을 부당하게 감소시킨 것으로 인정되는 경우

① 특수관계인으로부터 시가보다 높은 가격으로 자산을 매입하거나 특수관
계인에게 시가보다 낮은 가격으로 자산을 양도한 때

② 그 밖에 특수관계인과의 거래로 해당 연도의 양도가액 또는 필요경비의
계산시 조세의 부담을 부당하게 감소시킨 것으로 인정되는 때

---

76) 대법원 2001. 6. 15. 선고 99두1731 판결.

①과 ②는 시가와 거래가액의 차액이 3억 원 이상이거나 시가의 100분의 5에 상당하는 금액 이상인 경우만 해당한다.

2. 효과

그 행위나 계산에 관계 없이 '시가', 즉 '정상적인 거래에 의하여 형성된 객관적인 교환가치'에 따라 당해 연도의 소득금액을 계산한다(소법 령 제98조 및 제167조). 부당행위계산부인에 따라 시가에 의한 거래의 재구성이 있더라도 거래상대방에 의한 대응조정은 인정되지 아니한다.

가. 사업소득 또는 기타소득 중 조세부담을 부당하게 감소시킨 것으로 인정되는 경우

시가의 산정에 관하여는 법인세법 시행령 제89조 제1항과 제2항을 준용한다(소득세법 시행령 제98조 제3항). 해당 법인세법 시행령 규정의 상세한 내용에 대해서는 '제2장 법인세법'에서 후술한다.

나. 양도소득 중 조세부담을 부당하게 감소시킨 것으로 인정되는 경우

시가의 산정에 관하여는 상증세법의 자산 평가에 관한 규정인 제60조부터 제66조까지와 그 위임에 따른 동법 시행령의 규정을 준용하여 평가한 가액에 따른다(소득세법 시행령 제167조 제5항). 그러나 주권상장법인이 발행한 주식의 시가는 법인세법 시행령 제89조 제1항에 따른 시가로 한다(소득세법 제167조 제7항).

4. 증명책임

부당행위계산부인의 요건에 대한 증명책임은 과세관청에게 있다.

[관련판례] 부당행위행위계산부인

1. 저가양도 - 대법원 1999. 9. 21. 선고 98두11830 판결

2. 양도와 증여 – 대법원 2003. 1. 10. 선고 2001두4146 판결

1. 저가양도 – 대법원 1999. 9. 21. 선고 98두11830 판결

(1) 사실관계

원고는 1994. 3. 31. 그 시숙인 소외 1으로부터 소외회사 주식 21,000주를 주당 액면가인 5,000원 합계 1억 500만 원에, 그 동생인 소외 2로부터 소외회사 주식 19,000주를 주당 액면가인 5,000원 합계 9,500만 원에 각각 양수하였다.

피고는, 원고와 특수관계에 있는 위 소외 1과 소외 2가 원고에게 주당 시가가 20,000원인 소외회사 주식을 주당 5,000원이라는 현저히 저렴한 가액으로 양도하였다고 판단하여, 구 상속세법(1994. 12. 22. 개정 전) 제34조의2 제1항을 적용하여 이를 위 소외 1과 소외 2가 원고에게 위 양수가액 총액인 2억 원과 위 시가 총액인 8억 원의 차액인 6억 원에서 30%를 공제한 4억 2,000만 원 상당을 증여한 것으로 보고 원고에게 이에 대한 증여세(가산세 포함)를 부과하였다가 1997. 4. 2. 양도인별로 증여세를 따로 부과하는 경정처분을 하였다.

〈쟁점〉
– 특수관계자에게 자산을 저가양도하여 구 소득세법상 부당행위계산부인규정에 의하여 양도자에게 양도소득세를 부과할 수 있는 경우에도(현행 소득세법 제101조) 구 상속세법상 저가양도시 증여의제규정에 의하여 양수자에게 증여세를 부과할 수 있는지 여부
– 구 상속세법 제29조의3 제3항(현행 상증세법 제4조의2 제2항)이 위 양도소득세와 증여세의 중복적용을 배제하는 특별규정인지 여부

(2) 판결내용

"구 소득세법(1994. 12. 22. 전문개정 전) 제55조 제1항은 양도소득 등이 있는 거주자의 행위 또는 계산이 그 거주자와 특수관계에 있는 자와의 거래로 인하여 당해 소득에 대한 조세의 부담을 부당하게 감소시킨 것으로 인정되는 때에는 그 거주자의 행위에 관계 없이 당해 연도의 소득금액을 계산할 수 있다고 규정하고, 구 소득세법 시행령(1994. 12. 31. 전문개정 전) 제111조 제1항 제1호와 제2항 제1호는 위와 같이 소득금액을 계산할 수 있는 경우의 하나로서 당해 소득자의 친족에게 시가에 미달하게 자산을 양도한 때 등을 들고 있으며, 구 상속세법(1996. 12. 30. '상속세 및 증여세법'으로 전문개정 전) 제34조의2 제1항은 제34조의 규정에 해당하는 경우(배우자 간의 양도행위)를 제외하고 현저히 저렴한 가액의 대가로써

재산을 대통령령이 정하는 특수관계에 있는 자에게 양도하였을 경우에는 그 재산을 양도한 때에 있어서 재산의 양도자가 그 대가와 시가와의 차액에 상당한 가액을 양수자인 대통령령이 정하는 특수관계 있는 자에게 증여한 것으로 간주한다고 규정하고, 구 상속세법시행령(1994. 12. 31. 개정 전) 제41조 제1항과 제2항 제1호는 증여한 것으로 간주하는 경우의 하나로 양도자의 친족에게 시가 등의 100분의 70 이하의 가액으로 양도하는 경우를 들고 있다."

"증여세와 양도소득세는 납세의무의 성립요건과 시기 및 납세의무자를 서로 달리하는 것이어서 과세관청이 각 부과처분을 함에 있어서는 각각의 과세요건에 따라 실질에 맞추어 독립적으로 판단하여야 할 것으로 위 규정들의 요건에 모두 해당할 경우 양자의 중복적용을 배제하는 특별한 규정이 없는 한 어느 한쪽의 과세만 가능한 것은 아니라 할 것이다."

"구 상속세법 제29조의3 제3항(현행 상증세법 제4조의2 제2항)은 제1항 및 제2항의 경우(증여받은 재산에 대하여 증여세를 부과할 경우)에 소득세법에 의하여 소득세가 부과되는 때에는 증여세를 부과하지 아니한다고 규정하고 있는바, 그 문언 내용이나 증여세가 소득세의 보완세로서의 성격도 가지는 점에 비추어 보면 위 규정은 수증자에 대하여 증여세를 부과하는 경우 그에 대하여 소득세가 부과되는 때에는 증여세를 부과하지 아니한다는 뜻으로 읽혀지고, 따라서 위 규정은 앞서 본 양도소득세 규정과 증여세 규정의 중복적용을 배제하는 특별한 규정에 해당하지 않는다 할 것이다."

"그렇다면 원고가 그 친족으로부터 현저히 저렴한 가액의 대가로써 주식을 양수한 이 사건의 경우에는 양도인에게 양도소득세가 과세되는지 여부에 관계없이 양수인인 원고에게 증여세를 과세할 수 있다 할 것이므로, 그 이유 설시에 다소 부적절한 부분이 없지 아니하나 원고에 대하여 증여세를 과세한 이 사건 각 처분이 적법하다고 한 결론은 정당하고, 따라서 이와 다른 견해에 서서 원심판결을 비난하는 상고이유 주장은 이를 모두 받아들일 수 없다."

2. 양도와 증여 - 대법원 2003. 1. 10. 선고 2001두4146 판결

(1) 사실관계

원고는 그의 아들인 소외 1에게 1994. 12. 27. 원고 소유의 토지를, 1995. 2. 23. 원고 소유의 주택을 각각 증여하였고, 소외 1은 1996. 3. 27. 다른 주택을 구입할 자금이 필요해서 소외 2에게 이 사건 부동산을 양도하였다.

이에 관할세무서장은, 원고가 양도소득세를 부당하게 감소시키기 위하여 소외

1에게 이 사건 부동산을 증여하고 소외 1이 2년 이내에 소외 2에게 이 사건 부동산을 양도한 것으로 판단하고, 구 소득세법(1996. 12. 30. 개정 전) 제101조 제2항에 의하여 원고가 소외 2에게 이 사건 부동산을 직접 양도한 것으로 보아, 1998. 1. 3. 원고에 대하여 양도소득세 2,800만 원(신고 및 납부불성실 가산세 포함)을 부과하는 이 사건 처분을 하였는데, 그 후 이 사건 처분에 관한 권한이 1999. 9. 1.자로 피고에게 승계되었다.

〈쟁점〉
구 소득세법 제101조 제2항의 규정 취지

(2) 판결내용
"구 소득세법(1996. 12. 30. 개정 전) 제101조 제2항의 규정은 양도소득세를 회피하기 위하여 증여의 형식을 거쳐 양도한 경우, 이를 부인하고 실질소득의 귀속자인 증여자에게 양도소득세를 부과하려는 데 그 목적이 있다(대법원 1989. 5. 9. 선고 88누5228 판결; 1997. 11. 25. 선고 97누13979 판결 등 참조)."

"원심판결 이유에 의하면 원심은, 판시와 같은 사실을 인정한 다음, 원고가 아들인 소외 1에게 이 사건 부동산을 증여할 상당한 이유가 인정되고 소외 1 또한 이 사건 부동산을 처분하여 다른 주택을 매입할 사정이 있었다고 보여지는 점, 이 사건 부동산의 양도대금이 원고에게 귀속되었다고 볼 수 없는 점 등에 비추어, 원고가 소외 1에게 이 사건 부동산을 증여하고 소외 1이 증여받은 날부터 2년 이내에 이를 다시 타에 양도한 행위는 사회통념이나 관행에 비추어 정상적인 경제행위로 보여진다는 등의 이유를 들어, 피고가 법 제101조 제2항 소정의 부당행위계산 부인규정을 적용하여 원고의 증여를 부인한 후, 원고가 이 사건 부동산을 직접 양도한 것으로 보아 원고에 대하여 양도소득세(가산세 포함)를 부과한 이 사건 처분이 위법하다고 판단하였다.

앞서 든 법리를 기록에 비추어 살펴보면, 원심의 위와 같은 판단은 정당하고, 거기에 상고이유에서 드는 바와 같은, 법 제101조제2항 소정의 부당행위계산 부인규정에 관한 법리오해나 심리미진의 위법이 없다."

제 2 장 법인세법

Ⅰ. 총설

1. 법인세의 의의

법인세는 소득을 발생시킨 법인에게 부과하는 직접세이다. 법인이란 법률상 인격이 부여되어 자연인 이외에 권리·의무의 주체가 될 수 있는 자로서, 일반적으로 일정한 목적하에 집합한 사람의 단체인 사단법인과 일정한 목적을 위하여 갹출한 재산의 집합체인 재단법인으로 분류된다. 법인세는 순자산증가설에 기초하여 과세대상소득을 포괄적으로 파악하고 소득이 발생하면 원천을 묻지 않고 과세한다.

다만, 법인세법 고유의 시각에서 이와 달리 취급되는 경우가 있는데, ① 익금산입·불산입, 손금산입·불산입 등 법인세 고유의 목적에 의한 경우(기업회계와의 차이), ② 소득공제 등 조세정책상의 이유에 의한 경우, ③ 손금산입의 한도설정 등 과세공평을 유지하기 위한 경우, ④ 사실에 반하는 내용을 조정하기 위한 경우(부당행위계산부인) 등이 그러하다.[1]

2. 납세의무자

법인세의 납세의무자는 법인과 법인으로 보는 법인격 없는 단체이다.

---

1) 헌법재판소 1997. 7. 16. 96헌바36 결정 참조.

가. 법인

법인은 과세대상소득의 범위에 따라 내국법인과 외국법인으로 나눌 수 있다.

(1) 내국법인

내국법인이란 국내에 본점이나 주사무소 또는 사업의 실질적 관리장소를 둔 법인을 말한다(법법 제2조 제1호). 국가와 지방자치단체는 법인세 납세의무가 없다 (법법 제3조 제2항). 내국법인은 국내외 원천소득에 대하여 과세되는 무제한적 납세 의무자이다.

(2) 외국법인

외국법인이란 국내에 사업의 실질적 관리장소가 없고 외국에 본점 또는 주 사무소를 둔 단체로서 ① 설립된 국가의 법에 따라 법인격이 부여된 단체, ② 구 성원이 유한책임사원으로만 구성된 단체, 및 ③ 해당 외국단체와 동종 또는 유사 한 국내의 단체가 상법 등 국내의 법률에 따른 법인인 경우를 말한다(법법 제2조 제3호 및 동법 령 제2조 제2항). 외국법인은 국내 원천소득에 대해서만 과세되는 제 한적 납세의무자이다.

나. 법인으로 보는 법인격 없는 단체

법인으로 보는 법인격 없는 단체에는 당연의제법인과 승인의제법인이 있다 (국기법 제13조).

(1) 당연의제법인

법인이 아닌 단체 중 다음의 어느 하나에 해당하는 것으로서, 수익을 구성원 에게 분배하지 아니하는 것은 이를 법인으로 본다(국기법 제13조 제1항).

① 주무관청의 허가 또는 인가를 받아 설립되거나 법령에 따라 주무관청에 등록한 사단, 재단, 그 밖의 단체로서 등기되지 아니한 것

② 공익 목적으로 출연된 기본재산이 있는 재단으로서 등기되지 아니한 것

(2) 승인의제법인

당연의제법인 외의 법인이 아닌 단체 중 다음의 요건을 모두 갖춘 것으로서 대표자나 관리인이 관할 세무서장에게 신청하여 승인을 받은 것도 법인으로 본다 (국기법 제13조 제2항).

① 조직과 운영에 관한 규정을 가지고 대표자나 관리인을 선임하고 있을 것
② 자신의 계산과 명의로 수익과 재산을 독립적으로 소유·관리할 것
③ 수익을 구성원에게 분배하지 아니할 것

3. 과세대상소득의 종류

법인세 과세대상소득의 종류로는 ① 각 사업연도 소득, ② 토지 등 양도소득 및 ③ 청산소득이 있다(법법 제4조 제1항). 내국법인과 외국법인, 그리고 영리법인과 비영리법인[2]이 각각 납세의무를 부담하는 소득의 종류는 다음과 같다.

가. 내국법인 – 무제한적 납세의무자

(1) 내국영리법인

내국영리법인은 국내외 원천의 각 사업연도 소득, 토지 등 양도소득 및 청산소득에 대하여 납세의무를 부담한다.

---

2) 국세기본법이나 법인세법에서 영리법인을 정의하고 있지 아니하고, 법인세법에서 비영리내국법인과 비영리외국법인을 정의하고 있다. '비영리내국법인'이란 내국법인 중 ① 민법 제32조에 따라 설립된 법인, ② 사립학교법이나 그 밖의 특별법에 따라 설립된 법인으로서 민법 제32조에 규정된 목적과 유사한 목적을 가진 법인(노동협동조합 등 대통령령으로 정하는 조합법인 등이 아닌 법인으로서 그 주주·사원 또는 출자자에게 이익을 배당할 수 있는 법인 제외) 및 ③ 국세기본법 제13조제4항에 따른 법인으로 보는 단체를 말한다(법법 제2조 제2호). '비영리외국법인' 이란 외국법인 중 ① 외국의 정부·지방자치단체 및 ② 영리를 목적으로 하지 아니하는 법인(법인으로 보는 단체 포함)을 말한다(법법 제2조 제4호). 법인세법에서는 영리법인과 비영리법인의 구분을 그 법인이 영리사업을 영위하는지 여부에 따라 하는 것이 아니라 그 법인이 사업을 사원 또는 주주에게 이익을 분배할 목적으로 하는지 여부에 따라 한다고 할 수 있다, 박훈, "40. 구 도시재개발법상 재개발조합이 비영리법인인지 여부", 조세판례100선 3, 한국세법학회, 2024, 261면.

(2) 내국비영리법인

내국비영리법인은 국내외 원천의 각 사업연도 소득 중 법인세법에서 정하는 수익사업(법법 제4조 제3항)으로부터 발생하는 소득과 토지 등의 양도소득에 대하여 납세의무를 부담한다. 내국비영리법인의 청산소득은 법인세의 과세대상이 아니다.

나. 외국법인 - 제한적 납세의무자

(1) 외국영리법인

외국영리법인은 국내원천의 각 사업연도 소득과 토지 등의 양도소득에 대하여 납세의무를 부담한다. 외국영리법인의 청산소득은 법인세의 과세대상이 아니다.

(2) 외국비영리법인

외국비영리법인은 국내 원천의 각 사업연도 소득 중 법인세법에서 정하는 수익사업(법법 제4조 제3항)으로부터 발생하는 소득과 토지 등의 양도소득에 대하여 납세의무를 부담한다. 외국비영리법인의 청산소득은 내국비영리법인 및 외국영리법인과 마찬가지로 법인세의 과세대상이 아니다.

4. 과세기간, 납세지 및 과세관할

가. 과세기간

(1) 일반(법법 제6조)

① 법인세의 과세기간은 법인의 정관·규칙 등에서 정하는 1사업연도이고, 1년을 초과하지 못한다.
② 사업연도는 법인세의 과세단위를 구성하는 요소로서 사업연도가 달라지면 과세단위도 달라진다.[3]

---

3) 과세단위의 일반적인 판단기준은 납세의무자·세목·과세기간 등이다.

(2) 사업연도의 변경(법법 제7조)

사업연도를 변경하는 경우에는 종전의 사업연도의 개시일부터 변경한 사업연도의 개시일 전일까지의 기간을 1사업연도로 한다.

(3) 특수한 경우 - 사업연도의 의제(법법 제8조)

① 사업연도 중 해산한 경우에는 해산등기일 전후를 각각 1사업연도로 본다.

② 사업연도 중 합병·분할하는 경우에는 합병·분할등기일까지의 기간을 1사업연도로 본다.

③ 사업연도 중 조직변경하는 경우에는 조직변경 전의 사업연도가 조직변경 후에도 계속되는 것으로 본다.

④ 청산 중인 법인

　ⅰ. 잔여재산가액이 사업연도 중에 확정된 경우에는 잔여재산가액 확정일까지의 기간을 1사업연도로 본다.

　ⅱ. 청산 중인 법인이 사업을 계속하는 경우에는 계속등기일 전후를 각각 1사업연도로 본다.

⑤ 사업연도 중 연결납세방식을 적용받는 경우에는 그 사업연도 개시일부터 연결사업연도 개시일 전일까지의 기간을 1사업연도로 본다.

⑥ 국내사업장을 가진 외국법인이 국내사업장을 폐쇄하는 경우에는 그 사업장의 폐쇄일까지의 기간을 1사업연도로 본다.

⑦ 국내사업장이 없는 외국법인이 국내원천소득이 발생하지 아니하게 되어 신고한 경우에는 신고일까지의 기간을 1사업연도로 본다.

나. 납세지

(1) 내국법인(법법 제9조 제1항)

내국법인의 납세지는 등기부상의 본점 또는 주사무소의 소재지이다. 국내에 본점 또는 주사무소가 없는 내국법인의 납세지는 사업을 실질적으로 관리하는 장소의 소재지이다.

(2) 외국법인(법법 제9조 제2항 및 제93조 제3호, 제7호 참조)

외국법인의 납세지는 국내사업장의 소재지이다. 국내사업장이 없으나 국내원천 부동산소득 또는 국내원천 양도소득이 있는 외국법인의 납세지는 각각 그 자산의 소재지이다.

다. 과세관할

법인세는 위 납세지를 관할하는 세무서장 또는 지방국세청장이 과세한다(제12조).

5. 법인세 납세의무의 확장 및 축소

가. 연결납세방식의 적용

(1) 연결납세방식의 의의(법법 제2조 제6호 등)

연결납세방식이란 둘 이상의 내국법인을 하나의 과세표준과 세액을 계산하는 단위로 하여 법인세를 신고, 납부하는 방식을 말한다. 연결납세의 실익은 연결지배하는 연결모법인과 연결지배를 받는 연결자법인 간에 손비를 통산하여 공제받을 수 있다는 것이다. '연결지배'란 내국법인이 다른 내국법인의 발행주식총수 또는 출자총액의 100분의 90 이상을 보유하고 있는 경우를 말한다.

(2) 연결법인의 납세의무(법법 제3조 제3항)

연결법인이란 연결납세방식의 적용을 받는 내국법인을 말한다. 연결법인은 각 연결사업연도의 소득에 대한 법인세를 연대하여 납부할 의무가 있다.

(3) 연결납세방식의 적용 등(법법 제76조의8부터 제76조의22까지)[4]

① 다른 내국법인을 연결지배하는 내국법인(연결가능모법인)과 그 다른 내국법인(연결가능자법인)은 연결가능모법인의 납세지 관할지방국세청장의 승인을 받아 연결납세방식을 적용할 수 있다.

---

4) 세법교수 36인 공저, 판례세법, 박영사, 2011, 262면 참조.

② 연결집단의 소득금액 계산은 각 연결법인이 개별납세방식에 따라 계산한 소득금액으로부터 각종 연결세무조정사항을 반영한 연결법인별 소득금액을 계산한 다음, 이를 합산한 연결소득금액에서 연결이월결손금 등을 공제하여 연결과세표준을 계산한다. 이렇게 계산된 연결산출세액은 연결모법인과 연결자법인에 안분하고, 연결자법인은 연결자법인분 세액을 연결모법인에 지급한다.

③ 이월결손금의 공제에 대해서는 일정기간 동안 각 연결법인의 소득을 구분하여 계산하도록 하는 특칙이 있다. 이는 이월결손금의 공제만을 받으려고 결손회사를 이용하는 것을 방지하기 위한 것이다. 고정자산 등 특정한 거래는 연결법인 상호 간의 거래에서는 소득이 발생하지 않는 것으로 본다.

나. 동업기업에 대한 과세특례(조특법 제100조의14 이하)

(1) 개요

한국의 조세법은 법인에 대하여 실체설과 도관설을 병행하여 적용하고 있다. 법인세, 부가가치세, 종합부동산세 등의 경우에는 실체설을 취하고 있고, 조세특례제한법의 동업기업 과세특례에서는 동업기업에게 과세하지 아니하고 동업자에게 과세한다는 점에 있어서는 도관설을 취하고 있다.

동업기업 과세특례제도는 종래 법인격의 유무를 기준으로 법인세 과세여부를 결정하던 조세법의 입장이 법인격이 아니라 기업의 실체적 특성을 기준으로 법인세 과세여부를 결정하는 방향으로 전환된 것을 의미한다. 이는 법인이더라도 조합과 실질적인 면에서 유사한 기업형태에 대해서는 동업기업 과세특례를 선택할 수 있도록 허용한다는 것이다.[5]

(2) 적용범위

동업기업이란 2명 이상이 금전이나 그 밖의 재산 또는 노무 등을 출자하여 공동사업을 경영하면서 발생한 이익 또는 손실을 분배받기 위하여 설립한 단체를

---

5) 법인단계에서 법인소득으로 과세되고 또 사원단계에서 배당소득으로 과세되는 이중과세에 대해서는 이를 조정하는 방안이 마련되어 있지만, 그 조정의 정도가 부분적인 것에 그치고 조정의 방식도 사원의 성격, 즉 사원이 개인(배당세액공제)인지 법인(배당소득 익금불산입)인지에 따라 달라진다. 한편 구성원 급여의 손금인정이라든가 상대적으로 낮은 세율 등 법인세의 적용을 받음으로써 얻게 되는 이점도 적지 아니하므로, 일률적으로 어느 쪽이 유리하다고 단정할 수 없고 구체적인 경우에 따라 다르다.

말한다(조특법 제100조의14). 동업기업 과세특례의 적용대상은 ① 민법과 상법에 따른 조합·합자조합·익명조합, 합명회사, 합자회사 및 ② 전문적 인적 용역을 제공하는 특별법상 조합·합명회사·유한회사이다(조특법 제100조의15).

(3) 과세방식

동업기업 과세특례는 위 적격기업이 신청한 경우에 한하여 적용된다(조특법 제100조의15 제1항 및 제100조의17 제1항). 동업기업 과세특례의 적용을 신청한 동업기업은 소득세 또는 법인세의 부과대상이 되지 않고, 동업기업이 발생시킨 소득금액 또는 결손금은 동업자들에게 동업자 간의 손익분배비율에 따라 배분되며, 동업기업의 소득에 대하여 동업자에게 소득세 또는 법인세가 부과된다(조특법 제100조의16 제1항, 제2항 및 제100조의18).

[관련판례] 법인이 아닌 단체에 대한 과세

1. 교회의 법적 성격 – 대법원 1999. 9. 7. 선고 97누17261 판결 * 파기환송
2. 주택조합의 법적 성격 – 대법원 2005. 6. 10. 선고 2003두2656 판결

---

1. 교회의 법적 성격 – 대법원 1999. 9. 7. 선고 97누17261 판결 * 파기환송

(1) 사실관계

원고는 1949. 5. 8. 부산 중구에 설립된 교회로서 현재 소재지인 부산 동래구에 새로운 교회당을 건립하여 교회를 옮기기 위하여, 1983. 11. 10. A회사와 사이에 위 교회당 신축에 관한 공사도급계약을 체결하였다. 이 공사의 대금은 30억원으로 하되, 원고 소유인 토지를 공사비 일부의 대물변제로서 A회사에게 양도하고, A회사는 이 토지에 아파트 105세대를 건축, 분양하여 그 분양대금(분양이익금)으로써 나머지 공사대금에 충당하기로 약정하였다. 그런데 A회사는 새 교회당 및 아파트 신축공사를 시행하던 중 1985. 11. 경 부도가 나서 그 후 도산하였다. 이에 원고는 1986. 10. 31. A회사와 사이에 원고가 나머지 교회당 신축공사를 맡아 하면서 이미 대물변제된 토지의 반환에 갈음하여, 아파트 중 A회사가 분양한 10세대를 제외한 나머지 95세대에 관한 기성고 및 대지권 등 일체의 권리를 양도받았다.

원고는 A회사로부터 양도받은 아파트의 잔여공사를 다른 건설업자에게 도급을

주어 완공단계에 이르게 되었는데, 1991년 경 이 아파트를 분양받는 사람들이 준 공검사도 받기 전에 입주하였다. 이에 관할세무서장인 피고는 원고의 아파트분양 을 비영리법인의 수익사업으로 인정하여, 아파트 중 교회사택용인 7세대를 제외한 88세대의 분양대금을 56억 원으로, 분양원가를 23억 원으로 하여 그 매매차익 33 억 원에서 필요경비 1억 원을 공제한 나머지 32억 원을 소득금액으로 산정한 다 음, 위 소득금액 전액은 원고의 새 교회당 신축비로 소요된 것으로 인정하여 이를 비영리법인에 출연한 지정기부금으로 보아, 그 중 지정기부금 한도액(당시 지정기 부금 소득공제 한도 100분의 60)을 초과하는 13억 원을 과세표준으로 하여, 1993. 2. 1. 원고에 대하여 1993년 법인세 6억 원을 부과하는 처분을 하였다.

〈쟁점〉
- 주무관청의 허가를 받지 않고 설립된 법인격 없는 사단이 구 국세기본법 제 13조 소정의 세법상 법인에 해당하는지 여부
- 교회의 법적 성격을 법인격 없는 사단이면서 동시에 법인격 없는 재단으로 볼 수 있는지 여부

(2) 판결내용
"구 법인세법(1994. 12. 22. 개정 전) 제1조 제2항은, 국세기본법 제13조 제1 항의 규정에 의한 법인격이 없는 사단·재단 기타 단체는 비영리내국법인으로 보 고 이 법을 적용한다고 규정하고, 구 국세기본법(1994. 12. 22. 개정 전) 제13조 제1항은 법인격 없는 사단·재단 기타 단체 중 대통령령이 정하는 것에 대하여는 이를 법인으로 보아 이 법과 세법을 적용한다고 규정하고 있으며, 그 위임에 따 라 법인으로 보는 법인격 없는 사단·재단 기타 단체에 관하여 정하고 있는 구 국세기본법 시행령(1993. 12. 31. 개정 전) 제8조는 제1호에서 '주무관청의 허가 를 받아 설립한 사단·재단 또는 기타 단체로서 등기되지 아니한 것'을, 제2호에 서 '공익을 목적으로 출연된 기본재산이 있는 재단으로서 등기되지 아니한 것'을 들고 있으므로, 법인격 없는 사단은 법인격 없는 재단과는 달리 주무관청의 허가 를 받아 설립된 것이 아니라면 세법의 적용에 있어서 법인으로 볼 수 없다 할 것 이다."
"기록에 의하면, 원심이 원고 교회를 독립된 법인격 없는 사단으로 본 점은 옳 다 할 것이나, 원고 교회를 법인격 없는 사단으로 인정하는 이상, 그 교회의 재산 은 교인들의 총유에 속하고 교인들은 각 교회 활동의 목적범위 내에서 총유권의 대상인 교회재산을 사용·수익할 수 있다 할 것인데(대법원 1993. 1. 19. 선고 91 다1226 판결 참조), 이러한 교회가 법인격 없는 재단으로서의 성격을 함께 갖고

있다고 본다면, 교회재산인 부동산이 교인의 총유이면서 동시에 법인격 없는 재단
의 단독소유가 된다는 결과가 되어 그 자체가 모순될 뿐만 아니라 그 소유관계를
혼란스럽게 할 우려가 있으므로, 교회가 법인격 없는 사단이면서 동시에 법인격
없는 재단이라고 볼 수는 없다 할 것이다.

그렇다면 원고 교회가 주무관청의 허가를 받아 설립되었는지 여부의 점에 관하
여는 심리·판단하지 아니한 채 원고 교회가 구 국세기본법 제13조 제1항, 같은
법 시행령 제8조 제2호에서 정하는 법인격 없는 재단으로서 법인세 납세의무의
주체가 된다고 판단한 원심판결에는 법인격 없는 사단 또는 재단에 관한 법리를
오해하여 판결 결과에 영향을 미친 위법이 있다 할 것이어서 파기를 면할 수 없
고, 이를 지적하는 취지의 상고논지는 이유가 있다.”

2. 주택조합의 법적 성격 – 대법원 2005. 6. 10. 선고 2003두2656 판결

(1) 사실관계

한국자개협회지역주택조합은 1995. 6. 14. 구 주택건설촉진법 제44조의 규정에
의하여 서울시 관악구청장으로부터 인가를 받아 설립된 주택조합이고, 원고들은
그 조합원들이다. 원고들은 2000. 5. 31. 이 사건 주택조합이 건축한 재건축주택의
일반분양에 의하여 발생된 소득금액 중 각 일정 비율의 금액이 ‘사업소득’에 해당
된다 하여 이를 종합소득금액에 합산하고, 납부할 세액을 각 1,500만 원(원고 1),
1,000만 원(원고 2)으로 하여, 1999년 귀속 종합소득세 과세표준 확정신고를 하
였다.

원고들은 2001. 4. 28. 피고에게 위 일반분양에 의하여 발생한 소득에 대한 납
세의무는 주택조합에게 있다는 이유로 위 일반분양에 의하여 발생한 소득금액을
위 종합소득금액에서 제외하여 세액을 경정한 뒤 기납부한 세액과 정당한 세액(원
고 1은 22만 원, 원고 2는 47만 원)과의 차액을 환급하여 달라는 취지의 경정청구
를 하였으나, 피고는 2001. 7. 13. 원고들을 비롯한 조합원들이 공동사업자에 해당
된다는 이유로 이를 거부하는 이 사건 처분을 하였다.

〈쟁점〉

구 주택건설촉진법에 의한 인가를 받아 설립된 주택조합이 건축한 주택을 일반
분양하여 소득이 발생한 경우, 그 소득은 비영리법인의 사업소득으로 법인세 부과
대상이 되는지 여부

(2) 판결내용

"이 사건 주택조합은, 이른바 비법인사단으로서 주택건설촉진법 제44조의 규정에 따라 서울시 관악구청장의 설립인가를 받아 설립되었고, 그 인가는 국세기본법 제13조 제1항 제1호 소정의 인가에 해당하므로 위 규정 소정의 '법인으로 보는 법인격 없는 단체'로서 비영리내국법인에 해당하고, 따라서 비영리내국법인의 수익사업으로 인하여 생긴 소득이라고 할 수 있는 이 사건 주택조합이 건축한 재건축주택의 일반분양에 의하여 발생된 소득에 대하여 법인세를 납부할 의무가 있다고 할 것인데, 그 구성원인 원고들이 독립한 사업주체로서 공동사업자에 해당함을 전제로 종합소득세를 부과한 것은 위법하다."

"이 사건 주택조합이 국세기본법상 법인으로 보는 법인격이 없는 단체로서 법인세법상 비영리내국법인에 해당하는 이상 이 사건 주택조합이 주체가 되어 제3자에게 아파트를 일반분양하고 얻은 소득은, 그 소득이 구성원에게 분배되는 경우 구성원에게 배당소득세가 부과됨은 별론으로 하고, 우선 비영리법인의 사업소득이 되어 법인세 부과대상이 되는 것이므로, 이 사건 주택조합에게 이 사건 일반분양으로 인한 소득에 대하여 법인세를 부과하는 것이 실질과세의 원칙에 어긋난다고 할 수는 없다.[6]

같은 취지에서 원심이, 원고들이 이 사건 재건축주택의 일반분양으로 얻은 소득이 소득세법 제17조 제1항 제2호 소정의 '법인으로 보는 단체로부터 받은 배당 또는 분배금'으로서 배당소득에 해당될 여지가 있으나 피고가 원고들의 이 사건 소득금액이 이 사건 주택조합으로부터 받은 배당소득에 해당함을 주장·입증하고 그 처분사유를 변경한 바 없으므로, 이 사건에서 법원이 원고들에 대한 종합소득세 부과가 실질과세의 원칙에 부합하는 것으로서 정당하다고 판단할 수는 없다고 판단한 것은 정당하고, 거기에 상고이유에서 주장하는 바와 같은 실질과세의 원칙에 관한 법리를 오해하여 판결 결과에 영향을 미친 위법이 있다고 할 수 없다."

---

6) 당시 구 국세기본법 제13조 제1항에는 현행과 달리 '수익을 구성원에게 분배하지 아니하는'이라는 문구가 없었다.

Ⅱ. 각 사업연도의 소득에 대한 법인세

1. 서설

각 사업연도 소득에 대한 법인세의 산출과정을 보면, 먼저 상법에 따른 결산에 의하여 당기순이익이 확정되고,[7] 이어서 당기순이익을 과세소득금액으로 변환하기 위한 세무조정이 있으며, 다음으로 해당 법인은 사업연도 종료일로부터 3개월 이내 과세표준과 세액을 신고·납부하여야 한다. 법인세의 과세표준과 세액의 계산구조는 다음과 같다.

익금총액 - 손금총액 = 소득금액
소득금액 - (이월결손금 + 소득공제 + 비과세소득) = 과세표준
과세표준 × 세율 = 산출세액
산출세액 - (세액공제 + 세액감면 + 기납부세액) = 신고·납부세액

2. 소득금액의 계산

가. 과세소득금액

익금총액 - 손금총액 = 소득금액

(1) 기업회계와 법인세

법인세 소득금액의 계산을 보면 익금에서 손금을 뺀 나머지가 소득금액인데, 무엇이 익금이고 무엇이 손금인지는 법인세법에서 정하고 있다. 이 대목에서 기업회계가 법인세에 지대한 영향을 미친다. 기업회계를 단순화시켜서 보면, 기업회계에서는 수익에서 손비를 빼서 당기순이익을 산출한다. 그리고 무엇이 수익이고

---

7) 상법에 의한 결산확정은 이사의 재무제표와 영업보고서 작성, 이사회의 승인, 감사의 감사(감사보고서), 주주총회의 승인 순으로 진행된다. 재무제표란 재무상태표, 포괄손익계산서, 자본변동표, 이익잉여금처분계산서(또는 손실금처리계산서)를 말하고, 외감법 적용대상법인의 경우에는 현금흐름표와 주석이 추가된다.

무엇이 손비인지는 기업회계기준에서 정하고 있다. 그런데 기업회계에 따라 수익에서 손비를 빼서 당기순이익을 산출하고, 이와는 별개로 법인세를 신고·납부하기 위하여 다시 법인세법에 따라 익금에서 손금을 빼서 소득금액을 산출한다면 회사의 부담이 매우 커질 것이다. 이런 이유로 법인세법에서는 기업회계를 존중하여, 기업회계의 결과인 수익과 손비 그리고 당기순이익을 기초로 하고 여기에 법인세법 고유의 목적에 따라 요구되는 약간의 조정을 거쳐서 소득금액을 산출하도록 하는 법인세 계산구조를 채택하고 있다. 여기에서 양자 간의 차이를 조정하는 것을 세무조정[8]이라고 하는데, 이러한 조정에 활용되는 회계를 기업회계와 비교하여 세무회계라고 한다.

세무조정은 결산조정과 신고조정으로 나뉜다. 결산조정이란 결산서상의 조정으로서, 확정결산에서 비용으로 계상한 경우에 한하여 과세소득 계산상 손금에 산입하고 수익에서 제외한 경우에 한하여 과세소득 계산상 익금에 불산입하는 항목을 결산조정항목이라고 한다. 비영리법인의 고유목적사업준비금, 퇴직급여충당금, 감가상각비, 대손충당금 등이 이에 해당한다. 신고조정이란 세무신고 시의 세무조정계산서상의 조정으로서, 확정결산과 관계없이 과세표준과 세액의 확정신고 시에 익금 또는 손금에 포함시키면 그에 따라 과세효과가 발생하는 항목을 신고조정항목이라고 한다. 즉, 신고조정은 결산 시의 수익 및 비용에 가감하여 법인세법상 과세소득을 산출하는 과정이다(협의의 세무조정). 익금산입, 손금불산입 및 익금불산입, 손금산입 등이 이에 해당한다.

(2) 과세소득금액의 계산구조(법법 제14조)

법인세의 과세소득금액을 산출하는 계산구조는 다음과 같다.

① 기본적인 계산구조: 익금총액 − 손금총액 = 소득금액

② 실제적인 계산구조: 당기순이익 + (익금산입 + 손금불산입) − (손금산입 + 익금불산입) + 기부금 한도초과액[9] = 소득금액

---

8) 세무조정은 소득세제인 소득세와 법인세에서 납세의무자가 기업회계기준에 따라 작성한 재무제표상의 당기순이익을 조세법의 관련 규정에 부합하도록 조정하여 과세소득을 산출하는 절차이다.

9) 기부금 한도초과액은 손금불산입의 성격을 갖지만 기부금 한도초과액을 제외한 과세소득금액을 기준으로 계산하므로 익금·손금단계에서는 계산이 불가하다.

[표] 과세소득금액 계산구조

기업회계	양자 간의 차이	법인세
수익	익금산입 ·익금불산입	익금
손비	손금산입 ·손금불산입	손금
당기순이익	+ 익금산입·손금불산입 − 손금산입·익금불산입	소득금액

(3) 자본거래와 손익거래에 대한 기업회계와 법인세법에서의 취급

① 기업회계상 자본거래와 손익거래에 대한 취급

자본의 증감을 가져오는 원인은 크게 두 가지로 나뉜다. 그 하나는 기업과 소유주 간의 자본거래이고, 다른 하나는 기업의 영업활동에 의한 손익거래이다. 자본이란 기업의 자산에서 부채를 차감한 후의 나머지로서, 재무상태표에 납입자본(자본금과 자본잉여금), 이익잉여금 및 기타자본구성요소(자본조정항목과 기타포괄손익누계액)로 표시된다.[10] 이 중 자본금과 자본잉여금 및 자본조정항목이 자본거래자본이고, 이익잉여금과 기타포괄손익누계액이 손익거래자본이다.

자본거래는 기업에 대한 소유주의 투자 또는 기업의 소유주에 대한 분배에 의하여 기업과 소유주 간에 자산이 이전되는 거래이다.[11] 손익거래는 기업의 순자산 변동분 중 소유주와의 자본거래를 제외한 나머지 모든 거래이다. 기업의 영업활동에 의한 손익거래는 수익과 비용을 발생시키지만, 기업과 소유주 간의 거래인 자본거래는 기업 내부의 정산을 의미할 뿐 기업의 손익에는 아무런 영향을 미치지 아니한다.

조금 달리 설명하면, 기업회계에서는 출자자(주주)도 채권자로 본다. 당연히 일반 채권자보다 후순위의 채권자이다. 그러므로 자본 또는 출자의 유입은 돌려주어야 할 돈을 받는 것으로 보아 수익항목에 산입하지 않는다는 것이다. 또한 자본 또는 출자의 환급이나 자본 또는 출자에 기초한 이익의 배당도 돌려주어야 할

---

10) 한국국제회계기준(K-IFRS) 분류, 괄호 안은 일반기업회계기준 분류.
11) 이태로·한만수, 조세법강의, 박영사, 2018, 452면 참조.

돈을 돌려주는 것이므로 손비항목에 산입하지 않는다는 것이다. 법인세법은 여기에 법인세법 고유의 목적을 반영하여, 익금과 손금의 개념을 정의하고 자본거래와 수익거래에 대한 과세체계를 정립하고 있다.

② 법인세법상 자본거래와 손익거래에 대한 취급

법인세법은 제15조에서 법인의 과세소득 산정에 대하여 "익금은 자본 또는 출자의 납입 및 이 법에서 규정하는 것은 제외하고 해당 법인의 순자산을 증가시키는 거래로 인하여 발생하는 수익의 금액으로 한다"라고 규정하여 자본거래로 인한 수익은 익금에 산입하지 않고 있다.

또한 법인세법은 제19조에서 "손금은 자본 또는 출자의 환급, 잉여금의 처분 및 이 법에서 규정하는 것은 제외하고 해당 법인의 순자산을 감소시키는 거래로 인하여 발생하는 손비의 금액으로 한다"라고 규정하여 자본거래로 인한 손비는 손금에 산입하지 않고 있다.

아울러 법인세법은 익금에 불산입하는 자본거래로 인한 수익과 손금에 불산입하는 자본거래로 인한 손비를 각각 구체적으로 규정하고 있다.

먼저, 법인세법은 제17조에서 '1. 주식발행액면초과액, 2. 주식의 포괄적 교환차익, 3. 주식의 포괄적 이전 차익, 4. 감자차익, 5. 합병차익 및 6. 분할차익'을 자본거래로 인한 수익의 익금불산입항목으로 규정하고 있다. 이 중 하나만 보면, 주식발행액면초과액의 경우, 발행가액 중 액면가까지는 자본금이 되고 초과액은 자본잉여금, 즉 자본준비금이 되는데, 그 초과액은 언젠가는 주주들에게 돌려주어야 할 돈을 받는 것이라는 의미에서 익금에 산입하지 아니한다. 이러한 거래의 성격은 준비금의 자본금전입 시 주주에게 부여되는 무상주에 대한 조세효과로 이어진다.

다음으로, 법인세법은 제20조에서 '1. 잉여금의 처분을 손비로 계상한 금액과 2. 주식할인발행차금'을 자본거래로 인한 손비의 손금불산입항목으로 규정하고 있다. 이 중 잉여금의 처분을 보면, 대표적인 것이 이익의 배당인데, 배당은 자본 또는 출자에 기초한 것으로 주주들에게 돌려주어야 할 것을 돌려주는 것이라는 의미에서 손금에 산입하지 아니한다.

나. 익금의 계산

(1) 익금의 개념

법인세법상 익금이란 원칙적으로 해당 법인의 순자산을 증가시키는 거래로 인하여 발생하는 수익(영업수익 및 영업외수익)의 금액을 말한다. 다만, 자본 또는 출자의 유입과 법인세법에서 익금불산입하도록 정한 것은 익금에서 제외한다(법법 제15조 제1항).

(2) 익금항목(법법 령 제11조)

① 한국표준사업분류에 의한 각 사업에서 발생하는 수입금액 – 매출액. 판매한 재화 또는 용역의 대가의 성질을 띤 이상 그 명칭에 구애받지 않고 매출액에 포함된다.[12]

② 자산의 양도금액. 재고자산[13]이 아닌 자산을 양도한 대가로 받는 금액이다.

③ 자산의 임대료

④ 익금으로 계상되는 자산의 평가차익. 자산의 평가이익은 원칙적으로 익금에 산입하지 아니하고, 예외적으로 보험업법 및 기타 법률에 의한 평가차익과 재고자산 등 특정한 자산의 평가차익만 익금으로 계상된다(법법 제18조 제1호 단서 및 제42조 제1항 제1호·제2호). 자산의 평가차익을 감가상각 등의 비용으로 활용하여 소득금액을 조작하는 것을 방지하기 위함이다.[14]

⑤ 무상으로 받은 자산의 가액

⑥ 채무의 면제 또는 소멸로 인하여 생기는 부채의 감소액. 채무의 출자전환으로 주식 등을 발행하는 경우 출자로 전환되는 채권의 원리금 가액이 그 출자전환으로 발행되는 주식의 시가를 초과하는 경우 그 차액은 채무면

---

12) 위의 책, 461면.

13) 재고자산이란 ① 기업이 정상적인 영업활동 과정에서 판매를 목적으로 단기간 보유하고 있는 재화 또는 용역, ② 판매를 목적으로 생산과정에 있는 재화 또는 용역, ③ 판매목적의 재화나 용역을 생산함에 있어서 단기간에 소비되어야 할 재화, 및 ④ 판매활동과 일반관리활동에 있어서 단기간에 소비되어야 할 재화를 말한다, 이재호, "법인세법의 주요쟁점과 최근판례", 대한변호사협회 2016 「조세 아카데미」 자료, 2016, 41면 참조.

14) 이태로·한만수, 앞의 책, 466면.

제익으로 간주된다(법법 제17조 제1항 제1호 단서 및 동법 령 제11조 제6호). 채무자회생법과 기업구조조정촉진법에서는 채무면제익의 익금산입에 대한 예외를 규정하고 있다.[15]

⑦ 손금산입한 금액 중 환입된 금액

⑧ 주주 등인 법인이 불공정한 합병, 신주인수권의 포기 또는 신주의 고가인수, 불균등한 주식소각 등의 자본거래로 인하여 특수관계인으로부터 분여받은 이익(법법 령 제88조 제1항 제8호 및 제8호의2 참조)

⑨ 법인이 특수관계의 소멸 시까지 회수되지 아니한 가지급금 및 이자

⑩ 기타 법인에 귀속되었거나 귀속될 이익. 위의 사항들은 예시이고 일체의 순자산증가분이 익금항목에 포함되며, 불법행위에 의한 손해배상 청구권의 발생이나 토지수용 등에 의한 손실보상 청구권의 발생 또는 손실보상으로 받은 금액 등[16]도 그러하다.

(3) 익금산입

① 익금산입의 의의

익금산입은 기업회계상으로는 수익이 아니지만 법인세법상 익금으로 취급하는 경우이다. 법인이 당기순이익을 계산함에 있어 익금항목을 수익으로 계상하였다면 세무조정시 이를 다시 가산하지 아니한다.

② 간주익금항목

ⅰ. 특수관계 있는 개인으로부터 시가보다 낮은 가액으로 취득하는 유가증권: 이 경우 시가와 매입가액의 차액에 상당하는 금액은 이를 매입시점이 속하는 사업연도의 수익금액으로 본다(법법 제15조 제2항 제1호 및 제52조 제2항).

ⅱ. 간접외국납부세액: 내국법인이 외국자회사로부터 수입배당금액을 받은 경우 그 외국자회사의 소득에 대하여 부과된 외국법인세액 중 그 수입배당금액에 대응하는 금액이 세액공제의 대상이 되는 금액은 이를 익금으로 본다(법법 제15조 제2항 제2호 및 제57조 제4항).

---

15) 이에 대한 상세한 내용은 '최성근, "채무면제익에 대한 과세", 조세학술논집, 제25집 제1호, 2009, 183-188면'을 참조할 것.

16) 대법원 1973. 6. 29. 선고 72누140 판결.

iii. 동업기업의 법인인 동업자가 배분받는 소득: 동업기업의 소득에 대하여 동업기업은 법인세 또는 소득세의 납세의무를 부담하지 아니하고 (조특법 제100조의18 제1항), 해당 소득을 손익분배비율에 따라 배분받은 법인인 동업자는 그 배분받은 소득금액에 대하여 법인세를 납부한다 (법법 제15조 제2항 제3호).

iv. 의제배당(법법 제16조): 법인이 다른 법인의 주주인 경우 받는 배당 이외의 수입은 내국법인의 각 사업연도 소득금액 계산 시 배당으로 본다.

   1. 주식의 소각, 자본의 감소, 사원의 퇴사·탈퇴 또는 출자의 감소로 인하여 취득하는 금전 등의 합계액이 해당 주식 등을 취득하기 위하여 사용한 금액을 초과하는 금액

   2. 잉여금의 전부 또는 일부를 자본금에 전입함으로써 취득하는 주식 (무상주) 등의 가액. 주식발행액면초과금, 감자차익, 합병차익, 분할차익, 재평가적립금 등 법인의 익금불산입항목인 자본잉여금을 자본전입하여 발행하는 무상주는 배당소득으로 과세하지 아니한다.[17) 주주가 더 내고 회사가 맡아 둔 돈을 무상주 발행의 방법으로 주주에게 돌려주는 경우에는 과세하지 않는다는 의미이다.

   3. 그 밖에 해산의 잔여재산가액 또는 합병·분할 등의 대가에서 취득가액을 뺀 금액 등

(4) 익금불산입

① 익금불산입의 의의

익금불산입은 자본거래 등에 인정되는 법인세법상 특칙이다. 각 사업연도에 속하거나 속하게 될 순자산의 증가를 가져오는 사항이더라도, 법인의 자본충실이라든가 이중과세의 조정 기타 조세정책적 목적으로 이를 익금에 산입하지 아니하도록 하는 것이다.

② 익금불산입항목(법법 제17조 이하. 전액 또는 법정한도 초과액)

 i . 주식발행액면초과액: 주식발행가액이 액면가를 초과하는 경우 액면가까지는 자본금에 산입되고, 액면초과액은 자본잉여금에 해당하여 익금

---

17) 예외적으로 의제배당으로 과세되는 경우에 대해서는 '주식발행' 중 '무상주 발행'에서 후술한다.

불산입된다. 나중에 주주에게 돌려주어야 할 것을 받는다는 의미에서 익금불산입하는 것이다. 그러나 채무의 출자전환 시 주식의 시가를 초과하여 발행한 금액(채무면제익)은 원칙적으로 익금불산입에서 제외된다(시가 < 액면가 < 발행가 또는 시가 < 발행가 < 액면가).[18]

ii. 감자차익: 자본금 감소의 경우로서 그 감소액이 주식의 소각 또는 주금의 반환에 든 금액과 결손의 보전에 충당한 금액을 초과한 경우의 그 초과금액을 말한다.

iii. 주식의 포괄적 교환차익, 주식의 포괄적 이전차익, 합병차익, 분할차익

iv. 익금불산입되는 자산의 평가차익. 다만, 전술한 바와 같이 보험업법 및 기타 법률에 의한 평가차익과 재고자산 등 특정한 자산의 평가차익은 익금으로 계상된다(법법 제18조 제1호 단서 및 제42조 제1항 제1호·제2호 참조).

v. 각 사업연도의 소득으로 이미 과세된 소득

vi. 과오납한 법인세 또는 법인지방소득세의 환급금액

vii. 국세 또는 지방세의 환급가산금

viii. 부가가치세의 매출세액. 부가가치세 매입세액도 손금불산입된다.

ix. 무상취득자산의 가액과 채무면제 또는 소멸로 인한 부채의 감소액 중 이월결손금의 전보에 충당한 금액. 전자의 경우 법인의 악화된 재무구조를 개선하려는 의도로 이해관계인이 행하는 증여 등이 대표적인 예이다.[19]

x. 연결자법인으로부터 지급받는 금액. 전술한 바와 같이, 연결납세의 적용을 받는 경우에는 연결모법인이 연결자법인들을 대표하여 법인세를 납부하고 연결자법인들은 자신들의 법인세 상당액을 연결모법인에게

---

18) 조세법에서는 주식의 가치를 시가를 기준으로 평가하는데, 채무와 주식을 교환하면서 소멸하는 채무의 금액이 교환으로 내주는 주식의 가치를 초과한다면, 그 부분은 채무의 면제 즉, 채무자 법인의 이익으로 취급한다는 것이다. 채무의 출자전환은 도산상태에 있거나 재정적으로 취약한 회사가 채권자의 동의를 얻어 재무구조 개선방법의 일환으로 시행되는데, 이러한 회사의 주식은 그 시가가 통상 액면가보다 낮지만 출자전환 시의 발행가는 대부분의 경우 액면가보다 높게 책정된다. 여기에서 시가와 이를 상회하는 발행가의 차액은 채무면제익에 해당하고 원칙적으로 과세의 대상이 된다.

19) 이태로·한만수, 앞의 책, 480면 참조.

458 제 2 편 조세법각론

지급하는 방식으로 납세의무를 이행한다.
xi. 자본준비금을 감액(상법 제461조의2 준비금의 감소)하여 받는 배당
xii. 법인의 수입배당금액 중 이중과세 조정분

[보충설명] 법인의 수입배당금액에 대한 이중과세의 조정

1. 배당소득에 대한 이중과세 조정방식

개인주주의 경우에는 종합소득과세대상인 배당소득에 대하여 법인세를 주주가 납부한 것으로 귀속시키는 방식(imputation방식)에 의하여 이중과세를 조정하고, 법인주주의 경우에는 수입배당금액에 일정율을 곱하여 차감하는 방식으로 이중과세를 조정한다.

2. 내국법인 간의 수입배당금액(법법 제18조의2)

가. 취지

법인의 수입배당에 대하여 전면적으로 과세를 하는 경우에는 자회사나 계열회사의 형태로 사업을 영위하는 것보다 사업부문을 확장하거나 지점을 설치하는 방법을 선택하는 것이 과세상 유리하여, 법인세가 기업의 규모를 확대하는 방식에 따라 비중립적인 영향을 미칠 수 있다.

나. 이중과세조정의 내용

(1) 내국법인이 다른 내국법인의 발행주식총수 또는 출자총액의 50% 이상 출자하고 배당받은 경우에는 수입배당금액의 100분의 100을 익금불산입한다.

(2) 내국법인이 다른 내국법인의 발행주식총수 또는 출자총액의 20% 이상 50% 미만 출자하고 배당받은 경우에는 수입배당금액의 100분의 80을 익금불산입한다.

(3) 내국법인이 다른 내국법인의 발행주식총수 또는 출자총액의 20% 미만 출자하고 배당받은 경우에는 수입배당금액의 100분의 30을 익금불산입한다.

다. 예외

다음에 해당하는 수입배당금액에 대해서는 익금불산입을 적용하지 아니한다.

(1) 배당기준일 전 3월 이내에 취득한 주식 등을 보유함으로써 발생하는 수입배당금액

(2) 배당에 대하여 소득공제를 받는 자산유동화전문회사, 자본시장법에 따른 투자회사 등, 기업구조조정투자회사(CRV), 기업구조조정부동산투자회사 등으로부터 받는 수입배당금액(법법 제51조의2 및 조특법 제104조의31)

(3) 조세특례제한법에 따라 법인세를 비과세·면제·감면 받는 법인으로부터 받은 수

입배당금액

(4) 배당에 대하여 소득공제를 적용받는 법인과세 신탁재산으로부터 받은 수입배당금액(법법 제75조의14) 등

3. 외국자회사로부터의 수입배당금액(법법 제18조의4)

내국법인이 외국자회사(내국법인이 의결권 있는 발행주식총수 또는 출자총액의 100분의 10 이상을 출자하고 있는 외국법인)로부터 받은 수입배당금액의 100분의 95에 해당하는 금액은 각 사업연도의 소득금액을 계산할 때 익금에 산입하지 아니한다.

「국제조세조정에 관한 법률」에 따라 특정외국법인의 유보소득에 대하여 내국법인이 배당받은 것으로 보는 금액(국조법 제27조 제1항 및 제29조 제1항·제2항 참조) 및 해당 유보소득이 실제 배당된 경우의 수입배당금액에 대해서는 이 같은 익금불산입을 적용하지 아니한다.

다. 손금의 계산

(1) 손금의 개념

법인세법상 손금이란 원칙적으로 해당 법인의 순자산을 감소시키는 거래로 인하여 발생하는 손비의 금액을 말한다. 다만, 자본 또는 출자의 환급, 잉여금의 처분 및 법인세법에서 손금불산입하도록 정한 것은 손금에서 제외한다(법법 제19조 제1항).

(2) 손금항목(법법 령 제19조)

① 판매한 상품 또는 제품의 원료의 매입가액과 그 부대비용. 기업회계기준상의 매출원가(기초상품재고액 + 당기상품매입액[20] − 기말상품재고액)이고, 매출원가의 계산은 당기상품매입액을 제외하고는 기초상품재고액과 기말상품재고액의 파악, 즉 재고자산의 평가에 의한다.[21]

② 판매한 상품 또는 제품의 보관료, 포장비, 운반비, 판매장려금, 판매수당 등 판매와 관련된 부대비용. 판매장려금과 판매수당의 경우에는 사전의 약정 없

---

20) 당기상품매입액이란 상품의 총매입액에서 매입에누리액, 환출액 및 매입할인액을 차감한 순매입액을 말한다.
21) 이재호, 앞의 자료, 40−43면 참조.

이 지급하는 것을 포함한다.

③ 양도자산의 장부가액. 취득가액으로 하지 아니하고 장부가액으로 한 것은 그 가액이 감가상각에 의하여 감소하기도 하고 재평가에 의하여 증가하기도 하기 때문이다. 양도에 따른 비용도 손금에 포함된다.

④ 인건비. 임원·직원 보수, 상여금 및 퇴직금이 인건비에 해당하고, 이익처분에 의한 상여금은 손금에 산입하지 아니한다(법법 령 제43조 제1항).

⑤ 고정자산(유형자산)의 수선비

⑥ 고정자산(유형자산 및 무형자산)의 감가상각비

　　ⅰ. 감가상각자산: 토지를 제외한 건물, 기계 및 장치, 특허권 등 영업용 고정자산이 이에 해당한다.22) 장기할부조건으로 매입한 고정자산, 금융리스한 자산 등은 법률적으로는 자기소유가 아니지만 경제적·실질적 관점에서 자기소유로 보아 감각상각자산으로 인정된다(법법 령 제24조 참조).23)

　　ⅱ. 감각상각방법: 감가상각의 방법으로는 정액법, 정률법 및 생산량비례법이 있다(법법 령 제26조 제2항). 건축물과 무형고정자산에 대해서는 정액법만 적용되고, 그 외의 자산에 대해서는 자산별로 납세자가 선택하는 것이 가능하다(법법 령 제26조 제1항).24)

⑦ 자산의 임차료

⑧ 차입금의 이자. 사업의 자금수요에 충당하기 위한 차입금의 이자는 이자제한법 위반 여부와 상관 없이 필요경비로 인정된다.25)

⑨ 회수할 수 없는 부가가치세 매출세액미수금. 부가가치세법에 따라 대손세액공제를 받지 아니한 것에 한정한다(부가세법 제45조 참조).

⑩ 자산의 평가차손. 고정자산과 장기투자자산은 소득금액 조작의 우려 때문에 천재·지변 등의 사유로 파손 또는 멸실된 고정자산 등의 평가차손을 제외하고

---

22) 법인이 어떤 지출을 하였는데 이에 상응하여 취득한 유형자산은 없고 장래의 초과수익력을 얻기 위한 목적이 있는 것으로 보이는 경우에는 그 지출을 영업권이라는 영업용 무형고정자산의 취득대가로 본다(법법 규칙 제12조 제1항 참조).

23) 이재호, 앞의 자료, 45면.

24) 위의 자료, 46면 참조.

25) 위의 자료, 48면 참조.

는 허용되지 아니한다(법법 제42조 제3항). 다만, 재고자산과 단기투자자산(유가증권 등) 등 단기보유자산은 그러하지 아니하다.26)

⑪ 제세공과금(외국납부세액공제를 적용하지 않는 외국법인세액을 포함한다) 등

⑫ 대손금(법법 제19조의2)

ⅰ. 채무자의 파산 등의 사유로 회수할 수 없는 채권의 금액은 손금에 산입할 수 있다(법법 제19조의2 제1항).27)

ⅱ. 법인세법은 대손금에 대하여 손금 인정요건을 엄격하게 규정하고 있다. 채무보증으로 인하여 발생한 구상채권과 특수관계인에게 당해 법인이 업무와 관련 없이 지급한 가지급금 등 대여금 채권은 대손금으로부터 제외된다(법법 제19조의2 제2항). 후자의 경우 특수관계인에 대한 판단은 대여시점을 기준으로 한다.

한편 보증채무의 이행 당시 주채무자나 다른 연대보증인들이 이미 도산하여 그들에게는 집행할 재산이 없는 등 자력이 전혀 없어 보증인이 주채무자나 다른 연대보증인들에 대하여 그 변제금원에 대한 구상권을 행사할 수 없는 상태에 있었다면 보증인의 위 구상채권은 회수할 수 없는 채권으로서 보증인에게 귀속된 손비의 금액으로 보아 손금에 산입할 수 있다.28)

ⅲ. 법인세법상 대손금의 형태가 법적으로는 청구권이 소멸되지 않고 채무자의 자산상황, 지급능력 등에 비추어 회수불능이라는 회계적 인식을 한 경우에 불과하다면 그 채권 자체는 그대로 존재하고 있으므로, 법인이 회수불능이 명백하게 되어 대손이 발생하였다고 회계상의 처리를 하였을 때에 한하여 이것이 법인세법령에 따른 대손의 범위에 속하는지 여부를 가려 확정된 사업연도의 손금으로 산입할 수 있다.29)

한편 결산 당시에 대손으로 회계상 처리를 하지 않았다면, 그 후에 회

---

26) 위의 자료, 49-50면 참조.
27) 법인세법 시행령은 그 구체적인 대손사유의 하나로 '회생계획인가의 결정에 따라 회수불능으로 확정된 채권'을 규정하고 있는데(법법 령 제19조의2 제1항 제5호), 판례는 외상매출채권이 회생계획에 따라 출자전환 후 곧바로 무상소각이 이루어진 경우도 이에 해당한다고 판시한 바 있다, 대법원 2018. 6. 28. 선고 2017두68295 판결.
28) 대법원 1988. 3. 22. 선고 87누737 판결; 2002. 9. 24. 선고 2001두489 판결.
29) 대법원 1992. 1. 21. 선고 91누1684 판결; 2002. 9. 24. 선고 2001두489 판결.

계상의 잘못을 정정하였다는 등의 이유로 감액경정청구를 할 수 없다.30)

(3) 손금의 인정 여부에 관한 판단기준31)

손비는 그 법인의 사업과 관련하여 발생하거나 지출된 손실 또는 비용으로서, 일반적으로 인정되는 통상적인 것이거나 수익과 직접 관련된 것으로 한다(법법 제19조 제2항).

① 사업관련성

법인의 정관에 기재되거나 법인등기부에 등재된 사업 목적이면 족하다.32) 법인의 설립 전에 지출원인이 발생한 비용이라도 그 법인의 설립목적과 설립 후의 영업 내용 등에 비추어 법인세법 제19조 제2항에서 규정한 손비의 요건을 갖추었다고 인정되는 경우에는 특별한 사정이 없는 한 그 법인에 귀속되는 손비로 본다.33)

② 통상성 또는 직접 수익관련성

지출된 손실 또는 비용이 사업과 단순하게 관련이 있는 것을 넘어서 '일반적으로 인정되는 통상적'인 것이거나, 사업상 수익을 얻는데 '직접 관련'이 있는 것이어야 한다.

'통상성'과 관련하여, 통상적인 비용이라 함은 납세의무자와 같은 종류의 사업을 영위하는 다른 법인도 동일한 상황 아래에서는 지출하였을 것으로 인정되는 비용을 의미하고, 그러한 비용에 해당하는지 여부는 지출의 경위와 목적, 형태, 액수, 효과 등을 종합적으로 고려하여 객관적으로 판단하여야 하는데, 특별한 사정이 없는 한 사회질서를 위반하여 지출된 비용은 여기에서 제외된다.34)

'사업 관련성'과 관련해서는, 이를 '필요성'으로 파악하는 견해도 있고 '사업수반성'으로 보는 견해도 있는데, 어느 견해든 비교적 넓게 사업 관련성을 인정한다.35)

---

30) 대법원 2003. 12. 11. 선고 2002두7227 판결.
31) 제10회 변호사시험(2문)에서 '손금의 인정 여부 판단기준으로서 통상성'에 관한 문제가 출제된 바 있다.
32) 이재호, 앞의 자료, 39면 참조.
33) 대법원 2013. 9. 26. 선고 2011두12917 판결.
34) 대법원 2009. 11. 12. 선고 2007두12422 판결; 2015. 1. 15. 선고 2012두7608 판결; 2016. 2. 18. 선고 2015두50153 판결 등.
35) 조윤희, "57. 매입세액 공제의 요건인 '사업 관련성'의 의미", 조세판례100선 3, 한국세법학회, 2024, 380 – 381면 참조.

③ **위법비용 등에 대한 과세상의 취급**

법인세법은 익금과 손금의 범위를 예시하면서 포괄적으로 규정하고 있고, 그 특례규정으로 손금불산입 항목과 손금산입 항목을 열거적으로 규정하고 있으므로, 원칙적으로 자산총액을 감소시킨 것은 손금불산입 항목으로 열거되어 있지 아니한 한 손금에 해당한다고 보아야 한다.

일반적으로 위법소득을 얻기 위하여 지출한 비용이나 지출 자체에 위법성이 있는 비용의 손금산입을 부인하는 내용의 규정이 없을 뿐만 아니라, 법인세는 원칙적으로 다른 법률에 의한 금지의 유무에 관계없이 담세력에 따라 과세되어야 하고 순소득이 과세대상으로 되어야 하는 점 등을 종합하여 보면, 위법소득을 얻기 위하여 지출한 비용이나 지출 자체에 위법성이 있는 비용도 사회질서에 심히 반하는 등의 특별한 사정이 없는 한 손금에 해당한다고 봄이 타당하다.[36]

(4) 손금산입

손금산입은 기업회계상으로는 손실 또는 비용은 아니지만 법인세법상 손금으로 인정하는 경우이다. 법인이 당기순이익을 계산함에 있어 손금항목을 손비로 계상하였다면 세무조정 시 이를 다시 가산하지 아니한다.

(5) 손금불산입

① **손금불산입의 의의**

각 사업연도에 속하거나 속하게 될 순자산의 감소를 가져오는 사항일지라도 조세정책적 목적이나 조세기술상의 이유로 이를 손금으로 인정하지 아니하는 특칙이다.

② **손금불산입항목(법법 제20조 내지 제28조. 전액 또는 법정한도 초과액)**

   ⅰ. 잉여금의 처분을 손비로 계상한 금액

   1. 자본잉여금: 상법 제459조에 따라 자본준비금으로 적립이 강제되므로 잉여금 처분의 대상이 되지 아니하고 처분한다고 하더라도 손금으로 인정되지 아니한다.

   2. 이익잉여금: 이익의 배당 또는 분배는 성질상 손금이 아니고, 임원

---

36) 대법원 1998. 5. 8. 선고 96누6158 판결; 2009. 6. 23. 선고 2008두7779 판결.

이나 종업원에 대한 상여도 잉여금의 처분에 의한 것인 경우에는 보수에 해당하지 아니하는 것으로 보아 손금불산입한다(법법 령 제43조 제1항).

ii. 주식할인발행차금: 액면미달의 가액으로 신주를 발행하는 경우 그 미달하는 금액과 신주발행비의 합계액으로, 나중에 주주에게 돌려주어야 할 것을 미리 돌려준다는 의미이다.

iii. 손금으로 인정되지 아니하는 제세공과금

1. 조세: 법인세 및 법인지방소득세, 가산세, 부가가치세 매입세액, 판매하지 아니한 제품에 대한 반출필의 개별소비세·주세·교통 에너지 환경세의 미납액이 이에 해당한다. 부가가치세 매입세액의 경우, 부가가치세가 면제되거나 매입세액공제가 허용되지 않는 경우에는 매입세액의 손금이 인정된다. 다만, 그 손금에 산입할 수 있는 매입세액 항목이 자본적 지출의 일부를 구성하는 경우에는 당기에 전액을 손금산입할 수 없다.[37] 손금에 산입할 수 있는 매입세액이 고정자산의 취득원가를 이루는 경우에는 감가상각을 통하여 손금으로 계상될 것이기 때문이다.[38]

2. 벌금, 과료, 과태료, 가산금, 강제징수비

3. 손금불산입하는 공과금: 법령에 따라 의무적으로 납부하는 것이 아닌 공과금과 법령에 따른 의무의 불이행 또는 금지·제한 등의 위반에 대한 제재로서 부과되는 공과금

4. 연결납세의 적용에 따라 연결모법인에 지급하였거나 지급할 연결자법인의 법인세 상당액(법법 제76조의19 제2항 참조)

iv. 징벌적 목적의 손해배상금 중 실제 발생한 손해를 초과하여 지급하는 금액

v. 재고자산 등 이외의 자산의 평가차손. 평가차손을 인정하게 되면 기업이 가치감소의 여부 및 금액을 스스로 평가함에 있어서 소득금액을 조작할 우려가 있기 때문이다.[39]

---

37) 이재호, 앞의 자료, 51면.
38) 대법원 1984. 5. 22. 선고 83누407 판결 참조.

vi. 감가상각비 한도초과액

vii. 소비성경비 기부금·기업업무추진비(구 접대비) 등의 한도초과액

1. 기부금: 법인세법상 손금불산입 항목으로 규정하고 있는 '기부금'이란 내국법인이 사업과 직접적인 관계없이 무상으로 지출하는 금액을 말한다. 이러한 기부금은 증여를 포함하는 개념으로, 증여계약에 의한 증여뿐만 아니라 채권의 포기, 채무의 면제, 면책적 채무인수, 제3자를 위한 변제, 현저한 저가양도·고가매입 등 경제적 이익의 공여를 포괄한다.[40]

기부금의 손금산입한도는 국가, 사립학교 등에 대한 특례기부금(구 법정기부금) 100분의 50, 사회복지, 교육 등에 대한 일반기부금 100분의 10, 및 우리사주조합기부금 100분의 30이다. 그 외의 기부금은 손금산입이 인정되지 아니한다.

2. 기업업무추진비: 법인세법상 손금불산입 항목으로 규정하고 있는 '기업업무추진비'란 접대, 교제, 사례 또는 그 밖에 어떠한 명목이든 상관없이 이와 유사한 목적으로 지출한 비용으로서 내국법인이 직접 또는 간접적으로 업무와 관련이 있는 자와 업무를 원활하게 진행하기 위하여 지출한 금액을 말한다. 법인세법은 기업업무추진비의 손금산입에 대하여 기본한도와 수입금액별 한도를 규정하고 있다(제25조 제4항).

판례에 따르면, 기업업무추진비가 비용으로 인정되기 위한 요건은 1. 해당 지출의 상대방이 사업과 관련 있는 자들일 것(지출의 상대방 요건), 2. 해당 지출이 기업업무추진비, 교제비, 기밀비, 사례금 기타 명목 여하에 불구하고 이와 유사한 성질의 비용일 것(소비성 요건), 3. 법인의 업무와 관련하여 지출한 것일 것(업무관련성 요건), 및 4. 지출의 목적이 사업관계자들과의 사이에 친목을 두텁게 하여 거래관계의 원활한 진행을 도모하는 것일 것(지출의 목적 요건)의 네 가지이다.[41][42]

39) 이태로·한만수, 앞의 책, 529면.
40) 이재호, 앞의 자료, 52면 참조.

viii. 과다경비: 과다하거나 부당하게 지급된 인건비, 복리후생비, 여비·교육비·훈련비, 법인이 그 법인 외의 자와 동일한 조직 또는 사업 등을 공동으로 운영하거나 경영함에 따라 발생되거나 지출된 손비 등을 말한다.

ix. 업무와 관련 없는 비용

x. 업무용승용차 관련비용에 대한 특례

xi. 지급이자 중 1. 채권자가 불분명한 사채의 이자, 2. 수령자가 불분명한 유가증권의 이자 또는 할인액, 3. 건설자금에 충당한 금액의 이자, 및 4. 특정자산(비업무용자산 또는 가지급금)의 취득을 위한 차입금에 대한 이자

(6) 준비금과 충당금의 손금산입

비영리내국법인이 각 사업연도의 결산을 확정할 때 그 법인의 고유목적사업 등에 지출하기 위하여 고유목적사업준비금을 손비로 계상한 경우에는 법정한도 내에서 이를 손금에 산입할 수 있다(법법 제29조). 그 밖에도 일정한 요건하에 책임준비금(법법 제30조), 비상위험준비금(법법 제31조), 퇴직급여충당금(법법 제33조), 대손충당금(법법 제34조), 구상채권상각충당금(법법 제35조), 국고보조금 등으로 취득한 사업용자산가액(법법 제36조), 공사부담금으로 취득한 사업용자산가액(법법 제37조) 및 보험차익으로 취득한 자산가액(법법 제38조)의 손금산입이 인정된다.

**[보충설명] 준비금·충당금 및 잉여금의 개념 -
상법·기업회계 및 조세법**

1. 상법

상법에는 충당금의 개념은 없고 준비금과 잉여금의 개념만 있다.
준비금이란 회사가 장래의 경기침체, 영업의 부진 또는 불시의 재난 등에 대비하여,

---

41) 이태로·한만수, 앞의 책, 533-534면 참조.
42) 대법원 1998. 12. 6. 선고 88누933 판결 등.

법률·정관 또는 주주총회의 결의로 순자산액 중 자본금을 초과하는 금액으로서 주주에게 배당하지 아니하고 사내에 적립하는 금액을 말한다. 준비금 중에서 법률에 의거하여 적립하는 것을 법정준비금[43]이라 하고, 정관 또는 주주총회의 결의에 의하여 적립하는 것을 임의준비금[44]이라 한다. 그 밖에 실질적으로는 준비금이면서 형식상 준비금으로 계상되어 있지 아니한 비밀준비금과 형식상으로는 준비금이나 그 실질은 대손충당금·감가상각충당금 등의 광정항목에 불과한 유사준비금(부진정준비금)이 있다.

법정준비금은 자본금의 결손[45] 전보에 충당하는 경우 외에는 처분하지 못한다(상법 제460조). 준비금은 실질적으로 자본금과 유사한 기능을 가질 뿐만 아니라 필요에 따라서는 자본금으로 전입되기도 한다(상법 제461조).

2. 기업회계

기업회계에서는 이론적으로, 충당금은 미래에 발생할 것이 확실하고 금액도 합리적으로 추정하는 것이 가능한 경우에 적립하는 것이고, 준비금은 미래에 발생하는 것이 불확실하고 합리적인 추정이 가능하지 아니한 경우에 적립하는 것이라고 구분하고 있다. 준비금은 잉여금의 한 항목으로 분류되고 충당금은 이와 별도로 규정하고 있다.

충당금이란 장래 특정의 지출에 대한 준비액으로서 그 부담이 당해 사업연도에 속하고 그 금액을 추산할 수 있는 것을 말한다. 충당금제도는 기간손익을 정확하게 계산하기 위하여 인정되는 것으로 발생주의회계와 비용·수익대응원칙에 기인한 것이다. 충당금은 부채성충당금과 평가성충당금으로 분류되는데, 부채성충당금으로는 수선충당금과 퇴직급여충당금 등이 있고 평가성충당금으로는 대손충당금과 감가상각충당금 등이 있다.

3. 조세법

현행 법인세법에서는 손익의 귀속시기를 '권리확정주의'에 의하고 있기 때문에 기업회계상 장래 발생할 가능성이 있다고 인정하여 비용으로 계상하였다고 하더라도 원칙적으로 손금에 산입되지는 아니한다. 그러나 조세정책상 또는 기업회계관행의 존중이라는 측면에서 조세법은 예외적으로 일정한 범위 내에서 충당금과 준비금을 손금으로 인정하고 있다.

법인세법상 손금으로 인정되는 충당금 또는 준비금으로는 퇴직급여충당금, 대손충당

[43] 법정준비금으로는 이익준비금과 자본준비금이 있다. 회사는 자본금의 2분의 1이 될 때까지 매 결산기 이익배당액의 10분의 1 이상을 이익준비금으로 적립하여야 한다(상법 제458조). 자본준비금은 신주발행액면초과금, 감자차익, 합병차익 등 자본거래에서 발생한 잉여금이다.
[44] 임의준비금으로는 특정목적을 위한 감채준비금, 배당평균준비금, 사업확장준비금 등과 임의목적을 위한 별도적립금, 전기이월이익금 등이 있다.
[45] 회사의 순자산액이 자본금과 법정준비금의 합계액에 미달하는 경우를 말한다.

금, 보험법상의 책임준비금과 비상위험준비금, 구상채권상각충당금, 지가공시 및 토지
등의 평가에 관한 충당금, 증권거래준비금, 특별수선충당금 등이 있다. 또한 조세특례제
한법상 손금으로 인정되는 준비금으로는 중소기업투자준비금, 기술개발준비금, 수출손실
준비금, 해외시장개척준비금, 해외사업손실준비금, 해외투자손실준비금, 광업투자준비금,
공장지방이전준비금, 사회간접투자준비금, 에너지절약시설투자준비금 등 있는데, 주로
손금의 산입시기를 앞당겨 조세의 연납혜택을 부여하고자 하는 데 그 목적이 있다.

4. 잉여금

 잉여금은 상법, 기업회계 및 조세법의 공통개념이다. 잉여금이란 회사의 순자산이 자
본금을 초과한 부분을 말하고, 그 내용에 따라 이익잉여금과 자본잉여금으로 분류된다.
 이익잉여금은 회사의 영업관계에서 발생한 잉여금으로서, 기업회계기준에 의하면 이
익잉여금은 당기말 미처분이익잉여금, 임의준비금(적립금)이입액, 이익잉여금처분액 및
차기이월이익잉여금으로 구분된다. 자본잉여금은 회사의 영업 이외의 자본관계에서 발
생한 잉여금으로서, 상법은 주식발행액면초과금, 감자차익, 합병차익, 분할차익 기타 자
본거래에서 발생한 잉여금을 자본준비금으로 적립하도록 강제하고 있다(상법 제459조).
자산재평가법의 규정에 의한 재평가적립금도 자본잉여금에 해당한다.

[관련판례] 손금의 계산

1. 손금의 인정 여부에 관한 판단기준으로서의 통상성 – 대법원 2015. 1. 15.
 선고 2012두7608 판결 * 파기환송
2. 위법비용의 손금산입 여부 – 대법원 1998. 5. 8. 선고 96누6158 판결 * 파
 기환송
3. 기부금 – 대법원 1993. 5. 25. 선고 92누18320 판결
4. 기업업무추진비 – 대법원 2010. 6. 24. 선고 2007누18000 판결 * 일부 파
 기환송

---

1. 손금의 인정 여부에 관한 판단기준으로서의 통상성 – 대법원 2015. 1. 15. 선고 2012두7608 판결 * 파기환송

 (1) 사실관계[46]
 의약품의 도매업체인 원고 태양약품은 의약품의 판매촉진을 위하여 약국이나

---

46) 김·장 법률사무소, 조세실무연구 8, 2017, 204–205면 참조.

제약회사에 리베이트 등 사례금을 지급하였고, 이를 제약회사에 대한 외상매입금 채무의 현금변제로 처리하여 왔다. 이 사건 비용은 약국 등 소매상과의 사전약정에 따라 의약품 매출실적의 일정비율로 지급한 경우와 종합병원의 구매계약 입찰에 필요한 의약품공급확인서를 원활히 발급받고 의약품을 안정적으로 조달하기 위하여 제약회사 또는 대형병원이 우회설립한 의약품 도매상에 지급한 경우로 구분된다.

서울지방국세청장은 원고에 대하여 2004년부터 2008년 사업연도까지의 법인세 통합조사를 실시하여 매출누락 등에 대한 각 사업연도 소득금액을 조정하는 한편, 외상매입금 현금변제로 처리한 금액 중 대부분이 허위라는 이유로 이를 대표자상여로 소득처분하라는 취지의 조사결과를 통보하였다. 이에 따라 관할세무서장인 피고는 2009. 7. 경 원고에 대하여 법인세 부과처분 등을 하는 한편 위 금액을 귀속불분명으로 보아 대표자 인정상여로 소득처분하여 소득금액변동통지를 하였다.

이에 대하여 원고는 이 사건 비용은 제약업계의 관행에 따라 의약품 선택권자인 약국 등 거래상대방에 대한 매출을 확대·유지하기 위하여 사례금 또는 보상금 명목으로 지급한 것으로서, 거래상대방의 입장을 고려하여 부외손비로 처리한 것일 뿐 의약품의 판매와 직접 관련하여 정상적으로 소요된 판매부대비용에 해당하므로 전액 손금에 산입되어야 한다고 주장하였다.

〈쟁점〉
- 의약품 도매상이 약국 등 개설자에게 금전을 제공하는 것이 사회질서를 위반하여 지출된 비용에 해당하는지를 판단하는 기준
- 의약품 도매상이 약국 등 개설자에게 의약품 판매촉진을 목적으로 이른바 '리베이트'라고 불리우는 금전을 지급한 경우, 그 비용을 손금산입할 수 있는지 여부

(2) 판결내용

"구 법인세법(2010. 12. 30. 개정 전) 제19조 제1항은 "손금은 자본 또는 출자의 환급, 잉여금의 처분 및 이 법에서 규정하는 것을 제외하고 당해 법인의 순자산을 감소시키는 거래로 인하여 발생하는 손비의 금액으로 한다"라고 정하고, 제2항은 "제1항의 규정에 의한 손비는 이 법 또는 다른 법률에 달리 정하고 있는 것을 제외하고는 그 법인의 사업과 관련하여 발생하거나 지출된 손실 또는 비용으로서 일반적으로 용인되는 통상적인 것이거나 수익과 직접 관련된 것으로 한다"라고 정하고 있다.

구 법인세법 제19조 제2항에서 말하는 '일반적으로 용인되는 통상적인 비용'이

라 함은 납세의무자와 같은 종류의 사업을 영위하는 다른 법인도 동일한 상황 아
래에서는 지출하였을 것으로 인정되는 비용을 의미하고, 그러한 비용에 해당하는
지 여부는 지출의 경위와 목적, 그 형태, 액수, 효과 등을 종합적으로 고려하여 판
단하여야 하는데, 특별한 사정이 없는 한 사회질서에 위반하여 지출된 비용은 여
기에서 제외된다(대법원 2009. 11. 12. 선고 2007두12422 판결 참조).”

"의약품 도매상이 약국 등 개설자에게 금전을 제공하는 것이 약사법 등 관계
법령에 따라 금지된 행위가 아니라고 하여 곧바로 사회질서에 위반하여 지출된
비용이 아니라고 단정할 수는 없고, 그것이 사회질서에 위반하여 지출된 비용에
해당하는지 여부는 그러한 지출을 허용하는 경우 야기되는 부작용, 그리고 국민
의 보건과 직결되는 의약품의 공정한 유통과 거래에 미칠 영향, 이에 대한 사회
적 비난의 정도, 규제의 필요성과 향후 법령상 금지될 가능성, 상관행과 선량한
풍속 등 제반 사정을 종합적으로 고려하여 사회통념에 따라 합리적으로 판단하여
야 한다.

의약품 도매상이 약국 등 개설자에게 의약품 판매 촉진의 목적으로 경제적 이
익을 제공하는 행위는 소비자에게 불필요한 의약품의 판매로 이어져 의약품의 오.
남용을 초래할 가능성이 적지 않고, 궁극적으로는 국민 건강에 악영향을 미칠 우
려도 있다. 나아가 이러한 경제적 이익제공행위는 의약품 유통체계와 판매질서를
해치고 의약품의 가격 상승으로 연결될 뿐만 아니라 결국 건강보험 재정의 악화를
가져와 그 부담은 현실적으로 의약품에 대하여 제한된 선택권밖에 없는 국민에게
전가된다. 구 약사법(2010. 5. 27. 개정 전) 제47조 의 위임에 따른 구 약사법 시
행규칙(2008. 12. 1. 개정 전) 제62조 제1항 제5호에서 의약품의 품목허가를 받은
자, 수입자 및 도매상은 '의약품의 유통체계를 확립하기 위하여' 준수하여야 할 사
항을 정하면서 '의료기관, 약국 등의 개설자에게 의약품 판매 촉진의 목적으로 현
상품, 사은품 등 경품류를 제공하지 아니할 것'을 정하고 있었다. 그런데 2008.
12. 1. 보건복지가족부령 제77호로 개정된 약사법 시행규칙은 제62조 제1항 제5호
를 '의료인, 의료기관 개설자 또는 약국 등의 개설자에게 의약품 판매 촉진의 목적
으로 금전, 물품, 편익, 노무, 향응, 그 밖의 경제적 이익을 제공하지 아니할 것'으
로 개정함과 아울러, 제6조 제1항 제7호 에서 '약사 또는 한약사가 의약품 구매 등
의 업무와 관련하여 부당하게 금품 또는 향응을 수수하는 행위'를 금지하는 규정
을 마련하기에 이르렀다. 이는 의약품 도매상 등이 약국 등 개설자에게 의약품판
매 촉진의 목적으로 경제적 이익을 제공하는 행위의 사회적 폐해가 지속된다고 여
겨 약사법 등 관계 법령에서 현상품. 사은품 등 경품류 제공행위 이외에 일체적
경제적 이익제공행위까지도 금지하고자 한 것이지, 위 개정에 즈음하여 비로소 이
러한 행위를 규제할 필요성이 생겼기 때문에 위와 같은 규정을 마련한 것은 아닌

것으로 보인다. 나아가 의약품도매상이 의약품 판매사업을 영위하면서 상관행상 허용될 수 있는 정도의 견본품 등을 넘어서서 제공하거나 지급하는 사례금이나 장려금은 다른 의약품 도매상이 그 사업을 수행하면서 통상적으로 지출하는 것에 해당한다고 보기도 어렵다. 따라서 의약품 도매상이 약국 등 개설자에게 의약품 판매촉진의 목적으로 이른바 '리베이트'라고 불리는 금전을 지급하는 것은 약사법 등 관계 법령이 이를 명시적으로 금지하고 있지 않더라도 사회질서에 위반하여 지출된 것에 해당하여 그 비용은 손금에 산입할 수 없다고 보아야 할 것이다."

2. 위법비용의 손금산입 여부 – 대법원 1998. 5. 8. 선고 96누6158 판결 * 파기환송

(1) 사실관계

원고는 폐기물처리업 허가를 받아 폐기물을 수거, 처리하는 업무를 업으로 하는 법인이다. 원고는 1991. 4. 27.부터 12. 10.까지 사이에 소각 후 잔재를 매립하는 등 총리령이 정하는 기준과 방법에 따라 처리해야 하는 특정산업폐기물을 일반폐기물의 소각 잔재물과 혼합한 다음, 난지도매립장에서 폐기물처리업 허가 없이 폐기물처리업을 하던 소외인 등에게 매립을 위탁하고 그 대가로 1억 2,000만 원을 지급하였고, 1991사업연도 법인세 신고시 폐기물처리비용을 차량유지비와 수도광열비로 가공계상하였다.

원고 법인과 대표이사 등은 위와 같이 불법으로 산업폐기물을 처리한 것으로 형사처벌을 받았고, 피고는 원고가 처리원가로 계상한 차량유지비와 수도광열비의 일부는 가공으로 계상한 것이라 하여 손금부인하였다.

〈쟁점〉
- 법인세 납세의무자가 신고내역대로의 비용지출은 아님을 시인하면서 같은 금액의 다른 비용 지출을 주장하는 경우의 손금 인정 여부
- 위법소득을 얻기 위하여 지출한 비용이나 지출 자체에 위법성이 있는 비용의 법인세법상 손금 산입 여부

(2) 판결내용

"일반적으로 위법소득을 얻기 위하여 지출한 비용이나 지출 자체에 위법성이 있는 비용의 손금산입을 부인하는 내용의 규정이 없을 뿐만 아니라, 법인세는 원칙적으로 다른 법률에 의한 금지의 유무에 관계없이 담세력에 따라 과세되어야 하고 순소득이 과세대상으로 되어야 하는 점 등을 종합하여 보면, 위와 같은 비용에

대하여도 그 손금산입을 인정하는 것이 사회질서에 심히 반하는 등의 특별한 사정이 없는 한 손금으로 산입함이 타당하다 할 것이다."

"원고가 위와 같이 특정산업폐기물을 처리함에 있어서의 주된 위법성은 특정산업폐기물을 중간처리함에 있어 완전소각 등을 하지 아니한 채 일반폐기물의 소각잔재물과 혼합하여 처리하는 과정에 있는 것으로 그와 같이 처리된 것을 위 종합처리장에서 최종적으로 매립하는 일을 소외인 등에게 위탁한 데에 있다고 보기 어렵고, 무허가로 폐기물처리업을 영위하고 있던 소외인 등으로 하여금 특정산업폐기물을 매립케 한 점만으로는 그 지출한 대가를 법인세법상 손금에 산입하는 것이 사회질서에 심히 반하는 것이라고 볼 수도 없다 할 것이다."

3. 기부금 - 대법원 1993. 5. 25. 선고 92누18320 판결

(1) 사실관계

원고는 그 소유인 부산 소재 부동산에 대하여 1988. 3. 28. 한국감정원에 시가감정을 의뢰하여 같은 해 4. 11. 4억 5,000만 원이라는 감정평가를 받았고, 같은 날 소외인에게 이 사건 부동산을 4억 3,500만 원에 매도하였다고 주장하였다. 그러나 1988. 4. 11. 이 사건 부동산에 3개의 저당권이 설정되어 있었고 공동저당이기는 하나 그 피담보채권액이 9억 5,000만 원이나 되는데도 저당권에 의하여 담보되는 채무액을 위 소외인이 인수할 것인지 여부에 관하여 아무런 약정이 없었고, 원고가 주장하는 위 매매일 이후에도 1988. 9. 14.과 1989. 5. 15. 이 사건 건물에 관하여 원고명의로 저당권을 설정하였으며, 원고는 1988. 4. 11. 이 사건 부동산을 위 소외인에게 매도하였다고 주장하면서도 1988 귀속년도 법인세 신고시 정리하지 않고 1989년도 이르러 신고하였다.

이러한 사실들에 기초하여, 피고는 이 사건 부동산에 관하여 원고와 위 소외인과의 매매계약은 1989. 10. 24. 위 소외인 앞으로 소유권이전등기를 마치면서 등기원인으로 되어 있는 바와 같이 1989. 10. 24. 체결된 것으로 보고, 같은 감정원의 1989. 8. 12. 시가가 7억 6,000만 원이라는 감정평가를 신뢰하여 원고가 주장하는 양도가액이 정상가격보다 낮다고 판단하여, 양도가액과의 차액을 법인세법 제18조, 같은 법 시행령 제40조 제1항 제2호에 따라 기부금으로 보아 손금에 산입하지 아니하고 1991. 3. 6. 법인세 등 1억 6,300만 원을 부과고지하였다가, 같은 해 4. 22. 위 감정가액 7억 6,000만 원에서 30퍼센트를 차감하여 계산한 5억 3,000만 원을 정상가액으로 보고 매매가액을 공제한 차액 9,500만 원을 기부금으로 보아 법인세 등 4,200만 원으로 감액하여 경정처분하였다.

〈쟁점〉

자산의 저가양도 시 시가와 장부가액과의 차액을 손비로 계상하지 아니한 경우에도 이를 기부금으로 보아야 하는지 여부

(2) 판결내용

"법인세법 제18조에서 규정하는 기부금은 법인이 타인에게 법인의 사업과 직접 관계없이 무상으로 증여하는 재산적 가액을 가리키는 것으로서, 이는 순수한 무상 양도의 경우 뿐 아니라, 비록 거래의 외형은 유상양도의 형태를 취하고 있더라도 당해 자산이 현저하게 낮은 가액으로 양도되어 그 양도가액과 정상가액과의 차액이 실질적으로 증여되었다고 인정되는 경우를 포함하는 것이라고 보아야 할 것이므로, 그와 같은 취지를 규정하고 있는 법인세법시행령 제40조 제1항 및 제2항이 모법의 위임 없이 기부금의 범위를 부당하게 확대하여 조세법률주의에 위배되는 무효의 규정이라고 볼 수 없다."

"법인이 타인에게 자산을 무상으로 양도하거나 혹은 시가보다 현저하게 낮은 가액으로 양도함으로써 법인세법 소정의 기부금의 요건에 해당되는 경우에 있어, 위 거래로 인하여 상대방이 취득한 자산가액이나 그에 상응한 법인자산의 감소액은 자산의 시가상당액으로서 비록 법인이 당해 자산의 시가와 장부가액과의 차액을 기업경리상 손비로 계상하지 않았다고 하더라도 세법상은 일단 그 차액상당의 수익이 법인에 실현됨과 동시에 그 수익을 상대방에게 제공함에 따른 손실이 발생한 것으로 관념하여 그 손실을 기부금으로 보게 되는 것이라 할 것이다.

기부금을 금전 이외의 자산으로 제공한 경우에 당해 자산의 가액을 이를 제공한 때의 시가에 의하도록 한 법인세법 시행령 제41조 제1항 본문의 규정은 바로 위와 같은 내용을 규정하고 있는 것으로 해석된다."

4. 기업업무추진비 – 대법원 2010. 6. 24. 선고 2007누18000 판결 * 일부 파기환송

(1) 사실관계

피고 남대문세무서장은 원고 주식회사 조선일보사에 대한 세무조사에 따라 접대비(현행 기업업무추진비) 한도초과액 등 손금불산입을 근거로 과소납부세액을 산출한 후에 납부불성실가산세를 추가하여 법인세를 부과하였다.

사안의 내용 중 접대비 한도초과액에 국한하여 보면, 파견직원에게 지급한 격려금, 창간기념품, 취재비, 회의비, 판촉물대, 판촉행사 관련비용을 접대비로 보고 접대비 한도초과액 해당부분을 손금불산입하였다.

〈쟁점〉
- 원고가 지출한 일정한 지출금들이 접대비에 해당하는지 여부
- 법인세법상 '접대비'와 '광고선전비'의 구별 기준

(2) 판결내용

"접대비는 기업활동의 원활과 기업의 신장을 도모하기 위하여 필요한 경비로서 기업체의 영업규모와 비례관계에 있으므로 이를 엄격하게 해석하여야 할 것인바, 법인이 사업을 위하여 지출한 비용 가운데 상대방이 사업에 관련 있는 자들이고 지출의 목적이 접대 등의 행위에 의하여 사업관계자들과의 사이에 친목을 두텁게 하여 거래관계의 원활한 진행을 도모하는 데 있는 것이라면, 그 비용은 법인세법상 접대비라고 할 것이나, 그렇지 않은 경우에는 이를 섣불리 접대비로 단정하여서는 안 된다(대법원 2003. 12. 12. 선고 2003두6559 판결, 대법원 2008. 7. 10. 선고 2007두26650 판결 등 참조)."

"원심이 이 사건 취재비 중 1건당 지출액이 원고의 취재비 지급기준에서 정한 일일취재비와 실비취재비의 최고한도액인 3만 원 이하인 부분은 접대비에 해당하지 않는다고 판단한 것은, 앞서 본 법리에 비추어 관계 법령과 기록을 살펴보면 정당한 것으로 수긍할 수 있고, 거기에 피고가 상고이유에서 주장하는 바와 같은 접대비에 관한 법리오해 등의 잘못이 없다. 그러나 원심이 이 사건 취재비 중 1건당 지출액이 3만 원을 초과하는 부분이 모두 접대비에 해당한다고 판단한 것은 다음과 같은 이유로 수긍하기 어렵다. 즉 취재활동에 통상 소요되는 비용은 취재의 필요성, 취재원의 수와 성격, 취재 소요 시간, 취재 장소와 경위 등의 제반 요인에 따라 달라질 수밖에 없으므로 취재비가 취재활동에 통상 소요되는 비용의 범위를 벗어나 접대비에 해당한다고 볼 수 있는지 여부는 위와 같은 요인들 및 그 지출의 목적과 성격 등을 종합적으로 고려하여 개별적·구체적으로 판단하여야 한다. 원심이 적법하게 확정한 사실과 기록에 의하면, 취재원이 다수이거나 외국에 소재하는 등의 사유로 취재활동을 위하여 소요된 비용이 1건당 3만 원을 초과하는 경우가 다수 있었던 사정을 알 수 있는바, 이러한 사정을 앞서 본 법리에 비추어 보면, 비록 1건당 지출액이 3만 원을 초과하는 취재비라고 하더라도 그 지출경위나 성격 등을 개별적·구체적으로 따져 보지 아니한 채 이들이 모두 접대비에 해당한다고 단정할 수는 없다. 그럼에도 불구하고 1996 내지 1999 사업연도의 각 법인세를 산정함에 있어 1건당 지출액이 3만 원을 초과하는 취재비가 모두 접대비에 해당한다고 본 원심의 판단에는 접대비에 관한 법리를 오해하여 판결에 영향을 미친 잘못이 있고, 이 점을 지적하는 원고의 주장은 이유 있다."

"법인이 사업을 위하여 지출한 비용 가운데 상대방이 사업에 관련 있는 자들이

고 지출의 목적이 접대 등의 행위에 의하여 사업관계자들과의 사이에 친목을 두텁게 하여 거래관계의 원활한 진행을 도모하는 데 있다면 접대비라고 할 것이지만, 이와 달리 지출의 상대방이 불특정다수인이고 지출의 목적이 법인의 이미지를 개선하여 구매의욕을 자극하는 데 있다면 광고선전비라고 할 것이다(대법원 2002. 4. 12. 선고 2000두2990 판결 참조).”

“기록에 의하면, 원고는 다수의 내방객 등에게 각종 선물을 지급하였는데 그 내방객 등이 누구인지를 특정할 자료가 없어 그들이 원고와 거래관계를 맺고 있는 특정인들이라고 보기 어렵고, 따라서 그들에게 선물을 지급한 것도 그들과의 거래관계를 원활하게 하기 위한 것이었다기보다는 대외적으로 원고를 홍보하여 원고의 이미지를 개선하기 위한 것이었다고 봄이 상당하므로, 그 선물비는 접대비가 아니라 광고선전비에 해당한다고 보아야 한다(다만 상패 제작비는 그 성질상 특정인을 위해 지출된 것으로서 접대비로 보아야 할 것이다). 그럼에도 내방객 등에 대한 선물비(단, 상패 제작비 제외)까지 접대비에 해당한다고 본 원심의 판단에는 접대비 및 광고선전비의 범위에 관한 법리를 오해하여 판결에 영향을 미친 잘못이 있다 할 것이고,이 점을 지적하는 원고의 주장은 이유 있다.”

라. 손익의 귀속시기

(1) 의의

법인세는 1사업연도를 과세기간으로 하므로 손익의 귀속시기는 각 사업연도 소득에 대한 세액의 산출에 큰 영향을 미친다. 손익의 귀속시기는 바로 과세시기로 이어지고, 법인세 초과누진세율구조하에서는 과세소득이 어느 연도에 귀속되느냐에 따라 적용세율이 달라질 수 있다. 이하에서는 기업회계기준과 비교하면서 법인세법상 손익의 시기에 관한 규정과 법리를 검토한다.

(2) 기업회계기준

기업회계기준에서는 발생주의 회계원칙을 수익과 비용을 인식하는 주된 방식으로 채용하고 있고, 현금주의를 보조적인 방식으로 활용하고 있다.[47)

① 발생주의(accrual basis)

현금의 유입과 유출이 없더라도 수익과 비용의 발생을 거의 확실하게 하는

---

47) 김기동·김태동, IFRS 중급회계, 샘앤북스, 2016, 4-2 이하 참조.

결정적인 사건이 발생했을 때 수익과 비용을 인식하는 회계원칙이다. 발생주의는 가치창출과정이 2 이상의 사업연도에 걸치는 경우 그 측정이 매우 어렵고 주관에 치우칠 우려가 있다.

  ⅰ. 수익: 발생주의 회계에서는 수익을 실현주의(역사적 원가주의)에 의하여 인식한다. 실현시점에 수익을 인식하는 방법이다. 가득기준과 측정기준에 부합하여야 한다. 가득기준은 가득과정이 완료되어야 인식이 가능하고, 의무의 이행이 대표적인 예이다. 측정기준은 실현되었거나 실현가능하여야 인식이 가능하고, 권리의 실현이 대표적인 예이다.

  ⅱ. 비용: 발생주의 회계에서 비용은 대응주의에 의하여 인식한다. 수익에 대응하여 비용을 인식하는 방법이다.

② **현금주의**(cash basis)

영업활동과 관련된 현금의 유입과 유출이 있을 때 현금의 유입은 수익으로 인식하고 현금의 유출은 비용으로 인식하는 회계원칙이다. 현금의 수수시점을 조작함으로써 자의로 금액을 증감시킬 우려가 있다. 현금주의는 현금흐름표 작성시에 사용된다.

(3) 법인세법의 경우

① **권리확정주의 원칙**

법인세법은 "내국법인의 각 사업연도의 익금과 손금의 귀속사업연도는 그 익금과 손금이 확정된 날이 속하는 사업연도로 한다"라고 규정하여(법법 제40조 제1항), 소득세법과 마찬가지로 과세소득의 계산에 관하여 손익이 현실적으로 없더라도 그 원인이 되는 권리가 확정적으로 발생한 때에는 그 손익의 실현이 있는 것으로 보고 과세소득을 계산하는 '권리확정주의'를 채택하고 있다. 권리확정주의는 소득의 원인이 되는 권리의 확정시기와 소득의 실현시기와 사이에 시간적 간격이 있을 때 소득이 실현된 때가 아니라 권리가 확정된 때를 기준으로 하여 그때 과세상 소득이 있는 것으로 보고 당해 연도의 소득을 산정하는 방식이다.[48]

기업회계의 주된 목적은 특정한 기업의 재무정보를 제공하는 것으로 그 결과가 직접적으로 타인의 재산상의 법률관계를 성립시키는 일은 없다. 그러나 세

---

48) 대법원 2003. 12. 26. 선고 2001두7176 판결; 2011. 9. 8. 2009아79 결정 등.

무회계는 그 결과가 바로 납세의무자와 과세권자의 조세채권채무관계를 성립시킨
다. 이 같은 특성으로 인하여 세무회계에서는 수익과 비용의 계상시기를 결정하
는 기준이 보다 명확할 것이 요구된다. 법인세법은 이러한 요구를 수용하여 납세
의무자의 재산상의 권리나 의무의 확정시점을 수익과 비용의 계상시기로 규정하
고 있다.[49]

② '권리확정'의 의미

'권리확정'의 의미에 대하여, 판례는 익금이 확정되었다고 하기 위해서는 소
득의 원인이 되는 권리가 실현가능성에 있어서 상당히 높은 정도로 성숙되어야
하고(이른바 '성숙이론'), 이런 정도에 이르지 아니하고 단지 성립한 것에 불과한 단
계에서는 익금이 확정되었다고 할 수 없으며, 여기에서 소득의 원인이 되는 권리
가 실현가능성에서 상당히 높은 정도로 성숙되었는지는 일률적으로 말할 수 없고
개개의 구체적인 권리의 성질과 내용 및 법률상·사실상의 여러 사정을 종합적으
로 고려하여 결정하여야 한다고 판시하고 있다.[50]

③ 무효·취소와 권리확정

전술한 바와 같이 무효인 행위로 인한 수입도 과세소득이 되는데, 이 경우
그 전단계에서는 권리의 확정이 있을 수 없으므로 그 소득의 귀속시기는 현실적
인 수령시기이다.[51] 한편 취소의 경우에는 그 전단계까지는 유효하므로 그 소득
의 귀속시기는 통상의 경우와 마찬가지로 해당 법률행위에 의하여 형성된 권리가
확정되는 시기이다.[52]

④ 현금주의

법인세법에서 현금주의는 금융업에 한정하여 인정된다(법법 령 제70조 제1항
제1호 참조).

마. 자산의 취득가액 산정방법 및 자산과 부채의 평가방법

각 사업연도 소득금액의 계산과 관련하여 법인세법에서 정하고 있는 자산

---

49) 이태로·한만수, 앞의 책, 553-554면.
50) 대법원 2011. 9. 29. 선고 2009두11157 판결 등.
51) 대법원 1985. 5. 28. 선고 83누123 판결; 1991. 12. 10. 선고 91누5303 판결; 1995. 11. 10. 선고
    95누7758 판결 등 참조.
52) 이재호, 앞의 자료, 63면 참조.

취득가액의 산정방법 및 자산과 부채의 평가방법은 다음과 같다.

(1) 자산의 취득가액 산정방법(법법 제41조)

내국법인이 매입·제작·교환 및 증여 등에 의하여 취득한 자산의 취득가액은 ① 타인으로부터 매입한 자산의 경우 매입가액에 부대비용을 더한 금액, ② 자기가 제조·생산 또는 건설하거나 그 밖에 이에 준하는 방법으로 취득한 자산의 경우 제작원가에 부대비용을 더한 금액 및 ③ 그 밖의 자산의 경우 취득 당시의 시가 등으로 한다.

(2) 자산과 부채의 평가방법(법법 제42조)
① 일반적인 자산·부채 평가방법

내국법인이 보유하는 자산과 부채의 장부가액을 증액 또는 감액(감가상각 제외)한 경우에는 그 평가일이 속하는 사업연도와 그 후의 각 사업연도의 소득금액을 계산할 때 그 자산과 부채의 장부가액은 평가 전의 가액으로 한다.[53] 다만, 재고자산, 유가증권 등의 평가에 대해서는 그러하지 아니하다. 이들 자산 중 재고자산과 유가증권의 평가방법은 다음과 같다.
② 재고자산과 유가증권의 평가방법
ⅰ. 재고자산(법법 령 제74조)

재고자산의 평가는 다음의 방법 중 법인이 납세지 관할세무서장에게 신고한 방법에 의한다.

> 1. 원가법: 개별법, 선입선출법, 후입선출법, 총평균법, 이동평균법 또는 매출가격환원법에 의하여 산출한 취득가액을 그 자산의 평가액으로 하는 방법
> 2. 저가법: 재고자산을 원가법과 기업회계기준이 정하는 바에 따라 시가로 평가한 가액 중 낮은 편의 가액을 평가액으로 하는 방법

---

53) 그러나 ① 재고자산으로서 파손·부패 등의 사유로 정상가격으로 판매할 수 없는 것, ② 유형자산으로서 천재지변·화재 등 대통령령으로 정하는 사유로 파손되거나 멸실된 것 및 ③ 주식 등으로서 그 발행법인이 부도가 발생한 경우, 회생계획인가의 결정을 받은 경우, '기업구조조정촉진법'에 따른 부실징후기업이 된 경우 또는 파산한 경우에 해당하는 자산은 그 장부가액을 감액할 수 있다(법법 제42조 제3항).

ii. 유가증권(법법 령 제75조)

유가증권의 평가는 다음의 방법 중 법인이 납세지 관할세무서장에게 신고한 방법에 의한다.

1. 개별법(채권에 한함): 자산을 개별적으로 각각 그 취득한 가액에 따라 산출한 것을 그 자산의 평가액으로 하는 방법
2. 총평균법: 자산을 품종별·종목별로 당해 사업연도개시일 현재의 자산에 대한 취득가액의 합계액과 당해 사업연도 중에 취득한 자산의 취득가액의 합계액의 총액을 그 자산의 총수량으로 나눈 평균단가에 따라 산출한 취득가액을 그 자산의 평가액으로 하는 방법
3. 이동평균법: 자산을 취득할 때마다 장부시재금액을 장부시재수량으로 나누어 평균단가를 산출하고 그 평균단가에 의하여 산출한 취득가액을 그 자산의 평가액으로 하는 방법

[관련판례] 손익의 귀속시기

1. 손익의 귀속시기에 관한 규정과 권리확정주의 – 대법원 2011. 1. 27. 선고 2008두12320 판결
2. 구상채권의 귀속시기 – 대법원 2011. 9. 29. 선고 2009두11157 판결
3. 조건부 기부채납의 성격 및 비용의 귀속시기 – 대법원 2002. 11. 13. 선고 2001두1918 판결

1. 손익의 귀속시기에 관한 규정과 권리확정주의 – 대법원 2011. 1. 27. 선고 2008두12320 판결

(1) 사실관계

다단계판매업 및 방문판매업을 영위하는 원고는 판매원들과 상품판매계약을 체결하고 계약금을 수령한 경우 이를 선수금으로 회계처리하였다가 판매원들에게 상품을 인도할 때 매출로 인식하고 있다.

한편 원고의 '방판마케팅 플랜' 등에는 매출이익이나 매출액의 일정 비율을 판매원들에게 판매수수료로 지급하도록 약정되어 있으나, 실제로 원고는 계약금을 수령하고 아직 상품의 인도가 이루어지지 아니하여 매출이 실현되지 않은 상태에

서 판매원들에게 계약금을 기준으로 매월 판매수수료를 지급하고 이를 비용으로 계상하였다.

〈쟁점〉

다단계판매업 및 방문판매업을 영위하는 원고가 '판매원들에게 상품을 인도할 때'를 매출로 인식하면서도, 계약금을 수령하고 아직 상품 인도가 이루어지지 아니한 상태에서 판매원들에게 그 계약금을 기준으로 매월 판매수수료를 지급하였다고 하여, 과세관청이 판매원들에게 계약금을 기준으로 지급한 판매수수료 중 매출 미실현분에 대한 부분을 선급비용으로 보고 손금불산입하여 법인세 부과처분을 한 것이 적법한지 여부

(2) 판결내용

"「법인세법」제14조 제1항은 "내국법인의 각 사업연도의 소득은 그 사업연도에 속하는 익금의 총액에서 그 사업연도에 속하는 손금의 총액을 공제한 금액으로 한다."라고 규정하고 있고, 제40조 제1항은 "내국법인의 각 사업연도의 익금과 손금의 귀속사업연도는 그 익금과 손금이 확정된 날이 속하는 사업연도로 한다."라고 규정하고 있으며, 법인세법 시행령 제68조 제1항 제1호는 "법 제40조 제1항 및 제2항의 규정을 적용함에 있어 상품 등의 판매로 인한 익금 및 손금의 귀속사업연도는 그 상품 등을 인도한 날이 속하는 사업연도로 한다"라고 규정하고 있다."

"원심판결 및 원심판결이 인용한 제1심판결의 이유에 의하면, 원심은 그 채용증거를 종합하여, (중략), 원고는 판매원들로부터 수령한 계약금은 상품이 인도된 때에 매출로 인식하면서도 판매수수료는 상품이 인도된 때가 아니라 계약금을 수령한 때에 비용으로 먼저 계상함으로써 수익과 비용이 대응되지 아니하였다는 이유로, 원고가 판매원들에게 계약금을 기준으로 지급한 판매수수료 중 매출 미실현분에 대한 부분을 선급비용으로 보고 손금불산입하여 한 피고의 이 사건 각 법인세 부과처분은 적법하다고 판단하였다. 앞서 본 규정 및 관련 법리와 기록에 비추어 살펴보면, 이와 같은 원심의 판단은 정당한 것으로 수긍할 수 있다."

2. 구상채권의 귀속시기 - 대법원 2011. 9. 29. 선고 2009두11157 판결

(1) 사실관계

원고는 보증보험업 등을 목적으로 하는 법인으로서 보험사고가 발생하여 보증보험금을 지급하고 이를 손금에 산입한 다음 보험계약자 등에 대해 취득하는 구상

채권에 관하여는 이를 취득한 사업연도에 익금에 산입하지 않고 실제로 회수한 사업연도에 그 회수금액을 익금에 산입하여 법인세 신고를 해왔다.

재정경제부는 2006. 3. 20. '자동차 손해보험업을 영위하는 법인이 보험사고 발생으로 지급한 보험금에 대하여 기업회계기준에 따라 계상한 구상이익은 이를 당해 사업연도의 익금에 산입하는 것'이라는 취지의 예규(재법인 – 224, 2006. 3. 20.)를 발령하였다.

이와 같은 방법으로 원고는 2005사업연도에 소득금액을 6,917억 원, 이월결손금을 2,805억 원, 과세표준을 4,111억 원으로 하여 그에 따른 법인세 1,028억 원을 신고·납부하였다.

이후 원고는 2006. 10. 12. 구상채권을 취득한 사업연도에 구상채권 중 과거의 회수율을 기초로 장차 회수될 것으로 추정한 금액을 익금에 산입하고 그 구상채권의 회수불능이 확정되는 사업연도에 이를 손금에 산입하는 방법으로, 1999부터 2004사업연도까지의 소득금액 또는 결손금을 재산정하면 2005사업연도의 소득금액 공제에 사용할 수 있는 이월결손금이 6,318억 원이 되므로, 당초 신고·납부한 2005사업연도의 과세표준 및 법인세가 감액되어야 한다는 취지의 경정청구를 하였으나, 피고는 2006. 12. 8. 이를 거부하는 이 사건 처분을 하였다.

〈쟁점〉

보증보험회사가 보증보험금을 지급하고 보험계약자 등에 대해 취득하는 구상채권을 취득한 사업연도의 익금에 산입할 수 있는지 여부

(2) 판결내용

"법인세법 제40조 제1항은 "내국법인의 각 사업연도의 익금과 손금의 귀속사업연도는 그 익금과 손금이 확정된 날이 속하는 사업연도로 한다."고 규정하고 있는바, 익금이 확정되었다고 하기 위해서는 소득의 원인이 되는 권리가 그 실현의 가능성에 있어 상당히 높은 정도로 성숙되어야 하고, 그 권리가 이런 정도에 이르지 아니하고 단지 성립한 것에 불과한 단계에서는 익금이 확정되었다고 할 수 없으며, 여기서 소득의 원인이 되는 권리가 그 실현의 가능성에 있어 상당히 높은 정도로 성숙되었는지 여부는 일률적으로 말할 수 없고 개개의 구체적인 권리의 성질과 내용 및 법률상, 사실상의 여러 사정을 종합적으로 고려하여 결정하여야 한다(대법원 2003. 12. 26. 선고 2001두7176 판결, 대법원 2004. 11. 25. 선고 2003두14802 판결 등 참조)."

"원심은 원고가 구상채권을 취득한 사업연도에는 그 권리가 실현의 가능성에 있어 상당히 높은 정도로 성숙되었다고 할 수 없으므로 이를 익금에 산입할 수 없

고, 그 익금 산입을 전제로 한 원고의 경정청구를 거부한 이 사건 처분은 적법하다고 판단하였는 바, 앞서 본 규정과 법리 및 원고가 보증보험금을 지급하고 보험계약자 등에 대해 취득하는 구상채권은 수익행위로 인하여 취득하는 채권이 아니라 보험금비용의 지출과 동시에 그 비용의 회수를 위해 민법 제441조 등에 의해 취득하는 채권에 불과하여 그 실질적인 자산가치를 평가하기 어려우므로 이를 취득한 사업연도에는 그 실현의 가능성이 성숙되었다고 보기 어려운 점, 구상채권 중 과거의 회수율을 기초로 장차 회수될 것으로 추정한 금액 역시 추정치에 불과하여 구상채권을 취득한 사업연도에 그 금액만큼 실현의 가능성이 성숙되었다고 보기 어려운 것은 마찬가지인 점 등을 종합하여 볼 때, 원심의 위와 같은 판단은 정당하고, 거기에 상고이유로 주장하는 바와 같은 권리확정주의에 관한 법리오해 등의 위법이 없다."

3. 조건부 기부채납의 성격 및 비용의 귀속시기 - 대법원 2002. 11. 13. 선고 2001두1918 판결

(1) 사실관계

주택건설업 등을 목적으로 설립된 법인인 원고는 부산 소재 토지위에 공동주택을 건축하기로 하는 내용의 주택건설사업계획을 수립하여 부산직할시장에게 그 승인을 신청하였다.

부산직할시장은 1993. 2. 27. 원고의 부담으로 단지 북측에 도로를 개설하고 이 도로와 관련 부지를 도로관리청에 기부채납하여야 한다는 등의 조건을 붙여 원고의 주택건설사업계획을 승인하였다.

원고는 위 승인조건에 따라 도로를 개설하고, 1995. 12. 15. 도로관리청인 부산광역시 부산진구청장에게 이 도로와 관련 부지를 기부채납한 다음, 같은 날 이 아파트에 대한 준공검사를 받았다.

〈쟁점〉

주택건설사업의 승인조건에 따라 분양토지의 이용편의에 제공하기 위하여 도로를 기부채납한 경우, 법인세법상 그 도로가액의 성질 및 비용의 귀속시기

(2) 판결내용

"법인이 주택건설사업을 함에 있어서 그 사업을 위하여 취득한 토지의 일부를 그 사업의 승인조건에 따라 분양토지의 이용편의에 제공하기 위하여 도로로 조성

하여 지방자치단체에 기부채납한 경우, 그 도로의 가액 상당의 비용은 수익의 발생에 직접 관련된 필요경비로서 그 귀속시기는 수익의 발생이 확정된 때가 속한 사업연도라고 보아야 하고, 그 도로의 가액이 구 법인세법(1996. 12. 30. 개정 전) 제18조 제3항 제1호 소정의 법정기부금인 '국가 또는 지방자치단체에 무상으로 기증하는 금품의 가액'에 해당한다고 할 수 없다(대법원 1994. 8. 9. 선고 94누4530 판결 참조)."

"원고는 이 아파트 건설사업계획승인조건을 이행하는 한편, 이 아파트 분양자들의 이용편의에 제공하기 위하여 이 사건 도로를 기부채납하였다 할 것이지 이 아파트 건설사업과 직접 관계 없이 이 사건 도로를 지방자치단체에 무상으로 기증하였다고 볼 수는 없으므로, 기부채납된 이 사건 도로의 가액 상당의 비용은 수익의 발생에 직접 관련된 필요경비라 할 것이므로, 그 기부채납된 때가 속하는 사업연도에 그 전액을 손금산입할 것이 아니라, 그 수익의 발생이 확정된 때가 속하는 사업연도의 수익에 대응하는 한도 내에서 손금에 산입하여야 한다."

3. 과세표준 및 세액의 계산

가. 과세표준(법법 제13조)

소득금액 − (이월결손금 + 소득공제 + 비과세소득) = 과세표준

(1) 이월결손금

소득금액과 상계가 허용되는 이월결손금은 당해 사업연도의 개시일 전 15년 이내의 결손금으로서 각 사업연도에 전보되지 못하고 당해 사업연도로 이월된 결손금이다(법법 제14조 제3항 및 제13조 제1항 제1호 가목). 이월결손금으로 공제될 수 있는 결손금은 해당 법인이 신고 또는 수정신고하거나 과세관청이 경정 또는 결정한 것이어야 한다(법법 제13조 제1항 제1호 나목).[54] 다만, 이월결손금은 각 사업

---

[54] 판례는 결손금 감액경정처분이 항소소송의 대상인지 여부에 대하여 "과세관청의 결손금 감액경정이 있는 경우, 특별한 사정이 없는 한 납세의무자로서는 결손금 감액경정 통지가 이루어진 단계에서 그 적법성을 다투지 않는 이상 이후 사업연도 법인세의 이월결손금 공제와 관련하여 종전의 결손금 감액경정이 잘못되었다거나 과세관청이 경정한 결손금 외에 공제될 수 있는 이월결손금이 있다는 주장을 할 수 없다고 보아야 할 것이므로, 이러한 과세관청의 결손금 감액경정은 이후 사업연도의 이월결손금 공제와 관련하여 법인세 납세의무자인 법인의 납세의무에 직접 영향을 미치는 과세관청의 행위로서, 항고소송의 대상이 되는 행정처분이라고 봄이 타당하다"라고 판시하여 그 처분성을 인정하고 있다, 대법원 2020. 7. 9. 선고 2017두63788 판결.

연도 소득의 100분의 80(중소기업과 회생계획을 이행 중인 기업 등은 100분의 100) 한도로 공제한다(법법 제13조 제1항 단서).

(2) 소득공제

소득공제로는 유동화전문회사 등이 지급한 배당금에 대한 소득공제(법법 제51조의2) 등이 있다.

(3) 비과세소득

비과세소득으로는 공익신탁의 신탁재산에서 발생하는 이익(법법 제51조), 조세특례제한법상 인정되는 비과세소득(조특법 제13조) 등이 있다.

나. 세율

(1) 4단계 초과누진세율(법법 제55조)

과세표준 2억 원 이하: 100분의 9[55]

과세표준 2억 원 초과 200억 원 이하: 2억 원을 초과하는 금액 100분의 19

과세표준 200억 원 초과 3,000억 원 이하: 200억 원을 초과하는 금액 100분의 21

과세표준 3,000억 원 초과: 3,000억 원을 초과하는 금액 100분의 24

(2) 최저한세

조세특례제한법은 각종 특례규정의 중복적인 적용으로 감면 등을 받은 후의 세액이 지나치게 적어지는 것을 방지하기 위하여 법인세의 최저한세제도를 두고 있다(조특법 제132조). 최저한세는 정책목적상 조세특례제도를 두어 세금을 감면해 주는 경우에도 재정확보와 형평성이라는 관점에서 최소한의 조세를 부담하게 한다는 취지의 제도이다.

최저한세는 감면 후의 세액과 감면 전 과세표준의 7~17%(과세표준 1,000억 원 초과 17%, 100억 원 초과 1,000억 원 이하 12%, 100억 원 이하 10%, 중소기업 7~9%)를 비교하여 큰 금액으로 과세한다.

---

55) 부동산임대업을 주된 사업으로 하는 등 대통령령으로 정하는 요건에 해당하는 성실신고확인대상 소규모 내국법인에 대해서는 과세표준 200억 원 이하에 대하여 100분의 19의 세율이 적용된다(법법 제55조 제1항 제2호 및 제60조의2 제1항 제1호 등).

다. 세액

과세표준 × 세율 = 산출세액

산출세액 − (세액공제 + 세액감면 + 기납부세액) = 신고 · 납부세액

(1) 세액공제

세액공제로는 외국납부세액공제 등(법법 제57조), 재해손실세액공제(법법 제58조) 등이 있다.

(2) 세액감면

세액감면으로는 조세특례제한법에 의한 '수도권과밀억제권역 밖으로 이전하는 중소기업에 대한 세액감면'(조특법 제63조), '법인의 공장 및 본사를 수도권 밖으로 이전하는 경우 법인세 등 감면'(조특법 제63조의2) 등이 있다.

감면세액은 면제소득을 과세표준에 산입하고 세율을 적용하여 세액을 산출한 다음, 그 세액에 전체 과세표준에서 면제소득이 차지하는 비율을 곱하여 산출한다(법법 제59조 제2항).

(3) 세액감면과 세액공제의 적용순서

법인세의 감면에 관한 규정과 세액공제에 관한 규정이 동시에 적용되는 경우에 그 적용순위는 ① 각 사업연도의 소득에 대한 세액감면, ② 이월공제가 인정되지 아니하는 세액공제, ③ 이월공제가 인정되는 세액공제(해당 사업연도 중에 발생한 세액공제액과 이월된 미공제액이 함께 있을 때에는 이월된 미공제액을 먼저 공제한다), ④ 사실과 다른 회계처리로 인한 과다납부세액에 대한 세액공제(해당 세액공제액과 이월된 미공제액이 함께 있을 때에는 이월된 미공제액을 먼저 공제한다)이다(법법 제59조 제1항 본문).

① 각 사업연도의 소득에 대한 세액 감면과 ② 이월공제가 인정되지 아니하는 세액공제의 합계액이 법인이 납부할 법인세액을 초과하는 경우에는 그 초과금액을 없는 것으로 보아 환급하지 아니한다(법법 제59조 제1항 단서).

(4) 사실과 다른 회계처리로 인한 경정에 따른 세액공제

법인세법은 내국법인이 일정한 요건을 충족하는 사실과 다른 회계처리를 하여 과세표준 및 세액을 과다하게 신고, 납부하고 추후 경정청구를 하여 경정을 받은 경우에는, 세액을 돌려주는 방법으로 일괄 환급하는 방식 대신에 분할하여 세액공제하는 방식을 채용하고 있다(법법 제58조의3). 일정한 요건이란 ① 자본시장법에 따른 사업보고서 및 외감법에 따른 감사보고서를 제출할 때 수익 또는 자산을 과다 계상하거나 손비 또는 부채를 과소 계상할 것과 ② 내국법인, 감사인 또는 그에 소속된 공인회계사가 경고·주의 등의 조치를 받을 것이다. 이 경우 각 사업연도별로 공제하는 금액은 과다 납부한 세액의 100분의 20을 한도로 하고, 공제 후 남아 있는 과다 납부한 세액은 이후 사업연도에 이월하여 공제한다.56)

4. 신고 및 납부

가. 신고·납부 및 중간예납

납세의무가 있는 내국법인은 각 사업연도의 종료일로부터 3월 이내에 당해 사업연도의 소득에 대한 법인세의 과세표준과 세액을 납세지 관할세무서장에게 신고하고 산출세액에서 세액의 공제·감면 기타 기납부세액을 뺀 세액을 납부하여야 한다(법법 제60조 제1항 및 제64조).

사업연도의 기간이 6개월을 초과하는 내국법인은 법인세 중간예납의 의무가 있다. 직전 사업연도 납부세액의 6월분 또는 중간예납기간을 1사업연도로 보고 산출한 법인세액을 중간예납기간이 경과한 날로부터 2월 내에 신고·납부하여야 한다(법법 제63조 및 제63조의2). 영세 중소기업(직전 사업연도 법인세의 2분의 1이 30만 원 미만인 경우)는 중간예납의무의 적용이 배제된다.

---

56) 참고로 자본시장법에서는 신고서, 설명서, 기타 제출서류에 허위의 기재를 하거나 중요한 사항을 표시하지 않는 공시위반행위에 대하여 금융위원회가 모집가액 또는 매출가액의 100분의 3(20억 원을 초과하는 경우에는 20억 원)의 과징금을 부과할 수 있도록 규정하고 있다(자본시장법 제429조 제1항 제1호).

나. 결정 및 경정

법인세는 신고확정방식 세목이므로 각 사업연도의 소득에 대한 법인세 과세표준과 세액의 신고에 의하여 확정된다. 그러나 신고가 없는 때에는 당해 법인의 각 사업연도의 소득에 대한 법인세 과세표준과 세액을 과세관청이 결정한다(법법 제66조 제1항). 또한 신고를 하였으나 신고내용에 오류 또는 탈루가 있는 경우 등에도 과세표준과 세액을 과세관청이 경정한다(법법 제66조 제2항).

5. 부당행위계산부인[57]

가. 의의

법인세법상 부당행위계산부인은, 법인이 특수관계에 있는 자와의 거래에 있어 정상적인 경제인의 합리적인 방법에 의하지 아니하고 법인세법 시행령 제88조 제1항 각 호에 열거된 거래형태를 취하여 조세부담을 회피하거나 경감시킨 경우에는 과세권자가 이를 부인하고 법령에 정하는 방법에 의하여 객관적이고 타당하다고 보여지는 소득이 있는 것으로 의제하는 제도이다(법법 제52조).[58] 부당행위계산이란 납세자가 정상적 경제인의 합리적인 거래형식에 의하지 않고 비합리적 거래형식을 취함으로써 통상의 합리적인 거래형식을 취할 때 생기는 조세의 부담을 경감 내지 배제시키는 행위 또는 계산을 말한다.[59]

소득세법에서도 부당행위계산부인을 규정하고 있지만 법인세법의 부당행위계산부인규정은 특히 중요한 의미를 가지는데, 법인의 특성상 특수관계인이 다수일 뿐만 아니라 법인에 의하여 다양한 손익거래와 자본거래가 행해지기 때문이다. 법인세법 시행령에서는 동법의 위임에 의하여 부당행위계산부인 규정의 적용대상이 되는 거래형태를 열거하고 있다(법인세법 시행령 제88조 제1항).

---

57) 제3회 변호사시험(2문)과 7회 변호사시험(2문), 제13회 변호사시험(2문)에서 '법인세 부당행위계산부인'에 관한 문제가 출제된 바 있다.
58) 대법원 2006. 5. 11. 선고 2004두7993 판결 참조.
59) 대법원 1989. 4. 11. 선고 88누8630 판결 참조.

나. 부인의 요건

(1) 특수관계에 있는 자

특수관계인60)의 범위는 특수관계의 존부를 판단함에 있어 납세의무자인 법인을 기준으로만 특수관계를 따질 것인지(일방관계설) 아니면 그 법인과 거래상대방의 어느 하나를 기준으로 특수관계를 따져 특수관계에 해당하면 특수관계에 있는 자로 인정할 것인지(쌍방관계설)에 대하여는 견해가 나뉠 수 있다.

판례의 입장을 보면, 과거에는 쌍방관계설의 입장을 취한 적도 있었으나,61) '대법원 2011. 7. 21. 선고 2008두150 전원합의체 판결'에서 특수관계인의 범위에 관한 위 규정은 창설적·제한적 규정이므로 조세법률주의의 원칙상 엄격하게 해석하여야 하고 유추해석이나 확장해석을 하여서는 아니 된다고 보아 일방관계설로 입장을 변경하였다.

이후 관련 규정이 개정되어 국세기본법, 법인세법 등에서는 쌍방관계설의 입장을 취하고 있다(국기법 제2조 제20호, 법법 제2조 제12호 등).

(2) 부당성

부당행위계산부인은 경제인의 입장에서 볼 때 부자연스럽고 불합리한 행위 또는 계산을 함으로 인하여 경제적 합리성을 무시하였다고 인정되는 경우에 한하여 적용된다. 경제적 합리성의 유무에 대한 판단은 당해 거래행위의 대가관계만을 따로 떼내어 단순히 특수관계인이 아닌 자와의 거래형태에서는 통상 행하여지지 아니하는 것이라 하여 바로 이에 해당되는 것으로 볼 것이 아니라, 거래행위의 제반 사정을 구체적으로 고려하여 과연 그 거래행위가 건전한 사회통념이나 상관행에 비추어 경제적 합리성을 결한 비정상적인 것인지의 여부에 따라 판단하여야 한다.62)

---

60) '특수관계인'이란 법인과 경제적 연관관계 또는 경영지배관계 등 대통령령으로 정하는 관계에 있는 자를 말한다(법법 제2조 제12호 및 동법 령 제2조 제8항).

61) 대법원 1991. 5. 28. 선고 88누7248 판결 등.

62) 대법원 2002. 9. 4. 선고 2001두7268 판결; 2003. 12. 12. 선고 2002두9995 판결; 2006. 1. 13. 선고 2003두13267 판결 등 참조.

(3) 조세부담의 감소

부당행위계산 부인 규정을 적용하려면, 부당행위계산에 의하여 실제로 조세부담이 감소하여야 한다.

(4) 조세회피의 목적 불요

부당하게 조세상의 이익을 얻을 의도, 즉 조세회피의 목적은 부당행위계산부인의 요건에 포함되지 아니한다고 보는 것이 판례의 입장이다.[63] 부당행위계산부인 규정은 조세공평주의의 파생원칙인 실질과세의 원칙 중 실질계산의 원칙을 구체적으로 실현하기 위한 개별규정이므로 조세회피의 목적을 요건의 하나로 포섭하지 않는 것이 타당하다.

다. 부인의 효과

(1) 시가에 따른 익금산입 또는 손금불산입

① 부인금액의 익금 산입 또는 손금 불산입

법인세법상 부당행위계산에 해당하는 경우에는 시가를 기준으로 각 사업연도 소득금액을 계산한다(법법 제52조 제1항 및 제2항). 구체적으로는 시가와의 차이를 익금산입하거나 손금불산입하여 해당 법인의 각 사업연도의 소득금액을 계산한다(법법 령 제89조 제5항 등).

② 시가의 개념

시가란 건전한 사회 통념 및 상거래 관행과 특수관계인이 아닌 자 간의 정상적인 거래에서 적용되거나 적용될 것으로 판단되는 가격[64]을 말한다(법법 제52조 제2항). 이러한 시가를 기준으로 자산을 평가함에 있어, 법인이 해당 거래와 유사한 상황에서 특수관계인 외의 불특정다수인과 계속적으로 거래한 가격 또는 특수관계인이 아닌 제3자 간에 일반적으로 거래된 가격이 있는 경우에는 그 가격에 따른다(법법 령 제89조 제1항 본문). 그러나 주권상장주식을 증권시장 외에서 거래하는 방법 또는 자본시장법에 따른 대량매매의 방법으로 거래한 경우 해당 주식

---

63) 대법원 1996. 7. 12. 선고 95누7260 판결; 2000. 2. 11. 선고 97누13184 판결; 2006. 11. 10. 선고 2006두125 판결 등 참조.

64) 요율·이자율·임대료 및 교환 비율과 그 밖에 이에 준하는 것을 포함한다(법법 제52조 제2항).

의 시가는 그 거래일의 거래소 최종시세가액으로 하고, 최대주주가 변경되거나 최대주주 등 간의 거래에서 주식의 보유비율이 100분의 1 이상 변동되어 사실상 경영권의 이전이 수반되는 경우에는 상증세법 제63조 제3항을 준용하여 100분의 20을 가산한다(법인세법 시행령 제89조 제1항 단서, 동법 시행규칙 제42조의6 및 상증세법 제63조 제3항). 한편 시가가 불분명한 경우에는 「감정평가 및 감정평가사에 관한 법률」에 따른 감정평가법인 등이 감정한 가액과[65] 상증세법의 자산평가방법에 관한 규정을 준용하여 평가한 가액을 차례로 적용하여 계산한 금액에 따른다(법법 령 제89조 제2항). 상증세법상 주식평가방법에 관한 상세한 내용은 '제4장 상속세 및 증여세법'에서 후술한다.

(2) 소득처분

부인금액은 익금산입 또는 손금불산입 시 배당·상여 기타 사외유출 등으로 사외유출되었다면 소득처분된다(법법 제67조). 물론 부인금액이 사내유보되어 있는 경우라면 법인세와 가산세만 부과된다.

(3) 부당행위계산부인과 거래의 사법상 효과

당해 거래의 사법상 효과는 부당행위계산부인의 적용과 무관하게 유지된다.

(4) 거래상대방의 대응조정

부당행위계산부인에 따라 시가에 의한 거래의 재구성이 있더라고 거래상대방에 의한 대응조정은 인정되지 아니한다.

라. 구체적인 유형(법법 령 제88조 제1항)

(1) 자산의 고가매입, 현물출자 자산의 과대평가 또는 그 자산의 과대상각
(2) 무수익자산의 매입 등 또는 그 자산에 대한 비용부담
(3) 자산을 무상 또는 시가보다 낮은 가액으로 양도하거나 현물출자한 경우
(4) 특수관계인인 법인 간 합병·분할에 있어서 불공정한 비율을 적용하여 양도손익을 감소시킨 경우

---

[65] 감정가액으로 평가할 수 있는 자산에서 주식 등 및 가상자산은 제외된다(법법 령 제89조 제2항 제1호 단서).

(5) 불량자산의 차환 또는 불량채권의 양수

(6) 출자자 등의 출연금을 대신 부담한 경우

(7) 금전 기타 자산 또는 용역을 무상 또는 저율로 대여하거나 제공한 경우

(8) 금전 기타 자산 또는 용역을 고율로 차용하거나 제공받은 경우

(9) 파생상품에 근거한 권리를 행사하지 아니하거나 그 행사기간을 조정하는
등의 방법으로 이익을 분여하는 경우

(10) 합병, 증자, 감자 등 자본거래로 인하여 주주 등인 법인이 특수관계자인
다른 주주 등에게 이익을 분여하는 경우

(11) 기타 이익분여로 인정되는 경우

[관련판례] 부당행위계산부인

1. 부당행위계산부인의 의미와 부당행위계산 해당 여부의 판단기준 – 대법원
2006. 5. 11. 선고 2004두7993 판결 * 파기환송
2. 업무무관 가지급금 지급이자 여부 및 부당행위계산부인 인정이자 여부 – 대
법원 2009. 5. 14. 선고 2006두11224 판결 * 파기환송
3. 부당행위계산 해당 여부의 판단시점과 소득처분할 금액의 산정기준 – 대법
원 2010. 5. 13. 선고 2007두14978 판결 * 파기환송

**1. 부당행위계산 부인의 의미와 부당행위계산 해당 여부의 판단기준 – 대법원 2006.
5. 11. 선고 2004두7993 판결 * 파기환송**

(1) 사실관계

원고는 청량음료 제조 및 판매를 목적으로 하는 법인으로서 판매량을 증대시키
기 위하여 전국적으로 다수의 영업지점을 설치하여 지점장 등을 파견하면서, 원고
의 사택보조금지급규정에 따라 1996년부터 2000년까지 무연고지에 파견된 직원에
대하여 사택보조금을 무상으로 대여하였다. 그런데 피고는 이 사건 사택보조금의
지급이 특수관계자에 대한 금전의 무상대여로서 부당행위계산부인의 대상으로 보
아 그 인정이자 상당액을 익금산입하고, 동시에 업무관련성도 없다고 판단하여 그
차입금의 지급이자 상당액을 손금불산입하여 해당 사업연도의 법인세를 부과하였다.

원고는 위 법인세 부과처분에 대하여 국세심판을 청구하였고, 국세심판원은 이
사건 사택보조금의 업무관련성을 인정하여 차입금의 지급이자 상당액을 손금으로

판단하였으나 인정이자 부분에 대해서는 원고의 청구를 기각하였다. 이어서 인정이자 부분에 대하여 원고가 제기한 조세소송에서, 서울행정법원은 엄격해석의 원칙 하에서 부당행위계산부인에서 제외되는 구 법인세법 시행령 제88조 제1항 제6호 나목66)의 요건을 구비하지 못하였고, 그 보조금 지급에 일부 경제적 합리성이 인정된다고 하더라고 부당행위계산부인의 대상에서 제외된다고 단정할 수 없다는 이유로 원고의 청구를 기각하였으나, 서울고등법원은 이 사건 사택보조금 대여행위는 위 부당행위계산부인의 제외사유에 해당하지 않으나 경제적 합리성이 있어 부당행위계산부인의 대상이 되지 않는다며 위 부과처분을 취소하였다.

〈쟁점〉
- 구 법인세법 제20조 및 법인세법 제52조에 정한 부당행위계산부인의 의미 및 그 판단 기준
- 청량음료 제조·판매회사가 무연고지에 근무하는 직원들에게 사택보조금을 지급한 행위가 부당행위계산부인의 대상인지 여부

(2) 판결내용

"구 법인세법(1998. 12. 28. 전문개정 전) 제20조 및 법인세법 제52조 소정의 부당행위계산 부인이란, 법인이 특수관계에 있는 자와의 거래에 있어 정상적인 경제인의 합리적인 방법에 의하지 아니하고 구법 시행령 제46조 제2항 각 호 및 법 시행령 제88조 제1항 각 호에 열거된 제반 거래형태를 빙자하여 남용함으로써 조세부담을 부당하게 회피하거나 경감시켰다고 하는 경우에, 과세권자가 이를 부인하고 법령에 정하는 방법에 의하여 객관적이고 타당하다고 보여지는 소득이 있는 것으로 의제하는 제도로서, 경제인의 입장에서 볼 때 부자연스럽고 불합리한 행위계산을 함으로 인하여 경제적 합리성을 무시하였다고 인정되는 경우에 한하여 적용되는 것이고, 경제적 합리성의 유무에 대한 판단은 당해 거래행위의 대가관계만을 따로 떼내어 단순히 특수관계자가 아닌 자와의 거래형태에서는 통상 행하여지지 아니하는 것이라 하여 바로 이에 해당되는 것으로 볼 것이 아니라, 거래행위의 제반 사정을 구체적으로 고려하여 과연 그 거래행위가 건전한 사회통념이나 상관행에 비추어 경제적 합리성을 결한 비정상적인 것인지의 여부에 따라 판단하여야 하는 것이다(대법원 1996. 7. 26. 선고 95누8751 판결 , 대법원 2001. 11. 27. 선고 99두10131 판결 등 참조)."

---

66) 현행 법인세법 시행령 제88조 제1항 제6호 나목에서는 제외 사유로 '주주 등이나 출연자가 아닌 임원(소액주주 등인 임원을 포함한다) 및 직원에게 사택(기획재정부령으로 정하는 임차사택을 포함한다)을 제공하는 경우'라고 정하고 있는데, 이 사건 납세의무 성립 당시에는 '기획재정부령으로 정하는 임차사택을 포함한다'라는 문구가 없었다.

"원고가 이 사건 지점장 등에게 사택보조금을 지급한 것은 부당행위계산부인의 적용대상에서 제외되는 사택의 제공에 갈음하여 행하여진 것으로서 그 실질에 있어서는 사택의 제공과 동일시할 수 있으므로, 이 사건 사택보조금의 지급이 건전한 사회통념이나 상관행에 비추어 경제적 합리성을 결한 비정상적인 거래라고 할 수는 없다."

2. 업무무관 가지급금 지급이자 여부 및 부당행위계산부인 인정이자 여부 – 대법원 2009. 5. 14. 선고 2006두11224 판결 * 파기환송

(1) 사실관계

원고는 광주시 소재의 강남컨트리클럽을 운영하는 법인이다. 원고는 1999년부터 2002년까지 금융기관으로부터 523억 원을 대출하고 그 이자로 매년 21억 7,000만 원을 지급하면서도, 1999. 9. 8.부터 2002. 10. 25까지 160억 원을 국민은행, 제주은행, 한미은행에 정기예금으로 예치한 다음 그 반환채권 중 155억 원에 대하여 질권을 설정하는 방법으로 담보로 제공하고 특수관계자인 B건설주식회사와 C산업개발 주식회사가 155억 원을 대출받도록 하였다.

피고는 원고가 위 정기예금 반환채권을 담보로 제공하여 소외회사들이 위 은행들로부터 대출받도록 한 것은 특수관계자에게 업무와 관련 없이 자금을 대여한 것이라고 보아 지급이자 합계 8억 원을 손금불산입하는 한편, 법인세법의 부당행위계산부인 규정을 적용하여 정기예금반환채권액의 인정이자 합계 7억 원을 익금산입하여 2003. 12. 16. 원고에게 법인세를 부과하였다.

〈쟁점〉
- 정기예금을 담보로 특수관계회사가 대출받게 한 것을 우회적 대여로 보아 그 담보제공액을 업무무관 가지급금으로 보아 지급이자를 손금불산입하는 것이 정당한지 여부
- 정기예금을 담보로 특수관계회사가 대출받게 한 것에 부당행위계산부인 규정을 적용하여 정기예금채권반환액의 인정이자를 익금산입할 수 있는지 여부

(2) 판결내용

"법인세법 제28조 제1항제4호 (나)목, 구 법인세법 시행령(2008. 2. 29. 개정 전) 제53조 제1항에서 규정한 '업무와 관련 없이 지급한 가지급금 등'에는 순수한

의미의 대여금은 물론 채권의 성질상 대여금에 준하는 것도 포함되고, 적정한 이자율에 의하여 이자를 받으면서 가지급금을 제공한 경우도 포함된다고 할 것이며, 이 때 가지급금의 업무관련성 여부는 당해 법인의 목적사업이나 영업내용 등을 기준으로 객관적으로 판단하여야 한다(대법원 2008. 9. 25. 선고 2006두15530 판결 등 참조).

원칙적으로 업무무관 가지급금은 직접 대여한 경우를 말하고 나아가 성질상 대여금에 준하는 경우도 포함된다 할 것인데, 원고의 정기예금 예치와 국민은행 등의 소외회사들에 대한 대출은 별개의 법률행위로서, 비록 원고가 국민은행 등에 대한 정기예금을 담보로 제공하였다고 하더라도 이를 소외회사들에 대한 직접적인 대여행위로 볼 수는 없고, 이는 원고가 정기예금을 담보로 제공함으로써 소외회사들이 대출받는 편익을 누렸더라도 마찬가지라 할 것이다(대법원 2006. 5. 25. 선고 2004두13660 판결 참조)."

"원심은, 그 판시와 같이 원고가 1999 내지 2002 사업연도에 자본잠식 및 결손상태에 있었으면서도 국민은행 등에게 이 사건 각 정기예금을 예치함과 동시에 담보로 제공하였고, 원고와 특수관계자인 소외회사들은 위 각 정기예금 예치 후 곧바로 이를 담보로 국민은행 등으로부터 담보제공액과 동일한 금액을 각 대출받은 사실 등을 인정한 다음, 원고가 국민은행 등에게 이 사건 각 정기예금을 예치함과 동시에 담보로 제공한 것은 실질적으로 소외회사들에 대한 자금 대출을 가능하게 하는 데 있었던 것으로 보이는 점, 원고는 소외회사들이 위 대출금을 모두 상환할 때까지 그 유동성을 전혀 행사하지 못하였을 뿐만 아니라 소외회사들의 채무불이행 시 위 각 정기예금을 모두 상실하게 될 경제적 위험을 감수하였던 점 등을 종합하면, 원고가 이 사건 각 정기예금을 특수관계자인 소외회사들의 대출금에 대한 담보로 제공한 것은 경제적 합리성을 무시한 비정상적인 거래로서 구 법인세법 시행령(2007. 2. 28. 개정 전) 제88조 제1항 제9호 소정의 '이익 분여'에 해당한다."

3. 부당행위계산 해당 여부의 판단시점과 소득처분할 금액의 산정기준 – 대법원 2010. 5. 13. 선고 2007두14978 판결 * 파기환송

(1) 사실관계

원고는 연구소 건립을 위하여 1994. 11. 원고의 대표이사가 소유하고 있는 토지에 관하여 사용 승낙을 받은 뒤 원고의 비용으로 연구소 건립 등에 필요한 보전임지전용허가와 농지전용허가를 받고 1995. 8. 25. 이 사건 토지를 매수하는 계약을 체결하였다. 이 계약에서 매매대금은 원고가 부지조성공사를 마친 후 감정평가를 거쳐 결정되는 금액으로 할 것을 약정하였는데, 계약체결 당시 주변의 개발붐으로 인하여 지가가 급등하고 있었다. 이 계약에 따라 원고는 6억 6,000만 원을 투입하여 부지조성공사를 1996년 완료하고 이 사건 토지를 모두 대지로 변경한 후 감정평가법인의 감정평가에 따라 그 가액을 87억 원으로 정하였고(1평방미터당 50만 원), 같은 해 6. 5. 경 대금청산과 소유권이전등기를 모두 마쳤다.

피고는 이 사건 토지의 적정시가를 매매계약체결 시점을 기준으로 그 공부상의 지목에 따라 대지·전·답·임야로 각 구별하여 평가한 뒤 그 합계액을 산정하고(20억 원), 원고가 그 대표이사로부터 이 사건 토지를 87억 원에 매입한 것은 특수관계자로부터 자산을 고가로 매입한 것이라고 보고 그 차액을 익금에 산입하였다.

〈쟁점〉
- 구 법인세법 제20조에서 정한 부당행위계산 부인의 의미와 그 요건으로서 '경제적 합리성' 유무의 판단 기준
- 법인의 대표이사가 자기 소유의 토지에 대하여 법인 비용을 들여 보전임지 전용허가와 농지전용허가를 받은 후 법인과 그 토지에 관한 매매계약을 체결하고, 그 매매대금을 법인비용을 들여 조성한 대지의 현황을 기준으로 산정한 행위가 구 법인세법 제20조, 구 법인세법 시행령 제46조 제2항 제4호에서 정한 부당행위계산부인대상에 해당하는지 여부
- 고가매입으로 인한 부당행위계산부인의 경우, 토지 등의 취득이 부당행위계산에 해당하는지 여부의 기준시기(=거래 당시) 및 그 익금에 산입하여 소득처분할 금액산정의 기준시기(=취득시기)

(2) 판결내용

"구 법인세법(1998. 12. 28. 전문개정 전) 제20조에 정한 부당행위계산 부인이란 법인이 특수관계에 있는 자와의 거래에 있어 정상적인 경제인의 합리적인 방법에 의하지 아니하고 구 법인세법 시행령(1998. 5. 16. 개정 전) 제46조 제2항 각 호에 열거된 여러 거래형태를 빙자하여 남용함으로써 조세부담을 부당하게 회피하거나 경감시켰다고 하는 경우에 과세권자가 이를 부인하고 법령에 정하는 방법에 의하여 객관적이고 타당하다고 보이는 소득이 있는 것으로 의제하는 제도로서, 경제인의 입장에서 볼 때 부자연스럽고 불합리한 행위계산을 함으로 인하여 경제적 합리성을 무시하였다고 인정되는 경우에 한하여 적용되는 것이고, 경제적 합리성의 유무에 대한 판단은 거래행위의 여러 사정을 구체적으로 고려하여 과연 그 거래행위가 건전한 사회통념이나 상관행에 비추어 경제적 합리성을 결한 비정상적인 것인지의 여부에 따라 판단하되, 비특수관계자 간의 거래가격, 거래 당시의 특별한 사정 등도 고려하여야 한다(대법원 1996. 7. 26. 선고 95누8751 판결, 대

법원 2007. 12. 13. 선고 2005두14257 판결 등 참조).”

“이 사건 매매계약 당시 원고에게 연구소 건립을 위하여 반드시 이 사건 토지를 사용하지 않으면 안되는 부득이한 사정이 있었다고는 보이지 않는 점, 원고는 지목이 전·답 등인 토지를 매수하여 대지로 조성하는 경우 그 시가가 급격히 상승하리라는 것을 잘 알고 있었던 점 등을 종합하여 보면, 소외 1이 개인 소유의 이 사건 토지에 대하여 원고 비용을 들여 보전임지전용허가와 농지전용허가를 받은 후 이 사건 매매계약을 체결하고 그 매매대금 역시 원고 비용을 들여 이 사건 토지를 대지로 조성한 후 그 변경된 현황을 기준으로 산정한 행위는 상법상 이사의 충실의무에 위배된 행위이고, 이 사건 매매계약은 시가를 초과하여 원고의 노력과 비용으로 이루어진 지가상승분까지 대표이사 개인에게 귀속시킨 것으로서 경제적 합리성이 결여된 비정상적인 행위이므로 구 법인세법 제20조, 구 법인세법 시행령 제46조 제2항 제4호 소정의 부당행위계산 부인대상에 해당한다”.

“구 법인세법 제20조, 구 법인세법 시행령 제46조 제2항 제4호는 ‘출자자 등으로부터 자산을 시가를 초과하여 매입한 때’를 조세의 부담을 부당히 감소시킨 것으로 인정되는 경우의 하나로 들고 있고, 구 법인세법 제32조 제5항, 구 법인세법 시행령 제94조의2 제1항 제1호는 ‘법인세의 과세표준을 결정 또는 경정함에 있어 익금에 산입한 금액이 사외에 유출된 것이 분명한 경우에는 그 귀속자에 따라 이익처분에 의한 상여·배당·기타소득·기타 사외유출로 한다’고 규정하고 있다.

위 각 규정과 부당행위계산 부인 제도의 취지, 저가양도로 인한 부당행위계산 부인에 있어 매매계약체결시기와 양도시기가 다른 경우 토지 등의 양도가 부당행위계산에 해당하는지 여부는 그 대금을 확정 짓는 거래 당시를 기준으로 판단하는 반면, 그 토지의 양도차익을 계산함에 있어서는 양도가액을 양도시기를 기준으로 산정하고 이는 그 선택의 이유와 기준을 달리하므로 양자가 기준시기를 달리 본다고 하여 불합리한 것은 아닌 점(대법원 1989. 6. 13. 선고 88누5273 판결, 대법원 1999. 1. 29. 선고 97누15821 판결 참조), 이러한 기준시기의 구별은 고가매입의 경우의 세무회계 처리방법, 소득처분의 시기와 방법에 비추어 동일하게 적용될 수 있는 점 등을 종합하면, 고가매입으로 인한 부당행위계산 부인의 경우에도 토지 등의 취득이 부당행위계산에 해당하는지 여부 결정의 기준시기는 거래 당시인 반면, 그 익금에 산입하여 소득처분할 금액 산정의 기준시기는 특별한 사정이 없는 한 그 취득시기로 봄이 상당하다.”

“그럼에도 원심은 이와 달리 이 사건 매매계약을 고가매입으로 보아 부당행위계산 부인한 후 그 익금에 산입하여 소득처분할 금액을 산정함에 있어서도 그 기준시기를 부당행위계산 여부 결정시기와 동일한 이 사건 매매계약체결일이 되어야 한다는 전제 아래, 이 사건 토지의 취득시기인 1996. 6. 5. 당시 지목이 전·답인 상태에서의 시가 23억 원이 아닌 매매계약체결일인 1995. 8. 25. 당시 전·답인 상태에서의 시가 19억 원을 상회하는 20억 원과 이 사건 매매대금과의 차액을 익금에 산입하여 소득처분한 피고의 처분이 적법하다고 판단하고 말았으니, 이러한 원심 판단에는 부당행위계산 부인에 따라 익금에 산입하여 소득처분할 금액 산정의 기준시기에 관한 법리를 오해하여 판결에 영향을 미친 위법이 있고, 이 점을 지적하는 상고이유의 주장은 이유 있다."

6. 소득처분과 소득금액변동통지[67]

가. 개요

법인세법 제67조는 납세의무자가 법인세의 과세표준을 신고하거나 과세관청이 과세표준을 결정 또는 경정함에 있어서 '익금에 산입한 금액'은 그 귀속자에 따라 상여·배당·기타 사외유출·사내유보 등 대통령령이 정하는 바에 따라 처분하도록 규정하고 있다. 여기에서 '익금에 산입한 금액'에는 소득금액을 늘리는 '손금에 불산입한 금액'도 포함된다.

익금에 산입한 금액이 사내에 머물러 있다면 법인세를 추징하고 가산세를 부과하는 것으로 그치겠지만, 그 금액이 사외로 유출된 경우라면 해당 법인 또는 그 귀속자에 대한 추가적인 과세가 문제된다. 다만, 사외유출이 있었더라도 ① 수정신고기한 내에 ② 자발적인 노력에 의하여 사내로 환원된 경우라면 사외유출로 보지 아니한다(법법 령 제106조 제4항 참조).

나. 법령규정의 내용

(1) 법인세법 규정

법인세법은 각 사업연도의 소득에 대한 법인세의 과세표준을 신고하거나 법인세의 과세표준을 결정 또는 경정할 때 익금에 산입한 금액은 그 귀속자 등에게 상여, 배당, 기타 사외유출, 사내유보 등으로 처분하도록 규정하고 있다(법법 제67조).

---

[67] 제9회 변호사시험(2문)에서 '소득처분에 관한 규정 및 법리와 소득금액변동통지의 처분성'에 관한 문제가 출제된 바 있다.

(2) 법인세법 시행령 규정

법인세법 시행령은 익금에 산입한 금액이 사외유출된 경우에는 그 금액이 누구에게 귀속되었는지에 따라 각각 배당, 상여, 기타 사외유출, 기타소득 등으로 처분하도록 규정하고 있다(법법 령 제106조 제1항 제1호 및 제2호).

① 배당: 귀속자가 주주 등(임원 또는 사용인인 주주 등 제외)인 경우에는 그 귀속자에 대한 배당

② 상여: 귀속자가 임원 또는 사용인인 경우에는 그 귀속자에 대한 상여[68][69]

③ 기타 사외유출: 귀속자가 법인이거나 사업을 영위하는 개인인 경우에는 기타 사외유출. 이 경우에는 그 분여된 이익이 각 사업연도의 소득이나 사업소득을 구성하는 경우에 한하고, 다른 경우와 달리 원천징수의 대상은 아니다.

④ 기타소득: 귀속자가 ①에서 ③까지 외의 자인 경우에는 그 귀속자에 대한 기타소득

⑤ 대표자 인정상여: 익금에 산입한 금액이 사외로 유출되었지만 귀속이 불

---

[68] 상여로 소득처분 되는 경우를 보면, 상여로 처분된 금액은 귀속된 임직원에게는 근로소득이 되고(소법 제20조 제1항), 회사는 근로소득세 원천징수의무를 지게 되며(소법 제26조 및 동법 령 제127조), 회사는 그 임직원에 대하여 구상권을 가진다. 이 경우 회사가 구상권을 행사함에 있어 원천징수세액을 납부한 사실뿐만 아니라 원천납세의무의 존부 및 범위에 관한 증명책임을 지는지 여부가 문제될 수 있는데, 대법원은 "원천징수의무자가 구상권을 행사할 때에는 국가에 원천징수세액을 납부한 사실뿐만 아니라 원천납세의무자의 납세의무가 존재한 사실까지 증명하여야 하는 것이 원칙이므로, 과세관청의 상여 소득처분 및 소득금액변동통지에 따라 원천징수세액을 납부한 법인이 구상권을 행사하고자 하는 경우에도 마찬가지로 원천징수세액을 납부한 사실뿐만 아니라 원천납세의무자의 납세의무가 존재한 사실을 증명할 책임이 있다"라고 판시한 바 있다, 대법원 2016. 6. 9. 선고 2014다82491 판결. 원천납세의무자의 입장에서는 과세관청이나 원천징수의무자나 모두 법률에 따라 조세의 징수권을 부여받은 '징수기관'이란 점에 있어서 차이가 없으므로 원천징수의무자가 원천납세의무자에게 구상금을 청구하는 경우에는 원천징수의무자가 과세요건 사실에 대한 증명책임을 진다는 것을 확인한 판결이다, 최원, "43. 원천징수의무자의 원천납세의무자에 대한 구상권과 증명책임", 조세판례100선 3, 한국세법학회, 2024, 281면 참조. 그러나 대표자 인정상여의 경우에는 후술하는 바와 같이 증명책임이 전환되어, 대표자가 인정상여로 처분된 소득금액이 자신에게 귀속되지 않았을 뿐만 아니라 귀속자가 따로 있음을 밝히는 방법으로 그 귀속이 분명하다는 것을 증명하여야 한다, 대법원 2008. 9. 18. 선고 2006다49789 전원합의체 판결.

[69] 한편 법인세법은 제26조에서 과다하거나 부당하다고 인정되는 금액에 대하여 내국법인의 각 사업연도의 소득금액을 계산할 때 손금에 산입하지 않도록 규정하고, 동조 제1호에서 인건비를 규정하고 있다. 그리고 그 위임에 따른 법인세법 시행령 제43조는 임직원에 대하여 이익처분에 의하여 지급하는 상여금 등을 손금에 산입하지 않도록 규정하고 있다.

분명한 경우에는 대표자에게 귀속된 것으로 본다.

⑥ 사내유보: 익금에 산입한 금액이 사외로 유출되지 아니한 경우에는 사내
유보로 한다.

(3) 그 밖의 '기타 사외유출'로 처분하는 경우

특례기부금과 일반기부금 한도초과액, 기업업무추진비 한도초과액, 일정한
지급이자의 손금불산입액, 임대보증금 등의 간주익금산입액, 대표자에 대한 인정
상여처분으로 대납한 미회수 소득세, 특정한 유형의 부당행위계산부인액(법법 령
제88조 제1항 제8호 및 제8호의2)으로서 귀속자에게 증여세가 과세되는 금액 등은
기타 사외유출로 처분한다(법법 령 제106조 제1항 제3호).

(4) 추계 시의 소득처분

추계에 의하여 결정된 과세표준과 대차대조표상 당기순이익의 차액(법인세 상
당액을 공제하지 아니한 금액)은 대표자에 대한 상여로 이익처분한다(법법 령 제106조
제2항).

다. 증명책임

(1) 사내유보에 대한 증명

법인이 매출사실이 있음에도 불구하고 그 매출액을 장부에 기재하지 아니한
경우에는 특별한 사정이 없는 한 매출누락액 전액이 사외로 유출된 것으로 보아
야 하고, 이 경우 그 매출누락액이 사외로 유출된 것이 아니라고 볼 특별한 사정
은 이를 주장하는 법인이 증명하여야 한다.[70] '일응의 추정' 법리가 적용되는 경
우라고 할 것인데, '일응의 추정'이란 과세관청이 주장하는 당해 처분의 적법성이
합리적으로 수긍할 수 있을 정도로 '일응 증명'된 경우에는 그 처분은 정당하다고
보고 이와 상반되는 주장과 증명의 책임이 상대방인 원고에게 전환된다는 법리를
말한다.[71]

---

[70] 대법원 1986. 9. 9. 선고 85누556 판결; 1999. 5. 25. 선고 97누19151 판결; 2002. 1. 11. 선고
2000두3726 판결 등.
[71] 대법원 1984. 7. 24. 선고 84누124 판결 참조.

(2) 귀속이 불분명한 경우의 증명책임

귀속이 불분명한 경우의 대표자 인정상여와 관련한 증명책임은 이를 주장하는 대표자에게 있다.[72] 이 경우 대표자가 과세를 면하려면 본인에게 귀속되지 아니하였다는 사실이 아니라 다른 특정한 자에게 귀속되었다는 사실을 증명하여야 한다.

라. 소득금액변동통지와 납세의무 성립시기 등

소득처분에 따른 소득금액변동통지에는 두 가지가 있다. 하나는 원천징수의무자인 법인에 대한 소득금액변동통지이고, 다른 하나는 원천징수대상자인 소득의 귀속자에 대한 소득금액변동통지이다.

(1) 원천징수의무자에 대한 소득금액변동통지

과세관청이 법인세법 제67조에 따라 소득처분을 하는 경우에는 그 소득처분에 따라 법인소득금액을 결정 또는 경정한 날로부터 15일 내에 법인에게 소득금액변동통지를 하여야 한다(소법 령 제192조 제1항). 법인은 소득금액변동통지에 의하여 그 통지를 받은 때에 소득이 지급된 것으로 보아 원천징수의무가 발생한다.

(2) 원천징수대상자에 대한 소득금액변동통지

과세관청이 소득세법 시행령 제192조 제1항에 따라 법인에게 소득금액변동통지를 한 경우에는 그 통지하였다는 사실을 소득의 귀속자에게 알려야 한다(소법 령 제192조 제4항). 다만, 소득 귀속자의 종합소득세 납세의무는 소득금액변동통지와는 관계 없이 당해 소득이 귀속된 과세기간이 종료하는 때에 성립한다.[73] 이와 관련하여 소득세법은 소득의 귀속자가 해당 법인이 소득금액변동통지를 받은 날이 속하는 달의 다음다음 달 말일까지 추가신고납부를 하면 가산세를 면제하는 규정을 두고 있다(소법 령 제134조 제1항).

---

72) 대법원 1991. 12. 10. 선고 91누5303 판결.
73) 대법원 2006. 7. 13. 선고 2004두4604 판결; 2006. 7. 27. 선고 2004두9944 판결 등.

마. 소득금액변동통지의 처분성

(1) 법인에 대한 소득금액변동통지

① 법인의 경우

법인에 대한 소득금액변동통지는 원천징수의무자의 권리 또는 지위에 영향을 미치므로, 항고소송의 대상이 되는 처분에 해당한다.[74] 한편 과세관청의 소득처분과 그에 따른 소득금액변동통지가 있는 경우, 후행처분인 원천징수의무자에 대한 납부고지는 징수처분에 불과하여 처분성이 없으므로 항고소송의 대상이 되지 아니한다.[75]

② 개인의 경우

원천징수의무자에 대한 소득금액변동통지는 원천납세의무의 존부나 범위와 같은 원천징수대상자의 권리나 지위에 어떠한 영향을 준다고 할 수 없다. 그러므로 소득처분에 따른 소득의 귀속자는 법인의 소득금액변동통지의 취소를 구할 법률상 이익이 없다.[76]

(2) 소득의 귀속자에 대한 소득금액변동통지

① 소득 귀속자의 경우

소득세법 시행령 제192조 제4항에 따른 소득의 귀속자에 대한 소득금액변동통지는 원천징수대상자인 소득의 귀속자에 대한 법률상 지위에 직접적인 변동을 가져오는 것이 아니므로 그 자체가 항고소송의 대상이 되는 행정처분에 해당하지 않는다.[77]

---

74) "과세관청의 소득처분과 그에 따른 소득금액변동통지가 있는 경우 원천징수의무자인 법인은 소득금액변동통지서를 받은 날에 그 통지서에 기재된 소득의 귀속자에게 당해 소득금액을 지급한 것으로 의제되어 그 때 원천징수하는 소득세의 납세의무가 성립함과 동시에 확정되고, 원천징수의무자인 법인으로서는 소득금액변동통지서에 기재된 소득처분의 내용에 따라 원천징수세액을 그 다음달 10일까지 관할 세무서장 등에게 납부하여야 할 의무를 부담하며, 만일 이를 이행하지 아니하는 경우에는 가산세의 제재를 받게 됨은 물론이고 형사처벌까지 받도록 규정되어 있는 점에 비추어 보면, 소득금액변동통지는 원천징수의무자인 법인의 납세의무에 직접 영향을 미치는 과세관청의 행위로서, 항고소송의 대상이 되는 조세행정처분이라고 봄이 상당하다", 대법원 2006. 4. 20. 선고 2002두1878 전원합의체 판결.
75) 대법원 2012. 1. 26. 선고 2009두14439 판결.
76) 대법원 2015. 3. 26. 선고 2013두9267 판결; 2013. 4. 26. 선고 2012두27954 판결 등.
77) 대법원 2014. 7. 24. 선고 2011두14227 판결.

한편 소득세법 시행령 제192조 제4항에 따른 소득의 귀속자에 대한 소득금액변동통지는 동법 시행령 제134조 제1항에 의거하여 소득의 귀속자에게 종합소득 과세표준의 추가신고납부의 기회를 주기 위한 것으로서, 원천납세의무에 따른 신고납부기한과 이를 전제로 한 가산세의 존부나 범위를 결정하는 요건이 되기 때문에, 그러한 통지가 없거나 적법하지 아니한 경우에는 소득의 귀속자는 과세처분취소소송 등에서 그 절차상의 하자를 주장할 수 있다.[78]

② **법인의 경우**

전술한 바와 같이 소득 귀속자에 대한 소득금액변동통지는 그 자체가 처분성이 없을 뿐만 아니라, 법인은 소득 귀속자에 대한 소득금액변동통지를 다툴 법률상 이익이 없다.

바. 사외유출을 회수하는 경우와 수정신고

(1) 법인세법 시행령 제106조 제4항 본문

내국법인이 국세기본법 제45조의 수정신고기한 내에 매출누락, 가공경비 등 부당하게 사외유출된 금액을 회수하고 세무조정으로 익금에 산입하여 신고하는 경우의 소득처분은 이를 사내유보로 취급한다. 이 경우 해당 법인은 국세기본법 제48조 제2항에 따라 가산세를 감면받을 수 있다.

(2) 법인세법 시행령 제106조 제4항 단서

다음의 어느 하나에 해당하는 경우로서, 과세관청, 수사기관 등의 움직임으로 경정이 있을 것을 미리 알고 사외유출된 금액을 익금산입하는 경우에는 사내유보에 해당하지 아니한다.

① 세무조사의 통지를 받은 경우
② 세무조사가 착수된 것을 알게 된 경우
③ 세무공무원이 과세자료의 수집 또는 민원 등을 처리하기 위하여 현지출장이나 확인업무에 착수한 경우
④ 납세지 관할세무서장으로부터 과세자료 해명 통지를 받은 경우
⑤ 수사기관의 수사 또는 재판 과정에서 사외유출 사실이 확인된 경우

---

78) 대법원 2015. 1. 29. 선고 2013두4118 판결.

⑥ 그 밖에 ①부터 ⑤까지의 규정에 따른 사항과 유사한 경우로서 경정이 있을 것을 미리 안 것으로 인정되는 경우

[관련판례] 소득처분과 소득금액변동통지

1. 횡령에 따른 대표자 인정상여의 해당 여부 – 대법원 2008. 11. 13. 선고 2007두23323 판결 * 파기환송
2. 횡령에 따른 대표자 인정상여와 증명책임 – 대법원 2008. 9. 18. 선고 2006다49789 전원합의체 판결 * 파기환송

1. 횡령에 따른 대표자 인정상여의 해당 여부 – 대법원 2008. 11. 13. 선고 2007두23323 판결 * 파기환송

(1) 사실관계

A회사의 대주주였던 갑은 2001. 7. 13. 을에게 자신이 소유하고 있는 A회사 주식 5,450,320주(발행주식총수의 54.8%)를 대금 270여억 원에 양도하는 계약을 체결하였는데, 위 계약의 양수인 명의는 을의 하수인인 병으로 하였다. 을은 약정기일까지 위 주식양수대금 일부를 마련하지 못하게 되자 2001. 8. 21. B회사로부터 액면금 84억 원의 당좌수표 1매를 빌려 갑에게 교부하고, 다음날 A회사의 임시주주총회를 열어 대표이사를 병으로 교체한 후 병으로 하여금 A회사의 예금계좌에서 84억 원을 인출하여 B회사에 입금하게 하여 위 당좌수표가 결제되게 하는 방법으로 주식양수대금을 지급하였다. 을은 2002. 3. 경 구속되자 같은 달 22. 병에게 명의신탁되어 있던 A회사의 주식을 정에게 양도하였고, 정은 같은 날 A회사의 대표이사에 취임하여 2003. 4. 3. 해임되기까지 사이에 A회사의 융통어음을 남발하는 방법으로 213여억 원을 횡령하였다.

이에 과세관청(피고)은 을과 정의 횡령액을 익금산입하고 상여처분하여 2005. 7. 6. 원고(A회사에 대한 정리절차가 개시된 후의 관리인)에게 2003사업연도 법인세 2억 3,500만 원의 부과처분 및 2001년 귀속소득 84억 원, 2002년 귀속소득 231여억 원의 각 소득금액변동통지를 하였다.

〈쟁점〉
– 법인의 실질적 경영자인 대표이사 등이 법인의 자금을 유용한 행위가 자금에 대한 지출 자체로서 자산의 사외유출에 해당하는지 여부

   – 그에 해당한다고 볼 수 없는 특별한 사정의 판단방법과 증명책임

(2) 판결내용

   "법인의 실질적 경영자인 대표이사 등이 법인의 자금을 유용하는 행위는 특별한 사정이 없는 한 애당초 회수를 전제로 하여 이루어진 것이 아니어서 그 금액에 대한 지출 자체로서 이미 사외유출에 해당한다고 할 것이다(대법원 1999. 12. 24. 선고 98두7350 판결, 2001. 9. 14. 선고 99두3324 판결 등 참조). 여기서 그 유용 당시부터 회수를 전제하지 않은 것으로 볼 수 없는 특별한 사정에 대하여는 횡령의 주체인 대표이사 등의 법인 내에서의 실질적인 지위 및 법인에 대한 지배 정도, 횡령행위에 이르게 된 경위 및 횡령 이후의 법인의 조치 등을 통하여 그 대표이사 등의 의사를 법인의 의사와 동일시하거나 대표이사 등과 법인의 경제적 이해관계가 사실상 일치하는 것으로 보기 어려운 경우인지 여부 등 제반 사정을 종합하여 개별적·구체적으로 판단하여야 하며, 이러한 특별한 사정은 이를 주장하는 법인이 입증하여야 한다."

   "비록 소외 1, 소외 3이 각각 순차로 소외회사 발행주식의 54.8%, 23.48%를 보유한 대주주이자 대표이사 또는 실질적 경영자에 해당한다고 하더라도 소외회사는 코스닥 상장법인으로서 소액주주 등 나머지 주주들이 45%(소외 3이 대표이사이었을 경우에는 76.5%) 상당의 주식을 보유하고 있었고, 또한 소외 1이 2001. 7. 13. 위 주식양수계약을 체결하고 그 대금을 지급하기도 전인 같은 해 8. 22. 소외회사의 자산 84억 원을 횡령하고, 그로부터 6개월 후인 2002년 3월 경 소외 1로부터 소외회사의 주식 및 경영권을 인수한 소외 3 역시 2003. 4. 3.에 소외회사의 대표이사에서 해임되기까지 약 1년여에 걸쳐 소외회사의 자산 213억여 원 상당을 횡령함으로써 2003년 3월경 소외회사를 부도에 이르게 하였으며, 2003. 3. 3.경 이러한 횡령사실을 알게 된 소외회사의 임직원 등이 소외 3을 형사고소하고, 소외회사의 도산으로 회사정리절차가 개시된 후인 2003. 7. 21.경 정리회사의 관리인인 원고가 소외 3을 상대로 위 횡령 등 불법행위로 인한 손해배상청구소송을 제기하여 2003. 10. 16. 원고 승소판결을 선고받아 확정되었으며, 같은 달 29. 개최된 임시주주총회에서 소외 3을 대표이사에서 해임하였고, 2004. 10. 13. 원고가 소외 1에 대하여 손해배상청구소송을 제기하여 2006. 2. 7. 원고 승소판결을 선고받아 확정되었음을 알 수 있다.

   이와 같이 소외 1, 소외 3이 일련의 횡령행위에 이르게 된 경위, 소액주주 등이 45%(또는 76.5%) 이상이나 되는 코스닥 상장법인인 소외회사에 있어서 소외 1이나 소외 3의 의사를 소외회사의 의사와 동일시하거나 소외회사와 소외 1, 소외 3의 경제적 이해관계가 사실상 일치하는 것으로 보기는 어려운 점, 소외회사가 소외 1, 소

외 3의 횡령을 묵인하였다거나 추인하였다고 볼 사정이 없고, 소외회사가 그 횡령 사실을 알게 된 직후부터 소외 3등에 대한 권리행사에 착수하여 소외 1, 소외 3에 대한 위 횡령으로 인한 손해배상채권을 확보하고 있는 점 등 횡령 전후의 여러 사정을 앞서 본 법리에 비추어 볼 때, 위 횡령 당시 곧바로 회수를 전제로 하지 않은 것으로서 횡령금 상당액의 자산이 사외유출되었다고 보기는 어렵다고 보여진다.”

2. 횡령에 따른 대표자 인정상여와 증명책임 – 대법원 2008. 9. 18. 선고 2006다 49789 전원합의체 판결 * 파기환송

(1) 사실관계

원고는 인터넷무인발급 서비스, 자동증명서발급기 등의 컴퓨터시스템을 제작, 판매하는 회사이고, 피고는 원고의 전직 대표이사이다. 과세관청은 원고에 대한 법인세와 귀속소득에 대한 세무조사를 실시하였는바, 원고가 업무와 무관한 통신비, 증빙자료 없는 복리후생비, 접대비(현행 기업업무추진비), 여비, 교통비, 기타 제경비 등을 사외유출시켰다고 보았고, 그 귀속이 불분명하다는 이유로 당시 원고의 대표이사이던 피고에 대한 상여로 인정하여 원천징수의무자인 원고에 대하여 소득금액변동통지를 하였다. 이에 따라 원고는 피고에 대한 소득세를 납부하고 피고에게 그 구상금을 청구하였다.

〈쟁점〉
- 법인세법상 대표자 인정상여제도의 취지와 그에 따른 대표자의 근로소득세 납부의무
- 원천징수제도에서의 구상권에 관한 법리가 법인세법상의 대표자 인정상여에도 그대로 적용되는지 여부
- 원천징수의무자인 법인이 대표자에게 상여처분된 소득금액에 관하여 납부한 갑종근로소득세액 상당을 구상하는 경우, 대표자가 이를 거절하기 위하여 증명하여야 할 내용

(2) 판결내용

“법인세법 제67조, 법인세법 시행령 제106조 제1항 제1호 단서는 “법인세의 과세표준을 결정 또는 경정함에 있어서 익금에 산입한 금액 중 사외유출된 것이 분명하나 귀속이 불분명한 금액은 대표자에게 귀속된 것으로 본다”는 취지로 규정하고 있는바, 이와 같은 법인세법상의 대표자 인정상여제도는 그 대표자에게 그러한

소득이 발생한 사실에 바탕을 두는 것이 아니라 세법상의 부당행위를 방지하기 위하여 그러한 행위로 인정될 수 있는 일정한 사실에 대하여 그 실질에 관계없이 무조건 대표자에 대한 상여로 간주하도록 하는 데 그 취지가 있는 것이므로(대법원 1992. 7. 14. 선고 92누3120 판결 참조), 이 경우 대표자는 위 익금산입액의 귀속이 분명하다는 점을 증명하지 못하는 한 그 금원이 현실적으로 자신에게 귀속되었는지 여부에 관계없이 갑종근로소득세를 납부할 의무가 있다고 할 것이다."

"원천징수제도는 원천납세의무자(원천징수대상자)가 실체법적으로 부담하고 있는 원천납세의무의 이행이 원천징수라는 절차를 통하여 간접적으로 실현되는 제도로서 원천징수세액의 납부로 인하여 원천납세의무자(원천징수대상자)는 국가에 대한 관계에서 당해 납세의무를 면하게 되므로, 원천징수의무자가 원천납세의무자(원천징수대상자)로부터 원천징수세액을 원천징수함이 없이 이를 국가에 납부한 경우에는 원천납세의무자(원천징수대상자)에 대하여 구상권을 행사할 수 있고, 이와 같은 구상권에 관한 법리는 대표자 인정상여의 경우에도 그대로 적용되어야 할 것이다. 이와 달리 대표자 인정상여에 있어서 법인이 원천징수의무를 이행하였음에도 그 익금산입액의 귀속이 불분명하다는 사유만으로 법인의 대표자에 대한 구상권 행사를 부정한다면, 이는 사실상 원천납세의무는 없고 원천징수의무만 있게 되어 원천징수제도의 기본 법리에 어긋나는 부당한 결과에 이르게 된다."

"따라서 대표자는 익금산입액의 귀속이 불분명하다는 사유로 상여처분된 소득금액에 대하여는 특별한 사정이 없는 한 그 금액이 현실적으로 자신에게 귀속되었는지 여부에 관계없이 원천징수의무자인 법인이 납부한 갑종근로소득세액 상당을 당해 법인에게 지급할 의무가 있고(대법원 1988. 11. 8. 선고 85다카1548 판결 참조), 이 경우 법인의 구상금 청구를 거절하기 위해서는 법인의 업무를 집행하여 옴으로써 그 내부사정을 누구보다도 잘 알 수 있는 대표자가 인정상여로 처분된 소득금액이 자신에게 귀속되지 않았을 뿐만 아니라 귀속자가 따로 있음을 밝히는 방법으로 그 귀속이 분명하다는 점을 증명하여야 한다."

III. 그 밖의 법인세 과세

1. 법인의 토지 등 양도소득에 대한 과세특례

가. 의의 및 대상

법인이 비사업용토지, 주택, 별장, 조합원입주권 또는 분양권을 양도하는 경우에는, 양도가액이 각 사업연도 소득에 대한 법인세의 소득금액을 산정할 때 익금에 산입되는 것에 더하여, 양도차익에 대하여 추가적으로 토지 등 양도소득에 대한 법인세를 납부하여야 한다(법법 제55조의2와 제95조의2). 해당 법인이 본래의 목적사업을 영위하는 과정에서 발생하는 토지 등의 양도소득은 과세대상에서 제외한다. 다만, 미등기 토지 등의 양도소득에 대하여는 이러한 예외를 인정하지 아니한다.

나. 세액의 계산

토지 등 양도차익(토지 등의 양도금액에서 양도 당시 장부가액을 뺀 금액)에서 비과세소득을 공제한 금액에 100분의 10(별장의 경우 100분의 20, 미등기 토지 등의 경우 100분의 40, 조합원입주권 및 분양권의 경우 100분의 20)의 세율을 적용하여 세액을 산출한다(법법 제55조의2 제1항). 장부가액이란 취득가액에 재평가 또는 감가상각을 반영한 자산의 가격을 말한다.

2. 내국법인의 청산소득에 대한 과세

가. 서설

해산은 회사의 법인격 상실의 원인이기는 하나 이로써 바로 권리능력을 상실하는 것은 아니고 청산절차에 들어가 청산의 목적범위 안에서 법인격이 존속하고 청산이 종료될 때 비로소 법인격이 소멸하게 된다. 청산과정에서 채권·채무가 종결되고 재산의 환가가 이루어지며,[79] 이러한 재산의 환가를 통하여 그 동안 미실현 상태로 있던 이익이 실현됨으로써 자본이득이 발생한다.[80] 법인의 조직변경으로 인한 청산소득에 대해서는 법인세를 과세하지 아니한다(법법 제78조).

나. 세액의 계산

(1) 청산소득금액의 계산(법법 제79조)

청산소득은 그 법인의 해산에 의한 잔여재산의 가액에서 해산등기일 현재의

---

79) 청산산절차는 ① 해산사유 발생, ② 해산등기, ③ 청산인 선임, ④ 채권신고, ⑤ 환가, ⑥ 변제, ⑦ 잔여재산 분배, ⑧ 청산등기의 순으로 이어진다.
80) 이태로·한만수, 앞의 책, 764면 참조.

자본금 또는 출자금과 잉여금의 합계액, 즉 자기자본의 총액을 공제한 금액이다. 이는 해산등기일 현재의 잔여재산의 시가가 자기자본총액, 즉 자기자본의 장부상의 가액보다 큰 경우 그 차이에 대하여 과세한다는 의미이다. 해산 후 청산 중 회사계속의 경우에는 해산일로부터 사업계속등기일까지의 잔여재산분배액에서 해산일 현재의 해당 자산에 상응하는 자기자본총액을 차감한 금액을 청산소득으로 한다.

청산소득금액을 계산할 때 그 청산기간에 환급법인세액이 있으면 자기자본총액에 가산하고 해산등기일 현재 이월결손금이 있으면 자기자본총액에서 상계하도록 하고 있는데, 이 경우 상계하는 이월결손금은 잉여금을 초과하지 못한다. 또한 해산등기일 전 2년 이내에 자본금 또는 출자금에 전입한 잉여금이 있는 경우에는 해당 금액을 자본금 또는 출자금에 전입하지 아니한 것으로 보아 자본금전입을 하기 전의 자본금과 잉여금으로 청산소득을 계산하도록 하고 있다. 이는 이월결손금 상계의 한도액인 잉여금을 소진시켜 자기자본총액을 늘림으로써 청산소득 금액을 줄이는 것을 방지하기 위한 것이다.

(2) 과세표준(법법 제77조)

과세표준은 가감 없이 청산소득금액 그대로를 과세표준으로 한다.

(3) 세액의 계산

세율은 각 사업연도 소득과 같다.

다. 신고, 납부, 결정, 경정 및 징수

법인세 신고, 납부기한은 잔여재산가액 확정일이 속하는 달의 말일부터 3개월 이내이다.

3. 투자와 상생협력 촉진을 위한 과세특례 - 미환류소득에 대한 과세

가. 의의

기업들이 당기 소득의 일정 비율을 자산 투자·근로자 임금 확대·상생 지원에 사용하지 아니하면 이를 미환류소득으로 간주하여 법인세에 추가하여 과세

(100분의 20의 단일세율)하는 제도이다(조특법 제100조의32 제1항). 내국법인은 미환류소득을 각 사업연도의 종료일이 속하는 달의 말일부터 3개월 이내에 신고하여야 한다.

나. 납세의무자

납세의무자는 각 사업연도 종료일 현재 「독점규제 및 공정거래에 관한 법률」에 따른 상호출자제한기업집단 소속 법인이다(조특법 제100조의32 제1항).

다. 미환류소득의 계산방식(조특법 제100조의32 제2항 및 령 제100조의32 제5항)

납세의무자는 다음 중 하나의 방식을 선택하여 미환류소득을 계산할 수 있다.

(1) 투자를 포함하는 방식

기업소득의 100분의 70에서 '기계장치 등에 대한 투자 합계액 + 임금 증가 금액 + 상생협력 지출금액의 300%'를 공제하여 미환류소득을 계산하는 방식이다.

(2) 투자를 제외하는 방식

기업소득에 100분의 15를 곱하여 산출한 금액에서 가산항목과 차감항목의 합계액을 공제하여 미환류소득을 계산하는 방식이다.

4. 외국법인의 각 사업연도 소득에 대한 과세

가. 개요

외국법인이 국내사업장을 두고 있는 경우에는 국내원천소득에 대한 법인세를 납부함에 있어 국내원천소득를 종합하여 내국법인과 같은 방식으로 신고·납부하고, 국내사업장을 두고 있지 아니한 경우에는 완납적 원천징수로써 분리과세된다. 외국법인이 국내에 사업의 전부 또는 일부를 수행하는 고정된 장소를 가지고 있는 경우에는 국내사업장이 있는 것으로 한다(법법 제94조 제1항). 다만, 국내사업장이 없더라도 부동산소득이 있는 경우에는 내국법인과 거의 동일한 방식으로 과세된다. 국내사업장에 관한 상세한 내용은 '제5장 국제조세법'에서 후술한다.

법인세법은 외국법인의 과세대상 국내원천소득으로 이자소득, 배당소득, 부동산소득, 선박 등 임대소득, 사업소득, 인적용역소득, 부동산 등 양도소득, 사용료소득, 유가증권양도소득 및 기타소득을 열거하고 있다(법법 제93조). 법인세법은 외국법인의 과세소득을 장소적으로나 소득원천에 있어서 제한하고 있는데, 소득원천을 판단함에 있어서 모든 원천적 행위사실이 국내에 있을 필요는 없고 중요부분이 국내에 있으면 된다.[81][82]

나. 국외투자기구에 대한 실질귀속자 특례(법법 제93조의2)

외국법인이 국외투자기구를 통하여 국내원천소득을 지급받는 경우에는 그 외국법인을 국내원천소득의 실질귀속자로 본다. '국외투자기구'란 투자권유를 하여 모은 금전 등을 재산적 가치가 있는 투자대상자산의 취득, 처분 또는 그 밖의 방법으로 운용하고 그 결과를 투자자에게 배분하여 귀속시키는 투자행위를 하는 기구로서 국외에서 설립된 기구를 말한다. '국내원천소득의 실질귀속자'란 그 국내원천소득과 관련하여 법적 또는 경제적 위험을 부담하고 그 소득을 처분할 수 있는 권리를 가지는 등 그 소득에 대한 소유권을 실질적으로 보유하고 있는 자를 말한다.

IV. 회사 주요경영이슈의 조세효과

1. 서설

조세법은 기업이 의사결정을 함에 있어 특히 중요성을 부여해야 할 법분야이다. 기업이 경영의사결정을 함에 있어 그 조세효과를 무시한다면 큰 경제적 손실을 입을 수 있다. 또한 기업이 조세회피나 탈세를 하게 되면 사회적으로 불명예를 입게 된다.

이하에서는 회사의 주요경영이슈 중 자본금의 증감을 가져오는 주식 발행과

---

81) 임승순·김용택, 조세법, 박영사, 2022, 1173면.
82) 대법원 1989. 11. 28. 선고 89누5522 판결 참조.

자본금 감소, 주식과 유사한 성격을 가진 전환사채와 신주인수권부사채의 발행과 양도, 자기주식의 취득·소각·양도, 주식매수선택권의 행사 및 분식회계·횡령 등 회사범죄와 관련하여 회사 및 주주 등 이해관계자에게 어떠한 조세효과가 발생하는지를 살펴본다.

2. 주식의 발행과 자본금의 감소

가. 주식 발행

자본금의 증가는 재무구조의 출발점이라고 할 수 있다. 자본금의 증가, 즉 신주발행에 대한 조세효과는 이를 유상주를 발행하는 경우와 무상주를 발행하는 경우로 구분할 수 있다.

(1) 유상주 발행

신주발행이라고 하면 통상 유상주의 발행을 말한다. 이러한 유상주 발행의 조세효과는 다시 주식의 발행가액이 액면가와 같은 경우, 발행가액이 액면가를 초과하는 경우, 그리고 발행가액이 액면가에 미달하는 경우로 나눌 수 있다.

① 일반

　ⅰ. 발행가액이 액면가와 같은 경우, 발행가액이 액면가를 초과하는 경우 및 발행가액이 액면가에 미달하는 경우로 나눌 수 있고, 발행가액이 액면가가 같은 경우에는 과세가 문제되지 아니한다.

　ⅱ. 발행가액이 액면가를 초과하는 경우에는 주식발행액면초과액은 자본잉여금으로서 익금불산입항목에 해당한다(법법 제17조 이하). 그러나 채무의 출자전환 시 주식의 시가를 초과하여 발행한 금액(시가 < 액면가 < 발행가 또는 시가 < 발행가 < 액면가)은 채무면제익으로서 익금불산입항목에서 제외한다(채무자회생법과 기업구조조정촉진법상 예외가 있음).

　ⅲ. 발행가액이 액면가에 미달하는 경우에는 주식할인발행차금은 손금불산입항목에 해당한다(법법 제20조 이하).

② 증자와 관련한 이익에 대한 부당행위계산부인 및 증여세 과세

전술한 바와 같이 법인세법상의 부당행위계산부인은, 법인이 특수관계에 있

는 자와의 거래에 있어 정상적인 경제인의 합리적인 방법에 의하지 아니하고 (법법 령 제88조 제1항 각 호에 열거된) 제반 거래형태를 빙자하여 남용함으로써 조세부담을 부당하게 회피하거나 경감시킨 경우에는, 과세권자가 이를 부인하고 (법령에 정하는 방법에 의하여) 객관적이고 타당하다고 보여지는 소득이 있는 것으로 의제하여 과세하는 제도이다. 이 경우 부인된 부당행위 또는 계산은 '시가'로 재구성된다.

ⅰ. 증자에 따른 이익에 대한 부당행위계산부인

1. 증자로 인하여 소액주주가 아닌 법인주주가 특수관계인인 다른 주주에게 이익을 분여한 경우(법법 제52조 및 동법 령 제88조 제1항 제8호 나목)

법인의 자본을 증가시키는 거래에 있어서 신주(전환사채·신주인수권부사채 또는 교환사채 등 포함)를 배정·인수받을 수 있는 권리의 전부 또는 일부를 포기하거나 신주를 시가보다 높은 가액으로 인수하여 소액주주가 아닌 법인주주가 특수관계인인 다른 주주에게 이익을 분여한 경우에는 그 법인의 행위 또는 소득금액의 계산(부당행위계산)과 관계없이 그 법인의 각 사업연도의 소득금액을 계산한다.

2. 그 밖에 증자를 통하여 법인이 이익을 분여한 경우(법법 제52조 및 동법 령 제88조 제1항 제8의2호)

법인세법 시행령 제88조 제1항 제8호 다목 외의 경우로서 증자를 통하여 법인이 이익을 분여한 경우에는 그 법인의 행위 또는 소득금액의 계산(부당행위계산)과 관계없이 그 법인의 각 사업연도의 소득금액을 계산한다.

ⅱ. 증자와 관련한 이익의 증여

상증세법상 과세대상인 증여의 개념과 민법상 증여의 개념은 전혀 다른 개념이다. 상증세법에서는 증여의 개념에 대하여 완전포괄주의를 채택하여, 증여를 '그 행위 또는 거래의 명칭·형식·목적 등에 불구하고 경제적 가치를 계산할 수 있는 유형·무형의 재산을 타인에게 직접 또는 간접적인 방법에 의하여 무상으로 이전하는 것 또는 타인의 기여에 의하여 재산의 가치가 증가하는 것'이라고 정의하고 있다. 다시 말해 증여계약 외의 각종 법형식에 의한 모든 재산, 권리 및 경제적 이익의 무상이전 행위와 그와 유사한 행위를 증여세의 과세대상으로 한다는 것이다. 이처럼 증여의 개념을 확대한 이유는 그 간에 만연했던 변칙적인 상속·증여를 차단하는 한편, 심각한 빈부격차를 해소하고, 불공정한 부의 세습에 사전적으로 대처하는 등 조세공평주의의 이념을 실현하기 위해서이다. 증여의 개념에 관한 상세한 내용은 '제4장 상속세 및 증여세법'에서 후술한다.

1. 증자에 따른 이익의 증여(상증세법 제39조)

법인이 자본금을 증가시키기 위하여 신주를 발행함에 있어 신주 등을 시가보다 낮은 가액으로 발행하거나 신주 등을 시가보다 높은 가액으로 발행하여 일정한 이익을 얻는 경우에는 주식대금 납입일 등을 증여일로 하여 그 이익에 상당하는 금액을 그 이익을 얻은 자의 증여재산가액으로 한다. 다만, 해당 이익이 일정규모 미만인 경우에는 과세하지 아니하는 예외를 두고 있다.

2. 현물출자에 따른 이익의 증여(상증세법 제39조의3)

현물출자에 의하여 주식 등을 시가보다 낮은 가액으로 인수함으로써 현물출자자가 얻은 이익 또는 주식 등을 시가보다 높은 가액으로 인수함으로써 현물출자자의 특수관계인에 해당하는 주주 등이 얻은 이익이 발생한 경우에는 현물출자 납입일을 증여일로 하여 그 이익에 상당하는 금액을 그 이익을 얻은 자의 증여재산가액으로 한다. 다만, 해당 이익이 일정규모 미만인 경우에는 과세하지 아니하는 예외를 두고 있다.

(2) 무상주 발행

① 무상주 발행의 경우

자본잉여금 또는 이익잉여금(이상 상법상 준비금)을 자본금에 전입하는 경우에는 해당 법인에 대해서는 과세효과가 발생할 여지가 없지만, 이로 인하여 그 주주(출자자)가 취득하는 무상주에 대하여 의제배당으로 과세한다.[83] 다만, 주식발행액면초과금,[84] 감자차익,[85] 합병차익(합병평가차익 등 제외), 분할차익(분할평가차익

---

83) 잉여금의 자본금전입에 의한 의제배당의 시기는 주주총회에서 잉여금을 자본에 전입할 것을 결의한 날이다.

84) 상환주식의 주식발행액면초과금 중 이익잉여금으로 상환된 금액을 자본전입하는 경우에는 의제배당으로 과세된다(법법 령 제12조 제1항 제5호).

등 제외), 재평가적립금(익금에 산입되는 토지의 재평가상당액 제외) 등 익금불산입항목
인 자본잉여금을 자본금에 전입하는 경우에는 의제배당으로 과세하지 아니한다.
그 이유에 대해서는 '익금의 계산' 중 '의제배당'에서 전술한 바 있다.

② 무상주 양도의 경우

무상주를 양도하는 경우, 익금불산입항목인 자본잉여금의 자본금전입에 따
라 받은 무상주의 경우에는 공제할 수 있는 취득가액이 없다. 이에 대해 이익잉여
금의 자본금전입에 따른 무상주의 경우에는 자본금전입 당시에 취득하는 주식의
'가액'(액면가액)에 대하여 의제배당으로 과세하였기 때문에 그 주식의 액면가액을
취득가액으로 공제할 수 있다(소법 제17조 제2항 제2호 및 법법 제16조 제1항 제2호).

나. 자본금의 감소

자본금의 감소는 적자가 계속 누적된 기업의 자본, 즉 순자산이 자본금보다
적어지는 자본잠식에 빠졌을 때 자본금의 결손을 전보하기 위한 목적으로 실시되
는 경우가 많다. 이러한 자본금의 감소는 적절한 시기에 적절한 금액으로 진행하
면, 기업의 실적개선과 주식가치 상승 등의 효과를 얻을 수 있다. 자본금의 감소
는 그 밖에도 회사의 합병이나 분할의 원활, 주주의 이익 제고, 투자자금의 유치
등을 위하여 행해지기도 한다. 이러한 자본금의 감소는 대가의 유무에 따라 유상
감자와 무상감자로 분류할 수 있다. 유상감자의 경우 감자로 인하여 받은 대가가
주식의 취득가액보다 큰 경우에는 그 차익은 의제배당이 되고 해당 주주가 개인
이면 배당소득세, 법인이면 법인세가 부과된다. 이하에서는 감자에 따른 조세효과
를 회사를 중심으로 살펴본다.

(1) 감자차익 익금불산입 또는 감자차손 손금불산입

감자차익이란 감자로 줄어든 자본금이 감자의 비용보다 클 때 그 차액을 말
한다. 이러한 감자차익은 자본감소를 계기로 회사가 일시적으로 주주의 돈을 맡
아두는 것이기 때문에 익금에 산입하지 아니한다. 이와 반대로 자본금의 감소액
이 주식의 소각 등에 든 금액보다 적은 경우에는 감자차손이 발생할 수도 있는데,

---

85) 자기주식 소각익을 자본전입하는 경우에는 의제배당으로 과세되지만, 자기주식 소각 당시 시가
    가 취득가액을 초과하지 아니하는 경우로서 소각일로부터 2년이 지난 후 자본에 전입하는 금액
    은 의제배당으로 과세되지 아니한다(법법 령 제12조 제1항 제2호).

감자차손이 발생하려면 잉여금의 처분이 전제되어야 하고 이러한 잉여금의 처분은 손금불산입항목에 해당한다. 잉여금의 처분은 출자에 기초한 것으로 주주들에게 돌려주어야 할 것을 돌려주는 것이라는 의미이다.

(2) 감자에 따른 이익에 대한 부당행위계산부인 및 증여세 과세

① 감자에 따른 이익에 대한 부당행위계산부인

ⅰ. 감자로 인하여 소액주주가 아닌 법인주주가 특수관계인인 다른 주주에게 이익을 분여한 경우(법법 제52조 및 동법 령 제88조 제1항 제8호 다목)

법인의 감자에 있어서 주주의 소유주식의 비율에 의하지 아니하고 일부 주주의 주식을 소각하여 소액주주가 아닌 법인주주가 특수관계인인 다른 주주에게 이익을 분여한 경우에는 그 법인의 행위 또는 소득금액의 계산(부당행위계산)과 관계없이 그 법인의 각 사업연도의 소득금액을 계산한다. 마찬가지로 부당행위계산부인 규정이 적용되는 경우에는 소각대가 등이 '시가'로 다시 평가된다.

ⅱ. 그 밖에 감자를 통하여 법인이 이익을 분여한 경우(법법 제52조 및 동법 령 제88조 제1항 제8의2호)

법인세법 시행령 제88조 제1항 제8호 다목 외의 경우로서 감자를 통하여 법인이 이익을 분여한 경우에는 그 법인의 행위 또는 소득금액의 계산(부당행위계산)과 관계없이 그 법인의 각 사업연도의 소득금액을 계산한다.

② 감자에 따른 이익의 증여(상증세법 제39조의2)

ⅰ. 감자에 따른 이익에 대한 상증세법상의 취급

법인이 자본금을 감소시키기 위하여 주식을 소각하는 경우로서 일부 주주의 주식을 소각함에 있어 주식을 시가보다 낮은 대가로 소각하여 주식 등을 소각한 주주의 특수관계인에 해당하는 대주주가 이익을 얻거나, 주식을 시가보다 높은 대가로 소각하여 대주주의 특수관계인에 해당하는 주식을 소각한 주주가 이익을 얻은 경우에는, 감자를 위한 주주총회 결의일을 증여일로 하여 그 이익에 상당하는 금액을 그 이익을 얻은 자의 증여재산가액으로 한다.

ii. 상증세법 적용상의 예외

그 이익이 감자한 주식 등의 평가액의 100분의 30에 상당하는 가액
과 3억 원 중 적은 금액 미만인 경우는 제외한다(상증세법 제39조의2 제
1항 단서 및 동법 령 제29조의2 제2항).

3. 전환사채, 신주인수권부사채 등

전환사채와 신주인수권부사채는 경영 또는 이익배당에 영향을 주는, 주식에
상응하는 사채로서 일반사채와는 달리 취급된다. 그리고 이러한 특성은 전환사채
와 신주인수권부사채에 대한 과세에도 반영된다.

가. 전환사채에 대한 과세

(1) 상법상의 취급

전환사채란 일정한 요건에 따라 사채권자에게 사채를 사채 발행회사의 주식
으로 전환할 수 있는 권리를 인정한 사채를 말한다(상법 제513조 이하, 자본시장법
제165조의10 등). 전환사채는 전환 전에는 사채로서의 확정이자를 받을 수 있고 전
환 후에는 주식으로서의 이익을 얻을 수 있는, 사채와 주식의 중간형태를 취한 사
채이다. 전환사채의 전환권을 행사하면 사채였다가 자본금으로 변환되어(사채금액
= 발행금액) 자본금이 늘어나 경영권에 영향을 줄 수 있다.

전환사채는 신주인수권부사채, 이익참가부사채,[86] 교환사채[87] 등과 함께, 경
영 또는 이익배당에 영향을 주는 주식에 상응하는 사채로서 신주발행과 마찬가지
의 규제를 받는다. 상법상 발행에 관한 사항으로 정관에 규정이 없는 것은 정관에
서 주주총회의 결정사항으로 정하고 있는 것 이외에는 이사회가 결정한다(상법 제

---

86) 이익참가부사채란 사채권자가 그 사채발행회사의 이익배당에 참여할 수 있는 사채를 말한다.
이익참가부사채에 대하여 이자로 지급되는 부분은 이자소득으로 과세되고 배당으로 지급되는
부분은 배당소득으로 과세된다.
87) 교환사채란 사채권자가 그 사채발행회사 소유의 주식이나 그 밖의 다른 유가증권으로 교환할
수 있는 사채를 말한다(상법 제469조 제2항 제2호 및 동법 령 제22조). 전환사채의 전환권과
유사한 교환권을 옵션으로 내재하고 있는 교환사채는 채권 상태로 있는 경우와 양도하는 경우
모두 전환사채와 동일하게 과세된다.

513조 제2항). 다만, 제3자 발행에 관한 사항은 정관에 규정이 없으면 주주총회의 특별결의로 결정한다(상법 제513조 제3항). 자본시장법은 전환사채 등 주식과 관련된 사채를 발행하는 경우에는 주식의 발행, 배정 등에 관한 특례(자본시장법 제165조의6 제1항·제2항 및 제4항)와 통지·공고의 특례(자본시장법 제165조의9)를 준용한다.

(2) 조세법상의 취급

전환사채의 가치는 일반사채로서의 채권가치와 기초자산인 주식을 전환가격으로 매입할 수 있는 권리인 전환권 가치의 합계이고, 조세법상 이를 금액으로 환산하면 사채원금과 액면이자, 그리고 상환할증금의 합계를 현재가치로 할인한 금액이다. 이 중 상환할증금은 전환권의 가치를 의미한다.[88]

전환사채의 경우 전환권을 행사하지 않을 경우에는 만기 시 상환할증금을 지급하여 원리금 이상의 만기수익률을 보장해주고 있다. 이에 기초하여 전환사채를 만기까지 보유하는 경우와 만기 전에 주식으로 전환하는 경우에 따른 발행회사의 이자비용과 투자자의 이자수익에 대한 과세의 내용이 달라진다. [89]

한편 양도의 경우를 보면, 일반사채 양도의 경우 그 처분이익이 비과세 되는데, 전환사채를 양도하는 경우에도 전환권의 가치가 채권의 가치에 포함되어 있는 것으로 보아 일반사채와 마찬가지로 양도소득세가 과세되지 않는다.

나. 신주인수권부사채에 대한 과세

(1) 상법상의 취급

신주인수권부사채란 사채권자에게 사채의 발행 이후 회사가 신주를 발행하는 경우 미리 확정한 가액에 따라 신주를 인수할 수 있는 권리가 부여된 사채를 말한다(상법 제516조의2 이하, 자본시장법 제165조의6 등).

전환사채와 달리 사채금액과 신주인수금액은 별도이지만, 신주인수권의 행사로 인하여 발행할 주식의 발행가액의 합계액은 각 신주인수권부사채의 금액을

---

[88] 전환권의 가치는 일반 옵션의 가치와 마찬가지로 전환가격이 낮을수록, 변동성이 클수록, 만기까지 잔존일수가 길수록 커진다, 문성훈, "국내 전환사채의 회계 및 과세제도 비교연구", 조세학술논집, 제25집 제2호, 2009, 28면.
[89] 조세법상 만기 보유 시에는 액면이자와 상환할증금이 이자에 해당하고, 주식전환 시에는 액면이자와 보유기간분 상환할증금이 이자에 해당한다, 위의 논문, 18면 참조.

초과할 수 없다(상법 제516조의2 3항).

신주인수권만을 양도할 수 있도록 결정한 경우 신주인수권증권을 발행하여
야 하고, 신주인수권증권이 발행된 경우에 신주인수권의 양도는 신주인수권증권
의 교부에 의해서만 이를 행한다(상법 제516조의2 제2항 제4호, 제516조의5 및 제516조
의6).

(2) 조세법상의 취급

채권 상태에서의 과세는 전환사채와 동일하다. 그러나 양도의 경우에는 취급
을 달리 한다.

전환사채와는 달리 신주인수권부사채 양도의 경우에는 분리된 신주인수권증
권을 양도하는 경우는 물론이고 비분리형 신주인수권부사채를 양도하는 경우에
도, 소득세법상 신주인수권을 주식으로 보아 그 양도차익에 대하여는 양도소득세,
양도가액에 대하여는 증권거래세가 과세된다.

다. 전환사채 발행 등 관련 이익에 대한 부당행위계산부인 및 증여 세 과세

(1) 전환사채 발행 등과 관련한 이익에 대한 부당행위계산부인

① 전환사채 등의 발행 등으로 인하여 소액주주가 아닌 법인주주가 특수관계인 인 다른 주주에게 이익을 분여한 경우(법법 제52조 및 동법 령 제88조 제1 항 제8호 나목)

법인의 자본을 증가시키는 거래에 있어서 전환사채·신주인수권부사채 또는
교환사채 등을 배정·인수받을 수 있는 권리의 전부 또는 일부를 포기하거나 전환
사채 등을 시가보다 높은 가액으로 인수하여 소액주주가 아닌 법인주주가 특수관
계인인 다른 주주에게 이익을 분여한 경우에는 그 법인의 행위 또는 소득금액의
계산(부당행위계산)과 관계없이 그 법인의 각 사업연도의 소득금액을 계산한다. 이
경우 전환사채의 가액 등이 '시가'로 평가된다.

② 그 밖에 전환사채 등의 주식전환 등을 통하여 법인이 이익을 분여한 경우 (법법 제52조 및 동법 령 제88조 제1항 제8의2호)

법인세법 시행령 제88조 제1항 제8호 나목 외의 경우로서 전환사채 등의 주

식전환 등을 통하여 법인이 이익을 분여한 경우에는 그 법인의 행위 또는 소득금액의 계산(부당행위계산)과 관계없이 그 법인의 각 사업연도의 소득금액을 계산한다. 이 경우 전환사채의 가액 등이 '시가'로 평가된다.

  (2) 전환사채 등의 주식전환 등에 따른 이익의 증여(상증세법 제40조)

  ① 전환사채 등의 주식전환 등에 따른 이익에 대한 상증세법상의 취급

  전환사채, 신주인수권부사채(신주인수권증권이 분리된 경우에는 신주인수권증권) 또는 그 밖의 주식으로 전환·교환하거나 주식을 인수할 수 있는 권리가 부여된 사채를 인수·취득·양도하거나, 전환사채 등에 의하여 주식으로 전환·교환 또는 주식의 인수를 함에 있어, i. 특수관계인으로부터 전환사채 등을 시가보다 낮은 가액으로 취득하거나, ii. 전환사채 등을 발행한 법인의 최대주주나 그의 특수관계인인 주주가 그 법인으로부터 전환사채 등을 시가보다 낮은 가액으로 그 소유주식 수에 비례하여 균등한 조건으로 배정받을 수 있는 수를 초과하여 인수·취득하거나, 또는 iii. 전환사채 등을 특수관계인으로부터 취득한 자가 전환사채 등에 의하여 교부받았거나 교부받을 주식의 가액이 전환·교환 또는 인수 가액을 초과하거나, iv. 전환사채 등을 발행한 법인의 최대주주나 그의 특수관계인인 주주가 그 법인으로부터 전환사채 등을 그 소유주식 수에 비례하여 균등한 조건으로 배정받을 수 있는 수를 초과하여 인수 등을 한 경우로서 전환사채 등에 의하여 교부받았거나 교부받을 주식의 가액이 전환가액 등을 초과하는 방법 등으로 이익을 얻은 경우에는 그 이익에 상당하는 금액을 그 이익을 얻은 자의 증여재산가액으로 한다.

  ② 상증세법 적용상의 예외

  전환사채 등 주식전환 등에 따른 이익이 전환사채 등의 시가의 100분의 30에 상당하는 가액과 1억 원 중 적은 금액 미만인 경우는 제외한다(상증세법 제40조 제1항 단서 및 동법 령 제30조 제2항).

4. 자기주식[90]

가. 서설

상법은 재무관리의 유연성 제고를 통하여 기업의 대외경쟁력을 강화한다는 취지로 자기주식의 취득을 원칙적으로 허용하고 있다. 기업들은 주로 재무구조 개선, 임직원 성과 보상, 주식거래 활성화 등을 목적으로 자기주식을 취득하고 있다.

자기주식거래에 대한 과세효과는 자기주식을 취득하는 단계와 취득한 자기주식을 소각 또는 양도하는 단계에서 발생한다. 발행회사가 자기주식을 취득하는 단계에서 취득 목적이 소각인지 아니면 보유 또는 양도 등 소각 외인지 따라 주주가 가득하는 소득의 종류가 달라진다. 또한 발행회사가 취득한 자기주식을 처분하는 단계에서는 처분의 내용이 소각인지 아니면 양도인지에 따라 발행회사에 대한 과세 여부가 결정된다.

나. 자기주식의 취득과 처분에 대한 과세구조

(1) 자기주식 취득단계에서의 과세효과

회사가 자신이 발행한 주식을 주주로부터 취득하는 단계에서는 발행회사에 별다른 과세문제가 발생하지 아니하지만, 거래상대방인 주주에게는 발행회사로부터 받는 대가와 관련하여 과세문제가 발생한다. 기존의 자기주식거래 과세에 관한 규정과 법리에 따르면, 발행회사의 거래상대방인 주주에 대한 과세의 내용, 즉 과세대상 소득의 종류는 발행회사가 자기주식을 취득하는 목적을 주된 판단요소로 하여 결정된다. 자기주식을 취득하는 목적이 '소각'인지 아니면 '소각 외'인지에 따라 발행회사의 거래상대방인 주주에 대한 과세효과가 달라진다.

① 소각목적

발행회사가 소각목적으로 자기주식을 취득하는 경우에는 주주가 받는 소각대가가 해당 주식의 취득가액보다 크다면 그 차액이 배당소득으로 의제되어 개

---

90) 제5회 변호사시험(2문)에서 '자기주식 취득거래 주주 소득의 구분과 실질과세의 원칙'에 관한 문제가 출제된 바 있다.

인주주의 경우 소득세가 과세되고(소법 제17조 제2항 제1호), 법인주주의 경우 각 사업연도소득에 포함하여 법인세가 과세된다(법법 제16조 제1항 제1호). 이 경우 개인주주에게는 금융소득종합과세와 배당세액공제가 적용될 수 있고, 법인주주는 회사의 유형에 따라 차등적인 수입배당에 대한 익금불산입을 적용받을 수 있다.

② 양도목적

회사가 소각 이외의 목적으로 주주로부터 발행주식을 양수하고 주주가 회사로부터 주식양도대가를 받은 경우에는 주주가 가득하는 소득은 주식양도소득에 해당한다. 양도목적으로 발행회사에 자기주식을 양도함에 따라 발생하는 양도차익은 개인의 경우 양도소득세가 과세되고(소법 제94조 제1항 제3호), 법인의 경우 각 사업연도 소득에 포함되어 법인세가 과세된다(법법 제4조 제3항 제4호). 이 경우 주식소각의 경우와는 달리 개인 또는 법인에게 추가로 증권거래세가 과세된다.

(2) 자기주식 처분단계에서의 과세상의 취급

① 자기주식을 소각하는 경우에 대한 과세상의 취급

발행회사가 자기주식을 소각하는 경우에는 자본거래이므로 소각에 따른 손익에 대하여 과세효과가 발생하지 아니한다(법법 제16조 제1항 제2호 가목 및 동법 령 제12조 제1항 제2호). 자기주식의 소각거래가 자본거래라는 점은 상법과 기업회계 및 법인세법이 공통이다.

② 자기주식을 양도하는 경우에 대한 과세상의 취급

자기주식의 양도거래가 상법상 자본거래인지 손익거래인지 여부에 관해서는 다툼이 있지만, 상법상의 의론과 무관하게 기업회계에서는 자기주식거래를 자본거래로 취급하고 있다.[91][92] 따라서 기업회계에서는 자기주식의 취득 및 소각 또

---

91) 한국국제회계기준(K-IFRS)은 자기주식을 자본에서 차감하고 자기주식을 매도하는 경우의 손익은 당기손익으로 인식하지 아니한다고 규정하고 있고, 이에 관한 구체적인 회계처리는 정하고 있지 아니하다, 한국국제회계기준(K-IFRS) 제1032호 문단 33. AG36.

92) 일반기업회계기준은 좀 더 자세한 내용을 규정하고 있는데, 기업이 취득하는 자기주식은 취득원가를 자기주식의 과목으로 하여 자본조정으로 처리하도록 하고, 자기주식 처분으로 이익이 발생하면 자기주식 처분이익으로 하여 자본잉여금으로 처리하고 손실이 발생하면 자기주식 처분이익과 상계하고 나머지는 자기주식 처분손실로 하여 자본조정으로 처리하도록 하고 있다,

는 양도과정에서 발행회사의 손익을 인식하지 아니한다. 이에 대해 법인세법은
발행회사가 자기주식을 양도하는 경우에는 이를 손익거래93)로 보아 그 양도차익
에 대하여 법인세를 과세한다(법법 제15조 제1항 및 동법 령 제11조 제2의2호).94) 이
같은 법인세법 규정은 판례를 입법화한 것인데, 판례는 자기주식의 양도성과 자
산성이 다른 주식회사가 발행한 주식과 본질적으로 차이가 없다고 판시하여 왔
다.95)96) 자기주식을 양도하는 경우에는 자기주식을 소각하는 경우와는 달리 추가
로 증권거래세가 과세된다.

다. 자기주식 취득거래와 관련한 조세회피의 유인(誘因)

(1) 개요

발행회사가 자기주식을 취득하는 단계에서, 그 거래상대방이 개인주주라면,
자기주식 취득거래가 소각 목적인 경우에는 소각대가와 주주의 당초 취득가액의
차익이 의제배당으로서 배당소득에 해당하여 금융소득종합과세의 대상이 되고,
소각 외의 목적인 경우에는 양도가액과 주주의 당초 취득가액의 차익이 양도소득
에 해당한다. 법인주주가 자기주식을 거래한 경우에는 매매 목적이든 소각 목적
이든 발생한 이익이 모두 각 사업연도 소득에 산입된다는 점에 있어서는 차이가
없지만, 그 이익이 의제배당으로 분류되는 경우에는 수입배당에 대한 익금불산입
의 적용을 받을 수 있다.

일반기업회계기준, 제15장 문단 15.8 및 15.9.

93) 손익거래란 회사의 순자산 변동분 중 소유자와의 자본거래를 제외한 나머지 모든 거래를 말한
다. 기업의 영업활동에 의한 손익거래는 수익과 비용을 발생시킨다.

94) 자기주식처분이익은 익금, 즉 이익잉여금에 해당하므로 그 자본금전입에 따른 무상주에 대해서
는 의제배당으로 과세한다.

95) 대법원 1980. 12. 23. 선고 79누379 판결; 1992. 9. 8. 선고 91누13670 판결 등 참조.

96) 자기주식처분을 손익거래로 보는가 자본거래로 보는가는 자기주식의 본질적인 성격에서 유래
하는 것이 아니라 입법정책의 문제라고 보는 것이 적절하다, 최준선, "자기주식 규제에 대한 일
고", 기업법연구 제32권 제2호, 2018, 17-18면 참조. 기업회계에서도 그간에 일관된 입장을 보
여왔던 것은 아니다. 1976년 개정된 재무제표규칙까지는 자기주식에 대하여 자산설을 취하였고
(1976년 재무제표규칙 제38조), 1981년에 제정된 기업회계기준은 기본적으로는 자산설의 입장
을 채택하되 소각목적인 경우에는 자본감소설을 입장을 취하였으며(1981년 기업회계기준 제20
조), 1990년 기업회계기준이 개정되면서 자본감소설이 자기주식 회계처리의 기본원칙으로 채택
되었다(1990년 기업회계기준 제62조의2), 김동수, 이민규, 신철민, "자기주식의 회계처리와 세
무상 쟁점의 검토", BFL, 제87호, 서울대학교 금융법센터, 2018, 78면 각주 4) 참조.

(2) 개인주주에 대한 과세상의 취급

자기주식 취득거래에서 개인주주의 소득이 의제배당인 경우에는 배당소득이므로 금융소득종합과세의 적용대상이 된다. 따라서 이자소득을 합산한 금융소득 금액이 연간 2,000만 원 이하인 경우에는 그 배당소득이 분리과세되지만(소법 제14조 제3항 제6호), 그 금융소득 금액이 연간 2,000만 원을 초과하는 경우에는 ① (2천만 원×14%)+(2천만 원 초과 금융소득+여타 종합소득금액)×기본세율, ② (금융소득×14%)+(여타 종합소득금액×기본세율) 중 큰 것으로 종합소득세가 과세된다(소법 제62조 참조). 더욱이 개인주주에게 의제배당소득이 발생하는 경우에는 그 소득을 지급하는 법인이 소득세의 원천징수의무를 부담한다. 한편 자기주식 취득거래에서 개인주주의 소득이 양도소득인 경우에는 전술한 바와 같은 주식에 대한 양도소득세의 세율이 적용된다.

일반적으로 자기주식거래의 규모가 작지 아니하므로 자기주식 취득이 소각 목적인 경우의 의제배당은 금융소득종합과세의 대상인 배당소득이 될 가능성이 높다. 개인주주의 주식 양도소득세는 대체로 20% 내외에 불과하여, 금융소득종합 과세의 대상이 되어 과세표준에 따라 6~45%[97]를 적용받는 배당소득에 대한 소득세와 비교할 때 조세부담의 차이가 클 수 있다.

(3) 법인주주에 대한 과세상의 취급

자기주식 취득거래에서 법인주주의 소득이 의제배당인 경우에는 배당소득이므로 수입배당에 대한 익금불산입(법법 제18조의2)의 적용을 받을 수 있다. 구체적인 내용에 대해서는 '[보충자료] 법인의 수입배당금액에 대한 이중과세의 조정'에서 전술한 바 있다.

라. 자기주식 취득거래에서 주주 소득의 구분에 관한 법리

(1) 종래의 판례 법리

자기주식 취득거래에 있어서는 자기주식의 취득 목적이 소각인지 아니면 소

---

97) 소득세법상 종합소득과세의 기본세율은 1,400만 원 이하 100분의 6에서 10억 원 초과 100분의 45까지의 8단계 초과누진세율로 되어 있다(소법 제55조).

각 외인지에 따라 그 주식을 보유하고 있던 주주에 대한 과세상의 취급이 달라진다. 그렇다면 무엇을 기준으로 소각거래에 해당하는지 아니면 소각 외 거래에 해당하는지를 판단할 것인가? 그간의 판례들은 주식 매도가 자산거래인 주식 양도에 해당하는지 아니면 자본거래인 주식 소각에 해당하는지는 실질과세원칙에 따라 당사자의 의사와 계약체결의 경위, 대금의 결정방법, 거래의 경과 등 거래의 전체과정을 실질적으로 파악하여 판단하여야 한다는 입장을 취해 왔다.[98]

(2) 판례의 법리에 대한 평가

자기주식 취득거래에서 주주의 소득 종류 결정에 관한 종래의 판례 법리는 실질과세원칙에 의거하여 당사자의 의사와 계약체결의 경위, 대금의 결정방법, 거래의 경과 등 거래의 전체과정을 실질적으로 파악하여 판단하여야 한다는 것인데, 이 중에서도 당사자의 의사가 가장 중요한 판단요소로 작용하였다. 이러한 판례 입장은 제한적인 목적으로만 자기주식의 취득이 가능하였으며, 소각목적 자기주식 취득의 경우에는 지체 없이 실효절차를 밟도록 하고 소각 목적 이외의 자기주식 취득에서는 상당한 기간 내에 이를 처분하도록 강제하였던(구 상법 제342조) 구 상법하에서는 일응 합리적인 기준이었다고 볼 수 있다. 왜냐하면 구 상법하에서는 자기주식을 소각목적과 소각 외 4가지 특정목적이라는 제한적 목적하에서만,[99] 그리고 발행주식총수의 100분의 10을 초과하지 아니하는 범위 안 주식매수선택권 행사에 따른 주식 부여 목적으로 또는 퇴직하는 이사·감사 또는 피용자의 주식을 양수하는 경우에만 취득이 가능하도록 하여,[100] 사전적으로 자기주식 취득의 유효성 판단의 전제가 되는 목적이 비교적 명확하였다. 또한 소각목적의 경우 지체 없이 실효절차를 밟도록 하고 소각 외 목적의 경우에는 상당한 기간 내에 처분하도록 하여 사전적으로 취득 목적이 다소 불분명하였더라도 사후적으로 제반 사정을 고려하면 취득거래의 성격 내지는 주주의 소득 종류를 파악하는 것이 가능할 수 있었기 때문이다.[101]

---

98) 대법원 2010. 10. 28. 선고 2008두19628 판결 등.

99) 구 상법 제342조에 따르면 회사는 '주식을 소각하기 위한 때'와 ① 회사의 합병 또는 다른 회사의 영업전부의 양수로 인한 때, ② 회사의 권리를 실행함에 있어 그 목적을 달성하기 위하여 필요한 때, ③ 단주의 처리를 위하여 필요한 때, 및 ④ 주주가 주식매수청구권을 행사한 때에만 예외적으로 자기의 계산으로 자기주식을 취득할 수 있었다.

100) 구 상법 제340조의2 제1항 및 제341조의2 제1항 참조.

그러나 현행 상법은 자기주식의 취득 목적에 제한을 두고 있지 아니하고 취득한 자기주식을 지체 없이 소각하거나 상당한 기간 내에 처분할 것도 요구하고 있지 않으므로, 취득 목적과 취득 후의 제반 사정을 고려하여 자본거래와 손익거래를 구분하는 것이 어렵게 되었다. 즉, 현행 상법하에서 회사는 목적에 상관 없이 배당가능이익의 범위 내에서 자기주식을 취득할 수 있고 자기주식 취득 후 경영판단에 따라 취득 당시의 목적이 변경될 수 있으므로, 자기주식의 취득 목적은 절대적인 것이 아니고 상대적인 것이다. 또한 현행 상법에서는 취득 후 자기주식의 운용에 대한 별도의 정함을 두고 있지 아니하므로, 취득 후의 제반 사정을 취득거래의 성격 내지는 주주의 소득 종류를 파악하는 데 활용하는 것도 적절하지 아니하다.[102]

상법상 자기주식제도의 입법취지와 규정내용의 골자는 재무관리의 유연성 제고를 위하여 자기주식의 취득과 보유를 원칙적으로 허용한다는 것이다.[103][104] 현행 상법하에서는 구 상법에서와는 달리, 취득하는 단계와 취득 후 소각 또는 양도하는 단계가 비교적 명확하게 구분되고, 자기주식의 '보유' 자체가 중요한 취득 목적의 하나이다. 또한 거래소를 통하여 주식을 이전하는 경우에는 발행회사의 목적과 무관하게 양도소득으로 취급되는 것이 과세관행인데,[105] 이러한 과세관행에 대해서는 거래소를 통하지 않고 주식을 이전하는 경우와의 형평성 문제가 제기될 수 있다.

아울러 상법 개정 전 자본시장법에 의하여 자기주식 취득이 허용되었던 상

---

101) 신기선, "개정상법과 세무문제", 조세법연구, 제18권 제1호, 2012, 374면 참조.

102) 최성근, "자기주식 취득거래와 실질과세원칙", 한양법학, 제30권 제3집, 2019, 291면.

103) 자기주식은 발행주식수를 적절하게 관리하여 주가를 안정적으로 유지하거나, 안정적인 우호주주를 확보하여 경영권을 보전하거나, 발행주식수를 감소시켜 주식희석화 문제와 배당압박을 완화하거나, 자기자본비율과 타인자본비율을 적절하게 조절하여 자본구조의 변화를 도모하거나, 취득공시를 통하여 저평가된 주식에 대한 투자를 유인하여 주가를 상승시키거나, 적대적 M&A가 행해질 경우 사실상 경영권 방어수단으로 활용하는 등의 목적으로 활용될 수 있다, 정준우, "2011년 개정상법상 자기주식의 취득·처분과 그 규제", 한양법학, 제38집, 2012, 241－242면.

104) 회사의 행위가 조세법상 어느 정도까지 존중되어야 하는지는 쉽게 답할 수 있는 문제가 아니지만, 기업이 선택한 사법상의 법형식은 조세법상 존중되어야 한다. 즉, 당해 법형식이 부존재·무효라든가 명문의 조세법 부인규정이 존재하는 경우가 아니라면 존중되어야 한다, 中里 實, "資金調達に伴う課稅", 「特輯 企業法務における租稅法の役割」, ジュリスト, No. 1445, 2012, 57－58面 참조.

105) 김의석, "자기주식 거래의 과세", 인하대학교 법학연구, 제15집 제2호, 2012, 397면 참조.

장법인의 주주들에 대해서는 주식소각이 분명히 확인되지 않는 한 양도소득으로 과세하였는데, 상법 개정으로 비상장법인도 자기주식의 자유로운 취득이 가능해진 지금에 있어서는 비상장주식의 자기주식 취득에 대해서도 상장법인과 같이 주식소각이 분명하게 확인되지 않는 한 양도소득으로 과세하여야 함에도 불구하고 실무적으로 이에 대한 기준이나 해석이 정립되어 있지 아니하다.[106]

이러한 점들을 종합적으로 고려하면, 자기주식의 취득단계에서 주주에 대해서는 자기주식 취득거래를 원칙적으로 손익거래로 보아 양도소득으로 과세하고, 예외적으로 자본거래로 보아 배당소득으로 과세하는 것이 적절하고 타당하다. 회사가 보유 또는 양도의 의도가 없음에도 불구하고 취득단계에서 거래의 성격을 양도, 즉 손익거래로 보아 주주 또는 발행회사에 과세상의 불이익이 발생할 수 있는 경우라면, 자본거래로 보는 데 의론의 여지가 없는 상법상 자본금 감소절차[107]에 따른 주식소각을 선택할 수 있을 것이다.[108]

한편 자기주식 취득거래가 투자의 회수와 관련한 조세회피의 수단으로 남용될 가능성이 있다. 자기주식의 취득 목적을 소각으로 명시하고 있는 경우나 목적과 무관하게 취득 이후 단기간 내에 소각이 이루어지는 경우는 물론이고, 자기주식 취득거래가 투자의 회수, 즉 주주에 대한 자본의 환급이 주된 목적인 경우에는 실질과세원칙에 의거하여 소득세법 제17조 제2항 제1호 또는 법인세법 제16조 제1항 제1호에서 정하는 '자본의 감소'에 해당한다고 보아 배당소득으로 과세하는 것이 타당하다.[109]

[관련판례] 자기주식 취득거래와 실질과세원칙

대법원 2010. 10. 28. 선고 2008두19628 판결

(1) 사실관계

망인(2007. 5. 13. 사망)은 1983. 12. 경 보일러 등 제조업체인 원고 회사에 생산부장으로 입사하여 근무하다가 2001. 7. 31. 지병인 뇌질환으로 인해 전무이사

---

106) 정연식, "자기주식의 취득과 과세", 회계정보리뷰, 제18호, 계명대학교 산학연구소, 2013, 53면.
107) 상법 제343조, 제438조 및 제439조 참조.
108) 최성근, "자기주식 취득거래와 실질과세원칙", 앞의 논문, 295면.
109) 대법원 2010. 10. 28. 선고 2008두19628 판결 등 참조.

로 원고 회사를 퇴직하였다. 망인은 2002. 10. 8. 원고 회사에 당시 보유하고 있던 원고회사 발행의 비상장주식 44,450주를 매도하였고, 2003. 2. 14. 사회복지법인인 소외 재단에 위 주식매매대금 중 양도소득세 등을 제외한 나머지를 출연하였다. 한편 원고 회사는 2002. 11. 15. 위와 같이 취득한 이 사건 주식을 임의소각하는 방법으로 자본감소절차를 이행하였다.

피고는 2005. 6. 15. 망인의 이 사건 주식 매도는 원고 회사의 자본금 유상감소절차의 일환으로 이루어졌으므로 그 양도차익은 구 소득세법 제17조 제2항에 정한 의제배당소득에 해당한다는 이유로, 원고회사에 대하여 2002년 귀속 망인에 대한 원천징수분 배당소득세 등을 부과하였다.

이에 대해 원고 회사는 망인의 주식 양도가 원고 회사의 자기주식 소각에 의한 자본금 감소절차와는 관련 없이 이루어진 별개의 행위로서 소외 재단으로의 기금출연을 위한 환가 목적의 단순한 양도이므로 그 양도차익이 양도소득에 해당함에도 불구하고 이를 배당소득으로 의제한 피고의 처분은 위법하다고 주장하였다.

〈쟁점〉
주식의 매도가 자산거래인 주식의 양도에 해당하는가 또는 자본거래인 주식의 소각 내지 자본의 환급에 해당하는가 여부에 대한 판단기준

(2) 판결내용
"주식의 매도가 자산거래인 주식의 양도에 해당하는가 또는 자본거래인 주식의 소각 내지 자본의 환급에 해당하는가는 법률행위 해석의 문제로서 그 거래의 내용과 당사자의 의사를 기초로 하여 판단하여야 할 것이지만, 실질과세의 원칙상 단순히 당해 계약서의 내용이나 형식에만 의존할 것이 아니라, 당사자의 의사와 계약체결의 경위, 대금의 결정방법, 거래의 경과 등 거래의 전체과정을 실질적으로 파악하여 판단하여야 한다."

"이 사건 주식의 제3자 매각 시도는 모두 2002. 10. 8. 이 사건 주식에 대한 매매계약이 있기 이전의 일로서 그러한 제3자 매각 시도가 모두 실패로 끝나 장차 제3자 매각 전망이 더욱 사라진 상태에서 이 사건 주식에 대한 매매계약이 체결된 점에 비추어 원고회사는 2002. 10. 8. 종국적으로 이 사건 주식을 임의소각의 방법으로 처리함으로써 원고회사에 대한 출자금을 환급할 수밖에 없다는 정을 알고도 이 사건 주식에 대한 매매계약을 체결한 것으로 보지 않을 수 없는 점 (생략) 등 제반 사정을 고려하여 보면, 원고회사가 망인으로부터 이 사건 주식을 취득한 것은 자본감소절차의 일환으로서 상법 제341조제1호에 따라 주식을 소각함으로써

> 원고회사에 대한 출자금을 환급해 주기 위한 목적에서 이루어진 것으로 봄이 상당
> 하므로, 이 사건 주식의 양도차익을 망인에 대한 배당소득으로 의제하여 원고회사
> 에게 원천징수분 배당소득세를 고지한 이 사건 처분은 적법하다.”

마. 피합병법인 소유 합병법인 주식과 합병법인 소유 피합병법인 주식(포합주식)의 과세상 취급

(1) 피합병법인 소유 합병법인 주식의 과세상 취급

합병법인이 피합병법인이 보유하던 합병법인 발행주식을 취득하여 처분하는 것은 합병으로 인하여 자기주식을 취득하여 처분하는 것이므로 자본거래에 해당한다.

합병으로 인하여 합병법인은 피합병법인의 모든 재산을 포괄적으로 승계하므로, 피합병법인이 보유하던 합병법인 발행주식 역시 피합병법인의 재산의 일부로서 합병으로 인하여 합병법인이 승계취득하는 것이고, 그 처분이익은 형태만 바뀌었을 뿐 합병차익으로서의 본질이 그대로 유지되기 때문이다.

(2) 합병법인 소유 피합병법인 주식(포합주식)의 과세상 취급

자기주식을 취득하여 소각하거나[110] 위에서 언급한 합병으로 인하여 자기주식을 취득하여 처분하는 것 이외의 방법으로 자기주식을 취득하여 처분하는 것은 자산의 손익거래에 해당한다.

합병회사가 보유하던 피합병회사 발행주식, 즉 포합주식에 대하여 합병신주가 교부되어 취득하는 자기주식을 처분하는 것은 위에서 언급한 합병으로 인하여 자기주식을 취득하여 처분하는 것에 해당하지 아니한다.

바. 그 밖의 자기주식과 관련한 과세상의 문제

(1) 자기주식 취득의 무효로 인한 업무무관 가지급금 문제

자기주식 취득이 위법하여 무효가 되면 회사는 주주에 대하여 주식반환의무

---

[110] 현행 상법에서는 주식소각의 방법으로 자본금 감소절차에 의한 소각과 자기주식의 소각의 두 가지 방법을 규정하고 있다(상법 제343조).

를 부담하고 주주는 회사에 대하여 주식매매대금 반환의무를 부담하게 된다(민법 제751조). 종래 과세관청은 자기주식 취득이 위법하여 무효인 경우 회사가 주주에게 지급한 주식매매대금을 정당한 사유 없이 회수하지 않거나 회수를 지연하면 이를 주주에 대한 무상의 자금대여로 보아 업무무관 가지급금으로 과세하여 왔다. 업무무관 가지급금이란 명칭 여하에 불구하고 해당 법인의 업무와 관련 없는 자금의 대여액을 의미하는데, 법인세법은 업무무관 가지급금에 대응하는 지급이자를 손금불산입하고(법법 제28조 제1항 제4호 나목), 특수관계자로부터 적정이자를 지급받지 않을 경우 이자상당액을 익금산입하는 것으로 이를 규제하고 있다(법법 제52조 제1항 및 동법 령 제88조 제1항 제6호).

현행 상법하에서도 자기주식 취득은 주주평등의 원칙에 따라야 하므로 이를 위반한 취득은 무효가 될 가능성이 높고(제341조 제1항 각 호 참조) 이 경우 업무무관 가지급금이 문제될 수 있다. 이 경우 업무무관 가지급금이 되려면 매매대금을 정당한 사유 없이 회수하지 않거나 지연하는 것이어야 하는데,111) 회사의 주식반환의무와 주주의 매매대금 반환의무는 동시이행의 관계에 있으므로 회사가 일방적으로 회수를 지연시킨 것으로 보기 어려운 경우일 수도 있다.112) 그러므로 과세관청은 자기주식 취득의 무효를 이유로 주식매매대금을, 주주가 경제적으로 지배·관리하고 있다는 이유로113) 그 소득에 대하여 과세하는 것과는 별개로, 업무무관 가지급금으로 과세하고자 하는 경우에는 이 점을 고려할 필요가 있다.

(2) 경영권 주식에 대한 할증과세 여부

상증세법은 제63조 제3항에서 주식가치를 평가함에 있어 최대주주가 보유한 주식은 경영권 프리미엄을 반영하여 일정비율로 할증하여 평가하도록 규정하고 있다.114)

먼저 상장법인이 자기주식을 거래소 외에서 최대주주로부터 취득한 경우에 할증평가를 해야 하는지 여부가 문제될 수 있다.115) 이에 대해서는 상장법인이

---

111) 대법원 2010. 10. 28. 선고 2008두15541 판결.
112) 김동수 외, 앞의 논문, 83면 참조.
113) 대법원 1991. 12. 10. 선고 91누5303 판결 등 참조.
114) 주식평가에 관한 규정을 적용할 때, 최대주주의 주식에 대하여는 평가액의 100분의 20(중소기업과 중견기업 및 평가기준일이 속하는 사업연도 전 3년 이내의 사업연도부터 계속하여 결손금이 있는 법인의 주식 제외)을 가산한다(상증세법 제63조 제3항).

자기주식을 거래소 외에서 최대주주로부터 취득한 경우에는 거래일에 한국거래소 최종시세가액이라는 시가가 존재하므로 상증세법에 의한 시가 산정에서 적용되는 할증평가는 문제되지 않는다는 견해가 있다(종가설). 반면에 법인세법상 거래소에서 거래한 경우에만 한국거래소 최종시세가액을 시가로 간주하므로, 거래소 외에서 거래한 경우에는 상증세법을 준용하여 평가한 가액이 시가이고 따라서 할증평가가 적용된다는 견해도 있다(할증평가설). 과세관청은 경영권의 이전이 수반되는 거래에 대해서는 할증평가설의 입장을 취하고 경영권의 변동을 가져오는 거래가 아닌 경우에는 종가설의 입장을 취하고 있다.116) 이 같은 과세관청의 입장에 따른다면 최대주주로부터 자기주식을 취득하는 경우에는 거래당사자 간에 경영권 이전이 문제되지 아니하므로 할증평가의 대상이 아닐 것이다.

다음으로 비상장주식의 경우에는 거래가 빈번하지 않아 일반적인 의미의 시가가 없는 경우가 대부분이므로, 상증세법을 준용하여 평가한 금액을 시가로 보게 된다. 상증세법은 최대주주 할증규정은 최대주주 보유주식을 할증하여 평가하도록 할 뿐 이전되는 주식의 수량 등을 고려하여 실제로 지배권이 이전되는 경우에만 할증평가하도록 제한하고 있지 아니하다.117) 이에 따르면 비상장회사가 최대주주로부터 자기주식을 취득하는 경우에는 상증세법에 따라 평가한 금액을 시가로 적용하면서 최대주주 할증평가를 하게 될 것이다.118)

상증세법에서 최대주주 보유주식 등에 대하여 할증가산율을 적용하도록 한 것은 의결권과 관련된 기업지배력을 고려한 규정인데 자기주식은 의결권이 없으므로(상법 제369조 제2항), 최대주주 보유 비상장주식을 발행회사가 취득하는 경우에도 상증세법상 최대주주 할증규정을 적용하지 아니하는 것이 타당하다.

(3) 과점주주 간주취득세 적용과 자기주식

지방세법은 제7조 제5항에서 '법인의 주식 지분을 취득함으로써' 과점주주119)

---

115) 상장주식을 거래소에서 거래한 경우에는 거래일의 거래소 최종시세가액을 시가로 하므로(법법령 제89조 제1항), 거래소에서 자기주식을 취득하는 경우에는 할증평가가 문제되지 아니한다.
116) 김동수 외, 앞의 논문, 85면 참조.
117) 헌법재판소는 할증평가 적용되는 범위를 상대방 및 거래량에 따라 한정하지 않은 것이 조세평등주의에 위배되지 아니한다고 판시하여 이를 합헌으로 보고 있다, 헌법재판소 2003. 1. 30. 2002헌바65 결정.
118) 김동수 외, 앞의 논문, 86면.

가 되었을 때에는 그 과점주주가 해당 법인의 부동산 등을 취득한 것으로 본다 라고 규정하여, 이른바 '과점주주 간주취득세제도'를 두고 있다. 과점주주 간주취득세제도와 관련하여, 법인이 자기주식을 취득함에 따라 주주가 과점주주가 된 경우에 이 규정이 적용되는지가 문제될 수 있다.

이에 대해 대법원은 법인이 자기주식을 취득함으로써 주주가 과점주주가 되는 경우에는 주주가 주식을 취득하는 어떠한 행위가 있었다고 보기 어렵고 법인이 자기주식을 취득함으로써 주주의 지분 비율이 증가하여 과점주주가 된 것이므로 '법인의 주식을 취득함으로써 과점주주가 된 때'에 해당하지 아니한다는 취지로 판시하였다.[120] 이 같이 해석하는 것이 타당하고, 법인이 자기주식을 취득함에 따라 주주가 과점주주로 되더라도 지방세법상 간주취득세의 적용을 받지 아니한다고 할 것이다.

(4) 가족기업에 의한 자기주식제도 남용에 대한 과세상의 취급

자기주식의 취득과 보유가 원칙적으로 허용되는 제도 하에서는, 가족기업의 경우 대주주가 보유한 주식을 법인에 매각하여 낮은 세율의 양도소득세를 부담하고도 경영권에 아무런 영향을 받지 아니할 수 있으므로 자기주식거래가 투자회수의 수단으로 남용될 가능성이 있다. 이러한 가족기업의 자기주식 취득에 대해서는 법인세법상 부당행위계산부인의 적용대상거래인 무수익자산의 매입에 해당하는지 여부를 검토할 필요가 있다.

무수익자산이란 법인의 수익 창출에 공헌하지 못하거나 법인의 수익과 관련이 없는 자산으로서 장래에도 그 자산의 운용으로 수익을 얻을 가망성이 희박한 자산을 말한다.[121] 법인세법은 법인이 무수익자산을 매입한 것을 조세의 부담을 부당하게 감소시킨 부당행위로 규정하면서, 이러한 부당행위를 부인하고 법인의 소득을 계산할 수 있도록 하고 있다(법법 제52조 제1항 및 동법 령 제88조 제1항 제2호). 최근 과세관청이 회사의 자기주식 취득을 무수익자산의 매입으로 보아 과세

---

119) '과점주주'란 주주 또는 유한책임사원 1명과 그의 특수관계인 중 대통령령으로 정하는 자로서 그들의 소유주식의 합계 또는 출자액의 합계가 해당 법인의 발행주식 총수 또는 출자총액의 100분의 50을 초과하면서 그에 관한 권리를 실질적으로 행사하는 자들을 말한다(지기법 제46조제2호).
120) 대법원 2010. 9. 30. 선고 2010두8669 판결.
121) 대법원 2006. 1. 13. 선고 2003두13267 판결.

를 한 사안에서 이를 인정한 하급심 판례가 있다.[122]

자기주식을 무수익자산으로 보는 견해는 자기주식이 의결권과 배당청구권 등 주식으로서의 권리가 제한된다는 점에 근거한 것이다. 이러한 견해에 대해서는, 자기주식이 그 자체로 다양한 경영상의 필요에 의하여 취득되는 것이고, 상법 역시 배당가능이익으로 하는 자기주식 취득에 대해서는 취득목적을 제한하고 있지 않으므로 일반적으로는 자기주식을 무수익자산으로 볼 수 없다는 반론이 있다.[123] 아울러 자기주식은 회사가 이를 처분함으로써 처분이익을 획득할 수 있는 별도의 유가증권이므로 장래에 수익을 얻을 가망성이 희박한 자산에 해당한다고 보기도 어렵다는 반론이 제기될 수도 있다.[124]

그렇더라도 가족기업이 재무구조 개선, 임직원 성과 보상, 주식거래 활성화 등의 목적으로 자기주식을 취득하는 경우는 흔치 않을 것이고, 또 가족기업이 자기주식을 장래에 수익을 얻을 가망성 있는 자산으로 보아 취득하는 경우도 드물 것이다. 자기주식 취득이 재무관리의 유연성을 제고한다는 목적 없이 투하자본을 회수하기 위한 수단으로 남용되는 경우라면, 이를 무수익자산의 매입으로 보아 과세하는 것은 상법상 자기주식의 취득을 원칙적으로 허용하는 자기주식제도의 취지에 반하는 것이 아닐 뿐만 아니라 법인세법상 특수관계인과의 거래를 통하여 조세부담을 부당하게 감소시키는 행위를 규제하는 부당행위계산부인제도의 취지에도 부합하는 것이라고 할 것이다.

[관련판례] 합병과 자기주식 과세

1. 합병법인 소유 피합병법인 주식(포합주식[125])에 교부된 합병신주의 과세상

---

122) 서울행정법원 2017. 1. 20. 선고 2016구합73658 판결. 한편 해당 판결의 항소심 법원은 자기주식 취득 자체가 무효라고 보아 업무무관 가지급금으로 인정하였다, 서울고등법원 2017. 8. 30. 선고 2017누35631 판결.

123) 김동수 외, 앞의 논문, 83-84면 참조.

124) 대법원 역시 회사가 비상장주식을 취득한 후 이를 담보로 제공하였다가 담보권이 실행되어 처분된 사안에서 회사가 처분을 통해 경제적 이익을 얻었다고 보아 무수익자산이 아니라고 판단한 바 있다, 대법원 2003. 5. 16. 선고 2001다44109 판결 참조.

125) 포합주식이란 합병 전부터 합병회사가 보유하고 있는 피합병회사의 주식을 말한다. 합병으로 인한 피합병법인의 양도차익의 계산에서 포합주식은 매우 중요한 의미를 지니는데, 그 합병포합주식 등에 대하여 합병교부주식 등을 교부하지 아니하여 피합병법인의 양도차익을 부당하게 감소시킬 수 있기 때문이다. 합병법인이 합병등기일 전 취득한 피합병교부주식 등(신설합

취급 - 대법원 1992. 9. 8. 선고 91누13670 판결 * 파기환송
2. 피합병법인 소유 합병법인 주식의 과세상 취급 - 대법원 2005. 6. 10. 선고
   2004두3755 판결

---

1. 합병법인 소유 피합병법인 주식(포합주식)에 교부된 합병신주의 과세상 취급 - 대법원 1992. 9. 8. 선고 91누13670 판결 * 파기환송

(1) 사실관계

원고는 1985. 8. 31. 소외 세대제지공업주식회사를 흡수합병하면서 보유 중이던 피합병회사의 주식(이른바 포합주식)에 대하여도 합병신주를 발행하였다가, 1987. 2.부터 같은 해 12.까지 사이에 그 중 대부분에 해당하는 이 사건 자기주식을 매각하고, 그 양도금액에서 그 당시의 장부가액과 처분수수료 및 증권거래세를 공제한 차액을 합병차익으로 보아 자본잉여금으로 회계처리하고, 1987 사업연도의 법인세 과세표준과 세액을 신고·납부함에 있어서 이를 과세표준에 산입하지 아니하였다.

피고는 이 사건 자기주식의 매각으로 인한 양도차익을 자산의 양도로 인한 소득으로 보아 원고의 위 신고내용에 오류 또는 탈루가 있다는 이유로, 그 과세표준과 세액을 경정하기로 하여 원고가 산정한 위 합병차익은 물론, 원고가 위 합병차익을 산정함에 있어서 공제한 양도주식의 장부가액에는 익금에 가산되지 아니하였던 무상주의 액면가액과 임의평가차익이 포함되어 있다는 이유로 그 가액에 이 양도주식수가 자기주식총수에 대하여 차지하는 비율을 곱하여 산출한 금액도 그 양도소득금액으로 보아 원고가 신고하였던 과세표준에 이를 가산하여 산출한 세액에서 기납부세액을 공제하고 그 차액의 추가납부를 명하는 과세처분을 하였다. 이에 대해 원고는 자기주식의 양도는 자본거래여서 그 차익을 자본잉여금으로 회계처리하고 과세표준에 산입하지 아니한 것을 정당하다는 등의 사유를 들어 이 사건 과세처분의 취소를 구하였다.

〈쟁점〉

피합병회사가 보유하던 합병회사의 발행주식이 과세대상인지 여부(소극) 및 합병회사가 보유하던 피합병회사의 발행주식에 대하여 교부된 합병신주의 처분이익

병 또는 3 이상의 법인이 합병하는 경우 피합병법인이 취득한 다른 피합병교부주식 등 포함)이 있는 경우에는 그 합병포합주식 등에 대하여 합병교부주식 등을 교부하지 아니하더라도 그 지분비율에 따라 합병교부주식 등을 교부한 것으로 보아 합병교부주식 등의 가액을 계산한다(법법 령 제80조 제1항 제2호 가목). 한편 분할의 경우에는 포합주식이 있을 수 없으나 분할합병의 경우에는 포합주식이 있을 수 있는데, 이 경우 포합주식의 취급도 합병의 경우와 같다.

이 과세대상인지 여부

(2) 판결내용

"자기주식은 상법 제341조, 제369조제2항 등에 의하여 취득이 제한되고, 의결권이 인정되지 아니하는 등의 특성도 있지만, 소각을 위하여 취득한 자기주식이 아닌 한 상당기간 내에 처분하여야 하는 것이므로 이는 처분을 전제로 발행회사가 일시적으로 보유하고 있는 주식에 불과하여 양도성과 자산성에 있어서 다른 주식회사가 발행한 주식과의 사이에 본질적인 차이가 없을 뿐만 아니라, 법인세법 제9조제1, 2, 3항, 제15조제1항제2, 3호, 상법 제459조 등의 규정에 의하면, 자본감소절차의 일환으로서 자기주식을 취득하여 소각하거나 회사합병으로 인하여 자기주식을 취득하여 처분하는 것은 자본의 증감에 관련된 거래로서 자본의 환급 또는 납입의 성질을 가지므로 자본거래로 봄이 상당하지만, 그 외의 자기주식의 취득과 처분은 순자산을 증감시키는 거래임에 틀림이 없고, 법인세법도 이를 손익거래에서 제외하는 규정을 두고 있지 아니하므로, 그것은 과세처분의 대상이 되는 자산의 손익거래에 해당한다고 봄이 상당하다."

"피합병회사가 보유하던 합병회사의 발행주식은 합병으로 인하여 합병회사가 승계취득하는 자기주식으로서 그 처분이익은 법인세법 제15조제1항제3호 소정의 합병차익에 포함되어 과세대상이 아니지만, 합병회사가 보유하던 피합병회사의 발행주식, 즉 포합주식은 그에 대하여도 합병신주가 교부되면 자기주식으로 되나, 그것은 원래 합병회사가 보유하던 자산으로서 피합병회사로부터 승계취득한 것이 아니므로 그 처분이익이 합병차익에 포함되는 것은 아니고, 합병으로 인하여 그 처분의 성질이 자본거래로 변경되는 것은 아니다."

2. 피합병법인 소유 합병법인 주식의 과세상 취급 – 대법원 2005. 6. 10. 선고 2004두3755 판결

(1) 사실관계

원고(주식회사 삼선)는 2000. 7. 1. 삼선해운 주식회사(피합병회사)를 흡수합병하였는데, 합병 전 피합병회사는 원고의 주식 254,500주를 보유하고 있었다. 원고는 피합병회사를 합병한 후 이 사건 주식을 자기주식으로 계상하였다가, 2000. 11. 14. 삼선에이전시 주식회사에 매각하고, 매각대금에서 위 주식에 대한 장부가액을 제한 차액을 자기주식 처분이익으로 계상하였다. 그리고 원고는 2000년 귀속 법인세에 관하여 위 자기주식 처분이익을 익금산입하여 납부할 세액을 산출하고 이를 신고하였다.

그 후 원고는 2002. 9. 26. 위 자기주식 처분이익은 합병차익에 포함되는 자본거래로서 법인세법의 과세대상에 포함되지 아니한다는 이유로 납부할 세액을 감액하여 경정청구하였으나, 피고(종로세무서장)는 2002. 10. 4. 당초 신고가 정당하다는 이유로 위 경정청구를 거부하는 처분을 하였고, 원고는 경정청구 거분처분의 취소를 구하는 소를 제기하였다.

〈쟁점〉

합병법인이 합병으로 인하여 피합병법인이 보유하던 합병법인의 발행주식을 승계취득하여 처분하는 경우, 그 처분이익이 합병차익에 포함되어 익금산입대상에서 제외되는지 여부

(2) 판결내용

"법인세법 제15조 제1항은 익금은 자본 또는 출자의 납입 및 법에서 정하는 것을 제외하고 당해 법인의 순자산을 증가시키는 거래로 인하여 발생하는 수익의 금액이라고 규정하고, 법 제17조 제3호는 익금산입 대상에서 제외되는 자본거래로 인한 수익 중의 하나로 합병차익(자산평가증으로 인한 합병차익은 제외)을 규정하고 있으며, 익금산입 대상이 되는 수익의 범위에 관하여 규정한 법인세법시행령 제11조 제2호는 자기주식을 포함한 자산의 양도금액을 수익의 하나로 규정하고 있는바, 위 관련 규정의 체계와 그 규정들의 취지에 비추어 보면, 법인의 자기주식 처분이익은 그것이 자본거래로 발생한 합병차익에 해당하는 경우에는 익금산입대상에서 제외되고, 그 외에 자기주식의 취득과 처분이 법인의 순자산을 증감시키는 거래에 해당하는 경우 그 처분이익은 익금산입의 대상이 되는 것으로 보아야 할 것이다.

그런데 합병의 경우 합병법인이 보유하던 피합병법인의 발행주식, 즉 포합주식에 대하여 합병신주가 교부되면 자기주식을 취득한 결과가 되나 그것은 원래 합병법인이 보유하던 자산으로서 피합병법인으로부터 승계취득한 것이 아니므로 그 처분이익은 합병차익에 해당하지 않는다고 할 것이지만, 합병법인이 합병으로 인하여 피합병법인이 보유하던 합병법인의 발행주식(자기주식)을 승계취득하여 처분하는 것은 자본의 증감에 관련된 거래로서 자본의 환급 또는 납입의 성질을 가지므로 자본거래로 봄이 상당하고 그 처분이익은 법 제17조 제3호에서 말하는 합병차익에 포함되어 익금산입대상에서 제외된다고 할 것이다(대법원 1992. 9. 8. 선고 91누13670 판결, 1995. 4. 11. 선고 94누21583 판결, 2000. 5. 12. 선고 2000두1720 판결 등 참조)."

"같은 취지에서 원심이, 원고 회사가 지배·종속관계에 있는 피합병회사를 흡수
·합병하면서 피합병회사가 보유하던 원고 회사의 발행주식(자기주식)을 장부가액
으로 승계취득하였다가 이를 처분한 것은 자본의 증감에 관련된 자본거래에 해당
하고 따라서 그 처분이익은 법 제17조 제3호 소정의 합병차익으로 익금산입대상
에서 제외된다고 판단한 것은 정당하고, 거기에 상고이유로 주장하는 바와 같은
자기주식처분이익의 성질 또는 합병차익 등에 관한 법리오해 등의 위법이 없다."

5. 주식매수선택권

가. 서설

주식매수선택권제도(Stock option)란 이사나 종업원에 대한 보수의 성격을 가
진 제도로서 이들의 영업상의 업적과 회사의 경영상 이익향상을 연동시킴으로써
회사의 주식을 소정의 가액으로 매수할 수 있는 권리를 인정한 것이다.

주식회사는 정관이 정하는 바에 따라 주주총회 특별결의로 회사의 설립·경
영과 기술혁신 등에 기여하거나 기여할 수 있는 회사의 이사, 집행임원, 감사 또
는 피용자에게 미리 정한 가액으로 신주를 인수하거나 자기의 주식을 매수할 수
있는 권리, 즉 주식매수선택권을 부여할 수 있다(상법 제340조의2 내지 제340조의5).

벤처기업법은 일정한 요건을 충족하는 중소기업인 벤처기업의 주식매수선택
권 부여에 관하여 상법에 대한 특례를 규정하고 있다. 벤처기업은 상법의 규정에
도 불구하고 정관으로 정하는 바에 따라 주주총회 특별결의가 있으면, 해당 벤처
기업의 임직원뿐만 아니라 ① 그 벤처기업이 인수한 기업(발행주식 총수의 100분의
30 이상을 인수한 경우만 해당한다)의 임직원 및 ② 해당 벤처기업이 필요로 하는 전
문성을 보유한 자에게도 주식매수선택권을 부여할 수 있다(벤처기업법 제16조의3 제
1항 및 동법 령 제11조의3 제4항).[126]

주식매수선택권과 관련해서는, 이를 받는 자에 대해서는 행사이익에 대한 소
득구분이 문제되고, 이를 부여하는 법인의 입장에서는 손금산입이 문제된다. 또한
주식매수선택권의 행사이익으로 이미 과세된 부분은 주식의 취득가액에 반영하여
추후 주식의 양도차익에 대한 과세에서 이를 공제한다.

---

126) 상법 시행령 제30조 제2항이 준용되어 ① 최대주주와 그 특별관계인 및 ② 주요주주와 그 특
수관계인에게는 주식매수선택권을 부여할 수 없다.

나. 주식매수선택권에 대한 과세 일반

주식매수선택권은 상법 또는 벤처기업법에 따라 부여되고 행사되지만, 실제로 이를 받는 임직원 등에게 얼마의 경제적 이익이 있고 또 기업의 재무에 어떠한 영향을 미치는지는 그 조세효과를 따져보아야 제대로 알 수 있다. 주식매수선택권과 관련하여, 이를 받는 임직원 등의 입장에서는 부여받은 행사가격과 행사시점의 시가와의 차액에 대한 근로소득 또는 기타소득에 대한 소득세, 그리고 추후 그 주식을 양도할 때의 양도소득세를 고려하여야 한다. 또한 주식매수선택권을 부여하는 회사의 입장에서는 비용으로서 손금에 산입할 수 있는 행사차익의 범위와 그 귀속시기에 대한 고려가 있어야 한다. 이러한 조세효과를 인지한다면 회사와 임직원 등이 주식매수선택권의 규모, 행사가격, 행사시점, 양도시점 등을 조율하여 임직원의 경제적 이익 극대화와 회사의 조세부담 최소화를 함께 도모할 수 있을 것이다.

(1) 주식매수선택권 행사이익의 소득 구분

① 재직 중 행사하는 경우

회사의 임직원이 해당 회사로부터 부여받은 주식매수선택권을 재임 또는 재직하는 기간 중 행사함으로써 얻은 이익(주식매수선택권 행사 당시의 시가와 실제 매수가액과의 차액을 말하며, 주식에는 신주인수권을 포함한다)은 근로소득에 해당한다(소득세법 령 제38조 제17호).

② 퇴직 후 행사하는 경우

회사로부터 퇴직 전에 주식매수선택권을 부여받은 임직원이 해당 법인과 근로관계가 없는 상태인 퇴직 후에 그 주식매수선택권을 행사하여 얻는 이익은 기타소득에 해당하고, 처음부터 근로관계 없이 주식매수선택권을 부여받아 이를 행사하여 얻는 이익도 기타소득에 해당한다(소득세법 제21조 제1항 제22호).[127]

③ 상속인이 행사하는 경우

피상속인이 부여받은 주식매수선택권을 상속인이 행사하는 경우 그 주식매

---

[127] 행사이익이 기타소득에 해당하는 경우에는 기타소득에서 필요경비를 뺀 소득금액의 합계액이 300만 원을 초과하는 경우 종합소득으로 합산과세되므로 과세효과에 있어서 근로소득과 큰 차이가 없다.

수선택권을 행사하여 얻는 이익은 기타소득에 해당한다. 이 경우 행사이익을 산정함에 있어서는 상증세법에 따라 부과된 상속세를 차감한다.[128]

(2) 주식매수선택권 행사차액에 대한 손금산입

법인세법은 주식매수선택권의 행사와 관련하여 손금산입이 허용되는 범위를 제한적으로 규정하고 있다. 법인세법 시행령 제19조 제19호는 임직원이 ① 금융지주회사법에 따른 금융지주회사로부터 부여받거나 지급받은 주식매수선택권(상법 제542조의3에 한한다)과 ② 기획재정부령으로 정하는 해외모법인[129]으로부터 부여받거나 지급받은 주식매수선택권으로서 기획재정부령으로 정하는 것[130]의 어느 하나에 해당하는 주식매수선택권을 행사하거나 지급받는 경우 해당 주식매수선택권을 부여하거나 지급한 법인에 대하여 그 행사 또는 지급비용으로서 보전하는 금액을 손금에 산입하도록 규정하고 있다.

또한 법인세법은 동법 시행령 제19조 제19의2호에서 그 외의 주식매수선택권[상법 제340조의2, 제542조의3(자사 임직원에게 제공하는 경우만 해당) 및 벤처기업법 제16조의3 등]을 부여받은 자에 대한 금액으로서 그 주식매수선택권이 해당 법인의 발행주식총수의 100분의 10 범위에서 부여된 경우에는, ① 약정된 주식매수시기에 약정된 주식의 매수가액과 시가의 차액을 금전 또는 해당 법인의 주식으로 지급하는 경우의 해당 금액과 ② 약정된 주식매수시기에 주식매수선택권 행사에 따라 주식을 시가보다 낮게 발행하는 경우 그 주식의 실제 매수가액과 시가의 차액의 어느 하나에 해당하는 경우 그 해당 금액을 손금에 산입하도록 규정하고 있다.

주식매수선택권을 보유한 자가 그 권리를 행사하여 법인이 시가보다 낮은 가격으로 자기주식을 교부하거나 차액을 지급하는 경우에는 경제적인 관점에서는 손실이 있다고 볼 수 있다.[131] 표현을 바꾸면, 주식매수선택권을 행사하는 권리자

---

128) 주식매수선택권도 상속세의 과세대상인 상속재산에 해당한다(상증세법 제2조 제3호 나목 참조). 주식매수선택권의 상속재산가액은 상증세법상 조건부권리의 평가방법에 따라 산정한다. 주식매수선택권의 상속재산가액은 상증세법 제65조 제1항 및 동법 시행령 제60조 제1항 제1호에 따라 본래의 권리 가액을 기초로 평가기준일(상속개시일) 현재의 조건내용을 구성하는 사실, 조건성취의 확실성, 그 밖의 모든 사정을 고려한 적정가액으로 산정하여야 한다, 국세예규 상증 사전-2012-법규재산-1024 참조.
129) 법인세법 시행규칙 제10조의2 제2항 참조.
130) 법인세법 시행규칙 제10조의2 제1항 참조.
131) 황남석, "기업 관련 조세의 규제완화", 기업법연구 제28권 제2호, 164면 참조.

가 그로 인하여 이익을 얻었다면 그에 대응하는 손실이 있었다고 볼 수 있다.[132] 문제는 주식매수선택권의 행사에 대하여 신주를 발행하는 경우인데, 대법원 판례는 신주를 발행하는 것은 손익거래가 아니라 인수가액의 납입으로 법인의 자본이 증가하는 자본거래이므로 별도의 특례규정이 없는 이상 그 행사차액을 법인의 순자산을 감소시키는 거래로 인하여 발생하는 손금으로 볼 수 없다는 입장을 취하고 있다.[133]

위의 판례에서 대법원은 "법인세법은 익금과 손금의 범위를 완결적으로 규정한 것이 아니라 그 범위를 예시하면서 포괄적으로 규정하고, 원칙적으로 법인의 순자산을 감소시키는 거래로 인하여 발생하는 손비에 해당하지 않는 금액은 손금산입 특례규정 등에 열거되어 있지 않은 산 손금이 될 수 없다"라고 판시하였다. 이 같은 판례의 취지에 따를 때, 신주발행에 따른 행사차액을 손금으로 인정하는 법인세의 규정은 순자산을 감소시키는 거래에 해당하지 아니함에도 불구하고 행사차액을 손금의 범위에 포함시킨 것으로서 손금산입 특례규정이라고 해석하여야 할 것이다.

다. 조세특례제한법상 벤처기업의 주식매수선택권에 대한 과세특례

벤처기업의 주식매수선택권에 대한 과세특례에는 (1) 벤처기업 주식매수선택권 행사이익 비과세특례(조세특례제한법 제16조의2), (2) 벤처기업 주식매수선택권 행사이익 납부특례(조세특례제한법 제16조의3) 및 (3) 벤처기업 적격주식매수선택권 행사이익에 대한 과세이연(조세특례제한법 제16조의4)의 3가지가 있다.

(1) 벤처기업 주식매수선택권 행사이익 비과세특례(조세특례제한법 제16조의2)

벤처기업 또는 벤처기업이 인수한 기업[134]의 임직원이 해당 벤처기업으로부터 벤처기업법 제16조의3에 따라 부여받은 주식매수선택권 또는 상법 제340조의

---

132) 윤지현, "주식매수선택권 행사가 신주 발행 법인에 미치는 세법상의 법률효과", 서울대학교 법학 제51권 제2호, 2010, 165면 참조.
133) 대법원 2023. 10. 12. 선고 2023두45736 판결.
134) 벤처기업이 발행주식 총수의 100분의 30 이상을 인수한 기업을 말한다(조세특례제한법 령 제14조의4 제1항). 이하 같다.

2나 제542조의3(코넥스상장법인으로부터 부여받은 경우로 한정한다)에 따라 부여받은 주식매수선택권을 행사[135]함으로써 얻은 이익[136] 중 연간 2억 원 이내의 금액에 대해서는 소득세를 과세하지 아니한다. 다만, 소득세를 과세하지 아니하는 벤처기업 주식매수선택권 행사이익의 벤처기업별 총 누적 금액은 5억 원을 초과하지 못한다.

유가증권시장 또는 코스닥시장에 상장되어 있는 벤처기업으로부터 주식매수선택권을 부여받은 경우에는 비과세 특례의 적용을 받을 수 없다. 다만, 비과세특례의 적용 여부를 판단하는 기준시점은 부여시점이므로 부여 이후 해당 벤처기업이 유가증권시장 또는 코스닥시장에 상장되더라고 비과세 특례의 적용에는 영향을 미치지 아니한다.

(2) 벤처기업 주식매수선택권 행사이익 납부특례(조세특례제한법 제16조의3)

주식매수선택권의 행사이익은 그 형성에 있어 부여 이후 행사까지 상당한 기간이 소요되는데 그 소득세를 일시에 납부하도록 하는 것은 주식매수선택권을 부여받는 자에게 과도한 부담이 될 수 있다.[137] 또한 비상장주식인 경우 주식을 바로 환금하는 것이 용이하지 아니할 수도 있다.[138] 벤처기업 또는 벤처기업이 인수한 기업의 임직원이 해당 벤처기업으로부터 벤처기업법 제16조의3에 따라 부여받은 주식매수선택권 또는 상법 제340조의2나 제542조의3[139])에 따라 부여받은 주식매수선택권을 행사함으로써 발생한 벤처기업 주식매수선택권 행사이익 중 조세특례제한법 제16조의2에 따라 비과세되는 금액을 제외한 행사이익에 대한

---

135) 벤처기업 또는 벤처기업이 인수한 기업의 임직원으로서 부여받은 주식매수선택권을 퇴직 후 행사하는 경우를 포함한다.

136) 주식매수선택권 행사 당시의 시가와 실제 매수가액과의 차액 및 신주인수권을 포함한다.

137) 주식매수선택권의 경우 통상 그 행사를 위한 최소 재직기간이 존재하는데, 상법상의 최소 재직기간 2년 외에 주식매수선택권 부여계약에 따라 추가되는 최소 재직기간(Cliff)이 있고 그 밖에도 주식매수선택권을 통해 주식을 매수할 수 있는 권리를 확정적으로 부여받은 기간 (Vesting)이 존재한다, 국회 기획재정위원회, 조세특례제한법 일부개정법률안 검토보고서, 2022. 11 참조.

138) 안은정, "벤처기업의 주식매수선택원에 관한 고찰 – 미국의 과세제도를 중심으로", 조세와법 제8권 제1호, 서울시립대학교 법학연구소, 2015, 222면 참조.

139) 납부특례의 경우에는 전술한 비과세특례의 경우처럼 적용대상 상장 벤처기업을 코넥스상장기 업으로 한정하는 제한이 없으므로 코스피상장기업과 코스닥상장기업도 포함된다.

소득세는 원천징수의무자에게 납부특례의 적용을 신청하는 경우에는 원천징수하지 아니한다. 이러한 납부특례는 주식매수선택권의 행사가격과 시가와의 차액을 현금으로 교부받는 경우에는 적용하지 아니한다.

납부특례의 구체적인 내용을 보면, 벤처기업 또는 벤처기업이 인수한 기업의 임직원은 주식매수선택권을 행사한 날이 속하는 과세기간의 종합소득세에 대한 확정신고 및 납부 시 벤처기업 주식매수선택권 행사이익을 포함하여 종합소득세 과세표준을 신고하되, 벤처기업 주식매수선택권 행사이익에 관련한 소득세액의 5분의 4에 해당하는 분할납부세액을 제외하고 납부할 수 있다. 그 분할납부세액에 대해서는 주식매수선택권을 행사한 날이 속하는 과세기간의 다음 4개 연도의 종합소득세 과세표준 신고 및 납부 시 각각 4분의 1에 해당하는 금액을 납부하여야 한다.

(3) 벤처기업 적격주식매수선택권 행사이익에 대한 과세이연

① 개요

ⅰ. 벤처기업 또는 벤처기업이 인수한 기업의 임직원[140]이 조세특례제한법 시행령에서 정하는 적격요건을 갖추고(조세특례제한법 령 제14조의4 제5항), ⅱ. 그 임직원이 행사일부터 역산하여 2년이 되는 날이 속하는 과세기간부터 해당 행사일이 속하는 과세기간까지 행사한 가액의 합계가 5억 원 이하인 경우에는, 신청에 의하여 주식매수선택권을 행사함으로써 발생한 이익에 대하여 그 행사 시 소득세를 과세하지 아니하고 그 주식의 양도시점으로 과세를 이연할 수 있다(조세특례제한법 제16조의4 제1항 본문). 다만, 주식매수선택권의 행사 당시 실제 매수가액이 해당 주식매수선택권 부여 당시의 시가보다 낮은 경우에 그 차액, 즉 시가 이하 발행이익에 대해서는 주식매수선택권 행사 시에 소득세를 과세한다.

이 같은 행사이익에 대한 과세이연의 적용대상은 주식회사인 비상장 벤처기업이다(조세특례제한법 제16조의4 제1항 제1호 및 벤처기업법 제16조의 3, 제15조 제1항 참조).

---

140) 주식매수선택권의 부여에 관한 주주총회의 결의(벤처기업법 제16조의3 제2항 참조)가 있는 날 현재 ① 부여받은 주식매수선택권을 모두 행사하는 경우 해당 법인의 발행주식 총수의 100분의 10을 초과하여 보유하게 되는 자, ② 해당 법인의 주주로서 지배주주 등에 해당하는 자(법인세법 령 제43조 제7항 참조), ③ 해당 법인의 발행주식 총수의 100분의 10을 초과하여 보유하는 주주, 또는 ④ ③의 주주와 친족관계 또는 경영지배관계에 있는 자(국세기본법 령 제1조의2 제1항 및 제3항 제1호 참조)인 임직원은 제외된다(조세특례제한법 령 제14조의4 제1항).

② **과세이연의 적격요건**

조세특례제한법 시행령에서 정하는 과세이연의 적격요건은 ⅰ.벤처기업이 주식매수선택권을 부여하기 전에 주식매수선택권의 수량·매수가액·대상자 및 기간 등에 관하여 주주총회의 결의를 거쳐 벤처기업 또는 벤처기업이 인수한 기업의 임직원과 약정할 것, ⅱ. 주식매수선택권을 다른 사람에게 양도할 수 없을 것 및 ⅲ. 사망, 정년 등의 사유141)가 있는 경우를 제외하고는 주식매수선택권의 부여에 관한 주주총회의 결의가 있는 날부터 2년 이상 해당 법인에 재임 또는 재직한 후에 주식매수선택권을 행사할 것이다(조세특례제한법 령 제14조의4 제5항).

③ **과세이연된 적격주식매수선택권 행사이익에 대한 과세**

적격주식매수선택권의 행사 시에 소득세를 과세하지 아니한 행사이익(비과세되는 금액을 제외한다)에 대해서는 적격주식매수선택권의 행사에 따라 취득한 주식142)을 양도할 때 그 양도차익에 합산하여 양도소득세로 과세한다(조세특례제한법 제16조의4 제2항 및 제3항).143) 이 경우 적격주식매수선택권 행사 당시의 실제 매수가액을 취득가액으로 한다.

④ **적격주식매수선택권 행사에 따라 발생하는 비용금액의 손금불산입**

적격주식매수선택권을 행사함으로써 발생한 행사이익에 대하여 소득세를 과세하지 아니한 경우(적격주식매수선택권 행사 이후 소득세를 과세한 경우를 포함한다)에는 해당 주식매수선택권의 행사에 따라 발생하는 행사차액을 해당 벤처기업의 각 사업연도의 소득금액을 계산할 때 손금에 산입하지 아니한다(조세특례제한법 제16조의4 제4항).

⑤ **적격주식매수선택권 행사이익에 대한 과세특례의 사후관리**

ⅰ. 벤처기업 또는 벤처기업이 인수한 기업의 임직원이 적격주식매수선택권의 행사로 취득한 주식을 증여하거나 행사일부터 1년이 지나기 전에 처분하는 경

---

141) 해당 임직원이 사망 또는 정년을 초과하거나 그 밖에 자신에게 책임없는 사유로 퇴임 또는 퇴직하는 경우를 말한다(조세특례제한법 규칙 제8조의4). 벤처기업법에서는 2년 미만 재임 또는 재직한 후에 주식매수선택권을 행사할 수 있는 예외 사유에서 명시적으로 '정년'을 제외하고 있다(동법 제16조의5 제1항 및 동법 령 제11조의4 제1항). 상법상 상장회사에 대한 특례에 있어서도 동일하다(상법 제542조의3 제4항 및 동법 령 제30조 제5항 참조).

142) 그 주식에 대하여 자본전입에 따라 취득한 무상주를 포함한다.

143) 종합소득에 대한 소득세의 세율은 6%−45%이지만, 주식의 양도소득에 대한 소득세의 세율은 소액주주의 경우 10%−20%, 대주주의 경우 3억 원 이하 20%, 3억 원 초과 25%이다.

우(해당 벤처기업의 파산 등 부득이한 사유[144]가 있는 경우는 제외한다), ii. 벤처기업 또는 벤처기업이 인수한 기업 임직원의 전체 행사가액이 5억 원을 초과하는 경우 또는 iii. 주식매수선택권 행사로 취득한 주식만을 거래하는 전용계좌를 통하여 다른 주식을 거래한 경우에는, 각각 증여일, 처분일, 전체 행사가액이 5억 원을 초과한 날 또는 최초의 거래일이 속하는 과세연도를 귀속시기로 하여 소득세를 과세한다(조세특례제한법 제16조의4 제5항). i.의 경우에는 증여 또는 처분한 주식에 대한 벤처기업 주식매수선택권의 행사이익을, ii.와 iii.의 경우에는 행사일로부터 역산하여 2년이 되는 날이 속하는 과세기간부터 해당 행사일이 속하는 과세기간까지의 모든 이익을 대상으로 한다.

[관련판례] 주식매수선택권의 조세효과

1. 주식매수선택권과 근로소득 – 대법원 2007. 11. 15. 선고 2007두5172 판결 (중복 생략)
2. 주식매수선택권과 부당행위계산부인 – 대법원 2010. 5. 27. 선고 2010두1484 판결

---

1. 주식매수선택권과 근로소득 – 대법원 2007. 11. 15. 선고 2007두5172 판결 (중복 생략)

2. 주식매수선택권과 부당행위계산부인 – 대법원 2010. 5. 27. 선고 2010두1484 판결

(1) 사실관계

원고 회사는 2000. 3. 17. 경 원고 회사의 임원인 A와 B에게 기명식 보통주 30,000주를 행사가격 주당 6,300원, 행사시기 2003. 3. 17.부터 2010. 3. 17.까지로 하는 주식매수선택권 부여계약을 체결하였다. 위 계약에 따라 A는 2005. 9. 7.

---

144) ① 주식매수선택권을 부여한 벤처기업이 파산하는 경우, ② 회생절차에 따라 법원의 허가를 받아 주식을 처분하는 경우 또는 ③ 합병·분할 등에 따라 해당 법인의 주식을 처분하고 합병법인 또는 분할신설법인의 신주를 지급받는 경우를 말한다(조세특례제한법 령 제14조의4 제8항).

10,000주, B는 2005. 11. 4. 20,000주에 대하여 각 주당 6,300원에 주식매수선택권을 행사하였고, 원고 회사는 2005. 12. 5. 자기주식 30,000주를 교부하였다.

원고 회사는 A와 B가 각각 주식매수선택권을 행사한 날의 주식 시가와 행사가의 차액에 행사주식 수를 곱하여 산정한 5억 원을 자기주식 처분손실로 회계처리하고, 2005사업연도분 법인세 신고를 함에 있어서는 1인당 행사가액에서 구 조세특례제한법 제15조와 같은 법 시행령 제13조에 따라 각각 5,000만 원을 초과한부분이 부당행위계산부인되는 것으로 보아 손금불산입으로 처리하였다. 이 후 원고는 손금불산입 처리한 것이 착오였다는 이유로 이 사건 경정청구를 하였는데, 피고는 이에 대하여 거부처분을 하였다.

〈쟁점〉
  - 조세특례제한법 규정에서 정한 한도(행사가격 1인당 연간 5,000만원)을 초과한 주식매수선택권의 부여 및 그 이행행위가, 법인세법 제52조의 부당행위계산부인의 요건에 해당하는지 여부를 따지지 않고, 부당행위계산 부인의대상으로 보아야 할 것인지 여부
  - 부당행위계산 부인의 대상의 하나로 '자산을 시가보다 낮은 가격으로 양도한 경우'를 정한 구 법인세법 시행령 제88조 제1항 제3호에서 말하는 '시가'의 의미와 그 기준시기(거래 당시) 및 체결시기와 양도 시기가 다른 거래계약이 부당행위계산에 해당하는지 여부의 기준시기
  - 주식매수선택권의 부여가 저가양도로서 부당행위계산 부인의 대상이 되는지 여부의 기준시기(주식매수선택권의 부여시기)

(2) 판결내용

"구 조세특례제한법(2000. 12. 29. 개정 전) 제15조 및 법 시행령(2000. 12. 29. 개정 전) 제13조는 창업자, 신기술사업자 등의 내국법인과 증권거래법에 의한 주권상장법인 등 일정한 요건을 갖춘 법인의 종업원이 주식매입선택권을 2003. 12. 31.까지 부여받아 이를 행사함으로써 얻는 이익 중 매입가액 합계 3,000만 원 한도에서는 이를 근로소득·사업소득 또는 기타소득으로 보지 아니하도록 규정하는한편, 이 경우 창업법인 등에 대하여는 매입가액 합계 5,000만 원 한도에서 법인세법 제52조 부당행위계산 부인규정을 적용하지 아니한다고 규정하고 있다.

위와 같은 법 제15조의 규정 내용 및 그 입법 취지에 비추어 볼 때, 법 제15조는 창업법인 등의 설립·경영과 기술혁신에 기여하는 종업원들에 대하여 주식매입선택권을 부여하는 것을 장려하고 이를 조세정책적으로 뒷받침하기 위하여종업원이 주식매입선택권 행사로 얻은 이익에 대하여 비과세의 특례를 부여하

면서, 그 비과세 특례에 해당하는 부분에 대하여는 이를 실효성 있게 보장하기 위하여 법인세법상의 부당행위계산 부인 규정을 적용하지 아니한다는 뜻을 소극적으로 명시한 것에 불과하다고 할 것이므로, 위 조항 후단을 위 특례 한도액을 넘는 금액에 대해서는 법인세법 제52조의 부당행위계산 부인의 요건에 해당하는지 여부를 묻지 않고 부당행위계산 부인을 하여야 한다는 취지라고 해석할 수는 없다."

"따라서 법 제15조 규정에 의하여 주권상장법인의 종업원이 2003. 12. 31.까지 부여받은 주식매입선택권을 행사한 경우에 1인당 연간 행사가액 5,000만 원 한도까지는 일률적으로 법인세법 제52조의 규정의 적용을 배제하여 법인세를 감면하되, 위 특례에 정한 요건에 해당하지 않는 경우, 즉 1인당 연간 행사가액 5,000만 원을 초과하는 경우 등에는 원칙으로 돌아가 그것이 법인세법 제52조의 적용대상이 되는지 여부를 따져보아야 할 것이다."

"구 법인세법 시행령(2009. 2. 4. 개정 전) 제88조 제1항 제3호는 법인세법 제52조가 정하고 있는 부당행위계산 부인 대상의 하나로 법인이 주주 등 특수관계에 있는 자에게 자산을 시가보다 낮은 가액으로 양도한 경우를 들고 있다. 여기에서 '시가'라고 함은 일반적이고 정상적인 거래에 의하여 형성된 객관적인 교환가치를 말하고(대법원 2007. 5. 17. 선고 2006두8648 전원합의체 판결 등 참조), 그 판단은 거래 당시를 기준으로 하므로(대법원 1999. 1. 29. 선고 97누15821 판결 등 참조), 만약 거래계약 체결 시기와 양도 시기가 다르다면 그것이 부당행위계산에 해당하는지 여부는 그 대금을 확정짓는 거래 당시를 기준으로 판단하여야 하고, 다만 익금에 산입하여 소득처분할 금액은 특별한 사정이 없는 한 취득 시기를 기준으로 산정하여야 할 것이다(대법원 2010. 5. 13. 선고 2007두14978 판결 참조)."

"주식매수선택권의 부여가 저가양도로서 부당행위계산 부인의 대상이 되는지 여부는 주식매수선택권의 행사 시기가 아니라 그 부여시기를 기준으로 판단하여야 할 것이어서, 만약 주식매수선택권의 부여 당시에 정한 선택권의 행사가격이 부여 당시의 주식의 시가보다 높은 경우에는, 그것이 미공개 내부정보로 인하여 단기간 내에 주가가 상승할 것이 예상되는 경우임에도 이를 반영하지 아니한 채 행사가격을 약정하였다는 등의 특별한 사정이 없는 한, 이를 부당행위계산 부인의 대상이 되는 저가양도에 해당한다고 보기는 어렵다고 할 것이다."

"원고 회사는 정관에서 주식매입선택권을 부여함에 있어 필요한 사항을 모두 정하여 이를 등기한 사실, 원고 회사는 소외 1, 소외 2에게 주식매입선택권을 부여함에 있어 각각에 대하여 교부할 주식의 종류와 수, 주식매입선택권의 부여방법, 행사가격, 행사기간에 관하여 주주총회의 특별결의를 거친 다음 소외 1, 소외 2와 사이에 주식매입선택권을 부여하기로 하는 내용의 이 사건 계약을 체결한 사실, 이 사건 계약 당시 원고 회사의 발행주식총수는 4,000만 주로서 그 15/100에 해당하는 600만 주의 한도 내에서 소외 1, 소외 2를 비롯한 임직원들에게 주식매입선택권을 부여한 사실, 이 사건 계약에서 행사가격을 주당 6,300원으로 정한 사실, 이 사건 계약 체결 후 소외 1은 2003. 3. 5.까지, 소외 2는 2004. 1. 16.까지 각 원고 회사에 재직한 사실, 이 사건 계약에 따라 소외 1은 2005. 9. 7.10,000주에 관하여, 소외 2는 2005. 11. 4.20,000주에 관하여 각 주당 6,300원에 주식매입선택권을 행사하였고, 이에 원고 회사는 소외 1, 소외 2로부터 행사금액을 납입받은 후 기존에 취득하여 놓은 자기주식 10,000주, 20,000주를 각각 교부한 사실을 알 수 있다.

위와 같은 사실관계를 앞에서 본 법리에 비추어 살펴보면, 원고 회사가 소외 1, 소외 2에게 위 각 주식매입선택권을 부여할 당시 원고 회사의 주가가 단기간 내에 급격히 상승할 것이 명확히 예상되었다는 등의 특별한 사정이 엿보이지 아니하는 이 사건에서, 관계 법령 등에 따라 당시의 시가보다 높은 행사가격을 정하여 주식매입선택권을 부여한 것은 부당행위계산 부인의 대상이 되는 저가양도에 해당하지 않는다고 할 것이다.”

6. 분식회계 및 횡령

가. 분식회계[145]

분식회계란 기업이 회사의 실적을 좋게 보이기 위해 고의로 자산이나 이익 등을 부풀리거나 탈세를 위하여 이익을 적게 만드는 등 허위의 재무제표를 작성하는 행위이다. 이 같은 분식회계는 재무제표를 사실과 다르게 보고하여 이해관계자를 속이려는 경영자의 고의적 행위이다. 이사가 분식회계를 한 경우에는 그 자체로서 법령위반행위이고 회사에 대하여 채무불이행(선관주의의무 위반)에 해당한다(외감법 제20조 제1항, 자본시장법상 공시위반).

이사가 분식회계로 이익을 과소계상한 경우 세액을 추징을 할 것인가 또 분식회계로 이익을 과다계상한 경우 세액을 돌려줄 것인가가 문제된다. 이익을 과소계상한 경우라면 추징과 가산세 부과가 있게 될 것이다. 이 경우도 조세회피의 목적으로 과소계상한 것이 아니라는 항변이 있을 수 있겠지만, 조세법은 가산세

---

145) 제10회 변호사시험(1문)에서 ‘분식회계와 납세자에 대한 신의성실의 원칙 적용 여부’에 관한 문제가 출제된 바 있다.

의 부과와 관련하여 주관적 요건을 고려하지 아니한다. 이익을 과소계상한 경우에는 그 이익이 사외로 유출되었다면 소득처분이 문제될 것이다. 이익을 과다계상한 경우는 당연히 조세회피 이외의 다른 목적을 위한 분식회계일 것이다. 이 경우 대출, 사채발행, 투자유치 등에 분식회계라는 부정한 방법을 사용하고 사후에 조세까지 돌려준다면 정의를 실현한다는 것이 어려워질 수 있다. 이사가 회사에 대한 책임이 면책되고 제3자로부터 손해배상 청구도 받지 아니하며 형사적 제재도 받지 아니한 경우라면 더욱 그러하다.

그렇더라도 조세법 측면에서 대법원은 분식회계로 이익을 과다계상한 경우, 사후에 해당 기업은 더 낸 법인세를 돌려받을 수 있다고 판시하고 있다.146) 이러한 판례에서 쟁점이 된 것은 '납세자에 대한 신의성실의 원칙 적용 여부'이다. 본래 조세법상의 신의성실 원칙은 세무공무원의 언행 또는 과세관청의 비과세관행을 주된 대상으로 한 것이지만, 법률상으로 세무공무원으로 한정하고 있지 않기 때문에 납세의무자의 언행에 대해서도 적용될 수 있다. 다만, 납세의무자에 대한 신의성실 원칙의 적용에 있어서는 별도의 엄격한 요건을 충족하도록 요구하고 있다. 이 같은 판결에 대해서는 결과적으로 기업의 분식회계를 방치하는 태도가 아닌가 라는 비판이 가해질 수 있다.147) 법인세법은 사실과 다른 회계처리를 하고 추후 경정을 청구를 하여 경정을 받은 경우에는 그 과다납부한 세액을 환급하지 아니하고 한 해 100분의 20을 한도로 분할하여 세액공제하는 특례규정을 두고 있다(법법 제58조의3).

[관련판례] 분식회계의 조세효과

1. 납세자에 대한 신의성실의 원칙 적용 부인 – 대법원 2006. 1. 26. 선고 2005두6300 판결 (중복 생략)
2. 분식결산에 따른 경정과 소득처분에 대한 증명책임 01 – 대법원 2002. 1. 11. 선고 2000두3726 판결 * 파기환송
3. 분식결산에 따른 경정과 소득처분에 대한 증명책임 02 – 대법원 1987. 6. 9. 선고 86누732 판결 * 파기환송

---

146) 대법원 2006. 4. 14. 선고 2005두10170 판결 등.
147) 김기섭, "분식회계에 따른 과납세금의 환급청구와 관련된 법률관계", 법률신문, 2006. 11. 30 참조.

1. 납세자에 대한 신의성실의 원칙 적용 부인 - 대법원 2006. 1. 26. 선고 2005두
   6300 판결 (중복 생략)

2. 분식결산에 따른 경정과 소득처분에 대한 증명책임 01 - 대법원 2002. 1. 11.
   선고 2000두3726 판결 * 파기환송

   (1) 사실관계

   고철판매업 등을 영위하는 원고는 소외 국제철강공업 주식회사에 고철을 판매
   하고, 1994. 12. 15. 국제철강으로부터 위 대금의 지급을 위하여 만기 1994. 12.
   23. 및 12. 30.인 각 액면 1억 원의 약속어음 2매를 교부받았다.
   원고는 조세부담을 줄이기 위하여, 각 만기에 결제된 위 어음금 합계 2억 원을
   일단 원고의 대표이사 명의의 예금계좌에 모두 입금하였다가 다시 그 예금계좌로
   부터 1994. 12. 24.에 1억 원, 12. 30.에 6,000만 원, 12. 31.에 4,000만 원을 각각
   인출하여 각각의 인출 당일 원고의 회계에 입금하고는 그 입금액을 모두 대표이사
   로부터의 가수금으로 회계처리하는 한편, 위와 같은 고철매출 사실을 장부에서 누
   락시켰다.
   피고는 세무조사를 통하여 위 매출누락 사실을 적발하고 원고의 장부에 누락된
   위 고철판매대금과 그 부가가치세 등이 사외유출되어 대표이사에게 현실적으로
   귀속되었다는 이유로 1997. 12. 1. 원고에 대하여 이 사건 원천징수 근로소득세
   징수처분을 하였다.
   원고는 위 가수금 명목으로 입금된 금액을 거래처에 대한 고철매입 선급금 등
   으로 사용하였으며, 이 사건 징수처분 이후인 1997. 12. 30. 다시 위 매출누락금
   2억 원 상당의 매출이 있는 것처럼 장부에 계상하여 이를 대표이사에 대한 위 가
   수금 채무와 상계 대체처리하였다.

   〈쟁점〉
   - 법인의 매출누락액이 사외유출된 것이 아니라는 점에 대한 증명책임의 소재
   - 위 매출대금을 가수금 계정에 계상하였더라도 장차 대표이사에게 반제하여
     야 할 채무인 경우, 그 금액은 사외유출되어 대표이사에게 근로소득으로 현
     실귀속된 것인지 여부

   (2) 판결내용
   "법인이 매출사실이 있음에도 불구하고 그 매출액을 장부에 기재하지 아니한

경우에는 특별한 사정이 없는 한 매출누락액 전액이 사외로 유출된 것으로 보아야 하고, 이 경우 그 매출누락액이 사외로 유출된 것이 아니라고 볼 특별사정은 이를 주장하는 법인이 입증하여야 하며(대법원 1986. 9. 9. 선고 85누556 판결, 1999. 5. 25. 선고 97누19151 판결 등 참조), 법인이 매출에 의하여 수령한 대금을 내용이 확정되지 아니한 임시계정인 가수금 계정에 계상함으로써 그 상대계정인 현금이 일단 법인에 들어온 것으로 회계처리를 하였다고 하더라도, 만일 그 가수금 계정의 내용이 대표이사로부터의 단기 차입금 거래를 기장한 것으로서 장차 이를 대표이사에게 반제해야 할 채무라는 것이 밝혀진 경우에는 그 가수금 거래는 법인의 순자산의 변동 내지 증가를 수반하지 아니하는 것으로서 법인의 수익이나 비용과는 무관한 것이므로, 그 가수금 채무가 애당초 반제를 예정하지 아니한 명목만의 가공채무라는 등의 특별한 사정이 없는 한, 장부에 법인의 수익으로서 기재되었어야 할 매출누락액은 이미 사외로 유출되어 위 가수금 거래의 상대방인 대표이사에게 귀속된 것으로 보아야 할 것이다.”

　“원고는 이 사건 고철판매대금으로 2억 원을 수령하였으면서도 그 매출 사실을 장부에 누락시킨 채 이를 장차 반제할 채무를 부담하는 것으로서 법인의 수익과는 무관한 대표이사로부터의 가수금으로 계상하였으니 이로써 그 매출누락액은 벌써 사외로 유출되어 대표이사에게 귀속된 것으로 보아야 할 것이고, 원심이 들고 있는 사정, 즉 가수금 명목으로 원고에게 입금된 금액이 사업상의 용도로 사용되었다든지, 또는 이 사건 징수처분 이후인 1997. 12. 30.에 이르러 원고가 위 매출누락금 2억 원 상당의 매출이 있는 것처럼 장부에 계상하여 이를 대표이사에 대한 위 가수금 채무와 상계 대체처리하였다는 사정은 이 사건 원천징수 갑종근로소득세 납부의무에 아무런 영향을 미칠 수 없는 것이라 할 것이다.”

　그럼에도 불구하고, 원심은 그 판시와 같은 이유를 들어 위 매출누락액이 사외유출되어 대표이사에게 귀속되었다고 볼 수 없다고 판단하였으니, 원심판결에는 사외유출에 관한 법리를 오해하여 심리를 다하지 아니함으로써 판결 결과에 영향을 미친 위법이 있다고 할 것이다. 이 점을 지적하는 상고이유의 주장은 이유 있다.”

3. 분식결산에 따른 경정과 소득처분에 대한 증명책임 02 – 대법원 1987. 6. 9. 선고 86누732 판결 * 파기환송

(1) 사실관계

원고 법인은 입원환자진료비로 1982. 7.부터 동년 12. 31까지 사이에 9,000만 원,

1983. 1. 1.부터 동년 3.까지 사이에 3,000만 원을 각 수납하였으나 이를 손익계산서 상의 수입금액에 계상하지 아니하고 가수금계정에 계상하는 회계처리를 하였다.

〈쟁점〉
병원이 진료비 수납금을 가수금 계정에 계상한 경우와 사외유출

(2) 판결내용
"법인이 매출사실이 있음에도 불구하고 그 매출액을 장부상에 기재하지 아니한 경우에는 다른 특별한 사정이 없는 한 매출누락액 전액이 사외로 유출된 것으로 보아야 하나 본 건에 있어서 원심이 확정한 바와 같이 원고 법인의 위 진료비수납 금이 가수금으로 입금되어 가수금 계정에 계상되어 있고, 단지 위 금원이 각 해당 사업년도의 손익계산서상의 수입금액에 계상되어 있지 아니하였다는 사실만으로 사외에 유출된 것으로 추정할 수는 없다 할 것이고 이 경우 사외로 유출되었다는 사실은 과세관청인 피고가 입증해야 할 것이다."
"원심이 위 견해와 달리 위 손익계산서상의 수입금액에 계상되지 아니한 위 진 료비수납금은 사외유출로 추정하고 원고에게 사내에 유보되어 있다는 증거제시를 요구하고 있음은 입증책임을 전도한 허물이 있고 더욱 원심이 배척한 증거이기는 하나 갑 제14호 증, 갑 제27호 증의 1, 2의 각 기재에 의하면 원고법인은 1984. 1. 1.에 이르러 위와 같이 가수금으로 입금되어 있던 위 진료비 수납금을 잉여금계정 의 전기 손익수정익으로 대체 입금처리하여 이를 손익계산서상의 정상적인 수입 금액에 계상하고 있어 위 금액은 사내에 유보된 것으로 보여지기도 한 이 사건에 있어서 실질적으로 사외에 유출되었는지 여부를 따져보지도 아니하고 피고의 과 세처분이 정당하다고 판단한 조치는 결국 법인세법 시행령(1982.12.31. 령 제 10978호) 제94조의2 제1항 제1호 소정의 소득처분의 법리를 오해한 위법을 범하 였다고 할 것이므로 이 점을 들어 다투는 논지는 이유 있다."

나. 업무상 횡령

횡령의 일반적인 방식은 ① 매출 등 수익을 누락하면서 현금 등 자산을 횡령 하는 경우라든가 ② 가공비용을 만들어서 현금 등 자산을 횡령하는 경우가 있다. 전자의 경우 익금산입되고 후자의 경우 손금불산입되어 법인세와 가산세가 부과 된다. 아울러 법인의 원천징수의무와 횡령자에 대한 과세가 문제될 수 있는데, 횡 령의 경우 피해법인은 누락된 매출 또는 가공비용을 익금산입 또는 손금불산입하

여야 하는데, 그에 따른 소득처분에서 소득의 귀속주체를 횡령자로 보고 당해 횡령자의 지위에 따라 근로소득, 배당소득 또는 기타소득으로 과세한다.

한편 해당 법인에게 횡령자에 대한 반환청구권이 존재한다고 판단되는 경우에는, 자산이 사외유출된 것이 아니고 채권으로 변형된 것이므로, 익금산입 또는 손금불산입에 따른 법인세의 추징과 가산세의 부과만 문제될 뿐이고, 법인의 원천징수의무와 횡령한 자에 대한 과세는 문제되지 아니한다.

[관련판례] 횡령의 조세효과
1. 횡령에 따른 대표자 인정상여의 해당 여부 - 대법원 2008. 11. 13. 선고 2007두23323 판결 * 파기환송 (중복 생략)
2. 횡령에 따른 대표자 인정상여와 증명책임 - 대법원 2008. 9. 18. 선고 2006다49789 전원합의체 판결 * 파기환송 (중복 생략)

V. 기업조직재편에 대한 과세

1. 서설

기업조직재편은 기업활동의 효율을 높이기 위하여 기업단위를 통합·분할하는 등 기업의 조직을 재편하는 것으로, 구체적으로는 기업인수도, 합병, 분할, 주식의 포괄적 교환·이전, 영업양수도, 조직변경, 지주회사 설립·전환 등을 그 수단으로 한다. 조직재편은 대부분의 경우 기업을 형성하고 있는 인적·물적 요소에 직접적인 영향을 미치고 근본적인 변화를 가져온다는 점에서 기업구조조정 방법 중 상대적으로 강도가 높은 방법이라고 할 수 있다.

경영상 기업조직재편이 필요하다고 하더라도 이를 실천하기 위해서는 소요되는 비용을 고려하여야 하는데, 그러한 비용에 대한 고려에서 큰 비중을 차지하는 것의 하나가 조세부담이다. 당사회사는 기업조직재편에 따른 조세부담이 감당하기 어렵다면 이를 단념할 수밖에 없기 때문에, 현행 조세법은 그 부담을 완화해주기 위해 조직재편의 수단별로 특례제도를 마련해 두고 있다.

현행 조세법은 기업조직재편 과정에서 필수적으로 발생하는 미실현이익을 과세대상소득으로 인식하는 것이 조직재편에 상당한 장애요인이 된다는 점에 착안하여 과세이연의 방법으로 조세부담을 덜어주고 있다.[148] 아울러 기업조직재편을 계기로 자행될 수 있는 조세회피를 방지 또는 규제하기 위한 다양한 조치를 함께 강구하고 있다.

2. 합병과세

가. 기본구조

합병이란 상법의 절차에 따라 2개 이상의 회사가 그 중 1개의 회사만 존속하고 나머지 회사들이 소멸하거나(흡수합병) 전부 소멸하고(신설합병), 청산절차를 거치지 아니한 채 소멸회사의 모든 권리·의무를 존속회사 또는 신설회사가 포괄적으로 승계하는 회사법상의 법률행위를 말한다. 합병은 가장 완전한 기업결합형태로서 규모의 경제(economies of scale) 실현, 생산·관리의 효율화, 이윤의 극대화 또는 기업의 사회적·정치적 입지의 강화를 위하여 행해진다. 기업이 이와 같은 경영정책상의 이유에서 합병을 의도한다면 그에 따른 조세효과를 염두에 두어야 한다. 왜냐하면 합병을 통하여 그간에 누적된 과세요소가 일시에 실현되기 때문이다.

법인세법에서는 합병을 피합병법인이 합병 당시 보유하던 자산을 합병법인에게 포괄적으로 양도하는 것으로 본다. 이에 따라 합병이 이루어지면 합병법인은 피합병법인으로부터 순자산을 양수하고, 피합병법인은 그 양도대가를 받으며, 피합병법인의 주주들은 그 합병대가를 받는다. 이러한 과정에서 피합병법인, 합병법인 및 피합병법인의 주주에 대하여 과세문제가 발생한다.

피합병법인에 대해서는 합병으로 인하여 해산하는 과정에서 드러나는 그 순자산에 딸린 미실현이익에 대한 과세가 문제된다. 합병법인에 대해서는 피합병법인으로부터 인계받은 순자산의 시가와 양도가액의 차액에 대한 과세가 문제된다. 피합병법인의 주주는 기존의 주식을 내어주고 합병법인의 주식 등을 받게 되는

---

148) 과세이연이란 기업의 자금운용에 여유를 주기 위한 취지로 조세납부의 시점을 연기해 주는 제도를 말한다.

데, 이 경우 내어주는 주식의 취득가액과 받는 주식 등의 시가의 차액에 대한 과세가 문제된다.

　　법인세법은 기업조직재편의 촉진을 지원한다는 취지에서 일정한 요건을 충족하는 적격합병 등에 대해서는 과세특례를 인정하고 있다.

[표] 합병과세 기본구조

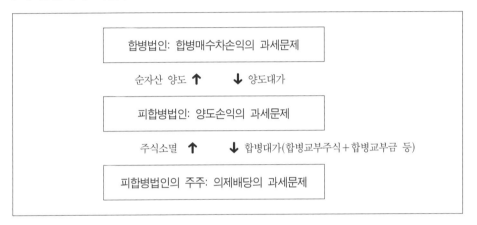

　　이하에서는 합병과세를 피합병법인, 합병법인 및 피합병법인의 주주에 대하여 비적격합병과 적격합병으로 구분하여 살펴본다.

나. 법률규정의 내용

(1) 피합병법인에 대한 과세

① 피합병법인에 대한 과세 일반

　　법인세법에서는 합병을 피합병법인이 합병 당시 보유하던 자산을 합병법인에게 포괄적으로 양도하는 것으로 본다. 이에 따라 피합병법인은 합병법인으로부터 받은 양도가액에서 피합병법인의 합병등기일 현재의 순자산 장부가액을 뺀 양도에 따른 손익을 당해 사업연도의 소득금액을 계산할 때 익금 또는 손금에 산입하여야 한다(법법 제44조 제1항).[149]

---

149) 피합병법인은 합병으로 소멸하기 때문에, 피합병법인의 합병에 따른 법인세 신고·납부는 그 납세의무를 승계받는 합병법인이 이행한다.

② 적격합병 시 과세특례

피합병법인이 적격합병 요건을 충족하는 경우에는 피합병법인이 합병법인으로부터 받은 양도가액을 피합병법인의 합병등기일 현재의 순자산 장부가액으로 보아 양도에 따른 손익이 없는 것으로 할 수 있다(법법 제44조 제2항). 또한 내국법인이 완전자법인을 합병하는 경우에는 적격합병 요건을 충족하지 못하더라도 양도손익이 없는 것으로 할 수 있다(법법 제44조 제3항). 적격합병의 요건은 다음과 같다.

 i. 사업목적 요건: 합병등기일 현재 1년 이상 사업을 계속하던 내국법인 간 합병이어야 한다.

 ii. 사업연속성 요건: 피합병법인의 주주가 합병으로 인하여 받은 합병대가의 총합계액 중 합병법인의 주식의 가액이 100분의 80 이상이거나 합병법인의 모회사의 주식의 가액이 100분의 80 이상으로 그 주식 등이 배정되고, 피합병법인의 지배주주가 합병으로 취득한 주식을 합병등기일이 속하는 사업연도의 종료일까지 보유하여야 한다.

 iii. 사업계속성 요건: 합병법인이 합병등기일이 속하는 사업연도의 종료일까지 피합병법인으로부터 승계받은 사업을 계속하여야 한다.

 iv. 근로자승계 요건: 합병등기일 1개월 전 당시 피합병법인에 종사하는 근로자 중 합병법인이 승계한 근로자의 비율이 100분의 80 이상이고, 합병등기일이 속하는 사업연도의 종료일까지 그 비율을 유지하여야 한다.

(2) 합병법인에 대한 과세

① 합병법인에 대한 과세 일반

합병법인이 합병으로 피합병법인의 자산을 양도받은 경우에는 그 자산을 합병등기일 현재의 시가로 양도받은 것으로 본다(법법 제44조의2 제1항 1문). 이 때 합병법인이 지급한 양도가액이 합병등기일 현재 피합병법인의 순자산의 시가에 미달하는 경우에는 그 미달금액(합병매수차익)을 세무조정계산서에 계상하고 합병등기일로부터 5년간 균등분할하여 익금에 산입한다(법법 제44조의2 제2항).150)

---

150) 이 규정의 의미는 합병법인이 지급한 양도가액과 합병등기일 현재 피합병법인 순자산의 시가

합병법인이 지급한 양도가액이 합병등기일 현재 피합병법인의 순자산의 시가를 초과하는 경우에는, 그 초과금액(합병매수차손)이 피합병법인의 상호, 거래관계 그 밖의 영업상의 비밀에 대하여 사업상 가치[151]가 있다고 보아 대가를 지급하여 발생한 것인 경우에 한하여, 그 초과금액을 세무조정계산서에 계상하고 합병등기일로부터 5년간 균등분할하여 손금에 산입한다(법법 제44조의2 제3항 및 동법령 제80조의3 제2항).

위 규정들은 합병법인이 피합병법인의 자산을 시가로 양도받은 것으로 보고, 실제의 양도가액이 순자산의 시가보다 높거나 낮은 경우에는 그 차액을 균등분할하여 일정기간 합병법인의 소득금액에 반영하도록 한 것이다. 이로써 법인세법은 합병자산에 내포되어 있는 미실현손익을 피합병법인의 단계에서는 양도손익으로, 합병법인의 단계에서는 합병매수차손익으로 과세한다. 그렇다고 양도손익과 합병매수차손익이 바로 대응하는 것이 아니고, 납세의무자와 과세물건이 다르므로 이중과세가 아니다.

② **적격합병 시 과세특례 – 과세이연**

법인세법은 적격합병 또는 완전자법인 합병에 해당하여 피합병법인의 양도손익이 없는 경우에는, 합병법인은 피합병법인의 자산을 장부가액으로 양수한 것으로 본다(법법 제44조의3 제1항). 이렇게 한다면 합병매수차익이 발생할 여지가 없게 된다.

구체적인 내용을 보면, 법인세법은 합병법인이 피합병법인의 자산을 장부가액이 아닌 합병등기일 현재의 시가로 계상하게 하면서 동시에 자산별로 시가와 장부가액의 차액을 자산조정계정으로 계상하도록 하고, 해당 자산의 감가상각시 또는 처분시에 감가상각비에 가산하거나 익금 또는 손금에 산입하여 장부가액으로 양수한 것과 동일한 효과를 거둘 수 있도록 하고 있다(법법 령 제80조의4 제1항 본문 참조). 이 경우 명문의 규정은 없지만 합병매수차손익은 계상하지 않는 것으로 해석된다.[152]

간의 차액을 합병법인이 피합병법인으로부터 분여받은 것으로 본다는 것이다.

151) 사업상 가치의 평가 여부는 합병의 경위와 동기, 합병 무렵 합병법인과 피합병법인의 사업 현황, 합병 이후 세무 신고 내용 등 여러 사정을 종합하여 객관적으로 판단하여야 하고, 기업회계기준에 따라 영업권이 산출된다는 것만으로 이를 추단할 수 없다, 대법원 2018. 5. 11. 선고 2015두41463 판결.

감가상각자산에 설정된 자산조정계정의 경우 자산조정계정이 0보다 큰 경우에는 해당 자산의 감가상각비와 상계하고 0보다 작은 경우에는 감가상각비에 가산하되, 해당 자산을 처분하는 경우에는 상계 또는 가산하고 남은 금액을 그 처분하는 사업연도에 전액 익금 또는 손금에 산입하여야 한다(법법 령 제80조의4 제1항 제1호). 감가상각 이외의 자산에 설정된 자산조정계정의 경우에는 해당 자산을 처분하는 사업연도에 이를 전액 익금 또는 손금에 산입하여야 한다(법법 령 제80조의4 제1항 제2호).

③ 세무조정사항 등의 승계

i. 세무조정사항 일반

법인세법은 비적격합병의 경우에는 합병법인이 피합병법인의 각 사업연도 소득금액과 과세표준을 계산할 때 익금 또는 손금에 산입하거나 산입하지 않을 금액, 그 밖의 자산·부채 등 중 동법 시행령에서 정하는 사항만을 승계할 수 있도록 규정하고 있다(법법 제44조의2 제1항). 동법 시행령에서는 퇴직급여충당금 또는 대손충당금과 관련된 세무조정사항을 규정하고 있다(법법 령 제85조 제2호).

법인세법은 적격합병 또는 완전자법인 합병의 경우에는 합병법인이 위 세무조정사항을 동법 시행령이 정하는 바에 따라 승계한다고 규정하고 있고, 동법 시행령에서는 모두 승계한다고 규정하고 있다(법법 제44조의3 제2항 및 법법 령 제85조 제1호).

위 규정들에 따르면, 법인세법의 세무조정사항 승계에 대한 입장은 적격합병 등의 경우에는 원칙적으로 일괄승계한다는 것이고 비적격합병의 경우에는 원칙적으로 불승계한다는 것이다.

ii. 이월결손금

피합병법인의 이월결손금은 합병법인이 적격합병 등의 요건을 충족하는 경우 이를 승계할 수 있다(법법 제44조의3 제2항 및 동법 령 제81조 제2항). 이 경우 합병법인이 승계한 피합병법인의 이월결손금은 피합병법인으로부터 승계받은 사업에서 발생한 소득금액의 범위에서 합병법인의 각 사업연도의 과세표준을 계산할 때 공제한다(법법 제45조 제2항).

---

152) 황남석·이준규, "개정된 합병세제의 해석·적용상의 문제점", 조세법연구, 제16권 제3호, 2010, 59면.

iii. 기부금한도초과액

합병법인의 상대방법인의 합병 당시 기부금한도초과액은 합병 전 해당 법인의 사업에서 발생한 소득을 기준으로 산출한 한도 내에서 손금산입한다(법법 제45조 제6항). 피합병법인 등으로부터 승계되는 기부금한도초과액은 승계받은 사업에서 발생한 소득을 기준으로 산출한 한도 내에서 손금산입한다(법법 제45조 제7항).

④ **사후관리 - 유지요건**

적격합병을 한 합병법인은 합병등기일이 속하는 사업연도의 다음 사업연도 개시일로부터 2년 이내에 합병법인이 피합병법인으로부터 승계받은 사업을 폐지하거나 피합병법인의 지배주주 등이 합병법인으로부터 받은 주식을 처분하는 경우 또는 3년 이내에 각 사업연도 종료일 현재 합병법인에 종사하는 근로자 수가 합병등기일 1개월 전 당시 피합병법인과 합병법인에 각각 종사하는 근로자 수의 합의 100분의 80 미만으로 하락하는 경우에는, 그 사유가 발생한 날이 속하는 사업연도의 소득금액을 계산할 때 양도받은 자산의 장부가액과 시가와의 차액 등을 익금에 산입하고 자산별로 계상된 자산조정계정은 소멸하는 것으로 한다(법법 제44조의3 제3항 및 동법 령 제80조의4 제3항). 위 규정들은 사후적으로 적격합병 요건을 충족하지 못하는 경우 합병법인에 대하여 이연된 과세를 한다는 것이다.

구체적인 내용을 보면, 합병법인은 사후적으로 적격합병 요건을 충족하지 못하여 양도받은 자산의 장부가액과 시가와의 차액 등을 익금에 산입한 경우에는 합병매수차익 또는 합병매수차손을 그 사유가 발생한 날부터 합병등기일 이후 5년이 되는 날까지 일정한 금액씩 익금 또는 손금에 산입하여야 한다(법법 제44조 제3항 및 동법 령 제80조의4 제4항). 위 규정들이 의미하는 바는 사후적으로 적격합병을 충족하지 못한 합병법인에 대해서는 비적격합병의 경우와 마찬가지로 합병법인이 지급한 양도가액과 피합병법인 순자산의 시가와의 차액을 합병법인의 소득금액에 반영한다는 것이다.

(3) 피합병법인의 주주 등에 대한 과세

① **피합병법인의 주주**

피합병법인의 주주는 합병대가(시가)가 피합병법인 주식의 취득가액을 초과하는 경우에는 원칙적으로 의제배당으로 과세된다(소법 제17조 제2항 제4호 및 법법

제16조 제1항 제5호). 합병으로 인하여 피합병법인의 주주가 취득하는 합병법인의 주식은 법인세법 제44조 제2항에 규정된 적격합병의 요건을 충족하는 경우에는 피합병법인 주식에 대한 종전의 장부가액(취득가액)으로 평가되고, 그 밖의 경우에는 취득하는 합병법인 주식의 시가로 평가된다. 피합병법인의 주주에 대하여, 비적격합병의 경우에는 의제배당으로 과세하고, 적격합병의 경우에는 의제배당 과세를 이연한다는 의미이다.

② 합병법인의 주주

합병 이후 합병법인이 합병매수차익을 자본금전입하여 합병법인의 주주가 무상주를 교부받게 되더라도 합병매수차익은 익금이 아닌 자본잉여금이므로 의제배당이 과세되지 아니한다.

한편 합병비율이 불공정할 경우에는 그로 인한 이익을 얻은 합병법인의 주주에게 개인주주의 경우 증여세, 법인주주의 경우 법인세가 부과될 수 있다.153)

3. 분할과세

가. 분할의 개념과 종류

회사분할이란 하나의 회사의 영업을 둘 이상으로 분리하고 분리된 영업을 자본으로 하여 회사를 신설하거나 다른 회사와 합병시키는 회사법상의 법률행위를 말한다. 이에 의해 본래의 회사는 소멸하거나 규모가 축소된 상태로 남게 되고, 분할회사의 주주는 분할회사의 분할부분에 관한 권리·의무를 승계한 회사의 주식을 취득한다.

회사분할은 먼저 분할회사의 사원이 분할 후 신설회사 또는 분할합병의 상대방회사의 사원이 되는가 그렇지 아니한가에 따라 인적분할과 물적분할로 구분된다. 인적분할이란 분할부분에 해당하는 신주를 분할회사의 주주에게 배정하는 형태의 회사분할을 말하고, 물적분할이란 분할부분에 해당하는 신주를 분할회사의 주주에게 배정하지 아니하고 분할회사가 직접 취득하는 형태의 회사분할을 말한다. 인적분할은 다시 합병과의 관련 여부에 따라 합병과 관련을 갖지 아니하는

---

153) 합병비율이 불공정하다면 법인세법의 부당행위계산부인규정 또는 상증세법의 증여규정에 의하여 과세될 수 있다.

경우의 단순분할과 합병과 결합된 경우의 분할합병으로 분류된다. 단순분할은 분할회사가 소멸하고 이를 토대로 둘 이상의 회사가 생겨나는 경우(소멸분할)와 분할회사는 그대로 존속하면서 그 일부의 권리·의무를 신설회사가 승계하는 경우(존속분할)로 분류된다. 물적분할에 대하여는 인적분할에 있어서와 같이 소멸·존속 또는 흡수·신설의 조합이 모두 인정되지 아니하고, 분할회사의 존속을 전제로 하는 존속분할, 존속흡수분할합병 및 존속신설분할합병만을 인정하고 있다. 아울러 상법은 제530조의12에서 물적분할에 관하여 정하고 있는데, 절차와 효과 등에 관한 세부규정을 두지 아니하고 인적분할에 관한 규정을 포괄적으로 준용하도록 정하고 있다.

분할합병은 분할된 일부분을 기존의 다른 회사에 흡수합병시키는 경우(흡수분할합병)와 기존의 회사와 신설합병하는 경우(신설분할합병)로 분류된다. 그리고 흡수분할합병과 신설분할합병은 분할회사가 소멸하는가 존속하는가에 따라 각각 소멸흡수분할합병과 존속흡수분할합병 및 소멸신설분할합병과 존속신설분할합병으로 분류된다.

나. 분할에 대한 과세

법인세법은 법인의 분할에 관하여 분할 후 해산하는 경우를 중심으로 규정하고(법법 제46조부터 제46조의4까지), 그 규정들을 분할 후 존속하는 경우(법법 제46조의5)에 대해서도 대부분 준용하고 있다. 이하에서는 분할과세를 인적분할을 중심으로 납세의무자를 분할법인, 분할신설법인 및 분할법인의 주주으로 나누고 비적격분할과 적격분할로 구분하여 살펴보고, 물적분할에 대해서는 따로이 설명한다.

(1) 분할법인에 대한 과세
① 분할법인에 대한 과세 일반

법인세법은 법인이 분할하는 경우 그 법인의 자산을 분할신설법인 또는 분할합병의 상대방법인에게 양도한 것으로 보고 양도손익('분할법인 등이 분할신설법인 등으로부터 받은 양도가액'에서 '분할법인 등의 분할등기일 현재의 순자산 장부가액'을 뺀 금액)을 분할법인 또는 소멸한 분할합병의 상대방법인이 분할등기일이 속하는 사업연도의 소득금액을 계산할 때 익금 또는 손금에 산입하도록 하고 있다(법법 제46조 제1항).

② **적격분할 시 과세특례**

합병과세와 마찬가지로 주주 소유관계의 계속성, 사업 계속성 등 과세특례의 요건을 충족하는 적격분할의 경우에는 분할법인 등은 양도손익이 없는 것으로 할 수 있다(법법 제46조 제2항). 적격분할의 요건은 다음과 같다.

  ⅰ. 사업목적 요건: 분할등기일 현재 5년 이상 사업을 계속하던 내국법인이 다음의 요건을 모두 갖추어 분할하는 경우일 것
  1. 분리하여 사업이 가능한 독립된 사업부문을 분할하는 것일 것
  2. 분할하는 사업부문의 자산 및 부채가 포괄적으로 승계될 것
  3. 분할법인 등만의 출자에 의하여 분할하는 것일 것
  ⅱ. 사업연속성 요건: 분할법인 등의 분할신설법인 등으로부터 받은 분할대가의 전액이 주식인 경우로서,[154] 그 주식이 분할법인 등의 주주가 소유하던 주식의 비율 등을 고려하여 배정되고,[155] 분할법인 등의 주주가 분할등기일이 속하는 사업연도의 종료일까지 그 주식을 보유할 것
  ⅲ. 사업계속성 요건: 분할신설법인 등이 분할등기일이 속하는 사업연도의 종료일까지 분할법인 등으로부터 승계받은 사업을 계속할 것
  ⅳ. 근로자승계 요건: 분할등기일 1개월 전 당시 분할하는 사업부문에 종사하는 근로자 중 분할신설법인 등이 승계한 근로자의 비율이 100분의 80 이상이고, 분할등기일이 속하는 사업연도의 종료일까지 그 비율을 유지할 것

---

154) 분할합병의 경우에는 분할대가의 100분의 80 이상이 분할신설법인 등의 주식인 경우 또는 분할대가의 100분의 80 이상이 분할합병의 상대방 법인의 발행주식총수 또는 출자총액을 소유하고 있는 내국법인의 주식인 경우를 말한다(법법 제46조 제2항 제2호 및 동법 령 제82조의2 제6항).

155) 지분비율 산정 시 분할법인 등이 보유한 자기주식은 제외한다(법법 제46조 제2항 제2호 및 동법 령 제82조의2 제7항). 분할법인 등의 자기주식에 대해 분할신설법인 등의 주식을 배정하지 않더라도 적격분할로 볼 수 있도록 한 것이다.

(2) 분할신설법인에 대한 과세

① **분할신설법인에 대한 과세 일반**

법인세법은 분할신설법인 등에 대하여 분할법인 등으로부터 승계한 자산을 시가로 양도받은 것으로 보고 시가를 기준으로 과세한다(법법 제46조의2 제1항). 양도가액이 순자산의 시가에 미달하는 경우에는 그 차액(분할매수차익)을 분할등기일로부터 5년간 균등하게 나누어 익금에 산입하도록 하고, 양도가액이 순자산의 시가를 초과하는 경우에는 동법 시행령이 정하는 차액(분할매수차손)을 분할등기일로부터 5년간 균등하게 나누어 손금에 산입하도록 하고 있다.

② **적격분할 시 과세특례 – 과세이연**

법인세법은 적격분할의 요건을 충족하는 분할신설법인 등에 대해서는 분할법인 등으로부터 승계한 자산을 장부가액으로 양도받은 것으로 하고 있다(법법 제46조의3 제1항). 이 경우 자산과 부채의 가액을 시가로 계상하면서 시가에서 분할법인 등의 장부가액을 차감한 금액을 자산조정계정에 계상하고 자산조정계정을 자산의 감가상각비와 상계 또는 가산하거나 자산의 처분시 잔액 전부를 익금 또는 손금에 산입하도록 하여 미실현이득을 인식하게 하고 있다(법법 령 제82조의4 제1항 및 제80조의4 제1항).

③ **세무조정사항 등의 승계**

ⅰ. 세무조정사항 일반

적격분할을 한 분할신설법인 등은 분할법인 등의 분할등기일 현재 이월결손금과 분할법인 등이 각 사업연도의 소득금액 및 과세표준을 계산할 때 익금 또는 손금에 산입하거나 산입하지 아니한 금액, 그 밖의 자산·부채 및 감면·세액공제 등을 승계한다(법법 제46조의3 제2항).

ⅱ. 이월결손금

분할합병의 상대방법인의 이월결손금은 분할합병의 상대방법인의 각 사업연도의 과세표준을 계산할 때 분할법인으로부터 승계받은 사업에서 발생한 소득금액의 범위에서는 공제하지 아니한다(법법 제46조의4 제1항).

분할 후 분할법인이 해산하는 경우 적격분할의 요건을 갖추면 분할신설법인 등이 승계한 분할법인 등의 이월결손금은 분할법인 등으로부터 승계받

은 사업에서 발생한 금액의 범위에서 분할신설법인 등의 각 사업연도의 과세
표준을 계산할 때 공제한다(법법 제46조의4 제2항).

　　　iii. 기부금한도초과액

　　분할법인의 상대방법인의 분할 당시 기부금한도초과액은 분할 전 해당 법인
의 사업에서 발생한 소득을 기준으로 산출한 한도 내에서 손금산입한다(법법 제46
조의4 제6항). 분할법인 등으로부터 승계되는 기부금한도초과액은 승계받은 사업
에서 발생한 소득을 기준으로 산출한 한도 내에서 손금산입한다(법법 제46조의4 제
7항).

　　④ **사후관리 – 유지요건**

　　적격분할을 한 분할신설법인 등은 2년 이내에 분할신설법인 등이 승계받은
사업을 폐지하거나 분할법인 등의 지배주주가 분할신설법인 등으로부터 받은 주
식을 처분하는 경우 또는 3년 이내에 각 사업연도 종료일 현재 분할신설법인 등
에 종사하는 근로자 수가 분할등기일 1개월 전 당시 분할하는 사업부문에 종사하
는 근로자 수의 100분의 80 미만으로 하락하는 경우에는, 그 시점에 미실현이득
이 실현된 것으로 보고 분할신설법인 등이 양도받은 자산의 장부가액과 시가와의
차액에 대하여 일정한 절차에 따라 과세한다(법법 제46조의3 제3항, 제4항 및 동법 령
제82조의4 제3항, 제4항).

　　구체적인 내용을 보면, 분할신설법인 등은 사후적으로 적격합병 요건을 충족
하지 못하여 양도받은 자산의 장부가액과 시가와의 차액 등을 익금에 산입한 경
우에는 분할매수차익 또는 분할매수차손을 그 사유가 발생한 날부터 분할등기일
이후 5년이 되는 날까지 일정한 금액씩 익금 또는 손금에 산입하여야 한다(법법
제46조의3 제4항 및 동법 령 제82조의4 제4항).

　　(3) 분할법인의 주주에 대한 과세

　　① **분할법인의 주주에 대한 과세 일반**

　　비적격분할의 경우 분할법인 등의 주주가 분할신설법인 등으로부터 분할로
인하여 취득하는 시가로 평가된 분할대가가 분할법인 등의 주식을 취득하기 위하
여 소요된 금액을 초과하는 금액은 배당으로 의제하여 과세된다(소법 제17조
제2항 제6호 및 법법 제16조 제1항 제6호).

② **적격분할 시 과세이연**

적격분할의 경우에는 분할법인 등의 주주가 분할신설법인 등으로부터 분할로 인하여 취득하는 분할대가가 종전 주식의 장부가액과 동일하다고 봄으로써 의제배당으로 과세하지 아니한다.

(4) 물적분할의 경우

물적분할의 경우에도 법인세법 제46조에서 정하는 적격분할의 요건을 갖추면 분할법인은 물적분할로 인하여 발생한 자산의 양도차익에 상당하는 금액을 손금에 산입할 수 있다(법법 제47조 제1항). 이 경우 손금에 산입하는 금액은 분할신설법인주식 등의 압축기장충당금156)으로 계상하여야 한다(법법 령 제84조 제2항).

그러나 분할 후 2년 이내에 분할신설법인이 승계받은 사업을 폐지하거나 분할법인이 분할신설법인의 발행주식총수 또는 출자총액의 100분의 50 미만으로 주식 등을 보유하게 되는 경우 또는 3년 이내에 각 사업연도 종료일 현재 분할신설법인에 종사하는 근로자 수가 분할등기일 1개월 전 당시 분할하는 사업부문에 종사하는 근로자 수의 100분의 80 미만으로 하락하는 경우에는, 그 시점에 미실현이득이 실현된 것으로 보고 그 사유가 발생한 날이 속하는 사업연도의 소득금액을 계산할 때 익금에 산입한다(법법 제47조 제3항 및 법법 령 제84조 제13항).

4. 주식의 포괄적 교환·이전 과세

가. 주식의 포괄적 교환과 포괄적 이전의 개념

주식의 포괄적 교환이란 지주회사가 다른 회사의 발행주식총수와 자기 회사의 주식을 교환함으로써 다른 회사의 주주가 지주회사의 주주가 되는 것을 말한다. 완전자회사가 되는 회사의 주주가 가지는 그 회사의 주식은 주식을 교환하는

---

156) 압축기장이란 고정자산을 취득할 때 장부가격을 취득원가보다 적게 기장하는 것을 말한다. 국고보조금, 공사부담금 및 보험차익은 법인세법상 익금에 해당하지만 감가상각자산의 경우 일시상각충당금으로, 비상각자산의 경우 압축기장충당금으로 손금산입하여 조세부담의 증가를 상쇄시킬 수 있다(법인세법 제64조 참조). 그 밖에도 법인세법상 물적분할로 인한 자산양도차익, 기업구조조정을 지원하기 위한 조세특례제한법상 특정양도차익 등에 대해서도 압축기장충당금을 설정할 수 있다.

날에 주식교환에 의하여 완전모회사가 되는 회사에 이전되고, 그 완전자회사가
되는 회사의 주주는 그 완전모회사가 되는 회사가 주식교환을 위하여 발행하는
신주 또는 보유하는 자기주식의 배정을 받음으로써 그 회사의 주주가 된다(상법
제360조의2).

주식의 포괄적 이전이란 완전자회사가 되는 회사의 주주가 소유하는 주식을
주식이전에 의하여 설립하는 완전모회사에 이전하고 그 완전모회사가 주식이전을
위하여 발행하는 주식의 배정을 받음으로써 그 완전모회사의 주주가 되는 제도를
말한다(상법 제360조의15).

이하에서는 주식의 포괄적 교환을 중심으로 주식의 포괄적 교환·이전에 대
한 과세에 관하여 살펴본다.

나. 주식의 포괄적 교환·이전에 대한 과세

완전모회사가 주식교환에 의하여 주식을 취득하고 이에 대하여 신주를 발
행[157]하는 것은 자본거래에 해당하고, 완전자회사의 경우에도 회사의 주주가 변
경될 뿐 과세소득이 발생하지 아니하므로, 완전모회사나 완전자회사에 있어서는
원칙적으로 과세문제가 발생하지 아니한다.

문제는 완전자회사의 주주들인데, 완전자회사 주주들의 경우 기존의 주식을
완전모회사에 양도하는 행위와 관련하여 양도차익에 대한 과세문제가 발생하고,
이 중 적격요건을 충족한 주식의 포괄적 교환으로 발생한 주식양도차익에 대해서
는 과세를 이연 받을 수 있다(조특법 제38조 제1항). 한편 불공정한 주식의 교환비
율에 따라 주식의 포괄적 교환이 이루어진 경우 완전모회사와 완전자회사의 주주
사이에 이익의 증여문제가 발생할 수 있다.[158]

(1) 과세 일반

완전자회사의 주주들에게 과세되는 주식양도차익과 관련한 주된 쟁점은
완전자회사 주주의 주식교환행위가 양도소득세 과세대상인지 여부와 양도차익을

---

157) 완전모회사는 신주발행에 갈음하여 자기주식을 교부하는 경우에는(상법 제360조의6) 자기주
식처분이익과 관련된 과세문제가 발생한다.
158) 또한 불공정한 주식의 교환비율에 따라 주식의 포괄적 교환이 이루어진 경우에는 주식을 취득
한 완전모회사는 부당행위계산부인에 따라 법인세를 부담할 수 있다.

과세할 경우 양도가액을 어떻게 산정할 것인지이다.[159)]

소득세법은 제88조 제1호에 따르면 조세법상 '양도'란 자산에 대한 등기 또는 등록에 관계 없이 매도, 교환, 법인에 대한 현물출자 등으로 인하여 그 자산이 사실상 유상으로 이전되는 것이고, 주식의 포괄적 교환은 자산의 교환으로 그 자산이 사실상 유상으로 이전되는 것이므로 소득세법상 양도에 해당하여 양도소득세가 과세된다.

이 경우 취득한 신주의 이익실현 여부나 보호예수의무에 따른 장래이익의 불확실성은 양도소득세 과세대상 여부의 판단에 영향을 미치지 아니한다.[160)]

주식교환을 양도로 보아 과세하는 경우 양도가액은 양도 당시의 실지거래가액에 의하도록 규정되어 있는데(소법 제96조 제1항), 이때 실지거래가액은 주식교환계약에 따라 취득한 신주의 가액(주식교환 과정에서 평가된 가액)을 기준으로 산정한다.[161)]

(2) 과세특례 - 과세이연

내국법인이 조세특례제한법에서 정하는 일정한 요건을 모두 갖추어 상법 제360조의2에 따른 주식의 포괄적 교환에 따라 상대방 법인의 완전자회사가 되는 경우에는, 완전자회사의 주주는 완전모회사의 주식을 처분할 때까지 그 주식의 포괄적 교환으로 발생한 완전자회사 주주의 주식양도차익에 상당하는 금액에 대한 양도소득세 또는 법인세의 과세를 이연받을 수 있다(조특법 제38조 제1항).

과세특례의 내용을 보면, 주식양도차익을 얻은 완전자회사의 주주가 내국법인 또는 내국법인과 마찬가지로 국내원천소득에 대한 법인세를 신고·납부하는 외국법인인 경우에는 교환받은 완전모회사의 주식에 대한 압축기장충당금을 손금계상하고 이후 완전모회사의 주식을 처분하는 시점에 그 충당금을 익금산입하는 방식으로 주식양도차익을 과세이연할 수 있다(조특법 령 제35조의2 제1항과 제2항). 그 밖에 주식양도차익을 얻은 완전자회사의 주주가 거주자 등인 경우에는 취득한 완전모회사 주식의 취득가액을 조정하는 방법으로 주식양도차익을 과세이연할 수

---

159) 이정란, "주식의 포괄적 교환으로 인한 증여이익의 과세", 부산대학교 법학연구, 제56권 제4호, 2015, 258면.
160) 위의 논문, 258면.
161) 대법원 2011. 2. 10. 선고 2009두19465 판결 등 참조.

있다(조특법 령 제35조의2 제3항 및 제4항).

(3) 사후관리 - 유지요건

완전자회사의 주주가 과세이연을 받고 2년 이내에 완전자회사가 사업을 폐지하거나 완전모회사 또는 완전자회사의 주주가 주식의 포괄적 교환으로 취득한 주식을 처분하는 경우에는, 완전자회사의 주주는 과세를 이연받은 양도소득세 또는 법인세를 납부하여야 한다(조특법 제38조 제2항 및 동법 령 제11항, 제12항).

5. 불공정한 합병비율 등에 대한 부당행위계산부인 또는 증여세 과세

가. 불공정한 합병비율 등에 대한 부당행위계산부인

(1) 합병·분할 당사법인 간 양도손익 감소(법법 제52조 및 동법 령 제88조 제1항 제3의2호)

특수관계인인 법인 간 합병(분할합병 포함)·분할에 있어서 불공정한 비율로 합병·분할하여 합병·분할에 따른 양도손익을 감소시킨 경우에는 그 법인의 행위 또는 소득금액의 계산(부당행위계산)과 관계없이 '시가'에 따라 그 법인의 각 사업연도의 소득금액을 계산한다. 다만, 자본시장법 제165조의4에 따라 합병(분할합병 포함)·분할하는 경우는 제외한다.[162]

(2) 합병으로 인하여 소액주주가 아닌 법인주주가 특수관계인인 다른 주주에게 이익을 분여한 경우(법법 제52조 및 동법 령 제88조 제1항 제8호 가목)

특수관계인인 법인 간의 합병(분할합병 포함)에 있어서 주식 등을 시가보다 높

---

162) 합병비율이 불공정한지 여부의 판단은 조세법과 상법·자본시장법이 다르다. 조세법상 합병비율의 불공정 여부 판단기준은 조세법상의 주식평가방법이고, 상법·자본시장법상 합병비율의 불공정 여부 판단기준은 상법·자본시장법상의 주식평가방법이다. 조세법상 상장법인과 비상장법인의 주식평가방법은 상증세법 제63조에서 상세하게 규정하고 있고 이를 법인세법, 소득세법 등에 준용하도록 하고 있다. 한편 자본시장법은 제165조의4에서 주권상장법인이 다른 법인과 합병하는 경우를 주권상장법인 간의 합병과 주권상장법인과 비상장법인 간의 합병으로 나누어 합병비율의 산정을 위한 주식평가방법을 규정하고 있다. 상법에서는 합병비율의 산정에 관한 별도의 규정을 두고 있지 아니하다.

거나 낮게 평가하여 불공정한 비율로 합병하여 소액주주가 아닌 법인주주가 특수관계인인 다른 주주에게 이익을 분여한 경우에는 그 법인의 행위 또는 소득금액의 계산(부당행위계산)과 관계없이 그 법인의 각 사업연도의 소득금액을 계산한다. 다만, 자본시장법 제165조의4에 따라 합병(분할합병 포함)·분할하는 경우는 제외한다.

(3) 그 밖에 합병, 분할 등을 통하여 법인이 이익을 분여한 경우(법법 제52조 및 동법 령 제88조 제1항 제8의2호)

법인세법 시행령 제88조 제1항 제8호 외의 경우로서 합병(분할합병 포함), 분할 등을 통하여 법인이 이익을 분여한 경우에는 그 법인의 행위 또는 소득금액의 계산(부당행위계산)과 관계없이 그 법인의 각 사업연도의 소득금액을 계산한다.

나. 합병에 따른 이익의 증여

(1) 합병에 따른 이익에 대한 상증세법상의 취급

특수관계에 있는 법인 간의 합병(분할합병 포함)으로 소멸하거나 흡수되는 법인 또는 신설되거나 존속하는 법인의 대주주 등163)이 합병으로 인하여 이익을 얻은 경우에는 그 합병등기일을 증여일로 하여 그 이익에 상당하는 금액을 그 대주주 등의 증여재산가액으로 한다(상증세법 제38조 제1항 본문).

(2) 상증세법 적용상의 예외

그 이익에 상당하는 금액이 합병대가를 주식 등으로 교부받은 경우에는 합병 후 신설 또는 존속하는 법인의 주식 등의 평가가액의 100분의 30에 상당하는 가액과 3억 원 중 적은 금액 미만, 합병대가를 주식 등 외의 재산으로 지급받은 경우에는 3억 원 미만인 경우는 제외한다(상증세법 제38조 제1항 단서 및 동법 령 제28조 제2항).

---

163) 해당 주주 등의 지분 및 그의 특수관계인의 지분을 포함하여 해당 법인의 발행주식총수 등의 100분의 1 이상을 소유하고 있거나 소유하고 있는 주식 등의 액면가액이 3억 원 이상인 주주 등을 말한다(법법 령 제28조 제2항).

다. 합병에 따른 상장 등 이익의 증여

(1) 합병에 따른 상장 등 이익에 대한 상증세법상의 취급

최대주주 등의 특수관계인이 그 주식 등을 증여받거나 취득한 날부터 5년 이내에 그 주식 등을 발행한 법인이 특수관계에 있는 주권상장법인과 합병되어 그 주식 등의 가액이 증가함으로써 그 주식 등을 증여받거나 취득한 자가 당초 증여세 과세가액(증여받은 재산으로 주식 등을 취득한 경우 제외) 또는 취득가액을 초과하여 이익을 얻은 경우에는 그 이익에 상당하는 금액을 그 이익을 얻은 자의 증여재산가액으로 한다(상증세법 제41조의5 제1항 본문).

(2) 상증세법 적용상의 예외

그 이익에 상당하는 금액이 합병대가를 주식 등으로 교부받은 경우에는 합병 후 신설 또는 존속하는 법인의 주식 등의 평가가액의 100분의 30에 상당하는 가액과 3억 원 중 적은 금액 미만, 합병대가를 주식 등 외의 재산으로 지급받은 경우에는 3억 원 미만인 경우는 제외한다(상증세법 제41조의5 제1항 단서 및 동법 령 제31조의5 제2항).

라. 법인의 조직변경 등에 따른 이익의 증여

(1) 법인의 조직변경 등에 따른 이익에 대한 상증세법상 취급

주식의 포괄적 교환 및 이전, 사업의 양수·양도, 사업 교환 및 법인의 조직변경 등에 의하여 소유지분이나 그 가액이 변동됨에 따라 이익을 얻은 경우에는 그 이익에 상당하는 금액(소유지분이나 그 가액의 변동 전·후 재산의 평가차액)을 그 이익을 얻은 자의 증여재산가액으로 한다(상증세법 제42조의2 제1항 본문).

(2) 상증세법 적용상의 예외

그 이익에 상당하는 금액이 변동 전 해당 재산가액의 100분의 30에 상당하는 가액과 3억 원 중 적은 금액 미만인 경우는 제외한다(상증세법 제42조의2 제1항 단서 및 동법 령 제32조의2 제2항).

[관련판례] 합병 시 주식가액 산정

1. 합병 시 비상장주식의 평가 01 - 대법원 2013. 12. 26. 선고 2011두2736
   판결 * 파기환송
2. 합병 시 비상장주식의 평가 02 - 대법원 2018. 12. 17. 자 2016마272 결
   정 * 파기환송

1. 합병 시 비상장주식의 평가 01 - 대법원 2013. 12. 26. 선고 2011두2736 판결 * 파기환송

(1) 사실관계

비상장법인인 주식회사 오리엔트텔레콤이 2002. 2. 1. 특수관계자인 비상장법인인 영송정기 주식회사를 흡수합병하였다. 피고는 2007. 8. 1. 이 사건 합병 당시 오리엔트텔레콤 주식을 시가보다 높게 평가함으로써 그 주주인 원고가 영송정기의 주주로서 특수관계자인 한서시계 주식회사와 소외인으로부터 이익을 분여받았다고 보고, 이를 구 법인세법 시행령 제11조 제9호에 따라 원고의 2002 사업연도 익금에 산입하여 이 사건 법인세 부과처분을 하였다.

당시 피고는 이 사건 합병으로 인하여 원고가 분여받은 이익을 구 법인세법 시행령 제89조 제6항에 따라 구 상증세법 시행령 제28조 제3항 내지 제6항 등의 규정을 준용하여, 오리엔트텔레콤의 합병 직전 주식가액과 영송정기의 합병 직전 주식가액을 합한 가액을 합병 후 오리엔트텔레콤의 주식 수로 나누어 합병 후 오리엔트텔레콤 주식의 1주당 평가가액을 산정한 다음, 거기에서 합병 전 오리엔트텔레콤 주식의 1주당 평가가액을 차감하고, 여기에 다시 원고가 보유한 합병 후 오리엔트텔레콤 주식 수를 곱하여 계산하였는데, 오리엔트텔레콤의 합병 직전 주식가액은 구 상증세법 제63조 제1항 제1호 (다)목, 구 상증세법 시행령 제54조, 제56조 제1항 제1호 등의 규정에 따라, 오리엔트텔레콤 주식의 1주당 순자산가치 (-)7,747원과 1주당 순손익가치 0원[구상증세법 시행령 제56조 제1항 제1호의 가액인 '1주당 최근 3년간의 순손익액의 가중평균액'을 기초로 산정한 1주당 순손익가치는 (-)1,789원이지만, '1주당 최근 3년간의 순손익액의 가중평균액'이 0원 이하인 경우에는 0원으로 한다는 위 제1호 후문의 규정에 따라 1주당 순손익가치를 0원으로 산정하였다] 중 큰 금액인 0원에 주식 수 560,000주를 곱하여 0원으로 산정하였다.

〈쟁점〉

특수관계에 있는 비상장법인의 합병으로 증여받은 이익을 계산하기 위하여 '합병당사법인의 합병 직전 주식가액' 등을 산정하는 경우, 구 상속세 및 증여세법시행령 제56조 제1항 제1호의 '1주당 최근 3년간의 순손익액의 가중평균액'을 기초로 1주당 순손익가치를 산정할 수 있는지 여부 및 이 법리가 구 법인세법 시행령 제88조 제1항 제8호 (가)목, 구 법인세법 시행령 제11조 제9호의 각 이익을 계산하기 위하여 '합병당사법인의 합병 직전 주식가액'등을 산정하는 경우도 마찬가지인지 여부

(2) 판결내용

"구 상증세법 제38조, 구 상증세법 시행령 제28조 제3항 내지 제6항 등에 따라 특수관계에 있는 비상장법인의 합병으로 인하여 증여받은 이익을 계산하기 위하여 '합병당사법인의 합병 직전 주식가액' 등을 산정하는 경우에는 특별한 사정이 없는 한 구 상증세법 시행령 제56조 제1항 제1호의 가액인 '1주당 최근 3년간의 순손익액의 가중평균액'을 기초로 1주당 순손익가치를 산정할 수 없다고 봄이 타당하고, 구 상증세법 시행령 제56조 제1항 제2호의 가액인 '1주당 추정이익의 평균가액'이 산정되지 아니하였거나 제2호의 괄호규정에서 정한 요건을 갖추지 못함으로써 제2호의 가액을 기초로 1주당 순손익가치를 산정할 수 없다고 하여 달리 볼 것은 아니다(대법원 2012. 4. 26. 선고 2010두26988 판결 등 참조)."

"이러한 법리는 구 법인세법 시행령 제89조 제6항에 따라 구 상증세법 시행령 제28조 제3항 내지 제6항 등의 규정을 준용하여 구 법인세법 시행령 제88조 제1항 제8호 (가)목이 규정한 '불공정한 합병으로 인하여 특수관계자에게 분여한 이익'이나 구 법인세법 시행령 제11조 제9호, 제88조 제1항 제8호 (가)목이 규정한 '불공정한 합병으로 인하여 특수관계자로부터 분여받은 이익'을 계산하기 위하여 '합병당사법인의 합병 직전 주식가액' 등을 산정하는 경우에도 마찬가지이다."

2. 합병 시 비상장주식의 평가 02 - 대법원 2018. 12. 17. 자 2016마272 결정 * 파기환송

(1) 사실관계

반도체 제조용 설비의 제작·판매회사인 사건본인과 세크론 주식회사, 지이에스 주식회사는 모두 비상장법인으로 삼성전자주식회사의 자회사였다.

사건본인과 세크론, 지이에스는 2012. 10. 18. 이사회를 개최하여 2013. 1. 1. 사건본인이 존속하고 세크론과 지이에스가 소멸하는 합병을 하기로 결의하고, 같

은 날 합병계약을체결하였다. 사건본인 등 세 회사는 2012. 11. 29. 각각 주주총회
를 개최하여 합병승인결의를 하고, 2013. 1. 3. 합병등기를 마쳤다. 당시 합병비율
산정을 위한 세크론의 주식가액은 1주당 85,000원으로 정해졌다.

　세크론의 발행주식 합계 15,520주를 소유한 신청인들은 이 사건 합병에 반대하
는 의사를 통지하고 2012. 12. 경 주식매수를 청구하였고, 매수가액에 대한 협의
가 이루어지지 않자 이 사건 신청을 하였다.

〈쟁점〉
－ 상속세 및 증여세법 시행령 제54조 제1항, 제56조 제1항에서 비상장주식의
　보충적 평가방법을 '1주당 순손익가치와 1주당 순자산가치의 가중평균'으로
　정하면서 1주당 순손익가치를 산정할 때 '평가기준일 이전 3년 간 사업연도
　의 1주당 순손익액'을 기준으로 정한 취지
－ 합병반대주주의 신청에 따른 비상장주식의 매수가액 결정에서 회사의 객관
　적 가치가 적정하게 반영된 정상적인 거래의 실례가 없는 경우, 상속세 및
　증여세법 시행령에서 정한 순손익가치 산정방법에 따라 수익가치를 평가하
　여 비상장주식의 매수가액을 정할 수 있는지 여부 및 비상장주식의 평가기
　준일이 속하는 사업연도의 순손익액이 급격하게 변동하였는데 그 원인이
　일시적이거나 우발적인 사건이 아니라 사업의 물적 토대나 기업환경의 근
　본적 변화 때문인 경우, 상속세 및 증여세법 시행령 제56조 제1항에서 정한
　순손익가치 산정방법을 그대로 적용하여 평가기준일이 속하는 사업연도의
　순손익액을 산정기준에서 제외하는 것이 적법한지 여부

(2) 판결내용
　"상속세 및 증여세법 제60조는 상속세나 증여세가 부과되는 재산의 가액을 평
가기준일 현재의 시가에 따른다고 정하고, 시가를 산정하기 어려운 경우에는 제61
조부터 제65조에서 정한 보충적 평가방법에 따라 평가한 가액을 시가로 보고 있
다. 상속세 및 증여세법 시행령 제54조 제1항, 제56조 제1항은 상중세법의 위임에
따라 비상장주식의 보충적 평가방법을 '1주당 순손익가치와 1주당 순자산가치의
가중평균'으로 정하면서, 1주당 순손익가치를 산정할 때 '평가기준일 이전 3년간
사업연도의 1주당 순손익액'을 기준으로 정하였다. 이는 과거의 실적을 기초로 미
래수익을 예측하여 현재의 주식가치를 정확히 파악하려는 취지이다."
　"법원이 합병반대주주의 신청에 따라 비상장주식의 매수가액을 결정할 때에도
상속세 및 증여세법과 그 시행령에 따른 주식가치 평가를 활용할 수 있다. 즉, 회
사의 객관적 가치가 적정하게 반영된 것으로 볼 수 있는 정상적인 거래의 실례가

없는 경우 상속세 및 증여세법 시행령에서 정한 순손익가치 산정방법에 따라 수익가치를 평가하여 비상장주식의 매수가액을 정할 수 있다. 회사의 순손익액이 사업연도마다 변동하기 때문에 3년간의 순손익액을 기준으로 회사의 미래수익을 예측하는 것은 합리적이라고 할 수 있다. 그러나 상증세법과 그 시행령의 위 규정들은 납세자의 법적 안정성과 예측가능성을 보장하기위하여 비상장주식의 가치평가방법을 정한 것이기 때문에, 합병반대주주의 비상장주식에 대한 매수가액을 정하는 경우에 그대로 적용해야 하는 것은 아니다.

비상장주식의 평가기준일이 속하는 사업연도의 순손익액이 급격하게 변동한 경우에 이러한 순손익액을 포함하여 순손익가치를 산정할 것인지는 그 변동의 원인이 무엇인지를 고려하여 결정해야 한다. 가령 비상장주식의 평가기준일이 속하는 사업연도의 순손익액이 급격하게 변동하였더라도 일시적이고 우발적인 사건으로 인한 것에 불과하다면 평가기준일이 속하는 사업연도의 순손익액을 제외하고 순손익가치를 산정해야 한다고 볼 수 있다. 그러나 그 원인이 일시적이거나 우발적인 사건이 아니라 사업의 물적 토대나 기업환경의 근본적 변화라면 평가기준일이 속하는 사업연도의 순손익액을 포함해서 순손익가치를 평가하는 것이 회사의 미래수익을 적절하게 반영한 것으로 볼 수 있다. 법원이 합병반대주주의 주식매수가액결정신청에 따라 비상장주식의 가치를 산정할 때 위와 같은 경우까지 상증세법 시행령 제56조 제1항에서 정한 산정방법을 그대로 적용하여 평가기준일이 속하는 사업연도의 순손익액을 산정기준에서 제외하는 것은 주식의 객관적 가치를 파악할 수 없어 위법하다."

제 3 장 부가가치세법

I. 총설

1. 부가가치세의 의의

우리가 구입하는 대부분의 상품의 가격(공급대가)에는 10%의 부가가치세가 포함되어 있다. 상품판매자가 공급가액에 10%의 부가가치세를 더하여 우리에게 파는 것이다. 예를 들어 TV의 공급가액이 100만 원이라면 100만 원의 10%인 10만 원의 부가가치세가 TV의 공급가액에 추가되어 소비자는 110만 원을 주고 TV를 구매하는 것이다. 상품뿐만 아니라 영화관람료, 가공비, 운반비, 임대료, 중개료 등과 같은 서비스(용역)의 가격에도 부가가치세가 포함되어 있다.

이와 같이 부가가치세는 사업자가 소비자 또는 다른 사업자에게 재화 또는 용역을 공급하는 과정에서 창출한 부가가치에 대하여 과세하는 세제이다. 여기에서 부가가치란 사업자가 매입한 재화 또는 용역에 사업을 영위하여 더한 가치를 말하는데, 이러한 부가가치는 매출액에서 매입액을 공제함으로써 산출되고 노임 및 이윤의 합계액과 일치한다.[1]

---

1) 이태로·한만수, 조세법강의, 박영사, 2018, 912면 참조.

2. 대표적인 간접세 세목

부가가치세는 소비행위에 담세력을 인정하는 세제이다. 부가가치세는 사업자가 납세의무자이지만 실제적인 부담은 소비자가 지는 대표적인 간접세이다. 사업자는 부가가치세가 포함된 상품을 판매할 때 소비자로부터 부가가치세를 받는 반면에 원재료·부품 등을 구입할 때 부가가치세를 낸다. 즉, 사업자가 부담한 매입부가가치세는 부가가치세를 신고, 납부할 때 매출부가가치세에서 공제받기 때문에, 사업자 자신이 매입할 때 부담한 부가가치세는 돌려받는 것이 된다. 결국 사업자는 부가가치세를 전혀 부담하지 않는 것이다.

예를 들어 TV 판매상이 TV를 88만 원(공급가액 80만 원, 매입세액 8만 원)에 구매하여 110만 원(공급가액 100만 원, 매출세액 10만 원)에 판매하였을 경우, 사업자가 부담한 매입부가가치세 8만 원은 매출부가가치세 10만 원에서 공제된다. 즉, 사업자는 소비자로부터 부가가치세 10만 원을 받아서 자기가 낸 부가가치세 8만 원을 빼고 남은 2만 원을 관할세무서에 납부하는 것이다.

3. 소비와 부가가치세

부가가치세는 소비를 염두에 두고 만들어진 제도이다. 부가가치세는 소비를 위한 재화나 용역에 대하여 과세하는 제도이므로 다음 유통단계에서 소비가 불가능하면 부과할 수 없음이 원칙이다. 수출재화가 대표적인 예인데, 수출재화는 더 이상 수출국에서 소비될 수 없기 때문에 부가가치세를 부과할 수 없다. 여기에 더하여 수출재화에는 영세율이 적용되는데, '영세율제도에' 대한 상세한 내용은 후술한다.

또한 사업양도나 양도담보의 경우에는 형식적으로는 재화의 공급이지만 부가가치세가 적용되지 아니한다. 왜냐하면 이들 경우에는 재화의 사업양수인이나 양도담보권자의 입장에서 소비를 전제로 거래를 한 것이 아니기 때문이다.

4. 부가가치세의 과세방법

부가가치세를 과세하는 방법으로는 총생산형, 소득형 및 소비형을 상정해볼 수 있다.[2]

가. 총생산형

총생산형은 매출을 기준으로 하는 부가가치세 과세방법이다. 총생산형의 경우에는 총매출액이 과세표준이 된다. 총생산형의 경우에는 자본재[3]가 중복과세되는 부작용이 있다.

나. 소득형

소득형은 소득을 기준으로 하는 과세방법이다. 소득형에서는 총매출액에서 당해 기간의 자본재 감가상각액을 공제하는 방법에 의한다. 소득형은 중복과세라는 문제점은 없지만, 자본재·비자본재의 구분이라든가 감가상각액의 계산이 어려울 수 있다.

다. 소비형

소비형은 소비를 기준으로 하는 과세방법으로서 소비형에서는 매출액에서 매입액을 공제하는 방법에 의한다. 소비형은 소비를 기준으로 세금을 계산한다는 점에서 소비세라는 부가가치세의 성격에 부합할 뿐만 아니라 매입액 전액이 공제된다는 점에서 투자자극효과를 극대화시킬 수 있다. 부가가치세제를 도입한 나라들에서는 예외 없이 소비형을 채택하고 있다. 소비형은 다시 다음과 같은 3가지 방식으로 분류할 수 있다.

(1) '(매출액 - 매입액) × 세율' 방식

이 방식에서는 매출액과 매입액을 동시에 산출하는 경우에는 불공정거래 또는 최종소비자가격의 격차가 발생할 우려가 있다.

---

2) 이하 이태로·한만수, 앞의 책, 911−913면; 임승순·김용균, 조세법, 박영사, 2022, 952−954 참조.
3) 소비재의 생산에 기여하는 물건 중 토지를 제외한 것을 말한다.

(2) '(노임 + 이윤) × 세율' 방식

이 방식에서는 노임과 이윤의 계산이 현실적으로 상당히 번거로울 수 있다.

(3) '(매출액 × 세율) - (매입액 × 세율)' 방식

이 방식은 매출부가가치세액에서 매입부가가치세액을 공제하여 납부세액을 산출하는 전단계매입세액공제방식이다. 부가가치세제를 시행하고 있는 모든 나라에서 이 방식을 채택하고 있다(부가세법 제37조 참조).

부가가치세는 각 유통단계마다의 부가가치에 대하여 부과되는 조세인데, 하나의 재화 또는 용역이 최종소비자에게 도달되기까지는 여러 단계를 거치게 된다. 이 경우 전 단계에서 부과된 부가가치세를 공제하지 아니하면 부가가치세가 중복으로 과세되는 결과를 초래하므로 이 같은 방식을 채택하는 것이다.

II. 납세의무자

1. 사업자와 재화를 수입하는 자

가. 부가가치세의 납세의무자 일반

부가가치세의 납세의무자는 사업자와 재화를 수입하는 자이다(부가세법 제3조). 사업자란 영리목적의 유무에 관계없이 사업상 독립적으로 재화 또는 용역을 공급하는 자를 말한다(부가세법 제2조 제3호).

나. 신탁재산 관련 부가가치세의 납세의무자

(1) 수탁자 원칙

신탁재산과 관련된 재화 또는 용역을 공급하는 때에는 수탁자가 신탁재산별로 각각 별도의 납세의무자로서 부가가치세를 납부할 의무가 있다(부가세법 제3조 제2항).

수탁자가 납부하여야 하는 부가가치세 또는 강제징수비를 신탁재산으로 충

당하여도 부족한 경우에는, 그 신탁의 수익자는 지급받은 수익과 귀속된 재산의 가액을 합한 금액을 한도로 하여 그 부족한 금액에 대하여 제2차 납세의무를 진다(부가세법 제3조의2 제1항).

(2) 위탁자 예외

① 신탁재산과 관련된 재화 또는 용역을 위탁자 명의로 공급하는 경우, ② 위탁자가 신탁재산을 실질적으로 지배·통제하는 경우 등에는 위탁자가 부가가치세를 납부할 의무가 있다(부가세법 제3조 제3항).

위탁자가 부가가치세 또는 강제징수비를 체납한 경우로서 그 위탁자의 다른 재산에 대하여 강제징수를 하여도 징수할 금액에 미치지 못할 때에는, 해당 신탁재산의 수탁자는 그 신탁재산으로써 위탁자의 부가가체세 등을 납부할 물적납세의무를 진다(부가세법 제3조의2 제2항).

(3) 위탁자의 지위를 이전하는 경우 납세의무자의 판단

신탁재산에 대한 위탁자의 지위를 제3자에게 이전하는 경우에는, 담보신탁 등 신탁재산의 실질적인 소유권이 위탁자가 아닌 제3자에게 있는 경우를 제외하고는, 위탁자가 직접 재화를 공급하는 것으로 본다(부가세법 제10조 제8항).

2. 사업자의 판단

부가가치세의 납세의무자인 사업자에 해당하려면 '사업성'과 '독립성'을 갖추어야 한다.

가. 사업성

사업성이란 부가가치를 창출할 수 있는 정도의 '사업형태'를 갖추고 '계속적·반복적' 의사로 재화 또는 용역을 공급하는 것을 의미한다.[4] 그러므로 일시적 공급을 목적으로 사업을 영위하는 경우에는 부가가치세를 납부할 의무가 없다.

사업자의 판단은 '실질'을 기준으로 한다. 사업자등록 여부나 명의 또는 공급

---

4) 대법원 1989. 2. 14. 선고 88두5754 판결; 2010. 9. 9. 선고 2010두8430 판결 등.

하는 재화의 소유권과는 무관하다.

나. 독립성

사업자는 재화와 용역을 독립적으로 공급하여야 하므로 공급주체가 법률적으로 타인에게 종속됨이 없이 자기책임하에 사업을 영위하여야 하고 다른 기업의 연장에 불과한 경우가 아니어야 한다.

독립성 없이 다른 사업의 연장으로 인정되면 부수재화나 부수용역의 공급에 해당하는데, 이에 대한 납세의무는 주된 사업의 과세·면세 여부에 따라 결정된다.

3. 사업자등록과 세금계산서

납세의무자의 사업자등록과 세금계산서의 수수는 부가가치세의 시행에 있어서 가장 중요한 제도라고 할 수 있다.

가. 사업자등록

부가가치세의 납세의무자는 사업자인 까닭에 납세의무자의 파악을 위하여 등록이 요구된다. 사업자등록은 기업에게 있어서 개인의 주민등록과 같다. 사업자는 각각의 사업장마다 사업개시일로부터 20일 이내에 등록하여야 한다(부가세법 제8조). 사업개시일 전이라도 등록이 가능하다.

이 기간 내에 사업자등록을 하지 않거나 지체하는 경우 및 허위등록 하는 경우에는 미등록, 허위등록 가산세(부가세법 제60조 제1항 제1호. 공급가액 합계액의 100분의 1)와 부가가치세 매입세액 불공제(부가세법 제39조 제1항 제8호)의 불이익이 있다.5)

나. 세금계산서

부가가치세는 과세방법으로 전단계매입세액공제방식을 채택하고 있기 때문

---

5) 타인명의로 사업자등록을 한 위장사업자인 경우에는 처음부터 등록을 하지 아니한 경우와는 달리 미등록가산세를 부과할 수 없다는 판례가 있다, 대법원 1986. 9. 23. 선고 86누314, 86누315, 86누316 판결.

에, 부가가치세법은 매입세액과 매출세액의 근거를 명확하게 하기 위하여 거래당사자들이 거래마다 세금계산서를 수수하도록 하고 있다. 세금계산서의 기재사항은 (1) 공급자의 사업자등록번호와 성명 또는 명칭, (2) 공급받는 자의 사업자등록번호, (3) 공급가액과 부가가치세액 및 (4) 작성연월일 등이다. 법인사업자와 일정한 요건에 해당하는 개인사업자에 대해서는 전자세금계산서의 발급이 의무화되어 있다(부가세법 제32조 제2항 및 동법 령 제68조 제1항).

세금계산서를 수수하지 아니하거나 허위로 작성한 경우에는 부가가치세 매입세액 불공제(부가세법 제39조 제1호 및 제2호), 세금계산서 불성실가산세(부가세법 제60조), 과소신고가산세, 납부지연가산세, 소득세 또는 법인세 비용 인정 불가, 조세범처벌법에 따른 처벌 등의 제재가 적용될 수 있다.

4. 사업자의 분류

부가가치세의 납세의무자인 사업자는 일반과세자와 간이과세자로 구분된다. 개인사업자의 경우 연간 총공급대가가 1억 400만 원 이상인 자는 일반과세자에 해당되고, 연간 총공급대가가 4,800만 원 이상 1억 400만 원 미만인 자는 업종별 부가가치율이 적용되는 간이과세자를 선택할 수 있다(부가세법 제2조 제4호 및 동법 령 제5조 및 제109조). 간이과세자이면서 연간 총공급대가가 4,800만 원 미만인 경우에는 부가가치세 납세의무가 면제된다(부가세법 제69조 제1항).

법인은 모두 일반과세자이고, 일반과세가 적용되는 사업장을 보유하고 있는 개인사업자의 경우에는 모든 사업장에 대하여 간이과세가 배제된다.

간이과세자는 세액의 계산, 신고·납부의무 등에서 일반과세자와는 달리 특례규정의 적용을 받는다. 납부세액은 총공급대가(과세표준)에 업종별 부가가치율(15%~40% 5단계)을 곱한 금액의 10%(매출세액)에서 총공급대가에 0.5%를 곱한 금액(매입세액)을 뺀 금액이다(부가세법 제63조). 간이과세자도 세금계산서를 발급하여야 한다. 부가가치세 납세의무 면제자는 세금계산서를 발급할 수 없고 영수증만 발행할 수 있다.

일반과세자로 신고한 개인사업자는 일반과세자에 관한 규정을 적용받으려는 달의 1일 또는 사업개시일이 속하는 달의 1일부터 3년이 되는 날이 속하는

과세기간까지는 간이과세자로 전환할 수 없다(부가세법 제70조 제3항). 다만, 개인
사업자 중 직전 연도의 공급대가의 합계액이 4,800만 원 이상 1억 400만 원 미
만인 개인사업자는 그 기간 이전이라도 간이과세자로 전환할 수 있다(부가세법 제
70조 제4항).

[관련판례] 공급자에 대한 실질과세원칙의 적용

대법원 2001. 2. 9. 선고 99두7500 판결

(1) 사실관계

원고는 울산에서 자신의 명의로 석유사업법 시행령 제2조 제4호의 일반판매소
인 울산석유를 경영한 자이다. 피고는, 원고가 주식회사 금강석유(1994. 7. 경 범
아석유 주식회사에 합병)로부터 매입한 유류 중 1992. 2기에 1억 9,000만 원,
1993. 1기에 17억 원, 1993. 2기에 11억 원 상당을 울산 소재 해성상사, 시민석유,
태양석유 및 정동석유에 공급하고도 그 매출액을 신고누락하여 부가가치세를 납
부하지 않았다고 하여, 1995. 5. 2. 원고에게 위 누락부분에 대한 10%의 부가가치
세와 가산세를 산출하여 1992년 2기분 부가가치세 2,200만 원, 1993년 1기분 부
가가치세 2억 2,000만 원 및 1993년 2기분 부가가치세 1억 3,000만 원을 추가로
부과, 고지하는 처분을 하였다가, 해성상사 및 시민석유에 대한 매출액을 과세표
준에서 제외한다는 국세심판소의 심판에 따라, 1996. 12. 31. 그 부분을 매출누락
부분에서 제외함으로써(이로써 태양석유와 정동석유에 대한 매출액만 과세표준으
로 남게 됨), 1992년 2기분 부가가치세는 전부 결정취소하고, 1993년 1기분 부가
가치세는 1억 1,000만 원, 1993년 2기분 부가가치세는 9,000만 원으로 각 감액하
는 경정처분을 하였다.

〈쟁점〉

甲이 자기의 명의와 乙의 계산으로 丙에게 유류주문 및 대금결제를 한 경우 부
가가치세법 제6조 제5항(현행 제10조 제7항)에 따라 乙이 직접 丙으로부터 유류
를 공급받은 것으로 보는지 여부

(2) 판결내용

"원고는 태양석유와 정동석유가 직접 주식회사 금강석유와 거래하지 못하는 관
계로 자신을 통하여 금강석유로부터 유류를 공급받을 수밖에 없었던 상황에서 태
양석유 등의 요청을 받아들여 자신의 이름으로 주문을 하여 주었고, 금강석유가

정한 가격에 의하여 대금을 지급받았을 뿐 아무런 이윤을 덧붙이지 아니한 점, 태양석유 등은 원고를 거치지 아니하고 금강석유로부터 직접 유류를 인도받고 그에 따른 세금계산서도 직접 교부받은 점, 금강석유도 유류의 인도 및 세금계산서 교부 등이 태양석유 등에게 직접 이루어지고 있었으므로 이 사건 유류 거래의 실질적인 구매자가 태양석유 등임을 알았다고 할 것인 점 등의 사정을 종합하면, 원고는 자기 명의로 태양석유 등의 계산하에 금강석유에 유류 주문 및 대금결제를 해 준 것이므로 부가가치세법 제6조 제5항(현행 제10조 제7항)에 따라 태양석유 등이 직접 금강석유로부터 유류를 공급받은 것으로 보아야 한다."

III. 과세대상거래

1. 과세대상거래와 재화·용역의 개념

가. 과세대상거래

부가가치세의 과세대상거래는 사업자가 행하는 재화 또는 용역의 공급과 재화의 수입이다(부가세법 제4조).

나. 재화와 용역의 개념

(1) 재화

재화란 재산적 가치가 있는 물건과 권리를 말한다(부가세법 제2조 제1호). 물건이란 상품, 제품, 원료, 기계, 건물 등 모든 유체물과 전기, 가스, 열 등 관리할 수 있는 자연력이다(부가세법 령 제2조 제1항). 권리란 광업권, 특허권, 저작권 등 물건 외에 재산적 가치가 있는 모든 것이다(부가세법 령 제2조 제2항).

과세대상이 되는 재화인지를 판단하기 위한 재산적 가치 유무는 거래 당사자의 주관적인 평가가 아닌 재화의 경제적 효용가치에 의하여 객관적으로 결정하여야 한다.[6] 영업권은 재산적 가치가 있는 무체물이므로 영업권의 거래는 부가가치세 과세대상인 재화의 공급에 해당한다.[7]

---

6) 대법원 2018. 4. 12. 선고 2017두65524 참조.
7) 대법원 2014. 1. 16. 선고 2013두18827 판결.

(2) 용역

용역이란 재화 이외의 재산적 가치가 있는 모든 역무 기타의 행위를 말한다
(제2조 제2호).

2. 재화의 공급

가. 재화 공급의 의의(부가세법 제9조)

재화의 공급이란 계약상 또는 법률상의 모든 원인에 의하여 재화를 인도 또
는 양도하는 것을 말한다. 구체적인 경우들은 다음과 같다(부가세법 령 제18조).
  (1) 현금판매·외상판매·할부판매·장기할부판매·조건부 및 기한부판매·위
      탁판매 기타 매매계약에 의하여 재화를 인도 또는 양도하는 것
  (2) 자기가 주요자재의 전부 또는 일부를 부담하고 상대방으로부터 인도받은
      재화에 공작을 가하여 새로운 재화를 만드는 가공계약에 의하여 재화를
      인도하는 것
  (3) 재화의 인도 대가로서 다른 재화를 인도받거나 용역을 제공받는 교환계
      약에 의하여 재화를 인도 또는 양도하는 것
  (4) 경매·수용·현물출자 기타 계약상 또는 법률상의 원인에 의하여 재화를
      인도 또는 양도하는 것
  (5) 국내로부터 보세구역에 소재하는 창고에 임치된 임치물을 국내로 다시
      반입하는 것

나. 재화의 공급의제

부가가치세법에서는 과세의 형평을 위하여 재화의 공급은 아니지만 재화의
공급으로 의제하는 경우가 있다. 구체적인 경우들은 다음과 같다(부가세법 제10조).

(1) 자가공급(부가세법 제10조 제1항부터 제3항까지)

사업자가 자기의 사업과 관련하여 생산하거나 취득한 재화(이하 '자기생산·취
득재화'라고 한다)를 다음과 같이 자기의 사업을 위하여 직접 사용·소비하는 경우

는 재화의 공급으로 본다.

① 자기생산·취득재화로서 매입세액이 공제된 재화, 사업양도로 취득한 재화로서 사업양도자가 매입세액을 공제받은 재화 또는 영세율을 적용받은 재화를 자기의 면세사업[8] 등에 직접 사용·소비하는 경우

② 자기생산·취득재화를 매입세액이 매출세액에서 공제되지 아니하는 자동차로 사용 또는 소비하거나 그 자동차의 유지를 위하여 사용 또는 소비하는 것 및 운수업 등을 영위하는 사업자가 자기생산·취득재화 중 자동차와 그 자동차의 유지를 위한 재화를 해당 업종에 직접 영업으로 사용하지 아니하고 다른 용도로 사용하는 것

③ 사업장이 둘 이상인 사업자가 자기생산·취득재화를 판매할 목적으로 자기의 다른 사업장에 반출하는 것. 사업장이 둘 이상인 사업자가 사업자 단위로 등록한 경우(부가세법 제8조 제3항)와 주사업장 총괄납부의 적용을 받는 경우(부가세법 제51조)는 제외한다.

(2) 개인적 목적 등에 사용하는 경우(부가세법 제10조 제4항)

자기생산·취득재화를 사업과 직접적인 관계없이 자기의 개인적인 목적을 위하여 사용·소비하거나, 대가를 받지 아니하거나 시가보다 낮은 대가를 받고 그 사용인 등이 사용·소비하게 하는 경우는 재화의 공급으로 본다.

(3) 사업상 증여(부가세법 제10조 제5항)

자기생산·취득재화를 자기의 고객이나 불특정 다수에게 증여하는 경우(증여하는 재화의 대가가 주된 거래인 재화의 공급에 대한 대가에 포함되는 경우 제외)는 재화의 공급으로 본다.

(4) 폐업공급(부가세법 제10조 제6항)

사업자가 사업을 폐지하는 때 또는 사업개시일 이전에 사업자등록을 하고 사실상 사업을 개시하지 아니하게 되는 때에 자기생산·취득재화 중 잔존하는 재화는 자기에게 공급하는 것으로 본다.

---

[8] 면세사업의 경우에는 부가가치세 매출세액은 면제되지만 매입세액은 공제되지 아니한다.

다. 위탁매매 또는 대리인에 의한 매매와 신탁재산의 매매에 대한 과세상 취급

(1) 위탁매매 또는 대리인에 의한 매매(부가세법 제10조 제7항)

위탁매매 또는 대리인에 의한 매매의 경우에는 위탁자 또는 본인이 직접 재화를 공급하거나 공급받은 것으로 본다. 그러나 위탁자 또는 본인을 알 수 없는 경우에는 위탁매매인 또는 대리인이 공급하거나 공급받은 것으로 본다.

(2) 신탁재산의 매매(부가세법 제10조 제8항)

위탁자의 지위가 이전되는 경우에는 기존 위탁자가 새로운 위탁자에게 신탁재산을 공급한 것으로 본다. 그러나 신탁재산에 대한 실질적인 소유권의 변동이 있다고 보기 어려운 경우에는 위탁자에 의한 신탁재산의 공급으로 보지 아니한다. 예컨대, 수탁자가 위탁자의 채무이행을 담보할 목적으로 신탁계약을 체결하였고 그 채무이행을 위하여 신탁재산을 처분하는 경우에는 수탁자가 재화를 공급하는 것으로 본다.[9]

라. 외형상 재화의 공급에 해당하지만 재화의 공급으로 보지 아니하는 경우

외형상 재화의 공급에 해당하지만 재화의 공급으로 보지 아니하는 경우는 다음과 같이 소비를 전제로 하지 아니하는 경우이다(부가세법 제10조 제9항 참조).

　(1) 재화를 담보로 제공하는 것. 부가가치세법은 질권, 저당권 또는 양도담보의 목적으로 동산, 부동산 및 부동산상의 권리를 제공하는 것을 재화의 공급으로 보지 아니한다(부가세법 령 제22조).

　(2) 사업을 양도하는 것. 사업양도란 사업장별로 그 사업에 관한 모든 권리와 의무를 포괄적으로 승계시키는 것을 말한다(부가세법 령 제23조).

---

9) 담보신탁이란 부동산신탁의 하나로서 위탁자가 부동산의 소유권을 담보목적으로 신탁회사에 이전하고 신탁회사로부터 담보신탁 수익권증서를 발급받아 이를 담보로 금융기관으로부터 대출을 받는 금융상품이다. 위탁자가 대출금을 변제하면 신탁계약이 해지되고 신탁부동산이 위탁자에게 반환되지만, 변제하지 못하면 신탁회사가 신탁부동산을 처분하여 그 대금으로 대출금을 변제하고 위탁자와 정산한다.

(3) 법률에 따라 조세를 물납(物納)하는 것

(4) 신탁재산의 소유권 이전으로서 다음에 해당하는 것

① 위탁자로부터 수탁자에게 신탁재산을 이전하는 경우

② 신탁의 종료로 인하여 수탁자로부터 위탁자에게 신탁재산을 이전하는 경우

③ 수탁자가 변경되어 새로운 수탁자에게 신탁재산을 이전하는 경우

3. 용역의 공급

가. 용역 공급의 의의

용역의 공급이란 계약상 또는 법률상의 모든 원인에 의하여 역무를 제공하거나 재화·시설물 또는 권리를 사용하게 하는 것을 말한다(부가세법 제11조).

나. 용역의 공급의제

부가가치세법에서는 과세의 형평을 위하여 용역의 공급은 아니지만 용역의 공급으로 의제하는 경우가 있다. 구체적인 경우들은 다음과 같다.

(1) 자가공급(부가세법 제12조 제1항)

사업자가 자신의 용역을 자기의 사업을 위하여 대가를 받지 아니하고 공급함으로써 다른 사업자와의 과세형평이 침해되는 경우에는 자기에게 용역을 공급하는 것으로 본다.

(2) 그 밖의 용역 공급의제(부가세법 령 제25조)

① 건설업의 경우 건설업자가 건설자재의 전부 또는 일부를 부담하는 것

② 자기가 주요자재를 전혀 부담하지 아니하고 상대방으로부터 인도받은 재화에 단순히 가공만 해 주는 것

③ 산업상·상업상 또는 과학상 지식·경험 또는 숙련에 관한 정보를 제공하는 것

다. 용역대금채권 양도 후 공급가액이 확정된 경우의 공급자

역무의 제공은 완료하였으나 공급가액이 확정되지 않은 상태에서 다른 사업자에게 용역대금채권을 양도하고 그 후 비로소 공급가액이 확정된 경우에는, 역무의 제공을 완료한 것이 당초 사업자일 뿐만 아니라 용역대금채권의 양도가 공급자의 지위에 어떠한 영향을 미치지 못하므로 당초 사업자를 공급자로 본다.[10]

라. 외형상 용역의 공급에 해당하지만 용역의 공급으로 보지 아니하는 경우

사업자가 대가를 받지 아니하고 타인에게 용역을 공급하거나 고용관계에 의하여 근로를 제공하는 것은 용역의 공급으로 보지 아니한다(부가세법 제12조 제2항 및 제3항). 다만, 부가가치세법은 사업자가 특수관계인에게 사업용 부동산의 임대용역 등을 공급하는 것을 용역의 공급으로 본다(부가세법 제12조 제2항 단서).

4. 재화의 수입

가. 재화 수입의 의의

재화의 수입은 외국으로부터 다음의 물품을 국내에 반입하는 것을 말한다(부가세법 제13조).

(1) 외국으로부터 국내에 도착한 물품으로서 수입신고가 수리되기 전의 것

외국 선박에 의하여 공해에서 채집되거나 잡힌 수산물을 포함한다.

(2) 수출신고가 수리된 물품

수출신고가 수리된 물품으로서 선적되지 아니한 물품을 보세구역에서 반입하는 경우는 제외한다. 수출신고가 수리된 물품이 불량이어서 다시 들어오는 것도 과세의 대상이 된다. 이는 국내에서 생산된 재화와의 과세형평을 유지하고 국내산업을 보호하기 위함이다.

---

10) 대법원 2016. 2. 18. 선고 2014두13812 판결.

(3) 외국여행 중 구입한 물건

외국여행 중에 구입한 물건을 국내에 반입하면 과세의 대상이 된다.

나. 납세의무자 및 징수의무자

재화의 수입에 관한 부가가치세의 납세의무자는 그 재화를 수입하는 자이고, 이 경우 수입자는 부가가치세법상 사업자일 것을 요하지 아니한다. 재화의 수입에 관한 부가가치세의 징수의무자는 해당 세관장이다(부가세법 제7조 제2항 및 제58조 제2항).

5. 용역의 수입

'용역의 수입'이란 용역의 공급자는 국외에 있고 용역의 소비자는 국내에 있어 용역이 국경을 넘어서 제공되는 것을 의미한다.[11] 용역의 수입은 부가가치세법의 법문상 과세대상으로 되어 있지 아니하다(제3조 및 제4조 반대해석). 즉, 용역의 수입은 원칙적으로 과세대상이 아니다. 다만, 부가가치세법은 국내사업장이 없는 비거주자나 외국법인 또는 국내사업장이 있지만 국내사업장과 관련없이 용역 등을 공급하는 비거주자나 외국법인으로부터 국내에서 공급받는 용역 또는 권리를 공급받는 자는 일정한 요건에 해당하는 경우 대가를 지급할 때 부가가치세를 징수하여 대리납부하도록 규정하고 있다(부가세법 제52조).

대리납부는 모든 소비자가 그 의무를 부담하는 것은 아니고, 일정한 요건, 즉 국외사업자로부터 용역 등을 공급받은 자가 면세사업자이거나 매입세액이 공제되지 아니하는 용역 등을 공급받은 경우(부가세법 제39조 참조)에 한하여 대리납부의무를 부담한다. 과세사업자가 공급받는 자인 경우에는 추후 매입세액공제를 받을 것이어서 대리납부를 하게 할 실익이 없기 때문에 면세사업자 등으로 의무대상을 한정한 것이다.[12]

---

11) 오윤, 세법원론, 한국학술정보, 2016, 845면.
12) 위의 책, 845면 참조.

6. 부수되는 재화 또는 용역에 대한 과세상의 취급

가. 의의 및 판단기준

주된 거래인 재화의 공급에 필수적으로 부수되는 재화 또는 용역은 주된 거래인 재화의 공급에 해당하고, 주된 거래인 용역의 공급에 필수적으로 부수되는 재화 또는 용역의 공급은 주된 거래인 용역의 공급에 포함되는 것으로 보며, 독립된 부가가치세의 과세대상이 되지 아니한다(부가세법 제14조 제1항). 건설업, 음식점업 등이 대표적인 예이고, 구체적인 판단기준은 다음과 같다.

 (1) 해당 대가가 주된 거래인 재화 또는 용역의 공급대가에 통상적으로 포함되어 공급되는 재화 또는 용역
 (2) 거래의 관행으로 보아 통상적으로 주된 거래인 재화 또는 용역의 공급에 부수하여 공급되는 것으로 인정되는 재화 또는 용역

나. 별도의 공급으로 보는 부수되는 재화 및 용역

다음과 같은 부수되는 재화와 용역은 예외적으로 별도의 공급으로 본다(부가세법 제14조 제2항). 다만, 과세 또는 면세 여부 등은 주된 사업의 과세 또는 면세 여부 등에 따른다.

 (1) 주된 사업과 관련하여 우발적 또는 일시적으로 공급되는 재화 또는 용역
 (2) 주된 사업과 관련하여 주된 재화의 생산과정이나 용역의 제공과정에서 필연적으로 발생하는 재화

7. 공급의 시기

재화와 용역의 공급시기는 다음과 같다.

가. 재화의 공급시기

(1) 재화의 공급시기 일반(부가세법 제15조)
① 재화의 이동이 필요한 경우에는 재화가 인도되는 때

② 재화의 이동이 필요하지 아니한 경우에는 재화의 이용이 가능하게 되는 때

③ ① 또는 ②를 적용할 수 없는 경우에는 재화의 공급이 확정되는 때. 이 경우 '확정'은 법률상 인도 또는 이용이 확정되는 것을 의미한다.

(2) 장기할부판매 및 조건부판매

① 장기할부판매

2회 이상으로 분할하여 대가를 받고 해당 재화의 인도일의 다음 날부터 최종 할부금 지급기일까지의 기간이 1년 이상인 장기할부판매의 경우에는 대가의 각 부분을 받기로 한 때(부가세법 령 제28조 제3항 및 동법 규칙 제17조)

② 조건부판매

ⅰ. 반환조건부 판매, 동의조건부 판매, 그 밖의 조건부 판매 및 기한부 판매의 경우에는 그 조건이 성취되거나 기한이 지나 판매가 확정되는 때 (부가세법 령 제28조 제2항)

ⅱ. 완성도기준지급조건부로 재화를 공급하는 경우와 중간지급조건부로 재화를 공급하는 경우에는 대가의 각 부분을 받기로 한 때. 다만, 이들 경우에 재화가 인도되거나 이용가능하게 되는 날 이후에 받기로 한 대가의 부분에 대해서는 재화가 인도되거나 이용가능하게 되는 날에 공급된 것으로 본다(부가세법 령 제28조 제3항).

(3) 위탁판매와 대리인에 의한 매매

위탁판매 또는 대리인에 의한 매매의 경우에는 위탁자 또는 본인이 직접 재화를 공급하거나 공급받은 것으로 보지만, 그 공급시기는 수탁자 또는 대리인이 공급하거나 공급받은 시점을 기준으로 한다(부가세법 령 제28조 제10항).

나. 용역의 공급시기

(1) 용역의 공급시기 일반(부가세법 제16조)

① 역무의 제공이 완료되는 때

'역무의 제공이 완료되는 때'란 거래사업자 사이의 계약에 따른 역무제공의 범위와 계약조건 등을 고려하여 역무의 제공사실을 가장 확실하게 확인할 수 있

는 시점, 즉 역무가 현실적으로 제공됨으로써 역무를 제공받는 자가 역무제공의 산출물을 사용할 수 있는 상태에 놓이게 된 시점을 말한다.[13] 이 경우 대금의 지급 여부는 역무의 제공이 완료되었는지 여부를 판단함에 있어 영향을 미치지 아니한다.

② 재화·시설물 또는 권리가 사용되는 때

(2) 장기할부용역 및 조건부용역

① 장기할부용역

2회 이상으로 분할하여 대가를 받고 해당 용역의 제공이 완료되는 날의 다음 날부터 최종 할부금 지급기일까지의 기간이 1년 이상인 장기할부조건부 용역의 경우에는 대가의 각 부분을 받기로 한 때(부가세법 령 제29조 제1항 제1호 및 동법 규칙 제19조)

② 조건부용역

완성도기준지급조건부로 용역을 공급하는 경우와 중간지급조건부로 용역을 공급하는 경우에는 대가의 각 부분을 받기로 한 때(부가세법 령 제29조 제1항 본문, 제2호 및 제3호). 다만, 완성도기준지급조건부로 용역를 공급하는 경우와 중간지급조건부로 용역을 공급하는 경우에 역무의 제공이 완료되는 날 이후에 받기로 한 대가의 부분에 대해서는 역무의 제공이 완료되는 날에 공급된 것으로 본다(부가세법 령 제29조 제1항 단서).

다. 재화 또는 용역의 공급시기 전에 세금계산서 등을 발급한 경우

(1) 원칙

사업자가 재화 또는 용역의 공급시기가 되기 전에 재화 또는 용역에 대한 대가의 전부 또는 일부를 받고, 그 받은 대가에 대하여 세금계산서 또는 영수증을 발급하면 그 세금계산서 등을 발급하는 때를 각각 그 재화 또는 용역의 공급시기로 본다(부가세법 제17조 제1항). 또한 사업자가 재화 또는 용역의 공급시기가 되기 전에 세금계산서를 발급하고 그 세금계산서 발급일부터 원칙적으로 7일 이내에 대가를 받으면 해당 세금계산서를 발급한 때를 재화 또는 용역의 공급시기로 본

---

13) 대법원 2008. 8. 21. 선고 2008두5117 판결; 2015. 6. 11. 선고 2013두22291 판결.

다(부가세법 제17조 제2항).

(2) 예외

대가를 지급하는 사업자가 다음의 어느 하나에 해당하는 경우에는 재화 또는 용역을 공급하는 사업자가 그 재화 또는 용역의 공급시기가 되기 전에 세금계산서를 발급하고 그 세금계산서 발급일부터 7일이 지난 후 대가를 받더라도 해당 세금계산서를 발급한 때를 재화 또는 용역의 공급시기로 본다(부가세법 제17조 제3항).

① 거래당사자 간의 계약서·약정서 등에 대금 청구시기(세금계산서 발급일)와 지급시기를 따로 적고, 대금 청구시기와 지급시기 사이의 기간이 30일 이내인 경우

② 세금계산서 발급일이 속하는 과세기간(공급받는 자가 조기환급을 받은 경우[14])에는 세금계산서 발급일부터 30일 이내)에 재화 또는 용역의 공급시기가 도래하고 세금계산서에 적힌 대금을 지급받은 것이 확인되는 경우

라. 재화의 수입시기

재화 수입의 경우에는 수입신고가 수리된 때를 공급의 시기로 본다(부가세법 제18조).

8. 공급의 장소

공급의 장소는 과세의 관할권 또는 과세의 대상 여부를 결정함에 있어 중요한 판단기준이 될 수 있다. 부가가치세에 대한 과세권을 정하는 기준으로는 생산지 과세원칙과 소비지 과세원칙이 있는데, 대부분의 나라들이 소비지 과세원칙을 채택하고 있고 한국의 부가가치세법도 소비지 과세원칙에 기초하고 있다.

---

14) 사업자가 영세율의 적용을 받는 경우, 사업 설비를 신설·취득·확장 또는 증축하는 경우, 또는 재무구조개선계획을 이행 중인 경우를 말한다(부가세법 제59조 제2항 참조).

가. 재화의 공급장소(부가세법 제19조)

(1) 재화의 이동이 필요한 경우: 재화의 이동이 시작되는 장소

(2) 재화의 이동이 필요하지 아니한 경우: 재화가 공급되는 시기에 재화가 있는 장소

나. 용역의 공급장소(부가세법 제20조)

(1) 역무가 제공되거나 시설물, 권리 등 재화가 사용되는 장소

(2) 국내 및 국외에 걸쳐 용역이 제공되는 국제운송의 경우: 사업자가 비거주자 또는 외국법인이면 여객이 탑승하거나 화물이 적재되는 장소

(3) 국외사업자가 정보통신망을 통하여 이동통신단말장치 또는 컴퓨터 등으로 공급하는 전자적 용역15)의 경우: 용역을 공급받는 자의 사업장 소재지, 주소지 또는 거소지

[관련판례] 기부채납과 부가가치세

1. 기부채납의 부가가치세 과세대상 여부 – 대법원 1991. 3. 22. 선고 90누7357 판결

2. 기부채납의 부가가치세 공급시기 – 대법원 2003. 3. 28. 선고 2001두9950 판결 * 파기환송

---

1. 기부채납의 부가가치세 과세대상 여부 – 대법원 1991. 3. 22. 선고 90누7357 판결

(1) 사실관계

원고는 1970. 10. 13. 설립 이후 서울 소재 청계천 4가 도로 및 청계천 5가 도로 위에 육교상가를 건설하여 서울특별시에 기부채납하고 10년 간 도로점용허가를 받아 위 육교상가의 임대관리업을 영위하여 오다가, 1985. 2 서울특별시와 위 육교상

---

15) 게임·음성·동영상 파일 또는 소프트웨어 등의 용역, 광고를 게재하는 용역, 클라우드컴퓨팅서비스, 재화 또는 용역을 중개하는 용역 등을 말한다(부가세법 제53조의2 제1항 참조).

가시설 보수공사 협약을 체결함에 있어 원고가 그 공사비를 부담하되 그 준공과 동시에 그 보수공사 부분은 서울특별시에서 귀속되고 서울특별시는 원고의 도로점용료 등을 위 공사비 상당액으로 상계되는 기간까지 면제하기로 약정하였다.

이에 따라 공사비 14억 원을 투입하여 1985. 9. 30. 그 보수공사를 준공하고 도로점용기간을 연장받았는데, 피고는 원고가 서울특별시에 재화를 공급하고 그 대가로 위 육교상가에 관한 도로점용권 및 시설사용권을 무상으로 취득한 것으로 보고 1987. 11. 3. 이 사건 부가가치세 부과처분을 하였다.

〈쟁점〉
- 육교상가를 건설하여 서울특별시에 기부채납하고 도로점용허가를 받아 그 임대관리업을 영위하여 오던 원고가 서울특별시와의 협약에 따라 공사비를 부담하여 위 육교상가시설 보수공사를 하여 준공과 동시에 그 보수공사부분은 서울특별시에 귀속되도록 하고 서울특별시는 도로점용료 등을 면제하여 도로점용기간을 연장하여 준 경우, 위 육교상가에 대한 보수공사를 시행하여 서울특별시에 공급한 행위가 부가가치세의 과세대상인 용역의 공급에 해당하는지 여부
- 부가가치세 부과처분을 함에 있어 용역의 공급을 재화의 공급으로 잘못 본 것이 부과처분의 취소사유가 되는지 여부
- 위의 경우 원고의 육교보수공사 부분의 기부채납과 그 도로점용료 및 시설사용료의 면제 사이의 경제적 대가관계 유무

(2) 판결내용
"원고가 서울특별시와의 협약에 의하여 위 육교상가에 대한 보수공사를 시행하여 서울특별시에 공급한 행위는 부가가치세의 과세대상인 용역의 공급에 해당하고, 따라서 피고가 이를 용역의 공급이 아닌 재화의 공급으로 보고 이 사건 부과처분을 하였음은 잘못이라 하겠으나 이 점만으로는 이 사건 부과처분을 취소할 사유가 된다고 볼 수는 없으며, 이 사건 육교상가는 도시계획법 제2조 제1항 제1호 나목 및 같은 법 시행령 제3조 제1항 제1호 바목 소정의 도시계획시설에 해당하고, 같은 법 제83조 제2항 전단에 의하면 행정청이 아닌 시행자가 도시계획사업을 시행하여 새로이 설치한 공공시설은 그 시설을 관리할 국가 또는 지방자치단체에 무상으로 귀속된다고 규정하고 있으나, 서울특별시가 원고로 하여금 위 육교상가의 보수공사를 시행하게 하여 서울특별시에 기부채납 하도록 한 것은 도로점용료 및 시설사용료를 일정기간 면제하는 것을 대가로 민간자본을 유치하여 예산을 절약하면서 공공시설을 설치관리하기 위한 취지에서 비롯된 것이라고 볼 것이므로,

원고의 위 육교공사 보수공사 부분의 기부채납과 그 도로점용료 및 시설사용료의 면제는 서로 경제적 대가관계에 있다고 볼 수밖에 없고, 위 보수공사부분의 소유권이 법률상 당연히 서울특별시에 무상으로 귀속된다거나 그 공사비용이 도로점용료 및 시설사용료의 선급금의 성질을 지니고 있다 하여 달리 해석할 수는 없다."

"원고의 주장과 같이 행정청 아닌 자가 행정청의 허가를 받아 공공시설을 설치하고 그로부터 무상사용권을 허가받은 사례에 관하여 부가가치세법 시행 후 장기간 이 사건과 같은 부가가치세가 부과된 사례가 없다 할지라도 그러한 사정만으로 원고 주장과 같은 비과세관행[16]이 확립되어 있다고 볼 수 없다."

2. 기부채납의 부가가치세 공급시기 – 대법원 2003. 3. 28. 선고 2001두9950 판결 * 파기환송

(1) 사실관계

원고는 1992. 2. 27. 천안시와 사이에 도시계획사업의 일환으로 '역전지하도 및 상가조성사업에 관한 협약'을 체결하여, 원고의 시설비 투자로 이 사건 지하도 및 상가시설 등을 조성한 다음 천안시에 귀속시키고, 그에 대한 반대급부로 천안시로부터 위 상가시설 등에 대한 임대권 및 관리권을 20년간 부여받기로 약정하였다.

원고는 1992. 3.경 도시계획사업의 시행허가를 얻어 공영토건 주식회사에 토목공사를 도급 주는 등으로 이 사건 지하도 등의 조성공사를 시행하고, 1994. 2. 22. 천안시장으로부터 그 해 말까지 유효한 준공 전 사용승인을 얻은 후, 위와 같은 공사로 조성된 상가점포 127개를 모두 타에 임대하여 얻은 보증금 전액을 공사비에 충당하였다.

원고는 당초의 준공 전 사용승인기간이 만료된 이후에도 그 기간을 연장받아 상가시설 등을 계속 사용하면서도 준공절차를 이행하지 아니하자 천안시는 1998. 6. 25. 직권으로 준공처리하였다.

피고는 원고가 자신의 비용으로 이 사건 지하도 및 상가시설 등을 조성하여 천안시에 기부채납하고 그 대가로 이를 제3자에게 임대하는 방법으로 무상 사용·수익할 권리를 부여받은 것은 부가가치세 과세대상이 되는 용역의 공급에 해당한다고 전제하고, 이 사건 지하도 등이 1994. 2. 22. 천안시장으로부터 준공 전 사용승인을 받아 그 때부터 타에 임대하는 등으로 사용하였으므로 이 사건 거래로 인한 부가가치세 과세기간이 1994년 제1기에 귀속되는 것으로 보아 부가가치세를 부과

---

16) 세무공무원의 '착오'에 의한 언동은 '확약의 원칙'에서는 공적 견해 표명에 해당될 수도 있지만 과세상으로는 '누락'을 의미하는 것이므로 비과세관행이 성립하지는 아니한다.

하였다.

〈쟁점〉

행정청이 아닌 도시계획사업 시행자가 지하도 및 상가시설 등을 완성하여 지방자치단체에 기부채납하고 그 지하상가의 무상사용권 등을 취득하는 경우, 부가가치세의 과세대상이 되는 용역의 공급시기에 대한 판단 기준

(2) 판결내용

"구 도시계획법(2000. 1. 28. 전문개정 전) 제83조 제2항 전단은, 행정청이 아닌 자가 관계 규정에 의한 실시계획의 인가 또는 허가를 받아 새로이 설치한 공공시설은 그 시설을 관리할 행정청에 무상으로 귀속된다고 규정하고 있으므로, 도시계획사업의 시행으로 공공시설이 설치되면 그 사업완료와 동시에 당해 공공시설을 구성하는 토지와 시설물의 소유권이 그 시설을 관리할 국가 또는 지방자치단체에 직접 원시적으로 귀속된다 할 것이고, 이 때 사업완료시는 준공검사를 마친 때라고 볼 것이지만(대법원 1999. 4. 15. 선고 96다24897 전원합의체 판결, 2000. 8. 22. 선고 98다55161 판결 등 참조), 사업자가 자기의 비용을 투입하여 공공시설인 지하도 및 상가시설 등을 완성하여 기부채납하고 그에 대한 반대급부로 일정기간 무상사용권 등을 취득하는 것을 부가가치세 과세대상이 되는 용역의 공급에 해당한다고 보는 것은 그 기부채납과 무상사용권 등 사이에 실질적·경제적 대가관계가 있다는 데 있으므로(대법원 1990. 4. 27. 선고 89누596 판결, 1991. 3. 12. 선고 90누7227 판결 등 참조), 부가가치세법 제9조 제2항, 같은 법 시행령 제22조 제1호(현행 부가세법 제16조)에서 용역의 공급시기로 규정한 '역무의 제공이 완료되는 때'를 정함에 있어서는, 서로 대가관계에 있는 기부채납과 무상사용권 등에 관한 구체적 사정을 종합적으로 살펴 판단하여야 하고, 기부채납의 대상이 도시계획사업의 시행에 따른 공공시설이라고 하여 그 공급시기를 일률적으로 사업완료시인 준공검사를 마친 때라고 단정할 것은 아니라 할 것이다."

"원고는 1994. 2. 22. 이 사건 지하도 등에 대한 준공 전 사용승인을 얻어 그 무렵부터 그 상가시설을 임대함으로써 실질적으로 사용하여 왔고 그 보증금을 모두 공사비에 충당하였을 뿐만 아니라, 기록에 따르면, 원고는 위 일자 이전에 이미 전기안전검사, 구내통신선로설비 준공검사, 오수정화시설 준공검사, 소방시설 완공검사 등을 받고, 1994. 2. 15. 천안시장으로부터 건축물의 건축공사를 마쳤다고 하여 건축법에 따른 사용검사필증을 교부받아 위 준공 전 사용승인을 얻었으며, 같은 날짜에 상가시설 등에 대하여 집합건축물대장상 천안시를 소유자로 한 등록까지 마쳐진 사실, 원고는 당초의 준공 전 사용승인을 얻은 이후 그 기간을 계속

연장하면서도 준공검사신청을 하지 아니한 채, 피고의 1998. 6. 25. 직권 준공처리 시까지 시행한 공사라고는 천정누수로 인한 보수공사, 기계설비 보수공사 등에 지나지 아니한 사실, 원고는 1995. 12. 30. 천안시장에게 준공 전 사용승인기간의 연장을 요청하면서 이 사건 지하도 및 상가시설 등 시설물은 1994. 2. 15. 이미 천안시에 귀속됨으로써 원고에게 부여된 20년 간의 무상사용권 등이 그 때부터 기산된다는 점을 스스로 밝힌 사실 등을 알 수 있는바, 이러한 사정을 앞서 든 법리에 비추어 살펴보면, 원고가 이 사건 지하도 및 상가시설 등의 시설물을 실질적으로 완성하여 천안시에 기부채납함으로써 그 역무의 제공이 완료된 때는 최초의 준공 전 사용승인을 얻은 무렵인 1994. 2. 경이라 할 것이다."

IV. 세액의 계산

1. 과세표준

가. 공급가액

부가가치세의 과세표준은 해당 과세기간에 공급한 재화 또는 용역의 공급가액의 합계액이다(부가세법 제29조 제1항). 공급가액은 금전으로 대가를 받는 경우에는 그 대가,[17] 금전 이외의 대가를 받는 경우에는 자기가 공급한 재화 또는 용역의 시가, 폐업하는 경우 폐업 시 남아 있는 재화의 시가 등이고, 부가가치세는 포함되지 아니한다(부가세법 제29조 제3항).

건설공사의 경우 과세표준은 대가가 아니라 용역의 시가, 즉 공사비 총액이다. 공사비 총액 중에 들어 있는 부가가치세도 용역의 시가에 포함된다.[18]

부당하게 낮은 대가를 받거나 대가를 받지 아니하고 재화를 공급하는 경우와 부당하게 낮은 대가를 받고 용역을 공급하는 경우에는 자기가 공급한 재화 또

---

17) 금전으로 지급받는 경우 부가가치세의 과세표준이 되는 공급가액은 재화 또는 용역의 공급과 대가관계에 있는 가액, 즉 대가이다. 그러므로 재화나 용역의 공급대가가 아닌 위약금이나 손해배상금 등은 공급가액이 될 수 없다, 대법원 1984. 3. 13. 선고 81누412 판결; 1997. 12. 9. 선고 97누15722 판결 등 참조. 그러나 재화나 용역을 공급하는 자가 이를 공급받는 자로부터 위약금 등의 명목으로 금전을 지급받았더라도 그 실질이 재화나 용역의 공급과 실질적·경제적 대가관계에 있는 것이라면 이는 부가가치세 과세표준이 되는 공급가액에 포함된다고 봄이 타당하다, 대법원 2019. 9. 10 선고 2017두61119 판결 참조.

18) 대법원 1991. 4. 26. 선고 90누7272 판결; 2003. 9. 5. 선고 2002두4051 판결 등.

는 용역의 시가를 공급가액으로 본다(부가세법 제29조 제4항). 이러한 부가가치세 부당행위계산부인에는 특수관계인에게 사업용 부동산을 무상으로 임대한 경우도 포함된다(부가세법 제12조 제2항 단서).

나. 과세표준 불포함

에누리액, 환입된 재화의 가액, 도달 전 파손·훼손 등, 국고보조금·공공보조금, 공급대가 지연이자로서 연체이자, 공급가액에 대한 할인액 등은 부가가치세의 과세표준에 포함되지 아니한다(부가세법 제29조 제5항).

이 중 실무에서 자주 문제되는 항목이 에누리액인데, '에누리액'이란 재화나 용역을 공급할 때 그 품질이나 수량, 인도조건 또는 공급대가의 결정방법이나 그 밖의 공급조건에 따라 통상의 대가(공급가액)에서 일정액을 직접 깎아주는 금액을 말한다(부가세법 제29조 제5항 제1호).[19]

다. 과세표준 불공제

사업자가 재화 또는 용역을 공급받는 자에게 지급하는 장려금 또는 이와 유사한 금액 및 공급가액에 대한 대손금액은 부가가치세의 과세표준에서 공제되지 아니한다(부가세법 제29조 제6항).[20]

라. 재화의 수입에 대한 부가가치세 과세표준

재화의 수입에 대한 부가가치세 과세표준은 관세의 과세가격과 관세, 개별소비세, 주세, 교육세, 농어촌특별세 및 교통·에너지·환경세를 합한 금액이다(부가세법 제29조 제2항).

---

19) "에누리액은 재화나 용역의 공급과 관련하여 그 품질·수량이나 인도·공급대가의 결제 등의 공급조건이 원인이 되어 통상의 공급가액에서 직접 공제·차감되는 것으로서 거래상대방으로부터 실제로 받은 금액이 아니므로 부가가치세의 과세표준에서 제외되며, 그 공제·차감의 방법에 특별한 제한은 없다. 따라서 고객이 재화를 구입하면서 사업자와 사이의 사전 약정에 따라 그 대가의 일부를 할인받은 경우에 이는 통상의 공급가액에서 직접 공제·차감되는 에누리액에 해당하므로 그 할인액은 과세표준에 포함되지 아니한다", 대법원 2016. 8. 26. 선고 2015두58959 전원합의체 판결 등. '거래의 직접성'과 관련해서는, '대법원 2022. 8. 31. 선고 2017두53170 판결'에서 이전의 판례(대법원 2015. 12. 23. 선고 2013두19615 판결)와는 달리 '직접적인 대가관계'가 있는 경우에만 공급가액에서 제외되는 에누리액에 해당한다고 판시한 바 있다.
20) 대법원 2008. 9. 25. 선고 2008두11211 판결 참조.

2. 매입세액공제

부가가치세 세액의 계산에 있어 가장 중요한 대목이 매입세액공제이다. 매입세액을 공제가 가능한 경우와 공제가 불가한 경우는 다음과 같다.

가. 공제 가능 매입세액(부가세법 제38조)

(1) 사업자가 자기의 사업을 위하여 사용하였거나 사용할 목적으로 공급받은 재화 또는 용역에 대한 부가가치세액

(2) 사업자가 자기의 사업을 위하여 사용하였거나 사용할 목적으로 수입하는 재화의 수입에 대한 부가가치세액

나. 공제 불가 매입세액(부가세법 제39조)

(1) 매입처별 세금계산서합계표를 제출하지 아니한 경우의 매입세액 또는 제출한 매입처별 세금계산서합계표의 기재사항 중 거래처별 등록번호 또는 공급가액의 전부 또는 일부가 적히지 아니하였거나 사실과 다르게 적힌 경우 그 기재사항이 적히지 아니한 부분 또는 사실과 다르게 적힌 부분의 매입세액

(2) 세금계산서 또는 수입세금계산서를 발급받지 아니한 경우 또는 발급받은 세금계산서 또는 수입세금계산서에 필요적 기재사항의 전부 또는 일부가 적히지 아니하였거나 사실과 다르게 적힌 경우의 매입세액.[21] 공급가액이 사실과 다르게 적힌 경우에는 실제 공급가액과 사실과 다르게 적힌 금액의 차액에 해당하는 세액을 말한다. 다만, 세금계산서의 필요적 기재사항 중 일부가 착오로 사실과 다르게 적혔으나 그 세금계산서에 적힌 나머지 필요적 기재사항 또는 임의적 기재사항으로 보아 거래사실이 확

---

21) '대법원 2021. 10. 28. 선고 2021두39447 판결'은 본점 사업장이 용역 등을 공급받았음에도 지점 사업장이 그 명의로 세금계산서를 수취한 사안에서, "계약을 체결하고 용역 등을 공급받은 사업장은 본점 사업장이지 지점 사업장이 아니므로, 그 용역 등에 관하여 '공급받는 자'를 지점 사업장으로 하여 작성된 세금계산서는 '사실과 다른 세금계산서'에 해당한다"라고 판시하여 '부가가치세법상 사업장별 과세원칙'이 세금계산서의 수취와 관련하여 적용되는 범위를 명확히 한 바 있다, 마옥현, "63. 지점 명의로 발급받은 세금계산서가 사실과 다른 세금계산서에 해당하는지 여부", 조세판례100선 3, 한국세법학회, 2024, 424면 참조.

인되는 경우(부가세법 령 제75조 제2호), 재화 또는 용역의 공급시기 이후에 발급받은 세금계산서로서 해당 공급시기가 속하는 과세기간에 대한 확정신고기한까지 발급받은 경우(부가세법 령 제75조 제3호) 등에는 매입세액을 공제한다.

(3) ① 사업과 직접 관련이 없는 지출에 대한 매입세액, ② 운수업·자동차판매업 등에 직접 영업으로 사용되는 것을 제외한 자동차의 구입·임차·유지에 관한 매입세액, ③ 기업업무추진비 기타 이와 유사한 비용의 지출에 관련된 매입세액, ④ 면세사업 등에 관련된 매입세액, 및 ⑤ 토지에 관련된 매입세액

(4) 사업자등록을 신청하기 전의 매입세액. 다만, 공급시기가 속하는 과세기간이 끝난 후 20일 이내에 등록을 신청한 경우 등록신청일부터 공급시기가 속하는 과세기간 기산일까지 역산한 기간 내의 것은 제외한다.

다. 매입세액 공제 가능의 요건(부가세법 제38조)인 '사업관련성'과 공제 불가 요건(부가세법 제39조)인 '사업과 직접 관련이 없는'의 관계

이에 대해 판례는 "부가가치세법 제38조에서 매출세액에서 공제하는 매입세액에 관하여 제1항에서 '자기의 사업을 위하여 사용되었거나 사용될' 재화 또는 용역의 공급이나 수입에 대한 세액에 해당하는 이상 그 전부를 공제하도록 규정함으로써 그 기준을 사업 관련성에 두고 있으며, 제39조 제1항 제4호에서 공제하지 아니하는 매입세액의 하나로 들고 있는 '사업과 직접 관련이 없는 지출에 대한 매입세액'은 부가가치세의 원리상 당연히 매출세액에서 공제될 수 없는 경우를 규정하고 있는 것으로 이해된다. 따라서 사업 관련성이 없는 지출에 대한 매입세액은 법 제38조 제1항 및 제39조 제1항 제4호에 의하여 매출세액에서 공제될 수 없고, 여기에서 사업 관련성의 유무는 지출의 목적과 경위, 사업의 내용 등에 비추어 그 지출이 사업의 수행에 필요한 것이었는지를 살펴 개별적으로 판단하여야 한다"라고 판시하여 부가가치세법 제38조 제1항과 제39조 제1항 제4호가 규정한 '사업 관련성'을 동일하게 보면서 '직접'에 별도의 의미를 부여하고 있지는 아니하였다.[22]

3. 세율

부가가치세의 세율은 10%의 고정세율이다(부가세법 제30조).

4. 세액의 계산방식

가. 일반과세자

부가가치세는 유통단계별 부가가치에 대하여 과세되는 것이므로 일반과세자인 사업자가 납부하여야 할 부가가치세액(납부세액)은 자기가 공급한 재화 또는 용역에 대한 세액(매출세액)에서 매입세액을 공제한 금액이다(부가세법 제37조).

납부세액 = [매출액(공급가액) × 세율] − [매입액(공급가액) × 세율]

나. 간이과세자

부가가치세 간이과세자에 대해서는 공급대가의 합계액에 업종별부가가치율을 곱한 금액의 10%에서 공급대가의 합계액에 0.5%를 곱한 금액을 뺀 금액으로 과세한다(부가세법 제63조).

납부세액 = [공급대가의 합계액×업종별부가가치율(업종별로 15%에서 40%까지 5단계)×세율] − (공급대가의 합계액×0.5%)

[관련판례] 부가가치세 세액의 계산

1. 매입세액공제 − 대법원 2004. 11. 18. 선고 2002두5771 전원합의체 판결
   * 파기환송
2. 공급시기 이전에 세금계산서를 발행한 경우 − 대법원 2016. 2. 18. 선고 2014두35706 판결

---

22) 대법원 2012. 7. 26. 선고 2010두12552 판결.

1. 매입세액공제 – 대법원 2004. 11. 18. 선고 2002두5771 전원합의체 판결 * 파기환송

(1) 사실관계[23]

원고는 서울 강남구에서 주유소업을 하는 자인데, 1998년 세금계산서를 수수하지 않고 다른 주유소들과 석유류 거래를 하며 부가가치세 신고 때도 이를 누락하였다가 1999. 4. 6.부터 같은 달 13.까지 진행된 세무조사과정에서 1998년 제1기 및 제2기에 10억 원의 매출액을 누락한 사실이 드러나자 1999. 4. 10.에 이르러 비로소 그동안 거래를 하였던 다른 주유소들로부터 작성일자를 실제거래일자로 소급하여 작성된 세금계산서를 교부받아 매출누락분에 대한 매출세액을 가산하고 매입세액을 공제하여 피고에게 부가가치세 경정청구를 하였으나, 피고는 이를 사실과 다른 세금계산서라 하여 매입세액을 공제하지 아니하고 매출누락분에 대한 매출세액에 가산세를 더하여 부가가치세를 부과하였다.

〈쟁점〉

과세기간이 경과한 후 세금계산서의 작성일자를 이전 과세기간에 속하는 실제 공급시기로 소급하여 작성한 경우, 매입세액의 공제 여부

(2) 판결내용

"부가가치세법 제17조 제2항 제1호의2는, 교부받은 세금계산서에 제16조 제1항 제1호 내지 제4호의 규정에 의한 기재사항의 전부 또는 일부가 사실과 다르게 기재된 경우의 매입세액은 매출세액에서 공제하지 아니하되, 다만 대통령령이 정하는 경우의 매입세액은 제외하는 것으로 규정하고 있고, 제16조 제1항 제4호에서는 위 필요적 기재사항의 하나로서 '작성연월일'을 규정하고 있으며, 부가가치세법 시행령(1999. 12. 31. 개정 전) 제60조 제2항 제2호는 법 제17조 제2항 제1호의2 단서에 규정하는 대통령령이 정하는 경우의 하나로서, 법 제16조 제1항의 규정에 의하여 교부받은 세금계산서의 필요적 기재사항 중 일부가 착오로 기재되었으나 당해 세금계산서의 그 밖의 필요적 기재사항 또는 임의적 기재사항으로 보아 거래 사실이 확인되는 경우를 규정하고 있다."

"법 제17조 제2항 제1호의2 본문의 해석상 매입세액의 공제가 부인되는 "세금계산서의 필요적 기재사항의 일부인 '작성연월일'이 사실과 다르게 기재된 경우"라 함은 세금계산서의 실제작성일이 거래사실과 다른 경우를 의미하고, 그러한 경우에도 시행령 제60조 제2항 제2호에 의하여 그 세금계산서의 나머지 기재대로 거

---

23) 한국세법학회, 조세판례100선, 박영사, 2005, 513면 참조.

래사실이 확인된다면 위 거래사실에 대한 매입세액은 공제되어야 하지만, 이는 어디까지나 세금계산서의 실제작성일(1999. 4. 10.)이 속하는 과세기간과 사실상의 거래시기(1998년 1기 및 2기)가 속하는 과세기간이 동일한 경우(이러한 경우이면 세금계산서 상의 '작성연월일'이 실제작성일로 기재되든, 사실상의 거래시기 또는 어느 특정시기로 소급하여 기재되든 묻지 아니한다)에 한한다고 보아야 할 것인바(대법원 1990. 2. 27. 선고 89누7528 판결, 1991. 4. 26. 선고 90누9933 판결, 1991. 10. 8. 선고 91누6610 판결, 1993. 2. 9. 선고 92누4574 판결, 1995. 8. 11. 선고 95누634 판결 등 참조), 그 이유는, 세금계산서가 부가가치세액을 정하기 위한 증빙서류로서 그것을 거래시기에 발행·교부하게 하는 것은 그 증빙서류의 진실을 담보하기 위한 것이기도 하지만, 나아가 전단계 세액공제법을 채택하고 있는 현행 부가가치세법 체계에서 세금계산서 제도는 당사자간의 거래를 노출시킴으로써 부가가치세뿐 아니라 소득세와 법인세의 세원포착을 용이하게 하는 납세자 간 상호검증의 기능을 갖고 있으며, 세액의 산정 및 상호검증이 과세기간별로 행하여지는 부가가치세의 특성상 위와 같은 상호검증 기능이 제대로 작동하기 위해서는 세금계산서의 작성 및 교부가 그 거래시기가 속하는 과세기간 내에 정상적으로 이루어지는 것이 필수적이기 때문이다.

따라서 과세기간이 경과한 후에 작성한 세금계산서는 작성일자를 공급시기로 소급하여 작성하였다 하더라도 부가가치세법 제17조 제2항 제1호의2 본문 소정의 '필요적 기재사항의 일부가 사실과 다르게 기재된' 세금계산서에 해당하므로 이 경우의 매입세액은 매출세액에서 공제되어서는 아니 된다 할 것이다."

"원심이 인정한 사실관계 및 기록에 의하면, 원고는 1998. 제1기 및 제2기에 세금계산서의 수수 없이 석유류에 관한 거래를 하여 오다가 그 과세기간이 경과한 후에 피고의 세무조사 과정에서 같은 기간에 대한 매출액의 누락이 발견되자 비로소 작성일자를 공급시기로 소급하여 작성한 이 사건 매입세금계산서를 교부받았다는 것이므로, 앞서 본 법리에 비추어 볼 때, 위 세금계산서에 의한 매입세액은 매출세액에서 공제되어서는 아니 된다 할 것임에도 불구하고, 원심은 이 사건 매입세금계산서에 의하여 그 매입세액이 공제되어야 한다고 판단하고 말았으니, 이러한 원심판결에는 법 제17조 제2항 제1호의2 본문 소정의 '세금계산서의 필요적 기재사항이 사실과 다르게 기재된 경우'의 해석에 관한 법리를 오해하여 판결 결과에 영향을 미친 위법이 있다."

"세금계산서가 그 공급시기나 과세기간이 경과한 후에 작성일자를 공급시기로 소급하여 작성·교부되었다 하더라도 그 세금계산서의 기재사항에 의하여 그 거래사실이 확인되면 당해 부가가치세의 매입세액은 공제되어야 한다고 판시한 대법원 1987. 5. 12. 선고 85누398 판결, 1988. 2. 9. 선고 87누964 판결, 2001. 8. 24.

선고 2000두581 판결, 같은 날 선고 2000두8097 판결은 이와 저촉되는 범위 내에
서 변경하기로 한다.”

2. 공급시기 이전에 세금계산서를 발행한 경우 - 대법원 2016. 2. 18. 선고 2014 두35706 판결

(1) 사실관계

원고는 소외회사에 물류센터 신축공사를 완성도기준지급조건부 내지 중간지급
조건부로 도급하고, 2011. 10. 18. 위 회사로부터 공사대금 중 30억 원에 대한 이
사건 세금계산서를 발급받은 후 그 지급기일인 2011. 10. 31. 위 돈을 지급하였다.

이 사건 세금계산서는 용역의 공급시기 전에 발급된 세금계산서로서 필요적 기
재사항인 '작성 연월일'이 사실과 다른 세금계산서에 해당하는데, 원고는 이 사건
세금계산서를 증빙자료로 첨부하여 은행으로부터 대출을 받아 위 공사대금을 지
급하기 위하여 그 지급기일 전에 위 세금계산서를 발급받은 것이다.

원고는 동일한 과세기간인 2011년 2기에 이 사건 세금계산서의 대금을 지급하
고 그에 대한 용역을 제공받은 다음 위 세금계산서의 매입세액을 공제하여 부가가
치세를 신고·납부하였을 뿐 부당하게 세액을 환급받지는 아니하였다.

이에 관할세무서장은 위 세금계산서의 공급가액에 대한 매입세액의 공제가 허
용되지 아니함을 전제로 이 사건 부가가치세 부과처분을 하였다.

〈쟁점〉
- '공급시기 전에 발급된 세금계산서'가 발급일이 속한 과세기간 내에 공급시
  기가 도래하고 세금계산서의 다른 기재사항으로 보아 거래사실이 진정한
  것으로 확인되는 경우, 거래에 대한 매입세액이 공제되어야 하는지 여부
- '필요적 기재사항이 사실과 다른 세금계산서'에 관한 구 부가가치세법 제17
  조 제2항 제2호 단서 등의 적용 대상이나 범위가 같은 법 제9조 제3항, 같
  은 법 시행령 제54조 제2항, 제3항 등에 의하여 제한되는지 여부

(2) 판결내용

“구 부가가치세법(2013. 6. 7. 개정 전) 제17조 제1항에서 채택한 전단계세액공
제 제도의 정상적인 운영을 위해서는 과세기간별로 각 거래 단계에서 사업자가 공
제받을 매입세액과 전단계 사업자가 거래징수할 매출세액을 대조하여 상호 검증
하는 것이 필수적인 점을 고려하여, 법 제17조 제2항 제2호 본문은 필요적 기재사

항이 사실과 다르게 적힌 세금계산서에 의한 매입세액의 공제를 제한함으로써 세금계산서의 정확성과 진실성을 확보하기 위한 제재장치를 마련하고 있다. 그러나 한편 같은 호 단서에서는 필요적 기재사항이 사실과 다르게 적힌 세금계산서이더라도 전단계세액공제 제도의 정상적인 운영을 저해하거나 세금계산서의 본질적 기능을 해치지 않는 것으로 볼 수 있는 경우에는 매입세액의 공제를 허용하는 것이 부가가치세제의 기본원리에 부합하는 점을 고려하여, 이에 해당하는 경우를 시행령으로 정하도록 위임하고 있고, 그 위임에 따른 구 부가가치세법 시행령(2013. 2. 15. 개정 전) 제60조 제2항 제2호는 매입세액의 공제가 허용되는 경우의 하나로 '법 제16조에 따라 발급받은 세금계산서의 필요적 기재사항 중 일부가 착오로 적혔으나 해당 세금계산서의 그 밖의 필요적 기재사항 또는 임의적 기재사항으로 보아 거래사실이 확인되는 경우'를 규정하고 있다."

"이들 규정의 문언 내용과 체계 및 취지 등에 비추어 보면, 사업자가 부가가치세를 부담하지 아니한 채 매입세액을 조기 환급 받을 의도로 공급시기 전에 미리 세금계산서를 발급받는 등의 특별한 사정이 없는 한, '공급시기 전에 발급된 세금계산서'이더라도 그 발급일이 속한 과세기간 내에 공급시기가 도래하고 그 세금계산서의 다른 기재사항으로 보아 거래사실도 진정한 것으로 확인되는 경우에는 시행령 제60조 제2항 제2호에 의하여 그 거래에 대한 매입세액은 공제되어야 할 것이다(대법원 2004. 11. 18. 선고 2002두5771 전원합의체 판결 참조). 한편 법 제9조 제3항, 시행령 제54조 제2항, 제3항 등은 '공급시기 전에 발급된 세금계산서'의 발급일을 공급시기로 의제하거나 법 제16조 제1항에 따라 세금계산서를 발급한 것으로 의제하는 경우에 관하여 규정하고 있는데, 이는 '필요적 기재사항이 사실과 같은 세금계산서'로 보는 경우에 관한 규정이므로, 이들 규정으로 인하여 '필요적 기재사항이 사실과 다른 세금계산서'에 관한 법 제17조 제2항 제2호 단서 등의 적용 대상이나 범위가 당연히 제한된다고 보기 어렵다."

V. 영세율과 면세

1. 영세율

가. 의의

부가가치세 영세율제도는 수출하는 재화 등에 대하여 부가가치세를 계산할 때, 좀 더 정확하게 말하면 매출세액을 계산할 때, 영(0)의 세율의 적용을 허용함으로써 매입세액을 환급해 주는 제도이다(부가세법 제21조 참조). 이는 이전 단계의 거래에서 부담한 모든 부가가치세를 전액 공제해 주는 완전 면세제도로서, 해당 단계의 부가가치세액만을 면제하고 이전 단계의 부가가치세는 공제해주지 아니하는 부분 면세제도인 면세제도와 다르다. 이러한 영세율제도는 한국을 포함하여 생산지국에서 재화를 수출할 때 그 나라가 부과한 부가가치세를 면제·환급해 주는 수출지원책으로 주로 활용되고 있다.

영세율제도를 부가가치세의 본질에 비추어 본다면, 수출지원책이라는 의미에 앞서 소비세에 관한 일반원칙인 소비지과세원칙(destination principle)상 요구되는 것이라고 볼 수 있다.[24] 왜냐하면 부가가치세와 같은 소비세는 소비를 전제로 만들어진 제도인데, 수출재화의 경우는 수출국에서 소비될 수 없으므로 소비세를 부과하는 것은 모순이기 때문이다.

나. 적용대상인 재화·용역의 공급

영세율의 적용대상은 재화의 수출, 용역의 국외 공급, 선박이나 항공기의 외국항행용역의 공급, 외화 획득 재화 또는 용역의 공급 등이다.

재화의 수출이란 내국물품(대한민국 선박에 의하여 채집되거나 잡힌 수산물 포함)을 외국으로 반출하는 것, 중계무역 방식의 거래 등으로서 국내사업장에서 계약과 대가수령 등 거래가 이루어지는 것, 및 내국신용장 또는 구매확인서에 의하여 재화[금지금(金地金) 제외]를 공급하는 것 등을 말한다(부가세법 제21조 제2항).

외국항행용역이란 선박 또는 항공기에 의하여 여객이나 화물을 국내에서 국외로, 국외에서 국내로 또는 국외에서 국외로 수송하는 것을 말한다(부가세법 제23조). 외화를 획득하기 위한 재화 또는 용역의 공급이란 외교공관 등에 재화 또는 용역을 공급하는 경우 등을 말한다(부가세법 제24조).

영세율의 적용에는 상호주의가 적용되어, 사업자가 비거주자 또는 외국법인이면 그 해당 국가에서 한국의 거주자 또는 내국법인에 대하여 동일하게 면세하는 경우에만 영세율이 적용된다. '동일하게 면세하는 경우'에는 해당 국가에 한국의 부가가치세 또는 이와 유사한 성질의 조세가 없는 경우도 포함한다(부가세법 제25조).

---

24) 이태로·한만수, 앞의 책, 950면.

2. 면세

가. 의의

기초생활필수품, 의료보건 용역, 교육 용역 등의 공급에 대해서는 부가가치세의 납세의무를 면제한다(부가세법 제26조). 부가가치세 면세제도는 사업자의 부가가치세 납세의무를 면제하여 유통단계별 부가가치세라고 하는 체인으로부터 제외시키는 제도이다.[25) 즉, 해당 사업자는 부가가치세를 납부할 의무가 없다는 의미이다. 면세사업자는 세금계산서를 발급할 수 없고 대신에 면세계산서를 발급할 수 있다. 또한 면세사업자는 본인이 부담한 매입세액을 포함하여 필요경비를 계산할 수 있다.

나. 효과

부가가치세 면세의 효과는 최종유통단계인지 중간유통단계인지에 따라 크게 차이가 난다.[26)

(1) 최종유통단계에서의 면세

최종유통단계에서의 면세는 소비자에게 조세부담 경감의 효과가 있다. 이를 통해 간접세의 단점인 조세부담의 역진성을 개선할 수 있다.

최종유통단계에서 면세는 공급하는 자의 입장에서 형식적인 조세부담 경감의 효과가 있을 뿐만 아니라, 공급가액에 매출세액을 가산할 필요 없이, 즉 공급대가에서 매출세액을 빼고 재화 또는 용역을 공급하므로, 공급받는 자의 입장에서 실질적으로 조세부담 경감의 효과가 있다.

(2) 중간유통단계에서의 면세

중간유통단계의 면세에서는 사실상 면세효과가 소멸되는 누적효과 내지는 환수효과가 발생한다.

면세 재화 또는 용역을 공급받는 사업자가 그 재화 또는 용역을 다시 공급하

---

25) 이태로·한만수, 앞의 책, 993면.
26) 이하 위의 책, 953-954면; 임순순·김용균, 앞의 책, 994-995 참조.

면 매출세액은 있지만 공제할 매입세액이 없기 때문에 납부세액은 매출세액과 같
게 된다. 즉, 면세 재화 또는 용역을 공급받는 사업자는 자기 사업의 부가가치에
대하여 납세의무를 지는 것이 아니라 매출액을 과세표준으로 하여 납세의무를 지
게 된다. 따라서 면세 재화 또는 용역을 공급받는 사업자는 이전 단계의 면세에
대한 조세부담을 추가로 지게 되는 것이고, 과세권자의 입장에서 보면 이전 단계
의 면세로 일실한 세수를 다음 단계에서 환수하는 것이 된다.

다. 면세대상

부가가치세의 면세대상은 기초생활필수품, 의료보건 용역과 혈액(수의사의 용
역과 동물의 혈액 포함) 교육 용역, 여객운송 용역, 금융보험 용역, 도서, 예술창작
품, 토지, 국가나 지방자치단체가 공급하는 재화 또는 용역, 특정한 재화(미가공 식
료품 등)의 수입 등이다(부가세법 제26조 및 제27조). 이들 재화 및 용역의 공급에 대
해서는 역진성 완화, 사회적 공익성, 집행상의 어려움 등의 이유로 부가가치세를
면세한다.[27]

토지의 공급은 부가가치세의 면세대상이다(부가세법 제26조 제1항 제14호). 사
업자가 토지를 취득하여 가치를 상승시킨 후 다시 양도하더라도 이러한 토지의
공급은 면세이다. 토지의 가치를 상승시키는 과정에서 다른 사업자로부터 재화나
용역을 공급 받더라도 이 경우 부담하는 매입세액은 토지를 공급하는 사업자가
공제 받을 수 없다.

라. 면세의 포기

면세제도는 사업자에 대한 과세상의 우대조치라기보다는 면세대상이 되는
재화·용역에 대한 소비자의 부담을 경감시켜 주는 제도라고 볼 수 있다. 그러나
중간유통단계에서의 면세는 환수효과와 누적효과에 의하여 다음 단계의 사업자가
불리해질 수 있으므로 이를 시정하고자 하는 사업자를 위하여 면세의 포기라는
제도가 있다(부가세법 제28조).

면세의 포기는 일방적인 의사표시로서 하면 되므로 과세권자의 승인·확인이

---

27) 이태로·한만수, 앞의 책, 954면 참조.

필요 없다. 다만, 면세포기의 대상이 한정되어 있는데, ① 영세율이 적용되는 재화·용역의 공급, ② 주택 등 임대 용역, ③ 저술가·작곡가 등의 임대용역, ④ 종교·자선·학술·구호 등 공익단체가 공급하는 재화 또는 용역에 한한다. 면세의 포기로 면세업자는 매입세액공제를 받을 수 있고 세법상의 모든 의무가 부활한다. 면세를 포기한 사업자는 포기신고일로부터 3년간 부가가치세의 면세를 받지 못한다.

Ⅵ. 신고·납부, 부과 및 환급 등

1. 신고·납부

부가가치세는 자진신고·납부제도를 채택하고 있어 사업자가 스스로 계산하여 신고·납부하여야 한다.

일반과세자는 매 과세기간마다 예정 및 확정신고·납부를 하여야 한다(부가세법 제48조 및 제49조). 일반과세자는 각 과세기간 중 예정신고기간(제1기 1. 1~3. 31, 제2기 7. 1~9. 30)이 끝난 후 25일 이내에 각 예정신고기간에 대한 과세표준과 납부세액 또는 환급세액을 납세지 관할세무서장에게 신고하고 납부하여야 한다. 개인사업자인 일반과세자는 예정신고·납부의 대상에서 제외되고 '예정고지'의 적용을 받는데, 예정고지에 따라 직전 과세기간 납부세액의 100분의 50에 해당하는 금액만큼 신고 없이 납부만 하면 된다. 과세기간은 6개월이지만 결과적으로 3개월 단위로 과세하는 신고, 납부하는 셈이다. 또한 일반과세자는 각 과세기간에 대한 과세표준과 납부세액 또는 환급세액을 그 과세기간이 끝난 후 25일(폐업하는 경우 그 폐업일이 속한 달의 다음 달 25일) 이내에 납세지 관할세무서장에게 확정신고·납부하여야 한다.

간이과세자는 1년에 1회 신고·납부하면 되고 예정신고·납부는 없다.

2. 부과

부가가치세는 신고확정방식 세목이므로 세액은 신고에 의하여 확정되지만, 확정신고를 하지 아니하는 경우에는 사업장 관할세무서장 등이 결정한다. 또한 확정신고의 내용에 오류 또는 탈루가 있거나 확정신고를 함에 있어 매출·매입처별 세금계산서합계표 미제출, 그 기재사항의 일부 또는 전부의 미기재, 또는 허위의 기재가 있는 경우 기타 부가가치세를 포탈할 우려가 있는 경우에는 조사를 통하여 이를 경정한다.

3. 환급

부가가치세의 매입세액이 매출세액을 초과함으로 인하여 환급세액이 발생한 경우에는, 관할세무서장은 각 과세기간별로 그 확정신고기한 경과 후 30일 이내에 사업자에게 환급하여야 한다. 그러나 사업자가 영세율 적용대상자이거나 사업설비를 신설·취득·확장 또는 증축하는 때에는 예정신고기간별로 그 예정신고기한 경과후 15일 이내에 사업자에게 환급하여야 한다.

전술한 바와 같이 부가가치세 환급세액 지급청구는 전단계매입세액공제방식을 취하고 있는 부가가치세제의 특성상 이를 부당이득반환청구소송이 아니라 당사자소송으로 다투어야 한다.

4. 주사업장 총괄납부제도

가. 의의

일반적으로 부가가치세는 사업장별로 이를 신고, 납부하여야 한다. 주사업장 총괄납부제도는 한 사업자가 둘 이상의 사업장을 운영하는 경우 부가가치세는 납부세액을 사업장별로 납부하지 않고 주사업장에서 일괄하여 납부할 수 있도록 허용하는 제도이다(부가세법 제51조).

주사업장 총괄납부제도의 취지는 자금부담의 완화이다. 한 사업장에서는 납부세액이 발생하고 다른 사업장에서는 환급세액이 발생하는 경우, 일반적으로 부가가치세법상 납부세액은 납기일까지 납부하고 환급세액은 신고기한으로부터 상당한 기간이 지나야 환급이 되므로 사업자의 자금부담이 발생할 수 있다. 주사업장 총괄납부하는 경우에는 납부세액에서 다른 사업장의 환급세액을 미리 차감하고 납부하므로 환급세액만큼 덜 납부하게 되어 자금부담을 덜 수 있다.

나. 신고와 납부

주사업장 총괄납부 사업장이라 하더라도 납부만 주사업장에서 일괄하여 할 수 있고, 세금계산서 수수 및 부가가치세 신고(경정청구 및 수정신고 포함) 등 부가가치세법상 제반 의무의 이행은 각 사업장에서 한다.

다. 직매장 등으로의 반출에 대한 공급의제규정 적용 배제

총괄납부 승인을 얻는 과세기간 동안에는 직매장 등으로 재화를 반출하는 것은 이를 사업장이 다르지만 재화의 자가공급으로 보지 아니한다.

5. 사업자 단위 과세제도

사업자 단위 과세제도는 둘 이상의 사업장을 가진 사업자가 부가가치세의 납부나 환급뿐만 아니라 신고를 포함한 모든 납세의무를 본점 또는 주된 사업장에서 총괄하여 이행하는 제도이다(부가세법 제8조 제3항 등). 사업자 단위 과세제도는 주사업장 총괄납부제도보다 본점 또는 주된 사업장에서 처리할 수 있는 범위가 넓다.

사업자 단위 과세를 적용받는 사업자는 주된 사업장을 제외한 다른 사업장의 사업자등록번호가 말소되고 부가가치세 신고와 납부, 세금계산서와 영수증의 발행 등 업무의 처리를 주된 사업장의 사업자등록번호로 하게 된다. 사업자 단위 과세제도는 사업장별로 발생하는 매출과 비용이 구분되지 않아서 사업장별 실적 파악이 어렵다는 단점이 있다.

제4장 상속세 및 증여세법

I. 부의 무상이전에 대한 과세체계

1. 의의

부(富)의 무상이전에 대하여 부과되는 조세로는 상속세와 증여세가 있다.

상속세는 자연인의 사망을 계기로 상속, 유증, 사인증여, 특별연고자에 대한 상속재산의 분여, 유언대용신탁[1] 또는 수익자연속신탁[2]에 의하여 피상속인의 재산이 상속인 또는 수유자에게 무상으로 이전되는 경우에 부과되는 국세이다(상증세법 제2조 제1호, 제4호 및 제5호).

상속이란 사망하거나 실종선고를 받은 자(피상속인)의 법률상 지위를 일정한 자(상속인)들이 포괄적으로 승계하는 것이고, 그 상속재산에 대하여 상속세가 부과된다. 유증이란 유언에 의하여 유산의 전부 또는 일부를 타인에게 무상으로 남겨주는 단독행위이고, 그 증여재산에 대하여 상속세가 부과된다. 사인증여는 증여자의 생전에 증여계약을 맺었으나 그 효력은 사망 후에 발생하는 증여이고, 그 증여재산에 대하여 상속세가 부과된다.

증여세는 수증자가 자신이 증여받은 재산에 대하여 부과되는 국세이다. 민법

---

1) 유언대용신탁이란 ① 수익자가 될 자로 지정된 자가 위탁자의 사망 시에 수익권을 취득하는 신탁 또는 ② 수익자가 위탁자 사망 후 신탁재산에 기한 급부를 받는 신탁을 말한다(신탁법 제59조).
2) 수익자연속신탁이란 수익자가 사망한 경우 그 수익자가 갖는 수익권이 소멸하고 타인이 새로이 수익권을 취득하도록 하는 뜻을 정하는 신탁을 말하고, 수익자의 사망에 의하여 차례로 타인이 수익권을 취득하는 경우를 포함한다(신탁법 제60조).

상 증여는 당사자의 일방(증여자)이 자기의 재산을 무상으로 상대방(수증자)에게 수여하는 의사를 표시하고 상대방이 이를 승낙함으로써 효력이 발생하는 계약이지만, 상증세법에서는 증여세의 과세대상인 증여의 범위를 일체의 경제적 이익의 무상이전으로 크게 확대해 놓고 있다.

2. 목적

가. 기본적 목적

상속세와 증여세는 기본적으로는 국가의 재정수요를 충당하기 위하여 무상으로 이전되는 재산에 대하여 부과하는 조세로서, 소득세에 대한 보완세로서의 성격을 지닌다.

나. 부차적 목적

상속세와 증여세에는 부의 집중을 억제하고 소득재분배를 도모한다는 정책적 목적이 있다. 상속세와 증여세는 부의 집중에 대한 사회 일반의 부정적인 인식에 기초하여 최고세율이 100분의 50으로 현행 세목 중 가장 높다.

II. 과세방식

1. 상속세

가. 유산세제방식과 유산취득세방식[3]

(1) 유산세제방식

① 유산세제방식은 피상속인의 유산, 즉 상속재산 자체를 과세대상으로 하는 상속세 과세방식이다.

---

3) 이하 이태로·한만수, 조세법강의, 박영사, 2018, 768-769면; 임승순·김용균, 조세법, 박영사, 2022, 813-814면 참조.

② 유산세제방식에서는 상속세의 성격을 자산세로 본다. 유산세제방식에서 상속세는 ⅰ. 피상속인의 사망을 계기로 그가 평생에 걸쳐 누적해 온 조세관계를 청산한다는 의미와 ⅱ. 본인의 능력 외로 사회적으로 각종 혜택을 받아 축적이 가능했던 재산의 일부를 다시 사회로 환원한다는 의미가 있다.

(2) 유산취득세제방식

① 유산취득세제방식은 상속인이 상속재산 분할에 따라 취득한 재산을 과세대상으로 하는 상속세 과세방식이다.

② 유산취득세제방식에서는 상속세의 성격을 수익세로 본다. 유산취득세제방식에서 상속세는 ⅰ. 피상속인의 사망이라고 하는 우연한 계기에 의한 재산의 취득에 대하여 과세한다는 의미와 ⅱ. 근로소득이나 사업소득 등 다른 소득과 과세상 균형을 유지하게 하는 특수한 형태의 소득과세라는 의미가 있다.

나. 상증세법의 경우

현행 상증세법은 상속세의 과세방식으로 유산세제을 채택하고 있다. 유산세제의 장단점을 유산취득세제와 비교하여 설명하면 다음과 같다.

(1) 장점

① 상속세에 의하여 피상속인은 생전의 경제활동에서 발생하였던 과세누락분을 사후적으로 시정할 수 있는 기회를 가진다.

② 유산 총액을 상속재산가액으로 하고 누진세율이 적용되므로 조세수입이 유산취득세제보다 많다.

③ 유산취득세제와 비교하여, 유산의 취득자와 취득분을 파악하여 과세하여야 하는 세무행정상의 어려움이 경감된다.

(2) 단점

유산세제에서는 상속인의 수나 상속분을 고려하지 아니하므로 응능과세의 원칙이 무시되어 조세공평주의의 이념에 반한다.

2. 증여세

가. 증여세 완전포괄주의와 증여의 개념

증여세 완전포괄주의는 조세법에 구체적으로 그 유형이 규정되어 있지 않더라도 증여계약은 물론 그 외의 모든 재산, 권리 및 경제적 이익의 무상 이전 행위와 그와 유사한 행위에 대하여 증여세를 부과하는 과세방식이다.

현행 상증세법은, 적정한 조세부담이 없는 변칙적인 부의 세습을 차단하여 공평과세와 부의 재분배를 실현한다는 취지로, 증여세의 과세방식으로 포괄주의 중에서도 완전포괄주의를 채택하고 있다. 완전포괄주의란 과세요건에 대하여 조세법에 상세하게 규정하는 대신에 과세요건에 관한 포괄적 규정을 설정함으로써, 과세권자가 본래 의도한 과세요건뿐만 아니라 이와 유사하거나 실질이 같은 경제적 사실을 모두 포함하여 과세하게 만드는 입법형식을 말한다.[4]

이러한 완전포괄주의하에서 상증세법상 증여란 그 행위 또는 거래의 명칭·형식·목적 등에 불구하고 경제적 가치를 계산할 수 있는 유형·무형의 재산을 타인에게 직접 또는 간접적인 방법에 의하여 무상으로 이전하는 것 또는 타인의 기여에 의하여 재산의 가치가 증가하는 것을 말한다(상증세법 제2조 제6호 및 제4조).

증여세 완전포괄주의의 적용과 관련해서는 상증세법의 증여재산 가액산정규정, 증여추정규정 및 증여의제규정(이하 '개별예시규정'이라 한다)의 해석이 문제될 수 있다.

나. 개별예시규정

(1) 증여재산 가액산정규정

상증세법은 제33조(신탁이익의 증여)부터 제42조의3(재산 취득 후 재산가치 증가에 따른 이익의 증여)까지에서 증여의 시기와 증여재산 가액의 산정방법에 관한 개별규정을 두고 있다. 이들 규정은 사법상 권리의 객체가 되는 재산이나 이익이 직접적이고 완전하게 무상으로 이전되는 경우 이외에, 간접적이거나 불완전하게 경제적 가치가 무상으로 이전되는 특정한 경우를 상정하여 증여재산 가액의 산정방

---

4) 김두형, "완전포괄주의 증여의제 입법의 과제", 조세법연구, 제9권 제1호, 한국세법연구회, 2004, 84면.

법을 정한 것이다.5) 상증세법에서 증여의 시기와 증여재산 가액의 산정방법을 정하고 있는 특정한 경우는 다음과 같다.

① 신탁이익의 증여

② 저가 양수 또는 고가 양도에 따른 이익의 증여

③ 채무면제 등에 따른 증여

④ 부동산 무상사용에 따른 이익의 증여

⑤ 합병에 따른 이익의 증여

⑥ 증자에 따른 이익의 증여

⑦ 감자에 따른 이익의 증여

⑧ 현물출자에 따른 이익의 증여

⑨ 전환사채 등의 주식전환 등에 따른 이익의 증여

⑩ 초과배당에 따른 이익의 증여

⑪ 주식 등의 상장 등에 따른 이익의 증여

⑫ 금전 무상대출 등에 따른 이익의 증여

⑬ 합병에 따른 상장 등 이익의 증여

⑭ 재산사용 및 용역제공 등에 따른 이익의 증여

⑮ 법인의 조직 변경 등에 따른 이익의 증여

⑯ 재산 취득 후 재산가치 증가에 따른 이익의 증여

(2) 증여추정규정

상증세법은 제44조(배우자 등에게 양도한 재산의 증여 추정)와 제45조(재산 취득자금 등의 증여 추정)에서 과세대상인 증여의 추정규정을 두고 있다. 재산 취득자금 등의 증여 추정(상증세법 제45조) 중 '차명예금에 대한 증여추정'(상증세법 제45조 제4항)에 관한 상세한 설명은 후술한다.

(3) 증여의제규정

상증세법은 제45조의2(명의신탁재산의 증여의제)부터 제45조의5(특정법인과의 거래를 통한 이익의 증여의제)까지에서 과세대상인 증여의 의제규정을 두고 있다. 상증

---

5) 이태로·한만수, 앞의 책, 822면 참조.

세법에서 증여로 의제하는 특정한 경우는 다음과 같다. 명의신탁재산의 증여의제(상증세법 제45조의2) 중 '주식명의신탁에 대한 증여의제'에 관한 상세한 설명은 후술한다.

① 명의신탁재산의 증여의제
② 특수관계법인과의 거래를 통한 이익의 증여의제(이른바 '일감몰아주기' 규제)6)
③ 특수관계법인으로부터 제공받은 사업기회로 발생한 이익의 증여의제
④ 특정법인과의 거래를 통한 이익의 증여의제

⑷ 증여세 완전포괄주의와 개별예시규정의 관계

증여세 완전포괄주의와 관련하여, 개별예시규정에서 규율하는 거래·행위 중의 증여세 과세대상이나 과세범위에서 제외된 거래·행위가 상증세법 제2조 제6호 및 제4조에서 정하는 증여의 개념에 부합한다면 증여세를 과세할 수 있는지 여부가 문제될 수 있다.

이에 대해 대법원은, 구 상증세법상 증여의제규정 및 현행 상증세법상 개별예시규정의 입법취지와 구 증여의제규정에서 현행 개별예시규정으로 전환된 개정연혁에 비추어 볼 때, 납세자의 예측가능성 등을 보장하기 위하여 개별예시규정이 특정한 유형의 거래·행위를 규율하면서 그 중 일정한 거래·행위만을 증여세 과세대상으로 한정하고 그 과세범위도 제한적으로 규정함으로써 증여세 과세의 범위와 한계를 설정한 것으로 볼 수 있는 경우에는, 개별예시규정에서 규율하고 있는 거래·행위 중의 증여세 과세대상이나 과세범위에서 제외된 거래·행위가 상증세법 제2조 제6호 및 제4조에서 정하는 증여의 개념에 부합하더라도 그에 대해 증여세를 과세할 수 없다는 취지로 판시하였다.7)

---

6) '일감몰아주기'에 대한 증여의제(상증세법 제45조의3)와 관련하여, 수혜법인의 지배주주 등이 동시에 특수관계법인의 주주인 경우 수혜법인의 지배주주 등이 특수관계법인으로부터 증여받은 것으로 의제되는 이익이 자기증여에 해당하여 증여세 과세대상에서 제외되는지 여부가 증여세 경정청구 거부처분에 대한 취소소송에서 쟁점으로 제기된 바 있다. 이에 대해 대법원은 특수관계법인의 주주가 동시에 수혜법인의 주주 등에 해당하는 경우 상증세법 제45조의3에 따른 증여의제 이익을 자기증여에 따른 것이라고 볼 수 없다고 판시한 바 있다, 대법원 2022. 11. 10. 선고 2020두52211 판결.

7) 대법원 2015. 10. 15. 선고 2013두13266 판결.

1. 결손금 없는 흑자법인에 대한 증여의 조세효과 – 대법원 2015. 10. 15. 선고 2013두13266 판결

(1) 사실관계

원고는 2006. 2. 27. 호봉건업의 발행주식 5,000주 중 391주를 양수하였다. 원고의 외조부인 소외인은 2006. 2. 28. 호봉건업에 이 사건 부동산을 증여하고, 2006. 3. 3. 소유권이전등기를 마쳤다. 호봉건업은 이 사건 부동산 증여에 따른 자산수증이익 64억 원을 익금에 산입하여 2006사업연도 법인세 16억 원을 신고·납부하였다. 호봉건업은 2006사업연도 종료일을 기준으로 결손금이 없었다.

이에 대해 피고는 2011. 7. 4. 이 사건 부동산 증여로 인하여 원고가 그 보유주식의 가치 증가분 상당의 이익을 증여받은 것으로 보아 상증세법 제2조 제3항, 제42조 제1항 제3호를 적용하여 증여세를 부과하였다.

〈쟁점〉
- 결손금이 없는 흑자법인의 주주의 특수관계인이 흑자법인에 부동산을 증여한 경우 흑자법인이 자산수증익에 대한 법인세를 부담하는 이외에 그 주주도 주식가치 상승분에 대하여 증여세를 부담하는지 여부
- 어떤 거래·행위가 구 상속세 및 증여세법 제2조 제3항에서 정한 증여의 개념에 해당하는 경우, 같은 조 제1항에 따라 증여세 과세가 가능한지 여부
- 개별 가액산정규정이 특정한 유형의 거래·행위를 규율하면서 그 중 일정한 거래·행위만을 증여세 과세대상으로 한정하고 과세범위도 제한적으로 규정함으로써 증여세 과세의 범위와 한계를 설정한 경우, 개별 가액산정규정에서 규율하는 거래·행위 중의 증여세 과세대상이나 과세범위에서 제외된 거래·행위가 구 상속세 및 증여세법 제2조 제3항의 증여의 개념에 들어맞는다면 증여세를 과세할 수 있는지 여부
- 구체적으로, 구 상속세 및 증여세법 제41조 제1항, 구 상속세 및 증여세법

시행령 제31조 제6항의 입법의도 및 '결손법인과의 거래로 인한 이익 중 결손금을 초과하는 부분'이나 '휴업·폐업 법인을 제외한 결손금이 없는 법인과의 거래로 인한 이익'에 대하여 구 상속세 및 증여세법 제2조 제3항 등을 근거로 주주 등에게 증여세를 과세할 수 있는지 여부

(2) 판결내용

"구 상속세 및 증여세법(2007. 12. 31. 개정 전) 제2조는 제1항에서 타인의 증여로 인한 증여재산에 대하여 증여세를 부과한다고 규정하면서, 제3항에서 '증여라 함은 그 행위 또는 거래의 명칭·형식·목적 등에 불구하고 경제적 가치를 계산할 수 있는 유형·무형의 재산을 타인에게 직접 또는 간접적인 방법에 의하여 무상으로 이전(현저히 저렴한 대가로 이전하는 경우를 포함한다)하는 것 또는 기여에 의하여 타인의 재산가치를 증가시키는 것을 말한다'고 규정하고, 법 제31조 제1항은 '제2조의 규정에 의한 증여재산에는 수증자에게 귀속되는 재산으로서 금전으로 환가할 수 있는 경제적 가치가 있는 모든 물건과 재산적 가치가 있는 법률상 또는 사실상의 모든 권리를 포함한다'고 규정하고 있다.

법 제41조 제1항은 '결손금이 있거나 휴업 또는 폐업 중인 법인(이하 '특정법인'이라 한다)의 주주 또는 출자자(이하 '주주 등'이라 한다)와 특수관계에 있는 자가 특정법인과 다음 각 호의 1에 해당하는 거래를 통하여 특정법인의 주주 등이 이익을 얻은 경우에는 그 이익에 상당하는 금액을 특정법인의 주주 등의 증여재산가액으로 한다'고 규정하면서, 제1호에서 '재산 또는 용역을 무상제공하는 거래'를 들고 있다."[8]

"구 상속세 및 증여세법(2003. 12. 30. 개정 전)은 증여의 개념에 관한 고유의 정의규정을 두지 않고 민법상 증여의 개념을 차용하여 '당사자 일방이 무상으로 재산을 상대방에게 수여하는 의사를 표시하고 상대방이 이를 승낙함으로써 재산 수여에 대한 의사가 합치된 경우'를 원칙적인 증여세 과세대상으로 하되, 당사자 간의 계약에 의하지 아니한 부의 무상이전에 대하여는 증여로 의제하는 규정(제32조 내지 제42조)을 별도로 마련하여 과세하였다. 그 결과 증여의제규정에 열거되지 아니한 새로운 금융기법이나 자본거래 등의 방법으로 부를 무상이전하는 경우에는 적시에 증여세를 부과할 수 없어 적정한 세 부담 없는 부의 이전을 차단하는 데에 한계가 있었다. 이에 과세권자가 증여세의 과세대상을 일일이 세법에 규

---

8) 이 중 '결손금이 있는 법인'에 대한 증여세 과세를 보면, 결손금이 있는 법인에게 재산을 증여하여 그 증여가액을 결손금으로 상쇄시킴으로써 증여가액에 대한 법인세를 부담하지 아니하면서 특정법인의 주주 등에게 이익을 주는 변칙증여에 대하여 증여세를 과세하는 데 그 입법취지가 있다, 대법원 2011. 4. 14. 선고 2008두6813 판결 참조. 상증세법은 '휴업 또는 폐업 중인 법인'의 경우도 같은 이유로 증여세를 과세하도록 규정하고 있다.

정하는 대신 본래 의도한 과세대상뿐만 아니라 이와 경제적 실질이 동일 또는 유사한 거래·행위에 대하여도 증여세를 과세할 수 있도록 함으로써 공평과세를 구현하기 위하여 2003. 12. 30. 개정된 상속세 및 증여세법은, 민법상 증여뿐만 아니라 '재산의 직접·간접적인 무상이전'과 '타인의 기여에 의한 재산가치의 증가'를 증여의 개념에 포함하여 증여세 과세대상을 포괄적으로 정의하고 종전의 열거방식의 증여의제규정을 증여시기와 증여재산가액의 계산에 관한 규정(이하 '가액산정규정'이라 한다)으로 전환함으로써, 이른바 증여세 완전포괄주의 과세제도를 도입하였다.

이와 같이 변칙적인 상속·증여에 사전적으로 대처하기 위하여 세법 고유의 포괄적인 증여 개념을 도입하고, 종전의 증여의제규정을 일률적으로 가액산정규정으로 전환한 점 등에 비추어 보면, 원칙적으로 어떤 거래·행위가 법 제2조 제3항에서 규정한 증여의 개념에 해당하는 경우에는 같은 조 제1항에 의하여 증여세의 과세가 가능하다고 보아야 한다.

그러나 한편 증여의제규정의 가액산정규정으로의 전환은 증여의제에 관한 제3장 제2절의 제목을 '증여의제 등'에서 '증여재산가액의 계산'으로 바꾸고, 개별 증여의제규정의 제목을 '증여의제'에서 '증여'로, 각 규정 말미의 '증여받은 것으로 본다'를 '증여재산가액으로 한다'로 각 개정하는 형식에 의하였고, 그로 말미암아 종전의 증여의제규정에서 규율하던 과세대상과 과세범위 등 과세요건과 관련된 내용은 그대로 남게 되었다. 즉 개별 가액산정규정은 일정한 유형의 거래·행위를 대상으로 하여 거래 당사자 간에 특수관계가 존재할 것을 요구하거나, 시가 등과 거래가액 등의 차액이 시가의 30% 이상일 것 또는 증여재산가액이 일정 금액 이상일 것 등을 요구하고 있고, 이러한 과세대상이나 과세범위에 관한 사항은 수시로 개정되어 오고 있다. 이는 납세자의 예측가능성과 조세법률관계의 안정성을 도모하고 완전포괄주의 과세제도의 도입으로 인한 과세상의 혼란을 방지하기 위하여 종전의 증여의제규정에 의하여 규율되어 오던 증여세 과세대상과 과세범위에 관한 사항을 그대로 유지하려는 입법자의 의사가 반영된 것으로 보아야 한다.

따라서 납세자의 예측가능성 등을 보장하기 위하여 개별 가액산정규정이 특정한 유형의 거래·행위를 규율하면서 그 중 일정한 거래·행위만을 증여세 과세대상으로 한정하고 그 과세범위도 제한적으로 규정함으로써 증여세 과세의 범위와 한계를 설정한 것으로 볼 수 있는 경우에는, 개별 가액산정규정에서 규율하고 있는 거래·행위 중의 증여세 과세대상이나 과세범위에서 제외된 거래·행위가 법 제2조 제3항의 증여의 개념에 들어맞더라도 그에 대한 증여세를 과세할 수 없다."

"법 제41조 제1항, 시행령 제31조 제6항은 결손금이 있는 법인 및 휴업·폐업

중인 법인의 주주 등과 특수관계에 있는 자가 특정법인에 재산을 무상으로 제공하는 등의 거래를 하여 그 주주 등이 얻은 이익이 1억 원 이상인 경우를 증여세 과세대상으로 하여 증여재산가액 산정에 관하여 규정하고 있다. 이는 결손법인에 재산을 증여하여 그 증여가액을 결손금으로 상쇄시키는 등의 방법으로 증여가액에 대한 법인세를 부담하지 아니하면서 특정법인의 주주 등에게 이익을 주는 변칙증여에 대하여 증여세를 과세하는 데 그 취지가 있다(대법원 2011. 4. 14. 선고 2008두6813 판결 참조).즉 위 각 규정은 결손법인의 경우 결손금을 한도로 하여 증여이익을 산정하도록 하고, 결손법인 외의 법인의 경우 휴업·폐업 중인 법인으로 그 적용대상을 한정하고 있다.

이는 정상적으로 사업을 영위하면서 자산수증이익 등에 대하여 법인세를 부담하는 법인과의 거래로 인하여 주주 등이 얻은 이익을 증여세 과세대상에서 제외하고자 하는 입법의도에 기한 것이고 완전포괄주의 과세제도의 도입으로 인하여 이러한 입법의도가 변경되었다고 볼 수 없으므로, '결손법인과의 거래로 인한 이익 중 결손금을 초과하는 부분'이나 '휴업·폐업 법인을 제외한 결손금이 없는 법인과의 거래로 인한 이익'에 대하여는 주주 등에게 증여세를 과세하지 않도록 하는 한계를 설정한 것으로 보아야 한다. 따라서 이와 같은 이익에 대하여는 이를 증여세 과세대상으로 하는 별도의 규정이 있는 등의 특별한 사정이 없는 한 법 제2조 제3항 등을 근거로 하여 주주 등에게 증여세를 과세할 수 없다."

"소외인이 호봉건업에 이 사건 부동산을 증여함으로써 간접적으로 호봉건업의 주주인 원고가 보유한 주식 가치가 상승하는 이익이 발생하였다고 하더라도, 이 사건 부동산 증여는 결손금 없는 법인에 재산을 증여하거나 결손법인에 과세대상에 이르지 않는 범위 내에서 재산을 증여한 경우에 해당하고 호봉건업이 그 자산수증이익에 대한 법인세를 부담하였으므로, 그로 인하여 원고가 얻은 이익에 대하여는 법 제2조 제3항 등에 의하여 증여세를 부과할 수 없고, 또한 이 사건 부동산 증여가 법 제42조 제1항 제3호의 '사업양수도 등'에 해당하지 아니함은 앞서 본 바와 같으므로, 결국 법 제2조 제3항, 제42조 제1항 제3호를 적용하여 원고에게 증여세를 부과한 이 사건 처분은 증여세 과세의 한계를 벗어난 것으로서 위법하다."

2. 증여세 배제사유로서의 '거래의 관행상 정당한 사유'- 대법원 2015. 2. 12. 선고 2013두24495 판결 * 파기환송

(1) 사실관계

코스닥상장법인인 미주제강 주식회사와 미주레일 주식회사가 2004. 12. 14. 분리형 신주인수권부사채를 각각 발행하면서 신주인수권의 행사기간을 2005. 1. 14.부터 2011. 12. 13.까지로 정하였다.

원고는 2007. 1. 24. 소외 1과 소외 2로부터 미주제강의 신주인수권증권을 각각 140만 주씩(합계 280만 주) 매수하여 2007. 9. 20.과 2007. 10. 5. 각각 1주당 행사가격 600원에 모두 행사함으로써 합계 10억 원(행사일의 주식가액 27억 4천만 원 – 행사금액 16억 8천만 원 – 신주인수권증권 매수금액 6천만 원) 상당의 이익을 얻었다.

원고는 2007. 7. 24. 소외 1로부터, 2007. 8. 13., 소외 2로부터, 2007. 9. 6. 및 피라루크 펀드로부터 2007. 9. 20. 미주레일의 신주인수권증권을 각각 80만 주(합계 320만 주)를 매수하여 2007. 7. 30.부터 2007. 9. 21.까지 4차례에 걸쳐 각각 1주당 행사가격 500원에 모두 행사함으로써 합계 17억 원(행사일의 주식가액 40억 원 – 행사금액 16억 원 – 신주인수권증권 매수금액 7억 원) 상당의 이익을 얻었다.

이에 대해 피고(금정세무서장)는 원고가 소외 1, 소외 2 및 피라루크 펀드로부터 위 신주인수권증권을 취득하고 이를 행사함으로써 위 각 행사일에 상증세법 제42조 제1항 제3호에 따른 증여이익을 얻었다고 보아 2010. 12. 1. 원고에게 증여세를 부과하였다.

〈쟁점〉
- 특수관계가 없는 자 간의 거래에 대한 증여세 배제사유인 '거래의 관행상 정당한 사유'의 증명책임
- 원고가 특수관계 없는 자들로부터 신주인수권을 이론가격의 15%부터 25%까지로 취득한 경우 원고에게 증여세를 부과할 수 있는지 여부

(2) 판결내용

"구 상속세 및 증여세법(2010. 1. 1. 개정 전) 제42조 제1항은 "제33조 내지 제41조, 제41조의3 내지 제41조의5, 제44조 및 제45조의 규정에 의한 증여 외에 다음 각 호의 1에 해당하는 이익으로서 대통령령이 정하는 일정한 기준 이상의 이익을 얻은 경우에는 당해 이익을 그 이익을 얻은 자의 증여재산가액으로 한다"고 규정하면서, 제3호에서 "제40조 제1항의 규정에 의한 전환사채, 신주인수권부사채(신주인수권증권이 분리된 경우에는 신주인수권증권을 말한다) 기타 주식으로 전환·교환하거나 주식을 인수할 수 있는 권리가 부여된 사채에 의한 주식의 전환·인수·교환 등 법인의 자본을 증가시키거나 감소시키는 거래로 인하여 얻은 이익. 이 경우 당해 이익은 주식전환 등의 경우에는 주식전환 등 당시의 주식가액에서

주식전환 등의 가액을 차감한 가액으로 한다"고 정하고 있다. 한편 상증세법 제42조 제3항은 "제1항의 규정을 적용함에 있어서 거래의 관행상 정당한 사유가 있다고 인정되는 경우에는 특수관계에 있는 자 외의 자 간에는 이를 적용하지 아니한다"고 규정하고 있다."

"상증세법 제42조 제1항이 거래당사자가 비정상적인 방법으로 거래상대방에게 신주인수권의 취득과 행사로 인한 이익을 사실상 무상으로 이전하는 경우에 그 거래상대방이 얻은 이익에 대하여 증여세를 과세하도록 한 입법취지는 변칙적인 증여행위에 대처하고 과세의 공평을 도모하려는 데에 있다. 그런데 특수관계가 없는 자 사이의 거래에서는 이해관계가 서로 일치하지 않는 것이 일반적이고 자신이 쉽게 이익을 얻을 수 있는 기회를 포기하면서 거래상대방으로 하여금 증여이익을 얻도록 하는 것은 이례적이기 때문에, 상증세법 제42조 제3항은 특수관계자 사이의 거래로 인한 이익과는 달리 특수관계가 없는 자 사이의 거래에 대하여는 설령 거래상대방이 신주인수권의 취득과 행사로 인한 이익을 얻는 결과가 발생하여도 거래당사자가 객관적 교환가치를 적절히 반영하여 거래를 한다고 믿을 만한 합리적인 사유가 있거나 합리적인 경제인의 관점에서 그러한 거래조건으로 거래를 하는 것이 정상적이라고 볼 수 있는 경우와 같이 '거래의 관행상 정당한 사유'가 있다고 인정되는 경우에는 상증세법 제42조 제1항을 적용하지 않도록 과세요건을 추가하고 있다. 그러나 법령에서 정한 특수관계가 없는 자 사이의 거래라고 하더라도, 거래조건을 결정함에 있어서 불특정 다수인 사이에 형성될 수 있는 객관적 교환가치를 적절히 반영하지 아니할 만한 이유가 없으며, 거래조건을 유리하게 하기 위한 교섭이나 새로운 거래상대방의 물색이 가능함에도 신주인수권의 양도인이 자신의 이익을 극대화하려는 노력도 전혀 하지 아니한 채 자신이 쉽게 이익을 얻을 수 있는 기회를 포기하고 특정한 거래상대방으로 하여금 신주인수권의 취득과 행사로 인한 이익을 얻게 하는 등 합리적인 경제인이라면 거래 당시의 상황에서 그와 같은 거래조건으로는 거래하지 않았을 것이라는 객관적인 사유가 있는 경우에는, 특별한 사정이 없는 한 상증세법 제42조 제3항에서 정한 '거래의 관행상 정당한 사유'가 있다고 보기 어렵다."

"한편 과세처분의 위법을 이유로 취소를 구하는 행정소송에서 과세처분의 적법성과 과세요건사실의 존재에 대한 증명책임은 과세관청에게 있으므로, 특수관계가 없는 자 사이의 거래에 있어서 상증세법 제42조 제3항에서 정한 '거래의 관행상 정당한 사유'가 없다는 점에 대한 증명책임도 과세관청이 부담함이 원칙이다(대법원 2011. 12. 22. 선고 2011두22075 판결 등 참조). 다만, 과세관청으로서는 합리적인 경제인이라면 거래 당시의 상황에서 그와 같은 거래조건으로는 거래하지 않았을 것이라는 객관적인 정황 등에 관한 자료를 제출함으로써 '거래의 관행상 정당한 사유'가 없다는 점을 증명할 수 있으며, 만약 그러한 사정이 상당한 정도로 증명된 경우에는 이를 번복하기 위한 증명의 곤란성이나 공평의 관념 등에 비추어 볼 때 거래경위, 거래조건의 결정이유 등에 관한 구체적인 자료를 제출하기 용이한 납세의무자가 정상적인 거래로 보아야 할 만한 특별한 사정이 있음을 증명할 필요가 있다고 보아야 할 것이다."

"사정이 이러하다면, 피고가 제출한 증거에 의하여 위 양도인들과 원고가 이해관계가 대립하는 합리적인 경제인인 경우 이 사건 신주인수권증권의 양도 당시 위와 같은 거래조건으로는 거래하지 않았을 것이라는 객관적인 사정이 상당한 정도로 증명되었다고 볼 수 있으므로, 위 양도인들과 원고의 거래에는 특별한 사정이 없는 한 상증세법 제42조 제3항에서 정한 '거래의 관행상 정당한 사유'가 있다고 보기 어렵고, 이 사건 신주인수권증권의 거래경위, 거래가격의 결정이유 등에 관한 구체적인 자료를 제출하기 용이한 원고가 정상적인 거래로 보아야 할 만한 특별한 사정이 있음을 증명하지 못하는 한 이 사건 처분이 과세요건을 충족시키지 못한 위법한 처분이라고 단정할 수는 없을 것이다. 그러나 기록상 이사건 신주인수권증권의 거래경위, 거래가격의 결정이유 등에 관한 구체적인 사정이 나타나있지 아니하여 원고가 제출한 자료만으로는 그러한 특별한 사정이 존재한다는 점이 충분히 증명되었다고 보기 어렵다."

III. 납세의무

1. 상속세

가. 납세의무자 및 과세대상

(1) 상속세의 과세와 납세

상속세는 피상속인이 남긴 유산에 대하여 과세가 이루어지고 상속인(수유자 포함. 이하 같다)이 받은 재산의 비율에 따라 납세가 이루어진다. 상속인은 상속재산 중 각자가 받았거나 받을 재산의 비율에 따라 상속받은 범위 내에서 상속세를 납부할 의무가 있다(상증세법 제3조의2 제1항). 상속인은 자기가 상속받은 재산을 한도로 상속세의 연대납부의무를 진다(상증세법 제3조의2 제3항).

(2) 납세의무자

상속세의 납세의무자는 상속인과 수유자이다. 먼저 '상속인'이란 법정상속인 (민법 제1000조), 대습상속인(민법 제1001조), 피상속인의 배우자(민법 제1003조) 및 상속결격자(민법 제1004조)를 말하고, 상속이 개시된 후 민법 제1019조 제1항에 따라 상속을 포기한 사람 및 특별연고자를 포함한다(상증세법 제2조 제4호).[9] 다음으로 상증세법에서는 유증에 의한 수증자와 사인증여에 의한 수증자, 유언대용신탁에 의한 수익자 및 수익자연속신탁에 의한 수익자를 '수유자'로 통칭한다(상증세법 제2조 제5호).

(3) 과세대상

피상속인이 상속 개시 당시 거주자(국내에 주소를 두거나 183일 이상의 거소를 둔 자)인 경우에는 상속재산의 소재가 국내이건 국외이건 간에 그 재산 전부에 대하여 상속세가 부과되고, 피상속인이 비거주자인 경우에는 국내에 있는 상속재산에 대해서만 상속세가 부과된다(상증세법 제3조). 이와 같은 거주자와 비거주자의 구분은 증여세의 경우도 같다.

(4) 법인의 납세의무

① 상속세의 납세의무자는 상속의 본질상 자연인인 상속인인 경우가 원칙이지만 법인도 유증, 사인증여 또는 특별연고자 분여를 받거나 유언대용신탁 또는 수익자연속신탁의 수익자가 될 수 있으므로, 이 경우 취득한 상속재산에 대하여는 상속세의 납세의무를 부담하게 된다. 증여세의 경우도 같다.

② 이 중 영리법인이 특별연고자 또는 수유자인 경우에는 그 재산의 가액이 법인의 소득금액 계산상 익금에 가산되어 법인세의 과세대상이 되므로 납부할 상속세액은 면제된다. 한편 특별연고자 또는 수유자가 영리법인인 경우로서 그 주주 또는 출자자 중 상속인과 그 직계비속이 있는 경우에는 일정한 산식에 따라 계산한 지분상당액을 그 상속인 및 직계비속이 납부할 의무가 있다(상증세법 제3조의2 제2항). 그 영리법인에 대한 지분의 증가를 통해 상속의 효과가 발생하기 때문

---

9) 상속을 포기한 사람을 상속인에 포함시킨 것은 사전상속분에 대한 과세를 위한 것이다, 임승순·김용택, 앞의 책, 817면.

이다.10) 그 외에 비영리법인 등이 피상속인의 사망으로 인하여 유증, 사인증여, 특별연고자 분여, 유언대용신탁 또는 수익자연속신탁으로 재산을 취득하는 경우에는 원칙적으로 상속세 납세의무를 부담한다. 증여세의 경우도 같다.

나. 납세의무의 성립 및 확정

(1) 납세의무의 성립 및 신고·납부

상속세는 상속의 개시로 취득한 상속재산에 대하여 부과되고, 상속세 납세의무는 상속의 효력이 발생하는 때, 즉 피상속인의 사망으로 인하여 상속이 개시되는 때에 성립한다(국기법 제21조 제2항 제2호).

상속세는 상속개시일이 속하는 달의 말일부터 6개월 이내에 신고·납부하여야 한다(상증세법 제67조 제1항).

(2) 납세의무의 확정

상속세는 관할세무서장이 과세표준과 세액을 결정하는 부과확정방식의 세목(상증세법 제76조)이므로 세액을 신고, 납부하더라도 그 납세의무는 부과에 의하여 확정된다. 관할세무서장은 법정신고기한으로부터 9개월 이내에 상속세의 과세표준과 세액을 결정하여야 한다(상증세법 제76조 제3항 및 동법 령 제78조 제1항).

2. 증여세

가. 납세의무자 및 과세대상

증여세의 납세의무자는 수증자이다. 과세대상은 무상으로 이전받은 재산 또는 이익, 현저히 낮은 대가를 주고 재산 또는 이익을 이전받음으로써 발생하는 이익이나 현저히 높은 대가를 받고 재산 또는 이익을 이전함으로써 발생하는 이익, 재산 취득 후 해당 재산의 가치가 증가한 경우의 그 이익 등이다(상증세법 제4조 제1항).

수증자가 거주자인 경우 모든 증여재산에 대하여, 비거주자인 경우 국내 소

---

10) 이태로·한만수, 앞의 책, 771면.

재 증여재산에 대하여 증여세가 과세된다(상증세법 제4조의2 제1항). 한편 주식 등을 명의신탁한 경우로서 상증세법 제45조의2에 따라 실제소유자가 명의자에게 재산을 증여한 것으로 보는 경우(명의자가 영리법인인 경우 포함)에는 예외적으로 실제소유자가 해당 재산에 대하여 증여세를 납부할 의무가 있다(상증세법 제4조의2 제2항).

나. 납세의무의 성립 및 확정

(1) 납세의무의 성립 및 신고 · 납부

증여세의 납세의무는 증여에 의하여 재산을 취득하는 때에 성립한다(국기법 제21조 제1항 제3호). 증여재산의 취득시기는 원칙적으로 재산을 인도한 날 또는 사실상 사용한 날 등으로 하지만, 상속의 경우와는 달리 증여재산의 취득시기는 단순하지 않고 증여계약의 체결시점, 목적물 인도 등 사실상 지배의 이전시점, 사법상 권리이전의 시점 등 다양한 기준이 고려될 수 있다(상증세법 제32조 동법 령 제24조 등 참조).

증여세는 증여받은 날이 속하는 달의 말일부터 3개월 이내에 신고 · 납부하여야 한다(상증세법 제68조 제1항).

(2) 납세의무의 확정

상속세의 경우와 마찬가지로 증여세의 과세표준과 세액을 신고, 납부하더라도 그 납세의무는 관할세무서에 의한 부과에 의하여 확정된다. 관할세무서장은 신고기한으로부터 6개월 이내에 증여세의 과세표준과 세액을 결정하여야 한다(상증세법 제76조 제3항 및 동법 령 제78조 제1항).

IV. 세액의 계산과 신고 · 납부 및 결정

1. 상속세의 세액계산

가. 기본적인 세액계산 구조

상속세의 기본적인 세액계산 구조는 다음과 같다.

과세가액 = 상속재산가액 + 사전증여재산가액(제13조) − (공과금 + 장례비용 +
　　　　　 채무액)

과세표준 = 과세가액 − (기초공제 + 인적공제 + 물적공제)

산출세액 = 과세표준 × 세율

신고 · 납부세액 = 산출세액 − 세액공제

나. 과세가액

과세가액 = 상속재산가액 + 사전증여재산가액 − (공과금 + 장례비용 + 채무액)

(1) 상속세 과세가액

상속세의 과세가액은 상속재산가액에 사전증여재산(피상속인이 상속개시 전 10
년 이내에 상속인에게 증여한 재산과 상속개시 전 5년 이내에 상속인 이외의 자에게 증여한
재산)의 가액을 더한 금액(상증세법 제13조 제1항)에서 소극재산인 공과금, 장례비용
및 채무액을 공제한 금액이다(상증세법 제14조). 상속재산에 가산하는 사전증여재
산의 경우, 비거주자의 사망으로 인하여 상속이 개시되는 때에는 국내에 있는 재
산을 증여한 경우에만 그 증여재산을 가산한다(상증세법 제13조 제2항).

(2) 상속재산의 평가

① 의의

상속재산의 평가는 상속세의 과세표준에 직접적으로 영향을 미치므로 그 평
가방법이 매우 중요한 의미를 지닌다. 상속재산의 평가방법은 증여재산의 평가에
도 그대로 적용된다.

② 평가시점

상속세가 부과되는 재산의 가액은 상속개시일 현재의 시가에 의하고, 증여세
가 부과되는 재산의 가액은 증여일 현재의 시가에 의한다(상증세법 제60조). 한편
상속재산가액에 합산되는 사전증여재산의 가액은 상속개시일이 아닌 증여일 현재
의 시가에 따라 평가한다.[11]

---

11) 상속세 및 증여세 집행기준 13−0−7 참조.

③ **평가방법**

상속재산의 평가는 평가시점 현재의 시가(時價)에 의함을 원칙으로 하지만, 시가를 확인하기 어려울 때에는 자산의 종류별로 상증세법 제61조부터 제65조까지에 근거하여 동법 시행령에서 정하는 개별적인 보충적 평가방법에 의한다. '상증세법상 자산평가방법'에 관한 상세한 설명은 후술한다.

(3) 종교, 자선, 학술 기타 공익목적의 경우 출연재산 불산입

상속재산 중 피상속인이나 상속인이 직접 또는 공익신탁을 통하여 공익법인 등에 출연하는 재산의 가액은 상속세 과세가액에 산입하지 아니한다(상증세법 제16조 및 제17조).

그러나 피상속인이나 상속인이 직접 내국법인의 주식 등을 공익법인 등에 출연하는 경우로서 출연 당시 해당 공익법인 등이 보유하는 동일한 내국법인의 주식 등과의 합한 것이 그 내국법인의 발행주식총수의 일정비율(통상 100분의 10)을 초과하는 경우에는 그 초과하는 가액을 상속세 과세가액에 산입한다(상증세법 제16조 제3항).

다. 과세표준

과세표준 = 과세가액 − (기초공제 + 인적공제 + 물적공제)

(1) 상속세의 과세표준은 과세가액에서 각종 상속재산공제액을 뺀 금액이다(제25조).

(2) 상증세법은 상속인들의 생계를 배려하고 상속세의 부담을 완화하기 위하여 각종 공제금액을 과세가액에서 공제하도록 규정하고 있다. 또한 중소기업과 중견기업의 상속에 대해서는 가업승계를 지원하기 위하여 가업상속공제에 관한 규정을 두고 있다. '가업상속공제제도'에 관한 상세한 설명은 후술한다.

(3) 상속재산공제에는 기초공제와 인적 공제 그리고 가업상속공제, 영농상속공제, 금융재산공제 등의 물적공제가 있다.

① **기초공제: 2억 원(상증세법 제18조)**

② **인적공제(상증세법 제19조 및 제20조)**

ⅰ. 배우자 상속공제

    1. 배우자가 실제로 상속받은 금액이 있으면, 법정상속분 가액 등(상증세법 제19조 제1항 제1호)과 30억 원 중 작은 금액 한도

    2. 실제 상속받은 금액이 없거나 상속받은 금액이 5억 원 미만인 경우 5억 원

ⅱ. 그 밖의 인적공제

    1. 자녀공제 : 1인당 5,000만 원

    2. 미성년자공제(배우자 제외): 1,000만 원에 19세 될 때까지의 잔여연수를 곱한 금액

    3. 연로자공제(배우자 제외): 65세 이상 1인당 5,000만 원

    4. 장애인공제: 1,000만 원에 「통계법」에 따른 기내여명의 연수를 곱한 금액

③ **일괄공제(상증세법 제21조)**

(① 기초공제 + ② ⅱ. 그 밖의 인적공제)와 5억 원 중 큰 금액을 공제한다. 배우자가 있는 경우에는 여기에 배우자 상속공제가 별도로 추가된다.

한편 법정상속인이 배우자 단독인 경우에는 배우자 상속공제 외에 기초공제 2억 원과 그 밖의 인적공제를 합친 금액만 공제한다.

④ **가업상속공제(상증세법 제18조의2)**

가업상속 재산가액에 상당하는 금액으로서 피상속인의 업력 10년 이상 300억 원에서 30년 이상 600억 원까지 공제한다.

⑤ **영농상속공제(상증세법 제18조의3)**

영농상속 재산가액에 상당하는 금액으로서 30억 원을 한도로 공제한다. 가업상속공제와 영농상속공제는 동일한 상속재산에 대하여 동시에 적용하지 아니한다(상증세법 제18조의4).

⑥ **금융재산공제**

ⅰ. 순금융재산(금융재산 – 금융부채) 가액이 2,000만 원 이하인 경우에는 전액을 공제한다.

ⅱ. 순금융재산이 2,000만 원을 초과하는 경우에는 '순금융재산 가액 × 100분의 20'과 2,000만 원 중 큰 금액을 2억 원 한도로 공제한다.

⑦ **재해손실공제(상증세법 제23조)**

신고기한 이내에 화재, 폭발, 자연재해 등으로 인하여 상속재산이 멸실, 훼손된 경우에는 당해 손실가액을 상속세 과세가액에서 공제한다.

⑧ **동거주택 상속공제(상증세법 제23조의2)**

피상속인과 상속인(직계비속 또는 직계비속의 사망 등으로 대습상속을 받은 직계비속의 배우자)이 1세대 1주택인 경우에는 상속주택가액에 상당하는 금액으로서 6억 원을 한도로 공제한다.

라. 세율

과세표준이 1억 원 이하인 경우 100분의 10에서 30억 원을 초과하는 경우 100분의 50까지 5단계의 초과누진세율이 적용된다(상증세법 제26조).

마. 세액공제와 할증과세

산출된 세액에 대해서는 증여세액공제(상증세법 제13조. 상속재산에 가산하는 경우), 외국납부세액공제(상증세법 제29조), 단기상속 세액공제(상증세법 제30조), 신고세액공제(상증세법 제69조제1항. 100분의 3) 등의 세액공제를 적용하고, 세대생략상속의 할증세액을 가산하여(상증세법 제27조) 납부세액을 결정한다. 이 중 단기상속에 대한 세액공제와 세대생략상속에 대한 할증과세의 내용은 다음과 같다.

(1) 단기상속 세액공제(상증세법 제30조)

예컨대, 할아버지가 사망하여 아버지가 상속한 후 아버지가 10년 이내에 사망하여 재상속이 이루어지는 경우에는, 연수별로 차등적인 세액공제(1년 이내 100분의 100에서 9 ~ 10년 100분의 10까지)를 적용한다.

(2) 세대생략상속 할증과세(상증세법 제27조)

사망자와 상속인 간의 상속이 한 세대를 건너뛰어 이루어지는 경우에는 100분의 30의 세액을 할증한다. 증여세에 있어서도 수증자가 증여자의 자녀가 아닌 직계비속인 경우 동일하다(상증세법 제57조). 그러나 민법 제1001조에 따른 대습상속인 경우에는 그러하지 아니하다.

2. 증여세의 세액계산

가. 기본적인 세액계산 구조

증여세의 기본적인 세액계산 구조는 다음과 같다.

과세가액 = 수증재산가액

과세표준 = 수증재산가액 − (인적공제 + 재해손실공제)

산출세액 = 과세표준 × 세율

신고·납부세액 = 산출세액 − 세액공제

나. 과세가액

(1) 증여세 과세가액

증여세의 과세가액은 증여재산가액이다. 동일인(증여자가 직계존속인 경우에는 그 직계존속의 배우자를 포함)으로부터 10년 동안 증여받은 재산을 합산한 금액이 1,000만 원 이상인 경우에는 합산하여 과세한다(상증세법 제47조 제2항).

국가나 지방자치단체로부터 증여받은 재산, 우리사주조합원의 주식취득가액과 시가의 차이, 정당이 증여 받은 재산 등에 대해서는 증여세를 과세하지 아니한다(상증세법 제46조). 또한 공익법인 등에 대한 출연재산은 증여세 과세가액에 산입하지 아니한다(상증세법 제48조부터 제52조의2까지).

(2) 증여재산가액의 산정방법

① 증여재산 가액산정에 관한 일반원칙(제31조)

  ⅰ. 재산 또는 이익을 무상으로 이전받은 경우: 증여재산의 시가 상당액

  ⅱ. 재산 또는 이익을 현저히 낮은 대가를 주고 이전받거나 현저히 높은 대가를 받고 이전한 경우: 시가와 대가의 차액. 다만, 시가와 대가의 차액이 3억 원 이상이거나 시가의 100분의 30 이상인 경우로 한정한다.

  ⅲ. 재산 취득 후 해당 재산의 가치가 증가하는 경우: 증가사유가 발생하기 전과 후의 재산의 시가의 차액으로서 재산가치상승금액. 다만, 그

재산가치상승금액이 3억 원 이상이거나 해당 재산의 취득가액 등을 고려한 금액의 100분의 30 이상인 경우로 한정한다.

② 한편 상증세법은 전술한 바와 같이 간접적이거나 불완전하게 경제적 가치가 무상으로 이전되는 특정한 경우를 상정하여 증여재산가액의 산정방법에 관한 개별규정을 두고 있다(상증세법 제33조부터 제42조의3까지).

다. 증여공제

(1) 증여세 과세표준은 과세가액에 증여공제를 적용하여 산출한다.

(2) 내용

① 인적 공제(상증세법 제53조)

증여공제 중 인적 공제의 한도는 10년 간 합산한 금액이다. 증여공제는 증여자를 그룹별로 묶어서 공제한도를 계산한다.

   i. 배우자: 6억 원

   ii. 직계존속: 5,000만 원(미성년자 2,000만 원)

   iii. 직계비속: 5,000만 원

   iv. 기타 친족: 1,000만 원

② 재해손실공제(상증세법 제54조)

증여세 신고기한 이내에 화재, 폭발, 자연재해 등으로 인하여 증여재산이 멸실, 훼손된 경우에는 당해 손실가액을 증여세 과세가액에서 공제한다.

③ 혼인, 출산 증여재산 공제(상증세법 제53조의2)

   i. 혼인 증여재산 공제: 거주자가 직계존속으로부터 혼인일 전후 2년 이내에 증여를 받는 경우 최고 1억 원

   ii. 출산 증여재산 공제: 거주자가 직계존속으로부터 자녀의 출생일 또는 입양일부터 2년 이내에 증여를 받는 경우 최고 1억 원

   iii. 혼인 증여재산 공제와 출산 증여재산 공제는 직계존속 증여재산 공제(상증세법 제53조 제2호)와 별개이고 합산하여 1억 원을 초과할 수 없다.

라. 세율

상속세와 동일하게 과세표준 1억 원 이하 100분의 10에서 30억 원 초과 100분의 50까지 5단계 초과누진세율이 적용된다(상증세법 제26조).

마. 세액공제와 할증과세

증여세의 세액공제로는 기납부세액공제(상증세법 제58조), 외국납부세액공제(동법 제59조) 및 신고세액공제(동법 제69조 제2항)가 있다.

증여세를 할증과세(상증세법 제57조)하는 경우가 있는데, 수증자가 증여자의 자녀가 아닌 직계비속인 경우에는 증여세산출세액에 100분의 30에 상당하는 금액을 가산한다. 다만, 증여자의 최근친(最近親)인 직계비속이 사망하여 그 사망자의 최근친인 직계비속이 증여받은 경우에는 그러하지 아니하다.

3. 신고·납부 및 결정

가. 신고·납부

상속세의 신고·납부기한은 상속개시일이 속하는 달의 말일부터 6개월이고(상증세법 제67조 제1항), 증여세의 신고·납부기한은 증여받은 날이 속하는 달의 말일부터 3개월이다(상증세법 제68조 제1항).

위의 기간 내에 상속세, 증여세를 신고를 한 경우에는 산출세액에 대한 100분의 3의 신고세액공제가 인정된다(상증세법 제69조). 이 같은 세액공제는 신고기한 내에 신고만 하고 세액을 납부하지 아니하여도 적용된다.

나. 과세표준과 세액의 결정

관할세무서장은 신고를 받은 날부터 법정결정기한 이내에 과세표준과 세액을 결정하여야 한다(상증세법 제76조 제3항 본문). 법정결정기한은 신고기한으로부터 상속세의 경우 9개월, 증여세의 경우 6개월이다(상증세법 령 제78조 제1항).

V. 상증세법상 자산평가제도

1. 개요

한국의 조세법은 주식을 포함하여 자산평가의 원칙으로 시가(時價)[12]주의를 채택하고 있는데, 개별조세법에서는 규율하는 세목에 따라 평가의 기준과 방법을 약간씩 달리 정하고 있다. 자산의 평가에 관한 대표적인 법령은 상증세법이다(상증세법 제60조 등). 상증세법은 자산의 평가에 관한 상세한 기준과 방법을 정하고 있고, 여타의 개별조세법들은 이들 기준 또는 방법을 선별적으로 준용하고 있다.

2. 시가평가원칙, 시가의 개념 및 자산별 보충적 평가방법

상증세법은 제60조 제1항에서 "상속세나 증여세가 부과되는 재산의 가액은 상속개시일 또는 증여일(평가기준일) 현재의 시가(時價)에 따른다"라고 규정하여 '시가평가원칙'을 선언하면서, "상장주식의 경우에는 평가기준일 이전·이후 각 2개월 동안 공표된 매일의 거래소 최종시세가액의 평균액을 시가로 본다"라고 규정하여 무엇을 상장주식의 시가로 보는지에 대하여 규정하고 있다.

상증세법 제60조 제2항은 "① 시가는 불특정다수인 사이에 자유로이 거래가 이루어지는 경우에 통상적으로 성립된다고 인정되는 가액으로 하고, ② 수용가격·공매가격 및 감정가격 등 대통령령으로 정하는 바에 따라 시가로 인정되는 것을 포함한다"라고 규정하여, 시가의 개념과 시가로 인정되는 가격의 범위 및 적용순위를 정하고 있다. 한편 상증세법은 주식 등(상증세법 제63조 제1항 제1호에 따른 재산)에 대해서는 그 성격상 감정평가방법이 적절하지 아니하다는 이유로 감정가액의 적용을 배제하고 있다(상증세법 령 제49조 제1항 제2호).

상증세법 제60조 제3항에서는 "시가를 산정하기 어려운 경우에는 해당 재산의 종류, 규모, 거래 상황 등을 고려하여 상증세법 제61조부터 제65조까지에 규정된 방법으로 평가한 가액을 시가로 본다"라고 규정하여 시가 산정이 어려운 경

---

[12] 시가(時價)란 기준시점에서의 가격을 말한다.

우 적용되는 보충적 평가방법을 구체적으로 정하고 있다.

    (1) 부동산 등의 평가(상증세법 제61조)

    (2) 선박 등 그 밖의 유형재산의 평가(상증세법 제62조)

    (3) 유가증권 등의 평가(상증세법 제63조)

    (4) 무체재산권의 가액(상증세법 제64조)

    (5) 그 밖의 조건부 권리 등의 평가(상증세법 제65조)

3. 시가로 보는 매매가액 또는 감정가액 · 보상가액 · 경매가액 · 공매가액

다음과 같은 매매가액 또는 감정가액 · 보상가액 · 경매가액 · 공매가액은 이를 시가로 본다.

    (1) 평가기준일 전후 6개월(증여재산의 경우 3개월) 이내의 기간 중 매매가 액(상증세법 령 제49조 제1항 본문)

    (2) 평가기준일 전후 6개월(증여재산의 경우 3개월) 이내의 기간 중 감정 · 수용 · 경매 또는 공매의 가액(상증세법 령 제49조 제1항 본문). 이 중 현실적으로는 감정 가액이 자산평가방법으로 활용될 여지가 많을 터인데, 상증세법은 전술한 바와 같이 주식 등(상증세법 제63조 제1항 제1호에 따른 재산)에 대해서는 이 방법의 적용 을 배제하고 있다.

    (3) 평가기준일 전 2년 이내 기간 중에 매매 등이 있는 경우(상증세법 령 제49조 제1항 단서)

평가기간에 해당하지 아니하는 기간으로서 평가기준일 전 2년 이내의 기간 중에 매매 등이 있는 경우에도 평가기준일부터 매매계약일, 가격산정기준일과 감 정가액평가서 작성일 또는 보상가액 · 경매가액 또는 공매가액이 결정된 날까지의 기간 중에 주식발행회사의 경영상태, 시간의 경과 및 주위환경의 변화 등을 고려 하여 가격변동의 특별한 사정이 없다고 보아 상속세 또는 증여세 납부의무가 있 는 자, 지방국세청장 또는 관할세무서장이 신청하는 때에는 평가심의위원회(상증 세법 령 제49조의2 제1항)의 심의를 거쳐 해당 매매 등의 가액을 시가로 인정되는 매매가액 등에 포함시킬 수 있다.

(4) 유사재산가액(상증세법 령 제49조 제4항)

기획재정부령으로 정하는 해당 재산과 면적·위치·용도·종목 및 기준시가가 동일하거나 유사한 다른 재산(상증세법 규칙 제15조 제3항)에 대한 매매가액·감정가액·보상가액·경매가액 또는 공매가액[상증세법 제67조 또는 제68조에 따라 상속세 또는 증여세 과세표준을 신고한 경우에는 평가기준일 전 6개월(증여의 경우에는 3개월)부터 평가기준일 후 6개월(증여재산의 경우 3개월) 이내의 기간(평가기간) 이내의 신고일까지의 가액]이 있는 경우에는 해당 가액을 시가로 본다.

4. 부동산의 보충적 평가방법

부동산의 종류별 보충적 평가방법은 다음과 같다.

(1) 토지(상증세법 제61조 제1항 제1호)
「부동산 가격공시에 관한 법률」에 따른 개별공시지가

(2) 건물(상증세법 제61조 제1항 제2호)

건물의 신축가격, 구조, 용도, 위치, 신축연도 등을 고려하여 매년 1회 이상 국세청장이 산정·고시하는 가액(과세시가표준액)

(3) 오피스텔 및 상업용 건물

건물에 딸린 토지를 공유로 하고 건물을 구분소유하는 것으로서 건물의 용도·면적 및 구분소유하는 건물의 수 등을 고려하여 대통령령으로 정하는 오피스텔 및 상업용 건물에 대해서는 건물의 종류, 규모, 거래 상황, 위치 등을 고려하여 매년 1회 이상 국세청장이 토지와 건물에 대하여 일괄하여 산정·고시한 가액

(4) 주택

「부동산 가격공시에 관한 법률」에 따른 개별주택가격 및 공동주택가격

5. 주식의 평가

상장주식과 비상장주식 각각의 평가방법은 다음과 같다.

가. 상장주식 평가방법(상증세법 제63조 제1항 제1호 가목)

(1) 원칙

상증세법은 상속세나 증여세가 부과되는 상장주식[13]의 가액은 상속개시일 또는 증여일(평가기준일) 현재의 시가에 따르되 평가기준일 이전·이후 각 2개월 동안 공표된 매일의 거래소 최종 시세가액의 평균액을 시가로 본다고 규정하여 (상증세법 제60조 제1항 제1호 및 제63조 제1항 제1호 가목), 무엇을 상장주식의 시가로 보고 어떻게 상장주식의 시가를 평가하는지에 대하여 규정하고 있다.

(2) 예외

① 위의 평균액을 계산할 때 평가기준일 이전·이후 각 2개월 동안에 증자·합병 등의 사유가 발생하여 그 평균액으로 하는 것이 부적당한 경우에는 평가기준일 이전·이후 각 2개월의 기간 중 상증세법 령 제52조의2 제2항에 따라 계산한 기간의 평균액으로 한다(상증세법 제63조 제1항 제1호 가목 본문).

② 상증세법 제38조에 따라 합병으로 인한 이익을 계산할 때 합병(분할합병 포함)으로 소멸하거나 흡수되는 법인 또는 신설되거나 존속하는 법인이 보유한 상장주식의 시가는 평가기준일 현재의 거래소 최종 시세가액으로 한다(상증세법 제63조 제1항 제1호 가목 단서).

③ 해당 법인의 사업성, 거래 상황 등을 고려하여 대통령령이 정하는 방법에 따라 평가하는 경우

　　ⅰ. 기업 공개를 목적으로 금융위원회에 평가기준일 현재 유가증권 신고[14] 직전 6개월(증여세의 경우 3개월)부터 거래소에 최초로 주식을 상장하기 전까지의 기간에 유가증권 신고를 한 법인의 주식의 경우에는 공모가격과 상증세법

---

13) 유가증권시장과 코스닥시장에 상장된 주식을 말한다(상증세법 령 제52조의2 제1항 참조).
14) 유가증권 신고를 하지 아니하고 상장신청을 한 경우에는 상장신청을 말한다(상증세법 령 제57조 제1항 참조).

제63조 제1항 제1호 가목에 따른 가액 중 큰 가액(상증세법 제63조 제2항 제1호 및 동법 령 제57조 제1항)

　　ii. 코스닥증권시장에서 주식을 거래하기 위하여 평가기준일 현재 유가증권 신고[15] 직전 6개월(증여세의 경우 3개월)부터 한국금융투자협회에 등록하기 전까지의 기간에 거래소에 상장신청을 한 법인의 주식의 경우에는 공모가격과 상증세법 제63조 제1항 제1호 나목에 따른 가액 중 큰 가액(상증세법 제63조 제2항 제2호 및 동법 령 제57조 제2항)

　　iii. 거래소에 상장되어 있는 법인의 주식 중 그 법인의 증자로 인하여 취득한 새로운 주식으로서 평가기준일 현재 상장되지 아니한 주식의 경우에는 상증세법 제63조 제1항 제1호 가목에 따라 평가한 가액에서 배당차액을 뺀 가액(상증세법 제63조 제2항 제3호, 동법 령 제57조 제3항 및 동법 규칙 제18조).

나. 비상장주식 평가방법(제63조 제1항 제1호 나목 및 령 제54조부터 제56조까지)

(1) 원칙

① 시가평가원칙 및 시가로 인정되는 가액의 범위

　상속세나 증여세가 부과되는 비상장주식의 가액은 상속개시일 또는 증여일(평가기준일) 현재의 시가에 따른다(상증세법 제60조 제1항). 비상장주식의 매매가액과 보상가액·경매가액 또는 공매가액은 이를 시가로 본다(상증세법 제60조 제2항). 비상장주식의 시가를 산정하기 어려운 경우에는 해당 법인의 자산 및 수익 등을 고려하여 상증세법 시행령이 정하는 방법으로 평가한다(상증세법 제63조 제1항 제1호 나목).

② 보충적 평가방법: 시가를 산정하기 어려운의 경우

　해당 법인의 자산 및 수익 등을 고려하여 상증세법 시행령이 정하는 방법으로 평가(상증세법 제63조 제1항 제1호 나목 및 동법 령 제54조 제1항 본문)

　　1주당 순손익가치와 1주당 순자산가치를 각각 3과 2의 비율로 가중평균한 가액
　　1주당 가액 = [(1주당 순손익가치 × 3)+(1주당 순자산가치 × 2)]÷5

---

15) 상동.

1주당 순손익가치 = 1주당 최근 3년간의 순손익액의 가중평균액÷3년 만기
회사채의 유통수익률을 감안하여 기획재정부령으로 정하는 이자율[16]
1주당 순자산가치 = 당해 법인의 순자산가액[17]÷발행주식총수

(2) 예외

① 부동산과다보유법인(자산총액 중 부동산 등의 가액의 합계액이 50% 이상인 법
인. 소득세법 제94조 제1항 제4호 다목)의 주식의 경우(상증세법 령 제54조 제1항 본문)
 1주당 순손익가치와 1주당 순자산가치를 각각 2와 3의 비율로 가중평균한 금액
 1주당 가액 = [(1주당 순손익가치×2)+(1주당 순자산가치×3)]÷5

② 보충적 평가방법에 따른 가액 또는 예외 ①의 가중평균한 가액이 1주당
순자산가치에 100분의 80을 곱한 금액보다 낮은 경우(상증세법 령 제54조 제1항
단서)
 1주당 가액 = 1주당 순자산가치에 100분의 80을 곱한 금액

③ ⅰ. 상속세 및 증여세 과세표준신고기한 이내에 평가대상 법인의 청산절
차가 진행 중이거나 사업자의 사망 등으로 인하여 사업의 계속이 곤란하다고 인
정되는 법인의 주식, ⅱ. 사업개시 전의 법인, 사업개시 후 3년 미만의 법인 또는
휴업·폐업 중인 법인의 주식, ⅲ. 법인의 자산총액 중 부동산 등의 합계액이 차
지하는 비율이 100분의 80 이상인 법인의 주식, ⅳ. 법인의 자산총액 중 주식의
가액의 합계액이 차지하는 비율이 100분의 80 이상인 법인의 주식 및 ⅴ. 법인의
설립 시 정관에 존속기한이 확정된 법인으로서 평가기준일 현재 잔여 존속기한이
3년 이내인 법인의 주식의 경우(상증세법 령 제54조 제4항)
 1주당 가액 = 1주당 순자산가치

---

16) 현재 기획재정부령에서 정하고 있는 이자율은 연간 100분의 10이다(상증세법 규칙 17조).
17) 영업권 포함 전 순자산가액 + 영업권.

(3) 순자산가액의 계산방법(상증세법 령 제55조와 제59조)

① 순자산가액은 평가기준일 현재 당해 법인의 자산을 시가 등[18])에 의하여 평가한 가액에서 부채를 차감한 가액으로 한다. 순자산가액이 0원 이하인 경우에는 0원으로 한다. 이 경우 당해 법인의 자산을 보충적 평가방법(상증세법 제60조 제3항 및 제66조)에 의하여 평가한 가액이 장부가액(취득가액에서 감가상각비를 차감한 가액)보다 적은 경우에는 장부가액으로 하되, 장부가액보다 적은 정당한 사유가 있는 경우에는 그러하지 아니하다.

② 기획재정부령이 정하는 무형고정자산·준비금·충당금 등 기타 자산 및 부채의 평가와 관련된 금액은 이를 자산과 부채의 가액에서 각각 차감하거나 가산한다(상증세법 규칙 제17조의2).

③ 상증세법 시행령 제59조 제2항에 따른 영업권평가액은 원칙적으로 해당 법인의 자산가액에 이를 합산한다.

(4) 1주당 최근 3년 간 순손익액의 계산방법(상증세법 령 제56조)

① 실제손익자료를 이용하는 경우: 1주당 최근 3년 간 순손익액의 가중평균액은 다음 계산식에 따라 계산한 가액으로 한다.[19]) 그 가액이 음수인 경우에는 영으로 한다(상증세법 령 제56조 제1항).

1주당 최근 3년간의 순손익액의 가중평균액 = [(평가기준일 이전 1년이 되는 사업연도의 1주당 순손익액×3)+(평가기준일 이전 2년이 되는 사업연도의 1주당 순손익액×2)+(평가기준일 이전 3년이 되는 사업연도의 1주당 순손익액×1)]÷6

② 추정이익자료의 이용이 허용되는 경우: 일정한 요건을 모두 갖춘 경우에는 1주당 최근 3년간의 순손익액의 가중평균액을 신용평가전문기관, 회계법인 또는 세무법인 중 둘 이상의 신용평가전문기관, 회계법인 또는 세무법인이 기획재정부령으로 정하는 기준에 따라 산출한 1주당 추정이익의 평균가액으로 할 수 있

---

18) 상증세법 제60조부터 제66조까지의 규정에 의한 가액을 말한다.

19) 1주당 최근 3년간의 순손익액의 가중평균액을 계산할 때 사업연도가 1년 미만인 경우에는 1년으로 계산한 가액으로 한다(상증세법 규칙 제17조의3 제2항).

다(상증세법 령 제56조 제2항).

(5) 평가심의위원회에 의한 평가(상증세법 령 제54조 제6항)

비상장주식의 평가와 관련하여, 납세자가 평가한 가액이 보충적 평가방법에 따른 주식평가액의 100분의 70에서 100분의 130까지의 범위 안의 가액인 경우이고, 다음 중 어느 하나에 해당하는 방법으로 평가한 평가가액을 첨부하여 평가심의위원회에 비상장주식의 평가가액 및 평가방법에 대한 심의를 신청한 경우에는, 평가심의위원회가 심의하여 제시하는 평가가액에 의하거나 그 위원회가 제시하는 평가방법 등을 고려하여 계산한 평가가액에 의할 수 있다.

① 해당 법인의 자산·매출액 규모 및 사업의 영위기간 등을 고려하여 같은 업종을 영위하고 있는 다른 법인(유가증권시장 및 코스닥시장 상장법인)의 주식가액을 이용하여 평가하는 방법

② 향후 기업에 유입될 것으로 예상되는 현금흐름에 일정한 할인율을 적용하여 평가하는 방법

③ 향후 주주가 받을 것으로 예상되는 배당수익에 일정한 할인율을 적용하여 평가하는 방법

④ 그 밖에 ①부터 ③까지의 규정에 준하는 방법으로서 일반적으로 공정하고 타당한 것으로 인정되는 방법

다. 최대주주 등의 주식에 대한 할증평가

주식의 평가에 관한 규정(상증세법 제63조 제1항 제1호, 제2항 및 제60조 제2항)을 적용할 때 최대주주 또는 최대출자자 및 그의 특수관계인에 해당하는 주주의 주식[20]에 대해서는 평가한 가액 또는 인정되는 가액에 그 가액의 100분의 20을 가산한다(상증세법 제63조 제3항 및 동법 령 제53조 제4항부터 제7항까지).

---

20) 중소기업, 중견기업 및 평가기준일이 속하는 사업연도 전 3년 이내의 사업연도부터 계속하여 결손금이 있는 법인 등의 주식은 할증평가에서 제외한다(상증세법 제63조 제3항 및 동법 령 제53조 제6항, 제7항).

VI. 가업상속공제제도 및 창업자금과 가업승계에 대한 과세특례

1. 가업상속공제제도[21]

가. 가업상속공제제도의 의의

가업의 승계란 기업의 경영상태가 지속되도록 기업의 소유권 또는 경영권을 다음 세대의 경영자에게 물려주는 것을 말한다. 실태조사의 결과를 보면, 한국의 기업인들이 가업승계와 관련하여 가장 큰 장애로 느끼는 것은 과중한 조세부담인 것으로 조사된 바 있다.[22] 정부는 이러한 수요를 반영하여 2007년 가업상속 공제제도를 도입하였고, 이후 지속적으로 가업상속 세액공제의 범위를 확대하고 가업상속의 적용요건을 완화해 왔다.

가업상속 공제제도란 피상속인이 생전에 영위하던 사업을 상속인이 승계하는 경우 상속세 부담을 완화하여 가업의 지속적인 승계, 발전을 지원하기 위한 제도이다. 가업을 상속하는 경우 ① 피상속인이 10년 이상 20년 미만 계속하여 경영한 경우 300억 원, ② 피상속인이 20년 이상 30년 미만 계속하여 경영한 경우 400억 원, 및 ③ 피상속인이 30년 이상 계속하여 경영한 경우 600억 원을 한도로 하는 가업상속 재산가액에 상당하는 금액을 상속세 과세가액에서 공제한다(상증세법 제18조의2 제1항 각 호).

나. 가업상속공제의 요건

가업상속공제를 받으려면 대상기업, 피상속인 및 상속인의 세 가지 요건을 충족하여야 한다.

---

21) 최성근, "최근 기업의 형태·규모 등에 따른 과세특례제도의 개선방안", 조세법연구, 제18집 제3호, 2012, 347면 이하 참조.

22) 중소기업중앙회가 2010년 조사, 발표한 '중소기업 1.2세대 가업승계 실태' 조사결과에 따르면, 중소기업의 68.5%가 가업을 승계할 계획이라고 밝혔고, 가업승계를 함에 있어 가장 큰 걸림돌로 상속세와 증여세 등 조세부담을 꼽았다(73.4%). 원활한 가업승계를 위한 정책과제를 묻는 질문에서도 상속세와 증여세 등 조세부담의 완화가 필요하다는 응답이 83.3%로 가장 많았다, 정평조, "실무적 관점에서 본 가업상속의 실체 검토", 조세연구, 제10권 제3집, 2010, 193면.

(1) 대상기업

대상기업은 중소기업 또는 중견기업(상속이 개시되는 소득세 과세기간 또는 법인세 사업연도의 직전 3개 소득세 과세기간 또는 법인세 사업연도의 매출액의 평균금액이 5,000억 원 이상인 기업 제외)으로서 피상속인이 10년 이상 계속하여 경영한 기업이어야 한다(상증세법 제18조의2 제1항 본문).

(2) 피상속인

피상속인의 요건으로는 ① 중소기업 또는 중견기업의 최대주주 등인 경우로서 피상속인과 그의 특수관계인의 주식 등을 합하여 해당 기업의 발행주식총수 등의 100분의 40(상장법인인 경우에는 100분의 20) 이상을 10년 이상 계속하여 보유하여야 하고, ② 가업을 영위한 10년 이상 중 100분의 50 이상의 기간, 10년 이상의 기간(상속인이 피상속인의 대표이사 등의 직을 승계하여 승계한 날부터 상속개시일까지 계속 재직한 경우) 또는 상속개시일부터 소급하여 10년 중 5년 이상의 기간을 대표자 또는 대표이사로 재직하여야 한다(상증세법 령 제15조 제3항 제1호).

(3) 상속인

상속인의 요건으로는 ① 상속개시일 현재 18세 이상이어야 하고, ② 상속개시일 2년 전에 직접 가업에 종사하였어야 하며,[23] ③ 상속세 과세표준 신고기한까지 임원으로 취임하고 상속세 신고기한부터 2년 이내에 대표이사 등으로 취임하여야 한다(상증세법 령 제15조 제3항 제2호).

다. 가업상속공제의 사후의무

(1) 개요

가업상속공제를 받은 상속인은 두 가지 사후의무를 부담한다. 하나는 가업유지의무이고 다른 하나는 고용유지의무이다. 가업상속공제를 받은 상속인은 상속개시일부터 5년 이내에 정당한 사유 없이 이 중 어느 하나라도 위반하는 경우에는, 공제받은 금액에 해당 가업용 자산의 처분 비율 또는 해당일까지의 기간을

---

23) 다만, 천재지변, 인재 등으로 인한 피상속인의 사망으로 부득이한 사유가 있는 경우에는 그러하지 아니하다(상증세법 령 제15조 제4항 제1호 나목 단서).

고려하여 계산한 금액을 상속개시 당시의 상속세 과세가액에 산입하여 상속세를 부과한다(상증세법 제18조의2 제5항 본문). 이 경우에는 이자상당액이 상속세에 가산된다.

(2) 사후의무의 내용

① 가업유지의무

먼저 가업유지의무를 보면, 상속개시일부터 5년간 ⅰ. 가업용 자산의 100분의 40 이상을 처분하여서는 아니 되고, ⅱ. 해당 상속인이 가업에 종사하여야 하며, ⅲ. 주식 등을 상속받은 상속인은 그 지분이 감소되어서는 아니 된다(상증세법 제18조의2 제5항 제1호부터 제3호까지).

② 고용유지의무

다음으로 고용유지의무를 보면, 상속개시일부터 5년간 ⅰ. 정규직 근로자 수의 전체 평균이 상속개시일이 속하는 소득세 과세기간 또는 법인세 사업연도의 직전 2개 소득세 과세기간 또는 법인세 사업연도의 정규직근로자 수의 평균의 100분의 90에 미달하는 경우이면서, ⅱ. 총급여액의 전체 평균이 상속개시일이 속하는 소득세 과세기간 또는 법인세 사업연도의 직전 2개 소득세 과세기간 또는 법인세 사업연도의 총급여액의 평균의 100분의 90에 미달하는 경우이어서는 아니 된다(상증세법 제18조의2 제5항 제4호).

라. 가업상속공제의 결격사유

피상속인 또는 상속인이 상속개시일 전 10년 이내 또는 상속개시일부터 5년 이내의 기간 중에 가업의 경영과 관련하여 조세포탈 또는 회계부정 행위로 징역형 또는 일정한 벌금형을 선고받고 그 형이 확정된 경우에는, ① 과세표준과 세율의 결정이 있기 전이라면 가업상속공제를 적용하지 아니하고 ② 가업상속공제를 받은 후라면 가업상속공제 금액을 상속개시 당시의 상속세 과세가액에 산입하여 상속세를 부과하고 이자상당액을 가산한다(상증세법 제18조의2 제8항).

2. 조세특례제한법의 창업자금 및 가업승계에 대한 증여세 과세특례

가. 창업자금 사전상속에 대한 증여세 과세특례

(1) 창업자금 사전상속의 개념

'창업자금 사전상속'이란 18세 이상인 자가 중소기업을 창업할 목적으로 60세 이상의 부모로부터 토지·건물 등을 제외한 재산을 증여받는 경우 증여세 등을 감면해 주는 제도를 말한다(조특법 제30조의5 제1항).

(2) 특례적용 대상자 및 창업의 범위

① 특례적용 대상자

창업자금 사전상속제도에 따라 과세특례를 적용받으려면 18세 이상인 자가 중소기업을 창업할 목적으로 60세 이상의 부모(증여 당시 아버지나 어머니가 사망한 경우 그 사망한 아버지나 어머니의 부모 포함)로부터 재산을 증여를 받아야 한다(조특법 제30조의5 제1항).

② 적격 창업의 범위

창업자금을 증여받은 후 2년 이내에 새롭게 사업을 시작하여야 한다. 이 경우 사업을 확장하는 경우로서 사업용자산을 취득하거나 확장한 사업장의 임차보증금 또는 임차료를 지급하는 경우는 창업으로 보지만, 합병, 분할, 현물출자, 사업양수, 법인전환, 폐업 후 동종사업 등 실질적인 창업으로 보기 어려운 경우는 이를 증여세 특례규정이 적용되는 창업으로 보지 아니한다(조특법 제30조의5 제2항 및 동법 령 제27조의5 제3항, 제5항).

(3) 감면대상 증여재산 및 감면의 범위

① 감면대상 증여재산

증여세 감면대상 창업자금에 해당하는 재산의 범위는 ⅰ. 사업용자산의 취득 자금과 ⅱ. 사업장의 임차보증금(전세금 포함) 및 임차료 지급액이다(조특법 제30조의5 제1항 전단 및 동법 령 제5조, 제27조의5 제1항, 제2항).

② 공제금액 및 감면세율

창업을 목적으로 재산을 증여받은 경우에는 그 증여받은 재산의 가액 중 조세특례제한법 제30조의5 제2항에 따른 창업에 직접 적용되는 창업자금[증여세 과세가액 50억 원(창업을 통하여 10명 이상을 신규 고용한 경우에는 100억 원)을 한도로 함]에 대해서는 상증세법 제53조 및 제56조에도 불구하고 증여세 과세가액에서 5억 원을 공제하고 100분의 10의 세율로 증여세를 과세한다(조특법 제30조의5 제1항 전단 및 동법 령 제27조의5 제2항).

(4) 창업자금의 사용기한 및 사후의무

창업자금을 증여받은 자는 증여받은 날부터 4년이 되는 날까지 창업자금을 모두 해당 목적에 사용해야 한다(조특법 제30조의5 제4항). 창업자금을 증여받은 자는 ① 창업일이 속하는 달의 다음 달 말일과 ② 창업일이 속하는 과세연도부터 4년 이내의 과세연도까지 매 과세연도의 과세표준신고기한에 창업자금 사용명세(증여받은 창업자금이 50억 원을 초과하는 경우에는 고용명세 포함)를 증여세 납세지 관할 세무서장에게 제출해야 한다(조특법 제30조의5 제5항 전단 및 동법 령 제27조의5 제4항).

나. 가업승계에 대한 증여세 과세특례

조세특례제한법에서는 생전의 가업승계에 대한 증여세에 대해서도 과세특례제도를 두고 있다.

(1) 가업승계에 대한 증여세 과세특례

조세특례제한법은 18세 이상인 거주자가 60세 이상의 부모(증여 당시 아버지나 어머니가 사망한 경우에는 그 사망한 아버지나 어머니의 부모 포함)로부터 가업(상증세법 제18조의2 제1항. 중소기업 및 매출액 5,000억 원 미만 중견기업으로서 부모가 10년 이상 계속하여 경영한 기업)의 승계를 목적으로 해당 가업의 주식 또는 출자지분을 증여받고 증여세 과세표준 신고기한까지 가업에 종사하면서 증여일부터 3년 이내에 대표이사에 취임하는 경우에는, 그 주식 등의 가액 중 가업자산상당액에 대한 증여세 과세가액(① 가업영위기간이 10년 이상 20년인 경우 300억 원, ② 20년 이상 30년 미만인 경우 400억 원, 및 ③ 30년 이상 경우 600억 원 한도)에서 10억 원을 공제하고 세율을 100분의 10(과세표준이 120억 원을 초과하는 경우 그 초과금액에 대해서는 100분의 20)으로 하여 증여세를 부과한다(조특법 제30조의6 제1항 및 동법 령 제27조의6 제1항). 다만, 그 증여자 또는 수증자가 기업의 영과 관련하여 조세포탈 또는 회계부정 행위로 인하여 증여일 10년 이내 또는 증여 후 5년 이내의 기간 중에 징역형 또는 일정한 벌금형을 선고받고 그 형이 확정된 경우에는, ① 과세표준과 세율의 결정이 있기 전이라면 증여세 과세특례를 적용하지 아니하고 ② 증여세 과세특례를 받은 후라면 상증세법에 따라 증여세를 부과하고 이자상당액을 가산한다(조특법 제30조의6 제4항).

가업승계를 목적으로 가업의 주식 또는 출자지분을 증여받고 조세특례제한법에 따라 증여세 과세특례를 적용받은 경우에는 연부연납기간이 15년으로 연장된다(상증세법 제71조 제2항 제2호 가목).

(2) 증여세 과세특례의 사후의무

조세특례제한법은 가업승계에 대한 증여세 과세특례의 사후의무를 규정하고 있는데, 주식 등을 증여받은 자가 가업을 승계하지 않거나 가업을 승계한 후 주식 등을 증여받은 날로부터 5년 이내에 정당한 사유 없이 ① 가업에 종사하지 아니하거나 가업을 휴업하거나 폐업하는 경우 또는 ② 증여받은 주식 등의 지분이 줄어드는 경우에는 그 주식 등의 가액에 대하여 증여세를 부과한다(조특법 제30조의6 제3항). 이 경우에는 이자상당액이 증여세에 가산하여 부과된다.

VII. 주식 및 예금의 차명거래에 대한 조세상의 취급

1. 자산 명의신탁에 대한 증여의제[24]

가. 법률규정 내용 및 입법배경과 개정연혁

상증세법 제45조의2의 자산 명의신탁 증여의제 제도는 권리의 이전이나 그 행사에 등기, 등록 또는 명의개서를 요하는 재산에 있어서 실제의 소유자와 명의

---

24) 최성근, "차명금융거래 규제세제에 대한 법리적 검토", 법과 정책연구, 제16집 제2호, 2016, 443면 이하 참조.

자가 다른 경우에는 국세기본법 제14조가 정하고 있는 실질과세원칙에도 불구하고 그 명의자로 등기 등을 한 날에 그 재산의 가액을 실제소유자가 명의자에게 증여한 것으로 보는 제도이다. 상증세법은 조세회피의 목적이 없는 경우에는 자산 명의신탁 증여의제 규정을 적용하지 아니하지만(상증세법 제45조의2 제1항 제1호), 타인의 명의로 재산의 등기 등을 한 경우와 실제소유자 명의로 명의개서를 하지 아니한 경우에는 조세회피목적이 있는 것으로 추정한다(상증세법 제45조의2 제3항). 증여세의 납세의무자는 원칙적으로 수증자이지만, 상증세법 제45조의2에 따라 실제소유자가 명의자에게 재산을 증여한 것으로 보는 경우(명의자가 영리법인인 경우 포함)에는 예외적으로 실제소유자가 해당 재산에 대하여 증여세를 납부할 의무가 있다(상증세법 제4조의2 제2항).

　　자산 명의신탁 증여의제 제도의 도입배경을 보면, 명의신탁은 수탁자가 신탁자에게 명의를 대여하는 것으로서 명의신탁자와 명의수탁자 간에는 명의신탁자에게 소유권이 유보되고 명의수탁자에게 대상자산의 소유권이 이전된 바 없으므로 양도소득세나 증여세를 과세할 수 없고, 이로 인하여 자산의 명의신탁을 이용한 각종 조세회피가 빈번하게 자행되었지만 이를 효과적으로 규제할 수 없자, 1981년 명의신탁을 자산의 증여로 의제하는 규정을 신설한 것이다.[25] 자산 명의신탁을 통한 조세회피의 유형으로는 배당소득에 대한 종합소득세 누진세율 적용 회피, 과점주주의 제2차납세의무 회피, 과점주주의 간주취득세 납세의무 회피, 양도소득세 합산 누진세율 적용 회피, 상속재산가액 축소에 의한 상속세 납세의무 회피 등을 상정해 볼 수 있다.

　　1981년 신설 당시의 규정은 "권리의 이전이나 그 행사에 등기·등록·명의개서 등을 요하는 재산에 있어서 실질소유자와 명의자가 다른 경우에는 국세기본법 제14조의 규정에 불구하고 그 명의자로 등기 등을 한 날에 실질소유자가 그 명의자에게 증여한 것으로 본다"라는 내용이었다. 헌법재판소는 '1989. 7. 21. 89헌마38 결정'에서 이 규정에 대하여 "형식적으로나 실질적으로 조세법률주의에 위배되지 아니하고, 위 규정이 실질과세의 원칙에 대한 예외 내지는 특례를 둔 것만으로 조세평등주의에 위배되지 않는다. 다만, 위 법률조항에는 무차별한 증여의제로

25) 이중교, "사업자 명의대여의 세법상 취급", 세무학연구, 제26권 제3호, 2009, 122면 참조.

인한 위헌의 소지가 있으므로 예외적으로 조세회피의 목적이 없음이 명백한 경우
에는 이를 증여로 보지 않는다고 해석하여야 하고, 위와 같이 해석하는 한, 헌법
제38조, 제59조의 조세법률주의 및 헌법 제11조의 조세평등주의에 위배되지 않는
다"라고 한정합헌 결정을 내린 바 있고, 자산 명의신탁 증여의제 제도는 이 결정
이후 위헌의 소지가 있는 부분이 보완되어 현재에 이르고 있다.

상증세법의 자산 명의신탁 증여의제 제도는 특히 주식의 명의신탁에 대한
사전적 예방 또는 사후적 제재로서 중요한 역할을 하고 있다. 그런 이유로 이 제
도는 일반적으로 '주식 명의신탁 증여의제 제도'라고도 불리운다. 이 제도에 대해
서는 '헌법재판소 1989. 7. 21. 89헌마38 결정' 이후 조세회피목적이 없는 경우를
적용범위에서 제외하는 보완이 있었고, 1996년 「부동산 실권리자명의 등기에 관
한 법률」의 제정으로 부동산명의신탁과 부동산명의신탁에 의한 물권변동의 효과
가 무효로 된 이후에는 부동산명의신탁을 그 적용대상에서 제외하는 개정이 있었
다. 주식 명의신탁 증여의제 제도에 대해서는 그간에 다수의 조세법학자들로부터
다양한 문제점이 제기되어 왔으나, '권리의 이전이나 그 행사에 등기 등이 필요한
재산의 실제소유자와 명의자가 다른 경우에는 그 명의자가 실제소유자로부터 증
여받은 것으로 본다', '조세회피의 목적이 없는 경우에는 그러하지 아니하다', 그
리고 '타인의 명의로 재산의 등기 등을 한 경우와 실제소유자 명의로 명의개서를
하지 아니한 경우에는 조세회피목적이 있는 것으로 추정한다'라는 주요골자에 대
한 변경은 없었다.

나. 주요 쟁점사항에 대한 해석론

(1) 자산 명의신탁 증여의제 제도의 법적 성격

전술한 입법배경에서도 보았듯이, 자산 명의신탁 증여의제 규정은 자산의 명
의신탁을 이용한 조세회피를 규제하기 위하여 도입된 제도이다. 그러므로 이 규
정에 의하여 부과되는 증여세는 무상으로 이전받는 재산에 담세력의 기초를 두는
본래 의미의 증여세라기보다는 조세회피를 목적으로 하는 차명거래에 대하여 부
과되는 벌과금 내지는 과징금과 같은 성격을 가진다.[26]

---

26) 윤지현, "상속세 및 증여세의 간주·추정규정의 한계", 조세법연구, 제16권 제1호, 2010, 188면
   참조.

자산 명의신탁 증여의제 규정은 명의신탁을 이용한 조세회피를 규제하기 위하여 실질과세원칙의 예외를 인정한 것으로,[27] 조세법 해석·적용상의 중요원칙인 실질과세원칙을 희생시키더라도 명의신탁을 이용한 조세회피 내지는 탈세를 원천적으로 막겠다는 취지의 규정이다.[28] 그런 이유로 명의신탁 증여의제에 의한 증여세 부과는 그 성격이 '과세'가 아니라 '제재'라고 할 것이고 행정벌과 같이 취급되어야 하는 측면이 있다.[29]

(2) 조세회피목적의 의의 및 존부의 판단

상증세법 제45조의2 규정은 재산의 실제소유자가 조세회피목적으로 명의만 다른 사람 앞으로 해두는 명의신탁행위를 효과적으로 방지하여 조세정의를 실현하는 데 취지가 있으므로, 명의신탁행위가 조세회피목적이 아닌 다른 목적에서 이루어졌음이 인정되고 그에 부수하여 사소한 조세경감이 생기는 것에 불과하다면 그러한 명의신탁행위에 조세회피목적이 있었다고 보아 증여로 의제할 수 없다.

위와 같은 입법 취지에 비추어 볼 때 명의신탁의 목적에 조세회피목적이 포함되어 있지 않은 경우에만 증여로 의제할 수 없다고 보아야 하므로, 다른 목적과 아울러 조세회피의 목적도 있었다고 인정되는 경우에는 여전히 증여로 의제된다고 보아야 한다.[30]

(3) 회피목적 대상조세

1989년 헌법재판소 결정(헌법재판소 1989. 7. 21. 89헌마38 결정)에 따라 조세회피목적이 있는 경우에 한하여 명의신탁 증여의제를 적용할 수 있도록 해당 규정이 개정된 이후, 회피목적 대상조세가 증여세로 한정되는가 아니면 모든 조세가 회피목적 대상조세가 될 수 있는가에 대한 견해의 대립이 있었다. 대법원은 회피목적 대상조세가 증여세로 국한된다는 입장을 취하였는데,[31] 그 결과 명의수탁자

27) 대법원 2011. 9. 8. 선고 2007두17175 판결.
28) 나성길·정진오, "명의신탁의 세법상 적용과 주요 쟁점에 관한 검토", 조세연구, 제13권 제3집, 2013, 51면 참조.
29) 윤지현, 앞의 논문, 167면 참조.
30) 2009. 4. 9. 선고 2009도675 판결; 2017. 3. 22. 선고 2014두42117 판결 등.
31) 대법원 1991. 3. 27. 선고 90누8329 판결.

는 등기원인이 증여가 아니라는 점만 증명하면 증여세 납세의무를 면할 수 있었다. 이 점을 보완하기 위하여 1993년에 회피목적 대상조세에는 모든 조세가 포함된다는 취지의 상속세법 개정이 있었고(현행 상증세법 제45조의2 제6항), 이에 대한 헌법소원에서 합헌 결정이 있었다.[32]

　자산 명의신탁 증여의제 제도는 그 도입취지가 자산의 명의신탁을 이용하여 자행되는 각종 조세회피행위를 효과적으로 규제하기 위한 것이었고, 현실적으로도 주식 명의신탁을 통하여 배당소득에 대한 종합소득세 누진세율 적용 회피, 과점주주의 제2차납세의무 회피, 과점주주에 대한 취득세 납세의무 회피, 양도소득세 합산 누진세율 적용 회피, 상속재산가액 축소에 의한 상속세 납세의무 회피 등 다양한 세목에 걸쳐 조세회피가 자행되고 있다. 이러한 점들을 고려할 때, 자산 명의신탁 증여의제 제도는 모든 조세를 회피목적 대상조세로 상정하고 있다고 보는 것이 타당하다.

(4) 명의신탁 증여의제의 중복 제한

　최초로 증여의제 대상이 되어 과세되었거나 과세될 수 있는 명의신탁 주식의 매도대금으로 취득하여 다시 동일인 명의로 명의개서된 주식에 대하여 다시 자산 명의신탁 증여의제 규정을 적용하여 증여세가 과세될 수 있는지 여부가 문제될 수 있다.

　이에 대해 판례는 ① 실질과세원칙의 예외로서 조세회피행위를 방지하기 위하여 필요하고도 적절한 범위 내에서만 적용되어야 하는 점, ② 최초의 명의신탁 주식에 대한 증여의제의 효과를 부정하는 모순을 초래할 수 있다는 점, ③ 애초에 주식이나 그 매입자금이 수탁자에게 증여된 경우에 비하여 지나치게 많은 증여세액이 부과될 수 있어서 형평에 어긋나는 점 등을 고려할 때, 최초로 증여의제 대상이 되어 과세되었거나 과세될 수 있는 명의신탁 주식의 매도대금으로 취득하여 다시 동일인 명의로 명의개서된 주식은 그것이 최초의 명의신탁 주식과 시기상 또는 성질상 단절되어 별개의 새로운 명의신탁 주식으로 인정되는 등의 특별한 사정이 없는 한 다시 자산 명의신탁 증여의제 규정을 적용하여 증여세를 과세할 수는 없다고 판시한 바 있다.[33]

---

32) 헌법재판소 1998. 4. 30. 96헌바87 결정 등.

다. 자산 명의신탁 증여의제 제도와 '과잉금지 원칙'의 관계

조세회피행위에 대한 규제에 있어서는 회피되는 조세와 추징되는 조세가 같고, 회피되는 조세의 금액을 기초로 하여 제재의 정도가 정해지는 것이 일반적이다. 자산 명의신탁 증여의제 규정이 회피되는 조세가 아니라 회피행위에 사용된 자산에 대하여 증여세를 부과하는 것은 회피대상 조세와 과세대상 조세가 불일치하는 것으로 통상의 조세회피행위 규제법리에 부합하지 아니한다. 또한 자산 명의신탁 증여의제 규정은 회피되는 조세의 금액이 아니라 회피행위에 사용된 자산의 가액에 대하여 증여세를 부과함으로써 회피되는 조세의 금액에 비하여 제재로 부담하여야 할 금액이 지나치게 커질 수 있다.

조세법을 포함하여 국민의 기본권을 제한하려는 입법은 과잉금지의 원칙을 준수하여야 한다. 과잉금지의 원칙은, 헌법 및 법률의 체제상 목적의 정당성이 인정되어야 하고(목적의 정당성), 목적의 달성을 위한 방법이 효과적이고 적절하여야 하며(방법의 적절성), 입법권자가 선택한 기본권 제한의 조치가 입법목적달성을 위하여 설사 적절하다 할지라도 보다 완화된 형태나 방법을 모색함으로써 기본권의 제한은 필요한 최소한도에 그치도록 하여야 하며(침해의 최소성), 그 입법에 의하여 보호하려는 공익과 침해되는 사익을 비교형량할 때 보호되는 공익이 더 커야 한다(법익의 균형성)는 헌법원리이다.[34]

상증세법의 자산 명의신탁 증여의제 규정이 이러한 과잉금지의 원칙을 준수하고 있는지를 판단해 보면, 동 규정의 입법취지가 명의신탁을 이용한 조세회피를 효과적으로 방지하여 조세정의와 조세형평을 실현하는 데 있으므로 '목적의 정당성'은 충족하고 있다고 보여진다. 아울러 입법에 의하여 보호하려는 공익은 조세정의 내지는 조세형평이고 침해되는 사익은 조세회피 목적으로 자산의 명의신탁을 한 명의수탁자 또는 명의신탁자가 부담하는 증여세액 만큼의 개인의 재산권이라고 할 것인데, 양자를 비교형량해 볼 때 보호되는 공익이 침해되는 사익보다 훨씬 크다고 여겨진다.

그러나 입법의 목적을 달성하기 위한 방법이라는 측면에서 보면, 제재의 내

---

33) 대법원 2017. 3. 22. 선고 2014두42117 판결.
34) 헌법재판소 1990. 9. 3. 89헌가95 결정 등 참조.

용이 회피되는 조세에 대하여 과세하는 것이 아니라 회피행위에 사용된 금융자산에 대하여 증여세를 부과한다는 점에서 통상의 조세회피행위 규제법리 내지는 실질과세원칙에 부합하지 아니하고 '방법의 적절성'에 문제가 있다고 보여진다.[35] 또한 기본권 침해의 정도라는 측면에서 볼 때, 과세의 내용이 회피되는 조세의 금액을 기준으로 하여 일정금액을 추징하는 것이 아니라 회피행위에 사용된 자산의 금액에 대하여 증여세를 부과함으로써 회피되는 조세의 금액에 비하여 제재로서 부담하여야 하는 금액이 지나치게 커질 수 있다는 점에서 역시 '침해의 최소성'에 문제가 있다고 보여진다.[36]

[관련판례] 자산 명의신탁 증여의제

1. 증여재산의 반환과 증여세 – 대법원 2011. 9. 29. 선고 2011두8765 판결
   * 파기환송
2. 무상주 배정의 자산 명의신탁 증의의제 대상 여부 – 대법원 2011. 7. 14. 선고 2009두21352 판결

---

[35] 이에 대해 '헌법재판소 2013. 9. 26. 2012헌바259 결정'은 "명의신탁을 이용한 조세회피 행위에 증여세를 부과하는 방법 대신 명의신탁을 아예 금지하면서 그 사법적 효력을 부인하고 위반자에 대하여 형사처벌을 가하는 방법이 납세의무자의 기본권을 덜 제한하는 수단이라고 단정할 수는 없다"라고 판시하였다. '방법의 적절성' 여부를 판단함에 있어서는 '주식 등 자산의 명의신탁에 의한 조세회피행위 규제'와 '통상적인 조세회피행위에 대한 규제'를 비교하여야 할 것이지 '주식 명의신탁에 의한 조세회피행위 규제'와 부동산실명법에 의하여 일반적으로 금지되고 사법적 효력이 부인되며 형사처벌과 과징금이 과해지는 '부동산 명의신탁에 대한 규제'를 비교하는 것은 적절하지 아니하다.

[36] 이에 대해 '헌법재판소 2013. 9. 26. 2012헌바259 결정'은 "입법자가 입법목적을 달성하기 위하여 가능한 여러 가지 수단 가운데 무엇이 덜 침해적인 것이라고 단정하기 어려운 상황에서 어떠한 수단을 선택할 것인가는 입법자의 형성의 권한 내에 있으므로(의정부지방법원 2011구합1639 등 참조), 광의의 증여의제·추정조항은 기본권을 제한함에 있어서 침해의 최소성 원칙을 준수하였다"라고 판시하였다. '침해의 최소성' 여부를 판단함에 있어서는, 전술한 '방법의 적절성'의 경우와 마찬가지로, '주식 명의신탁에 의한 조세회피행위 규제'와 '통상적인 조세회피행위에 대한 규제'를 비교하여야 할 것이지 '주식 명의신탁에 의한 조세회피행위 규제'와 부동산실명법에 의하여 일반적으로 금지되고 사법적 효력이 부인되며 형사처벌이 과해지는 '부동산 명의신탁에 대한 규제'를 비교하는 것은 적절하지 아니하다.

1. 증여재산의 반환과 증여세 - 대법원 2011. 9. 29. 선고 2011두8765 판결 * 파기환송

(1) 사실관계

명의신탁자인 소외인 2007. 1. 12. 원고 5에게 주식회사 유시디파크 주식 12,000주를 명의신탁하였다가 같은 달 31일 원고 4로 명의수탁자를 변경하였다. 동 소외인은 원고 2에게 2007. 5. 2. 유시디파크 주식 2,500주를, 같은 달 8일 유시디파크 주식 3,500주를 각각 명의신탁하였다가 같은 달 31일 원고 3으로 명의수탁자를 변경하였다.

이에 대해 피고는 동 소외인이 원고 5와 원고 2에게 주식을 명의신탁한 것에 대하여 명의수탁자인 원고 5와 원고 2에게 증여세를 부과하였다.

〈쟁점〉

- 원고 5와 원고 2는 더 이상 주식을 보유하지 않게 되었는데, 이 경우 원고 5와 원고 2가 명의신탁 받은 주식을 증여세 과세표준 신고기한인 3개월 내에 명의신탁자에게 반환한 것으로 보아 증여세를 과세할 수 없게 되는지 여부
- 증여로 의제되는 명의신탁재산에 대하여 명의신탁을 해지하고 반환하는 경우, 구 상속세 및 증여세법 제31조 제4항을 적용할 수 있는지 여부
- 명의신탁자의 지시에 따라 제3자 명의로 반환하는 경우에도 동일하게 위 조항을 적용할 수 있는지 여부

(2) 판결내용

"구 상속세 및 증여세법(2007. 12. 31. 개정 전)은 제31조 제4항에서 "증여를 받은 후 그 증여받은 재산을 당사자 간의 합의에 따라 제68조의 증여세 과세표준 신고기한(3월)내에 반환하는 경우에는 처음부터 증여가 없었던 것으로 본다. 다만 반환하기 전에 과세표준과 세액의 결정을 받은 경우에는 그러하지 아니하다"라고 규정하면서 같은 법 제45조의2에 의하여 증여로 의제되는 명의신탁에 대하여 위 규정의 적용을 배제하는 규정을 따로 두고 있지 않고, 증여세 과세표준 신고기한 내에 당사자들의 합의에 의하여 증여재산을 반환하는 경우나 명의신탁 받은 재산을 반환하는 경우 모두 그 재산을 수증자 또는 명의수탁자가 더 이상 보유하지 않게 된다는 면에서 실질적으로 다르지 아니한 점 등에 비추어 볼 때, 구 상증세법 제31조 제4항은 증여로 의제된 명의신탁재산에 대하여 그 명의신탁을 해지하고 반환하는 경우에도 적용된다고 보아야 하고, 이는 명의수탁자가 명의신탁 받은 재산을 명의신탁자 명의로 재산을 반환하는 경우뿐 아니라 명의신탁자의 지시에 따

라 제3자 명의로 반환하는 경우라고 하더라도 마찬가지라고 보아야 한다."

"소외인은 2007.1.12. 원고 5에게 유시디파크 주식12,000주를 명의신탁 하였다가 같은 달 31일 원고 4로 명의수탁자를 변경하는 한편, 원고 2에게 2007.5.2. 유디시파크 주식 2,500주를, 같은 달 8일 유시디파크 주식 3,500주를 각 명의신탁 하였다가 같은 달 31일 원고 3으로 명의수탁자를 변경하여, 원고 5, 원고 2는 더 이상 위 주식들을 보유하지 않게 되었음을 알 수 있다. 사정이 이와 같다면 원고 5, 원고 2는 명의신탁 받은 위 주식을 증여세 과세표준 신고기한인 3개월 내에 명의신탁자에게 반환하였다고 보아야 한다.

이를 위 법리에 비추어 살펴보면, 원고 5, 원고 2가 소외인으로부터 위 주식을 명의신탁 받은 것에 대하여는 구 상증세법 제31조 제4항에 의하여 증여세를 부과할 수 없다고 할 것이다."

2. 무상주 배정의 자산 명의신탁 증여의제 대상 여부 – 대법원 2011. 7. 14. 선고 2009두21352 판결

(1) 사실관계

원고 1은 2000. 9. 29. 실질주주인 소외 1, 2, 3, 4으로부터 소외 회사가 발행한 액면 5,000원의 기명식 보통주 5,000주(지분율 50%, 액면가 합계 25,000,000원. 제1주식)를 명의신탁받았다. 이후 소외 회사 발행 주식 중 일부는 실질주주들 명의로 변경되었고, 일부는 원고 2 명의로 명의수탁자가 변경되었으며(제2주식), 실질주주들이 원고들에게 명의신탁한 주식은 아래와 같다.

순번	주주	주식수	지분율	액면가 합계
1	원고 1	4,500주	45%	22,500,000원
2	원고 2	1,500주	15%	7,500,000원

서울지방국세청은 2006년도 세무조사 결과 원고들과 실질주주들 사이의 명의신탁관계을 밝혀냈다. 피고들을 비롯한 과세관청들은 이 사건 제1, 2주식에 관하여 상증세법 제45조의2 명의신탁재산의 증여의제 규정에 따른 증여세를 부과하였고, 원고들은 이를 전액 납부하였다.

이후 소외 회사가 2005. 2. 14. 이익잉여금을 자본금에 전입함에 따라 신주를 발행하여 기존 주주 주식 1주당 3주를 무상으로 분배하는 무상증자를 하였고, 이에 따라 원고 1은 13,500주(=4,500주×3. 제3주식), 원고 2는 4,500주(=1,500주

×3. 제4주식)를 각 배정받았다. 피고들은 이익잉여금의 자본전입에 따라 명의상의 주주에게 무상으로 주식이 배분된 때에는 실질주주가 명의상의 주주에게 새로이 명의신탁을 한 것으로 보아야 한다는 이유로 원고들에게 이 사건 제3, 4주식에 관하여 증여세 부과처분을 하였다.

이에 원고들은 이 사건 각 처분에 불복하여 2008. 1. 29. 조세심판원에 심판청구를 하였으나, 2008. 6. 30. 각 심판청구를 기각하는 결정을 받았다.

〈쟁점〉

주식 발행법인이 이익잉여금을 자본에 전입함에 따라 기존 주식의 명의수탁자에게 보유주식에 비례하여 배정된 무상주가 구 상속세 및 증여세법 제45조의2 제1항 본문에서 정한 증여의제의 적용대상이 되는지 여부

(2) 판결내용

"상증세법 제45조의2 제1항의 본문은 국세기본법 제14조에서 정한 실질과세원칙에 대한 예외의 하나로서 명의신탁이 조세회피 수단으로 악용되는 것을 방지하여 조세정의를 실현하고자 하는 한도 내에서 제한적으로 적용되는 규정인 점, 주식의 실제소유자와 명의자가 다른 상태에서 주식 발행법인이 이익잉여금을 자본에 전입함에 따라 명의인에게 무상주가 배정되더라도 발행법인의 순자산이나 이익 및 실제주주의 지분비율에는 변화가 없으므로 실제주주가 무상주에 대하여 자신의 명의로 명의개서를 하지 아니하였다고 해서 기존 주식의 명의신탁에 의한 조세회피 목적 외에 추가적인 조세회피 목적이 있다고 할 수 없는 점 등을 고려하면, 특별한 사정이 없는 한 기존 명의신탁 주식 외에 이익잉여금의 자본전입에 따라 기존 명의수탁자에게 보유주식에 비례하여 배정된 무상주는 구 상증세법 제45조의2 제1항 본문에 의한 증여의제 규정의 적용대상이 아니다."[37)]

2. 차명예금에 대한 증여추정[38)]

가. 법률규정 내용 및 입법배경과 개정연혁

상증세법 제45조 제4항은 "금융실명법 제3조에 따라 실명이 확인된 계좌 또

---

37) 이 사건은 이익잉여금의 자본전입에 관한 것인데, 대법원은 위 판결이 있기 전에도 자본잉여금의 자본전입에 따른 무상주 배정에 대해서는 명의신탁 증여의제가 적용되지 않는다는 입장을 유지하고 있었다, 대법원 2006. 9. 22. 선고 2004두11220 판결; 2009. 3. 12. 선고 2007두1361 판결 등.

38) 최성근, "차명금융거래 규제세제에 대한 법리적 검토", 앞의 논문, 457면 이하 참조.

는 외국의 관계 법령에 따라 이와 유사한 방법으로 실명이 확인된 계좌에 보유하고 있는 재산은 명의자가 그 재산을 취득한 것으로 추정하여 제1항을 적용한다"라고 규정하고 있고, 동조 제1항은 "재산 취득자의 직업, 연령, 소득 및 재산 상태 등으로 볼 때 재산을 자력으로 취득하였다고 인정하기 어려운 경우로서 대통령령으로 정하는 경우에는 그 재산을 취득한 때에 그 재산의 취득자금을 그 재산 취득자가 증여받은 것으로 추정하여 이를 그 재산 취득자의 증여재산가액으로 한다"라고 규정하고 있다. 상증세법 제45조 제4항과 제1항을 이어서 풀이하면, 금융실명법 제3조에 따라 실명이 확인된 계좌에 보유하고 있는 재산은 명의자가 그 계좌를 취득한 것으로 추정하고, 명의자의 직업, 연령, 소득 및 재산 상태 등으로 볼 때 그 재산을 자력으로 취득하였다고 인정하기 어려운 경우에는 명의자가 그 재산을 취득한 때에 증여받은 것으로 추정한다는 것이다.

　　상증세법 제45조 제4항은 차명예금이 변칙증여의 수단으로 이용되거나 금융소득의 종합소득 합산과세 회피에 이용되는 것을 보다 효과적으로 차단하기 위하여 2013년에 신설되었다.[39] 무자력자 등의 재산취득자금에 대한 증여추정규정인 상증세법 제45조 제1항도 차명예금에 적용될 수 있다는 것이 일반적인 해석의 입장이었지만, 이 규정에 근거하여 증여세를 부과하려면 예금명의자가 자금을 인출하여 다른 재산의 취득 등을 하는 시점에 이르러서야 그 자금을 해당 재산의 취득 등에 사용하였음을 증명하여야 하는 어려움이 있었다. 상증세법 제45조 제1항의 차명예금에 대한 이러한 적용상의 어려움을 구체적으로 살펴보면 다음과 같다. 판례는 위 규정의 적용요건으로 ① 재산의 취득, ② 취득자의 무자력 등, 외에 ③ 증여자의 존재 및 그 자력을 요구하고 있다.[40] 그런데 차명예금은 사법적인 관점에서 볼 때 명의자가 예금을 취득하였다고 볼 수 없기 때문에 과세관청은 차명예금에 관하여 '재산의 취득'을 증명하는 데 어려움이 있었고, 결과적으로 무자력인 자녀 또는 배우자 명의로 개설된 예금계좌에서 그 명의자가 자금을 인출

---

39) 기획재정부, 2012년 세법개정안, 2012. 8. 8.

40) 대법원은 상증세법 제45조 제1항의 증여추정규정이 명시하고 있지는 않지만 '증여자의 존재 및 그 자력'을 과세요건으로 해석하고 있다. 대법원은 그 논거로서 완전포괄주의 과세제도의 도입이 증여추정규정의 과세요건에 관한 증명책임의 소재나 범위와는 직접 관련이 없다는 점과 상증세법 제45조 제1항이 증여자의 연대납세의무 제외대상에 포함되어 있지 않으므로 증여자의 존재가 전제되어야 한다는 점을 들고 있다, 대법원 2010. 7. 22. 선고 2008두20598 판결 참조.

하여 다른 재산의 취득 등에 사용하였음을 과세관청이 증명하지 못하는 한 증여세는 과세될 수 없었다.[41] 그러던 것이 상증세법 제45조 제4항의 신설로 계좌의 개설시점부터 명의자가 그 '계좌에 보유하고 있는 재산'을 취득한 것으로 추정할 수 있게 된 것이다.

차명예금 증여추정 규정은 두 가지의 경우에 대하여 규제 목적을 달성할 수 있다. 그 하나는 예금계좌의 명의자와 실제의 소유자가 일치하고 명의자가 예금계좌를 실질적으로 관리하는 경우이지만 증여세를 신고하지 아니한 경우이다. 다른 하나는 예금계좌의 명의자와 출연자가 다르고 출연자와 실제의 소유자가 같은 차명예금의 경우이다. 전자의 경우에는 과세관청이 직접 증여세 과세요건사실을 조사하고 증명하여 과세할 수도 있겠지만, 상증세법 제45조 제4항의 증여추정 규정은 명의자가 당해 재산을 취득한 것으로 추정하여 증명책임을 명의자에게로 전환하고 있다. 후자의 경우에는 명의자가 증여세를 부담하지 아니하려면 증여가 아니고 명의신탁이라는 증명을 하여야 하고, 명의신탁이 증명되면 실질과세원칙에 따라 명의자에게 형식적으로 귀속되는 과세물건은 실제의 소유자에게 귀속되는 것으로 재구성된다. 차명예금도 이를 상증세법 제45조의2의 적용대상에 포함시켜 증여로 의제하여야 한다는 주장이 제기된 바도 있으나[42] 입법으로 이어지지는 아니하였다. 차명예금의 경우에는 자산 명의신탁과는 달리 소유권 이전에 대한 명확한 증좌를 가지고 있지 않고 또 자산 명의신탁 증여의제 제도에 대하여 다양한 문제점이 제기되어 있다는 점이 차명예금에 대하여 바로 증여의제를 적용하기에는 적절치 아니하다고 본 이유라고 판단된다.

나. 상증세법의 차명예금 증여추정 규정과 금융실명법의 금융자산 명의자 소유추정 규정의 관계

금융기관과의 관계에서 예금주를 누구로 볼 것인가에 대하여 그간에 수차에 걸친 판례변경이 있었다. 금융실명제가 도입되기 전의 대법원 판례는 "금융기관에 대한 기명식예금에 있어서는, 명의의 여하를 묻지 아니하고 또 금융기관이 누

---

41) 김동수, "차명예금에 대한 증여추정 과세 제도에 관한 소고", 계간 세무사, 2013 봄호, 95-96면.
42) 박광국, "조세회피 방지를 위한 법·제도적 개선방안: 상속 및 증여를 중심으로", 한국정책과학학회보, 제5권 제1호, 2001, 76면 등 참조.

구를 예금주라고 믿는가에 관계 없이, 예금을 실질적으로 지배하고 있는 자로서 자기의 출연에 의하여 자기의 예금으로 한다는 의사를 가지고 스스로 또는 사자, 대리인 등을 통하여 예금계약을 한 자를 예금주로 봄이 상당하다"라는 취지로 판시하여,[43] 예금주를 결정함에 있어서는 예금의 명의를 전혀 고려하지 아니하였다.

금융실명제 도입 이후 '대법원 2009. 3. 9. 선고 2008다45828 전원합의체 판결' 이전까지는 "금융기관으로서는 출연자와 금융기관 사이에 명의자가 아닌 출연자 등에게 금융거래 계약상의 채권을 귀속시키고 그를 계약당사자로 인정하기로 하는 명시적 또는 묵시적 약정이 있었다는 특별한 사정이 없는 한 주민등록증을 통하여 실명확인을 한 명의자를 거래자로 보아 그와 금융거래계약을 체결할 의도라고 보아야 할 것이므로, 그 명의자가 계약당사자가 된다"라는 취지로 판시하여,[44] 원칙적으로 실명확인을 한 예금의 명의자를 예금주로 보고 예외적으로 출연자와 금융기관 사이에 명의자가 아닌 출연자 등에게 예금채권을 귀속시킨다는 명시적 또는 묵시적 약정이 있는 경우에는 출연자 등을 예금주로 볼 수 있다는 입장을 유지하였다.

'대법원 2009. 3. 9. 선고 2008다45828 전원합의체 판결'에서는 예금주의 결정과 관련하여 동판결과 배치되는 이전의 판결을 모두 폐지하면서, "본인인 예금명의자의 의사에 따라 예금명의자의 실명확인 절차가 이루어지고 예금명의자를 예금주로 하여 예금계약서를 작성하였음에도 불구하고, 예금명의자가 아닌 출연자 등을 예금계약의 당사자라고 볼 수 있으려면, 금융기관과 출연자 사이에서 실명확인 절차를 거쳐 서면으로 이루어진 예금명의자와의 예금계약을 부정하여 예금명의자의 예금반환청구권을 배제하고 출연자와 예금계약을 체결하여 출연자 등에게 예금반환청구권을 귀속시키겠다는 명확한 의사의 합치가 있는 극히 예외적인 경우로 제한되어야 한다"라고 판시하였다.

이후 이러한 취지를 담은 판례들의 축적에 기반하여 2013년 상증세법에 차명예금 증여추정 규정(상증세법 제45조 제4항)이 도입되었고, 이어서 2014년 금융실명법 개정을 통하여 실명이 확인된 계좌에 보유하고 있는 금융자산은 명의자의

---

43) 대법원 1987. 10. 28. 선고 87다카946 판결; 1992. 6. 23. 선고 91다14987 판결 등 참조.
44) 대법원 1998. 1. 23. 선고 97다35658 판결; 2007. 6. 14. 선고 2004다45530 판결 등 참조.

소유로 추정하는 규정(금융실명법 제3조 제5항)이 도입되었다. 금융실명법 제3조 제5항은 그 내용으로 볼 때 상증세법 제45조 제4항의 규정과 거의 동일한 것이지만, 적용범위에 있어서는 상증세법 제45조 제4항이 증여세 과세에 국한하여 구속력을 갖는 규정이라면 금융실명법 제3조 제5항은 그 성격상 금융거래 전반에 걸쳐 구속력을 갖는 규정이라고 보는 것이 적절한 해석이라고 판단된다. 한편 금융실명법은 실명이 확인된 계좌에 보유하고 있는 금융자산은 이를 명의자의 소유로 추정하지만(금융실명법 제3조 제5항), 상증세법은 여기에서 한 걸음 더 나아가 명의자의 직업, 연령, 소득 및 재산 상태 등으로 볼 때 그 재산을 자력으로 취득하였다고 인정하기 어려운 경우에는 명의자가 그 재산을 취득한 때에 증여받은 것으로 추정하고 있다(상증세법 제45조 제4항 및 제1항).

제 5 장 국제조세법

I. 조세의 관할과 국제조세

넓은 의미로 국제조세란 국가 간에 발생하는 일체의 조세문제를 의미하고, 좁은 의미로는 2개국 이상이 국제거래1)에 대한 과세권을 행사함에 따라 발생하는 국제적인 이중과세문제로 모아진다. 각국은 조세주권에 기초하여 과세의 대상과 요건을 정하고 법령에 기초하여 각종 조세를 부과·징수하고 있다. 국제조세에 있어 소득과세에 대한 기본원칙으로는 거주지국과세원칙(속인주의)과 원천지국과세원칙(속지주의)가 있다. 거주지국과세원칙 하에서는 소득의 발생지와 상관없이 전세계소득에 대해 거주지국이 과세권을 행사하고, 원천지국과세원칙 하에서는 거주지와 상관없이 소득의 발생국에서 우선적으로 과세가 이루어진다.

일반적으로 한국을 포함한 대부분의 국가에서는 거주자의 전세계소득에 대해 과세권을 행사하는 거주지국과세제도를 채택하는 동시에 국내에서 발생한 비거주자의 국내소득에 대해서도 과세하는 원천지국과세제도를 적용하고 있다. 이처럼 대부분의 국가가 거주지국과세제도와 원천지국과세제도를 병용함에 따라, 소득의 발생지와 납세자의 거주지가 동일하지 않은 국제거래에 있어서는 동일소득에 대해 두 번 이상 과세되는 이중과세의 문제가 발생하게 된다. 즉, 이중과세는 동일한 소득에 대해 소득의 발생국에 대한 납세의무와 거주지국에 대한 납세

---

1) 「국제조세조정에 관한 법률」에서는 '국제거래'를 거래 당사자 중 어느 한쪽이나 거래 당사자 양쪽이 비거주자 또는 외국법인(비거주자 또는 외국법인의 국내사업장은 제외한다)인 거래로서 유형자산 또는 무형자산의 매매·임대차, 용역의 제공, 금전의 대차(貸借), 그 밖에 거래자의 손익(損益) 및 자산과 관련된 모든 거래라고 정의하고 있다(국조법 제2조 제1항 제1호).

의무를 이중으로 부담하게 됨으로써 나타나는 결과이다.

국제조세에서는 ① 거주지국과세원칙과 원천지국과세원칙의 병용으로부터 비롯되는 국제적인 이중과세의 조정을 시발로 하여, ② 둘 이상의 나라들에 걸쳐 자행되는 국제적 조세회피 또는 탈세의 규제, ③ 한국과 거래하는 외국기업 또는 비거주자에 대한 국내에서의 과세문제, ④ 외국과 거래하는 내국법인 또는 거주자에 대한 외국과 국내에서의 과세문제(해외진출기업 조세지원. 수출, 해외사업, 해외투자 등), ⑤ 외국인투자의 과세문제[외국인투자 조세지원. 직접투자(기업경영 직접참여), 간접투자(단순한 자본투자)], ⑥ 기타 국가 간 조세행정의 협조 등을 다룬다.

국제조세에서는, 과세권 행사에 있어 소비지과세원칙이 적용되어 이중과세 문제가 발생하지 아니하는 간접세는 일반적으로 논의에서 제외되고, 국가 간에 과세권에 대한 논쟁의 여지가 있는 소득 또는 자본과 관련된 소득세, 법인세 등 직접세 부문이 주로 논의된다.[2] 국제조세법은 국제거래와 관련하여 각국이 과세권을 행사함에 있어 발생하는 다양한 조세문제를 다루는 법규를 총칭하는 것으로, 관련 규정은 국내 조세법과 조세조약에 분산되어 있다.

II. 국제적 이중과세의 조정

1. 이중과세 조정의 의의

가. 이중과세의 개념

(1) 국내적 이중과세 - 경제적 이중과세

법인기업에 대하여 법인단계에서 법인세가 부과되고 법인세 차감 후 소득이 주주 등 출자자에게 배당될 때 개인출자자단계에서 다시 소득세가 부과되는 경우이다.

(2) 국제적 이중과세 - 법률적 이중과세

동일한 납세의무자에게 귀속되는 동일 과세기간의 동일 과세물건에 대하여

---

2) 이태로·한만수, 조세법강의, 박영사, 2018, 1130면 참조.

2개 이상의 국가가 각기 유사한 조세를 부과함으로써 조세부담이 중복되는 현상이다.

나. 이중과세가 조정 또는 제거되어야 하는 이유

(1) 조세의 형평성

조세는 특별한 반대급부가 없는 부담이므로 공평하게 부과되어야 한다. 소득의 원천이 무엇이든 또 어떤 기업이든 기본적으로 모두 동일한 납세의무를 이행해야 하며, 기업의 해외소득도 국내소득과 마찬가지로 과세되어야 한다.

(2) 조세의 중립성

조세가 경제의 효율(시장의 가격기구에 의한 효율적인 자원분배)을 저감시켜서는 아니 된다.[3] 조세체계상 국내에 투자한 투자자나 국외에 투자한 투자자를 차별하지 않음으로써 인적·물적 자본과 기술이 국경을 초월하여 이동하는 데 장애요인이 되어서는 아니 된다.

다. 이중과세 조정의 방법

법인과 출자자 간의 경제적 이중과세로 인하여 조세의 중립성과 형평성이 훼손되는 것을 막고 기업자금 조달의 원활화와 증시의 활성화를 도모하기 위하여, 한국의 조세법은 주주단계에서 개인주주의 경우 배당세액공제, 법인주주의 경우 배당소득의 일부 또는 전부에 대한 익금불산입을 통하여 이중과세를 조정한다.

국제적 이중과세인 법률적 이중과세로 인하여 조세의 중립성과 형평성이 훼손되는 것을 막고 외국자본의 유치와 국내기업의 해외진출을 확대하기 위하여, 한국은 조세조약을 체결하거나 국내 조세법에 외국납부세액공제 제도를 두어 이중과세를 조정한다.

---

3) 조세법을 지도하는 가장 중요한 이념 중의 하나가 효율이고, 이 중 효율은 조세가 미치는 경제적 부작용을 최소화한다는 것이며, 효율의 제일 핵심적인 요소는 조세의 중립성, 즉 조세가 경제 주체의 의사결정을 왜곡하지 않는 것이다, 이창희, 세법강의, 박영사, 2022, 35-36면.

2. 조세조약에 의한 이중과세 조정

가. 의의

조세조약이란 국가 간 소득과 자본의 이동에 대한 이중과세의 조정 및 탈세·조세회피의 규제를 위하여 국가 간에 체결하는 조약을 말한다. 조세조약의 주된 목적은 양 당사국의 호혜평등에 입각하여 국가 간에 발생하는 동일한 소득에 대한 이중과세를 조정하고 탈세와 조세회피를 규제하는 것이다.[4] 이에 관한 모델조약으로는 선진국 간에 많이 이용되는 OECD모델조약과 선진국·후진국 간에 많이 이용되는 UN모델조약이 있다. 한국의 경우 전자를 모델로 하여 2024년 현재 95개국과 조세조약을 체결하고 있다.[5]

나. 조세조약의 효력

조세조약의 효력과 관련하여, 헌법은 제6조 제1항에서 "헌법에 의하여 체결·공포된 조약과 일반적으로 승인된 국제법규는 국내법과 동일한 효력을 가진다"라고 규정하고 있다. 한국의 경우 조세조약은 헌법에 따라 국내법, 즉 국내 법률과 동일한 효력이 있고 특별법으로 취급되어 국내 조세법에 우선한다.

다. 조세조약과 국내 조세법의 관계 – 조세조약의 해석

조세조약의 해석과 관련해서는 원칙적으로 국내 조세법의 해석에 관한 일반원리가 적용된다.[6][7] 「국제조세조정에 관한 법률」은 조세조약에서 정의하지 아니한 용어 및 문구에 대해서는 국내 조세법에서 정의하거나 사용하는 의미에 따라 조세조약을 해석·적용한다 라고 규정하고 있다(국조법 제5조).

조세조약은 체약국 사이의 과세권이 문제될 때 이를 조정함으로써 이중과세와 조세회피를 방지함을 목적으로 체결되는 것이므로, 원칙적으로 조세조약은 독자적인 과세권을 창설하는 것이 아니라 체약국의 조세법에 의하여 이미 창설된

---

4) 오윤, 세법원론, 한국학술정보, 2016, 910면 참조.
5) 기획재정부, 조세조약 및 조세정보교환협정 체결 현황, 2024.3.
6) 임승순·김용택, 조세법, 박영사, 2022, 1132면.
7) 대법원 2016. 6. 10. 선고 2014두39784 판결; 2016. 9. 8. 선고 2016두39290 판결 참조.

과세권을 배분하거나 제약하는 기능을 하는 것이다.8) 과세권의 발생에 관한 사항은 일차적으로 각국의 세법에 의하여 규율되고, 조세조약이 국내 조세법과 달리 정하는 사항에 대하여 조세조약이 최종적인 과세권의 소재를 정하게 되며, 조세조약을 적용함에 있어서는 조세조약에서 달리 정의하지 않은 용어는 문맥상 달리 해석하여야 하는 경우가 아닌 한 원칙적으로 그 국가의 과세권의 근거가 되는 국내 조세법의 규정에 내포된 의미에 따라 해석하여야 한다.9)

라. 이중거주자에 대한 과세상 취급

A국과 B국 모두에 대하여 무제한 납세의무를 부담해야 하는 상황이 있을 수 있다. 이러한 경우에는 A국과 B국 간의 조세조약을 통하여 어느 한쪽의 거주자로 판단하기 위한 기준을 설정하는데 이를 'Tie – Breaker Rule'이라 한다.

한국이 체결한 대부분의 조세조약에서는 OECD 모델조약의 Tie – Breaker Rule에 따라 이중거주자의 거주지국을 판단하도록 규정하고 있다. OECD 모델조약의 Tie – Breaker Rule은 어느 개인이 양 체약국의 거주자가 되는 경우 ① 이용할 수 있는 항구적인 주거(permanent home), ② 인적 · 경제적 관계가 더 밀접한 체약국(중대한 이해관계의 중심지, centre of vital interests), ③ 일상적 거소(habitual adobe), ④ 그 개인이 국민인 국가, ⑤ 상호합의 순으로 거주지국을 판단한다.10)

여기에서 '항구적 주거'란 개인이 여행 또는 출장 등과 같은 단기체류를 위하여 마련한 것이 아니라 그 이외의 목적으로 계속 머물기 위한 주거장소로서 언제든지 계속 사용할 수 있는 모든 형태의 주거를 의미하는 것이고, 항구적 주거인지 여부를 판단함에 있어 개인이 주거를 소유하거나 임차하는 등의 사정은 고려할 사항이 아니다.11)

이러한 항구적 주거가 양 체약국에 모두 존재할 경우에는 다음 순의 판단기준인 '중대한 이해관계의 중심지', 즉 양 체약국 중 그 개인과 인적 및 경제적으로 더욱 밀접하게 관련된 체약국이 어디인지를 살펴보아야 하고, 이는 가족관계, 사

---

8) 서울고등법원 2000. 2. 12. 선고 2009누8016 판결 참조.
9) 상동.
10) 이진우, "93. 이중거주자에 대한 조세조약상 거주지국 판단기준", 세법판례100선 3, 한국세법학회, 2024, 628면 참조.
11) 대법원 2019. 3. 14. 선고 2018두60847 판결.

회관계, 직업, 정치·문화 활동, 사업장소, 재산의 관리장소 등을 종합적으로 고려할 때 양 체약국 중 그 개인의 관련성의 정도가 더 깊은 체약국을 의미한다.[12]

3. 국내 조세법에 의한 이중과세 조정

조세조약이 없다고 하더라도 내국법인 또는 거주자로 하여금 외국에 진출하여 외화를 가득하게 할 필요가 있다.

가. 외국납부세액공제(Foreign Tax Credit)

한국의내국법인이나 거주자가 외국에서 가득한 소득에 대하여 속지주의에 따라 그 나라에 세금을 냈는데 한국이 이러한 납세의무자에 대하여 속인주의에 따라 다시 세금을 걷는 경우에는 이중과세의 문제가 발생하는데, 이는 내국법인 또는 거주자의 해외 진출에 큰 걸림돌로 작용할 수 있다. 이러한 문제점을 해결하기 위하여 법인세법은 내국법인의 각 사업연도의 소득에 대한 과세표준에 국외원천소득이 포함되어 있는 경우로서 그 국외원천소득에 대하여 외국법인세액을 납부하였거나 납부할 것이 있는 경우에는 공제한도금액 내에서 외국법인세액을 해당 사업연도의 산출세액에서 공제할 수 있도록 허용하고 있다(법법 제57조 제1항). 또한 소득세법도 거주자의 종합소득금액 또는 퇴직소득금액에 국외원천소득이 합산되어 있는 경우로서 그 국외원천소득에 대하여 외국에서 외국소득세액을 납부하였거나 납부할 것이 있을 때에는 공제한도금액 내에서 외국소득세액을 해당 과세기간의 종합소득산출세액 또는 퇴직소득 산출세액에서 공제할 수 있다(소법 제57조 제1항).

나. 간주외국납부세액공제(Tax Sparing Credit)와 간접외국납부세액공제(Deemed Paid Credit)

외국법인세액(내국법인의 경우)과 외국소득세액(거주자의 경우) 이외에도, ① 실제로 외국에 납부하지 않고 감면받은 세액이더라도 조세조약에 특칙이 있는 경우

---

12) 상동.

또는 ② 외국자회사가 납부한 세액이 있거나 외국법인의 소득에 대하여 출자자인 내국법인 또는 거주자가 직접 납세의무를 부담한 경우에는, 그러한 감면세액 또는 외국자회사가 납부하였거나 출자자인 내국법인 또는 거주자가 부담한 세액을 실제로 납부한 세액과 마찬가지로 공제받을 수 있도록 하고 있다. 전자를 간주외국납부세액 공제라고 하고(법법 제57조 제3항 및 소법 제57조 제3항), 후자를 간접외국납부세액공제라고 한다(법법 제57조 제4항, 제6항 및 소법 제57조 제4항).

III. 국제적 조세회피에 대한 규제

다국적기업은 진출국의 조세제도를 최대한 이용하여 이전가격, 과소자본, 조세피난처, 조세조약 남용, 고정사업장 구성 회피 등의 방법으로 조세회피를 시도하고 있다. 한국은 「국제조세조정에 관한 법률」과 법인세법 등의 국내조세법과 조세조약을 통하여 이러한 다국적기업의 조세회피행위를 규제하고 있다.

「국제조세조정에 관한 법률」은 국세와 지방세에 관하여 다른 법률에 우선하여 적용되고, 국제거래에 대해서는 자산의 증여 등 일정한 경우(국조법 령 제4조)를 제외하고는 부당행위계산부인에 관한 규정(소법 제41조 및 법법 제52조)이 적용되지 아니한다(국조법 제4조).

1. 이전가격

가. 조세회피행위의 내용

이전가격(transfer pricing)이란 기업이 특수관계 있는 국외기업과 거래를 할 때 그 거래가격을 '독립기업 간에 적용되는 거래가격'(arm's length price)과 다른 과대 또는 과소한 가격으로 설정하는 것을 말한다. 특수관계 있는 국내외 기업 간에 거래가격을 조작하여 저세율국에 진출한 국외기업에 귀속되는 소득을 늘리고 고세율국의 국내 또는 국외 기업에 귀속되는 소득을 줄임으로써 다국적기업 전체의 조세부담을 최소화하는 방법이다. 예를 들어, 고세율국 소재 기업이 저가로 수출하고 저세율국 소재 특수관계 기업이 고가로 판매하여 다국적기업의 조세부담을 줄이는 경우가 대표적인 예이다.

이러한 방법은 다국적기업의 외국모회사와 국내자회사 간에 취해질 수 있고 다국적기업의 국내모회사와 외국자회사 간에도 취해질 수 있으며, 또 다국적기업의 외국자회사와 국내자회사 간 또는 다국적기업의 외국자회사들 간에도 취해질 수 있는 조세회피의 방법이다.

나. 이전가격에 대한 국내 조세법상의 규제

「국제조세조정에 관한 법률」은 제6조부터 제21조까지에 걸쳐 이전가격 과세제도를 규정하고 있다. 이전가격 과세제도는 기업이 국외특수관계인과의 거래 시 독립기업 간에 거래되는 가격보다 높은 대가를 지급하거나 낮은 대가를 받아 과세소득을 국외로 이전시키는 경우에는 조세회피의 의도가 있었는지 여부에 불구하고 그 조작된 가격, 즉 이전가격을 부인하고 독립기업 간의 가격인 정상가격으로 과세하는 제도이다.

1980년 후반 이후 한국의 경제가 급속하게 국제화되고 개방되면서 한국에 진출한 다국적기업들이 국외특수관계기업과의 거래 시 가격을 조작하여 한국에서의 조세부담을 부당하게 감소시키는 사례가 증가하였다. 이를 규제하기 위하여 정부는 1988년 법인세법과 소득세법의 부당행위계산부인규정의 일부를 개정하였으나, 그 규제가 내국법인과 거주자에게 적용되는 부당행위계산부인규정의 틀 안에서 행해짐에 따라, 부당행위계산과 이전가격 간의 이질적 요소 및 제도의 미비로 인하여 효과적인 이전가격 규제가 어려웠다. 부당행위계산부인제도는 국내 특수관계인 간의 부당한 거래행위를 규율하는 제도인 반면, 이전가격과세제도는 국외 특수관계인과의 소득 이전행위를 규율하는 제도이므로 별도의 과세체계를 갖출 필요가 있었다. 한국 정부는 1995년 12월 「국제조세조정에 관한 법률」을 제정하면서 법인세법과 소득세법의 이전가격과세제도에 관한 규정을 보완하고 흡수하여 현재와 같은 이전가격과세제도를 도입하였다.[13]

「국제조세조정에 관한 법률」은 제6조에서 "거주자 등(거주자, 내국법인 및 국

---

[13] 최성근, "OECD BEPS 프로젝트와 다국적기업 조세회피행위 규제의 입법방향", 한양법학, 제29권 제2집, 2018, 58면.

내사업장. 이하 같다)은 국외특수관계인과의 국제거래에서 그 거래가격이 정상가격보다 낮거나 높은 경우에는 정상가격을 기준으로 조정한 과세표준 및 세액을 납세지 관할 세무서장에게 신고하거나 경정청구를 할 수 있다"라고 규정하고 있고, 제7조에서 "과세당국은 거래당사자의 일방이 국외특수관계인인 국제거래에 있어서 그 거래가격이 정상가격에 미달하거나 초과하는 경우에는 정상가격을 기준으로 거주자 등의 과세표준 및 세액을 결정 또는 경정할 수 있다"라고 규정하고 있다. '정상가격'이란 거주자 등이 국외특수관계인이 아닌 자와의 통상적인 거래에서 적용하거나 적용할 것으로 판단되는 가격을 말한다(국조법 제2조 제1항 제5호).

동법은 정상가격 산출방법으로 비교가능 제3자 가격방법(Comparable Uncont—rolled Price Method), 재판매가격방법(Resale Price Method), 원가가산방법(Cost Plus Method) 등 전통적 거래접근방법과 함께 거래순이익률방법, 이익분할방법 등 이익개념을 이용한 정상가격 산출방법을 예시하고 있고, 이들 방법으로 정상가격을 산출할 수 없는 경우에는 거래의 실질 및 관행에 비추어 합리적이라고 인정되는 방법으로 정상가격을 산출하도록 규정하고 있다(국조법 제8조). 「국제조세조정에 관한 법률」은 이 중에서 비교가능 제3자 가격방법이 가장 합리적인 정상가격 산출방법이라는 전제하에, 비교가능성이 높은 거래가 발견되는 경우에는 우선적인 고려대상이 되어야 한다는 취지를 규정하고 있다(국조법 령 제5조 참조). 이러한 비교가능 제3자 가격방법 우선적용 원칙은 OECD 이전가격세제 가이드라인의 취지를 반영한 것이기도 하다.[14]

또한 동법은 무형자산의 정상가격 산출과 관련하여 정상원가분담액 등의 과세조정을 허용하고 있고(국조법 제9조), 정상가격 산출방법의 사전승인제도(Advance Pricing Arrangement; APA)를 규정하고 있다(국조법 제14조 및 제15조).

한편 이전가격과세제도는 주관적인 판단이 개재할 소지가 많은 제도이므로 가능한 모든 자료를 이용하여 신뢰성 있고 합리적인 판단을 하여야 한다. 따라서

---

14) '비교가능 제3자 가격방법'의 적용과 관련하여 대법원은 "정상가격을 비교가능 제3자 가격법에 의하여 산정함에 있어서는, 국외의 특수관계자와의 거래와 동종의 재화 또는 용역에 관한 거래로서 거래조건·거래수량 등 제반 조건이 유사하여 비교가능성 있는 독립된 사업자 간 거래의 가격을 정상가격으로 하되, 거래조건·거래수량 등 제반 조건의 차이가 있는 경우에 그 차이에 의하여 가격을 조정할 수 있는 경우에는 합리적인 방법에 의하여 조정한 후의 금액을 시가로 하여야 한다"라고 판시한 바 있다, 대법원 2001. 10. 23. 선고 99두3423 판결.

이전가격 과세제도가 효과적으로 운용되기 위해서는 보다 정확한 자료에 기초하여 이전가격 분석이 이루어져야 한다. 이를 위하여 「국제조세조정에 관한 법률」에서는 납세자의 자료제출의무를 규정하고 이를 이행하지 않는 경우 불이익을 주어 납세자의 협조의무를 강조하고 있다(국조법 제16조 및 제17조).

2. 과소자본

가. 조세회피행위의 내용

기업은 필요로 하는 자금을 조달하면서 자본금보다 차입금을 늘려 자금조달의 대가를 이자비용으로 처리함으로써 법인세 부담을 줄일 수 있는데, 이를 이용한 조세회피 방법이 과소자본(thin capitalization)이다. 다국적기업의 경우 특정 국가에 자회사를 설립하고 그 자회사에 장기적으로 자금을 대여하면 안정적인 자금조달이라는 측면에서 자본금과 유사한 효과를 얻으면서 차입금에 대한 이자를 손금에 산입할 수 있게 되어 조세부담을 감소시킬 수 있다.

이 방법은 다국적기업의 외국모회사와 국내자회사 간에 취해질 수 있고 다국적기업의 국내모회사와 외국자회사 간에도 취해질 수 있으며, 또 다국적기업의 외국자회사와 국내자회사 간 또는 다국적기업의 외국자회사들 간에도 취해질 수 있는 조세회피의 방법이다. 한국의 조세관할권이 침해받은 경우는, 다국적기업의 외국모회사 또는 외국자회사가 그 다국적기업의 국내자회사에 투자하면서 자본금에 비하여 차입금의 비중을 과도하게 확대하여 이자비용을 증가시켜 한국에서의 과세를 회피하는 경우이다.[15]

나. 과소자본에 대한 국내 조세법상의 규제

「국제조세조정에 관한 법률」은 제22조에서 제26조에 걸쳐 과소자본 과세제도를 규정하고 있다. 과소자본 과세제도란 차입금에 대한 지급이자가 손금으로 인정되는 조세법 규정을 활용하여 회사가 자본금 대신 차입금을 과다하게 조달함

---

15) 다국적기업의 외국자회사가 자금의 제공에 이용되는 경우는 그 다국적기업의 외국모회사가 고세율국에 소재하거나 해당 외국자회사가 저세율국에 소재하거나 외국 모회사에 비하여 자금을 제공할 수 있는 여건이 양호한 경우일 것이다.

으로써 과세소득을 부당하게 줄이는 것을 방지하기 위하여, 자본금에 비하여 지나치게 과다한 차입금에 대한 이자를 손금산입이 인정되지 아니하는 배당으로 간주하여 과세하는 제도를 말한다.

기업의 과소자본 의사결정에 영향을 주는 요소로는 과세소득 계산 시 비용으로 인정되는 문제 외에도 다른 요소들이 있을 수 있다. 이러한 요소들로는 이자 또는 배당에 대한 과세 여부, 이자소득에 대한 감면 여부, 배당에 대한 감면 여부, 배당에 대한 경제적 이중과세 해소 여부, 자회사 소재지국의 외환규제 여부, 국제 간 자금이동의 편의성 여부 등을 들 수 있다.

「국제조세조정에 관한 법률」은 내국법인(외국법인의 국내사업장 포함)의 차입금 중 국외지배주주, 국외지배주주의 특수관계인 및 국외지배주주의 지급보증에 의하여 제3자로부터 차입한 금액이 그 국외지배주주가 출자한 출자금액의 2배(금융업 6배)를 초과하는 경우에는 그 초과분에 대한 지급이자와 할인료는 법인세법의 규정에 의한 배당 또는 기타 사외유출로 보고 그 내국법인의 손금에 산입하지 아니한다(국조법 제22조 및 동법 령 제50조). 그러나 국외지배주주 등으로부터의 차입금이 국외지배주주가 출자한 자본금의 2배(금융업 6배)를 초과하는 경우일지라도 차입금의 규모와 차입조건이 특수관계가 없는 자 간의 통상적인 차입규모 및 차입조건과 동일 또는 유사한 것임을 증명하는 경우에는 그 차입금에 대한 지급이자와 할인료에 대하여는 손금으로 인정한다(국조법 제22조 제4항). 아울러 내국법인이 국외지배주주가 아닌 제3자로부터 차입한 경우라고 하더라도 ① 당해 내국법인과 국외지배주주 간에 사전계약이 있고 ② 차입조건이 당해 내국법인과 국외지배주주에 의하여 실질적으로 결정되는 경우에는 이를 국외지배주주로부터 직접 차입한 금액으로 보아 과소자본 과세제도를 적용한다(국조법 제23조).

한편 「국제조세조정에 관한 법률」은 다국적기업의 과다이자비용에 대한 손비인정 제한을 강화하는 제도를 두고 있다. 소득 대비 과다이자비용의 손금불산입 규정인데, 내국법인이 국외특수관계인으로부터 차입한 금액에 대한 순이자비용이 조정소득금액(순이자비용 및 감가상각비 차감 전 세무상 이익)의 100분의 30을 초과하는 경우에는 해당 초과금액을 손금에 산입하지 아니하고 기타사외유출로 처분된 것으로 보는 제도이다(국조법 제24조). 또한 「국제조세조정에 관한 법률」은 내국법인이 국외특수관계인과의 혼성금융상품[16] 거래에 따라 지급한 이자 등 중 적정기간 이내에 그 거래 상대방이 소재한 국가에서 거래 상대방의 소득에 포함되지 아니하는 등 과세되지 아니한 금액은 적정기간 종료일이 속하는 사업연도의 소득금액을 계산할 때 익금에 산입한다(국조법 제25조).

3. 조세피난처

가. 조세회피행위의 내용

조세피난처(tax haven)의 개념은 다양한 의미로 사용되고 있으나, 일반적으로 기업의 소득에 대한 조세가 없거나, 있더라도 저세율이거나 조세상의 특수한 혜택이 제공되기 때문에 다국적기업에 의하여 조세회피의 수단으로 이용되는 국가 및 지역을 의미한다. 「국제조세조정에 관한 법률」상 조세피난처란 법인의 '실제발생소득'의 전부 또는 상당부분에 대하여 조세를 부과하지 아니하거나 그 '실제발생소득'에 대한 부담세액이 100분의 15 이하인 국가 또는 지역을 말한다(국조법 제17조 제1항). 조세피난처는 바하마, 버뮤다, 케이만제도 등 소득세가 없고 조세조약을 체결하고 있지 아니한 국가 또는 지역인 조세천국(tax paradises), 홍콩, 리베리아, 파나마 등 국외소득에 대하여 과세하지 않거나 저세율로 과세하는 국가 또는 지역인 조세회피처(tax shelters), 네덜란드, 룩셈부르크, 스위스 등 특정 기업이나 사업 또는 특정 소득에 조세상의 혜택을 제공하는 나라 또는 지역인 조세휴양지(tax resorts)로 분류된다.

이 방법은 다국적기업의 국내모회사 또는 국내자회사가 국외에서 벌어들인 소득을 국내로 유입시키지 아니하고 조세피난처에 소재하는 그 다국적기업의 외국자회사 또는 외국모회사에 유보하는 방법으로 한국에서의 조세를 회피하는 방법이다.

나. 조세피난처에 대한 국내 조세법상의 규제

「국제조세조정에 관한 법률」은 제27조에서 제34조까지에 걸쳐 조세피난처 과세제도를 두고 있다. 「국제조세조정에 관한 법률」은 제27조 제1항에서 "① 외

---

16) 혼성금융상품이란 자본과 부채의 성격을 동시에 갖고 있는 금융상품을 말한다.

국법인의 본점, 주사무소 또는 실질적 관리장소를 두고 있는 국가 또는 지역에서의 실제부담세액이 실제발생소득에 대한 한국 법인세 최고세율의 100분의 70 이하이고 ② 그 외국법인이 해당 법인에 출자한 내국인과 특수관계에 있는 경우에는, 그 외국법인의 각 사업연도 말 현재 배당가능한 유보소득 중 내국인에게 귀속될 금액은 내국인이 이를 배당받은 것으로 본다"라고 규정하고 있다. 그리고 이같은 조세피난처 과세제도의 적용대상 내국인은 특정외국법인의 각 사업연도 말 현재 발행주식의 총수 또는 출자총액의 10퍼센트 이상을 직접 또는 간접으로 보유한 자이다(국조법 제27조 제2항). 내국인이 외국신탁의 수익권을 직접 또는 간접으로 보유하고 있는 경우에는 신탁재산별로 각각을 하나의 외국법인으로 본다(국조법 제27조 제3항).

조세피난처 과세제도는 내국법인 등이 조세피난처에 명목상의 회사(paper company) 등을 설립하여 소득을 부당하게 유보하는 경우에 그 유보소득을 동 내국법인 등의 배당소득으로 보아 과세하는 것이고, 정상적인 해외진출기업의 적극적 사업활동을 통한 소득에 대해서는 적용되지 아니한다. 특정외국법인이 조세피난처에 사업을 위하여 필요한 사무소, 점포, 공장 등의 고정된 시설을 가지고 있고 그 시설을 통하여 실질적으로 사업을 영위하고 있는 경우에는 특정외국법인의 유보소득이 배당으로 간주되지 아니한다(국조법 제28조).

4. 조세조약의 남용

가. 조세회피행위의 내용

조세조약 남용이란 조세조약의 혜택을 받을 수 없는 제3국의 거주자가 탈법적인[17] 수단을 통하여 본래는 누릴 없는 조세조약의 혜택을 부당하게 누리려고 하는 행위를 말한다. 대표적인 예가 조약편승(treaty shopping)인데, 조약편승이란 2개국 간에 체결된 조세조약에서 규정하고 있는 혜택을 제3국의 거주자가 이용하

---

17) '탈법행위'란 강행법으로 금지된 내용을 형식적으로는 적법한 다른 수단을 통하여 달성하려는 행위를 말한다. 탈법행위는 위법행위와 구별된다. 위법행위란 법률질서에 위배되는 것으로 평가되는 행위를 말하는데, 형법에서의 범죄행위, 민법에서의 불법행위나 채무불이행 등이 위법행위에 해당한다.

는 것을 말한다. 다국적기업은 일반적으로 다음과 같은 두 가지 형태로 조약편승을 시도하고 있다.[18]

첫째는, 가장 기본적인 형태로, 다국적기업이 유리한 조약의 적용을 받을 수 있는 체약국에 자회사를 설립함으로써 그 체약국의 거주자로서의 지위를 향유하는 것이다. 조세조약에서 소득원천지국의 과세를 비과세 또는 저율과세하는 경우에도 그 소득에 대하여 거주지국이 국내조세법에 의하여 고율과세하는 경우에는 조세상의 혜택이 의미가 없게 된다. 따라서 어떤 국가 또는 지역이 조약편승의 대상국으로 이용되기 위해서는 진출하려는 국가와 조세조약이 유리하게 체결되어 있을 뿐만 아니라 해외원천소득에 대하여 저율과세하는 국가이어야 한다.

둘째는, 첫째 형태와 기본적인 틀은 같으나 조세피난처에 자회사를 하나 더 설립하고 그 조세피난처의 자회사로 소득을 이전하는 형태이다. 이 형태의 특징은 조세피난처에 자회사를 설립함으로써 조세피난처의 이점을 추가하는 것이다. 이러한 형태가 시도되는 것은 자회사를 설립하고자 하는 체약국이 조세피난처에 해당하면 다시 별도의 자회사를 설립할 필요가 없겠지만, 통상적으로 조세피난처와는 실익이 없어 조세조약을 체결하고 있지 않기 때문이다.

이 방법은 다국적기업의 외국모회사 또는 외국자회사가 한국에 투자하거나 한국기업과 거래하면서, 한국이 일방 체약당사국인 조세조약의 적용대상자가 아님에도 불구하고 탈법적으로 그 조세조약의 혜택을 향유하기 위하여 이용될 수 있는 조세회피의 방법이다.

나. 조세조약의 남용에 대한 조세조약상의 규제

조세조약은 국제적 이중과세를 조정함으로써 체약당사국 간에 재화·용역의 공급, 자본의 이동, 및 인적 교류를 촉진시키는 것을 목적으로 한다. 조세조약에서 어느 일방 체약당사국이 자국의 과세권을 포기하거나 축소하는 것은 그에 상응하는 이익이 타방 체약당사국에서 발생한다는 논리에 기초한 것이다. 조세조약은 상호 과세권의 제한을 감수하는 쌍방 체약당사국 또는 일방 체약당사국의 내국법인 또는 거주자에게만 적용되는 쌍무조약이기 때문에 제3국 거주자는 당해

---

18) 최성근, "OECD BEPS 프로젝트와 다국적기업 조세회피행위 규제의 입법방향", 앞의 논문, 62-63면.

조세조약의 혜택을 적용받을 자격이 없다. 조약편승은 위법한 행위는 아니지만 당해 조세조약을 체결한 당사국들의 의도와 달리 제3국의 거주자가 조약상의 조세혜택을 향유하기 위하여 체약당사국인 특정국가에 경제적 실체가 없는 회사를 설립하거나 거래를 위장하는 것이므로 조세조약 본래의 목적에 반한다.

종래 OECD 모델조약은 조세조약의 남용방지를 위하여 조세조약에 수익적 소유자(beneficial owner)에 대한 정의규정[19)20)]을 도입하거나, 주요목적기준(principal purpose test; PPT) 규정[21)] 또는 혜택제한(limitation on benefit; LOB) 규정[22)]과 같은 조세조약 '혜택제한의 방법'[23)]을 채택할 것을 권고하였다. 한국은 그간 체결한 조세조약에서 PPT규정을 채택하여 왔다. 수익적 소유자의 정의규정과 PPT규정 또는 LOB규정과 같은 '혜택제한의 방법'을 비교하면 명확성의 관점에서 혜택제한의 방법이 보다 바람직하다. 수익적 소유자의 정의는 아무리 신중을 기한다고 하더라도 추상적이거나 다의적으로 해석될 여지가 있고, 그런 이유에서 '혜택제한의 방법'이 입법상의 맹점(loophole)을 줄이는 데 보다 효과적일 것이기 때문이다. 나아가 PPT규정과 LOB규정 중에는, 납세자가 거래를 수행하는 주요목적이 특정한 조세조약상의 혜택을 적용받기 위한 것인 경우에는 해당 조세조약상

---

19) 1977년 OECD 모델조약에서는 이자·배당·사용료의 수익적 소유자가 체약당사국의 거주자인 경우에만 조세조약상의 제한세율이 적용되도록 규정하고 있다. '수익적 소유자'란 당해 소득의 실질적 소유자로서 경제적 소유자(economic owner)를 의미하고 법적 소유자(legal owner)에 반대되는 개념이다. 제3국 거주자가 제한세율의 적용을 받기 위하여 체약당사국에 대리인(agent) 또는 명의인(nominee)과 같은 중개자(intermediary)를 두고 그 중개자를 통하여 이자·배당·사용료를 수령하는 경우에는 그 중개자가 당해 소득의 실질적 수혜자가 아니므로 조세조약상의 제한세율을 적용받을 수 없다. OECD 모델조약의 주석에서는 특히 '기지회사'(base company)가 수익적 소유자가 될 수 있는지에 대해서는 체약당사국 간에 이견이 있을 수 있으므로 조세조약의 체결 시 이에 관한 특례규정을 둘 것을 권고하였다.
20) 대법원은 '수익적 소유자'의 개념을 OECD 모델조약과 같은 의미로 '당해 사용료 소득을 지급받은 자가 타인에게 이를 이전할 법적 또는 계약상의 의무 등이 없는 사용·수익권을 갖는 경우'라고 정의하고, 수익적 소유자와 실질과세원칙에 따른 실질귀속자는 별개의 개념이라는 취지로 판시한 바 있다, 대법원 2018. 11. 15. 선고 2017두33008 판결 참조.
21) PPT규정이란 주요목적을 기준으로 조세상의 혜택부여 여부를 판단하는 조세조약 남용방지 접근방법을 말한다.
22) LOB규정이란 객관적 요건을 충족하는 경우에만 혜택을 부여하는 조세조약 남용방지 접근방법을 말한다.
23) 1992년 OECD 모델조약에서는 조세조약의 남용방지를 위한 '혜택제한의 방법'을 예시하였다. 예시된 혜택제한의 방법은 PPT규정과 LOB규정을 비롯하여 투시접근방법(the look−through approach), 조세조약배제접근방법, 거주지국과세접근방법 및 수로접근방법(the channel approach)이다.

의 혜택을 부인하는 PPT규정이 조세조약의 남용을 차단하는 데 보다 적절하다. 왜냐하면 해당 체약당사국 거주자가 그 거주지국과의 연관성을 증명하는 특정한 요건을 충족하는 때에만 조세조약상의 혜택을 부여하도록 하는 LBO규정은 그 조사 및 집행이 용이하지 아니할 뿐만 아니라 본래 취지와 달리 면책조항으로 활용될 개연성이 있기 때문이다.[24]

다. 실질과세원칙의 조세조약에 대한 적용

실질과세원칙의 조세조약 적용에 대해서는 적용긍정설과 적용부정설로 견해가 나뉜다. 적용긍정설은 국내 조세법에 규정하고 있는 실질과세원칙 등 조세조약 남용방지규정은 조세조약과 서로 상치되지 않으며 이러한 규정의 적용은 조세조약에 의하여 영향을 받지 않는다는 견해이다. 이에 대해 적용부정설은 조약이 국내법과는 달리 상대방 국가가 있기 때문에 국내 조세법에서 규정하고 있는 실질과세원칙을 조세조약에 우선시킬 수 없다는 입장이다. 판례는 적용긍정설의 입장이다.[25]

[관련판례] 조세조약과 실질과세원칙

1. 실질과세원칙으로 조세조약의 적용 배제 가능 여부 – 대법원 2012. 4. 26. 선고 2010두11948 판결
2. 조세조약상 수익적 소유자와 국내 조세법의 실질과세원칙상 실질귀속자의 구분 – 대법원 2018. 11. 29. 선고 2018두38376 판결 * 파기환송

---

1. 실질과세원칙으로 조세조약의 적용 배제 가능 여부 – 대법원 2012. 4. 26. 선고 2010두11948 판결

(1) 사실관계

영국의 유한파트너십(limited partnership)인 원고 1과 원고 2는 한국 내 부동산에 대한 투자를 위하여 설립되었고, 벨기에 법인에 귀속되는 한국 내 주식의 양

---

24) 최성근, "OECD BEPS 프로젝트와 다국적기업 조세회피행위 규제의 입법방향", 앞의 논문, 64면.

25) 대법원 2012. 4. 26. 선고 2010두11948 판결 등 참조.

도소득에 대하여는 한국 정부가 과세할 수 없다는「대한민국과 벨지움간의 소득에 대한 조세의 이중과세회피와 탈세방지를 위한 협약」제13조 제3항을 적용받을 목적으로 그들이 룩셈부르크에 설립한 법인들을 통하여 벨기에 법인들을 설립하였다. 이러한 벨기에 법인들은 2002. 2. 1. '자산유동화에 관한 법률'에 의하여 설립된 노스게이트사의 발행주식 전부를 47억 원에 인수한 다음 노스게이트사를 주체로 내세워 서울 소재 빌딩을 매수하여 보유하던 중, 2004. 9. 9. 이 사건 주식을 영국법인인 푸르덴셜사에 430억 원에 매각함으로써 양도소득을 얻었다.

이 사건 주식의 인수대금과 부동산의 매수대금은 모두 원고들이 위 벨기에 법인들의 이름으로 지급하였고 이 사건 주식의 인수와 양도, 부동산의 매수 등 전 과정을 원고들과 그들의 투자자문사가 주도적으로 담당하였다. 이 사건 주식의 양수인인 푸르덴셜사는 한·벨 조세조약 제13조 제3항에 의하여 주식양도로 인한 소득은 양도인의 거주지국에서만 과세되도록 규정되어 있다는 이유로 위 벨기에 법인들에 대한 주식양도대금의 지급 시 양도소득에 대한 법인세를 원천징수하지 아니하였다.

이에 대해 피고는 2006. 12. 18. 위 벨기에 법인들은 조세회피 목적을 위해 설립된 명목상의 회사에 불과하여 이 사건 양도소득의 실질적인 귀속자가 될 수 없고 영국법인인 원고들이 그 실질적인 귀속자이며, 그들에게는 한·벨 조세조약 제13조 제3항이 적용될 수 없다는 이유로 이 사건 양도소득에 대한 법인세로 원고 1에 대하여 76억 원을, 원고 2에 대하여 27억 원을 각각 부과하는 처분을 하였다.

〈쟁점〉
- 국세기본법 제14조 제1항에서 정한 실질귀속자 과세의 원칙을 법률과 같은 효력을 갖는 조세조약의 해석과 적용에도 그대로 적용할 것인지 여부
- 이 사건 주식 양도소득의 실질귀속자를 원고들로 보는 경우, 한·벨 조세조약 제23조에 정한 무차별원칙을 위반하는지 여부

(2) 판결내용
"구 국세기본법(2007. 12. 31. 개정 전) 제14조 제1항에서 규정하는 실질과세의 원칙은 소득이나 수익, 재산, 거래 등의 과세대상에 관하여 귀속 명의와 달리 실질적으로 귀속되는 자가 따로 있는 경우에는 형식이나 외관을 이유로 귀속 명의자를 납세의무자로 삼을 것이 아니라 실질적으로 귀속되는 자를 납세의무자로 삼겠다는 것이므로, 재산의 귀속 명의자는 이를 지배·관리할 능력이 없고, 명의자에 대한 지배권 등을 통하여 실질적으로 이를 지배·관리하는 자가 따로 있으며, 그와 같은 명의와 실질의 괴리가 조세를 회피할 목적에서 비롯된 경우에는 그 재산에

관한 소득은 재산을 실질적으로 지배·관리하는 자에게 귀속된 것으로 보아 그를 납세의무자로 삼아야 할 것이고, 이러한 원칙은 법률과 같은 효력을 가지는 조세조약의 해석과 적용에 있어서도 이를 배제하는 특별한 규정이 없는 한 그대로 적용된다고 할 것이다."

"영국의 유한파트너십(limited partnership)인 甲 등이 벨기에 법인 乙 등을 통해 국내 부동산에 투자하여 양도소득이 발생하였는데 과세관청이 甲 등을 양도소득의 귀속자로 보아 구 법인세법(2008. 12. 26. 개정 전) 제93조 제7호 등에 따라 법인세 부과처분을 한 사안에서, 조세조약상 무차별원칙이란 과세를 함에 있어 국적에 근거한 차별이 금지되며 상호주의에 따라 일방 체약국 국민은 다른 국가에서 같은 상황에 처한 다른 국가의 국민보다 더 불리한 대우를 받지 않는다는 것으로서, 이 원칙이 적용되기 위해서는 일방 체약국 내에서 국민과 외국인이 동일한 상황하에 있어야 한다는 점이 충족되어야 한다고 전제한 다음, 벨기에 법인 乙 등과 같이 조세조약의 남용을 통하여 한국 내 원천소득에 관한 조세회피를 목적으로 하는 법인들과 그와 같은 조세회피의 목적 없이 소득의 귀속자로서 과세의 대상이 되는 국내의 자산유동화회사는 동일한 상황하에 놓여 있다고 볼 수 없으므로, 벨기에 법인 乙 등을 양도소득의 귀속자로 보지 아니하고 甲 등을 실질적 귀속자로 본다고 해서 조세조약상 무차별원칙에 반한다고 할 수 없다고 본 원심판단을 수긍한다."

2. 조세조약상 수익적 소유자와 국내 조세법의 실질과세원칙상 실질귀속자의 구분 – 대법원 2018. 11. 29. 선고 2018두38376 판결 * 파기환송

(1) 사실관계

원고(甲)는 그 지분의 50%를 보유하고 있는 헝가리 소재 법인(乙)에 배당금을 지급하면서 한국과 헝가리 간 조세조약에 따라 5%의 제한세율에 따른 원천징수하여 납부하였다.

이에 대해 피고는 위 회사들이 속한 다국적기업 그룹의 모회사인 미국 소재 법인(丙)이 배당소득의 실질적인 귀속자라고 보아 한국과 미국 간의 조세조약에 따라 15%의 제한세율을 적용하여 원고에게 원천징수하여야 할 법인세를 경정하여 고지하였다.

〈쟁점〉
– '대한민국 정부와 헝가리 인민공화국 정부 간의 소득에 대한 조세의 이중과

세회피와 탈세방지를 위한 협약' 제10조 제2항 (가)목에서 정한 '수익적 소
유자'의 의미 및 이에 해당하는지 판단하는 기준
- 배당 소득의 수익적 소유자에 해당하더라도 국세기본법상 실질과세의 원칙
에 따라 조약 남용으로 인정되는 경우 조세조약 적용을 부인할 수 있는지
여부

(2) 판결내용

"'대한민국 정부와 헝가리 인민공화국 정부 간의 소득에 대한 조세의 이중과세
회피와 탈세방지를 위한 협약' 제10조 제2항 (가)목은 수령인이 상대방 국가의 거
주자인 수익적 소유자로서, 배당을 지급하는 법인의 지분 25% 이상을 직접 소유
하는 법인인 경우에는 배당에 대한 원천지국 과세가 총 배당액의 5%를 초과할 수
없도록 규정하고 있다. 이에 따라 우리나라 법인이 헝가리의 수익적 소유자인 법
인주주에게 배당금을 지급하는 경우에는 위 지분 조건 등을 충족하면 배당 소득에
대한 우리나라의 원천징수 법인세는 법인세법 규정에 불구하고 최대 5% 세율로
제한된다. 위 조약 규정의 도입 연혁과 문맥 등을 종합할 때, 수익적 소유자는 당
해 배당 소득을 지급 받은 자가 타인에게 이를 다시 이전할 법적 또는 계약상의
의무 등이 없는 사용·수익권을 갖는 경우를 뜻한다. 이러한 수익적 소유자에 해당
하는지는 해당 소득에 관련된 사업활동의 내용과 현황, 소득의 실제 사용과 운용
내역 등 제반 사정을 종합하여 판단하여야 한다.

한편 국세기본법 제14조 제1항에서 규정하는 실질과세의 원칙은 법률과 같은
효력을 가지는 조세조약의 해석과 적용에 있어서도 이를 배제하는 특별한 규정이
없는 한 그대로 적용된다. 그러므로 배당소득의 수익적 소유자에 해당한다고 할지
라도 국세기본법상 실질과세의 원칙에 따라 조약 남용으로 인정되는 경우에는 그
적용을 부인할 수 있다. 즉, 재산의 귀속명의자는 재산을 지배·관리할 능력이 없
고 명의자에 대한 지배권 등을 통하여 실질적으로 이를 지배·관리하는 자가 따로
있으며 그와 같은 명의와 실질의 괴리가 조세를 회피할 목적에서 비롯된 경우에는
명의에 따른 조세조약 적용을 부인하고 재산에 관한 소득은 재산을 실질적으로 지
배·관리하는 자에게 귀속된 것으로 보아 과세한다. 그러나 그러한 명의와 실질의
괴리가 없는 경우에는 소득의귀속명의자에게 소득이 귀속된다."

"乙회사의 설립 경위, 사업활동 현황, 배당소득이 실제 사용된 지출처 및 자금
운용 내역, 乙회사가 배당을 실시한 적이 없고 丙회사에 이전된 금액도 없는 점
을 비롯한 사용·수익 관계 등 제반 사정들을 종합할 때, 乙회사는 배당소득을 丙
회사 등 타인에게 이전할 법적 또는 계약상의 의무를 부담한 바 없이 그에 대한
사용·수익권을 향유하고 있었다고 보이므로, 한·헝가리 조세조약의 거주자로서

위 조약 제10조 제2항에서 말하는 배당소득의 수익적 소유자에 해당한다고 볼 여지가 충분하고, 乙회사의 설립 경위, 중간지주회사 겸 공동서비스센터로서 사업연혁과 사업부문 구성 및 활동, 임직원 고용과 관리를 비롯한 인적·물적 설비의 현황, 甲회사를 비롯한 자회사들에 대한 주주로서 권한 행사, 증자 대금의 출처, 지분 관리와 배당금 수령, 자금 사용과 투자 내역 등을 비롯한 배당 소득의 지배·관리·처분 내역 등을 종합하여 보면, 乙회사는 위 다국적기업그룹의 전 세계적 구조개편이라는 독립된 사업목적에 따라 헝가리에서 설립되어 오랜 기간 정상적으로 중간지주회사 및 공동서비스센터로서 역할과 업무를 수행하는 충분한 실체를 갖춘 법인으로서, 다른 보유 자산들과 마찬가지로 甲회사에 대한 지분과 그에 따른 배당소득을 실질적으로 지배·관리하였다고 봄이 타당하므로, 국세기본법 제14조 제1항의 실질과세원칙에 의하더라도 배당소득에 대하여 한·헝가리 조세조약 적용을 부인할 수 없는데도, 조세절감의 측면 등만을 들어 배당소득의 실질귀속자가 丙회사라고 보아 위처분이 적법하다고 본 원심판단에 법리오해의 잘못이 있다."

5. 고정사업장의 구성 회피

가. 조세회피행위의 내용

고정사업장(permanent establishment; PE)이란 외국법인이 사업의 전부 또는 일부를 수행하는 고정된 사업장소를 말하고(법법 제94조 제1항 참조), 국내에 고정사업장를 두고 있는지 여부에 따라 외국법인의 국내원천 사업소득에 대한 과세방법이 달라진다. 외국법인이 국내에 고정사업장을 두고 있다면 그 고정사업장에 귀속되는 국내원천 사업소득에 대하여 법인세 신고·납부의무가 있고, 고정사업장을 두고 있지 않다면 지급자가 원천징수하는 방식으로 외국법인의 국내원천 사업소득에 대한 과세가 이루어진다. 법인세법은 '국내사업장'이라는 용어를 사용하고 있다.

한국과 조세조약을 체결한 국가의 법인은 국내에서 사업을 영위하여 발생한 국내원천 사업소득에 대하여, 국내에 고정사업장을 가지고 있으면 그 고정사업장에 귀속되는 사업소득에 대하여 과세되고 국내에 고정사업장이 없으면 국내에서 과세되지 아니한다. 이에 대해 한국과 조세조약이 체결되어 있지 아니한 국가의 법인은 국내에서 사업을 영위하여 발생한 국내원천 사업소득에 대하여 국내에 고정사업장이 없더라고 원천징수 과세된다.

국내에 외국법인의 고정사업장이 존재한다고 하기 위하여는, 외국법인이 '① 처분권한 또는 사용권한'을 가지는 국내의 건물, 시설 또는 장치 등의 '② 사업상의 고정된 장소'를 통하여 외국법인의 직원 또는 그 지시를 받는 자가 예비적이거나 보조적인 사업활동이 아닌 '③ 본질적이고 중요한 사업활동'을 수행하여야 한다.[26] 여기에서 '본질적이고 중요한 사업활동'인지 여부는 그 사업활동의 성격과 규모, 전체 사업활동에서 차지하는 비중과 역할 등을 종합적으로 고려하여 판단하여야 한다. 법인세법은 제94조 제2항에서 '다음 각 호의 어느 하나에 해당하는 장소를 포함하는 것으로 한다'라고 규정하면서, ① 지점, 사무소 또는 영업소, ② 상점, 그 밖의 고정된 판매장소, ③ 작업장, 공장 또는 창고 등을 예시하고 있다.

다국적기업이 고정사업장 구성을 남용하여 조세를 회피하는 경우가 있다. 예를 들면, 다국적기업의 한국 현지법인이 한국에서 판매업을 영위하는데, 그 활동방식이 독립된 현지법인이라기보다는 모회사의 지점과 같이 활동하는 경우이다. 보다 구체적으로는, 판매업을 영위하는 현지법인이 형식상 모든 회계처리가 독립적으로 이루어지고 중개상과 같이 수수료 수입만 있다고 신고하였는데, 실제의 내용을 보면 모회사의 지점과 같이 계약체결권한을 갖고 대리인 역할을 하는 경우이다.

나. 고정사업장에 대한 국내 조세법상 규제

다국적기업의 고정사업장 구성 남용에 의한 조세회피는 법인세법에서 간주고정사업장제도를 통하여 규제되고 있다(법법 제94조 제3항 및 동법 령 제133조). 한국에 진출한 다국적기업이 현지법인의 형태를 취하고 있으나 사실상 모회사의 지점과 같이 영업활동을 한다면, 이러한 현지법인은 외국모회사의 고정사업장을 둔 것으로 보아 그 이익에 대하여 법인세를 과세한다는 것이 간주고정사업장제도의 취지이다. 한국이 체결한 조세조약과 법인세법은 종속대리인, 즉 체약대리인[27]

---

26) 대법원 2011. 4. 28. 선고 2009두19229, 19236 판결.

27) 체약대리인이라 함은 현지법인으로서 모회사를 위하여 계약을 체결할 권한을 위임받고 그 권한을 반복적으로 행사하는 자를 말한다. 여기에서 계약체결권한을 위임받았다고 판단하기 위해서는 계약내용의 중요한 부분, 즉 가격결정권 등을 현지법인이 독자적으로 결정할 수 있는 권한을

682   제 2 편   조세법각론

등을 두고 영업행위를 한 경우 고정사업장을 구성하는 것으로 보아 과세하도록 규정하고 있다.

법인세법은 간주고정사업장으로 보는 종속대리인 등의 범위를 '① 국내에서 그 외국법인을 위하여 i. 외국법인 명의의 계약, ii. 외국법인이 소유하는 자산의 소유권 이전 또는 소유권이나 사용권을 갖는 자산의 사용권 허락을 위한 계약, 또는 iii. 외국법인의 용역제공을 위한 계약을 체결할 권한을 가지고 그 권한을 반복적으로 행사하는 자, 또는 ② 국내에서 그 외국법인을 위하여 외국법인 명의 계약등을 체결할 권한을 가지고 있지 아니하더라도 계약을 체결하는 과정에서 중요한 역할(외국법인이 계약의 중요사항을 변경하지 아니하고 계약을 체결하는 경우로 한정)을 반복적으로 수행하는 자'로 규정하고 있다(법법 제94조 제3항 각 호).

또한 법인세법 제94조 제3항 본문 규정에 의한 위임을 받은 동법 시행령 제133조 제1항은 동법 종속대리인 등 외에도 ① 외국법인의 자산을 상시 보관하고 관례적으로 이를 배달 또는 인도하는 자, ② 중개인·일반위탁매매인 기타 독립적 지위의 대리인으로서 주로 특정 외국법인만을 위하여 계약체결 등 사업의 중요부분에 대한 행위를 하는 자, 및 ③ 보험사업을 영위하는 외국법인을 위하여 보험료를 징수하거나 국내소재 피보험물에 대한 보험을 인수하는 자를 간주고정사업장으로 열거하고 있다.

한편 법인세법은 고정사업장에서 배제되는 특정 활동 장소를 규정하고 있는데, ① 외국법인이 자산의 단순한 구입만을 위하여 사용하는 일정한 장소, ② 외국법인이 판매를 목적으로 하지 아니하는 자산의 저장이나 보관만을 위하여 사용하는 일정한 장소, ③ 외국법인이 광고, 선전, 정보의 수집 및 제공, 시장조사, 그 밖에 이와 유사한 활동만을 위하여 사용하는 일정한 장소, 및 ④ 외국법인이 자기의 자산을 타인으로 하여금 가공하게 할 목적으로만 사용하는 일정한 장소가 그것이다(법법 제94조 제4항).

그러나 다음의 경우에는 고정사업장에 포함되도록 하는 예외규정을 두고 있다(법법 제94조 제5항).

① 외국법인 또는 특수관계가 있는 외국법인(비거주자 포함)이 특정 활동 장

위임받았다고 인정할 수 있어야 할 것이다.

소와 같은 장소 또는 국내의 다른 장소에서 사업을 수행하고, 특정 활동 장소와 같은 장소 또는 국내의 다른 장소에 해당 외국법인 또는 특수관계가 있는 자의 국내사업장이 존재하며, 특정 활동 장소에서 수행하는 활동과 그 국내사업장에서 수행하는 활동이 상호 보완적인 경우

② 외국법인 또는 특수관계가 있는 자가 특정 활동 장소와 같은 장소 또는 국내의 다른 장소에서 상호 보완적인 활동을 수행하고 각각의 활동을 결합한 전체적인 활동이 외국법인 또는 특수관계가 있는 자의 사업 활동에 비추어 예비적 또는 보조적인 성격을 가진 활동에 해당하지 아니하는 경우

[관련판례] 고정사업장

1. 조세조약상 외국법인 고정사업장의 구성요건 – 대법원 2011. 4. 28. 선고 2009두19229, 19236 판결
2. '실질적 관리장소'의 의미 및 판단방법과 고정사업장의 판단기준 – 대법원 2016. 1. 14. 선고 2014두8896 판결

1. 조세조약상 외국법인 고정사업장의 구성요건 – 대법원 2011. 4. 28. 선고 2009두19229, 19236 판결

(1) 사실관계[28]

미국법인인 블룸버그 유한파트너쉽(BLP)은 세계 각국의 정보수집요원들이 각국의 금융정보 등을 수집하여 BLP의 미국 본사에 송부하면 그 정보의 정확성을 검증한 후 이를 가공, 분석하여 데이터베이스로 그 미국 본사의 서버에 저장한 다음, 전세계의 고객들에게 이들 금융정보를 노드장비와 고객수신장비를 통하여 전자적인 방식으로 제공, 판매하는 서비스업을 영위하였다. 원고는 BLP의 한국 자회사로서 BLP에게 한국에서 금융정보 등을 수집하여 전달하고 노드장비와 고객수신장비의 설치 및 유지관리 용역을 제공하면서 그 대가를 지급받았는데, 그 중 장비관리 용역은 내국법인(甲)에게 하도급을 주어 甲이 자신의 사업장에 설치된 노드장비 및 한국 고객들의 사무실에 소재한 고객수신장비를 관리하였다. 한편 BLP의 해외지점 직원들은 한국을 방문하여 고객들의 사무실에서 서비스의 판촉활동을

---

28) 백제흠, '대법원 2011. 4. 28 선고 2009두19229 판결' 평석, 법률신문, 2012. 3. 26. 참조.

하면서 정보이용료 등의 계약조건을 안내해 주고, 원고의 사무실에서 한국 고객들에게 수신장비의 사용법 등에 대한 교육활동을 하였다.

BLP는 한미 조세조약상 국내에 고정사업장이 존재하지 아니한다고 보아 한미조세조약 제8조에 따라 한국 고객들의 서비스 대가에 대하여 법인세를 신고·납부하지 않았고, 부가가치세는 한국 고객들이 부가가치세법 제34조에 따라 대리납부 방식으로 납부하였다. 원고는 BLP로부터 지급받은 용역대가에 대하여 법인세를 신고, 납부하였으나, 부가가치세는 부가가치세법 제11조에 따른 외화획득용역으로서 영세율 적용대상이 된다고 보아 이를 납부하지 않았다. 甲은 원고로부터 수취한 용역대가에 대하여 법인세와 부가가치세를 신고, 납부하였다.

이에 대해 피고는 BLP이 원고, 甲, 해외지점의 직원 등을 통하여 국내에서 본질적이고 중요한 사업활동을 수행하였으므로, 노드장비와 고객수신장비 소재지나 원고의 사무실에 고정사업장을 두고 있는 것이고, 그 고정사업장을 통해서 서비스를 제공하였다고 판단하였다. 이를 전제로 피고는 위 고정사업장에 귀속되는 국내 소득의 상당 부분에 대한 법인세와 부가가치세를 신고, 납부하지 않았다고 하면서 법인세와 부가가치세를 과세하였다. 또한 피고는 원고, 甲 등에 대해서도 장비관리 용역 등을 실질적으로 BLP의 미국 본사가 아니라 위 고정사업장에 제공하였다는 이유로 위 영세율의 적용을 배제하고 부가가치세를 과세하였다.

〈쟁점〉
국내에 미국법인의 고정사업장이 존재한다고 인정하기 위한 판단기준

(2) 판결내용
"대한민국과 미합중국 간의 소득에 관한 조세의 이중과세 회피와 탈세방지 및 국제무역과 투자의 증진을 위한 협약 제8조 제1항은 "일방 체약국 거주자의 산업상 또는 상업상 이윤은, 그 거주자가 타방 체약국에 소재하는 고정사업장을 통하여 동 타방 체약국 내에서 산업상 또는 상업상의 활동에 종사하지 아니하는 한, 동 타방 체약국에 의한 조세로부터 면제된다"고 규정하면서, 제9조 제1항에서 "이 협약의 목적상 '고정사업장'이라 함은 어느 체약국의 거주자가 산업상 또는 상업의 활동에 종사하는 사업상의 고정된 장소를 의미한다"고 정의하고 있다. 한편 한미 조세협약 제9조 제3항은 "고정사업장에는 다음의 어느 하나 또는 그 이상의 목적만을 위하여 사용되는 사업상의 고정된 장소가 포함되지 아니한다"고 규정하면서, (a)목에서 '거주자에 속하는 재화 또는 상품의 보관, 전시 또는 인도를 위한 시설의 사용'을, (e)목에서 '거주자를 위한 광고, 정보의 제공, 과학적 조사 또는 예비적 또는 보조적 성격을 가지는 유사한 활동을 위한 사업상의 고정된 장소의 보유'

를 들고 있다.

위 각 규정의 문언 내용 및 그 취지 등에 비추어 보면, 국내에 미국법인의 고정사업장이 존재한다고 하기 위하여는, 미국법인이 '처분권한 또는 사용권한'을 가지는 국내의 건물, 시설 또는 장치 등의 '사업상의 고정된 장소'를 통하여 미국법인의 직원 또는 그 지시를 받는 자가 예비적이거나 보조적이 사업활동이 아닌 '본질적이고 중요한 사업활동'을 수행하여야 한다고 할 것이며, 여기서 '본질적이고 중요한 사업활동'이지 여부는 그 사업활동의 성격과 규모, 전체 사업활동에서 차지하는 비중과 역할 등을 종합적으로 고려하여 판단하여야 한다."

"블룸버그 리미티드 파트너쉽(이하 '비엘피'라 한다)의 사업활동은 세계 각국의 정보수 집요원들이 각국의 금융정보 등을 수집하여 비엘피의 미국 본사에 송부하면, 비엘피의 미국 본사가 그 정보의 정확성을 검증한 후 이를 가공·분석하여 미국에 소재하는 주컴퓨터에 입력하고, 그 정보에 대한 판매계약을 체결하여, 주컴퓨터에 입력된 정보를 노드 장비와 블룸버그 수신기 등을 통하여 고객에게 전달하는 과정으로 이루어지는 만큼, 그 중 가장 본질적인 부분은 정보를 수집하고 이를 가공·분석하여 그 부가가치를 극대화하는 부분과 이를 판매하는 부분이다.

국내에 설치되어 있는 이 사건 노드 장비는 미국의 주컴퓨터로부터 가공·분석된 정보를 수신하여 고객에게 전달하는 장치에 불과한 점, 이 사건 블룸버그 수신기의 주된 기능은 비엘피로부터 송부된 정보를 수신하는 장비인 점 등 에 비추어 비엘피가 위 각 장비를 통하여 국내에서 수행하는 활동은 비엘피의 전체 사업활동 중 본질적이고 중요한 부분을 구성한다고 볼 수 없으므로 이 사건 노드 장비와 블룸버 그 수신기 소재지에 비엘피의 고정사업장이 존재한다고 할 수 없고, 나아가 비엘피 홍콩지 점의 한국담당 직원들이 한국을 방문하여 고객의 사무실 등에서 비엘피가 제공하는 서비스에 대한 광고·선전 등과 같은 판촉활동을 하며 정보이용료 등의 계약조건을 안내해 주고, 비엘피의 자회사인 원고의 사무실에서 고객에게 장비사용법 등에 관한 교육훈련을 실시한 것 역시 비엘피의 본질적이고 중요한 사업활동으로 볼 수 없으므로 그 곳에도 비엘피의 고정사업장이 존재한다고 할 수 없으며, 노드 장비와 블룸버그 수신기를 통하여 수행되는 정보의 전달, 비엘피 홍콩지점 영업직원들에 의하여 원고 사무실 등에서 이루어지는 판촉 및 교육활동 등을 모두 결합한다고 하더라도, 이를 비엘피 사업의 본질적이고 중요한 사업활동에 해당한다고 할 수 없어 이 점에서도 비엘피의 국내 고정사업장이 존재한다고 볼 수 없다."

2. '실질적 관리장소'의 의미 및 판단방법과 고정사업장의 판단기준 – 대법원 2016. 1. 14. 선고 2014두8896 판결

(1) 사실관계

원고는 2000. 3. 2. 싱가포르 회사법에 따라 설립되어 싱가포르에 본점을 둔 법인이다. 원고는 설립 이후 2008년경까지는 주로 싱가포르 내의 호텔에 인터넷 서비스를 제공하는 사업을 영위하였고 2009년에는 케냐에서의 에너지사업, 미국과 싱가포르에서의 부동산투자 사업 등을 추진하였다. 원고는 크레딧스위스 홍콩지점으로부터 한국 회사가 발행한 사채(CS채권)을 매수하고 국내에서 이를 상환받아 2000 사업연도에 소득을 얻었다.

이에 대해 피고는 원고가 구 법인세법 제1조 제1호가 정한 '국내에 실질적 관리장소를 둔 내국법인'이라는 이유로, 원고에 대하여 CS채권의 회수에 따른 소득에 관한 법인세를 부과하였다. 피고는 항소심에 이르러 설령 원고가 내국법인이 아니더라도 원고가 국내에 고정사업장을 두고 영업을 하는 외국법인에 해당하고, '국내 고정사업장에 귀속된 소득에 대한 법인세액이 이 사건 처분에 의한 부과세액을 초과하므로 결국 이 사건 처분이 적법하다는 예비적 처분사유를 추가하였다.

〈쟁점〉
- 내국법인 여부: 내국법인과 외국법인을 구분하는 기준의 하나인 구 법인세법 제1조 제1호, 제3호에서 정한 '실질적 관리장소'의 의미 및 판단 방법. 실질적 관리장소를 외국에 두고 있던 법인이 국내에서 단기간 사업활동의 세부적인 집행행위만을 수행한 경우, 법인이 실질적 관리장소를 국내로 이전하였다고 볼 수 있는지 여부
- 고정사업장 유무: 국내에 싱가포르법인의 고정사업장이 존재한다고 하기 위한 요건과 싱가포르법인이 종속대리인을 통하여 국내에 고정사업장을 가지고 있다고 하기 위한 요건 및 이 때 '본질적이고 중요한 사업활동'인지 판단하는 방법. 싱가포르법인이 국내의 고정된 장소나 대리인을 통하여 국내에서 수행하는 사업활동이 예비적이거나 보조적인 것에 불과한 경우, 싱가포르법인이 국내에 고정사업장이나 종속대리인을 통하여 간주고정사업장을 둔 것으로 볼 수 있는지 여부

(2) 판결내용

"구 법인세법 제2조 제1항 등은 내국법인과 달리 외국법인은 원칙적으로 국내 원천소득에 대하여만 법인세 납세의무를 지는 것으로 정하고 있는데, 제1조 제1호

는 "'내국법인'이라 함은 국내에 본점이나 주사무소 또는 사업의 실질적 관리장소를 둔 법인을 말한다"라고 규정하고, 제3호는 "'외국법인'이라 함은 외국에 본점 또는 주사무소를 둔 법인(국내에 사업의 실질적 관리장소가 소재하지 아니하는 경우에 한함)을 말한다"라고 규정하고 있다.

내국법인과 외국법인을 구분하는 기준의 하나인 '실질적 관리장소'란 법인의 사업 수행에 필요한 중요한 관리 및 상업적 결정이 실제로 이루어지는 장소를 뜻하고, 법인의 사업수행에 필요한 중요한 관리 및 상업적 결정이란 법인의 장기적인 경영전략, 기본정책, 기업재무와 투자, 주요 재산의 관리·처분, 핵심적인 소득창출 활동 등을 결정하고 관리하는 것을 말한다. 법인의 실질적 관리장소가 어디인지는 이사회 또는 그에 상당하는 의사결정기관의 회의가 통상 개최되는 장소, 최고경영자 및 다른 중요 임원들이 통상 업무를 수행하는 장소, 고위 관리자의 일상적 관리가 수행되는 장소, 회계서류가 일상적으로 기록·보관되는 장소 등의 제반 사정을 종합적으로 고려하여 구체적 사안에 따라 개별적으로 판단하여야 한다. 다만, 법인의 실질적 관리장소는 결정·관리행위의 특성에 비추어 어느 정도의 시간적·장소적 지속성을 갖출 것이 요구되므로, 실질적 관리장소를 외국에 두고 있던 법인이 이미 국외에서 전체적인 사업활동의 기본적인 계획을 수립·결정하고 국내에서 단기간 사업활동의 세부적인 집행행위만을 수행하였다면 종전 실질적 관리장소와 법인 사이의 관련성이 단절된 것으로 보이는 등의 특별한 사정이 없는 한 법인이 실질적 관리장소를 국내로 이전하였다고 쉽사리 단정할 것은 아니다."

"국내에 싱가포르법인의 고정사업장이 존재한다고 하기 위해서는, 싱가포르법인이 처분권한 또는 사용권한을 가지는 국내의 건물,시설 또는 장치 등의 사업상의 고정된 장소를 통하여 싱가포르법인의 직원 또는 지시를 받는 자가 예비적이거나 보조적인 사업활동이 아닌 본질적이고 중요한 사업활동을 수행하여야 하고, 싱가포르법인이 종속대리인을 통해 국내에 고정사업장을 가지고 있다고 하기 위해서는, 대리인이 상시로 계약체결권을 행사하여야 하고 권한도 예비적이거나 보조적인 것을 넘어 사업활동에 본질적이고 중요한 것이어야 한다. 여기서 '본질적이고 중요한 사업활동'인지는 사업활동의 성격과 규모, 전체 사업활동에서 차지하는 비중과 역할 등을 종합적으로 고려하여 판단하여야 한다. 따라서 싱가포르법인이 국내의 고정된 장소나 대리인을 통하여 국내에서 수행하는 사업활동이 본질적이고 중요한 것이 아니라 예비적이거나 보조적인 것에 불과하다면, 싱가포르법인은 국내에 고정사업장이나 종속대리인을 통하여 간주고정사업장을 둔 것으로 볼 수 없다."

IV. 다국적기업의 조세회피에 대한 대응 - OECD BEPS 프로젝트와 디지털세 필라 1, 2

1. 개요

　　모든 국가에서 예외 없이 사회·복지분야에 대한 재정수요가 증가하고 있고, 대부분의 국가가 만성적인 재정적자를 기록하고 있다. 다국적기업들은 공통적인 풀(pool)에서 자본, 경영 및 기술 자원을 공급받는 현지법인 기타 실체를 세계 각국에 두면서 다양한 방법으로 납세의무의 성립을 회피하여 조세부담을 줄이고 있고 그 회피의 규모가 날로 커지고 있다.[29] 다국적 기업이 조세부담을 줄이는 방법으로 탈세도 상정할 수 있지만 주로 문제가 되는 것은 그 발견과 추징이 상대적으로 어려운 조세회피이다.

　　종래의 다국적기업 조세회피는 주로 국제투자와 유형재화의 국제거래로부터 발생하는 소득에 대하여 시도되었다. 이러한 다국적기업의 조세회피에 대하여 각국은 세수증대와 조세부담의 형평성이라는 관점에서 국내조세법과 조세조약을 통하여 규제하여 왔고, OECD의 모델조약,[30] 이전가격세제 가이드라인[31] 등을 통하여 그 방지와 규제를 위한 국제공조를 계속하여 왔다. 최근 들어 디지털경제가 전개되면서 다국적기업의 조세회피 양상이 달라짐에 따라 그 폐해의 심각성이 부각되었고, 각국은 종래의 조세회피 규제체계로는 이에 대응하기 역부족이라는데 인식을 같이하게 되었다.

---

29) OECD의 발표에 의하면 다국적기업이 이러한 방법으로 회피한 조세가 한 해 미화 1,000~2,400억 달러로 추정된다고 한다, OECD, BACKGROUND BRIEF Inclusive Framework on BEPS, 2017, p.9.

30) OECD 모델조약(OECD Model Tax Convention)은 국가 간의 이중과세를 조정하고 조세회피를 방지하기 위하여 1963년 제정되었고, 최근 2017.11. 개정에 이르기까지 여러 차례 개정되면서 전세계적으로 조세조약 체결의 기준이 되고 있다.

31) OECD 이전가격세제 가이드라인(Transfer Pricing Guidelines for Multinational Enterprises and Tax Administrations)은 국제거래에서 특수관계인 간 이전가격의 조작을 통한 소득이전을 방지하기 위하여 1979년 제정되었고, 제정 이후 현재에 이르기까지 여러 차례 개정되면서 정상가격원칙의 적용에 관한 지침으로서 중요한 역할을 하고 있다. '정상가격원칙'이란 독립기업 간에 적용되는 거래가격(arm's length price)이 계열사 간 유사한 조건의 거래에도 적용되도록 하는 원칙이다.

디지털경제란 정보통신기술(information and communication technology; ICT)에 기반을 둔 경제를 말한다. 경제 자체가 빠른 속도로 디지털화되어 가고 있고, 현재까지 출현한 디지털경제의 사업모델로는 전자상거래, 앱스토어, 온라인광고, 클라우드 컴퓨팅, 네트워크 플랫폼, 고속거래(high speed trading), 온라인지급시스템 등을 들 수 있다.[32] 디지털경제의 특징은 거래의 대상인 자산에 형태가 없는 경우도 있고, 막대한 비용이 소요되는 R&D를 기반으로 하며, 이에 기초한 국제거래가 매우 신속하고 다양하게 이루어진다는 점이다.[33] 이러한 디지털경제하에서 다국적기업은 보다 용이하게 조세회피를 시도하고 있고 새로운 유형의 조세회피 형태도 선보이고 있으며, 각국의 과세당국은 종래의 조세회피 규제체계로는 이들 문제에 효과적으로 대응할 수 없다는 한계를 절감하고 있다.

이에 2012년 6월 G20 정상회의에서 BEPS(Base Erosion and Profit Shifting)[34] 방지를 위한 프로젝트의 추진을 결의하였고, OECD 주도하에 15개 세부과제(Action)에 대한 보고서가 작성되었으며, OECD는 2015년 11월 그 최종보고서를 G20 정상회의에 제출하여 승인을 받았다.[35] BEPS 프로젝트 15개 Action은 도입목적에 따라 기업과세의 일관성을 확보하기 위한 것, 국제조세기준의 남용을 방지하기 위한 것, 및 세원과 조세행정의 투명성을 제고하기 위한 것으로 분류된다. 또한 OECD BEPS 프로젝트 15개 Action은 이행의무의 수준에 따라 강함[최소기준(minimum standard) 및 기존 지침의 개정], 중간(공통접근; common approach), 및 약함(권고; best practices)으로 분류된다. 이와 관련한 권고사항들은 상당 부분 그 취지가 국내법에 수용되었거나 수용되고 있다.

이하에서는 최근의 다국적기업 조세회피의 경향과 사례를 분석하고, OECD BEPS 프로젝트의 이슈와 권고사항을 개관하며, OECD BEPS 프로젝트 Action Plan 1(디지털경제로 인하여 발생하는 신규의 과세문제의 해결)의 이행을 위하여 후속

---

32) 안종석, "BEPS 프로젝트의 이해: 주요 내용과 시사점", 재정포럼, 한국조세재정연구원, 2016, 11면.
33) 위의 논문, 11면.
34) 'BEPS'(Base Erosion and Profit Shifting)란 어떤 국제거래에서 발생한 소득이 거주지, 원천지, 최종적으로 소득이 귀속되는 국가 및 그 밖에 중간에 개입된 다른 국가 중 어느 곳에서 적절하게 과세되지 않고 아주 낮은 세율로 과세되거나 비과세되어 세계적으로 과세기반이 잠식되는 현상을 말한다.
35) OECD, op. cit., p.9-10.

적으로 진행된 필라 1, 2를 소개한다.

2. 최근의 다국적기업 조세회피행위의 경향과 사례

가. 지식재산권 이전가격 이용 증가 경향

작금의 경제를 보면 부를 형성하는 가치의 출처가 종래의 제조나 서비스에서 지식재산으로 옮아 와 있고 다국적기업의 자산 중 지식재산이 차지하는 비중이 점진적으로 커지고 있다. 이러한 경향은 조세회피에도 반영되고 있는데, 다국적기업이 지식재산권 거래로 창출한 수익의 대부분을 이전가격을 이용하여 저세율국 또는 조세피난처에 설립한 자회사로 이전하는 방법으로 조세를 회피하는 사례가 빈번하게 발생하고 있다. 다국적기업 이익배분(profit sharing) 중 약 70%가 지식재산권 이전가격을 통하여 이루어지고 있다고 한다.[36] 예를 들어, 로열티에 대하여 세율이 높은 국가에 있는 다국적기업 그룹 내 계열사들이 세율이 낮거나 비과세인 국가에 있는 자회사에 로열티를 지급하여 조세부담을 회피하는 것이다. 이하에서는 지식재산권을 이용한 조세회피 등 최근 다국적기업에 의하여 시도되었거나 시도되고 있는 몇 가지 대표적인 조세회피 사례를 소개한다.

나. 최근의 다국적기업 조세회피 사례

(1) 이전가격, 조세조약 남용 및 조세피난처 - Double Irish with Dutch Sandwich(DIDS)

DIDS란 아일랜드의 두 개의 자회사와 네덜란드의 한 개의 자회사를 활용하는 방식으로, 원래 애플이 매출에 대한 원천지국 과세를 회피하기 위하여 개발한 것인데, 지금은 구글, 페이스북, 아마존 등 다른 다국적기업들도 이 전략을 사용하고 있다고 한다.[37] 이 중 구글이 이용했던 DIDS를 소개하면 다음과 같다.

---

36) 하홍준 외, "다국적 기업의 지식재산 관련 조세회피 현황과 시사점", 지식재산동향 심층분석보고서, 한국지식재산연구원, 2016, 13면.

37) DIDS를 통하여 각국의 조세특례, 각국 조세법 간의 불일치, 조세조약의 허점 등 현행 국세조세법의 틈새를 활용하는 다국적기업의 공격적 절세전략이 표면화되었고, 정치권, 언론, 시민사회 등의 국제조세체제에 대한 관심이 고조되는 계기가 마련되었으며, OECD BEPS 프로젝트가 촉발되었다, 이찬근·김성혁, "Double Irish with Dutch Sandwich(DIDS)를 통한 BEPS 프로젝트

[표] 구글의 DIDS

```
┌──────────────────────────────────────────────────────┐
│                                                        │
│        ┌────────────────────────────────┐             │
│        │        미국 구글 모회사          │             │
│        └────────────────────────────────┘             │
│                                                        │
│     지식재산권 이전 ↓      ↑ 대가 지급                  │
│                                                        │
│        ┌────────────────────────────────┐             │
│        │   구글아일랜드홀딩 – 버뮤다(조세피난처)        │
│        │      법인이 실질적 지배·관리                    │
│        └────────────────────────────────┘             │
│                                                        │
│     무형자산 제공 ↓      ↑ 로열티 지급                  │
│                    (EU규약에 따라 원천지국에서의 과세 없음)[38]  │
│                                                        │
│        ┌────────────────────────────────┐             │
│        │          구글네덜란드홀딩스         │             │
│        └────────────────────────────────┘             │
│                                                        │
│     무형자산 제공 ↓      ↑ 로열티 지급                  │
│                    (EU규약에 따라 원천지국에서의 과세 없음)     │
│                                                        │
│        ┌────────────────────────────────┐             │
│        │   구글아일랜드 – 구글아일랜드홀딩의            │
│        │          영업용 자회사                          │
│        └────────────────────────────────┘             │
│                                                        │
│   지식재산권 판매·실시허여 ↓    ↑ 로열티 지급            │
│                                                        │
│        ┌────────────────────────────────┐             │
│        │      전 세계 구매자 또는 사용자                 │
│        └────────────────────────────────┘             │
│                                                        │
└──────────────────────────────────────────────────────┘
```

① **조세회피행위**

ⅰ. 미국의 구글 모회사는 조세피난처인 버뮤다에 소수 경영진을 파견하여 법인을 설립하였고, 구글의 버뮤다 법인은 아일랜드에 자회사인 구글아일랜드홀딩을 설립하였다.

고찰", 조세학술논집, 제32집 제3호, 2016, 234-237면 참조.

38) EU 규약인 '이자 및 로열티 지침'(Interest and Royalties Directive)상 EU 회원국 간에 지급한 로열티는 원천지국의 과세로부터 면제된다(Article 1). EU Interest and Royalties Directive (COUNCIL DIRECTIVE 2003/49/EC of 3 June 2003) Article 1. Scope and procedure 1. Interest or royalty payments arising in a Member State shall be exempt from any taxes imposed on those payments in that State, whether by deduction at source or by assessment, provided that the beneficial owner of the interest or royalties is a company of another Member State or a permanent establishment situated in another Member State of a company of a Member State. (이하 생략)

　　ii. 미국의 구글 모회사는 구글아일랜드홀딩과 지식재산권을 저가에 이전
　　　　하는 계약을 체결하고, 구글아일랜드홀딩은 아일랜드에 영업용 자회사
　　　　인 구글아일랜드와 네덜란드에 로열티 수령 및 중계 역할을 하는 명목
　　　　상의 회사인 구글네덜란드홀딩스를 설립하였다.

　　iii. 구글아일랜드는 지식재산권을 판매 및 실시허여하여 미국 외 전세계
　　　　에서 벌어들인 수익을 무형자산 제공에 대한 대가로 구글네덜란드홀
　　　　딩스에 보내면 구글네덜란드홀딩스는 그 수익을 구글아일랜드홀딩에
　　　　다시 송금하였다.

　　iv. 구글아일랜드홀딩과 구글아일랜드의 관계를 보면, 구글아일랜드홀딩은
　　　　아일랜드에 100% 지분을 갖는 자회사인 구글아일랜드를 설립하여 구
　　　　글아일랜드홀딩이 보유한 지식재산권에 대한 미국 외 지역에서의 판
　　　　매 및 실시허여에 대한 독점적 권한을 부여하였다. 그 과정에서 구글
　　　　아일랜드가 벌어들인 수익의 대부분은 구글아일랜드홀딩으로 이전되지
　　　　만, 구글아일랜드는 전 세계 영업과 로열티 관리를 담당할 직원 2,000
　　　　여 명을 고용하였고, 그 결과 아일랜드에 고용이 창출되는 효과가 있다.

② **법인세 과세**

　　i. 구글아일랜드가 비거주자에게 수익을 보낼 때에는 아일랜드 조세법상
　　　　그 수익에 대한 조세를 원천징수하지만, EU 규약인 '이자 및 로열티
　　　　지침'(Interest and Royalties Directive)에 의하면 EU 회원국 간에 지급한
　　　　로열티는 원천지국과세로부터 면제된다. 따라서 아일랜드에 있는 회사
　　　　와 네덜란드에 있는 회사 간에 로열티를 지급하는 경우에는 원천지국
　　　　에서 과세하지 아니한다. 구글아일랜드는 일단 구글네덜란드홀딩스에
　　　　로열티 형식으로 수익을 보낸 다음 구글네덜란드홀딩스가 그 수익을
　　　　구글아일랜드홀딩에 다시 로열티 형식으로 송금하였다.

　　ii. 위 과정에 의하여 구글의 대부분의 해외 영업이익은 구글아일랜드홀
　　　　딩에 누적되므로 이러한 해외원천소득에 대한 법인세 문제가 발생하
　　　　는데, 구글아일랜드홀딩은 구글의 버뮤다법인에서 모든 업무가 총괄되
　　　　므로 아일랜드 조세법상 비거주자로 간주되어 과세관할이 법인세가
　　　　없는 버뮤다에 있게 되고 결국 수익에 대한 법인세가 없게 된다.

(2) 무형자산 이전가격 이용 기법의 고도화

다국적기업은 무형자산에 대하여 연구개발단계부터 이전가격을 이용한 조세회피를 시도하는 사례가 늘고 있다.

① 고율세국인 A국에 소재하는 A사는 B국에 연구개발센터 B사를 두고 연구개발을 수행한다.

② A사는 연구개발의 결과물인 무형자산 또는 개발 완료 직전의 무형자산을 저세율국인 C국에 소재하는 자회사 C사에 개발비 수준의 저가로 이전하고, C사가 해당 무형자산의 법적 소유권을 보유한다.

③ A사는 해당 무형자산을 사용하면서 고액의 로열티를 C사에 지급하고, A국과 C국 간의 조세조약에 따라 로열티에 대해서는 거주지국인 C국에서 과세하고 A국에서는 비과세된다.

3. OECD BEPS 프로젝트의 다국적기업 조세회피행위에 대한 권고사항[39]

가. OECD BEPS 프로젝트 이슈와 주요 권고사항

(1) 기업과세의 일관성 확보

과제명	BEPS 이슈	주요 권고사항
혼성불일치 해소 (Action 2)	혼성금융상품·실체 등에 대한 국가 간 조세법의 차이를 이용, 양국에서 이중 비과세	소득 지급국에서 과세(지급국 손금불산입), 미과세 시 수령국에서 과세(수령국 익금산입)
특정외국 법인 유보소득 과세강화 (Action 3)	해외 자회사 소득을 본국에 배당하지 않고 장기 유보하여 과세를 회피	해외 자회사 유보소득 배당 간주 과세 제도 적용 범위 확대
이자비용 공제제도 (Action 4)	과도한 이자 지급액을 비용으로 공제 받아 원천지국 과세회피	차입금 용도와 기업규모를 고려하여 비용공제 되는 이자범위 제한

---

39) OECD 권고사항의 주요 이슈별 분석·검토에 관하여는 '최성근, "OECD BEPS 프로젝트와 다국적기업의 조세회피행위 규제의 입법방향", 앞의 논문, 74-84면'을 참조할 것.

유해조세 제도 폐지 (Action 5)	국가 간 이동성이 높은 활동(서비스, 지식재산권 등)에 대한 경쟁적 조세감면으로 저세율국으로의 소득이전 발생	각종 조세지원 제도의 유해성 여부 판단 및 정보교환 등 제도 투명성 제고

(2) 국제조세기준의 남용 방지

과제명	BEPS 이슈	주요 권고사항
조약남용 방지 (Action 6)	명목상 회사 설립 등을 통하여 조세조약 수혜자격을 부당하게 취득	조세조약의 혜택을 적용 받을 수 있는 법적 지위 제한
고정사업장 회피방지 (Action 7)	원천지국 과세 축소를 위해 고정사업장 구성 회피 – 단기계약 체결, 기간 축소 등	조세조약상 고정사업장 적용 범위 확대
이전가격 과세 강화 (Action 8, 9, 10)	무형자산, 경영상 위험을 저세율국으로 서류상 이전하여 과세소득을 저세율국으로 이전	법적 소유권 여부와 상관 없이 개발·위험 부담 등의 실질적 기여도에 따라 소득 분배

(3) 국제거래의 투명성 확보

과제명	BEPS 이슈	주요 권고사항
통계분석 (Action 11)	기업의 조세회피 전략에 대한 과세당국의 정보 부족	조세회피 전략을 수립하거나 권고한 법무·회계법인 등에 대한 강제적 보고의무 부여
강제적 보고 (Action 12)		
이전가격 문서화 (Action 13)	과세당국이 입수하는 이전가격 정보 불충분	다국적기업의 이전가격 자료(마스터파일, 로컬파일, 국가별보고서) 제출 의무 신설
분쟁해결 (Action 14)	조세조약의 체약당사국 간 상호합의 분쟁해결능력 미약	납세자 참여 확대 등 상호합의 분쟁해결 능력 강화

(4) 기타

과제명	BEPS 이슈	주요 권고사항
디지털 경제 (Action 1)	인터넷사업 등 디지털경제로 인하여 발생되는 신규 과세문제 발생	새로운 형태의 디지털거래 등 전자상거래 과세방안 마련
다자협약 (Action 15)	조세조약 관련 BEPS 권고사항을 현재 시행중인 각국 조세조약에 반영하는 데 오랜 시간 소요	다자협약을 체결하여 참여국가에 대하여 조세조약 개정 효과가 바로 발생하도록 함

나. 의무이행의 수준별 분류

OECD BEPS 프로젝트 15개 Action은 이행의무의 수준에 따라 강함[최소기준 (minimum standard) 및 기존 지침의 개정], 중간(공통접근; common approach) 및 약함 (모범관행; best practices)으로 분류된다. '강함'은 반드시 준수되어야 하는 기준이고, '약함'은 선택적 도입이 가능한 이행 권고사항이며, '중간'은 강한 이행 권고사항이다.

(1) 최소기준(minimum standard) 및 기존 지침의 개정

① 유해조세제도에 대한 대응(Action 5)

② 조세조약의 주요목적기준(PPT) 규정(Action 6)

③ 국가별 보고서 제출(Action 13)

④ 분쟁해결장치의 개선(Action 14): 조약의 상호합의조항 개정

⑤ 모델조약 고정사업장 개념(Action 7)

⑥ 이전가격과세 강화(Action 8, 9, 10)

(2) 공통접근(common approach)

① 혼성불일치 해소(Action 2)

② 이자비용 공제 제한(Action 4)

(3) 모범관행(best practices)

① 특정외국법인 유보소득 과세제도(CFC) 규정(Action 3)

② 조세조약의 혜택제한(LOB) 규정(Action 6)

③ 보고의무 규정(Action 12)

④ 분쟁해결장치의 개선(Action 14): 강제중재

(4) 기타 분석 등

① 디지털 경제에서의 조세문제(Action 1)

② BEPS 측정과 모니터링(Action 11)

③ 다자간 협약의 개발(Action 15)

4. 디지털세 필라 1, 2와 글로벌최저한세

가. 디지털세 필라 1, 2

디지털세란 다국적기업이 고정사업장을 두지 않더라도 매출이 발생한 국가가 과세할 수 있도록 하는 과세조치이다. 디지털세는 당초 IT 다국적기업이 세율이 낮은 국가에 서버를 두고 매출이 발생하는 국가의 조세를 회피하자 이를 규제하기 위하여 영국 등 일부 국가에서 도입이 추진되었는데, 대부분의 국가들이 이에 호응하면서 국제적 합의로 발전하여 과세의 대상과 범위가 확대된 글로벌 세제로 자리잡아 가고 있다.

국제적인 합의 도출의 출발점은 전술한 OECD BEPS 프로젝트의 미해결 중요과제 중 하나인 Action Plan 1(디지털경제로 인하여 발생하는 신규의 과세문제의 해결)이다. OECD BEPS 프로젝트 Action Plan 1에 대한 후속 논의가 계속되어 오다가, 2021. 10. 8. OECD/G20 포괄적 이행체계(Inclusive Framework; IF)는 필라 1(매출발생국에 과세권 배분)과 필라 2(글로벌최소한세) 최종합의문에 대하여 IF에 참여하는 140개국 중 136개국의 지지를 얻어 이를 대외적으로 공개하였고, 2021. 10. 30. G20는 로마 정상회의에서 이 합의안을 추인하여 법적 효력을 부여하였다.

필라 1의 주요 골자는 일정규모 이상인 다국적기업이 얻은 글로벌 초과이익의 일정 부분에 대하여 상품 또는 서비스가 소비된 시장소재국에 과세권을 재배분하는 것이다. 필라 1에서는 ① 이익률 기준(초과이익), ② 배분율(전체 시장소재국

배분대상 과세소득) 및 ③ 배분지표(개별 시장소재국 배분 과세소득)의 단계적 적용을 통하여 개별 시장소재국(과세연계점)에 과세이익을 결정, 배분한다. 위 합의안에 따르면, 연결매출액이 200억 유로 이상인 다국적기업이 창출한 글로벌 이익 중 통상이익율 10%를 넘는 초과이익의 25%에 대한 세금을 매출발생국 정부에 배분 하도록 하고 있다.[40]

필라 2의 주요 골자는 다국적기업의 소득에 대하여 특정 국가에서 최저한세 율보다 낮은 세율(실효세율)이 적용되는 경우 다른 국가에 추가로 과세권을 부여 하는 것이다. 자회사가 저율과세되는 경우 최종모회사가 해당 미달세액만큼 최종 모회사 소재지국의 과세당국에 납부하고(소득산입규칙), 최종모회사가 저율과세되 는 경우 반대로 해외 자회사들이 미달세액만큼 자회사 소재지국 과세당국에 납부 한다(비용공제부인규칙). 위 합의안에 따르면, 연결매출액 7억 5,000만 유로를 초과 하는 기업에 대하여 최저 15%의 법인세율을 적용하도록 하고 있다.[41]

나. 글로벌최저한세(국조법 제60조부터 제86조까지)[42]

(1) 글로벌최저한세의 목적 및 납세의무자(국조법 제60조 및 제63조)

글로벌최저한세는 다국적기업그룹의 소득이전을 통한 조세회피와 세원잠식 에 대응하기 위하여 국제적으로 합의한 글로벌최저한세 규칙(Global anti-Base Erosion Rules)을 적용하는 데 필요한 사항을 규정하여 다국적기업그룹이 소득에 대하여 적정한 수준의 조세를 부담하도록 하는 제도이다. 다국적기업그룹의 구성 기업은 글로벌최저한세 규칙을 적용하여 계산한 추가세액의 배분액을 법인세로서 납부할 의무가 있다.

(2) 글로벌최저한세의 적용대상(국조법 제62조)

① 글로벌최저한세는 각 사업연도의 직전 4개 사업연도 중 2개 이상 사업연 도의 다국적기업그룹 최종모기업의 연결재무제표상 매출액(연결매출액)이 각각 7

---

40) 기획재정부, "디지털세 필라 1, 2 최종합의문" 보도자료, 2021. 10. 9. 참조.
41) 상동.
42) 다국적기업그룹의 소득이전을 통한 조세회피와 세원잠식을 차단하고 국가 간 무분별한 조세경 쟁을 방지하기 위하여, 전술한 포괄적 이행체계(IF)에서 합의한 글로벌최저한세 규칙(Global anti-Base Erosion Rules)을 국내 조세법에 도입하여 글로벌최저한세의 과세를 위한 법적 근 거를 마련한 것이다.

억 5천만 유로 이상인 경우 그에 해당하는 사업연도 다국적기업그룹의 구성기업
에 대하여 적용한다(국조법 제62조 제1항).

② 정책목적상 일반적으로 면세되는 정부기관·국제기구·비영리기구 등에
대해서는 다국적기업그룹의 구성기업의 범위에서 제외하여 글로벌최저한세를 적
용하지 아니한다(국조법 제62조 제3항).

(3) 다국적기업그룹 구성기업의 실효세율(국조법 제66조부터 제69조까지)

① 특정 사업연도에 다국적기업그룹의 구성기업에 적용되는 세율이 최저한
세율(100분의 15) 미만인지를 결정하는 데 필요한 국가별 실효세율은 해당 국가에
소재하는 구성기업의 조정대상조세 금액의 합계를 순글로벌최저한세소득금액으
로 나누어 계산한다(국조법 제69조).

② 해당 다국적기업그룹의 구성기업이 소재한 국가의 실효세율을 계산하는
데 필요한 조정대상조세는 구성기업의 소득 또는 이익에 부과되는 세금 등 구성
기업의 대상조세 중 해당 사업연도 구성기업의 회계상 당기법인세비용으로 계상
된 금액에 총이연법인세조정금액 등의 조정사항을 반영하여 계산한다(국조법 제
67조).

③ 해당 다국적기업그룹의 구성기업이 소재한 국가의 실효세율을 계산하는
데 필요한 순글로벌최저한세소득금액은 그 국가에 소재한 각 구성기업의 해당 사
업연도 글로벌최저한세소득금액 합계액에서 글로벌최저한세결손금액 합계액을
차감하여 계산하도록 하며, 계산한 금액이 영(零)이거나 음수일 때에는 그 금액은
없는 것으로 보아 실효세율을 계산하지 아니한다(국조법 제69조).

(4) 다국적기업그룹 구성기업의 추가세액 계산(국조법 제70조 및 제71조)

① 각 사업연도 해당 다국적기업그룹의 구성기업이 소재한 국가의 추가세액
은 최저한세율에서 해당 다국적기업그룹의 구성기업이 소재한 국가의 실효세율을
차감하여 계산한 비율에 초과이익 금액을 곱한 후 당기추가세액가산액을 더하고
적격소재국추가세액을 차감하여 계산한다(국조법 제70조).

② 각 사업연도 해당 구성기업의 추가세액은 각 사업연도 해당 다국적기업
그룹의 구성기업이 소재한 국가의 추가세액에 각 사업연도 해당 구성기업의 글로

벌최저한세소득 금액을 각 사업연도 해당 국가에 소재하는 각 구성기업의 글로벌
최저한세소득 금액 합계로 나눈 비율을 곱하여 계산한다(국조법 제71조).

(5) 다국적기업그룹 구성기업에 대한 추가세액의 과세(국조법 제72조
및 제73조)

① 실효세율이 최저한세율보다 낮은 국가에 소재하는 다국적기업그룹의 구
성기업인 저율과세구성기업의 추가세액에 대해서는 추가세액배분액을 모기업에
과세하는 소득산입규칙을 우선 적용한다.

② 소득산입규칙에 따른 모기업에 대한 추가세액배분액은 저율과세구성기업
의 추가세액에 저율과세구성기업의 글로벌최저한세소득 중 해당 모기업에 귀속되
는 비율로서 대통령령으로 정하는 비율을 곱하여 계산하도록 함으로써 저율과세
구성기업의 이익에 대한 모기업의 지분에 비례하여 모기업이 추가세액을 부담하
게 한다.

③ 국내구성기업인 최종모기업이 해당 사업연도 중 저율과세구성기업의 소
유지분을 직접 또는 간접으로 보유하는 경우에는 추가세액배분액이 해당 최종모
기업에 우선 과세되고, 최종모기업이 적격소득산입규칙을 적용받지 아니하는 등
최종모기업에 추가세액배분액을 과세할 수 없는 경우에는 국내구성기업인 중간모
기업이 부담하되, 국내구성기업인 부분소유중간모기업은 소유지분을 직접 또는
간접으로 보유하는 저율과세구성기업에 대하여 그 추가세액을 부담한다.

④ 저율과세구성기업의 추가세액 중 적격소득산입규칙이 적용되지 아니하는
금액에 대해서는 추가세액배분액을 해당 다국적기업그룹의 구성기업들에 과세하
는 소득산입보완규칙을 적용한다.

(6) 글로벌최저한세의 과세특례(국조법 제74조부터 제82조까지)

① 해당 국가에 소재하는 각 구성기업의 해당 사업연도와 그 직전 2개 사업
연도의 매출액 합계의 평균이 1천만 유로 미만일 것 및 ② 해당 국가에 소재하는
각 구성기업의 해당 사업연도와 그 직전 2개 사업연도의 글로벌최저한세소득·결
손 금액 합계의 평균이 1백만 유로 미만일 것의 요건을 모두 갖춘 국가에 소재하
는 각 구성기업에 대해서는 추가세액을 영으로 하여 글로벌최저한세의 과세 적용

에서 제외하고, 최종모기업이 아닌 투자펀드·부동산투자기구 등 투자구성기업의 소재지국에 대해서는 따로 투자구성기업들에 대한 실효세율 및 추가세액을 계산하도록 하는 등 글로벌최저한세의 과세에 대한 특례가 마련되어 있다.

(7) 글로벌최저한세의 신고 및 납부 등(국조법 제83조부터 제86조까지)

① 국내구성기업은 해당 사업연도 종료일부터 15개월 이내에 각 사업연도의 글로벌최저한세정보신고서를 납세지 관할세무서장에게 제출하도록 하고, 해당 사업연도 종료일부터 15개월 이내에 소득산입규칙과 소득산입보완규칙에 따라 배분되는 추가세액배분액을 납세지 관할세무서장에게 신고·납부하여야 한다.

② 납세지 관할세무서장 또는 관할지방국세청장은 국내구성기업이 해당 사업연도 종료일부터 15개월 이내에 추가세액배분액을 신고하지 아니한 경우 그 기업의 각 사업연도 추가세액배분액을 결정·경정하도록 하고, 납세지 관할세무서장은 국내구성기업이 추가세액배분액의 전부 또는 일부를 납부하지 아니하면 그 미납된 추가세액배분액을 국세징수법에 따라 징수하여야 한다.

참고문헌

〈단행본〉

김완석, 박종수, 이중교, 황남석, 주석 국세기본법, 삼일인포마인, 2023.

소순무·윤지현, 조세소송, 영화조세통람, 2018.

오윤, 세법원론, 한국학술정보, 2016.

이동식, 일반조세법, 준커뮤니케이션, 2017.

이준봉, 조세법총론, 삼일인포마인, 2021.

이창희, 세법강의, 박영사, 2022.

이태로·한만수, 조세법강의, 박영사, 2018.

임승순·김용택, 조세법, 박영사, 2022.

김기동·김태동, IFRS 중급회계, 샘앤북스, 2016.

김·장 법률사무소, 조세실무연구 1~12.

데이비드 리카르도 저, 권기철 역, 정치경제학과 과세의 원칙에 대하여(On The Principles of Political Economy and Taxation, 1817), 책세상, 2010.

세법교수 36인 공저, 판례세법, 박영사, 2011.

아담 스미스 저, 김수행 역. 국부론(An Inquiry into the Nature and Causes of the Wealth of Nations), 비봉출판사, 2007.

이태로·이철송, 세법상 실질과세에 관한 연구 - 조세회피의 규율방안을 중심으로, 한국경제연구원, 1985.

한국세법학회 편, 조세판례100선 1, 2, 3, 박영사.

Brik, Dieter, Steuerrecht, 4. Auflage, C. F. Müller, 2001.

Slemrod, Joel and Bakija, Jon, Taxing Ourselves - 4th ed., The MIT Press, 2008.

金子 宏, 租稅法, 弘文堂, 2021.

北野弘久, 稅法學原論, 勁草書房, 2020.

吉良實, 實質課稅の展開, 中央經濟社, 1980.

田中久夫, 商法と稅法の接點, 財經詳報社, 1989.

〈논문·자료〉

김국현, "조세소송의 주요쟁점과 최근판례", 대한변호사회 2016 「조세 아카데미」 자
　　　료, 2016.

김기섭, "분식회계에 따른 과납세금의 환급청구와 관련된 법률관계", 법률신문, 2006.
　　　11. 30.

김동수, "차명예금에 대한 증여추정 과세 제도에 관한 소고", 계간 세무사, 2013 봄호.

김동수, 이민규, 신철민, "자기주식의 회계처리와 세무상 쟁점의 검토", BFL, 제87호,
　　　서울대학교 금융법센터, 2018.

김두형, "완전포괄주의 증여의제 입법의 과제", 조세법연구, 제9권 제1호, 한국세법연
　　　구회, 2004.

_____, "조세법의 해석방법론", 세무학연구, 제10호, 1997.

김성수, "조세법과 헌법재판", 헌법논총, 제19집, 2008.

김영우, "조세입법에 있어서 고려해야 할 과잉금지원칙 – 헌법재판소 판례분석을 중
　　　심으로－", 인권과 정의, Vol. 394, 2009.

김의석, "자기주식 거래의 과세", 인하대학교 법학연구, 제15집 제2호, 2012.

나성길·정진오, "명의신탁의 세법상 적용과 주요 쟁점에 관한 검토", 조세연구, 제13
　　　권 제3집, 2013.

류지민, "세법분야의 헌법재판 회고 – 헌법재판소 결정례(1988–2016년)을 중심으
　　　로", 조세법연구, 제23권 제1호, 2017.

_____, "조세의 숨은 제재적 기능과 헌법적 한계 – 헌법상 재산권 보장을 중심으로 －",
　　　조세법연구, 제20권 제1호, 2014.

문성훈, "국내 전환사채의 회계 및 과세제도 비교연구", 조세학술논집, 제25집 제2호,
　　　2009.

문성훈·임동원, "주식대차거래의 과세상 쟁점 및 개선방안", 경북대학교 법학논고,

제41집, 2013.

문일호, "과세처분 취소소송의 소송물", 부산대학교 법학연구, 제48권 제1호, 2007.

박광국, "조세회피 방지를 위한 법·제도적 개선방안: 상속 및 증여를 중심으로", 한국정책과학학회보, 제5권 제1호, 2001.

백제흠, '대법원 2011. 4. 28 선고 2009두19229 판결' 평석, 법률신문, 2012. 3. 26.

신기선, "개정상법과 세무문제", 조세법연구, 제18권 제1호, 2012.

안동인, "법령의 개정과 신뢰보호원칙", 행정판례연구, 제16권 제1호, 2011.

안종석, "BEPS 프로젝트의 이해: 주요 내용과 시사점", 재정포럼, 한국조세재정연구원, 2016.

양충모, "조세입법에 대한 사법심사원리로서 비례원칙의 한계", 공법연구, 제38집 제4호, 2010.

오 윤, "미국헌법상 조세법원칙의 우리 조세법에 대한 시사점에 관한 연구", 공법학연구, 제9권 제3호, 2008.

윤병철, "조합과세에 관한 판례연구 – 출자, 지분양도 및 노무제공과 관련하여 –, 조세법연구, 제8권 제1호, 2002.

윤지현, "상속세 및 증여세의 간주·추정규정의 한계", 조세법연구, 제16권 제1호, 2010.

_____, "주식매수선택권 행사가 신주 발행 법인에 미치는 세법상의 법률효과", 서울대학교 법학, 제51권 제2호, 2010.

은민수, "칼 샤우프(Carl Shoup)의 조세개혁 실패와 일본의 저부담 조세구조의 형성", 아태연구, 제22권 제4호, 2015.

이동식, "조세법상 엄격해석원칙의 타당성 검토", 조세법연구, 제17권 제3호, 2011.

_____, "조세의 유도적 기능의 허용과 한계", 조세법연구, 제19권 제3호, 2013.

이동식, 김석환, "통합·부분조사제도의 재설계 : 신고내용확인을 위한 부분조사제도의 도입을 중심으로", 조세연구, 제20권 제4집, 2020.

이병철, "조세소송의 소송물에 관한 새로운 접근", 기업법연구 제19권 제4호, 2005.

이부하, "헌법상 신뢰보호원칙의 재정립", 인하대학교 법학연구, 제21집 제5호, 2018.

이상신, "위법소득에 대한 과세", 조세판례백선, 박영사, 2005.

이재호, "법인세법의 주요쟁점과 최근판례", 대한변호사협회 2016 「조세 아카데미」자료, 2016.

이전오, "소득세법의 주요쟁점과 최근판례", 대한변호사협회 2016 「조세 아카데미」 자료, 2016.

이정란, "주식의 포괄적 교환으로 인한 증여이익의 과세", 부산대학교 법학연구, 제56권 제4호, 2015.

이준봉, "조세범처벌에 관련된 헌법상 쟁점들에 대한 검토", 조세학술논집, 제31집 제3호, 2015.

이중교, "사업자 명의대여의 세법상 취급", 세무학연구, 제26권 제3호, 2009.

이찬근·김성혁, "Double Irish with Dutch Sandwich(DIDS)를 통한 BEPS 프로젝트 고찰", 조세학술논집, 제32집 제3호, 2016.

이창희, "조세법연구방법론", 서울대학교 법학, 제46권 제2호, 2005.

정연식, "자기주식의 취득과 과세", 회계정보리뷰, 제18호, 계명대학교 산학연구소, 2013.

정준우, "2011년 개정상법상 자기주식의 취득·처분과 그 규제", 한양법학, 제38집, 2012.

정평조, "실무적 관점에서 본 가업상속의 실체 검토", 조세연구, 제10권 제3집, 2010.

최성근, "조세정책의 입법적 기초와 한계 – 최근 주택관련 조세입법을 중심으로 –", 조세법연구, 제27권 제1호, 2021.

_____, "자기주식제도의 적정한 운용을 위한 과세제도 개선방안", 영남법학, 제51호, 2020.

_____, "자기주식 취득거래와 실질과세원칙", 한양법학, 제30권 제3집, 2019.

_____, "OECD BEPS 프로젝트와 다국적기업의 조세회피행위 규제의 입법방향", 한양법학, 제29권 제2집, 2018.

_____, "차명금융거래 규제세제에 대한 법리적 검토", 법과 정책연구, 제16집 제2호, 2016.

_____, "미국의 소급과세입법에 관한 법제와 판례 연구 – 소급과세입법의 헌법합치성을 중심으로", 조세학술논집, 제31집 제3호, 2015.

_____, "금전무상대부 이자상당액의 증여시기 – '대법원 2012.7.26. 선고 2011두10959 판결' 평석을 중심으로 –", 충남대학교 법학연구, 제25권 제2호, 2014.

_____, "실질과세원칙에 관한 법리와 규정에 대한 분석 및 평가", 조세법연구, 제19권 제2호, 2013.

_____, "최근 기업의 형태·규모 등에 따른 과세특례제도의 개선방안", 조세법연구, 제18집 제3호, 2012.

_____, "채무면제익에 대한 과세", 조세학술논집, 제25집 제1호, 2009.

_____, "단계거래원칙이 실질과세원칙에서 차지하는 지위와 부당한 단계거래의 판단기준", 조세법연구, 제14권 제2호, 2008.

_____, "비거주자의 과세소득 원천기준에 관한 비교법적 고찰 ― 독일과 미국을 중심으로 ―", 조세학술논집, 제23집 제1호, 2007.

하태흥, "조세판례의 동향", 대한변호사협회 2016 「조세 아카데미」 자료, 2016.

하홍준 외, "다국적 기업의 지식재산 관련 조세회피 현황과 시사점", 지식재산동향 심층분석보고서, 한국지식재산연구원, 2016.

한병기, "사업양수인의 제 2차 납세의무의 과세요건인 '사업양수'에 관한 연구 ― 2019년 개정된 국세기본법 시행령 제22조를 중심으로 ―", 조세법연구, 제26권 제1호, 2020.

황남석, "기업 관련 조세의 규제완화", 기업법연구, 제28권 제2호, 2014.

황남석·이준규, "개정된 합병세제의 해석·적용상의 문제점", 조세법연구, 제16권 제3호, 2010.

Johnes, John F. Avery, "Does the United Kingdom give Credit for Tax on a Permanant Establishment Abroad?", British Tax Review 191, 1994.

Uckmar, V., "Tax Avoidance/Tax Evasion: Studies on International Fiscal Law", vol. LX a, 1983 International Fiscal Association(I.F.A.), Kluwer(The Netherlands), 1983.

中里 實, "資金調達に伴う課税", 「特輯 企業法務における租税法の役割」, ジュリスト, No. 1445, 2012.

北野弘久, "經營意思決定と稅法問題", 商事法務, No. 1078, 1986.

수록판례목록

제 1 편   조세법총론

제 1 장 조세란 무엇인가

[관련판례] 이혼과 조세

제 2 장 조세법의 헌법적 기초

[관련판례] 조세법률주의

[관련판례] 조세공평주의

제 4 장 납세의무

제 5 장 국세우선의 원칙

제 6 장 가산세와 국세의 환급

제 7 장 조세쟁송

제 8 장 납세자의 권리

제 9 장 국세징수법상 강제징수

제10장 조세범처벌법

제 2 편 조세법각론

제 1 장 소득세법

제 2 장 법인세법

제 3 장 부가가치세법

제 4 장 상속세 및 증여세법

제 5 장 국제조세법

찾아보기

저자약력

최성근

연세대학교 법과대학 졸업
한양대학교 법과대학원 석사·박사
한국법제연구원 연구위원
한국법제연구원 연구실장
청주대학교 법과대학 조교수
영남대학교 법학전문대학원 부원장
영남대학교 법무감사실장
한국국제조세협회 이사
한국세법학회 부회장
한국법제학회 회장
법무부 도산법 특별분과위원회 위원
대구지방국세청 국세심사위원회 위원
현) 영남대학교 법학전문대학원 교수
　　영남대학교 법학연구소 소장
　　법제처 법령해석심의위원회 위원
　　한국법제연구원 자문위원회 위원
　　한국상사법학회 부회장
　　한국증권법학회 부회장
　　주식회사 싸이몬 사외이사

제2판
조세법 – 이론과 판례 –

초판발행   2023년 2월 25일
제2판발행   2025년 2월 25일

지은이   최성근
펴낸이   안종만·안상준

편 집   윤혜경
기획/마케팅   장규식
표지디자인   BEN STORY
제 작   고철민·김원표

펴낸곳   (주) 박영사
           서울특별시 금천구 가산디지털2로 53, 210호(가산동, 한라시그마밸리)
           등록 1959. 3. 11. 제300-1959-1호(倫)

전 화   02)733-6771
f a x   02)736-4818
e-mail   pys@pybook.co.kr
homepage   www.pybook.co.kr
ISBN   979-11-303-4943-5   93360

* 파본은 구입하신 곳에서 교환해 드립니다. 본서의 무단복제행위를 금합니다.

정 가   50,000원